Chancengerechtigkeit und Kapitalformen

Kersten Reich

Chancengerechtigkeit und Kapitalformen

Gesellschaftliche und individuelle Chancen
in Zeiten zunehmender Kapitalisierung

 Springer VS

Kersten Reich
Universität Köln
Köln, Deutschland

Weiterführende Beiträge zu diesem Buch siehe unter
http://konstruktivismus.uni-koeln.de

ISBN 978-3-658-00737-9   ISBN 978-3-658-00738-6 (eBook)
DOI 10.1007/978-3-658-00738-6

Die Deutsche Nationalbibliothek verzeichnet diese Publikation in der Deutschen Nationalbibliografie;
detaillierte bibliografische Daten sind im Internet über http://dnb.d-nb.de abrufbar.

Springer VS
© Springer Fachmedien Wiesbaden 2013

Gedruckt auf säurefreiem und chlorfrei gebleichtem Papier

Springer VS ist eine Marke von Springer DE. Springer DE ist Teil der Fachverlagsgruppe Springer
Science+Business Media.
www.springer-vs.de

Inhalt

Vorwort

Chancengerechtigkeit ist ein Schlüsselbegriff, den heute viele Menschen benutzen. Er soll signalisieren, dass die ursprünglichen demokratischen Werte nach Gleichstellung, Menschenwürde, Gerechtigkeit in den Chancen und Gleichbehandlung nach Geschlecht, Hautfarbe oder allen Formen von Hinderungen in der Teilnahme und Teilhabe im Bewusstsein sind. Solche Werte müssen mit Erziehung und Bildung verbunden werden, da vor allem über diesen Weg die Chancen vieler Menschen erhöht werden können. Aber zugleich erleben wir ein Zeitalter, in dem die alten Ideale und Illusionen der Moderne, was Erziehung und Bildung leisten können, immer mehr durch eine Kapitalisierung auch dieser Hoffnungsträger geprägt sind, so dass wir innehalten müssen, um die Chancen- und Bildungsgerechtigkeit im Blick auf diese Kapitalisierung zu reflektieren und neu zu bestimmen.

Auch wenn nicht alle Menschen – insbesondere im pädagogischen Bereich – ein intensives Interesse an ökonomischen Fragen haben, so gehört es heute zu den notwendigen Kulturtechniken, sich selbst und die Gesellschaft vielleicht noch stärker als in früheren Zeiten unter dem Druck der Kapitalformen, von denen dieses Buch handeln soll, zu betrachten. Dies ist keineswegs neu, aber es kehrt offenbar nur in Wellen in das Bewusstsein zurück, vor allem dann, wenn die Anzeichen ökonomischer Krisen oder Widersprüche sehr groß geworden sind. So war es kein Zufall, dass Karl Marx im 19. Jahrhundert auf die Verelendung großer Teile der Arbeiterschaft reagierte und mit seinem Hauptwerk, dem »Kapital«, eine Antwort für seine Zeit fand, aus der zahlreiche politische Bewegungen entstanden, die stark das 20. Jahrhundert und teilweise Länder bis heute geprägt haben. Die Weltwirtschaftskrise von 1929 setzte zahlreiche Bestrebungen in Gang, den Kapitalismus zu regulieren, um die Verelendung der Menschen aufzuhalten. Hier entsprang ein ganzes Bündel an Theorien und Vorstellungen, die bis in die Gegenwart prägend für ein Verständnis wurden, dass es eine Balance aus individuellem Engagement und staatlichem Tun geben muss, um langfristigen Erfolg zu sichern. Und dieser Erfolg bezieht sich sowohl auf die Individuen als auch auf die Gesellschaft insgesamt. Die enorme Staatsverschuldung, die Länder im Rahmen solcher Regulierungen anhäuften, zwangen und zwingen sie heute zum Sparen, was zunächst im Neoliberalismus durch eine radikale Vernichtung sozialer und kultureller Leistungen mittels Einsparpolitik und auf ein Vertrauen auf die »reinigende« Kraft der Märkte umgesetzt wurde, heute aber durch die Finanzkrise auch an die Grenzen gesellschaftlichen Wachstums und Fragen der gerechten Verteilung der Gewinne rührt. Für alle ist klar geworden, dass es in Abhängigkeit der Akteure auf den Weltmärkten nicht mehr mit Alleingängen oder einfachen Lösungen geht, aber die Unsicherheit ist groß, was angesichts unüberschaubarer Strukturen und Risiken überhaupt getan werden kann.

Angesichts einer Kapitalisierung aller Lebensbereiche, in die entweder Geld gepumpt oder aus denen Geld abgezogen wird, geraten alle Formen des Zusammenlebens, insbesondere auch Erziehung und Bildung, zunehmend in den Sog eines ökonomischen Kalküls. Alle müssen sich auf den Märkten behaupten und die Kultur, soziale Beziehungen, persönliche Eigenschaften und Aussehen wie auch Erziehung und Bildung können hierbei helfen oder im Wege stehen. Es ist für alle notwendiger denn je geworden, sich deshalb umfassend über die Kapitalisierung aller Bereiche zu informieren, sich selbst in den Kapitalformen, die hier wirken, zu situieren und zu reflektieren, um Ausgangspositionen, Interessen und eigene Entscheidungen besser beurteilen zu können. Aber Kapitalisierungen sind schwer zu durchschauen und die Sehnsucht nach Lebensräumen und Theorien, die uns eine nicht kapitalisierte, eine menschliche Welt zeigen, sind groß. Meine These ist, dass die dadurch verursachte Vergessenheit von Abhängigkeiten, die mangelnde Durchdringung der Verstrickungen in Kapitalisierungen, die Abwehr auch einer theoretischen Grundlagenreflexion hierauf, unsere Verletzlichkeit wie Handlungsunfähigkeit erhöht. Je weniger Kapitalisierungen durchschaut werden, desto weniger werden gesellschaftliche oder individuelle Strategien im Umgang mit diesen aktiv und kritisch entwickelt. Wenn wir uns heute, wie in diesem Buch, mit Fragen der Kapitalisierung auf der einen und der Gerechtigkeit als Herausforderung auf der anderen Seite beschäftigen, dann kommen wir um die Mühen einer Reflexion auf die komplexen Grundlagen unseres Handeln in den Rahmenbedingungen des Kapitalismus und seiner Kapitalisierungsformen nicht herum. Zu viele Fragen im Feld der Chancengerechtigkeit bei gleichzeitiger Kapitalisierung sind bisher unbeantwortet geblieben. Wir ahnen zwar allgemein, wie sehr auch die ökonomische Ausgangslage unsere Lebenschancen bestimmt, aber wie dies genauer zu begreifen und zu erfassen ist, dies bleibt oft ein oberflächliches Wissen.

Dieses Buch versucht, einige mir wesentlich erscheinende vertiefende Antworten zu geben, die jedoch jede Leserin und jeder Leser für sich kritisch sichten und mit eigenen Erfahrungen abgleichen müssen. Meine Interessenlage ist der Versuch, einer zunehmend entsolidarisierten Gesellschaft, die ihr vorgebliches Ziel der Chancengerechtigkeit in ihren demokratischen Idealsetzungen zu stark verfehlt, einen Spiegel vorzuhalten, der jedoch nicht bloß in eine Kritik ohne Folgerungen mündet. In Reflexion auf gesellschaftliche wie individuelle Chancen und Risiken versuche ich zu reflektieren, was handlungsbezogen Relevanz zu haben scheint und welche Entscheidungen in diesen Prozessen günstig oder ungünstig sind.

Viele Menschen haben mich bei meiner Arbeit unterstützt. Besonders bedanken möchte ich mich bei Carl Richard Montag und seiner Stiftung Jugend und Gesellschaft, die mir in den letzten Jahren großzügige Unterstützung gewährte. Stefan Neubert, Karl-Heinz Imhäuser, Dieter Asselhoven und Silke Kargl gaben mir über die Jahre kritische Rückmeldungen, die mir geholfen haben, mein Anliegen zu präzisieren. Insgesamt danke ich meinen Studierenden an der Universität Köln für ihre Diskussionen und Anregungen. Meiner Familie danke ich für die Zeit, die sie mir gewährte. Alle noch verbliebenen Fehler und Schwächen gehen auf mich allein zurück.

Caroline Eckmann, meiner unersetzbaren Lektorin, verdanke ich zusätzlich zu ihren Korrekturvorschlägen auch folgende Formulierung: Die deutsche Sprache bietet zurzeit noch keine befriedigende Lösung für eine zeitgemäße sprachliche Gleichstellung. Dennoch wird aus Gründen der besseren Gendergerechtigkeit auf die ausschließliche Verwendung der männlichen Sprachform verzichtet.

Einleitung

1.   Unsere Welt von außen gesehen

Stellen wir uns vor, wir kämen als Beobachter/innen von außen auf die Erde. Und nehmen wir ferner an, dass wir getreu einem Ansatz von rationalen Entscheidungen bei der Wahl wirtschaftlicher Handlungen, wie er in großen Teilen der Wirtschaftswissenschaften vertreten wird,[1] von einem Planeten kämen, der durchzogen vom Nützlichkeitsdenken und freien Marktgeschehen tatsächlich nach rationalen Entscheidungskalkülen funktionieren würde.[2] Wir wollen verstehen, was die Menschen treiben, wie sie leben, was sie denken und fühlen, insbesondere, was ihre Welt, ihr Wünschen und Streben im Inneren zusammenhält. Wie schaffen sie es, ihre Bedürfnisse und ihr Leben zu sichern und zu entwickeln? Welche Umgangs- und Austauschweisen prägen sie? Zu welchen Schlüssen würden wir als externe Beobachter/innen unter diesen Voraussetzungen schon nach einem kurzen Aufenthalt gelangen?

Menschen sind betriebsam. Sie sind damit beschäftigt, von Ort zu Ort zu gelangen und Handlungen auszuführen. Nicht nur, dass sie mit diesen Handlungen ihre Bedürfnisse befriedigen wie Essen und Trinken, Schlafen, Sexualität, zugleich, das sieht jeder äußere Beobachter auf den ersten Blick, nimmt in ihrem Leben das Tauschen von Gegenständen einen großen Raum ein. Aber was bedeutet dieses ständige Tauschen? Wenn wir das menschliche Handeln verstehen wollen, sind wir als Beobachter/innen gezwungen, Hypothesen darüber zu entwickeln, was die Individuen zu ihren vielfältigen Handlungen veranlasst und was die diversen Individuen, Gemeinschaften und Gesellschaften in der globalen menschlichen Welt zusammenhält. Wir entdecken sehr schnell das Geld in seiner materiellen Form als Münzen und Scheine oder in virtuellen Formen als Scheckkarte oder elektronisches Geld. Geld wird zu Kapital, das ist eine besondere Form des Geldes, die sich vermehrt und auf Vermehrung zielt. Das Geld lässt sich gegen alle Waren tauschen, die Menschen zum Leben und Überleben benötigen, aber auch gegen alle möglichen anderen Dinge, deren Nutzen sich schwer erschließt. Alles auf dem Planeten lässt sich offenbar in eine Ware und Vieles in Kapital verwandeln. Und Geld nimmt sehr unterschiedliche Formen an, es ist das Chamäleon der menschlichen Kommunikation, wie es uns bereits nach wenigen Beobachtungen scheint. Ak-

---

1   Der »Rational Choice Ansatz« schreibt den handelnden Akteuren ein rationales Verhalten zu. Dabei streben die Akteure aufgrund von bewussten Präferenzen ein Verhalten an, dass den Nutzen maximiert, indem es z. B. die Kosten senkt oder die besten Möglichkeiten für eigenen Erfolg nutzt. Vgl. dazu z. B. die Nobelpreisrede von Gary Becker: The Economic Way of Looking at Life, Nobel Lecture, 9. Dezember 1992 unter http://home.uchicago.edu/~gbecker/Nobel/nobellecture.pdf.

2   Es ist hiermit, dies sei selbstironisch zugegeben, offensichtlich, dass diese Beobachter/innen deutlich so konstruiert und auf wirtschaftliche Dinge konzentriert sind, wie es einige Akademiker/innen in den Wirtschaftswissenschaften als idealtypisch hoffen. Wie diese wundern sie sich, was in der Praxis dann tatsächlich geschieht.

tien, Wertbriefe, Schecks, Schuldscheine, Optionspapiere, Derivate, Devisen, dies sind nur
einige Formen, mit denen Geld sich in andere Zahlungs- und Gewinnmittel tauschen lässt.
Wir sehen sehr schnell, dass Menschen ohne Geld nichts Wert sind, ihr Überleben ist gefährdet, aber je mehr Geld sie besitzen, desto mehr Lebenschancen scheinen sie wahrnehmen zu
können. In ihren Handlungen beschreiben die Menschen diesen Tausch nicht nur mit dem
Begriff Geld, sondern sie nennen es Moneten, Knete, Zaster, Kies oder Cash für Bares, um
der Vielfalt von Erwartungen, Gefühlen und Umständen zu entsprechen, die ihren Tausch
begleiten. Dieser Tausch bindet hohe emotionale Werte und Erwartungen, aber auch kognitive Anstrengungen, die so vielfältigen und unübersichtlichen Chancen des Tauschens zu
verstehen und umzusetzen.

Geld scheint sich in seinen Kapitalformen ständig zu vermehren, aber wie geschieht
dies? Es wandert wundersam mit digitalem I und O auf Konten auf und ab, es nimmt zu, indem es sich verzinst, aber die Inflation, d. h. die Erhöhung der Preise alles dessen, gegen das
es getauscht werden kann, lässt es zugleich auch wieder geringer werden. Geld bildet für
die Menschen, wenn es juristisch ihnen gehört, Eigentum. Es ist als Eigentum eine private Angelegenheit, ein privater Besitz, aber dabei lieben es die Menschen, sich nach der Art
und Größe ihrer äußeren Besitztümer zu unterscheiden. Diesem Besitz sieht man allerdings
nicht immer den tatsächlichen Eigentümer, der umfassend darüber verfügen kann und darf,
an, weil nicht alle, die etwas zu besitzen vorgeben, auch ein Eigentumsrecht daran haben.
Die Menschen legen oft großen Wert darauf, weder über ihren tatsächlichen Besitz und ihr
wahres Eigentum, sei es klein oder groß, zu sprechen, obwohl es ständig in ihren Gedanken
kreist. Hier bleibt es uns unverständlich, warum die Menschen nicht rationaler mit ihren Präferenzen umgehen, denn auf unserem Planeten ist es weder ein Problem, sich für eine Maximierung des Nutzens zu entscheiden noch offen über die Vorteile eines solchen Denkens
zu reden. Wir sammeln alle ökonomischen Fakten, um möglichst vollständig das Marktgeschehen zu überblicken und uns dann sachgerecht zu entscheiden, wie der Nutzen verbessert werden kann. Die Menschen behaupten dies oft auch, aber sie tun es nicht, weil sie weder möglichst vollständige Informationen sammeln noch rational tatsächlich langfristig und
nachhaltig alles planen. Ihre Welt ist unvollkommen.

Wie kommen die Menschen an ihr Geld, das ihr Leben so nachhaltig bestimmt? Geht
aus ihren Handlungen klar hervor, warum der Umgang mit Geld sinnvoll ist, ob es nachvollziehbar verteilt wird, nach welchen Regeln es getauscht werden kann und wie es sich besonders günstig vermehren lässt? Welche Rolle spielt das Eigentum dabei?

Es fällt uns als Beobachter/innen schwer, dies unmittelbar in den beobachteten Handlungen der Menschen zu verstehen. Und wenn wir sie befragen, stellen wir fest, dass es ihnen ebenso ergeht. Das betrifft nicht nur den Umgang mit dem Geld und unterschiedlichen
Eigentumsformen, sondern mit allen Handlungen, die wir bei Geldgeschäften beobachten
können. Urplötzlich verwandelt sich für sie Geld in Kapital oder Schulden, und in der Vielzahl unterschiedlicher Perspektiven, Erwartungen und Bewertungen erscheint es einmal als
lebensnotwendig und ein anderes Mal als bloß äußerlich und wertlos. Wie kann etwas, das
so wichtig für alle Menschen ist, so uneindeutig und oft undurchschaubar in den Praktiken
sein? Warum haben die Menschen nicht eine umfassende ökonomische Bildung, die ihnen
solche Prozesse verständlich macht und die Wahrscheinlichkeit eines bewussten und ratio-

nalen Handelns erhöht? Und warum schaffen ihre Geldgeschäfte nicht einen vernünftigen Ausgleich und Gerechtigkeit, sondern zeigen eine grundsätzliche Ungleichheit der Menschen an, die eher zu- statt abzunehmen scheint?

Geldgeschäfte, so können wir in gelehrten Büchern nachschlagen, sind im Laufe der menschlichen Geschichte so kompliziert geworden, dass es heute eines umfangreichen Studiums von mehreren Jahren bedarf, um sie überhaupt hinreichend zu verstehen. Aber selbst ein solches Studium reicht nicht aus, um Gesetze des Geldes, nach denen es sich tauscht und sicher vermehren lässt, vollständig und eindeutig auszumachen, denn so sicher es sich auch tauschen lässt, wenn man es erst einmal hat, so unsicher ist sein Gewinn oder Verlust. Mal bewundern Menschen den Geldbesitz, mal verfluchen sie ihn. Was das Geld betrifft, das als Zahlungsmittel die Welt der Menschen regiert, so gibt es zwar klare Antworten, was seine Notwendigkeit betrifft, denn ohne Geld lassen sich die Lebensmittel zum täglichen Überleben nicht kaufen, aber wir als äußere Beobachter/innen, die alle möglichen Antworten einsammeln wollen, um das Ganze hier vor Ort zu verstehen, stoßen bei Fragen nach seinem Sinn, den sicheren Arten seiner Vermehrung und Verteilung auf Widersprüche, Ambivalenzen, Unklarheiten. Gleichwohl beobachten wir deutlich, dass der Planet eine ungeheure Warensammlung gegenständlicher und virtueller Art enthält, und dass die Menschen einen großen Teil ihrer Zeit damit verbringen, Dinge, die sie brauchen oder zu brauchen meinen, zwischen sich zirkulieren zu lassen und zu tauschen. Geld ist mit allem verbunden, was die Menschen treiben:

- *Sprache:* Der sprachliche Austausch der Menschen über ihr Leben steht stark unter dem Druck des Geldes und dem Vorbehalt eines dahinter liegenden Eigentums. Um zu verstehen und handelnd in das Geschehen einzugreifen, haben die Menschen sich immer umfassender mit dem Geld und Geldgeschäften beschäftigt, sei es in eigenen Wirtschaftszeitungen, Teilen der Massenmedien, speziellen Fachrichtungen, Regulationsinstanzen des Wirtschaftssektors, Studiengängen, wobei die Beherrschung des wirtschaftlichen Sprachinventars die am besten bezahlten Jobs auf der Welt garantiert. Schon die Beschäftigung mit dem Phänomen Geld verspricht Geld. Geld wird mit Glück, Zufriedenheit, Sicherheit verbunden. Es bedeutet Macht, Anerkennung, eine Erhöhung aller Lebenschancen, wenn es ausreichend, aber besser noch, wenn es im Überfluss zur Verfügung steht. Geld wird mehr oder minder verdeckt auch als Kapital bezeichnet, die globale Wirtschaftsweise wird überwiegend Kapitalismus genannt, wobei öfter auch Umschreibungen gesucht werden, um das Wort Kapital zu vermeiden. Kapital scheint auch etwas Problematisches zu bezeichnen. Öfter begegnet uns der Kapitalist in seiner sprachlichen Negation nicht als glücklicher Geldbesitzer, sondern als Ausbeuter, der anderen Leuten ihr mit harter Arbeit verdientes Geld aus der Tasche zieht, um eigenen Profit zu machen.

- *Arbeit:* Geld wird gegen Arbeit als Lohn oder Einkommen getauscht und regelt in dieser Form die Existenzbedürfnisse des größten Teils der Menschheit. »Arbeiter/innen« geben ihre Arbeitszeit und erhalten dafür Geld. »Arbeitgeber« bezahlen die Arbeit und hoffen auf einen Gewinn, ein Mehr an Geld, das ihnen am Ende bleibt. »Arbeitgeber« erscheinen in unterschiedlichen Kulturkreisen in genauerer Sprachbezeichnung als Unternehmer oder Kapitalisten. Der Kapitalismus ist die durchgehende Produktions- und Lebensform der globalen Gegenwart. Mit ihm ist die Arbeit in Form der Lohnarbeit, d. h. gegen Geld getauschter Arbeitszeit, ein beobachtbarer Hintergrund sehr vieler Tauschgeschäfte. Wir sehen aber auch, dass ein Mangel an Arbeit, die Arbeitslosigkeit, zu einem Fehlen des Geldes führt, das ebenso wie das Scheitern des Kapitalisten, seine Geschäfte gewinnbringend zu betreiben, unweigerlich Armut und Existenzängste hervorbringt.

- *Leben:* Besitz von Geld und/oder Kapital wird von den meisten Menschen mit Glück und Zufriedenheit gleichgesetzt und bestimmt ihren Erwartungshorizont an das Leben, ihre Kommunikation und Beziehungen. Bei näherer Hinsicht vernehmen wir aber auch Stimmen, die den Zusammenhang von Geldbesitz und Zufriedenheit verneinen. Diese Stimmen stammen in der Regel von jenen, die zumindest über eine gewisse Summe Geldes verfügen. Für die Mehrheit der Menschen steht die Wichtigkeit des Geldes nicht in Frage: Es sichert ihr Leben und ihr Überleben, ein größerer Betrag steht dabei synonym für Glück.

- *Erziehung/Bildung:* Wer nicht hinreichend Geld und/oder Kapital hat, der scheint in der kapitalistisch orientierten Gesellschaft über die Erziehung/Bildung eine Chance zu haben, in der Leiter der bezahlten Arbeiten oder mit dem Risiko, ein eigenes Unternehmen zu gründen, aufzusteigen und mehr Geld erwerben zu können als andere. Gleichzeitig sehen wir aber auch, dass diejenigen, die bereits über Geld und/oder Kapital verfügen, im Kampf um diese Positionen deutlich besser abschneiden und so das ökonomische Gefälle verstärken.

Damit mögen wir als außerirdische Beobachter hinreichend und mit schnellen Blicken gezeigt haben, wie sehr das Geld, der Tausch und das Eigentum das heutige Leben der Menschen regulieren. Die Rationalität, die Menschen dabei entwickeln, erscheint allerdings als nicht durchgehend gegeben. Insbesondere scheinen viele dem Geld oder Kapital etwas Irrationales oder sogar Mythisches anzudichten, was ihre Handlungen oft schwer kalkulierbar erscheinen lässt. Da wir eine gänzlich andere Herkunft haben, fallen uns Erklärungen des Geschehens schwer. Aber das Verblüffendste am Treiben der Menschen scheint uns zu sein, dass sie selbst größte Schwierigkeiten haben, ihren Tanz um Geld und Kapital umfassend zu begreifen. Hier ist es verblüffend, dass sie sogar eine Theorie des vernünftigen Handelns, einen Rational Choice-Ansatz, entwickelt haben, aber in der Praxis verhalten sie sich ganz und gar nicht so rational. Insbesondere scheinen all ihre Gewinnstrategien sehr kurzfristig und nicht nachhaltig angelegt zu sein. Sie hinterlassen der Nachwelt große Umweltlasten und nicht tilgbare Schulden, Vorgänge, die uns irrational erscheinen. Aber dies liegt offensichtlich daran, dass die Menschen sehr emotional erscheinen und deutlich weniger vernünftig sind als wir.

Die Ironie dieser »außerirdischen« Betrachtungen erscheint, wenn wir bedenken, dass unsere Außerirdischen von einem Planeten kommen, der nach dem »Rational Choice Ansatz« eigentlich auch auf unserer Erde Realität sein müsste. Aber die menschlichen Handlungen zeigen im Gegensatz zu rein akademischen Erwartungen, dass es nicht nur rational und bewusst zugeht, wenn wir uns ökonomischen Verhältnissen zuwenden.[3] Geld und Kapital we-

---

3   Die Kategorie »Wir« verwende ich nachfolgend nur in solchen Kontexten, in denen mein Beobachterstandpunkt mit größeren Teilen der wissenschaftlichen Literatur als Ausdruck einer Reflexion von Lebensverhältnissen übereinstimmt und dies für die Sicht der Leser/innen als mögliche Sicht verallgemeinert. Dies schließt selbstverständlich Gegenpositionen damit nicht aus.

cken Assoziationen, die in sehr unterschiedliche Richtungen gehen. Ein rationales Verständnis, das hofft, hier alle Entscheidungen auf ihre Nützlichkeit hin auszubuchstabieren, das mag auf anderen Planeten funktionieren, jedoch nicht bei uns. Geld und Kapital, dies als Ausgangsthese, ist so mit all unseren Lebensverhältnissen, mit unserem Aufwachsen in der Familie, dem Lernen und seinen Kosten, dem Verhalten und unseren Wünschen, Sehnsüchten und Emotionen verbunden, dass wir nie nur auf das Rationale schauen können, wenn wir Ereignisse und Wirkungen verstehen wollen. Gleichwohl sind es immer auch rationale Überlegungen, mit denen wir auch unser teilweise irrationales Handeln, wenn mir mit Geld und Kapital umgehen, zu erklären versuchen. Mag den Außerirdischen oder einigen Experten der rational orientierten Wirtschaftswissenschaften dies auch als Unglück erscheinen, es charakterisiert im Gegenzug wohl deutlich unsere unvollkommene Menschlichkeit.

2.   Chancengerechtigkeit und Kapitalisierung

Das diskursive Feld

Das Konstrukt der äußeren Beobachter/innen ist nicht nur ironisierend und assoziierend gemeint. Dahinter stehen Erfahrungen von Menschen, die ich als erlebte Kapitalisierung bezeichnen möchte. Immer wieder ist die ökonomische Klammer um Fragen der Demokratie diskutiert worden, sie bezieht sich bis heute auf gesellschaftliche Partizipationschancen, gleiche und gerechte Bildungschancen, die Emanzipation insbesondere von Frauen, aber auch die Rechte von Kindern, von Migrantinnen und diskriminierten Gruppen und Personen. Sie spiegelt sich weltweit in diskursiven Bewegungen, die in einem Spannungsfeld stehen:

Auf der einen Seite wirken die aus den Hoffnungen der Aufklärung und Moderne herrührenden Denkansätze, die einen steten Fortschrittsglauben artikulieren und die materielle und wissenschaftlich-technologische Entwicklung als Siegeszug einer Vernunft, einer rationalen Wahl, beschreiben, die nicht aufzuhalten scheint. Sie setzen dabei auf Freiheit und Gleichheit im Handeln, ohne jedoch immer hinreichend zu überprüfen, ob tatsächlich alle Menschen gleich und frei handeln können. Dies mag in gewisser Weise auch der Blick der konstruierten Außerirdischen mit ihren Nützlichkeitsvorstellungen in der Einleitung gewesen sein. Solche Sichtweisen unterscheiden sich bis heute, grob gesprochen, in konservative Modernisierer, die diesen Fortschritt wie eine Tatsache und ohne Rücksicht auf dabei entstehende Verluste nehmen, und Progressive, denen weder bisherige Fortschritte noch die dabei gezeigte Vernunft je ausreichen. Die mit ihnen verbundenen Diskurse vertrauen neben der Freiheit (vor allem des Marktes) auf die Arbeitsteilung – auch in den Wissenschaften. Aus jedem Teilgebiet der Erforschung insbesondere in den Naturwissenschaften, der Medizin und Technik scheint bis heute ein produktiver Nutzen zu entspringen. Dieser Nutzen drückt sich vor allem in einer Verbesserung der Welt als Vermehrung des Wohlstands, der Gesundheit und Sicherheit der Lebenswege aus. Für solchen Nutzen wird sehr viel Geld ausgegeben, so dass die Kapitalisierung der wichtigen menschlichen Angelegenheiten unaufhaltsam scheint. Gleichzeitig jedoch atmet als eine Unterform von Bildungssehnsucht auch ein alter Geist der Universität bei jenen, denen jegliche Form der Kapitalisierung zuwider ist und die eine Freiheit von Forschung und Lehre geradezu als Beweis der Bedingung der Möglichkeit von Freiheiten überhaupt sehen. Doch in den letzten Jahrzehnten wurden ihre Hoffnungen mehr und mehr enttäuscht. Gerade die Universitäten als Ort, an denen die ökonomische Klammer durch angebliche Freiheit von Forschung und Lehre nicht durchdringend wirken sollte, verwandelten sich weltweit in Marktplätze, in Ausbildungsstätten für Massen mit hohem Potenzial an Studiengebühren, und geraten immer stärker unter ökonomischen Effizienz- und Verwertungsdruck, der um so stärker gespürt wurde und wird, je mehr man den alten Hoffnungen auf »wertfreie« oder ökonomisch nicht besetzte Felder noch anhängt (vgl. z. B. Liessmann 2006). Zudem erwies sich der Anspruch der Chancengleichheit als Illusion (vgl. Bourdieu/ Passeron 1988), weil sich die angenommene Gleichheit als Fiktion zeigte. Hoffen kann man angesichts der sehr unterschiedlichen Voraussetzungen der Individuen allenfalls auf einen gewissen Chancenausgleich, der als Konzept der Chancengerechtigkeit bezeichnet wird. Für mich persönlich als Kultur- und Erziehungswissenschaftler ist dieser Wandel im Verständnis des tatsächlich erreichbar Scheinenden ein Bruch, der sich in eigenen Bemühungen spiegelte. Wann immer positive Ideen insbesondere aus den Menschenrechten und ihrer Umsetzung nicht bloß theoretisch bleiben sollten, sondern vor Ort in Praktiken, gerechte Routinen und menschliche Institutionen umgesetzt wurden, erschien die kapitalisierte Kehrseite einer strukturellen Unterfinanzierung genau solcher Bereiche. Wenn Stéphane Hessel (2010) mit seiner kleinen Schrift „Empört euch!" aus seinen Erfahrungen als Widerstandskämpfer in der französischen Résistance uns heute zuruft, dass auch wir gegen einen gierigen, menschenverachtenden, weil die Menschenrechte nicht hinreichend achtenden, egoistischen und umweltzerstörenden Kapitalismus vorgehen müssen, der Freiheit und Gleichheit nur noch als eine leere Hülle mit sich führt, dann zeigt die Popularität, die er erfährt, dass eine Problemstelle der Gegenwart jenseits der Nützlichkeitsideologien berührt ist. Dem materiellen Fortschritt allein können wir nicht trauen, es muss auch einen kulturellen und politisch organisierten sozialen Fortschritt der Chancengerechtigkeit geben, wie das abgespeckte Anliegen der Vernunft nun lautet. Die Hinterlassenschaften der Aufklärung zeigen sich hier als widersprüchlich, die vermeintliche einheitliche Vernunft, an die geglaubt wurde, zersplittert sich in unterschiedliche Interessen und vage Hoffnungen. Von dem Ideal der Gleichheit wandern wir zum realistischeren Feld der Chancengerechtigkeit. Es entsteht die Frage, ob wir zumindest Chancengerechtigkeit noch hinlänglich erreichen können.

Auf der anderen Seite gibt es Diskurse, die in einer Kritik an eben diesen Hoffnungen und Verdrängungen von Widersprüchen gewachsen sind, um sich über größere Theorieschulen wie kritische Psychoanalyse, Strukturalismus, Diskurse der Postmoderne und Macht, Feminismus, »Cultural Studies« und sozialen Konstruktivismus insbesondere als kritischer Widerpart aller Fortschrittseuphorie, fehlender Chancengerechtigkeit und eines ökonomistischen Nützlichkeitsdenkens zu entwickeln. Dabei konnte ihre Breite und Unterschiedlichkeit zugleich eine Chance für eine neue Vielfalt des Denkens werden.

In der Orientierung meines Denkens sind diese Ansätze in der Abarbeitung vor allem der Illusionen der Aufklärung und an den Metaerzählungen der Moderne wesentlich geworden, und in der Schrift »Die Ordnung der Blicke« (Reich 2009 b) habe ich versucht, in dieser neuen diskursiven Komplexität für mich wichtige Richtungen und Maßstäbe auszumachen. Dabei ist für mich ein Denkmodell erwachsen, in dem ich in kritischer Auseinandersetzung mit solchen Diskursen vor allem die Interaktionen von Menschen als grundlegend in ihren

Handlungen ansehe. Insbesondere die kommunikativen Anteile solcher Interaktionen sind wesentlich für das, was wir als Beziehungen und ihre Gestaltungsmöglichkeiten deuten, aber sie helfen auch genauer zu verstehen, wie wir Konstruktionen von Wirklichkeiten zusammen mit anderen artikulieren und entwickeln. Solche Konstruktionen sind als beobachtbare Handlungen nie nur einfach, also z. B. nützlich oder rational, sondern stets sowohl offen und vielfältig als auch interessebezogen und selektiv. Die Wende zu einem sozialen Konstruktivismus war für mich ein entscheidender Schritt, das eigene Aufklärungsdenken mit seinem oft unkritischen Fortschrittsoptimismus zu dekonstruieren und produktiv an Diskurse anzuschließen, die zwar die Konstruktion aller Wirklichkeiten durch den Menschen als erkenntniskritisches Paradigma sehen, das für die heutige Zeit und ihre Reflexion »passt«, aber hierbei nicht bloß subjektivistisch und beliebig verfahren wollen, sondern durch kritischen Handlungsbezug immer auch zu diskutieren und zu problematisieren versuchen, welche Auswirkungen solche Konstruktionen auf ein chancengerecht geführtes Leben haben. Um dies beispielhaft anzudeuten: So mag die Wirtschaftswissenschaft in ihrem Ansatz des »Rational Choice« zwar eine Konstruktion sein, weil sie von Menschen erfunden, gemacht und organisiert wird, weil sie auch veränderbar ist, aber als eine solche Form ist sie Wirklichkeit für Menschen und erscheint wie eine Tatsache und erzeugt Fakten, die in Lehrbüchern stehen, in Ausbildungen abgefragt und bei politischen Entscheidungen zugrunde gelegt werden. Insoweit ist für den sozialen Konstruktivismus die Welt zwar je unterschiedlich von Menschen mit unterschiedlichen Interessen, Absichten, Ressourcen und Macht konstruiert, aber die gelebten Konstrukte zirkulieren und umgeben uns als eine Wirklichkeit, die immer auch vorhanden und in Handlungen spürbar und wirksam ist.

Menschenrechte und Chancengerechtigkeit als normativer Rahmen

Hessel, der als weit über Neunzigjähriger an die Hoffnungen appelliert, damit seine Mit- und Nachwelt sich gegen eine Welt stellt, die alles über die Macht des Geldes und Kapitalisierungen regeln will, wirkte an der Erstellung der UN-Menschenrechte mit, was seinem Anliegen eine besondere Kraft verleiht. Die »Allgemeine Erklärung der Menschenrechte«, die in meinem Geburtsjahr 1948 verabschiedet wurde – ein Anspruch, den mir das Zeitalter in die Wiege legte –, vereint als normativer Rechtsanspruch all das, was für ein Leben in Freiheit und Demokratie notwendig ist, ohne jedoch in all ihrer Radikalität und Menschlichkeit bisher umfassend in unserer Welt chancengerecht für alle umgesetzt worden zu sein. Das ist für Hessel empörend. Und er setzt hinzu, dass es noch mehr empören muss, wenn unter dem scheinbar vernünftigen Mantel des Marktes und der menschlichen Eigeninteressen mittels der Kapitalisierung aller Lebensbereiche genau jene Menschenrechte immer mehr ausgehöhlt und verunmöglicht werden, weil die Staaten und die Politik es nicht hinreichend schaffen, den Wunsch und die Sehnsucht nach immer größerem materiellen Reichtum und Wohlstand – verengt gesehen die Suche nach maximierten Nutzen – auch mit der sozialen Aufgabe der Entwicklung der menschlichen Würde unabhängig von Herkunft, Rasse, Geschlecht, persönlichen Ausgangslagen, Einkommen und Ressourcen so zu verbinden, dass möglichst gleiche oder zumindest gerechte Lebensverhältnisse für alle und nicht nur für reiche Minderheiten entstehen.

Bemerkenswert an Hessels Kampfschrift ist, dass er in seiner kurzen Argumentation sehr klar sieht, wie vor allem ökonomische Entwicklungen die Menschenrechte bedrohen. Dies ist in den einschlägigen Arbeiten zu den Menschenrechten und den Theorien zur Gerechtigkeit oft deutlich weniger der Fall. Sie bleiben oft abstrakt, weil sie notwendig auf das größere Ganze einer humanen, einer menschenwürdigen und gerechten Entwicklung zu schauen versuchen (vgl. Nussbaum 2006, 1). Aber sie müssten sehr konkret werden, wenn sie nicht eine bloße Worthülse, eine leere politische Intention oder ein Entschuldigungsformular für derzeit noch unmögliche Bedingungen und Strukturen sein wollen. Gerade die Menschenwürde fällt unter diese Kategorie des leichthin Flüchtigen, sofern sich die Menschen zu wenig empören, wenn es bei nur oberflächlichen Lösungen und leeren, nicht gelebten Versprechen bleibt. Und sofern nicht die Chancen aller in einer großen Breite und Vielfalt wahrgenommen werden, um unterschiedliche, aber würdige und gerechte Lebensverläufe zu entwickeln, sofern der Reichtum der Gesellschaften stets auf wenige umverteilt wird, so lange bleiben die demokratischen Versprechen nach hinreichender Teilhabe aller oberflächlich und leer.

Seit dem Aufschwung der Moderne dachten viele Menschen, dass die Aufklärung und der Kampf um mehr Gleichheit, um Demokratie und Partizipation ausreichen würden, um auf lange Sicht zu einer immer besseren und am Ende für alle menschenwürdigen Entwicklung zu kommen. Insbesondere die Gleichheit der Menschen vor dem Gesetz, in der Demokratie, dann aber auch in den Erziehungsinstitutionen vom Kindergarten bis in die Universität, sollten Garanten dafür sein, dass alle die gleichen Chancen besitzen, sofern sie sich nur entsprechend verhalten – als Überwindung einer selbst verschuldeten Unmündigkeit in den dunklen Zeitaltern vor der Aufklärung. Dagegen scheint die Unterfinanzierung von Erziehungs- und Bildungssystemen unserem Zeitalter inhärent zu sein, und in den Wirkungen trifft sie insbesondere die von Anbeginn schlechter Ausgestatteten. Insoweit verwandelt sich die selbst verschuldete Unmündigkeit oft in eine staatlich verordnete. Hier ist erkennbar, dass die Länder auch innerhalb der Staatengemeinschaft, die die Menschenrechte anerkennen, sehr unterschiedlich mit Ausgaben für mehr Chancengerechtigkeit umgehen, was sich z. B. darin zeigt, dass die Chancen, aus unteren sozialen Schichten überhaupt aufsteigen zu können oder an einer inklusiven Erziehung und Bildung teilnehmen zu können, in einigen Ländern, wie z. B. Deutschland, besonders schlecht ausfallen (vgl. dazu die Studien der OECD 2008, 2010).

Wie kommt es, dass Demokratie und Menschenrechte so unterschiedlich in die Praxis umgesetzt werden? Die modernen Demokratien und Rechtssysteme bauen auf klassischen Vertragstheorien auf. Es sind liberale Modelle, wie wir sie z. B. bei John Locke oder Jean-Jacques Rousseau finden. Hiernach soll jeder Mensch mit einem anderen einen stillschweigenden Vertrag eingehen und beide Seiten sollen sich gewählten Institutionen unterwerfen, die für sie rechtliche, politische, soziale, erziehungs- und bildungsbezogene Fragen regeln, um so nicht unmittelbar gegeneinander streiten und kämpfen zu müssen, sondern sich gemeinsam auf Verstandes- und Vernunftbasis zu einem gegenseitigen Vorteil auf einen gemeinsamen Wohlstand einigen zu können. Die Menschen gehen einen solchen Vertrag ein, weil er ihnen Vorteile im wechselseitigen Umgang bringt, mehr Sicherheiten in einem gewaltfreien Zusammenleben ermöglicht, Chancen individueller Selbstverwirklichungen eröffnet. Dieser Vertrag setzt allerdings Gleichheitsverhältnisse voraus, denn in der Behandlung mit- und gegeneinander sollen alle Menschen gleich, frei und unabhängig sein können. Insbesondere ein unabhängiges Rechtssystem und die Gewaltenteilung sollen sicherstellen, dass Freiheit und Gleichheit gewährleistet werden können. Gleichwohl erkannten bereits die Gründer der Vertragstheorien, dass es auch der Solidarität der Bürgerinnen und Bürger untereinander bedarf (der so genannten Brüderlichkeit), um Unterschiede, die von Geburt an bestehen, auszugleichen. Und genau diese Solidarität fällt sehr unterschiedlich aus.

Ähnlich wie Hessel heute die Hoffnung hat, dass wir uns empören, wenn die Solidarität so sehr verschwindet, hatten auch die demokratischen Klassiker großes Vertrauen auf die Selbstregulierungskräfte der Menschen. Aber die Menschenrechtserklärung selbst zeigt, dass solche Hoffnungen immer auch einen rechtlich erstreitbaren Titel, einen Besitz selbst für die Besitzlosen, beinhalten müssen, der tatsächlich erfolgreich eingeklagt werden kann, weil die gegenseitige Übervorteilung im Kapitalismus der Moderne zu allgegenwärtig ist.

An dieser Stelle setzen heute Theorien der Gerechtigkeit ein. Die Entwicklung der Moderne zeigte, dass zwar die politischen Rechte demokratischer werden konnten, aber dass insbesondere die Ökonomie und allgemeinen Lebensverhältnisse nicht gleichermaßen in Richtung der erwarteten Gleichheit voranschritten. John Rawls (1971) hat in seiner Theorie der Gerechtigkeit die Vertragstheorie vor diesem Hintergrund umfassend angewandt und erweitert (vgl. dazu auch Nussbaum 2007, S. 10 ff.). Freie und vernünftige Personen werden auch bei ihm immer schon als vorhanden vorausgesetzt, um zu zeigen, wie sie gleich miteinander umgehen können. Das Problem ist allerdings, dass die Gleichheit, die hier als vorausgesetzt gedacht wird, sehr abstrakt ist. Sie wird sehr formal bestimmt. Wenn z. B. jemand in freier, gleicher und geheimer Wahl frei wie jemand anders auch partizipieren kann, so mag dies auf der allgemeinen politischen Ebene zwar Gleichheit bedeuten, aber es wird damit nicht bezeichnet, inwieweit diese Person dann in den Macht- und Besitzverhältnissen der Gesellschaft ihre Interessen tatsächlich gleich wie andere vertreten und durchsetzen kann. Rawls versucht dem durch eine prozedurale Gerechtigkeit zu begegnen, in der die korrekte Prozedur im Sinne von Transparenz und Gleichbehandlung das korrekte Ergebnis mit definieren hilft. Dabei betont er, dass nicht mehr eine äußere Natur für uns Menschen definiert, welche Rechte wir haben sollen, sondern sieht die Konstruktion solcher Rechte als eine gesellschaftliche und politische Aufgabe an. Da wir nicht allein aus vernünftigen Gründen handeln, dies hat die Geschichte der Menschheit immer wieder gezeigt, gehört es für ihn insbesondere zu unserer moralischen Verpflichtung, gerecht sein zu wollen und dies praktisch umzusetzen, um dem Ideal eines gleichen Vertragsverhältnisses zu entsprechen. Praktisch gesehen wird die Forderung nach Gerechtigkeit zu einem Gebot, fair im Miteinander zu handeln (vgl. auch Rawls 2001).

Wenn ich hier noch einmal auf die Beobachtungen der Außerirdischen zurückkomme, dann sehen wir, dass sie ein wesentliches Problem nicht stärker fokussiert haben: Die Ungleichheit der ökonomischen Mittel und ihre stete Umverteilung in bestimmte Richtungen. Solche Vergesslichkeit geschieht sehr schnell, wenn wir nur die Nützlichkeit in einem allgemeinen Sinne beachten. Wir sehen solche Ungleichheiten bei genauerem Hinschauen aber dennoch, jedoch oft durchschauen wir nicht unbedingt ihre Entstehungsbedingungen. Gerne wird daraus dann der Vorwurf der Selbstverschuldung, denn so, wie für Immanuel Kant die Aufklärung der Austritt aus einer selbst verschuldeten Unmündigkeit ist, so scheint in unserer heutigen aufgeklärten Zeit die Armut auch allein durch persönliche Anstrengungen überwunden werden zu können. Dies ist für das Gebot der Fairness jedoch problematisch, denn es unterstellt, dass es gleichberechtigte Vertragspartner/innen gibt. Wie jedoch soll dies funktionieren, wenn die Verträge von Anbeginn einseitig wegen unterschiedlicher Voraussetzungen ausfallen?

Martha Nussbaum (2007) nennt drei Hauptprobleme, die ungelöst sind: physische und mentale Ungleichheit, Ungleichheit von Nationen, die vergessene Tierwelt ohne Rechte. Diese Liste ist sicher richtig, aber eindeutig zu kurz. Ungleichheiten entstehen vor allem auch bei den materiellen Ressourcen, den vorhandenen Geldern und Kapitalien, die sehr ungleich verteilt sind und heute in immer größere Ungleichheiten zwischen den Menschen driften, aber auch bei den erreichbaren Chancen, überhaupt einen Arbeitsplatz, eine Ausbildung, eine fördernde Erziehung und Bildung in möglichst chancengerechter Weise zu erhalten.

Insbesondere Amartya Sen (1985, 1992, 1993) und Martha Nussbaum (2000, 2006) vertreten heute einen Ansatz, der an die Debatten um die Menschenwürde und Menschenrechte anschließt und als ein »Ermöglichungsansatz« (*capability approach*) Fragen der gleichen und gerechten Chancen aufnimmt. Zu den menschlichen Fähigkeiten gehören Potenziale, die nicht allein das Individuum entwickeln muss, denn hierzu fehlen ihm oft die Möglichkeiten, sondern die für dieses Individuum vorgehalten, strukturell und von den Ressourcen her gesellschaftlich angeboten werden müssen, damit ein Leben in Menschenwürde überhaupt möglich ist. Dieser Ansatz, so sehr ich ihn teile, bleibt jedoch in seiner Diagnose der Schwierigkeiten auf dem Weg zu mehr Gerechtigkeit gegenüber den ökonomischen Verhältnissen zu beschränkt. In seiner Liste der Ermöglichungen tauchen nur Rechte auf, die die kapitalistischen Einkommensverhältnisse nicht berühren und noch nicht einmal den Wohlstand thematisieren, der als Besitzstand mittlerweile so aussagekräftig für unterschiedliche Bildungs- und Erfolgschancen in der Gesellschaft geworden ist.[4] Dies entspricht Problemstellen, die es bereits im Ansatz der Menschenrechte gibt, die sowohl ein Recht auf Arbeit wie auch auf eine Mindestentlohnung (zunächst gemessen an den lokalen Verhältnissen) ausklammern, weil diese Fragen in die Souveränität einzelner Staaten gehören und im Kapitalismus gegenwärtig eher durch staatliche Umverteilungen bzw. Förderprogramme ausgeglichen als durch rechtliche Ansprüche gesichert werden.

Erziehung und Bildung sind Felder, in denen eine solche Gerechtigkeit als Erhöhung der Chancen aller gesellschaftlich geplant, umgesetzt und kontrolliert werden kann (vgl. z. B. Hutmacher u. a. 2001). Dies ist auch auf der politischen Ebene deutlich geworden, denn sowohl in den Vereinten Nationen als auch in der OECD sind immer wieder Initiativen ergriffen worden, die Menschenrechte der demokratischen Gesellschaften in der Gegenwart durch die Forderung einer inklusiven Erziehung und Bildung zu untermauern,[5] weil die Einsicht besteht, dass allein auf der Grundlage eines inklusiven Erziehungs- und Bildungssystems

---

4   Nussbaum (2006, 295) sieht diese Kritik, stellt sich dem Thema jedoch nicht umfassend, um die Gesamtkonstruktion einer hoch abstrakten Liste, die nicht auf besondere Probleme eingeht, nicht zu gefährden. Damit aber bleibt sie an dieser Stelle in den Problemen der Vertragstheorie, die sie andererseits sehr eloquent bekämpft, auch ihrerseits teilweise stecken.

5   Die Vereinten Nationen betonen die Notwendigkeit einer inklusiven Erziehung, überlassen aber den Ländern jeweils eigene Wege, dies zu realisieren. Vgl. dazu: unesdoc.unesco.org/images/0018/001875/187575e.pdf. Zur Inklusion von Behinderten als Menschenrecht vgl. insbesondere zwei neuere Veröffentlichungen, die auch Deutschland rechtlich binden, die Inklusion voranzutreiben: www.un.org/disabilities/default.asp?id=212 und www.ohchr.org/Documents/Publications/Disabilities_training_17EN.pdf.

die Diversität in einer demokratischer Entwicklung hinreichend praktisch ermöglicht werden kann (vgl. Reich 2012).[6]

Ökonomie und Gerechtigkeit

Was bedeuten diese Zusammenhänge für die Grundidee meines Buches? Wenn es um die Bewertung der Kapitalisierung des heutigen Lebens geht, dann schwanken viele Menschen oft zwischen den beiden Diskurswelten der zunehmenden Aufklärung und mit ihr verbundener kritischer Theorien und ihrer Dekonstruktion durch Diskurse, die das rationale Bild mit der Diversität und Ungleichheit von Wirklichkeiten konfrontieren. Zugleich wollen viele die Hoffnungen, die mit einer größeren Verbreitung und Durchsetzung der Demokratie und der Menschenrechte verbunden sind, bewahren. Interessant dabei ist, dass meistens die Fragen nach der Ökonomie und Gerechtigkeit nicht innerlich miteinander verbunden werden, sondern bloß äußerlich bleiben. Gewiss, allen ist deutlich vor Augen, dass menschliche Fragen stets auch finanzielle Antworten benötigen, aber das Menschliche »an sich« ist eben auch nie nur eine Frage des Geldes oder finanzieller Zuwendungen. In diesem Dilemma vergessen die Kulturwissenschaften, die Geistes- und Gesellschaftswissenschaften, insbesondere aber die Erziehungswissenschaften häufig, über die ökonomischen Fragen nachzudenken, weil sie solche Fragen zwar als von außen kommend und bestimmend ansehen, sie aber wenig thematisieren, um ihnen auch aus eigener Reflexion hinreichend begründend begegnen zu können. Dabei werden wir schnell zum Opfer einer wissenschaftlichen Arbeitsteilung, die uns wenig über die fachlichen Engen schauen lässt. Immer wenn wir in Theorie und Praxis dann an strukturelle Bedingungen stoßen, wie sie durch die Unterfinanzierung insbesondere der Kultur und Bildung sichtbar werden, wenn wir die zunehmende Kapitalisierung aller Lebensbereiche wahrnehmen, erinnern wir uns an die Notwendigkeit, auch die Seite solcher Kapitalisierungen für die Gesellschaft und die Individuen deutlicher herauszuarbeiten. Es reicht nicht aus, nur die kommunikativen, sozialen, kulturellen oder erziehungs- und bildungsbezogenen Aspekte eines Lebens in Vielfalt und dabei die Chancen von Inklusion und Bildungsgerechtigkeit herauszuarbeiten, sondern es muss auch auf die Grundlagen der zunehmenden Kapitalisierung geschaut werden, die für alle unsere Bemühungen einen Rahmen, einen Hintergrund, oft genug strukturelle Voraussetzungen abgeben. Wird dieser Handlungsbereich übergangen, dann entstehen leichthin zu oberflächliche Bilder verabsolutierter Freiheiten jenseits tatsächlich wirkender ökonomischer Notwendigkeiten. Umgekehrt lassen sich aber so auch Freiheitsgrade gegen eine Ökonomisierung realistischer bestimmen. Dieser Aufgabe will ich mit diesem Buch nachkommen.

Bereits John Dewey ahnte als Kulturtheoretiker und Pädagoge, wie wichtig der gesellschaftliche und dabei der ökonomische Hintergrund für die Bestimmung von Demokratie und Erziehung ist. Er hatte eine Beziehung zu Marx, die bedeutsam war (vgl. Gavin 1988). Als Kulturtheoretiker benutzte er den Begriff Kapital vielfältig in seinen Schriften. Er sah, analog zu vielen heutigen Theorien des Human- oder des Sozialkapitals, dieses als eine Ressource an, um nicht nur Gewinne eines Kapitalisten zu bezeichnen, sondern auch um zu be-

---

6   Die Entwicklungslinien der Inklusionsdebatte in der OECD lassen sich in den OECD-Veröffentlichungen (1994–2003) gut studieren. Zur aktuellen Diskussion vgl. besonders www.oecd.org/dataoecd/54/54/45171670.pdf.

schreiben, dass Individuen Kompetenzen und Fertigkeiten benötigen, die ihnen die Gesellschaft als soziales Kapital mittels Erziehung und Bildung hinreichend ermöglichen sollte (vgl. Dewey MW 4, 157). Andererseits sah Dewey sehr klar, dass ein ausgleichendes Verhältnis von Arbeit und Kapital entscheidend für die Lebensverhältnisse der Menschen ist. Nur wenn ein Ausgleich der Interessen gefunden werden kann, wenn die Arbeit so entlohnt wird, dass sie menschenwürdigen Verhältnissen entspricht, und wenn der Reichtum soweit ins Soziale gewendet wird, dass die gesamte Gesellschaft davon profitieren kann, sah er hinlänglich auch Chancen für den Erhalt und die Entwicklung der Demokratie (vgl. z. B. Dewey MW 5, 452). Und Dewey stellte entscheidende Fragen, was die Wirkungen des Kapitals betrifft: „Wenn Eigentum moralisch so wertgeschätzt wird, wie viele profitieren unter dem gegenwärtigen System davon? Und wie viele bleiben ohne die wohltuenden Effekte? Wächst die Anzahl der Eigentümer oder wird sie geringer?" (Ebd., 492) Solche Fragen sind wichtig, aber sie müssen auch konkret in den historischen Epochen beantwortet werden, wie ich weiter unten zeigen will. Deweys Analysen geben hierzu Anregungen, bleiben selbst aber noch unspezifisch, weil er das Kapital als eine Wirkkraft neben anderen sieht und nicht ahnen konnte, welch ein Druck von der Kapitalisierung auch öffentlicher und privater Räume ausgehen würde. Entscheidend ist es für ihn – als Kulturtheoretiker und Pädagogen –, vor allem die Erziehung und Bildung in den Fokus unserer Aufmerksamkeit zu rücken, um einen Wohlstand für alle und ein möglichst gerechtes und zufriedenes Leben über den Weg einer Förderung möglichst aller durch eine Veränderung von Haltungen und Einstellungen zu ermöglichen. Gerechtigkeit und Zufriedenheit in der Gesellschaft und für alle Individuen tragen für ihn immer eine erzieherische Bedeutung, weil über diese vor allem ein Ausgleich an ungleichen Chancen schon am Beginn des Lebens erreicht werden kann und weil andererseits Erziehung und Bildung auch Möglichkeiten bieten, Menschen unterschiedliche Wege und Chancen in gelebter Diversität wahrnehmen zu lassen (vgl. weiterführend Garrison/Neubert/Reich 2012).

Auf solchen Ideen aufbauend, habe ich versucht, eine systemisch-konstruktivistische Pädagogik und Didaktik in konkreten Formen zu begründen, die mittlerweile viele Anhänger gefunden hat. Aus vielen Praxisbegegnungen weiß ich, wie wichtig hierbei immer die interaktive Haltung und Kommunikation der Menschen mit- und untereinander ist, wie entscheidend ein Bild eines inklusiven Lernens in Vielfalt bei bestmöglicher Förderung aller hierbei wirkt und wirken kann (vgl. Reich 2012), wie wesentlich es auch ist, nicht bloß oder vorwiegend materielle oder ökonomische Fragen in den Vordergrund zu stellen. Aber ich erfahre auch immer wieder die Schwierigkeiten, die mit äußeren, materiellen und strukturellen Problemen wie auch mit inneren, durchaus geld- und statusbezogenen Fragen im Erziehungs- und Bildungsbereich verbunden sind. Es ist eine Kapitalisierung zu beobachten, die mittlerweile auch jene Plätze und stillen Orte erreicht, wo früher anscheinend von Ware-Geld-Beziehungen nicht die Rede sein konnte oder sollte. So hat sich mir die Aufgabe gestellt, näher zu bestimmen, inwieweit die Kapitalisierung Formen gefunden hat, die grundlegend typisch für unser Verhalten, für wesentliche Teile unserer Interaktionen und Kommunikation geworden sind.

3. Ziele, Aufbau und Lesehinweise

So, wie sich den Außerirdischen zu Beginn dieses Kapitels die Frage danach stellte, nach welchen Grundsätzen die Menschen auf diesem Planeten ihr Leben organisieren, wobei das Geld und die Kapitalisierung sehr schnell ins Auge fielen, so stellt sich für alle Menschen auf dem Planeten die Frage, wie man zu Geld kommt, wie man es sichert, wie die Kapitalisierung mit eigenen Lebenszielen verbunden werden kann. Allenfalls für diejenigen, die sich in sicheren Verhältnissen wähnen, mag diese Frage überflüssig erscheinen. Sie stellt sich zudem unterschiedlich nach Geburt und Besitzstand, und erscheint oft in der Form, woraufhin und wie das Leben orientiert werden soll. Jeder und jede müssen nach ihren Formen einer Selbstverwirklichung suchen, was aber realistisch betrachtet einschließt, sich möglichst wenig Illusionen über die dabei notwendig erforderlichen Kapitalien zu machen. Dieses Buch will die Leser/innen anregen, über die mittlerweile durchgehende Kapitalisierung ihres Lebens nachzudenken und dabei sowohl gesellschaftliche wie individuelle Perspektiven kritisch in den Blick zu nehmen. Dabei werden wir aus der Geschichte des Kapitals heute besonders mit folgenden Spannungsverhältnissen konfrontiert:

- Jeder scheint sich selbst im kapitalistischen System der Nächste zu sein, und die positiven Seiten der Emanzipation (Recht auf Freiheit), die bis in die Gegenwart erkämpft werden konnten, sind mit ökonomisch fehlenden Rechten (Recht auf Arbeit, oft auch Recht auf Mindestlöhne) konfrontiert. Angesichts des Umstandes, dass viele Menschen nicht in Würde leben und überleben können, dass selbst in den reichen Gesellschaften ein großer Teil in die Verarmung gelangt, stellt sich die durchgehende Frage, wie die Menschenwürde im Kapitalismus beachtet, gewahrt und entwickelt werden kann.

- Ein Recht auf Arbeit erscheint heute noch als utopische Forderung im gegenwärtigen Kapitalismus, aber wenn man bedenkt, wie viel Geld der Staat in die Arbeitslosenhilfe oder analoge soziale Leistungen steckt, dann könnte es zur Entwicklung eines gemeinsamen Wohlstands günstig sein, ein solches Recht festzuschreiben, weil es zugleich wie eine Pflicht für die gemeinsamen Belange der Gesellschaft wirken könnte. Aber wie weit kann der Staat in die ursprünglichen Belange des Kapitalismus eingreifen, ohne den gewohnten Nutzen, den viele Menschen aus dem System ziehen, zu ändern oder andere Nutzungen zu eröffnen (vgl. z. B. Schmid 2011)?

- Eine hohe Arbeitslosigkeit bei gleichzeitiger Überalterung der Industriegesellschaften wird zu einem zentralen Dilemma im 21. Jahrhundert werden, weil es einerseits zunehmende Tendenzen geben wird, die hohe Zahl der Sozialfürsorgeempfänger irgendwie mit Arbeitspflichten für das Gemeinwohl zu beschäftigen, andererseits aber die Kapitalisten, die Arbeiten vergeben, auf Dauer auch nicht frei von bestimmten Verpflichtungen bleiben können, um ein bestimmtes Maß des Gemeinwohls zu erhalten. Aber wie sollen die schlechter Gestellten eine Einsicht entfalten, etwas für das Gemeinwohl zu tun, wenn sie durch ihre soziale Lage nach unten abgehängt wurden? Und wie sollen die besser Gestellten aus Einsicht zur Abgabe von Gewinnvorteilen kommen, wenn die Gewinnmaximierung ihr oberstes Ziel im Leben ist?

- Seit der Aufklärung in der Moderne besteht das Ziel, Menschen durch Erziehung und Bildung die Chance zu geben, aus eigener Anstrengung etwas aus ihrem Leben zu machen. Alle sollen möglichst gleiche Chancen haben. Aber die Realität zeigte und zeigt, dass die Chancen sehr ungleich verteilt bleiben. Wie kann es gelingen, Kriterien dafür zu entwickeln, was Chancengerechtigkeit bedeutet, wie sie sich gesellschaftlich entwickeln lässt, wie sie individuell erstrebt werden kann?

Die Grundidee dieses Buches ist es, nicht nur über die Kapitalisierung aller Lebensbereiche und die dabei genutzten Kapitalformen zu sprechen, sondern auch die Frage kritisch zu erörtern, was die Gesellschaft und die Individuen jeweils tun können, um ihre Lebenschancen hinreichend zu entfalten. Ich glaube, dass dieser Weg erfolgreich vor allem über Erziehung und Bildung und hierbei über eine Erhöhung der Chancen- und Bildungsgerechtigkeit führen kann. Da insbesondere das ökonomische Kapital als Basis aller Kapitalformen schon verteilt ist und die Spaltung von Arm und Reich vollzogen wurde und gegenwärtig immer größer wird, gibt es scheinbar nur wenige Handlungsfenster, um zu neuen Aussichten zu gelangen. Gleichwohl ist für alle Kapitalformen zu diskutieren, wo solche Handlungsfenster bestehen und inwieweit gesellschaftliche und individuelle Vorkehrungen helfen können, Einfluss zu nehmen, um Hoffnungen auf Demokratie und Menschenrechte mit der aktuellen Kapitalisierung zu verbinden. Der Titel des Buches »Chancengerechtigkeit und Kapitalformen« signalisiert daher, dass es hier nicht darum gehen soll, das Kapital in seinen gegenwärtigen Erscheinungsformen bloß beschreibend zu untersuchen, auch wenn in den Kapiteln dieses Buches solche beschreibenden Analysen nicht ausbleiben können. Aber es geht hier um mehr: Die Grundfrage, die mich antreibt, ist die Frage, inwieweit eine demokratische Orientierung, in der alle Menschen ein Recht auf gleiche, gerechte und freie Wahl ihrer Handlungen haben, inwieweit die damit verbundene Menschenwürde, sich mit den Kapitalformen, in denen und mit denen wir leben, verbinden lassen.[7] Die Grundthese lautet dabei, dass angesichts der Besitzverhältnisse in den Kapitalformen, vor allem das Lernkapital, das ich als eine besondere Form im Bereich der Erziehung und Bildung herausstellen will, geeignet ist, eine Bildungsgerechtigkeit anzustreben, die für die gesellschaftliche Entwicklung von Demokratie günstig wäre und auf der individuellen Seite für mehr Gerechtigkeit und Zufriedenheit großer Menschengruppen sorgen würde. Diese Idee baut insbesondere auf der Kulturtheorie und dem Bildungsverständnis von John Dewey auf, der bereits 1916 in seinem grundlegenden Werk »Demokratie und Erziehung« (Dewey MW 9) gefordert und begründet hat, dass Demokratie auf Dauer nur dann gelingen und funktionieren kann, wenn wir demokratische Prinzipien auch lebbar durch konkrete Umsetzungen in der Gesellschaft gestalten. Ein wesentlicher Zugang hierzu, der für alle Menschen gleichermaßen gilt, ist die Erziehung. In Weiterentwicklung von Dewey betone ich, dass Erziehung und Bildung dabei auch im Blick auf die Kapitalformen zu bestimmen sind. Alle durchlaufen Institutionen der Erziehung, und in der Ermöglichung möglichst gleicher Bildungschancen gründet die Basis einer gerechten Kultur, weil die anderen Kapitalien bereits ungleich von Beginn an verteilt sind. Chancen- und Bildungsgerechtigkeit sind deshalb zentrale Forderungen für die Entwicklung von Demokratie.

---

7   In dem Buch »Inklusion und Bildungsgerechtigkeit« (Reich 2012) ist diese Frage ebenfalls bestimmend. Sie schließt auch dort an den Capabilities-Ansatz von Sen (1985, 1992, 1993) und Nussbaum (2000, 2006) sowie Nussbaum/Sen (1993) an. In dem hier vorgelegten Buch erweitere ich die Analyse um die Seite der Kapitalisierung, die im Capabilities-Ansatz leider viel zu sehr unberücksichtigt bleibt. Vgl. dazu genauer auch das Ende von Kapitel 7.

Heute sehen viele, dass diese Forderungen sich der Frage nach den Kapitalformen sehr viel genauer zu stellen haben, denn unsere ethischen und pädagogischen Forderungen können sich nicht einer Analyse und Bewertung der Kapitalformen entziehen, die das Leben durchgehend als Ressourcen und Handlungschancen bestimmen.

Ziel dieses Buches ist es vor diesem Hintergrund, verschiedene Kapitalformen zu erkennen und sie zu begründen. Warum erscheint dies als erforderlich?

Folgende Begründungszusammenhänge, die ich hier einführend nennen will und die im Laufe der Argumentation differenziert entfaltet werden, sind für mich wesentlich:

1.   *Ökonomisches, soziales und kulturelles Kapital als Kapitalformen*

Pierre Bourdieu (1986) hat diese Kapitalformen entwickelt. Ich nehme sie auf und erweitere ihre Bedeutung. Diese Kapitalformen, die bereits weltweit breit diskutiert werden, erscheinen als wesentliche Formen, aber das, was sie jeweils ausmacht, unterliegt im historischen Wandel zugleich starken Veränderungen.

2.   *Die Kapitalformen sollen um das Körper- und Lernkapital erweitert werden*

Die Kapitalformen von Bourdieu erfassen nicht mehr hinreichend die heute gebräuchlichen Formen von Kapitalisierung unserer Lebenswelt, um die Akteure individuell und gesellschaftlich in ihren kapitalisierten Aktionen zu begreifen. Daher werde ich das Körperkapital und das Lernkapital als neue Formen einführen, begründen und in ihrer praktischen Relevanz diskutieren.

3.   *Gemeinsamkeiten und Unterschiede der Kapitalformen sollen möglichst systematisch erfasst werden*

Alle Kapitel werden zur besseren Vergleichbarkeit eine ähnliche Struktur aufweisen, um Gemeinsamkeiten und Unterschiede der Kapitalformen besser zu erfassen. Dabei gehe ich in vier Schritten in allen Kapiteln vor:

a.   *Schritt 1:* Was ist das und wo kommt das Kapital her? Dies soll unter der Analyse der Gegenstands- und Handlungsform jeweils diskutiert werden. Aus beobachtbaren Handlungen von Akteuren wird versucht, die Teilnahmebedingungen in Handlungen zu beschreiben und zu unterscheiden, die für die jeweilige Kapitalform als typisch beobachtbar erscheinen. Die Kapitalform wird daraus näher bestimmt.

b.   *Schritt 2:* Wie wird es vermehrt? Dies behandele ich im Abschnitt über den Mehrwert der jeweiligen Kapitalform. Bei der Analyse des ökonomischen Kapitals ergeben sich vier charakteristische Gewinnstrategien. Sie werden für jede Kapitalform ausführlich aufgewiesen und diskutiert.

c.   *Schritt 3:* In welchen gesellschaftlichen Szenarien kann der Nutzen der jeweiligen Kapitalform dargestellt werden? Eine Analyse der Handlungsformen des gesellschaftlichen Nutzens der jeweiligen Kapitalform zeigt, dass es weltweit große Unterschiede gibt, die sich zu vereinfachten typischen Szenarien zusammenstellen lassen, um einen Überblick zu erhalten. In den kapitalbezogenen Handlungen der Menschen erscheinen so immer wieder wesentliche Perspektiven, die die Menschen mit einem glücklichen und erfolgreichen oder einen missglücktem und erfolglosen Leben verbinden. Es wird sich zeigen, dass sowohl in der gesellschaftlichen wie in der individuellen Dimension wesentliche Bezugspunkte gegeben sind, die Menschen zufrieden oder unzufrieden machen. Die exemplarisch genannten Eckdaten sollen eine Vergleichbarkeit herstellen helfen, die es erleichtern mag, besser zu verstehen, wie durchgehend kapitalisiert unser Leben auch in Bereichen ist, die wir vielleicht noch frei von solchen Formen wähnen.

d. *Schritt 4:* Welche individuellen Chancen der Kapitalformen erscheinen als wesentlich? Im Kapitel über Szenarien des individuellen Nutzens der jeweiligen Kapitalform sollen Risiken und Chancen betrachtet werden, die die Kapitalformen aus individueller Sicht hervorbringen können. Auch hier werden zum Zwecke der Übersichtlichkeit aus einer unendlichen Anzahl möglicher Szenarien jeweils einige exemplarisch ausgewählt und nun unter der individuellen Perspektive dargestellt.

Die Komplexität unserer kapitalisierten Lebenswelt bringt uns immer wieder vereinfachend dazu, nur aus einer Perspektive schauen zu wollen, um die Übersicht zu behalten. Dies will ich bewusst durch Mehrperspektivität aufbrechen, aber zugleich ein System mit Kriterien bieten, die nicht alles in ein unverbindliches Nebeneinander zerfallen lassen.

4. *Der wesentliche Unterschied zu Bourdieu*

Grundsätzlich ist die Frage, inwieweit es ausreicht, die Kapitalbildung vorrangig über die verausgabte Zeit, die erreichten Unterschiede und die Stellung im sozialen Raum vor allem nach Interesse- und Machtkonstellationen zu erfassen, wie es bei Bourdieu erscheint. Bereits die vier eben angegebenen Schritte zeigen, so meine grundlegende These, dass ich einen systematischeren Weg wähle. Hier werde ich zunächst für das ökonomische Kapital zeigen, dass die Marxsche Interpretation neu bestimmt werden kann. Daraus ergibt sich eine erweiterte Erfassung des Mehrwerts, der auf einer neuen Grundlage bei jeder Kapitalform definiert wird. Gerade hier wird sich zeigen, dass bereits beim ökonomischen Kapital die genauere Bestimmung des Mehrwerts uns neue Sichtweisen erschließen wird, die auch für die anderen Kapitalformen wichtig sind. Wenn wir von sozialem, kulturellem, Körper- und Lernkapital sprechen, dann muss insbesondere die Kapitalseite auch schlüssig nachvollzogen werden können. Es geht mir hier nicht darum zu zeigen, inwieweit das Soziale, Kulturelle, die Körper oder das Lernen einen Einfluss auf die Gesellschaft und Individuen – auch in ökonomischen Bereichen – haben, sondern wie sie sich *ausdrücklich* als ökonomisches Verhältnis darstellen und messen lassen.

5. *Lernkapital*

Das Lernkapital erscheint mir als Schlüsselkapital, das gezielt Chancen auf sozialen, kulturellen und in begrenztem Rahmen auch ökonomischen Aufstieg oder eine günstige Position im Machtraum der Gesellschaft bieten kann. Dieses Kapital kann unter der Voraussetzung, dass der Staat in einer demokratischen Kultur es möglichst chancengerecht allen Gesellschaftsmitgliedern gewährt, eine gewisse ausgleichende Funktion einnehmen, um das gegenwärtig starke Driften der kapitalistischen Gesellschaft in wenige reiche Kapitalbesitzer und eine Masse armer oder verarmender Menschen aufzuhalten, zu vermeiden oder ihr bewusst entgegenzusteuern. Es wird daher besonders ausführlich diskutiert.

6. *Handlungsbezug*

Alle von mir gegeben Begründungen und Darstellungen beziehen sich auf beobachtbare Handlungen von Menschen, um so keine spekulative Theorie über Kapitalformen und ihre Wirksamkeiten zu unterstellen, sondern auch empirische Relevanz nachzuweisen und zur Förderung empirischer Untersuchungen beizutragen. Wenn wir Aussagen über Sachverhalte machen, die empirisch begründbar sein sollen, d. h. die begründet erscheinenden Tatsachen entsprechen und nicht willkürlich erfunden sind, dann neigen wir sowohl in der Alltagswelt wie in den Wissenschaften dazu, in Abbildern zu denken. Diese seit der Aufklärung markante Denkweise unterstellt, dass wir genaue Bedingungen und Fakten dafür angeben könnten, wie die Wirklichkeit »tatsächlich« sei. Bei den kapitalistischen Märkten müssten wir, wenn das stimmen würde, unterstellen, dass wir vollkommene Informationen über sie hätten, um ein »wahres« Abbild zu erzielen. In der Tat, wir nehmen gerade im wirtschaftlichen Handeln gerne universelle Akteure und ewig scheinende Wirkungsweisen an. Aber diese Annahmen, denen auch die Marxsche Analyse noch unterliegt, sind, so zeigt die Praxis immer wieder, nicht zutreffend. Dies liegt daran, dass es keine immer gültigen und einfachen Kausalgesetze im Kapitalismus gibt, dass Informationen über Märkte immer unvollständig sind, dass die Akteure oft eher emotional als rational handeln.[8] Betrachten wir dies einmal handlungsbezogen. Wenn wir sagen, jemand habe ein Alibi, so wissen wir, dass er nicht zum gleichen Zeitpunkt an zwei Orten sein kann. Wir haben damit eine Handlungstheorie über das Alibi, die uns sagt: Voraussetzung ist hier, dass eine Person sich nicht gleichzeitig an zwei Orten aufhalten kann. In diesem Fall ist das eindeutig.[9] Im ökonomischen Handeln hingegen ist es komplizierter, weil es viele Akteure gibt, die miteinander interagieren, und die Voraussetzungen sich nicht nur in einer Gleichung wie beim Alibi darstellen lassen. Woraus entspringt der Gewinn ökonomischen Kapitals? Die Handlungsanalyse, das werde ich in allen Kapiteln zeigen, lässt hier nicht nur eine Antwort zu. Sie lässt mehrere Antworten zu, weil wir in den komplexen Handlungen für verschiedene Fälle rekonstruieren können, dass sich Kapital durchaus vielfältig und teilweise in vermischten Verhältnissen vermehrt. Ein solcher Anspruch sagt aus, dass wir in komplexen Handlungsgebilden, wie es die Ökonomie oder die Kapitalisierung aller Lebensverhältnisse sind, nicht zu einfachen Antworten oder treffenden Weltformeln nach dem Grundsatz naturwissenschaftlicher Gesetzmäßigkeiten kommen können. Dies zeigt sich schon daran, dass das ökonomische Handeln der Menschen oft irrationalen Steuerungen unterliegt, wenn sie etwa im Herdentrieb gewisse Entwicklungen der Börsen mitmachen oder Immobilien- und andere Blasen erzeugen, obwohl viele Daten gegen solche Trends sprechen. Beobachter/innen müssen zugestehen, dass Subjektives und Objektives sich mischen. Insbesondere die Wirtschafts- und Finanzkrisen in Form der »Blasen« (Immobilienblase oder Kreditblasen in der Finanzkrise seit 2008 zum Beispiel) zeigen, dass die Handlungen nie nur vernunftgeleitet und rational nachvollziehbar geschehen, sondern immer auch einen Überschuss an Begehren, Unberechenbarkeit, Spekulation und Irrationalität tragen, wenn es um möglichst hohe Gewinne in kurzfristiger Zeit geht. Dies bedeutet, dass auch unsere Handlungsanalysen komplexer werden müssen, um dieser Vielfalt der Aspekte zu entsprechen. Die scharfen und eindeutigen Gesetze, wie sie vor allem ökonomische Theorieschulen immer wieder vergeblich

---

8   Zur unvollständigen Information auf den Märkten vgl. z. B. Greenwald/Stiglitz (1986).

9   Zum wissenschaftstheoretischen Hintergrund vgl. auch Janich (2001) und Reich (2009 b).

anstreben, verschwinden dadurch, aber wir verbleiben dennoch in gerechtfertigten Behauptungen, die begründet und auch empirisch nachvollziehbar bleiben. Damit werden willkürliche Annahmen abgewehrt, auch wenn komplexe Handlungen mit widersprüchlichen oder ambivalenten Handlungen uns beschäftigen werden. Für mich gibt es hier nicht nur *ein* Gesetz
der Mehrwertproduktion, sondern mindestens vier typische Konstellationen – eingeführt in
Kapitel 1 –, die dann eben auch nicht mehr bloß zu einer Antwort führen.

7.   *Lesehinweise*

Das Buch ist unter diesen Grundzielen in folgende Kapitel aufgebaut:

- In *Kapitel 1* sollen wichtige Grundbegriffe erläutert werden. Sie geben eine knappe
  Einführung in die Bestimmung von Kapital, Kapitalformen und Mehrwerte. Aufbauend
  auf diesen Kenntnissen kann von hier aus auch unmittelbar der Einstieg in eines der
  Folgekapitel gewählt werden.

- In *Kapitel 2* geht es um das ökonomische Kapital. Im Ergebnis wird dieses Kapitel zeigen,
  dass es unterschiedliche Formen des Mehrwerts im Kapitalismus gibt, die sich systemisch ergänzen. Dieses Kapitel ist besonders als Einstieg für jene interessant, die eine
  begründete Herleitung der Mehrwertformen des ökonomischen Kapitals nachvollziehen
  wollen. Dies gelingt nur, indem eine ökonomische Terminologie re- wie dekonstruiert
  wird, was gewisse Mühen der theoretischen Erfassung einschließt.

- *Kapitel 3* widmet sich dem sozialen Kapital, das nicht nur kollektive Bindungskräfte in
  einer Gesellschaft repräsentiert, sondern im gegenwärtigen Kapitalismus auch Formen
  der Auslese, Abgrenzung und Chancenverwirklichung über Netzwerke zeigt. Diskutiert
  werden insbesondere Positionen im sozialen Raum und Mechanismen der Bildung sozialer
  Gruppen im Blick auf die Mehrwertstrategien. Es wird gezeigt, dass diese Kapitalform
  in sehr starker Weise die heutige Lebenswelt durchdrungen hat und ein Bindeglied für
  alle Kapitalformen darstellt.

- Das kulturelle Kapital wird in *Kapitel 4* analysiert. Das kulturelle Kapital zeigt im Kapitalismus eine ungeheure Vielschichtigkeit, aber der Blick auf die Mehrwerte dieser
  Kapitalform offenbart zugleich, dass Gewinne aus der Kulturalisierung nicht immer
  einfach zu realisieren sind. Bei Bourdieu zeigen sich Erziehung und Bildung noch
  wesentlich als ein Teil des kulturellen Kapitals, aber es gibt mittlerweile hinreichend
  Gründe dafür, nur noch einen Teil der Bildung dem kulturellen Kapital zuzurechnen
  und für einen anderen Teil ein neues und relativ abgegrenztes Feld des Lernkapitals zu
  begründen.

- *Kapitel 5* führt das Körperkapital als eine neue Kapitalform ein.[10] Der Körper, dies
  wird immer wieder deutlich, nimmt zunehmend eine Warengestalt an und ist käuflich
  tauschbar. Die Investition in den Körper lässt erwartete Mehrwerte erkennen, die sich
  beschreiben lassen. Umgekehrt zeigen die Körper jener Menschen, die als »wertlos«,
  hässlich oder behindert aus den kapitalisierbaren Formen ausgeschlossen werden, wie sehr
  die Kapitalisierung auch bei jenen noch wirkt, die im Grunde ein Gegenbild darstellen.

---

10   Bourdieu spricht zwar manchmal von körperlichen oder Körper-Kapital, aber er ordnet dies noch dem
     kulturellen Kapital unter.

- Das Lernkapital ist für mich in *Kapitel 6* eine wichtige Kapitalform, die heute zwischen den Kapitalformen grenzverstärkend oder ausgleichend wirkt. Obwohl das Lernkapital große Überschneidungen mit dem kulturellen Kapital zeigt, steht es in meiner Argumentation am Ende der Kapitalformen, um Wechselwirkungen besser verständlich zu machen. Bei einem Ausgleich, so die These, können die Chancen aller Individuen gesellschaftlich besser abgesichert werden. In dieser Kapitalform steckt die Möglichkeit, durch Regulierungen von Seiten des Staates mit chancengerechten Absichten einzugreifen, um eine Teilhabe möglichst aller in der Demokratie hinreichend zu ermöglichen. Ein Blick in die Geschichte des Lernens zeigt, dass die Herkunft dieser Kapitalform stets schon von den anderen Kapitalformen belastet war und ist, dass aber auch im Kapitalismus in unterschiedlichen Ländern die Chancen, die in dieser Kapitalform liegen, sehr unterschiedlich genutzt werden. Die daraus folgenden gesellschaftlichen und individuellen Konsequenzen werden besonders ausführlich thematisiert.

- Die Kapitalformen sollen nochmals kurz in ihrem Zusammenwirken in *Kapitel 7* dargestellt werden. Auch wenn das ökonomische Kapital sich dabei als besonders nachhaltig erweist, so zeigen die zirkulären Bewegungen der anderen Kapitalformen zugleich relative Möglichkeitsräume und Freiheitsgrade auf, die durch das Zusammenwirken wie auch durch Gegenbewegungen, Widersprüche und Ambivalenzen entstehen. Das Kapitel schließt die Argumentation mit dem Verhältnis von Demokratie und Kapital. Meine These ist analog zu den Wirtschafts- und Finanzmärkten, dass ein deregulierter, vollständig liberalisierter Markt die Chancen zur demokratischen Teilhabe schmälert statt erweitert. Da die Kapitalformen sich aufgrund ungleicher Startbedingungen in den letzten Jahrzehnten nicht für alle Menschen gleich günstig entwickelt haben, da es in den Formen realer Lebensführung, der Lebensstile und der Bereitschaft, an die Vielfalt der Lebensformen zu glauben und sich aktiv für sie einzusetzen, große Unterschiede wie Ungleichheiten zwischen den Menschen gibt, wird es für die demokratisch orientierten Gesellschaften zu einer wesentlichen Aufgabe werden, hier ausgleichend zu wirken und mehr Chancengerechtigkeit zu praktizieren, wenn auf lange Sicht überhaupt am demokratischen Modell festgehalten werden soll. Hier gehört es zur Ironie der Geschichte, dass diejenigen, die am meisten nach Liberalisierung schreien, um ihre Gewinne zu erhöhen, mit der Liberalisierung zugleich eine politische Lebensform, die Demokratie, benötigen, um freie Märkte und freie Lohnarbeit zur Verfügung zu haben. Andererseits untergraben sie jedoch in ihrer Gier nach immer höherem Mehrwert aller Kapitalformen durch die immer ungleichere Verteilung der Gewinne das System, das sie eigentlich zum Überleben brauchen. Insoweit wendet sich meine Analyse sowohl an die Masse der relativ Besitzlosen, um die eigene Lage und verbleibende Chancen zu reflektieren, als auch an die Besitzenden, um den Sinn von Solidarität als Chance auf den Erhalt und die Weiterentwicklung von Demokratie zu verdeutlichen.

1. Kapital, Kapitalformen und Mehrwerte – eine Einführung

1.1 Was ist Kapital und was sind Kapitalformen?

Kapital und Kapitalformen

Das Kapital oder die Kapitalformen besitzen leider die unangenehme Eigenschaft, nicht unendlich oder gleich für alle zur Verfügung zu stehen, sondern durch Knappheit und ungleiche Verteilung gekennzeichnet zu sein. Da ihr Besitz oder Nichtbesitz unmittelbar über die Lebenschancen von Individuen und Gesellschaften entscheidet, ist es eine unumgängliche Angelegenheit für jeden in der kapitalistischen Gesellschaft, sich umfassend mit all seinen Formen auseinander zu setzen. Ein wesentliches Ergebnis meiner Arbeit will ich hier vorwegnehmen, damit die Leserin und der Leser die Chance erhält, auf der Basis einer gewissen Grundkenntnis unmittelbar zu jenen Kapiteln zu wechseln, die ein besonderes Interesse hervorrufen.

Beginnen will ich zunächst mit einer Arbeitsdefinition, was Kapital ist, wobei sich diese Definition nach und nach erweitern wird. Nehmen wir nochmals unsere äußeren Beobachter/innen aus der Einleitung, so würden sie erkennen, dass Kapital zunächst eine werthaltige Sache (wie Grundstücke, Maschinen, Gegenstände und Rohstoffe als Produktionsmittel oder Geld) ist, die dazu eingesetzt wird, diesen Wert zu erhalten und zu steigern. Dabei benötigt Kapital auf der Grundlage eines privaten Eigentums zu solcher Steigerung in der Regel Arbeit, Rohstoffe und eine Produktions- oder Dienstleistungsstätte (gleich welcher Art), um diese Steigerung zu erreichen, und einen Markt, auf dem der gesteigerte Wert getauscht und in Geld verwandelt werden kann. Aber nicht nur Arbeit führt zur Kapitalisierung eines privaten Eigentums, auch das Eigentum an Grund und Boden oder anderen Dingen kann sich vor dem Hintergrund von Angebot und Nachfrage tauschen lassen, ja, im entwickelten Kapitalismus der Gegenwart sind auch alle Formen von Spekulationen und Gewinnspielen kapitalisierbar, wobei der Begriff Kapital für eine Vielzahl von Gewinnstrategien steht. Wir können, grob gesprochen, Kapital auch nach den Arten seines Einsatzes als Industrie-, Güter- bzw. Handels-, Immobilien- oder Finanzkapital unterscheiden, um damit strategische Felder der Mehrwertproduktion anzugeben. Verallgemeinernd lässt sich sagen: Wenn Geld nicht zum eigenen Konsum, sondern in einer wertsteigernden Absicht verausgabt wird, um mehr Geld zu erzielen, dann verwandelt es sich in Kapital. Wie genau sich diese Verwandlung, diese Steigerung als Mehrwert zu einem vorherigen Wert vollzieht, dies ist nicht unmittelbar an den Handlungen abzulesen und es geschieht in sehr vielfältigen Formen. Die Vielfalt erscheint in den Formen, die bereits das Geld annehmen kann: Geld hat seinen Preis, der in der Geschichte des Geldes sehr unterschiedlich über Bargeld, Aktien-, Fonds-, Kredit-, Finanzierungsgeld usw. als Buchgeld oder elektronisches Geld reicht, wobei seine heutigen

Formen sehr oft unverständlich bleiben (vgl. Braun 2012). Diese Unverständlichkeit wächst an, wenn wir das Kapital betrachten.

Kapital ist ein Begriff, der ursprünglich keinen Plural kennt. Es ist entweder ein Besitz, d.h. jemand hat Kapital in Form von Geld oder Sachwerten, oder ein Wert, der neue Werte erzeugen soll, d.h. ein Investment, das dem Investor einen Gewinn verspricht. Im Begriff Kapital steckt ein Handlungswissen. Ursprünglich bezieht sich das Lateinische *caput* (= Kopf) auf Viehherden, die durch die Anzahl der Köpfe dem Besitzer seinen unmittelbaren Reichtum angeben. Unter Kapital im volkswirtschaftlichen Handlungswissen wurde im Laufe der Zeit jedoch immer mehr verstanden. Von den Köpfen der Viehherden ging man dazu über, alle Produktionsmittel zu bezeichnen, die bei der Herstellung von Waren und Gütern oder Dienstleistungen eingesetzt werden, um einen Gewinn zu erzielen. Solche Produktionsmittel sind der Besitz des Kapitalisten, derjenigen, der ihr Kapital einsetzen, indem sie Werkzeuge, Maschinen, Anlagen benutzen, in denen Menschen – mit Beginn des Kapitalismus – gegen Lohnarbeit arbeiten und etwas herstellen, unterhalten, als Dienst bereitstellen. In den Handlungen einer immer komplexer werdenden kapitalistischen Gesellschaft, das ist eine Gesellschaft, die durchgehend wirtschaftlich vom Einsatz des Kapitals bestimmt wird, verwandelt sich das ökonomische Kapital zur Erzielung von Gewinn in sehr unterschiedliche Kapitalformen, in Kapitale oder Kapitalien. So gilt wiederum im Handlungsalltag eine größere Summe Geldes bereits als Kapital, da diese Möglichkeiten zur Investition im Sinne von Produktionsmitteln und der Einstellung von Lohnarbeit zur Erzielung von Gewinn darstellt. Streng genommen wird erst durch diesen Einsatz Geld zu Kapital. Da dies in Form von Aktien, Beteiligungen, Fonds immer stärker so geschieht, dass der Geldgeber nicht unmittelbar als Unternehmer oder Kapitalist mit eigenen Lohnarbeitern auftritt, ist der unklare Gebrauch des Begriffes aus den Handlungen der Kapitalbesitzer heraus verständlich. Es lässt sich gegenüber der Viehherde von früher heute nicht mehr einfach abgrenzen, wann eine bestimmte Summe Geldes in welchen Einsatzformen – und sei es nur als Spareinlage bei einer Bank – bereits als Kapital im Sinne einer bestimmten Gewinnerzielung, z.B. durch den Einsatz von Lohnarbeit, eingesetzt wird. Dabei können Gewinne aus unterschiedlichen Handlungen wie Sparen, Aktien, Fonds, Unternehmenstätigkeiten, Kreditvergaben usw. herrühren.

In einem solchen System sind die großen Geldbesitzer die eigentlichen Kapitalisten, weil sie ihre Gewinnstrategien im großen Maßstab betreiben. Aber auch der kleine Sparer, der seine minimale Rente aufbessern will, agiert als Kapitalist im Kleinen, weil auch er erwartet, dass sein Geld »arbeitet«, d.h. durch andere vermehrt wird.

Was sind im Unterschied zum Kapital die Kapitalformen? Pierre Bourdieu hat in seinen »Formen des Kapitals« (1986) das ökonomische Kapital vom sozialen und kulturellen Kapital unterschieden. Dabei folgt er grundsätzlich in der Bestimmung des ökonomischen Kapitals zunächst Karl Marx, indem er anerkennt, dass das ökonomische Kapital das letzthin entscheidende Kapital ist, das die Produktionsweise im Kapitalismus bestimmt und zugleich darüber hinaus auch unsere Lebensweise grundlegend strukturiert.[11] Das ökonomische Kapital ist deshalb so bestimmend, weil es in akkumulierter Form stets schon ein privates Besitzverhältnis ausdrückt, das eine ungleiche Verteilung in der Gesellschaft charakterisiert.

---

11   Vgl. als Einführung in das Verhältnis von Kapital, Interessen und Macht bei Bourdieu insbesondere Swartz (1997). Siehe einführend auch Bourdieu/Wacquant (1992), Calhoun u.a (1993) und Shusterman (1999).

Dabei gibt es unterschiedliche Positionen nach Volumen, Breite und Verteilung der Kapitalien. Zwar stellen sich Aufsteiger gerne vor, über Spielgewinne beim Roulette oder im Lotto in einer einmaligen Situation ein Vermögen zu erspielen, um die Kluft zum ökonomischen Kapital in einem Glücksmoment zu überwinden, aber die Unwahrscheinlichkeit des Vorgangs zeigt nur, wie groß die Kluft tatsächlich ist. Das ökonomische Kapital hingegen, so argumentiert Bourdieu, trägt objektivierte Formen und verkörpert eine länger währende Anhäufung, die die Potenz in sich trägt, Profite zu erzielen und sich dadurch selbst zu vergrößern, sich fortzuschreiben und die Ungleichheit zwischen Menschen zu verstetigen und zu erweitern. Das ökonomische Kapital hat sehr große Auswirkungen, weil es der sozialen Welt, dem Zusammenleben der Menschen in Geschichte und Kultur einen Rahmen gibt und Handlungszwänge bildet. Alle Kommunikation und Kooperation der Menschen steht zu jeder Zeit unter dem Zwang solchen Kapitals, weil zumindest ohne Geld und Formen seiner Vermehrung in der modernen Welt nichts auf Dauer geschieht.

Aber das ökonomische Kapital, das sich durch Mehrwertbildung stets zu erweitern versucht, reicht zur Beschreibung gegenwärtiger Kapitalformen für Bourdieu heute nicht mehr aus. Die Tauschgeschäfte der Gegenwart beziehen sich nicht mehr nur auf engere ökonomische Aktionen, nicht mehr ausschließlich auf ökonomische Märkte und ihre Tauschabläufe oder Mehrwertproduktionen. Die Gewinn- und Profitorientierung im Kapitalismus lässt zwar vorrangig das ökonomische Kapital als wesentlich erscheinen, aber es gibt andere Kapitalformen, die in den Handlungen der Menschen sichtbar geworden sind.

Das kulturelle ist in ökonomisches Kapital konvertierbar, in es ist immer auch ökonomisches Kapital eingegangen, aber es wirkt auch eigenständig. Bourdieu ist auf diese Kapitalform insbesondere dadurch gestoßen, dass er in empirischen Studien den unterschiedlichen Bildungserfolg von Kindern aus unterschiedlichen Familienhintergründen bemerkte. Er fand heraus, dass die in der kapitalistischen Gesellschaft proklamierte Gleichheit der Menschen – im Blick auf den tatsächlich erreichbaren Schulabschluss oder eine Bildungskarriere – sich als illusionär erweist (vgl. genauer Bourdieu/Passeron 1988). Das kulturelle Kapital verstärkt die Unterschiede zwischen den Menschen und ihren Chancen. Es reicht nicht aus, vermeintliche natürliche Anlagen oder staatliche Förderungen des Bildungssystems in Betracht zu ziehen, wenn wir vom »humanen Kapital« als Ausdruck der Chancen eines Menschen sprechen, wir müssen auch seine erbrachten Leistungen innerhalb bestimmter Kulturhintergründe (der Familie, der Wohngegend, des Freundes- und Bekanntenkreises, der Bildungsinstitutionen) im Verhältnis zu einem späteren Gewinn durch bessere Jobs oder ökonomischem Aufstieg sehen. Nach Bourdieu unterscheiden sich die Klassen (Oberschicht, Mittelschicht, Unterschicht)[12] durch große Differenzen des kulturellen Kapitals, zum Beispiel in dem, was gegessen, getrunken oder wie gefeiert wird. In seinem Buch über die »Feinen Unterschiede« (1987) beschreibt er auch auf einer empirischen Basis, welche unterschiedlichen Milieus mit welchen Habitusformen auftreten,[13] um sich je auf unterschiedlicher Stufe ökonomischen Be-

---

12   Klassen-, Schicht- oder Milieutheorien teilen die Menschen hier sehr unterschiedlich auf. Ihnen allen ist jedoch gemein, dass eine bestimmte Position im kulturellen, sozialen und ökonomischen Feld eingenommen wird, die mit bestimmten Bevorzugungen oder Benachteiligungen verbunden ist. Vgl. dazu genauer Kapitel 3.

13   Der Habitus ist ein Ausdruck für Mechanismen des Verhaltens eines Menschen, sein Benehmen, Auftreten und die Art mit Dingen und Beziehungen umzugehen. Es ist ein Unterscheidungsmerkmal zwischen kulturell

sitzes *kulturell* zu unterscheiden. Inwieweit das kulturelle Kapital wirksam wird, dies hängt ganz und gar von der Art der Aneignung der vorhandenen Ressourcen und ihrer Zirkulation ab. Der erfolgreiche Nutzer des kulturellen Kapitals kann sich dann besonders gute Ausgangspositionen verschaffen, wenn er zugleich über hohes ökonomisches Kapital verfügt, das zugleich in inkorporierter Form als Lebenswohlstand inklusive Bildungsgütern vorliegt, um daraus einen Habitus zu entwickeln, der ihn als Teil der besitzenden Klasse (Schicht, Milieu) ausweist. Damit ist eine wesentliche Voraussetzung zum Erhalt, weiteren Erwerb oder Neuerwerb von ökonomischem Kapital gegeben, die andere Schichten nicht so schnell erreichen können. Insbesondere die unsichtbaren Wirkungsweisen in der Bildung von kulturellem Kapital, so meint Bourdieu, liegen in der lange währenden Entwicklung und Gestaltung dieses Kapitals, das nicht bloß mit Geld zu greifen ist. Allein schon die mentale Einstellung, die im Habitus des kulturell Wissenden liegt, zeigt sich nach seinen empirischen Studien als zielführend, wenn es um Machtstellungen in der Gesellschaft geht.

Soziales Kapital wird insbesondere als Ausdruck von beziehungsbezogenen Netzwerken sichtbar, die im Zusammenhang mit ökonomischem und kulturellem Kapital aufgebaut werden. Soziales Kapital ist eine Art Investitionsstrategie im Beziehungsbereich, die früher oder später einen Nutzen tragen soll. Insbesondere entsteht dieses Kapital durch die Mitgliedschaft in bestimmten Gruppen, die mehr oder minder institutionalisiert sein können, die auch aus Freundes- und Bekanntenkreisen bestehen, die im gegenseitigen Vertrauen auf den in ihnen verkörperten Habitus sich selbst oder ihren Kindern stärkend und helfend zur Seite stehen. Jedes Individuum wird bereits in solche Beziehungsmuster und Netzwerke nach der erreichten Position der Familie hineingeboren. Die individuellen und kollektiven Investitionsstrategien hängen für diese Kapitalform stark von den anderen bereits vorhandenen Kapitalformen ab. Familien allein, dies ist der Trend der modernen Institutionalisierung insbesondere des kulturellen Kapitals in Bildungseinrichtungen, reichen nicht mehr aus, um das soziale Kapital hinreichend aufzubauen und zu sichern. Insoweit ist es in der Moderne immer wichtiger geworden, in der richtigen Wohnlage mit richtiger Nachbarschaft zu wohnen, im angesagten Golfklub oder Tennisverein zu sein, um günstige Grundvoraussetzungen sozialer Netzwerke für sich und seine Kinder zu schaffen. Der Zugang zu den sozialen Netzwerken kann nicht beliebig sein, sondern wird durch formale oder informelle Zugangsarten beschränkt, z. B. Aufnahmeverfahren, Überprüfung der Bonität, Zughörigkeit zu bestimmten Gruppen usw. Bourdieu macht auf den mitunter paradoxen Umstand aufmerksam, dass man als Teil einer solchen Gruppe deren Interessen und Einstellungen repräsentiert, zugleich dadurch aber auch begrenzend delegiert wird, diese bestimmte soziale Lebensweise an andere weiterzugeben. Dies stärkt die Gruppeninteressen, kann im Einzelfall aber auch die Freiheit des Individuums stark beschränken.

Beziehungsarbeit ist nötig, um diese Netzwerke am Laufen zu halten. Symbolische oder reale Tauscharbeit wird geleistet, viel Zeit wird gegeben, um alle im Netzwerk zu motivieren, sich gegenseitig zu unterstützen. Insbesondere gleichgestellte und gleichgesinnte Menschen finden sich in solchen Netzwerken zusammen, was wiederum vor allem sozialen Aufstei-

---

unterschiedlich geprägten Gruppen. Nach Norbert Elias umfasst der Habitus das gesamte Auftreten einer Person, nach Bourdieu vor allem Dispositionen in seinem Lebensstil, seine Sprache, Kleidung und seinen Geschmack.

gern den Zugang erschwert. Soziales Kapital lässt sich wie anderes Kapital auch vererben, indem der vererbte Name für einen Habitus, für einen erreichten Erfolg steht, an dem auch andere beziehungsmäßig partizipieren. Je größer das Netzwerk ist, über je mehr Ressourcen es verfügt, je effektiver es genutzt werden kann, umso höher ist der Output, der auf der Solidarität dieses Netzwerkes basiert. Ein solcher Output kann vielerlei bedeuten: Zugang zu lukrativen Stellen, zu Geldgebern, zur Steigerung eigener Partizipation an besseren Geschäften, Erhöhung des kulturellen Kapitals, an Bildungschancen und deren effektiver Nutzung.

Ökonomisches, kulturelles und soziales Kapital sind für Bourdieu Kräfte, die zu relativ objektiven Machtpositionen in der Gesellschaft führen, wenn es gelingt, sie verobjektivierend materiell einzusetzen. Dazu setzen die Menschen ihren Habitus ein, in dem relativ dauerhafte Dispositionen des Denkens, Wahrnehmens, Fühlens und Wollens agiert werden, die als Erzeugungsmechanismen ebenso wie als Schemata des Verhaltens wirken. Sie wirken stets in einer Praxis als Erleben und Handeln der Subjekte, die den Habitus einsetzen und die als Unterscheidungsmerkmal auch immateriell erscheinende symbolische Unterscheidungen in Gesten und Sprache kommunizieren. Insofern alle Kapitalformen nicht nur eine materielle Seite haben, die äußerlich sichtbar getauscht werden kann, sondern auch eine ideelle, unsichtbare Seite, die symbolisch als Vorstellung, Aussage, Konstruktion wirken kann, ist das symbolische Kapital eine Form, die quer zu den anderen Kapitalformen steht und jede einzelne wie auch ihre Wechselwirkung ausdrücken kann. Das symbolische Kapital ist in der Regel sprachlich übersetzt, es stellt sich vor und ist repräsentiert in Konstruktionen und Aussagen, die seinen Besitz verkünden und artikulieren oder seinen Nichtbesitz markieren. Es stellt sich in Wahrnehmungskategorien dar, die beobachtbar sind, die unterscheidbar sind und die unterschieden werden, um den sozialen Raum aufzuteilen. Wenn z. B. der akademische Titel dem kulturellen Kapital zugehört, so ist er symbolisch zugleich ein unterscheidendes Merkmal zwischen Menschen und ein Statussymbol. Alle in den Kapitalformen verkörperten oder enthaltenen Bestandteile tragen immer auch eine symbolische Seite, mit der sie ausgedrückt werden können. Symbolisches Kapital verleiht so z. B. Prestige, Reputation, es dient als Ehrenzeichen wie als Anerkennung, verschafft Positionen wie Privilegien, wenn wir die erfolgreiche Seite nehmen, aber es bezeichnet auch die verworfene Seite des Lebens, wenn es um Charakteristika von Armut, Verwahrlosung, Abstieg usw. geht.

Mit dem Begriff des symbolischen Kapitals aber stoßen wir auch auf eine Schwierigkeit, die sich in den Bestimmungen Bourdieus ergibt. Als symbolisch wird in der Regel alles das bezeichnet, was durch Zeichen, Worte, Aussagen in sprachlicher Form charakterisiert ist. Aber warum und unter welchen genaueren Umständen wird das Symbolische zu »Kapital«? Sind die Zeichen und Aussagen in einem Buch, das einem bestimmten linguistischen Code ausdrückt, bereits symbolisches oder linguistisches Kapital, weil und insofern auch ein solches Buch auf einem Markt auftritt und gegen Geld ausgetauscht wird? Oder ist Symbolisches schon Kapital, weil es bestimmte Interessen und Positionen im sozialen Feld der Gesellschaft spiegelt, und damit Interessen und Macht verkörpert, die zur eigenen Positionierung in der Gesellschaft mit der Tendenz einer eigenen Profitmaximierung (Einkommen, Position, soziale Rangstellung usw.) verbunden sind? Diese Fragen müssen konkret für alle Kapitalformen beantwortet werden, denn es besteht die Gefahr, leichthin alles als kapitalisiert zu bezeichnen, sofern es symbolisch in einer kapitalistischen Gesellschaft mit bestimmten Interessen der sozialen Positionierung auftritt. Die Gefahr besteht darin, dass dann das Symbolische im Blick auf seine kapitalisierten und seine nicht-kapitalisierten Formen zu unscharf werden würde.

Wechselbeziehungen der Kapitalformen

Die verschiedenen Kapitalformen können immer vom ökonomischen Kapital abgeleitet werden, aber kulturelles und soziales Kapital sind nach Bourdieu in ihren symbolischen Formen nicht einfach nur durch Geld zu gewinnen. Die Transformation von Geld in diese Kapitalformen benötigt Zeit, Geduld und Anstrengungen, denn auch wenn Geld zu einigen dieser Kapitalformen erst den Zugang ermöglicht, so entstehen dann durchaus Folgekosten, die nicht allein durch Geld erlangt werden können. Dazu gehört z. B. die Zeit, die in Beziehungsarbeiten investiert wird, die Zeit und Anstrengung, die für erfolgreiche Bildungsverläufe notwendig sind, die Langsicht für gegenseitige Verpflichtungen, gesellschaftliches Ansehen, den Aufbau von Status und Netzwerken, die Art und Reichweite des individuellen Engagements usw. Oft mag es hierbei sogar so erscheinen, als sei das Geld in den Hintergrund getreten, aber dies scheint oft auch nur eine Illusion zu sein, die eine vorhandene Wechselbeziehung der Kapitalformen verbirgt. Jene, die bloß auf ihr ökonomisches Kapital bauen, übersehen schnell, dass sich die anderen Kapitalformen nicht einfach aufs Ökonomische reduzieren lassen, sondern eigenen Spielregeln folgen. Aber auch die anderen, die eher die Freiheit der kulturellen und sozialen Kapitalformen beschwören, um hierin Chancen für gesellschaftlichen Aufstieg zu sehen und hierbei hohe Freiheitsgrade zu erkennen, unterschätzen dann vielleicht die beharrende Kraft der Ökonomie, die zu jeder Chance und Freiheit notwendig dazugehört.

Bourdieu fragt nach dem allgemeinen Äquivalent, das allen Kapitalformen zugrunde liegt. Hier folgt er teilweise Marx, wenn er schlussfolgert, dass in der verausgabten Zeit (Arbeitszeit im weitesten Sinne) das universale Äquivalent steckt, das alle Kapitalformen auch in einen geldwerten Nutzen verwandeln lässt.[14] Hier scheint die Bewahrung der sozialen Energie durch alle ihre Verformungen in unterschiedliche Kapitalien immer dann bestätigt zu werden, wenn die verausgabte Arbeitszeit pro Kapitalform wie auch die Zeit, die benötigt wird, in andere Formen zu wechseln und das eine Kapital in ein anderes zu verwandeln, einen Wert erhält und neuen Wert erzeugt. Dabei benötigen wir zum Aufbau sozialen Kapitals Zeit für Beachtung, Sorge um andere, Beziehungsarbeit, die als Austausch für eine Beanspruchung stehen, die wir wechselseitig empfangen. Ökonomisch gesehen mag dies als reine Verschwendung erscheinen, aber in Langsicht verwandelt sich das soziale Kapital wieder in ökonomisches, wenn wir unsere Beziehungen erfolgreich nutzen können. Gleiches gilt für das kulturelle Kapital, das teilweise enorme Summen verschlingt, um angehäuft zu werden. Aber diese Summen können ihrerseits wieder in ökonomisches Kapital verwandelt werden, wenn z. B. die teure Gemäldesammlung mit Gewinn versteigert wird, oder sie dienen insgesamt der Etablierung einer machtvollen gesellschaftlichen Position. Auch dieser Positionsgewinn kostet Zeit, wobei insbesondere die Zeit für die Erreichung hoher Bildung und ihrer Konservierung oder Zuschaustellung zu Buche schlägt.

---

14   Vgl. dazu insbesondere Bourdieu (1986), wo er das (ökonomische) Kapital als angehäufte Arbeit und ihr Wertäquivalent über verausgabte Arbeitszeit darstellt.

Alle Kapitalformen erhalten sich nur, wenn sie hinreichend reproduziert werden. Bourdieu denkt, dass dies analog zur Verausgabung der Arbeitszeit wie bei der Produktion von Waren (vgl. dazu genauer Kapitel 2) gesehen werden kann. Hiernach bestimmt sich der Wert einer Ware durch das Quantum durchschnittlich verausgabter Arbeitszeit, die zu ihrer Herstellung erforderlich ist. Allerdings gibt er zu bedenken, dass alles das, was nicht in ökonomisches Kapital rückverwandelt werden kann, besonders anfällig für Verluste sein mag. Kulturelles und soziales Kapital sind deshalb deutlich unsicherer in der Handhabung als ökonomisches Kapital, insbesondere weil sich die Dankbarkeit für soziales Engagement immer auch mit der Undankbarkeit reiner Geschäftemacherei konfrontiert sieht. Dagegen scheinen Bildungs-erfolge, Abschlüsse und akademische Titel ein wenig zu schützen, weil sie nicht gleich zu Verlusten führen, aber auch sie können zu Sackgassen geraten, wenn sie nicht ökonomisch einsetzbar sind. So mag z. B. ein Musik- oder Kunstabschluss an einer Akademie ein erstre-benswerter Abschluss für das Bildungsbürgertum sein, aber solche Abschlüsse führen oft ohne eigenen ökonomischen Hintergrund in die Armut, insofern sich die eigene Fertigkeit nicht auf dem harten Markt der Konkurrenz mit hinreichendem Einkommen etablieren kann.

Grundsätzlich ist es sehr schwer, die Erfolge der Verausgabung von Arbeitszeit für kul-turelles und soziales Kapital zu messen. Hier findet in der Regel kein unmittelbarer Tausch von Waren statt, sondern der Tausch vollzieht sich hinter den Fassaden, er geschieht ver-borgen und ist stets verschleiert. Niemand sagt, er habe seine gut dotierte Stelle seinen Be-ziehungen oder denen seiner Eltern zu verdanken, auch nicht dem kulturellen Hintergrund der Familie, sondern er stellt den Erfolg als seine außergewöhnliche persönliche Leistung dar, die sich gegenüber den Mitbewerbern und Mitbewerberinnen durchgesetzt hat. Dabei verweist man gerne auf die verobjektivierten Abschlüsse von Schule und Hochschule, die den eigenen Bildungsweg markieren. Jeder scheint hier gleiche Chancen zu besitzen, aber wer genauer hinsieht, der erkennt, wie ungleich die kulturellen, sozialen und ökonomischen Chancen vom ersten Tag an waren und bleiben. Für die Kapitalformen und ihre möglichst gerechte Verteilung ist ausschlaggebend, wie sehr der Staat die Rolle eines Sachwalters für alle gesellschaftlichen Interessen wahrnimmt oder ob er vorwiegend die Privilegien der Bes-sergestellten schützt und fördert. Die Tendenz der Kapitalbesitzer besteht in jedem Fall da-rin, ihren privat angehäuften Besitz zu sichern und zu erweitern und ihre kulturellen und sozialen Besitzstände zu verteidigen und als allgemein menschlich notwendig hinzustellen.

Bourdieu liefert mit seiner Theorie der Kapitalformen zunächst eine Beschreibung ei-nes sozialen Raums, in dem Menschen mit unterschiedlichem Habitus und Interessen ver-teilt sind. Dieser Raum lässt sich empirisch erfassen, indem wir Unterkategorien bilden und z. B. nach feinen Unterschieden zwischen den Menschen suchen und diese in Milieustudien darstellen. Die Akteure zeigen sich dabei in einem Kräftefeld, in dem sie interagieren, wobei sie ihren Habitus benutzen, um machtvoll bestimmte Positionen im sozialen Raum einzuneh-men und für ihren Nachwuchs zu sichern. Niemand in einer durch und durch kapitalisierten Gesellschaft, so die Ausgangsthese, kann hiervon frei sein. Auch wenn wir insbesondere in sozialen und kulturellen Angelegenheiten gerne frei von ökonomischen oder kapitalisierten Zwängen wären, so sind wir es bei näherer Hinsicht aus dieser Sicht eben nicht. Dies gilt insbesondere für Intellektuelle, die vermeintlich wertfrei und objektiv auf alle Verhältnisse zu schauen meinen, obwohl gerade sie immer auch einen bestimmten sozialen Rang und interessebezogenen Platz in der Gesellschaft einnehmen, der ihre Blicke leitet. Am freiesten können hier diejenigen agieren, die auf einer bereits sicheren Stelle sitzen.

Vor diesem Hintergrund ist deutlich geworden, dass es nicht ausreicht, das ökonomische Kapital, auch wenn es immer wieder im Zentrum des Kapitalismus steht, allein in den Mittelpunkt zu stellen, um die gegenwärtigen Lebensverhältnisse angemessen zu beschreiben. Andere Kapitalformen ergänzen es und bezeichnen eigene Interessen- und Machtbereiche, die wir nicht unterschätzen sollten. Dies gilt umso mehr, da die weiteren Kapitalformen oft die Macht des ökonomischen Kapitals in andere Bereiche transformieren und so auch entweder verstärken oder verschleiern helfen.

Die Frage nach der Kapitalisierung menschlicher Eigenschaften

Im Anschluss an Max Weber interpretiert Bourdieu alle menschlichen Handlungen als durch Interessen geleitet. Dies schließt auch symbolische Absichten ein, und die Kapitalformen, die er unterscheidet, markieren mit den in ihnen ausgedrückten Interessen auch bestimmte Positionen, die die Menschen im sozialen, kulturellen und ökonomischen Feld mit- und gegeneinander einnehmen (vgl. auch Swartz 1997, 66 f.). Die Logik des ökonomischen Kalküls, die für den Einsatz der Kapitalformen wesentlich ist, erstreckt sich nach Bourdieu (1977, 178) auf alle materiellen und symbolischen Waren – und zwar unabhängig davon, ob diese nun selten oder häufig in einem bestimmten sozialen Feld auftreten. Es geht ihm darum, Bedingungen zu bezeichnen, in denen alle Praktiken auf eine Maximierung des materiellen oder symbolischen Profits gerichtet sind (1980, 209), wobei er nicht mehr den materiellen Warentausch allein vor Augen hat, sondern auch persönliche Eigenschaften und Kompetenzen als symbolische Interessensausdrücke mit in das Feld der Profitmaximierung einbezieht. Damit allerdings entsteht das Problem, inwieweit nun alle sozialen oder kulturellen Eigenschaften oder Kompetenzen nicht immer auch aus sich heraus – als Ausdruck eines möglichen Vorteils, der aus ihnen gezogen werden kann – kapitalisiert sind. Eine generelle Theorie der ökonomischen Praxis scheint die engeren ökonomischen Theorien der Gewinnmaximierung im Kapitalismus immer schon einzuschließen (vgl. auch Bourdieu 1977). Insbesondere Alain Caillé (1992) hat diese Verallgemeinerung kritisiert. Auch wenn die Wirkungen der einzelnen Kapitalformen wenig zu bestreiten sind, so ist doch die Verallgemeinerung der in sie eingehenden menschlichen Eigenschaften und Kompetenzen als durchgehend kapitalisierte ein Problem. Ist allein deshalb, weil ein Mensch z. B. mittels Lernen bestimmte Qualifikationen erworben hat, alles daran schon als kapitalisiert anzusehen, weil hinter allem ein stets angestrebter materieller oder symbolischer Nutzen auf Profitmaximierung egoistischer Individuen steht (oder stehen könnte), oder gibt es wesentliche Zusatzbedingungen, unter denen ein solcher Nutzen erst spezifisch als kapitalisiert auftritt? Caillé behauptet, dass Bourdieu – analog zur Theorie des »Humankapitals«, auf das gleich noch eingegangen wird – von einem utilitaristischen Ansatz ausgeht, in dem es vorrangig bei menschlichen Handlungen um Nutzen und Nutzenmaximierung geht.[15] Dabei hebt er drei Kritikpunkte (1992, 109 ff.) her-

---

15   Swartz (1997, 68 ff.) diskutiert diese Kritik ausführlich. Er belegt, dass Bourdieu nicht utilitaristisch sein will, es auch nicht im Sinne einer »Rational Choice Theorie« ist, aber dennoch Gemeinsamkeiten mit dem Utilitarismus aufweist, weil er für das menschliche Handeln stets ein Streben nach Gewinnmaximierung anzunehmen scheint.

vor: (1) Bei Bourdieu ist unklar, welcher bewusste oder unbewusste Anteil sozial-ökonomischer Handlungen klar ökonomisch ausgerichtet ist und welcher nicht. (2) Weil diese Unterscheidung fehlt, deshalb dominiert ein materielles Interesse in Bourdieus Schriften, das als allgemein menschlich verallgemeinert wird. (3) Obwohl Bourdieu vehement zunächst als genetisch strukturalistisch und später als sozial konstruktivistisch ausgerichteter Autor jeden Universalismus bestreitet, so scheint sich ein solcher durch die Hintertür dieser zu starken Verallgemeinerung dennoch in seine Theorie eingeschlichen zu haben.

Wenn wir über soziale oder kulturelle Faktoren, seien sie materieller oder symbolischer Art, nachdenken, dann sind diese auch aus meiner Sicht sehr oft sozial oder kulturell ausgerichtet, aber noch nicht kapitalisiert. Der Eintritt in die Kapitalisierung ist deutlich und trennscharf von anderen Eigenschaften, Wirkungsweisen und Funktionen zu unterscheiden, wenn die Gefahr vermieden werden soll, ungenau überall dort Kapitalisierungen zu unterstellen, wo das gesellschaftliche Umfeld in irgendeiner Art Geld, Macht, Interessen usw. aufweisen. Die Gefahr einer solchen Generalisierung besteht in der Tat bei Bourdieu. Er nimmt in den Handlungen der Menschen ein durchgehendes Profitstreben wahr, das besonders in ökonomischen Handlungen offen zu Tage tritt, aber eben Voraussetzungen auch in sozialen und kulturellen Handlungsfeldern hat. Dabei fokussiert Bourdieu nicht auf einen genauen Übergang in eine kapitalisierte oder nicht-kapitalisierte Form, sondern sieht in der Interessen- und Wirkmächtigkeit, in dem Machtgefüge, das durch solche Wirkungen in Handlungen erzeugt wird, immer schon die Kapitalisierung. Für ihn müssen wir nicht trennscharf angeben, wann eine Handlung eben noch sozial oder kulturell motiviert und dann, in einem Moment, ins Ökonomische, Kalkulierende, Profitmaximierende umschlägt. Seine Theorie hat die Tendenz, in den Handlungen auch die Voraussetzungen solches Handelns einzuschließen, in einem Habitus zu verallgemeinern, weil sie zugleich neben der Betonung der Interessen eine Theorie des sozialen Feldes selbst ist. Interessen und Macht haben zu Positionierungen in diesem Feld geführt, die immer schon Bedingungen der Möglichkeit von weiteren Handlungen ausdrücken. Es geht ihm um eine Theorie der Praxis – und hier hat er die gesellschaftliche Praxis des Kapitalismus vor Augen, der mit seiner Tendenz zur Kapitalisierung alle Formen menschlicher Handlungen mehr und mehr durchdringt. Seine Theorie ist davon geprägt, dass er aus soziologischer Beobachtersicht unterstellt, dass die Menschen sich in ihren Handlungen nicht über die Tragweite ihrer Handlungsvoraussetzungen hinreichend im klaren sind.[16]

Der Vorteil dieser Position ist es, die Zusammenhänge des Feldes stärker ins Auge zu fassen, Interdependenzen zu erkennen und dabei die Vielfalt der kapitalisierten Handlungen der Gegenwart zu erkennen und zu erfassen. Der Nachteil allerdings besteht darin, dass die Trennschärfe zwischen den Handlungsarten leicht verloren gehen kann. Dadurch wird ein analytischer Blick auf jene Momente verstellt, die eine engere Kapitalisierung herstellen,

---

16   Vgl. dazu kritisch z.B. Celikates (2006). Ursprünglich hat Bourdieu aus dem Gabentausch in Algerien an einem vorkapitalistischen Modell den Sinn von Tauschvorgängen erschlossen, den er auch im Kapitalismus weiter wirken sieht. Die dadurch entstehende enthistorisierende und ungewollt universalisierende Tendenz erscheint als problematisch. Gleichwohl wäre der freie und unabhängige Intellektuelle, der aus der Kraft eigener Vernunft auf die Verhältnisse »wie sie sind« schaut auch kein geeignetes Gegenmodell mehr, weil alle Beobachter/innen stets schon Teilnehmer/innen in kapitalistischen Strukturen sind (vgl. Reich 2009 b, c).

gegenüber jenen, in denen es auch Soziales oder Kulturelles neben dem Kapitalisierten oder auch relativ frei von diesem geben mag. Dahinter steht auch das Problem, dass der Habitus nach Bourdieu wie ein Erzeugungsmechanismus für alle Wahrnehmungen, Denkschemata und Handlungen zu wirken scheint, der – außer für den kritischen Soziologen – kaum reflexiv zugänglich ist. Ja, es besteht sogar der Zweifel, ob es Soziologen hinbekommen, den eigenen Habitus kritisch zu durchschauen, denn auch sie sind jeweils schon Teil des Feldes, das sie interessebezogen studieren.[17] Gleichwohl zeigen gerade Bourdieus Arbeiten, dass es gelingen soll, hier kritisch einzugreifen.

Vor diesem Hintergrund gibt es ein Spannungsverhältnis im Denken all jener, die von Kapitalformen sprechen. Mit den Kapitalformen soll ein enger Ökonomismus überwunden werden, indem eine Öffnung der ökonomischen Interessen (Blick aufs Kapital) hin zu allgemein menschlichen Orientierungen (Blick auf Kapitalformen) vorgenommen wird. Diese Öffnung geht in zwei Richtungen:

1. Sie löst den alten Dualismus von Arbeit und Kapital, von Ausgebeuteten und Ausbeutern auf, indem sie die sehr viel größere und realistischere Positionierung von unterschiedlichen Menschen in den Interesse- und Machtfeldern der Gegenwart herausarbeitet und scheinbar wertfreie und objektive Desinteressiertheit in solchen Feldern als Illusionen entlarvt. Durch die Öffnung vom Kapital hin zu den Kapitalformen lässt sich zeigen, wie menschliche Eigenschaften und Kompetenzen, wie vor allem – so in Bourdieu/ Wacquant (1992) – auch das menschliche Begehren, aus unbewussten Motiven, sich mit den sozialen Kämpfen im Mit- und Gegeneinander menschlicher Handlungen verbinden und verbunden sind.

2. Gleichzeitig führt dies aber auch in eine unpräzise Betrachtung der Kapitalisierung selbst. Wo ist jeweils der entscheidende Punkt einer Transformation einer menschlichen Qualität, einer Kompetenz, eines Begehrens, einer sozialen Machtposition in ein ökonomisches Interesse, in einen materiellen oder symbolischen Profit, der dann auch tatsächlich mit geldwerten Vorteilen verbunden ist? Diese Frage stellt sich bei jenen, die von Kapitalformen sprechen, meist nicht genau, sondern sie wird nur in der Tendenz des sehr offen gehaltenen Einsatzes der Kapitalformen beantwortet, indem aus dem Verhalten von Menschen im Nachhinein geschlossen wird, wie sich eine kulturelle und soziale Reproduktion von erreichten Besitzständen zeigen lässt.

Für mich lässt sich der Mangel nach (2) leicht aufheben, ohne die Vorteile nach (1) negieren zu müssen.[18] Wenn es gelingt, eindeutige Funktionen des Transfers von Interessen, persönlichen Eigenschaften usw. ins Ökonomische klar zu bezeichnen und zu identifizieren, dann würde eine Theorie der sozialen Praxis an Schärfe gewinnen. Es ließe sich unterscheiden und für Handlungen re/konstruieren, wann und inwiefern sie z. B. eher sozial und kulturell

---

17   Aus konstruktivistischer Sicht sind solche systemischen Wechselbezüge gut erklärbar. Zu meiner Theorie von Beobachtern, Teilnehmern und Akteuren vgl. weiterführend Reich (2009 b, c) und Neubert/Reich (2006).

18   Luc Boltansik, ein Schüler Bourdieus, hat eine pragmatistisch inspirierte Wende der Soziologie der Kritik vollzogen (2010), die auch für mich wesentlich ist. Die Akteure in ihren Handlungen müssen stärker bei Fragen der Ungleichheit einbezogen werden. Boltanski fragt z. B.: Wie können so wenige Akteure schaffen, ihre Macht über sehr viele auszuüben, ohne dass diese dagegen rebellieren? Auch wenn die Antworten bei Boltanski (2007, 2011) in eine etwas andere Richtung als bei mir gehen, so gibt es auch große Überschneidungen in der Argumentation.

angelegt sind und wo der Punkt ihrer Kapitalisierung eindeutig beginnt. Dies würde verhindern, dass wir zu wenig trennscharf wie die Theorie des »Humankapitals« (siehe dazu weiter unten) alle Handlungen stets schon unter bestimmten Nützlichkeitsvorbehalt sehen oder Interessen und Macht, wie es bei Bourdieu bevorzugt wird, als allgemeine Strategien betonen, ohne den eigentlichen Vorgang der Kapitalisierung zu fokussieren.

1.2 Der Mehrwert als Schlüssel zum Verständnis der Kapitalformen

Die Vermehrung des Kapitals geschieht durch einen Mehrwert. Die Arten der Mehrwertbildung, die ich für alle Kapitalformen ausführlich beschreiben werde, lassen sich durch Studien am ökonomischen Kapital aus den Handlungen der Menschen herleiten und auf andere Kapitalformen übertragen. Dabei ist es wichtig, zu verstehen, dass die Mehrwertbildung immer aus einer Differenz entspringt: Es gibt einerseits in den Berechnungen von Kosten und Gewinnen einen Ausgangswert, mit dem die Akteure starten, um am Ende einer Verwertungszeit ein Mehr, einen Mehrwert gegenüber dem Ausgangswert zu erhalten. Aber wie genau lässt sich diese Differenz berechnen? *Schaubild 1* (siehe nächste Seite) zeigt diese vier Formen in vereinfachter Form. In der Mehrwertbildung gibt es für mich vier prinzipielle Strategien, die einzeln für sich wirken können, die aber meistens in einem systemischen Zusammenspiel stehen, um den Mehrwert zu erzeugen:

1. Eine klassische Strategie ist es, jemanden in Lohnarbeit (gleich auf welcher Stufe der Qualifikation) zu beschäftigen und seine Arbeitszeit so zu bezahlen, dass am Ende bei der Produktion von Waren oder bei Dienstleistungen nach Abzug aller weiterer Kosten ein Mehr an Wert übrig bleibt, der auf dem Markt auch tatsächlich als Preis realisiert und getauscht werden kann.

2. Auf dem Markt gibt es Angebot und Nachfrage. Je mehr ich durch gezielte Steuerung (als möglichst vorübergehender Monopolist) das Angebot verknappen oder die Nachfrage steuern kann, um so mehr gelingt es, einen Mehrwert auf der Basis von Eigentumsrechten entweder zusätzlich oder auch relativ unabhängig zur Lohnarbeit zu erzielen. Allerdings erschwert die Konkurrenz diese Strategie. Dennoch zeigen insbesondere Spekulationsgeschäfte in der Gegenwart wie sehr es gelingen kann, Mehrwerte durch Leerverkäufe, Immobilienblasen oder mehr oder minder fiktive Strategien zu erzielen.

3. Illusionen, Täuschungen oder Betrug sind immer mögliche Strategien, einen Wert so zu manipulieren, dass ein Mehrwert entspringen kann. Was früher nur für eine Ausnahme und Abweichung von der kapitalistischen Moral und Marktpraxis gehalten wurde, das ist heute zum Regelfall und zu einer Grunderwartung bei vielen Geschäften geworden.

4. Je mehr Kapital vorhanden ist, desto stärker kann es auch an jene weitergegeben werden, die durch Erbschaft oder Heirat parasitär an den Leistungen partizipieren, die andere erbracht haben. Für sie ist der Mehrwert ein Geschenk aus eigener Nichtleistung und der erbrachten und angesparten Leistung anderer.

Schaubild 1:   Vier Formen des Mehrwerts

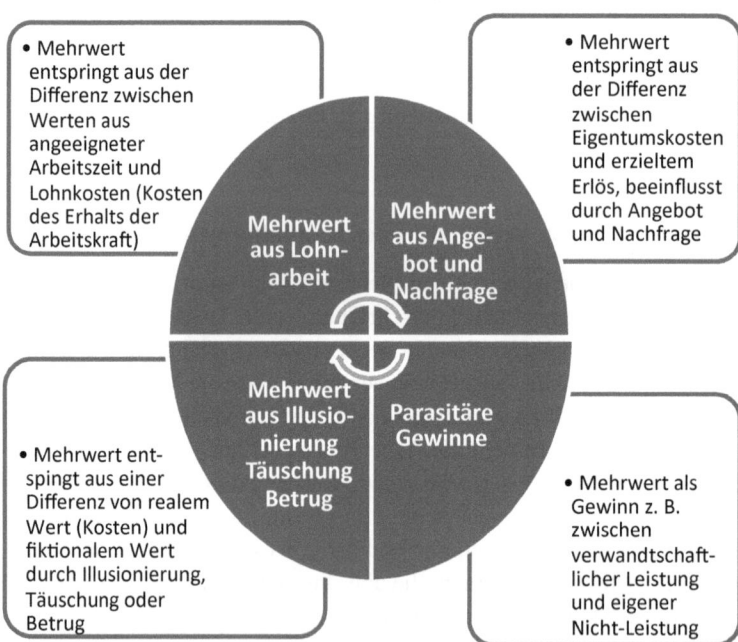

Wichtig ist mir, dass es immer um eine Differenz geht, wenn wir solchen Mehrwert betrachten. Erst diese Differenz von investierten Kosten (oder auch ggf. Nicht-Kosten wie bei der Erbschaft) und später erzielten Gewinnen lässt einen Mehrwert definieren und zeigt dabei zugleich die Verwandlung von Geld oder geldwerten Kosten in *Kapital* an. Geld wird zu Kapital nur dann, wenn es auf Vermehrung nach einer der Differenzen gesetzt ist. Allein persönliche Eigenschaften oder Kompetenzen sind noch kein Kapital. Erst wenn sich Kosten feststellen lassen, die messbar zu einer Erhöhung von Gewinnen (als z. B. erhöhter Lohn, Einkommen, Gewinnen aller Art) führen, kann von einer Kapitalisierung bzw. einer Kapitalform gesprochen werden. Diese Unterscheidung ist wesentlich, weil ich nur dann zum Kapitalisten – im kleinen oder großen Maßstab – werde, wenn ich solchen Mehrwert anstrebe und erziele. Deshalb sind meine Qualifikationen und Kompetenzen, meine menschlichen Eigenschaften, mein Habitus usw. auch kein Kapital oder »Humankapital«, weil sie erst im Sinne einer Mehrwerterzeugung eingesetzt werden müssten, bevor ich Kosten und Ertrag gegeneinander aufrechne. Würden wir diese Unterscheidung nicht treffen, dann wäre das Kapital eine sehr unscharfe Beschreibung, weil es immer schon in allen Handlungen stecken würde. Aus meiner Sicht ist es zwar schon mächtig genug, aber eben auch nur insofern, wie wir in vielen Handlungen und in zunehmenden Maße auf den Mehrwert achten. Meine Bestimmung der vier Formen der Mehrwertgewinnung erlaubt es, nicht nur das ökonomische Kapital nach diesen vier Seiten in der Handlungsvielfalt zu beobachten, sondern auch auf andere Felder zu erweitern: Soziales, kulturelles, Körper- und Lernkapital werden sich als solche Felder zeigen, in denen zusätzlich zum ökonomischen Kapital tatsächlich Kosten gegen Erträge gerechnet werden können. Deshalb macht es Sinn, hier von *Kapital*formen zu sprechen, wie in den einzelnen Kapiteln gezeigt werden soll.

»Humankapital« ist kein Kapital

Bereits bei Bourdieus Unterscheidungen der Kapitalformen ist aufgefallen, wie sehr menschliche Eigenschaften, soziale oder kulturelle Kompetenzen, Leistungen oder Einstellungen sich schnell kapitalisieren lassen, indem sie als persönliches »Vermögen« zu geldwerten Vorteilen werden. Aber wodurch werden menschliche Eigenschaften kapitalisiert? Um diese Frage zu beantworten, um mich sowohl für die gesellschaftliche als auch die individuelle Seite zu vergewissern, wie weit wir abhängig vom Kapital und seinen Formen geworden sind, habe ich dieses Buch geschrieben. Es dokumentiert einen längeren Forschungsgang mit vielen Wegen, Abzweigungen, Sackgassen, die sich für mich nach und nach in eine klare Strecke und damit in Antworten verwandelt haben. Dabei musste einiges am Wegesrand liegen bleiben, etliche Wege und Territorien blieben unberührt, aber ein Erklärungsansatz konkretisierte sich zugleich auch immer mehr heraus, wobei dieser zunächst von einem grundsätzlichen Unbehagen angetrieben wurde. Dieses Unbehagen findet besonders anschaulich im Begriff des »Humankapitals« seinen Ausdruck.

In der Theorie des »Humankapitals« wird das Individuum als ein Akteur konstruiert, der mit seinen Fähigkeiten und Kompetenzen, mit seinen Ressourcen und persönlichen Eigenschaften wie ein kleines Unternehmen wirkt, das auf den Markt tritt, um dort seine »Gewinne« zu machen. Was gehört zu den persönlichen Eigenschaften, die solches Kapital bilden sollen? Es besteht aus der erfahrenen und zertifizierten Erziehung und Bildung, aus Trainings und ihren »Credits«, aus allen Aktivitäten, die genutzt werden können, aus persönlichen Kompetenzen und sozialen Netzwerken, Beziehungen, aus Bevorzugungen und Haltungen, Kommunikationsstilen, usw. Im Grunde besteht das »Humankapital« am Ende aus allem, was einen Menschen in seinen Wissens- und Verhaltensweisen auszumachen scheint oder ausmachen könnte, und der Bezug, damit es zu Kapital wird, ist der, dass alle Menschen sich auch auf einem Markt und im Kapitalismus bewegen (so vor allem Becker 1993). Hier erscheint wieder die Nützlichkeitsvorstellung unserer fiktiven Außerirdischen vom Anfang dieses Kapitels.

Was ist an dieser Sichtweise problematisch? Der Begriff »Humankapital« schreckt zunächst viele Menschen ab, weil er den Menschen auf einen ökonomischen Faktor zu reduzieren scheint. Deshalb wurde er in Deutschland 2005 zum Unwort des Jahres gewählt. Andererseits repräsentiert dieser Begriff eine Richtung der Wirtschaftswissenschaften, die mit Gary S. Becker einen Nobelpreis erhalten hat, und die auf zwei große Bereiche auch der Unternehmenspolitik und Gewinnwirtschaft verweist:

1. Es wird immer wichtiger, mittels qualifizierter und motivierter Mitarbeiter/innen Gewinne zu erwirtschaften und sich auf dem Markt in Konkurrenz zu anderen Unternehmen zu behaupten. Deshalb können Mitarbeiter/innen auch nicht mehr bloß als Kostenfaktoren gesehen werden, sondern das Unternehmen muss rechnen und kalkulieren, wie es in der Auswahl bestimmter Mitarbeiter/innen seine Ressourcen Richtung Gewinnmaximierung verstärken kann. Eine »Humanisierung« der Arbeitswelt soll ausdrücken, dass es nicht

mehr nur um eine Erhöhung der Arbeitsproduktivität und Arbeitsintensität geht, nicht nur um Controlling und Effizienzzuwächse, sondern auch um die richtige Auswahl und Fortbildung des Personals. Das »Human Resource Management« soll helfen, solche Prozesse zu organisieren.

2. Betriebe können das individuelle »Humankapital« ihrer Mitarbeiter/innen zu einem betrieblichen »Humankapital« addieren und im »Human Capital Management« erfassen. Dieses gilt als wesentlich für einen langfristigen Unternehmenserfolg. Es schließt Fähig- und Fertigkeiten, Wissen, Erfahrungen, Innovationspotenziale und Motivation der Mitarbeiter/innen ein. Für das Unternehmen ist immer zu diskutieren, ob es durch Entlassungen eine kurzfristige Steigerung seiner Gewinne erreichen will, oder ob es damit langfristig seine Gewinnchancen nicht im Gegenteil verschlechtern wird. Insbesondere im kurzfristigen Gewinngeschäft (»Heuschreckendebatte«) wird gerne auf eine kurzfristige Strategie gesetzt, wobei die Folgekosten auf die Langzeitentwicklung verschoben oder die Staatskasse verlagert werden.

Die Wirtschaftswissenschaften haben allerdings erhebliche Schwierigkeiten, das »Humankapital« exakt zu berechnen. Hier werden etwa die Kosten für eine Einstellung von Mitarbeiterinnen und Mitarbeitern angeführt, die weiteren Qualifikationskosten im Betrieb und, was immer den Hauptteil ausmacht, die Lohnkosten. Die eigentlichen Vorkosten (Erziehungs- und Bildungs-, Gesundheits- und Versorgungskosten) hingegen sind vom Individuum persönlich zu tragen, sie werden seiner Familie und dem Staat mit seinen Einrichtungen abverlangt. Dabei ist für den Markt ein differenziertes »Humankapital« von qualifiziert bis dequalifiziert erwünscht, um unterschiedliche Bedürfnisse von Unternehmen zu befriedigen. Andere Rechnungsmodelle versuchen zu ergründen, welchen Wertzuwachs die Mitarbeiter/innen dem Unternehmen selbst bringen könnten (vgl. auch OECD 1996, 1998).[19]

Das Problem einer Rede vom »Humankapital« ist, dass es zwar humane Faktoren wie Wissen, Kompetenzen, Verhalten usw. beschreibt, aber nicht eindeutig und klar herleiten und begründen kann, wieso diese auch *Kapital*eigenschaften sein sollen oder können. Kritiker halten daher den Begriff für problematisch und ungeeignet (vgl. z. B. Block 1990). Was spricht vor allem gegen die Bezeichnung »Humankapital«?

Als Kostenfaktor wird das »Humankapital« oft den Produktionsmitteln bzw. Sachkosten zugerechnet. Dabei wird davon ausgegangen, dass der Unternehmer so lange in »Humankapital« investiert, wie er durch Erhöhung der Arbeitsproduktivität mit höheren Erträgen rechnen kann, wobei auch das »Humankapital« – reguliert durch Angebot und Nachfrage auf der Seite des Anbieters – höhere Löhne verlangen kann. Alle Menschen erscheinen damit als kapitalisiert. Alle ihre persönlichen Eigenschaften, auch wenn diese in vielen Aspekten unabhängig von geldwerten Erwartungen oder Handlungen stehen, scheinen potenziell immer schon kapitalisiert zu sein. Entsprechend der »Rational Choice Theorie« entscheidet der Unternehmer wie auch der Anbieter von Arbeitskraft dann für alle diese Eigenschaften nach einer Nutzenmaximierung, bis wann sie den Ertrag noch steigern können und wann die Kosten zu viel von den Gewinnen verzehren. Aber sind z. B. Freundlichkeit, guter kommunikativer Stil, Bereitschaft, sich kooperativ zu verhalten, interaktive Kompetenz, Fähigkeit

---

19   Keeley (2007) zeigt die Verwendungsweisen des Begriffs »Humankapital« in den Publikationen der OECD. Menschliche Arbeit wird hier als Produktionsfaktor sehr allgemein mit Kapital gleichgesetzt.

zur Empathie und so vieles mehr nur aus einer Nutzenmaximierung heraus zu begreifen? Grundsätzlich lässt sich die Frage stellen, warum überhaupt eine Arbeitskraft ein Kapital repräsentieren soll, wenn doch allein der Unternehmer sein ökonomisches Kapital und nicht nur aus Qualifikationen und Kompetenzen bestehendes Verhalten einsetzt, um Arbeitskräfte für eine Zeit zu beschäftigen und mit ihnen Gewinne zu erwirtschaften. Offensichtlich wird hier das kapitalistische Modell umgedreht und individualisiert. Alle erscheinen nunmehr als Kapitalbesitzer, bloß weil sie Menschen mit spezifischen Kompetenzen und Ausgangslagen sind. Wie schwierig eine solche Definition ist, das zeigt z. B. die ökonomische Erklärung der Arbeitslosigkeit aus dieser Sicht. Bei dieser hat in den Erklärungen dann nicht nur der Unternehmer falsch investiert, weil er Mitarbeiter/innen entlassen muss, auch diese haben auf ein »Humankapital« ihre Existenz gegründet, das sie besser hätten planen sollen, um ein solches Risiko zu vermeiden. Hier scheint von einem rationalen Standpunkt aus gesehen die Arbeitslosigkeit selbst verschuldet zu sein. Eine solche Sicht ist nicht nur weltfremd, sie vereinseitigt auch die Zusammenhänge. Die Risiken für die Herstellung ihres vermeintlichen »Humankapitals« trägt allein die Arbeitskraft, ihren Nutzen will neben dem marktbezogenen Lohn aber vor allem der Unternehmer als Gewinn realisieren. Nur wenn seine Risiken nicht aufgehen oder maximiert werden können, dann entlässt er sein »Humankapital«. Hier ist es bequem, Arbeitskräfte als Ressourcen und als je eigenes Kapital zu sehen und sich selbst auch so empfinden zu lassen, weil dies hilft, Kapitalprozesse immer weniger zu verstehen und nicht kritisch gegen ungerechte Verteilungen aufzubegehren.

Gleichwohl nehmen viele Menschen einen solchen Denkansatz sehr oft unkritisch auf, weil er ihnen auch die Chance verspricht, selbstständig für sich und ihre Investitionen freie Chancen zu erwirken – so gering solche Ressourcen auch im Einzelfall sein mögen. Je allgemeiner eine solche Sicht gesellschaftlich praktiziert wird, desto größer wird das Entschuldigungsverhalten gegenüber den nicht erbrachten Leistungen und Vorkehrungen, die gegenüber benachteiligten Menschen, deren Ressourcen eben nicht ausreichen, eigentlich aufgebracht werden müssten, um ihnen überhaupt hinreichende Chancen zu gewähren.[20] Wenn ich als Kultur- und Erziehungswissenschaftler auf solidarische Haltungen setze und hoffe, dann muss ich andererseits kritisch untersuchen, inwieweit dies in einer kapitalisierten Welt wahrscheinlich ist und wie Chancengerechtigkeit geschehen könnte und sollte.

Vor dieser Ausgangslage stelle ich mir die Frage, was Kapitalisierung in der Gegenwart bedeutet. Es ist eine für die Entwicklung der Demokratie – und hier die Erziehung und Bildung als wesentliche Antriebskräfte möglicher Chancengerechtigkeit im Zusammenleben der Menschen – existenzielle Frage, wenn nunmehr selbst in der Ökonomie davon ausgegangen wird, dass menschliche Eigenschaften, die wir meistens als nicht abhängig von Geld und Kapital sehen, obwohl sie irgendwie indirekt damit in Verbindung stehen mögen, unmittelbar und direkt der Kapitalseite hinzugerechnet werden. Hier mögen manche Berechnungsarten bestritten werden, aber grundsätzlich bleibt die Frage, was an unseren individuellen Eigenschaften und Ressourcen nun warum als kapitalisiert erscheint und wo solche Kapitalisierung endet. Hier war ich vor einigen Jahren mit dem Ziel aufgebrochen, zu zeigen, dass die Kapitalisierung längst nicht so dramatisch ist, wie viele denken, um am Ende mit meiner Forschung zu dem Schluss zu kommen, dass sie viel weiträumiger zu begreifen ist, als ich

---

20   Die Teaparty-Anhänger der Republikaner in den USA verkörpern diese Sicht in radikaler Weise.

selbst zuvor noch hoffte. Dabei war und ist mein Grundgedanke, dass sehr genau zu bezeichnen ist, was die Kapitalseite tatsächlich und konkret bedeutet, um nicht alle menschlichen Eigenschaften bloß vereinfachend als Kapitalfunktion zu deklarieren. Wir Menschen sind nicht Kapital, um es einfach auszudrücken, aber wir praktizieren Handlungen, die bestimmte Geld-, Kosten- und Tauschformen annehmen können und sich über diese in Kapital verwandeln lassen. Dabei wird sich in meinen Begründungen zeigen, dass nicht nur die Unternehmer Kapitalisten sind, sondern auch alle Arbeitskräfte sich in gewisser Weise kapitalisieren müssen. Aber im Gegensatz zur Theorie des »Humankapitals« wird die Arbeitskraft damit nicht zu einem Unternehmer im Kleinen, um so alle Gegensätze und Aneignungsformen zu übersehen, und die Kapitalformen, die das Individuum entwickelt, werden auch deutlich differenzierter und spezifischer beschrieben werden müssen, um sie hinreichend zu verstehen.

2. Ökonomisches Kapital

2.1 Gegenstands- und Handlungsform: Was ist das ökonomische Kapital und wo kommt es her?

Kapital historisch betrachtet

Für die Gegenwart lässt sich behaupten, dass Kapital in der Geschichte der ökonomischen Verhältnisse unserer Welt nicht nur die gesellschaftliche Hauptform der Gewinnerzielung der tauschenden, mit Geld und seiner Vermehrung handelnden Akteure geworden ist, sondern dass die damit verbundene durchgehende Kapitalisierung aller Lebensverhältnisse heute tatsächlich auch alle Menschen auf der Erde als soziales Verhältnis grundlegend erreicht hat und unausweichlich geworden ist. Dabei hat sich die Kapitalisierung selbst vervielfältigt, sie ist in unterschiedlichen Bereichen gewachsen und durchdringt das Leben der Menschen mehr und mehr.

Für Karl Marx und die ihm vorausgehende bürgerliche Ökonomie wurden das Kapital, die Arbeit und der Grundbesitz noch eindeutig voneinander unterschieden. Marx zeigte insbesondere die Verflochtenheit von Arbeit und Kapital auf. Heute dagegen wird das Kapital gerne in den Plural gesetzt: Alltagssprachlich unterscheiden wir das bereits in sich vielschichtige ökonomische Kapital in verschiedenen Eigentums- und Gewinnformen, setzen ihm dann aber oft noch andere Kapitalformen, die in Kapitel 1 eingeführt wurden, an die Seite. In diesem Kapitel ist es zunächst wichtig, die Entwicklung des ökonomischen Kapitals grob nachzuvollziehen.

Eine wesentliche Voraussetzung dieser Entwicklung ist die einfache Kooperation, die auch schon vor der kapitalistischen Produktions- und Handlungsweise bestand. Sie entspringt aus der Kleinproduktion und zeigt sich vor allem im Handwerk. Hier erzeugt „der bloße gesellschaftliche Kontakt einen Wetteifer und eine eigne Erregung der Lebensgeister (animal spirits), welche die individuelle Leistungsfähigkeit der einzelnen erhöhen, so daß ein Dutzend Personen zusammen in einem gleichzeitigen Arbeitstag von 144 Stunden ein viel größeres Gesamtprodukt liefern als zwölf vereinzelte Arbeiter, von denen jeder 12 Stunden, oder als ein Arbeiter, der 12 Tage nacheinander arbeitet." (MEW 23, 345 f.) Zum anderen stellt eine kooperative Gruppe von Arbeitern leichter eine gesellschaftliche Durchschnittsqualität von Arbeit her als vereinzelte Arbeit, die stärker der individuellen Abweichung und Variation unterliegt. Die Kooperation macht serielles Arbeiten möglich. Sie vereint insbesondere drei wesentliche Vorteile: Eine Steigerung der Arbeitsproduktivität und dabei Zeitersparnis in der Herstellung der Ware, eine Produktion in einem Raum oder einer Werkstatt und dabei Nutzung kurzer Wege und perfektionierter Arbeitsteilung, eine Konzentration von Arbeitsmitteln zur Herstellung der Ware und deren effiziente Nutzung.

Im Maße der entstehenden Konkurrenz auf kapitalistischen Märkten entwickelte sich die einfache Kooperation zu einer größeren, komplexeren Manufaktur und dann zur großen Industrie. Wenn der Kapitaleinsatz in der Kooperation schon darauf gerichtet war, Waren zu produzieren, die einen Gewinn einbringen, so zeigte sie auch bereits im Keim, dass sie Lohnarbeiter/innen benötigte, die entsprechend den Anweisungen des Unternehmers Teilarbeiten verrichten, um entsprechend der Produktionsanforderungen Waren herzustellen. Es ist kein Zufall, dass parallel zur Entwicklung der Kooperation bis hin zur großen Industrie ein vollständiger Umbau der Gesellschaften erfolgte, der auch die bewusste und zielgerichtete Erziehung breiter Massen, eine Stärkung der Justiz (Gerichte und Polizei) und die Errichtung von Verwaltungsbürokratien und weiterer staatlicher Instanzen einschloss. Kooperation spiegelt sich in der Disziplin, einerseits nach körperlicher Unterwerfung unter ein Kollektiv und andererseits nach geistiger Unterwerfung unter eine Lebensideologie, um diesen Prozess zu entwickeln. Die Kooperation, auch wenn sie seit Beginn der Menschheitsgeschichte eine Arbeits- und Lebensform ist, die das Überleben sichert, verwandelte sich in diesem Prozess der Kapitalisierung fort vom gesellschaftlichen Kollektiv hin zu einer privaten Angelegenheit: Der Kapitalist legt sein persönliches Kapital in Produktionsstätten an, um Gewinn zu machen, die Lohnarbeiter/innen stellen ihre persönliche Arbeit unter Vertragsbedingungen zur Verfügung, um ihren Lohn zu empfangen und so ihr Überleben zu sichern. Die kapitalistische Ideologie besagt, dass dies für beide Seiten die beste Lebensform sei. Da sowohl Wohlstand wie Freiheitsgrade in der historischen Entwicklung des Kapitalismus insbesondere vom 19. Jahrhundert bis zur Gegenwart für die Menschen in Industrieländern stiegen, wird im Rahmen dieser Entwicklung gemeinhin der Kapitalismus zwar nicht als widerspruchslose, aber allgemein akzeptierte Lebensform mehrheitlich kaum hinterfragt.

Das ökonomische Kapital machte mehrere Stadien durch, um seine Gewinnstrategien an unterschiedliche historische Bedingungen anzupassen und zugleich möglichst optimale Bedingungen für die Gewinnmaximierung zu erzeugen. Eine wesentliche Zwischenstufe waren dabei Manufakturen. „Die manufakturmäßige Teilung der Arbeit schafft durch Analyse der handwerksmäßigen Tätigkeit, Spezifizierung der Arbeitsinstrumente, Bildung der Teilarbeiter, ihre Gruppierung und Kombination in einem Gesamtmechanismus die qualitative Gliederung und quantitative Proportionalität gesellschaftlicher Produktionsprozesse, also eine bestimmte Organisation gesellschaftlicher Arbeit und entwickelt damit" – gegenüber der einfachen Kooperation in der handwerklichen Werkstatt – „zugleich neue, gesellschaftliche Produktivkraft der Arbeit." (MEW 23, 386) Dabei entwickelten Manufakturen innerbetrieblich eine Organisation, in der selbstständig vorgefertigte Einzelteile zusammengesetzt wurden oder in der ein Arbeitsgegenstand mehrere Produktionsstufen durchlief, um das Arbeitstempo zu erhöhen, damit die Anzahl der erzeugten Waren pro Zeiteinheit steigen. Hier werden die Arbeiter/innen auf einseitige körperliche und geistige Operationen gedrillt, um durch die Steigerung der Operationen Teilarbeiten zu perfektionieren und in der Konkurrenz auf dem Markt Waren günstiger herzustellen.

In diesem System der Produktivitätssteigerung war der Mensch die Schwachstelle, denn das Tempo ließ sich nicht beliebig erhöhen. Die Verbesserung der Arbeitsmittel wurde zwar schon angestrebt, aber in der Maschinerie spielten die Arbeiter/innen noch eine entscheidende Rolle. Sie sind aufgeteilt, gespalten, nach Teilfertigkeiten funktionalisiert. In der einen

Tätigkeit benötigen sie Kraft, in einer anderen Gewandtheit, wieder in einer anderen geistige Aufmerksamkeit usw. „Nach der Trennung, Verselbständigung und Isolierung der verschiedenen Operationen werden die Arbeiter ihren vorwiegenden Eigenschaften gemäß geteilt, klassifiziert und gruppiert." (MEW 23, 369 f.) Marx fasste diese funktional aufgeteilten Arbeiter noch als Gesamtarbeiter auf, weil sie als Gesamtheit eine konkrete Ware und deren Wert schaffen, aber er verfolgte dabei nicht hinreichend,[21] wie sich bereits in den kapitalistischen Frühformen die Arbeiter/innen untereinander nach Interessen und unterschiedlichen Positionen im sozialen Feld entfernten und entfremdeten, nach besseren und schlechteren Arbeiten aufteilten, was immer mehr auch besseren und schlechteren Löhnen, unterschiedlichen Qualifikationen und Haltungen entsprach. Wenngleich alle Arbeiter/innen in der Regel kein ökonomisches Kapital besitzen und nicht am Gewinn unmittelbar teilhaben, so werden sie dennoch durch unterschiedliche Qualifikation und Entlohnung gespalten und in ihren Interessenlagen wird sich auf Dauer keinesfalls ein Gesamtarbeiter zeigen, der sich insgesamt gleichermaßen durch das Kapital ausgebeutet fühlt, wie Marx es noch annahm. Heute sehen wir diese Differenzierungsformen durch historische Erfahrungen sehr viel deutlicher, als Marx es konnte.

Momente der Manufaktur wirken auch in die große Industrie hinein, die die klassische Moderne begründet. Arbeiter/innen als Teil der Maschinerie und später als Anhängsel der Maschine, das führte zu einer Vereinseitigung ihrer Tätigkeiten. Hier bestimmt das Sein und nicht das Bewusstsein die Lebensverhältnisse, wie Marx und Engels folgern. „Wenn die Umstände, unter denen dies Individuum lebt, ihm nur die einseitige Entwicklung einer Eigenschaft auf Kosten aller andren erlauben, wenn sie ihm Material und Zeit zur Entwicklung nur dieser einen Eigenschaft geben, so bringt dieses Individuum es nur zu einer einseitigen, verkrüppelten Entwicklung. Keine Moralpredigt hilft. Und die Art, in der sich diese Eine, vorzugsweise begünstigte Eigenschaft entwickelt, hängt wieder einerseits von dem ihr gebotenen Bildungsmaterial, andererseits von dem Grade und der Art ab, in denen die übrigen Eigenschaften unterdrückt bleiben." (MEW 3, 245 f.) An anderer Stelle heißt es: „Ursprünglich unterscheidet sich ein Lastträger weniger von einem Philosophen als ein Kettenhund von einem Windhund. Es ist die Arbeitsteilung, welche einen Abgrund zwischen beiden aufgetan hat." (MEW 4, 146)

Die große Industrie ist durch eine mit dem wissenschaftlich-technologischen Fortschritt verbundene Entwicklung der Maschinerie gekennzeichnet. Maschinelle Produktion ermöglicht eine noch höhere Arbeitsproduktivität als die Verlängerung des Arbeitstages oder seine Intensivierung. Die Manufaktur verwandelt sich in eine Fabrik, die Fabriken werden zu komplexen Industrieunternehmen und Konzernen. Die Entwicklungen der Wissenschaften helfen der Entfaltung der Industrie, dabei werden in der Industrie nunmehr deutlich unterschiedliche Qualifikationen der Arbeitenden benötigt. Detailverrichtungen, Überwachung und Kontrolle, Erfindung und Qualitätssteigerung, Forschung und Leitung werden voneinander geschieden und wirken dennoch zusammen. „Für die Mehrheit der Arbeiter wird in der großen Industrie aus der lebenslangen Spezialität, ein Teilwerkzeug zu führen, die lebenslange Spezialität, einer Teilmaschine zu dienen." (MEW 23, 445)

---

21 Dies geschieht aus der Logik der Arbeiterklasse heraus, die Marx als eine Einheit konstruierte, um sie als politischen Akteur einer Revolution der Produktionsverhältnisse nicht zu spalten.

Allerdings konnte Marx nicht voraussehen, dass sich auch diese Teilmaschinen ständig ändern, so dass eine neue Vielseitigkeit im Sinne eines stets flexiblen, disponiblen und auch mobilen Einsatzes der Arbeitskräfte mit unterschiedlichen Kompetenzgraden notwendig wird. Was Marx insbesondere nicht umfassend aus seinen Zeiterfahrungen ableiten konnte, waren die Effekte auf die Arbeitskräfte, die einerseits immer stärker qualifiziert werden mussten, um mit der wissenschaftlich-technischen Entwicklung Schritt zu halten, die andererseits aber auch in großen Teilen dequalifiziert blieben, um möglichst als billige Arbeitskräfte auf dem Arbeitsmarkt zur Verfügung zu stehen.[22]

Für die historische Entwicklung des Kapitalismus bis hin zur großen Industrie ist Marx ein guter Beobachter gewesen, weil er insbesondere auch die zuvor entwickelten theoretischen Betrachtungen umfassend analysierte und referierte. Seine Erklärung der Gewinne, die durch das Kapital erzielt werden können, bestimmte nachhaltig die Diskussionen um Ausbeutungs- und Abhängigkeitsverhältnisse im Kapitalismus.[23]

Gebrauchswert und Tauschwert

Karl Marx beginnt seine ökonomische Analyse im »Kapital« mit folgender Einleitung: „Der Reichtum der Gesellschaften, in welchen kapitalistische Produktionsweise herrscht, erscheint als eine ‚ungeheure Warensammlung‘, die einzelne Ware als seine Elementarform. Unsere Untersuchung beginnt daher mit der Analyse der Ware." (MEW 23, 49) Der Hinweis auf die Erscheinungsform verweist auf die menschlichen Handlungen, in denen Waren gebraucht werden. Und in einem Brief an Friedrich Engels erklärt Marx, „dass gleich in der einfachsten Form, der der Ware, der spezifisch gesellschaftliche, keineswegs absolute Charakter der bürgerlichen Produktion charakterisiert ist." (MEW 29, 463) Auch wenn Marx in anderen Zusammenhängen durchaus absolute Aussagen im Sinne einer Widerspiegelung der äußeren Realität in eindeutige Gesetze des Handelns zu machen scheint,[24] so ist gerade die beschreibende, vielfältige Handlungen der Menschen beobachtende, analysierende und dabei durchaus relativierende Bestimmung der Ware bis heute sehr geeignet, grundlegende Erscheinungs- und Wirkungsweisen des ökonomischen Kapitals zu bezeichnen und zu bestimmen.

Was ist nun diese Elementarform, die der Marxschen Kapitalismusanalyse zugrunde liegt, näher? Klassisch ist hier die Unterscheidung der Gebrauchs- und Wertform der Ware.

Als *Gebrauchswert* ist die Ware „ein äußerer Gegenstand, ein Ding, das durch seine Eigenschaften menschliche Bedürfnisse irgendeiner Art befriedigt." (MEW 23, 49) Diese Bedürfnisse können ebenso materieller Art sein wie den Wünschen nach symbolischer Verwirklichung, den Imaginationen und Fantasien entspringen. Als mögliche Waren sind auch

---

22   So wundert es nicht, dass insbesondere die Arbeitswerttheorie von Marx bis heute zu den besonders umstrittenen Fragen der politisch-ökonomischen Wissenschaften gehört. Vgl. dazu einführend z. B. Schumpeter (1942), Hofmann (1964), Fröhlich (2009), Wolf (2002).

23   Die Gewinne aus der Sicht von Marx zu erklären, das ist für mich insbesondere wichtig, weil ich weiter unten seine Mehrwerttheorie erweitere. Dies unterscheidet mich auch von Bourdieu, der den von Marx beeinflussten Anteil in seiner Theorie der Kapitalformen nicht explizit diskutiert.

24   Zu einer Dekonstruktion des Marxismus heute gehört eine Dekonstruktion der Widerspiegelungstheorie, die sich als zu reduktionistisch herausgestellt hat. Sie übersieht zumindest immer wieder die konstruierende Seite der beteiligten Beobachter, Teilnehmer und Akteure, die nicht äußere Gesetze bloß abbilden, sondern solche Gesetzmäßigkeiten überhaupt erst durch ihre Aktionen erzeugen helfen. Vgl. zum konstruktivistischen Weltbild, das ich vertrete, Reich (2009 b).

Dienstleistungen aller Art Gebrauchswerte. Die Nützlichkeit des Gebrauchs einer Ware bzw. Dienstleistung kann unendlich vielfältig sein, wobei ein unmittelbarer Nutzen in ihrem direkten Konsum besteht, ein mittelbarer Nutzen hingegen dazu führt, dass mit der Ware andere Gegenstände hergestellt, erhalten oder verändert werden. Gebrauchswerte bilden unseren unmittelbaren und mittelbaren Reichtum, sie dienen der Befriedigung menschlicher Selbsterhaltung ebenso wie seiner Unterhaltung, aber zur Ware werden sie erst durch Tausch. Hier konstruiert Marx eine wesentliche Unterscheidung, um die Handlung des Gebrauchs von einer möglichen gesellschaftlichen Tauschform als Ware abzugrenzen. Er schreibt: „Welches immer die gesellschaftliche Form des Reichtums sei, Gebrauchswerte bilden stets seinen gegen diese Form zunächst gleichgültigen Inhalt. Man schmeckt dem Weizen nicht an, wer ihn gebaut hat, russischer Leibeigener, französischer Parzellenbauer oder englischer Kapitalist. Obgleich Gegenstand gesellschaftlicher Bedürfnisse, und daher in gesellschaftlichem Zusammenhang, drückt der Gebrauchswert jedoch kein gesellschaftliches Produktionsverhältnis aus. Diese Ware als Gebrauchswert ist z. B. ein Diamant. Am Diamant ist nicht wahrzunehmen, dass er Ware ist. Wo er als Gebrauchswert dient, ästhetisch oder mechanisch, am Busen der Lorette oder in der Hand des Glasschleifers, ist er Diamant und nicht Ware. Gebrauchswert zu sein scheint notwendige Voraussetzung für die Ware, aber Ware zu sein gleichgültige Bestimmung für den Gebrauchswert." (MEW 23, 49).

Wollen wir Gebrauchswerte näher bestimmen, dann gelingt dies einfacher nach ihrer Quantität, schwieriger nach der Unterscheidung ihrer Qualität. Menge, Gewicht, Stückzahl lassen sich recht einfach unterscheiden, aber die Nützlichkeit ihrer qualitativen Eigenschaften ist sehr viel unbestimmter. Jeder Gebrauchswert hat eine eigene Qualität und Nützlichkeit, so dass sich Äpfel nicht einfach mit Birnen vergleichen lassen. Manche Gebrauchswerte erscheinen wie z. B. Lebensmittel als unmittelbar nützlich, aber es gibt auch Lebensmittel, die als schädlich oder giftig gelten, um eine Sucht zu befriedigen oder ekstatisch zu wirken. Hersteller von Gebrauchswerten suggerieren möglichen Käufern insbesondere durch Werbung, dass die einzigartige Qualität ihrer Ware von unmittelbarem Nutzen sei, wobei der Wahrheitsgehalt solcher Aussagen immer auch subjektiv konstruiert erscheint. Der Nutzen von Gebrauchswerten, darauf legt Marx großen Wert, ist keineswegs durch einen natürlichen Gegenstand gegeben, sondern die Gebrauchsform wird in Handlungen von Menschen realisiert und zeigt dabei immer auch einen gesellschaftlichen Charakter (vgl. MEW 23, 55).

Menschen wenden in ihrer Sozialisation und Bildung viele Kosten auf, um zunächst je eigene, persönliche Gebrauchswerte als Kompetenzen und Fähigkeiten, Einstellungen und Wissen, Verhaltensweisen und Tugenden zu entwickeln. Der Wert all dieser Eigenschaften mag zunächst rein persönlich sein, der Gebrauch privat. Aber wenn sich dann jemand auf einem Arbeitsmarkt bewirbt, dann verwandeln sich etliche dieser Gebrauchswerte in einen Tauschwert, der sich als Vorteil gegenüber Konkurrenten eintauschen lässt.

Die politische Ökonomie oder die ökonomischen Wissenschaften interessieren sich nicht für den Gebrauchswert. Dieser mag nach seinen Gegenstands- und Handlungsformen von allen unterschiedlichen Wissenschaften oder nach praktischen Bedürfnissen hin analysiert werden, für die Ökonomie zählt allein die gesellschaftliche Form, in der Gebrauchswerte zirkulieren. Und diese Zirkulation nehmen sie als Tauschwerte wahr.

Der *Tauschwert* bedeutet zunächst, dass jemand, der einen Gebrauchswert hergestellt hat oder verwendet, also z. B. auch eine Dienstleistung, diesen für sich nicht ausschließlich gebrauchen oder nutzen kann. Er bietet den Gebrauchswert jemandem anderen an, um im Tausch dafür etwas Anderes zu erhalten. In früheren Zeiten war dieses Andere meist auch ein Gebrauchswert, wenn man Naturalien oder Dienstleistungen tauschte, heute wird der Tausch mit Tauschmitteln, hier vorrangig Geld, geregelt.

Rekonstruieren wir die zugrunde liegenden Handlungen, die beim Tausch auftreten, dann ist zweierlei bedeutsam: Zunächst müssen die menschlichen Handlungen in Arbeitsteilung erfolgen. Allein in arbeitsteiliger Form werden von unterschiedlichen Produzenten unterschiedliche Gebrauchswerte hergestellt, die dann zum Austausch bereit stehen. Aber die Arbeitsteilung allein reicht nicht hin. In ihr könnte der Tausch noch familiär oder in der produzierenden Einheit vor sich gehen. Manche sehen in solchen unmittelbaren Produktionsgemeinschaften deshalb auch das Heil einer tausch- und geldfreien Menschheit, was aber unterstellt, dass auch andere Unterscheidungsmerkmale wie Herkunft, Alter, Status in diesem familiären oder gruppenbezogenen Kontext dann nicht gültig für besondere Tauschweisen – einer erhält mehr, das bessere Stück usw. – wären. Dafür jedoch haben wir in der Menschheitsgeschichte keinerlei Beleg. Selbst in kollektiven Gesellschaftsformen gibt es Verteilungsprinzipien nach Bevorzugungen und Benachteiligungen, wenn wir uns nicht vom utopischen Ideal eines Paradieses, sondern den realen Tauschverhältnissen leiten lassen. Aber was viel schwerer wiegt, das ist, dass die Handlungsanalysen bis zur Gegenwart zeigen, dass die private Produktion, also die Herstellung von Gebrauchswerten unterschiedlicher Art aus eher egoistischen und isolierenden Motiven gegenüber einer Gemeinschaft, all den Reichtum produzierte, den wir bis heute in immer größerer Quantität und Qualität konsumieren. Neben der Arbeitsteilung wirkt also das Eigentum (das in der Gegenwart immer auch mit Rechtstiteln versehen ist) als zweite wichtige Größe. Wir haben zwar Modelle in der menschlichen Geschichte dafür, dass solche private Produktion eingeschränkt wurde und dass daraus höherer Gemeinsinn in bestimmten Kulturen erzeugt werden konnte, aber die Erfolgsgeschichte im Sinne materiellen Reichtums geht mit einer Waren produzierenden und dienstleistenden Gesellschaft einher, die auf Arbeitsteilung, privater Produktion und Eigentum beruht. Erst durch private Arbeit mit Eigentumsrechten konnte sich die Warenproduktion in ihrer heutigen Breite entfalten.

Der Warentausch als Handlungsform besteht demnach darin, dass Gebrauchswerte, die als nützlich erscheinen, nicht nur für den Eigentümer wertvoll sind, sondern im Austausch ihren Wert auch für andere erweisen. Nur was tatsächlich getauscht werden kann, das bewährt sich als Gebrauchswert und realisiert sich als Tauschwert. In dem Tausch wird ein beiderseitiger Wert getauscht, der sowohl eine Gebrauchs- als auch eine Tauschseite beinhaltet. Vergleichbar muss allein ihr wechselseitiger Wert sein. Die Unterschiedlichkeit der Gebrauchswerte macht es aber sehr schwierig, herauszufinden, in welchen Proportionen sie getauscht werden können, wenn wir unterstellen, dass dieser Tausch nicht bloß nach zufälligen Mustern geschieht. Kann oder muss der Tausch gerecht sein? Und wie soll ein gerechter Tausch bemessen werden?

Marx gelangt in seinen Studien zu der Feststellung, dass der gerechte Tausch zwar nicht immer stattfinden wird, aber in der Regel eine Tendenz dazu besteht, den Tausch nicht bloß zufällig, willkürlich oder ungerecht stattfinden zu lassen. Dies ist dann der Fall, wenn wir zumindest eine quantitative Vergleichbarkeit im Wert der Ware angeben können. Die Gebrauchswerte unterscheiden sich sowohl quantitativ wie qualitativ zu stark, so dass wir hier kaum eine Gemeinsamkeit finden werden. Aber wie sieht dies mit den Tauschwerten aus? Was steckt in jeder Ware, auch wenn sie sich ansonsten noch so sehr von einer anderen unterscheiden mag?

Für Marx ist dies die abstrakt menschliche Arbeit, d. h. jene Arbeit, die wir in Arbeitszeit messen, auch wenn die Qualität dieser Arbeit jeweils ganz unterschiedliche Gebrauchswerte produziert. „Betrachten wir nun das Residuum der Arbeitsprodukte", so schlussfolgert Marx, dann ist „nichts von ihnen übriggeblieben als dieselbe gespenstige Gegenständlichkeit, eine bloße Gallerte unterschiedsloser menschlicher Arbeit, d. h. der Verausgabung menschlicher Arbeitskraft ohne Rücksicht auf die Form ihrer Verausgabung. Diese Dinge stellen nur noch dar, dass in ihrer Produktion menschliche Arbeitskraft verausgabt, menschliche Arbeit angehäuft ist. Als Kristalle dieser ihnen gemeinschaftlichen Substanz sind sie Werte – Warenwerte." (MEW 23, 52)

Soweit der Gebrauch und der Tausch eine Gemeinsamkeit aufweisen, so ist es dieses Dritte, der Wert, der sie eint. Er ist selbst unsichtbar, aber er erscheint im Tauschwert und wird sichtbar als Tauschmittel, z. B. Geld, das wir für eine Ware geben. Wie viel müssen wir geben? Dies scheint in der Regel abhängig vom Wert, der durch ein bestimmtes Quantum an verausgabter Arbeitszeit hergestellt wird. Und so sehr sich die Gebrauchswerte auch unterscheiden mögen, im Quantum der in ihre Herstellung eingeflossenen Arbeitszeit scheinen sie einen Wert auszubilden, der in etwa mit den Werten anderer Waren durch gleich verausgabte Arbeitszeit vergleichbar ist.

Allerdings ist hier ein Durchschnittswert aller Arbeiten vorausgesetzt, also eine Arbeitszeit unterstellt, die sich erst gesellschaftlich hinter dem Rücken der Produzierenden in Konkurrenz zwischen allen Produzenten herausbildet und die nicht einfach in einzelnen Arbeitszeiten gemessen werden kann. Sonst würde der faulste Arbeiter die höchsten Warenwerte produzieren.

Wertbestimmung von Waren und Dienstleistungen

Man hat Marx bereits an dieser Stelle stark kritisiert, weil es sehr viele Waren gibt, die einen eher subjektiven Wert tragen, etwa Luxusgüter, andere, die knapp sind und deren Wert besonders durch Nachfrage steigt. Dies bestreitet er keineswegs, aber wenn die Werte der Waren überhaupt einen vergleichbaren Charakter tragen können, dann kann dies nicht in ihrer Gegenständlichkeit begründet sein, sondern man muss einen Vergleichsmaßstab finden, der – so die These – allein im Quantum verausgabter Arbeit liegen könnte.

Sehen wir die Herstellung von Werten aus den Handlungsformen, die sich im wirtschaftlichen Handeln beobachten lassen, dann fällt zunächst auf, dass bereits bei einfacher Warenproduktion anders gerechnet wird, als es Marx uns vorschlägt. Zwar ist offensichtlich, dass alle Produzenten oder Dienstleister Arbeitszeit verausgaben, und es ist auch erkennbar, dass sich die Lebensqualität daran bemessen lässt, wie lange an einem Arbeitstag gearbeitet werden muss, um ein Auskommen zu finden. Aber niemand führt eine Buchhaltung, in der die Stunden addiert werden, um dann aus einer Vergleichsliste den hergestellten Wert einer Ware zu bestimmen. Ein Beispiel soll dies veranschaulichen.

Nehmen wir Gold als Ware. Gold ist eine besondere Ware, weil es sich auch unmittelbar als Tauschmittel darstellen lässt und seit langer Zeit eine Hintergrundsicherheit z. B. für ausgegebenes Geld in Form von Münzen oder Noten darstellt. Wie wird der Wert von Gold nach Marx bestimmt? Dazu muss ein Unternehmen zunächst beispielsweise Rechte zum Schürfen erwerben. Die Kosten dieser Rechte müssen wir uns bereits als verausgabte Arbeitszeit denken, denn der Wert, der bezahlt wird, um die Rechte zu erhalten, muss bereits bei einem hohen Wert der Rechte ein hohes Maß an verausgabter Zeit enthalten. Dies ist allerdings schon schwierig in Zeiteinheiten zu rechnen, denn es geht hier auch um Grundbesitz und allein der gezahlte Preis ist eindeutig. Der Unternehmer stellt nach Erwerb der Eigentumsrechte Arbeiter gegen Lohnarbeit ein, dann auch Ingenieure usw. Sie erhalten je nach Qualifikation einen unterschiedlichen Lohn, aber ihre Verträge sehen vor, dass sie jeweils eine bestimmte Arbeitszeit für das Unternehmen absolvieren. Diese Stunden werden erfasst und abgerechnet. Hinzu kommen Sachkosten für Maschinen, Transport usw., die sich wiederum als Preise erfassen lassen, aber auch in ihnen ist ein Quantum Arbeitszeit derjenigen enthalten, die zu ihrer Herstellung beigetragen und damit bestimmte Kosten verursacht haben. Was bestimmt nun den Wert dieser Ware Gold? Die gemeinsame, durchschnittlich verausgabte Arbeitszeit aller an der Herstellung des Gebrauchswerts dieser Ware beteiligten Arbeitenden ist es, die den Wert ausmacht. Verkaufen wir die Ware Gold dann auf dem Markt, dann erzielen wir, so sagt er, einen Preis, der durch Schwankungen nach Angebot und Nachfrage und andere Umstände allerdings vom eigentlichen Wert auch mehr oder minder stark abweichen kann.

In der tatsächlichen Warenproduktion wird hingegen anders gerechnet. Es ist sowohl für den Unternehmer wie für den Lohnarbeiter viel zu kompliziert, jeweils das Quantum Arbeitszeit zu bestimmen, dass in einem Fluss der Produktion bereits hergestellt wurde und nun über die Schwankungen der Preise irgendwie in den Warenwert eingeht. Man rechnet einfacher:

Der Unternehmer hat Kosten, in unserem Fall die Anschaffungskosten, Sachkosten und Lohnkosten und er hat eine hergestellte Ware, das Gold. Am Ende muss dieses Gold beim Verkauf mehr erbringen, als er ursprünglich aufgewendet hat, zumindest langfristig, wenn der Unternehmer nicht sein ganzes Kapital (das eingesetzte Geld, um einen Gewinn zu erzielen) aufbrauchen und damit eine Pleite ansteuern will. Hier setzt der Unternehmer findige Menschen ein, die seine Kosten zu senken, den Preis aber in die Höhe zu treiben versuchen (mittels Absprachen, Werbung, Bestechung und dergleichen). Seine Kosten- und Nutzenrechnung benötigt keine Abrechnung von Arbeitszeiten als Wertzuwachs, auch wenn sich unter Umständen sogar nachweisen ließe, dass die Werte von Waren durch zugesetzte Arbeitszeit steigen. Für den Unternehmer zählt handlungsbezogen jedoch nur, dass am Ende ein Plus entsteht und kein dauerhaftes Minus.

Auch die Lohnarbeiter/innen als Hilfs-, Facharbeiter, Ingenieur oder Manager haben Kosten, die je nach Lebensstil deutlich unterschiedlich ausfallen. Alle rechnen zwar ihre Arbeitszeit ab, aber es interessiert sie hierbei weniger, inwieweit sie dabei den Wert einer Ware steigern, sondern vielmehr, welchen Wert ihre eigene Arbeit als erzielten Preis, d. h. als ausbezahlten Lohn, als Prämie, Abfindung usw. erzielt. Hier rechnen die Menschen mit einer gesellschaftlichen Größe: Den notwendigen Kosten, die sie zur Herstellung, Erhaltung und Entwicklung (Reproduktion) ihrer Arbeitskraft und den Erhalt und die Entwicklung ihrer Familie benötigen. Sie rechnen, was sie zum Leben notwendig brauchen und was sie sich über die Selbsterhaltung hinaus bei einem bestimmten gesellschaftlichen Wohlstand sonst noch leisten können und wollen. Im Laufe der Entwicklung der kapitalistischen Gesellschaft haben sie hierfür Interessenvereinigungen, Gewerkschaften, gebildet, die für einen »gerechten Lohn« streiten, was aber nicht meint, dass sie tatsächlich den Wert erhalten, den sie den Waren in der Produktionszeit hinzufügen, sondern einen Wert, der den gesellschaftlichen Lebensstandardkosten möglichst hinreichend entspricht oder besser noch diesen im Vergleich zu anderen übertrifft.

Wenn die Menschen in ihren Handlungen anders rechnen, d. h. nicht das Quantum an Zeit genau bemessen, das in der Warenproduktion den Waren hinzugefügt wird und ihren Wert festlegt, dann stellt sich die Frage, wieso Marx die Gegenstandsform der Ware anders als ihre offen in der Lebensweise erscheinende Handlungsform bestimmt hat. Dies hat seinen wesentlichen Grund darin, dass Marx zeigen will, dass Warenwerte nie nur willkürlich gebildet werden, sondern durch verausgabte Arbeitszeit gebildet sind – auch unabhängig davon, ob wir nun praktisch so rechnen oder nicht. Wenn die Warenwerte allein subjektiv gebildet werden würden, wie es viele Ökonomen glauben, dann wären alle Werte mehr oder minder willkürlich allein über den Markt geregelt. Dann würde ein Unternehmer seinen Gewinn auch nicht an seinen Arbeitern machen, sondern ausschließlich auf dem Markt. Dann wäre der Kapitalismus nicht durch Ausbeutung charakterisiert, sondern allein durch Risiko und die marktzufälligen Gewinne.

Gehen wir zurück zur Handlungsform, dann sehen wir, dass auch dieses umgekehrte Bild zufälliger Gewinne zu einfach wäre. Zwar ist der Markt durch Angebot und Nachfrage, durch die Steuerungen des Warenabsatzes durch Werbung und Ausschaltung von Konkurrenten ein sehr wichtiger Bestandteil der Preisbildung und Gewinnerzielung, aber unbestreitbar bleibt auch, dass verausgabte Arbeitszeit notwendig zur Herstellung des Warenwertes und damit eine Vorbedingung der Gewinnerzielung ist. Nur ist es gegen die Handlungsform völlig gleichgültig, ob dies auch tatsächlich gerechnet werden muss. Aus dem Resultat aller Handlungen lässt sich am erzielten Preis gegenüber den eingesetzten Kosten immer sehr viel deutlicher und unmittelbarer ersehen, ob die Handlungen sowohl der Werterstellung als auch der Gewinnerzielung erfolgreich waren oder missglückt sind. Aber wenn jeglicher Gewinn rein zufällig auf dem Markt wäre, wenn sich die Kosten im Verhältnis zum Gewinn nicht hinreichend kalkulieren ließen, dann müsste der ganze Kapitalismus als eine Art Glücksspiel aufgefasst werden, was zwar im Einzelfall vorkommen mag, aber nicht die Strukturiertheit der gesamten Handlungsabläufe erklären könnte.[25] In dieser Struktur spielt die Ware Arbeitskraft auch für den Kapitalisten eine offensichtlich entscheidende Rolle, denn vor allem ihre Produktivität verspricht einen höheren Gewinn, was alle ökonomischen Theorien zugestehen, denn neben anderen Kosten stellen vor allem die Lohnkosten ein Hauptangriffsziel von Einsparungen zur Gewinnsteigerung in der täglichen Praxis dar.

Waren oder Dienstleistungen sind Gebrauchswerte, die erst dann auf den Markt eintreten und in den Konsum gelangen, wenn sie zu Tauschwerten werden. Aber wie ist es mit

---

25 Weiter unten wird noch deutlich werden, dass der gegenwärtige Kapitalismus viel stärker als frühere Zeiten in seinen Gewinnstrategien tatsächlich immer stärker auch auf Glücksspiele setzt, um Gewinne zu maximieren.

den Dingen, die in der Natur oder von Natur aus z. B. in angeborenen Eigenschaften vorliegen? Diese erscheinen als Gebrauchswerte ohne Wert bzw. Tauschwert. Sie sind nicht mit
Arbeit vermittelt, in sie geht also auch keine Arbeitszeit als Wertsteigerung ein. Marx musste das Zugeständnis machen, dass dies für den Boden (Grundbesitz) zu gelten scheint, denn
er hat einen Preis, ohne immer einen durch Arbeit erzeugten Wert zu besitzen (vgl. MEW
26.3, 509). Hier wird deutlich, dass Marx eine sehr idealtypische Konstruktion von Arbeit
und Wert benutzt. Einfacher wäre es zu sagen, dass in menschlichen Handlungen jeweils
das als Wert konstruiert werden kann, was sich auf der Basis von Eigentum tauschen lässt.
In viele Tauschobjekte mag menschliche Arbeit als Wertsteigerung eingehen, bei anderen
jedoch führen Angebot und Nachfrage zu einer eigenen Wert- bzw. Preisbildung. Umgekehrt wäre es aber nicht sinnvoll, alle Wertsteigerungen allein auf Angebot und Nachfrage
zurückzuführen, da dies die Rolle der Arbeit unterschätzen würde. Ein grundlegender Aspekt ist allerdings zu beachten. Immer kann in menschlichen Handlungen ein Ding „nützlich und Produkt menschlicher Arbeit sein, ohne Ware zu sein." (MEW 23, 55) Vereinfacht
lässt sich sagen, dass erst jene Gebrauchswerte die auf dem Markt getauscht und dort in Waren und Dienstleistungen verwandelt werden, die sich also in Geld verwandeln lassen, eine
gesellschaftliche Wertform annehmen.

In den Handlungen der Menschen lassen sich diese Unterscheidungen durchaus nachvollziehen. Nicht alle Gebrauchswerte lassen sich tauschen, in Geldformen verwandeln. Nehmen
wir dazu die Hausarbeit im Gegensatz zur Lohnarbeit. Obwohl beides Arbeiten sind, so erhalte ich für die eine Lohn und eine gewisse Anerkennung durch abgetretene Lohnbestandteile,
die sich in der Regel auch in späteren Sozial- und Rentenleistungen niederschlagen, für die
andere erhalte ich allenfalls eine familiäre Anerkennung, die für mein ökonomisches Auskommen leider problematisch ist. Insoweit ist in der Einheit von Gebrauchswert und Wert ein
Widerspruch eingeschrieben: Der Gebrauchs*wert* der Ware kann erst dann realisiert werden,
wenn der Wert der Ware im Austausch gehandelt wird, d. h. wenn er eine gesellschaftliche
Bestätigung in einer ökonomischen Handlung auf einem Markt findet. Deshalb wissen die
Menschen in ihren Handlungen wohl zu unterscheiden, was ihnen ökonomisch und für ihren Lebensstand etwas bringt, und was zwar schön und gut sein mag, aber fruchtlos im Blick
auf die ökonomische Absicherung bleibt. Die Ökonomie des Tauschens wird hier nicht eingreifen, denn für sie gilt nur der Tausch selbst als Vergesellschaftung. Allenfalls könnte der
Staat mir auch meine Hausarbeit anerkennen, indem er etwas dafür als soziale Leistung gibt,
aber dies müsste er als Umverteilung jenseits der üblichen Marktmechanismen realisieren.

Wenn wir die Frage aus Kapitel 1 noch einmal aufnehmen, wann und inwieweit persönliche Eigenschaften und Kompetenzen kapitalisiert werden, dann können wir hier schlussfol-
gern, dass solche habituellen Fähigkeiten wie soziale Bindungen, Beziehungen und Netzwerke, kulturelle Bildung, Kompetenzen aus Lernvorgängen usw. zunächst im Blick auf einen
Markt immer Gebrauchswerte sind, die erst dann zu ökonomisch relevanten Werten – und
damit kapitalisiert – werden, wenn sie tatsächlich in Tauschhandlungen auf einem Markt
realisiert werden können und mit Gewinnabsichten eingesetzt sind. Diese Unterscheidung
wird für die weitere Bestimmung der Kapitalformen wichtig sein. Im Blick auf die eigenen
Gebrauchswerte fürchten die Menschen deshalb, sofern das ökonomische Handeln betroffen ist, immer den Markt: Was geschieht, wenn wir zwar Gebrauchswerte herstellen, so auch

die eigene, qualifizierte Arbeitskraft, die sich dem Tausch auf dem Arbeitsmarkt stellt, aber kein Käufer gefunden werden kann, weil der Gebrauchswert derzeit keinen Nutzen hat? Eine Überproduktion von Gebrauchswerten ist hierfür ein Beispiel. Weder Dinge werden dann als Werte realisiert noch kann sich die Arbeitskraft in Lohnarbeit oder Selbstständigkeit verwirklichen. Im Kapitalismus spricht man gerne von den hohen Risiken, die der Kapitalist bei seiner Investition des ökonomischen Kapitals eingeht, denn er muss darauf vertrauen, dass die Waren, die er herstellt, tatsächlich einen Käufer finden. Oft wird übersehen, dass alle Arbeitenden auch ein Risiko tragen, denn sie können bei allen Qualifikationen, die sie aus eigener Tasche und Anstrengung aufwenden, auch nicht zweifelsfrei damit rechnen, anschließend einen Arbeitsplatz – und schon gar nicht einen dauerhaften – zu erhalten.

Konkrete Arbeit stellt Gebrauchswerte her

Bereits die Ökonomen vor Marx, insbesondere Adam Smith, waren sich der Unterscheidung von Gebrauchs- und Tauschwert bewusst. Allerdings fasste Smith (1963, 38) den Unterschied noch als einen natürlichen auf. Bei ihm sind die natürlich erscheinenden Handlungen der Menschen bestimmend für die Erklärung des Unterschieds. Marx hingegen konstruiert ein gesellschaftliches Verhältnis, wobei der Tauschwert nur die äußere Erscheinungsform eines Wertverhältnisses bildet, das er als ein verborgenes gesellschaftliches Verhältnis beschreibt. Verborgen ist die jeweilige gesellschaftliche Arbeit, die als durchschnittliche notwendige Arbeitszeit zur Wertherstellung beiträgt. Deshalb wird es für ihn notwendig, die Arbeit, die Gebrauchswerte konkret herstellt, von der anderen Seite der Arbeit, die abstrakt Wert produziert, zu unterscheiden. Dies nennt er den Doppelcharakter der Arbeit. Um das ökonomische Kapital tief genug im Marxschen Sinne zu verstehen, muss dieser Doppelcharakter als konkrete und abstrakte Arbeit näher untersucht werden, denn für Marx ist er der »Springpunkt«, um den sich zentrale Fragen der politischen Ökonomie drehen (vgl. MEW 23, 56).

Die Produktion von Gebrauchswerten geschieht in konkreter Arbeit. Konkrete menschliche Arbeit ist Arbeit, die in nützlicher Form mit hergestellten Produkten in bestimmter Qualität stattfindet. Dabei unterscheidet sie sich von anderen Arbeiten nach unterschiedlicher Qualität, weil und insofern sie unterschiedliche Gebrauchswerte herstellt. Die Arbeiten eines Schlossers, Maschineningenieurs oder einer Lehrerin sind unterschieden von denen eines Bäckers, Lagerarbeiters oder einer Managerin. Die Verschiedenheit der Arbeiten hängt mit ihrem Zweck, der Art und Weise der Herstellung wie auch der dabei eingesetzten unterschiedlichen Arbeitsgegenstände und -mittel zusammen.

Konkrete Arbeit zeichnet die Menschheit von Anbeginn aus, denn Gebrauchswerte waren immer für Menschen notwendig, um Bedürfnisse der Selbsterhaltung und über sie hinaus herzustellen und zu verteilen. Bei Marx heißt es deshalb: „Als Bildnerin von Gebrauchswerten, als nützliche Arbeit, ist die Arbeit daher eine von allen Gesellschaftsformen unabhängige Existenzbedingung des Menschen, ewige Naturnotwendigkeit, um den Stoffwechsel zwischen Mensch und Natur, also das menschliche Leben zu vermitteln." (MEW 23, 57)

Allerdings ließe sich auch gegen diese universale Definition einwenden, dass es ganz und gar aus kulturell-gesellschaftlichen Kontexten entspringt, was als nützlich angesehen wird. Dabei mag sich, wenn wir über die Selbsterhaltung hinausgehen, sehr schnell enthüllen, dass die Nützlichkeit ein jeweiliges Konstrukt gesellschaftlicher Kontexte ist. Hier zeigt sich ganz offensichtlich, dass im Laufe der Geschichte die Naturnotwendigkeit immer mehr und über die Selbsterhaltung hinaus zu einer Kulturgeschichte unterschiedlicher Nützlichkeitsvorstellungen entwickelt und differenziert wurde, die abhängig von den kulturellen Gesellschaftsformen gedacht werden muss. Dies lässt sich z. B. dafür dokumentieren, inwieweit es künstlerische Arbeiten gibt, die außerhalb von Tauschverhältnissen stattfinden, oder aber auch für Tätigkeiten im Leben und in der Sprache, die gar nicht erst als Arbeit aufgefasst werden, obwohl sie indirekt damit zusammenhängen. Und wie steht es um sprachlich vermittelte Werte und Normen, die in der Familie vermittelt werden, wie um Formen der Kooperation, die sich zwischen Familienmitgliedern, in der Schule, in sozialen Beziehungen und Netzwerken usw. ergeben? Solche Tätigkeiten scheinen ohne Tauschnutzen, obwohl sie stets von mittelbarem Nutzen für die Herstellung einer Arbeitshaltung und die Durchführung von Arbeiten sein mögen. Die Verallgemeinerung der am Tausch orientierten Nützlichkeit erscheint zwar als notwendig, um durch Arbeit das Überleben und Leben zu sichern, aber die kulturelle Unterschiedlichkeit solcher Sicherung und Arbeiten zeigt zugleich auch eine ungeheure Variabilität der Verwirklichungen. In dieser Konkretion gibt es keine universalen, sondern stets nur historisch veränderliche Bestimmungen.

Gleichwohl zeigt sich in den konkreten Arbeiten jeweils der materielle und technologische, der kulturelle und soziale Wohlstand, der historisch erreicht wurde und wird. Dabei lassen sich Aspekte benennen, die helfen, konkrete Arbeiten in der Entwicklung des Kapitalismus zu unterscheiden:

- Die Entwicklung und Differenzierung der konkreten Arbeit durch eine erhöhte Arbeitsteilung erhöht auch den stofflichen, den materiellen Reichtum einer Gesellschaft. Dies schafft Chancen, sowohl qualitativ wie quantitativ mehr Bedürfnisse der Menschen zu befriedigen. Voraussetzung ist die Entwicklung zielgerichteter, organisierter, mehr oder minder planmäßiger Arbeit, die eine eigene Beurteilung, Überwachung, Bewertung und Selbststeuerung des Produzenten bedingt. Dies setzt nicht nur fachliche Qualifikationen im Blick auf unterschiedliche Arbeiten voraus, sondern auch Aufmerksamkeit, Konzentration, Durchhaltevermögen, Zeitmanagement und vieles mehr, die jeweils konkrete Arbeiten begleiten. Die Entwicklung und Differenzierung der konkreten Arbeit in der Geschichte der Moderne bis heute geht mit einer steten Erhöhung der Qualifikationen breiter Bevölkerungsschichten einher. Dabei ist eine deutliche Zunahme höherer Qualifikationen vor allem in den letzten Jahrzehnten zu beobachten (genauere Angaben dazu in Kapitel 6). Allerdings ist zu beachten, dass diese konkrete Seite der Arbeit ihr abstraktes, tauschendes Pendant benötigt: Konkrete Arbeiten differenzieren sich dort am leichtesten, wo sie einen Markt zum Tausch finden und mit Gegenwert (insbesondere Lohn) belohnt werden. Dennoch mag es auch konkrete Arbeiten in differenzierten Formen geben, die nicht auf Tausch ausgerichtet sind. Aber dann ist die Voraussetzung die, dass durch andere Einkommensarten die Verausgabung solcher Arbeit gesichert wird. So muss z. B. der Künstler, der nur für seine Kunst lebt, etwas erben oder von jemand anderem unterhalten werden, um seine vielleicht zeitlebens unverkäufliche Kunst herstellen zu können. In der Breite bleibt solche konkrete Arbeit die Ausnahme.

- Seit Beginn der Moderne ist zu beobachten, dass die Arbeitsgänge der konkreten Arbeit in einer arbeitsteilig organisierten Produktion vielfältiger, komplexer und vernetzter durchgeführt werden. Dies führt zu einer Steigerung der Unterschiedlichkeit, der Kompliziertheit und Spezialisierung. Wo früher eng begrenzte Berufe ein Leben lang praktiziert wurden, da steht heute ein flexibles, disponibles und mobiles Anforderungsprofil mit breiter Grundbildung und persönlich möglichst umfassenden Kompetenzen im Vordergrund. Entsprechend steigt das Anforderungsprofil an die Lernarbeit, die einer konkreten Arbeit im Wirtschaftsleben vorausgehen muss. Auf der fachlichen Arbeitsseite sind dies zielgerichtete, planmäßige, organisierte, systematische und analytische Tätigkeiten, denen aber immer auch kooperierende, kommunikative und selbstreflexive Momente zur Seite stehen. Die Differenzierungsgrade der konkreten Arbeit spiegeln sich auch in verschiedenen wissenschaftlichen Fächern, die z. B. als Schulfächer in der Qualifikation schon im Kindes- und Jugendalter eingesetzt werden. Konkrete Arbeit verlangt oft die Unterwerfung unter einen bestimmten Arbeitsprozess, eine Disziplinierung so wie in wissenschaftlichen Disziplinen ebenfalls bestimmte Standards gesetzt sind, die eingehalten werden müssen. Disziplinierungen spiegeln Unterordnungen unter Sachen, Sachverhalte und Prozeduren wie unter Personen wider. In versachlichter Form erscheint ein solches Verhalten als Leistungsbereitschaft im Rahmen einer Leistungsgesellschaft, was ökonomisch meint, sich der konkreten Arbeit (mit Fleiß, Ordentlichkeit, Pünktlichkeit und anderen Tugenden) unter Tauschbedingungen aktiv angepasst zu stellen. In der Gegenleistung durch Lohn bzw. höheren Lohn bei höherer Qualifikation liegt die motivationale Voraussetzung einer Höherqualifizierung mit entsprechendem Aufwand.

- Die Arbeitsgegenstände der konkreten Arbeit verändern sich. An Stelle von Naturstoffen rücken immer mehr künstliche, synthetische Produkte, und die Arbeitsmittel, die Werkzeuge, Maschinen und Produktionsprozesse wandeln sich stark. „Nicht was gemacht wird, sondern wie, mit welchen Arbeitsmitteln gemacht wird, unterscheidet die ökonomischen Epochen." (MEW23, 194 f.). Innerhalb der Industrialisierung zeigen sich unterschiedliche Revolutionen der konkreten Arbeit, die vom Fließband bis hin zur Teamarbeit reichen, die von der Taylorisierung der Einzelarbeit über die Halbautomation bis zur Vollautomation führen. Im Hintergrund steht hier eine Verwissenschaftlichung der Arbeit, die zu einer enormen Erhöhung der Arbeitsproduktivität und zur kreativen Entwicklung neuer Arbeitsgegenstände und Verfahren beigetragen hat. Dies bedeutet allerdings nicht, dass der Entwicklungsstand der Erziehung und Bildung als Qualifizierung für konkrete Arbeit und für die Lebensformen sich direkt aus dem Entwicklungsstand der erforderlichen konkreten Arbeiten ableiten lässt. Die Erziehungsbedingungen scheinen dem wissenschaftlich-technischen Fortschritt und seinen Erfordernissen an die Qualifizierung durchaus oft hinterherzuhinken.[26] Aber einem gewissen Entwicklungsstand der Arbeit entsprechen in allen historischen Epochen bestimmte notwendige Erziehungs- und Bildungsvoraussetzungen, die allerdings nach Breite und Tiefe über die Menschen unterschiedlich verteilt sein können. Dabei trägt die konkrete Arbeit einen Widerspruch

---

26 Dies ist in allen Staaten ein Problem. Nehmen wir Deutschland als Beispiel: Obwohl die Zahl derjenigen, die eine Hochschulreife erwerben, weit unter dem OECD-Durchschnitt liegt, beharren viele Kräfte darauf, insbesondere das Gymnasium mit der Ausbildung einer vermeintlichen akademischen Elite zu schützen. Hier wurde noch nicht verstanden, dass die Arbeitsmärkte der Zukunft deutlich höher in der Breite qualifiziert sein müssen. Die Vergangenheitsorientierung kann verheerende Folgen für einen jetzt schon angelegten Fachkräftemangel in der Zukunft haben. Vgl. dazu auch Wössmann (2007).

in sich: Einerseits benötigt eine Vielzahl konkreter Arbeiten eine zunehmende Qualifizierung der Arbeitskräfte, um der hohen Geschwindigkeit, der Komplexität und Technologie sowie den Kooperations- und Kommunikationsformen, die damit verbunden sind, zu entsprechen, andererseits gibt es immer noch eine Vielzahl dequalifizierter konkreter Arbeiten, die nur geringe fachliche Voraussetzungen benötigen. Auffällig ist, dass die Industrieländer immer mehr qualifizierte Arbeiten benötigen, weil die dequalifizierten Arbeiten in Billiglohnländer verschoben werden. Dies aber führt in den Industrieländern zu neuen Widersprüchen: Wo früher die qualifizierte Arbeit durch den Einsatz eines hohen Lernkapitals zu einem sicheren Einkommen führte, da kann sie heute durchaus auch in Arbeitslosigkeit wegen eines Überangebots enden. Die dequalifizierte Arbeit hingegen, die auf Unterqualifizierung beruht, ist besonders kritisch, weil diejenigen mit den schlechten Abschlüssen bereits jung in eine Dauerarbeitslosigkeit entlassen werden.

Der private Produzent kann beliebig Waren oder Dienstleistungen irgendeiner Art produzieren. Er muss nur darauf achten, wenn er nicht völlig umsonst arbeiten will, dass er diese Leistungen auch auf dem Markt realisieren, d. h. verkaufen kann. Er kann nur dann für seine eigenen Interessen arbeiten, wenn er entsprechende Käufer findet. Dabei steht es ihm frei, wenn er keine Käufer findet, für seine Ware mit Versprechungen oder einem Quantum Illusionen zu werben oder, wenn das alles nicht hilft, seine Ware betrügerisch oder mit List zu veräußern. Hier stehen in der privaten Produktion viele Wege offen, denn der von Eigeninteressen geleitete, unplanmäßige, anarchische Charakter der Warenproduktion gehört zur Produktionsweise selbst.[27] Es ist eine Privatangelegenheit, ob ich Brötchen, Schuhe, Autos oder meine eigene Arbeitskraft mit bestimmten Qualifikationen als Ware herstelle, ich muss nur einen Käufer finden, der mir einen Gegenwert erstattet. Bei der Arbeitskraft handelt es sich allerdings um eine besondere Form. Private Arbeit ist hier vor allem Lernarbeit, sie erzeugt Kompetenzen des Arbeitenden, des Lerners, deren Gebrauchswert von einem Kapitalisten oder späteren Arbeitgeber in Lohnarbeit verwendet werden kann, um eine Ware – sei es in gegenständlicher Form oder als Dienstleistung – herzustellen, die wiederum auf dem Markt angeboten wird, um einen Käufer zu finden. Die Kosten der Herstellung von Gebrauchswerten in allen Kapitalformen machen immer konkrete Arbeiten erforderlich.

Privatheit und Ökonomie

Wenn wir verstehen wollen, weshalb viele Theoretiker nicht nur der politischen Ökonomie, sondern insgesamt der Gesellschafts- und Sozialwissenschaften glauben, dass der ökonomische Sektor entscheidend mit darüber bestimmt, wie die Menschen leben und denken, so finden wir in der bisherigen Darstellung eine wesentliche Herleitung. Weil die private Arbeit zum Kernbestand der modernen Wirtschafts- und Lebensweise gehört, ist es für die Erziehung, das Lernen, die Haltung und Lebenseinstellungen wichtig geworden, dass wir das Glück, den Wohlstand, die erreichbare Zufriedenheit und Selbsterhaltung der Menschen im Wesentlichen sowohl als eine Privatsache als auch als eine der Freiheit ansehen. Jedes Individuum steht von vornherein in der Bringschuld gegenüber der Gesellschaft, in einer Art

---

27   Zur Charakterisierung der Anarchie der Produktion vgl. z. B. Friedrich Engels: „Nachtrag zum dritten Band des ‚Kapital‘ " in MEW 25, 895 ff.; ferner auch MEW 20, 253 f., MEW 21, 183 f.

imaginärem Vertragsverhältnis, sich entsprechend seiner Voraussetzungen mittels seiner Arbeit, insbesondere zunächst seiner Erziehungs- und Lernarbeit, so zu qualifizieren, dass es – in freier Entscheidung – entweder eigene private Arbeiten durchführen oder sich als Lohnarbeiter/in verdingen kann. Die Gesellschaft der Moderne hat sich aus den feudalen Fesseln persönlicher Abhängigkeiten befreit, um einen solchen »Vertrag« für alle Menschen möglich zu machen, d. h. ihnen gesellschaftlich garantierte Beteiligungsmöglichkeiten zu gestatten, um ein privates und freies Leben zu führen. Wem dies nicht gelingt, der versagt im Sinne des Systems und gilt als gescheitert, hilfsbedürftig, ausgestoßen.[28] Die Privatheit eines freien Marktes, in dem jeder seine gleiche Chance erhält, ist so zur Ideologie aller kapitalistischen Gesellschaften geworden. Aber dieser Ideologie korrespondiert, obwohl es Rechte auf Menschenwürde, freie Meinungsäußerung und freie Wahl der Lebensweise gibt, kein Recht auf Arbeit, so dass diejenigen, die trotz allen Bemühens keinen Lohn erwerben können, weil ihre Ausbildungssituation schlecht war oder der Arbeitsmarkt gerade ungünstig ist oder sie nicht nachgefragte Qualifikationen oder zu geringe Qualifikationen besitzen, schnell aus den Chancen herausfallen. Diese Drohung führt dazu, dass ein jeder von Geburt an wissen sollte, wie wichtig der Aufbau von eigenen Kompetenzen und Qualifikationen, d. h. von Investitionen in eine eigene Ausbildung als Gebrauchswert ist, um sich auf dem Arbeitsmarkt erfolgreich anzubieten, wenn man über kein größeres eigenes ökonomisches Kapital verfügt. Persönlich gesammelte Kapitalformen sind, so wird sich in diesem Buch zeigen, hierfür notwendig.

Neben der Arbeitsteilung, Privatheit und Freiheit benötigen alle Produzenten auch die Gesellschaftlichkeit, denn keine Ware kann allein für sich veräußert werden. Jeder Warenproduzent benötigt neben der eigenen Ware auch eine Nachfrage nach dieser Ware, und derjenige, der seine Arbeitskraft als Ware, d. h. seine Arbeit gegen Lohn in irgendeiner Form anbietet, sieht dies geradezu als Existenzvoraussetzung gegen seine Arbeitslosigkeit. Hier wirkt sich die Anarchie der Produktion, die notwendig mit der Vielzahl der privaten Arbeiten verbunden ist, gefährdend auf jeden Produzenten aus. Allein ein gelingender Austausch auf dem Markt garantiert, dass die Ware nicht umsonst hergestellt wurde, wobei der Begriff »umsonst« im Kapitalismus bedeutet, dass die Kosten derjenige zu tragen hat, der auf ihnen sitzen bleibt. So kann es immer wieder im Einzelfall zu Krisen zwischen dem privaten und dem gesellschaftlichen Charakter der Warenproduktion kommen, um es abstrakt auszudrücken. Geschieht dies massenhaft, dann erscheint dies als Zirkulationskrise der Waren, als eine Absatzkrise auf dem Markt, die zunächst die Warenwerte und in der Folge die Produzenten – die Lohnarbeiter auf der einen Seite und die kleine Firma bis zum Konzern auf der anderen Seite – »vernichten« kann.

Zum Maßstab einer solchen Krise ist die Weltwirtschaftskrise im 20. Jahrhundert geworden. Sie führte dazu, dass neben den privaten Unternehmern auch der Staat als eine Regulationsinstanz Geltung gewonnen hat, um die Anarchie der Produktion zu begrenzen bzw. steuernd einzugreifen, damit zumindest Dominoeffekte wirtschaftlichen Abschwungs oder breiter Kapitalvernichtung vermieden werden. Denn obzwar die kapitalistische Produktion zunächst auf privater Arbeit fußt, so zeigt der gesellschaftliche Charakter des Austauschens, dass es gefährlich werden kann, wenn bestimmte Bereiche von Waren unverkäuflich werden und damit andere Bereiche, die eigentlich noch nachgefragt sind, mit in den Strudel eines Abschwungs und dann einer größeren Wirtschaftskrise ziehen.

---

28   Vgl. zu den Ausstoßungsprozeduren vor allem Bauman (2004).

Mehrwertproduktion

Wenn wir von ökonomischen Kapital sprechen, dann denken wir es heute meist als eine große Summe Geldes. Auch das Geld ist eine Ware, aber dieser Ware kommt der spezifische
Gebrauchswert zu, ein allgemeines Äquivalent für alle Tauschhandlungen zu sein. Das Geld
tritt in verschiedenen Geldfunktionen auf. Es ist das Maß der Werte, die im Tausch gehandelt werden und die im Preis der Waren erscheinen. Zugleich ist es ein allgemeines Zirkula-
tionsmittel, was insbesondere durch das Papiergeld erleichtert und später durch das elektro-
nisch verwaltete Geld auf Konten virtualisiert wurde. So können heute die Menschen Geld
besitzen, ohne es immer unmittelbar in den Händen zu halten und persönlich übergeben zu
müssen. Die Tauschhandlungen lassen sich beschleunigt und globalisiert durchführen. In der
Zirkulation kann das Geld als Zahlungsmittel ebenso wie als Sparmittel genommen werden,
wobei es sich in viele andere Formen wie Aktien, Fonds usw. verwandeln lässt. Als Geld ist
es Weltgeld, weil und insofern es sich gegen jede Währung tauschen lässt.

Das Geld als das letzte Produkt der Warenzirkulation ist für Marx zugleich die erste Er-
scheinungsform des ökonomischen Kapitals. „Jedes neue Kapital betritt in erster Instanz die
Bühne, d. h. den Markt, Warenmarkt, Arbeitsmarkt oder Geldmarkt, immer noch als Geld,
Geld, das sich durch bestimmte Prozesse in Kapital verwandeln soll." (MEW 23, 161) Die
Warenproduktion ist ursprünglich darauf gerichtet, eine Ware herzustellen (W), sie auf dem
Markt durch Tausch mit Geld (G) zu verkaufen, um erneut dieses Geld in neue Waren (W)
zu investieren, die wiederum verkauft werden sollen. Die W-G-W-Form ist typisch für eine
Produktion, in der verkauft wird, um zu kaufen. Es gibt aber auch die umgekehrte Folge G-
W-G, d. h. die Verwandlung von Geld in Ware, um daraus wieder Geld zu machen. „Geld,
das in seiner Bewegung diese letzte Zirkulation beschreibt, verwandelt sich in Kapital, wird
Kapital und ist schon seiner Bestimmung nach Kapital." (MEW 23, 162)

Nun macht es im ökonomischen Handeln aber wenig Sinn, wenn durch die Handlungen
am Ende nur so viel herauskommt, wie am Anfang eingesetzt wurde. Ein Austausch von
Geld gegen Geld in gleicher Menge ist vergebene Mühe, denn der Austausch wird in aller
Regel gemacht, um das Geld zu vermehren und diese Vermehrung spielt die entscheidende
motivierende Rolle in der Warenproduktion und im ökonomischen Handeln der Menschen.
Die eigentliche Zirkulationsformel, so führt Marx aus, lautet daher G-W-G', wobei G' eine
vergrößerte Geldmenge bedeutet. Den vergrößerten Teil des ursprünglich vorgeschossenen
Geldes nennt Marx *Mehrwert*.

Geld, das auf Mehrwert zielt, ist Kapital. Die Bewegung dieses Kapitals nennt Marx
eine maßlose, weil der Kapitalist als „personifiziertes, mit Willen und Bewußtsein begabtes
Kapital" (MEW 23, 168) in der Zirkulation des Geldes als Kapital den wichtigsten Zweck
seiner Handlungen sieht, und seine „Person, oder vielmehr seine Tasche, ist der Ausgangspunkt und Rückkehrpunkt des Geldes" (MEW 23, 167), wobei der Mehrwert die ursprünglich gegebene Summe erhöht. „Der Kapitalist weiß, daß alle Waren, wie lumpig sie immer
aussehn oder wie schlecht sie immer riechen, im Glauben und in der Wahrheit Geld ... sind
und zudem wundertätige Mittel, um aus Geld mehr Geld zu machen." (MEW 23, 169)

Wie vermehrt sich jedoch das Geld? Wie kann es zu dem Mehrwert und damit zu zu-
sätzlichem Reichtum überhaupt kommen?

In der politischen Ökonomie hat man nach Marx die These aufgestellt, dass dies durch subjektive Wertbildungen in der Zirkulation der Waren geschieht. Je nach Marktlage, je nach Angebot und Nachfrage, subjektiven Vorlieben, werden bestimmten Waren bestimmte Werte beigemessen, die über oder unter den Kosten, die der Kapitalist zur Herstellung hat, liegen. Der Mehrgewinn zwischen Kosten und Verkauf würde dann den Mehrwert erklären, der Verlust führt auf lange Sicht zwangsläufig zur Aufgabe der Produktion oder in die Pleite. Diese Sichtweise hat den Vorteil, dass wir uns keine großen Gedanken über die Herkunft des Mehrwerts machen müssen, weil es sich nur um einen subjektiven, willkürlichen, zufälligen Wert handelt, der sich auf den Märkten ergibt. Diese Sicht ist allerdings wissenschaftlich gesehen sehr unbefriedigend.

Für Ökonomen, die der Marxschen Interpretation folgen, entspringt der Mehrwert keineswegs der Zirkulation, auch wenn diese im Einzelfall immer wieder z. B. durch Angebot und Nachfrage auf den Preis der Waren einwirkt. Aber sie misstrauen einer bloß subjektiven Herleitung, denn es gibt in ökonomischen Handlungen wiederkehrende Handlungsmomente, die wir beachten sollten. Zunächst vernachlässigt die subjektive Theorie, dass alle Warenproduzenten sich selten allein, in einer Monopolstellung auf dem Markt befinden, sie stehen vielmehr in Konkurrenz, was bedeutet, dass sie alle gleichermaßen die Kosten in der Warenproduktion zu senken versuchen, um ihre Waren besser und massenhafter gegenüber Mitkonkurrenten verkaufen zu können. Dieser Marktmechanismus trägt zur Verobjektivierung der Werte bzw. Preise von Waren bei, da der Gewinn (Mehrwert) sich nicht allein subjektiv beliebig auf den Märkten setzen lässt. Blicken wir auf die kapitalistische Praxis, wie sie den Handelnden im Prozess der Wertbildung erscheint, dann ist es für den Kapitalisten ganz offensichtlich, dass er insbesondere über die Steuerung seiner Kosten und die Strategien seiner Vermarktung seinen Gewinn zu sichern versucht. Hierbei spielen zunächst die Kosten eine ausschlaggebende Seite. Sie lassen sich in Kosten für Rohstoffe, die zur Herstellung der Ware notwendig sind, Maschinen und Arbeitsmittel, Hallen und Transport auf der einen Seite als Produktionsmittel aufteilen (Marx fasst diesen Teil als konstantes Kapital auf), auf der anderen Seite als Lohnkosten (für Marx ein variabler Kapitalteil). Für den konstanten Kapitalteil gilt, dass hier der Kapitalist auf dem Markt versuchen kann, möglichst günstig einzukaufen. Für das variable Kapital gilt dies auf dem Arbeitsmarkt gleichermaßen. Im Gegensatz zur bloßen Kostenrechnung analysiert Marx jedoch die Ware Arbeitskraft als variables Kapital ganz anders als der Kapitalist. Für ihn ist sie nicht nur ein Kostenfaktor, sondern sie trägt den Gebrauchswert, dass sie in der Produktion der Ware, die der Kapitalist herstellen lässt, dieser Ware Wert hinzusetzt (wenn nicht überhaupt Wert bildet). Diese wertschaffende Seite der Arbeitskraft beutet der Kapitalist aus, denn der Lohn der Ware Arbeitskraft berechnet sich nicht aus der Werterstellung, die sie leistet, sondern aus den Kosten, die ihr angesichts einer bestimmten historisch-kulturellen Entwicklung zur eigenen Reproduktion zugestanden sind. Die Lohnkosten waren und sind deshalb im Kapitalismus immer Kampfplatz von Auseinandersetzungen, denn je mehr der Wohlstand der Gesellschaft durch materiellen Reichtum wuchs und weiter wächst, desto mehr wollen auch die Lohnarbeiter/innen an ihm teilhaben. Es entstanden zudem unterschiedliche Löhne und Differenzierungen der Lohnarbeit (insbesondere nach Arbeitern und Angestellten). Dabei kümmert den Kapitalisten nicht die Erklärung von Marx, dass vorrangig die Lohnarbeiter/innen den Wert herstellen, den der Kapitalist als Nutzer der Arbeitszeit dieser Ware Arbeitskraft einnimmt, weil ihn nur die Kosten im Verhältnis zum erreichten Ergebnis interessieren. Und er tut alles dafür, damit diese einfachere Betrachtungsweise auch von allen Menschen, einschließlich seiner Lohnarbeiter/innen, so gesehen und als natürlich betrachtet wird.

Marx geht analytisch zur Erklärung des Gewinns ganz anders in Einzelschritten so vor (vgl. *Schaubild 2*):

Schaubild 2:   Kapital und Mehrwert nach Marx

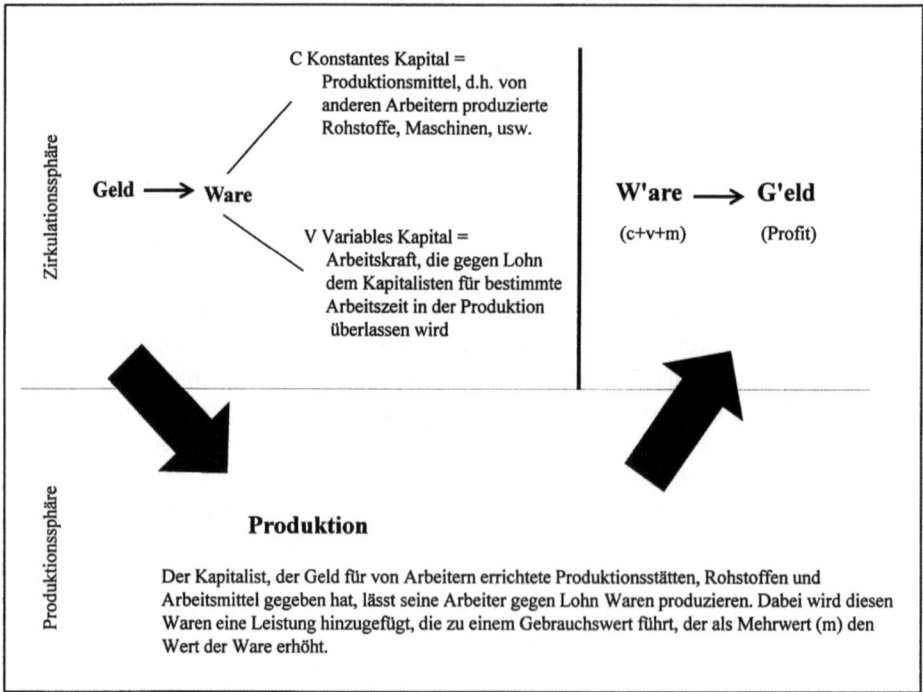

Der Geldbesitzer als Kapitalist kauft in der Zirkulationssphäre auf dem Warenmarkt Produktionsmittel und auf dem Arbeitsmarkt Ware Arbeitskraft in Form von Lohn. Die Produktionsmittel erscheinen als konstantes Kapital (c), wobei die Konstanz allerdings nur relativ meint, dass dieses Kapital in Rohstoffe, Sachwerte, Anlagen usw. meist längerfristig gebunden ist. Lohnarbeiter/innen werden mit einem variablen Kapitalanteil eingestellt, wobei die Relativität dieses Kapitalanteils darin besteht, dass der Kapitalist bei gutem Absatz mehr, bei schlechtem Verkauf hingegen weniger Arbeitskräfte beschäftigt. Er kombiniert beide Kapitalteile in seinem Unternehmen, um Waren herzustellen. In der Produktionssphäre werden Waren produziert. Die Arbeitenden produzieren auf der Basis ihrer je spezifischen Qualifikationen mit Produktionsmitteln und in Produktionsstätten Waren, die allesamt dem Kapitalisten gehören. Ihm gehört auch die Produktionszeit, die in der vertraglich geregelten Arbeitszeit der Arbeitenden vereinbart ist. In dieser Zeit werden Gebrauchswerte erstellt, die später auf dem Markt sich in Tauschwerte verwandeln und in Geld getauscht werden.

Das Streben des Kapitalisten ist Mehrwert, denn für alle Kosten und Risiken, die er aufwendet, erwartet er einen Gewinn, der sich im Wertzuwachs seiner Waren zeigt. Ist die Ware produziert, so kann sie sich erst auf dem Markt in einen Tauschwert verwandeln und damit den Wertzuwachs (c + v + m) realisieren. Da im Kapitalismus in Geld getauscht wird, erscheint dieser Wert und Mehrwert der Waren oder Dienstleistungen im erzielten Preis. Das über die Kosten hinausgehende Geld, das dann im realisierten Preis auf dem Markt erreicht wird, wird Profit genannt.

Ökonomisches Kapital haftet durch private Eigentumsverhältnisse sehr stark an den jeweils Besitzenden, was ihnen eine größere Handlungsfreiheit und Macht in der Gesellschaft bietet, eigene Interessen durchzusetzen.

Auch die Ware Arbeitskraft ist an Bedingungen geknüpft. Ihr Besitzer muss als Eigentümer dieser Arbeitskraft persönlich über ihren Einsatz entscheiden können, so dass sich ein juristisches Vertragsverhältnis zwischen Käufer und Verkäufer der Ware Arbeitskraft herstellen lässt. Der Besitzer der Ware Arbeitskraft verkauft diese zudem nur für eine bestimmte Zeit, denn würde er sie in Bausch und Bogen verkaufen, dann wird er zum Sklaven. Auch muss der Besitzer der Ware Arbeitskraft selbst frei von Produktionsmitteln sein, d. h. er verfügt über kein eigenes ökonomisches Kapital, das er statt seiner Arbeitskraft einsetzen könnte oder wollte, um sein Leben ökonomisch zu führen. Er muss auf den Verkauf der Ware Arbeitskraft angewiesen sein, zumindest muss ihn das Leben entweder dazu zwingen oder ein Anreiz motivieren, seine Arbeitskraft gegen Lohn zu verkaufen, um ein menschenwürdiges Leben zu führen. Wie relativ hoch solcher Lohn sein kann, das zeigen allerdings Manager im gegenwärtigen Kapitalismus, weil sie Firmen leiten und sehr hohe Einkommen erzielen können, ohne selbst Eigentümer dieser Firmen sein zu müssen.

Die Ware Arbeitskraft hat bestimmte Produktions- und Reproduktionskosten. Dazu gehören ihre Sozialisation, ihre Erziehung und Ausbildung, die Schulabschlüsse ebenso wie Berufsabschlüsse und kulturelle, soziale und körperliche Kompetenzen. Zu den Reproduktionskosten gehören die Lebenshaltungskosten, die relativ zum erreichten Wohlstand der Gesellschaft zu sehen sind. Der Lohn ist eine relativ offene Konstruktion, denn in ihn gehen sehr viele, auch veränderliche, Faktoren ein. So müssen z. B. auch die Kosten für Kinder und ihre Erziehung mit bedacht sein, wenn künftige Lohnarbeit noch möglich sein soll. Marx sieht neben historischen auch moralische Momente, die die Höhe der Produktions- und Reproduktionskosten bedingen. Hier hängt es ganz und gar von den Umständen der Herausbildung, den Gewohnheiten und Lebensansprüchen ab, welcher Wert dem Lohn beigemessen wird. Die Organisiertheit der Arbeitenden ist selbst von starkem Einfluss auf den Lohn, den sie erreichen können. Deshalb kann sich der Kreis der Konsumgüter, der in diese Kosten fällt, je nach Land unterschiedlich vergrößern oder verkleinern. Die Ausgaben, die das Bildungs- und Gesundheitswesen betreffen, die zu zahlenden Steuern ebenso wie Einrichtungen des Verkehrs, der Kommunikation und sozialer Absicherung, schlagen sich immer in diesen Kosten nieder. Bereits Marx musste zugestehen, dass die Lohnarbeit sich zudem unterschiedlich in den aufgewendeten Kosten unterscheidet, was er jedoch nicht voraussehen konnte, das war die Differenzierungsvielfalt, die sich hier zwischen den Arbeitenden verschiedener Berufe wie auch in einem Beruf in den Qualifikations- und Leitungsfunktionen je nach Land und kulturell-sozialem Hintergrund entwickeln kann. Aber dies ändert nichts grundsätzlich an der grundlegenden Differenz, die die Marxsche Erklärung des Mehrwerts ausmacht, die sich aus Lohnkosten als Tauschwert für die Ware Arbeitskraft und ihren Gebrauch in der Produktion ergibt. Sie trägt den Gebrauchswert, mehr Wert den Waren hinzuzufügen als sie selbst kostet. Dieser Mehrwert ist die Basis für den Profit des Kapitalisten, der sich als Überschuss einstellen kann, wenn er die produzierte Ware verkauft hat.

Der Gebrauchswert der Ware Arbeitskraft zeigt sich in ihrem wirklichen Verbrauch, in ihrer Konsumtion. Selbst dann, so argumentiert Marx, wenn der Lohnarbeiter einen Lohn erhält, der seine Reproduktionskosten voll deckt und ihm Spielraum zu einem Leben in einem gewissen Wohlstand ermöglicht, wird er dennoch vom Kapitalisten dadurch ausgebeutet, dass er in seiner Arbeitszeit mehr Werte produziert als er in Lohn erhält. Deshalb beschäftigt Marx auch nicht die Frage nach einem gerechten oder ungerechten Lohn, um die Ausbeutung zu erklären, sondern die Erklärung des Umstandes, dass selbst bei einem gerecht erscheinenden Lohn immer noch ein Mehrwert erzielt und angeeignet wird. Und wenn man dies nicht in Marxscher Mehrwerttheorie erklären will, dann bleibt die moderne Buchhaltung als eine ganz ähnliche Rechnungsart: Alle Sachausgaben plus Lohnkosten ergeben die Kosten, die vom erzielten Preis abzuziehen sind, um den übrig bleibenden Gewinn zu ermitteln. Dieser erscheint dem Kapitalisten als gerechtfertigt, weil er sein Kapital im Einsatz für diesen Gewinn riskiert hat. Wenn er nachdenkt, dann ist ihm gleichwohl klar, dass er seinen Gewinn nur machen kann, wenn die Lohnarbeiter/innen (und die Sachkosten) als Kostenfaktor niedrig gehalten werden, um die Gewinnabsicht möglichst umfassend realisieren zu können.

Kosten und Gewinne

Obwohl die Mehrwerttheorie nach Marx theoretisch gut nachvollziehbar ist, so wird in der ökonomischen Praxis nicht nach ihr gerechnet. Es gibt einen messbaren Aufwand an Arbeit gemessen in Arbeitszeit, der sich aber erst auf dem Markt im Tausch der Ware als dessen Wert zeigt und realisiert. Arbeit wird gemessen in Zeit, und Zeit kostet Geld. Gehen wir in eine Handlungsanalyse über, dann ist die Beobachtung des erzeugten Wertes schwierig. Unternehmer messen keine abstrakt menschliche Arbeit, weil sie stets nur die Kosten sehen wollen und können, die in den Handlungen entstehen. Hier sind es auf Seiten der Arbeitskräfte Kosten, die für die verausgabte Arbeitszeit vor allem als Lohn aufzuwenden sind. Diese unterscheiden sich nicht nur je nach Qualifikation der Arbeitskräfte, sondern auch zusätzlich noch nach den Kontexten, die hierfür vorliegen. So gibt es Traditionen auf dem Arbeitsmarkt, die selbst bei vergleichbarer Arbeit von der Beanspruchung und der Arbeitszeit her, deutliche Unterschiede in den Lohnkosten aufweisen. Prototypisch ist hierfür die nach wie vor geringere Entlohnung von Frauenarbeit selbst bei gleichen Qualifikationen. Gleichwohl stehen am Ende immer Kosten. Dagegen wäre eine Rechnung nach einem abstrakten Vergleichswert in allgemein verausgabter Arbeitszeit nur ein idealtypisches Modell, das in konkreten Handlungsanalysen nicht eingesetzt werden kann. Denn bezogen auf die Handlungen können nur die jeweiligen Kosten bestimmt werden, soweit sie konkret anfallen. Marx hingegen rechnet nach einem Gedankenmodell.

Hinter der Marxschen Bemühung, die abstrakte Arbeit in ihrer gesellschaftlich notwendigen Form auf ein multipliziertes Gemeinsames von einfacher Arbeit zu reduzieren, steckt ein eher philosophisches Problem, nach einem allgemeingültigen Maßstab zu suchen, der vernünftig anzugeben weiß, wie genau der Wertzuwachs erfolgt. Das entdeckte Gesellschaftsgesetz bleibt jedoch nicht nur abstrakt, sondern es ist, wenn wir Handlungsanalysen ökonomischer Vorgänge betreiben, auch kaum konkret berechenbar. Gehen wir eher pragmatisch an die Angelegenheit heran, dann entdecken wir zwar keine gesellschaftlich unabänderlichen Gesetze, aber dennoch Auftretenswahrscheinlichkeiten und bestimmte Verläufe, die je eigene Typen mit Unterschieden verkörpern. Schauen wir genauer hin: Marx wollte auf keinen Fall die Unterschiedlichkeit der qualitativen Arbeiten auf den abstrakten Teil der Wertbildung übertragen, weil er dann zwischen die verschiedenen Arbeiter eine unterschiedliche Wertigkeit nicht nur der Potenz nach (= komplizierte Arbeit ist ein bloß Vielfaches von einfacher Arbeit), sondern auch der Differenz nach eingeführt hätte. Aber genau diese Differenzen haben sich zwischen den Arbeitern nicht nur im Bereich geistiger und körperlicher Arbeiten, sondern auch, je nach historischem Verlauf, in dem auch Angebot und Nachfrage eine wesentliche Rolle spielen, in den beobachtbaren Handlungen ergeben. Wird in der Gesellschaft viel Stahl nachgefragt und sind qualifizierte Stahlarbeiter rar, dann steigen ihre Löhne. Gibt es eine Stahlschwemme, gibt es Stahlarbeiter im Überfluss, dann sinken zunächst weniger die Löhne, sondern überzählige Arbeiter werden entlassen. In allen Ländern haben sich je unterschiedliche berufsbezogene Lohnniveaus bestimmter Berufsgruppen ergeben, die sich durch eine Vielzahl von Einflussfaktoren kaum noch auf eine gemeinsame Vielfalt einfacher Arbeit reduzieren lassen. So sind in vielen Ländern insbesondere die Löhne der öffentlich Beschäftigten aufgrund schlechter Haushaltslagen überproportional im Vergleich zu anderen Berufsgruppen gesunken. Die Kosten für Lohnarbeit driften eher, als klaren Gesetzmäßigkeiten zu folgen, wobei neben harten Fakten oft auch psychologische Interpretationen über die Schwere der Arbeit oder das dahinter stehende Qualifikationsprofil und die zugeschriebene Bedeutsamkeit in den Lebensverhältnissen eine Rolle spielen. Aus diesem Grund werden dann Ärzte überproportional gemessen an den Ausbildungskosten entlohnt, wohingegen Krankenschwestern und Krankenpfleger als gering bezahlt erscheinen.

Wozu also einen umständlich abstrahierten Wert einer allgemein-abstrakten Arbeit unterstellen? Dies zeigte sich in allen praktischen Versuchen, Konsequenzen aus dieser ökonomischen Erklärung zu ziehen, als unmöglich. Das Problem wird durch konkrete Handlungsanalysen offenbar: Die Menschen schätzen auch den Wert, den eine Arbeit auf der Tauschwertseite als »angemessenen« Lohn oder als Einkommen herstellen kann, eher subjektiv bzw. qualitativ ein, weil es kein Verfahren gibt, bei unterschiedlichen konkreten Arbeiten einen tatsächlichen objektiven Vergleichspunkt zu finden. Dieser Vergleichspunkt wird allein über den erzielbaren Arbeitslohn auf dem Arbeitsmarkt und die daraus entstehenden realen Arbeitskosten ermittelt, der Rest bleibt eine konstruktive Fiktion. Insoweit ist es sinnvoll, vor allem Kosten und Erträge oder im optimalen Fall Gewinne zu vergleichen, um auch praktisch Mehrwerte zu bestimmen. Bei Marx finden wir noch ein Gedankenmodell, dass den Kapitalismus in schlüssiger Kausalanalyse theoretisch zu beschreiben und zu erklären versucht. Viele Ökonomen haben sich bis heute mit ihren je eigenen Modellen nicht vom Anspruch einer solchen Setzung vollständiger Erklärung lösen können. Ich gehe umgekehrt vor:

In den Handlungen der Menschen im ökonomischen Feld werden Mehrwerte und Gewinne sichtbar, die aus der Handlungsvielfalt selbst entspringen. Die Anarchie der Produktion und Zirkulation, die Marx durchaus richtig gesehen hat, zeigt, dass es unterschiedliche Möglichkeiten gibt, Mehrwert zu gewinnen. Für das gedankliche Modell, das dies zu rekonstruieren versucht, bedeutet dies, dass es – so viel will ich schon vorwegnehmen – kein vollständiges Kausalmodell mehr geben wird, sondern ein hybrides, vielschichtiges, widersprüchliches.

Abschied von einer Universalerklärung des Kapitalismus

Niemand hat historisch und theoretisch das Kapital als Grundform des Kapitalismus so intensiv erforscht wie Karl Marx im 19. Jahrhundert. Aus seiner Analyse heraus entstand zugleich eine politische Bewegung, die den Kapitalismus selbst in Frage stellte. Auch wenn Marx dabei auf viele Vorarbeiten von politischen Ökonomen aufbauen konnte, so war seine Analyse so weitreichend und neuartig, weil er nicht nur eine umfassende Beschreibung und Erklärung für Formen, Ursachen und Wirkungsweisen der Wirtschaft und Politik gab, sondern zugleich aufzudecken versuchte, weshalb und inwieweit der Kapitalismus auf Ausbeutung, auf Aneignung von Mehrwert durch den Kapitalisten, beruht. Die auf diesen Einsichten aufbauenden politischen Strömungen, insbesondere sozialistische wie kommunistische Parteien, haben die Weltgeschichte entscheidend insbesondere im 20. Jahrhundert beeinflusst, ohne jedoch ihrerseits Formen des Kapitals in den von ihnen gegründeten sozialistischen Ländern abstreifen zu können. Auch wenn es Marx im Gefolge der Geschichte der politischen Ökonomie plausibel gelang, die Entwicklung und Entfaltung von Kapitalformen aus dem einfachen Warentausch bis hin zu den komplexen Tausch- und Produktionsverhältnissen des 19. Jahrhunderts zu rekonstruieren, so konnte seine These von der Vergesellschaftung der Produktionsmittel, die alle Kapitalien gerecht und möglichst gleich unter alle Arbeitenden verteilt, in den Umsetzungsversuchen nicht den Status einer Utopie überwinden. Selbst jene Staaten, die durch sozialistische Revolutionen eine solche Vergesellschaftung beschworen und dann umzusetzen versuchten, konnten sie nicht *de facto* herbeiführen.

Wieso ist das Kapital so mächtig geworden, dass es selbst durch schärfste Kritiker und politische Bewegungen, die meinten, seine Wirkungsweisen verstanden zu haben, nicht abgeschafft werden konnte?

Es gibt eine beschreibende, wenngleich noch nicht erklärende Antwort, die sehr oft angeführt wird: Historisch scheint spätestens seit den Erfahrungen des 20. Jahrhunderts der Kapitalismus eine Wirtschafts- und Lebensweise zu sein, die zwar nicht den Bedürfnissen der Menschen »natürlich« entspricht, denn es handelt sich um eine Produktionsform der Moderne, die eine bestimmten Epoche der Menschheitsgeschichte darstellt und nicht eine Natur schlechthin repräsentiert. Aber sie hat sich gesellschaftlich so breit durchgesetzt, dass sie selbst mittels radikaler Revolutionen nicht einfach zu beseitigen war, wie es theoretisch ihren Kritikern denkbar erschien. Insoweit sind Kapitalismus oder Sozialismus eher unterschiedliche politische Zugänge, die immer auch ihre ökonomische Basis mit bedenken müssen: Insofern Ware-Geld-Beziehungen umfassend existieren, gibt es Verteilungskämpfe um den Mehrwert oder Profit, der erzielt wird, ob dieser nun nach den Regeln kapitalistischen Privateigentums oder »sozialistischer« Bürokratien verteilt wurde und wird. Warum dies so ist, das wird offensichtlich werden, wenn wir die Mehrwertformen erweitern und dabei zeigen, dass Aneignungen und Umverteilungen auf verschiedene Weisen stattfinden können.

Bevor ich darauf im nächsten Abschnitt der Mehrwertproduktion näher eingehe, will ich betonen, dass die Theorie von Marx, obwohl sie andere Intentionen verfolgte, als den Siegeszug des Kapitalismus zu beschreiben, dennoch nicht nutzlos ist, weil sie wesentliche Elemente enthält, die den Fortgang des Kapitalismus wie auch das notwendige Scheitern der sogenannten sozialistischen Revolutionen beschreiben hilft. Die Geschichte kann uns lehren, dass es bei Marx wie im Marxismus ein entscheidendes Problem gibt, das im Blick auf eine Handlungsanalyse unbefriedigend ist. Marx war davon ausgegangen, so wie die Ökonomen vor ihm und die Aufklärung insgesamt, der er verhaftet war, dass wir mittels einer profunden Analyse in der Forschung in der Lage sind, die Gesetzmäßigkeiten des Kapitalismus wie Naturgesetze aufzudecken. Dieser Anspruch, wenn er denn verwirklicht werden könnte, verleitet im Folgeschluss dazu, politische Konsequenzen abzuleiten, die auf scheinbar sicherem Fundament stehen, die damit sicher vorauszusagen meinen, was als bessere Gesellschaft mit anderen Gesetzmäßigkeiten dem Kapitalismus nachfolgen könnte. Die Geschichte jedoch zeigte insbesondere in der Entwicklung und der Auflösung der sozialistischen Länder das genaue Gegenteil: Weder war die Analyse der sogenannten Gesetze des Kapitalismus weitreichend und widerspruchsfrei genug, noch konnte hinreichend vorausgesehen werden, dass auch im Sozialismus die Vergesellschaftung von Produktionsmitteln nicht ausreichen würde, um neue Machtansprüche, Hierarchien und Aneignungsformen, die weiterhin auf der Basis von Ware- und Geldbeziehungen fortlebten, zu vermeiden. Im Gegenteil zeigte sich dann auch noch, dass bei diesen Versuchen zusätzlich demokratische Grundrechte verweigert wurden, obwohl der gesamte Anspruch sich angeblich darauf richtete, eine vollkommene Demokratie zu verwirklichen. Es gehörte zu den Hauptbeschäftigungen der politischen Ökonomen z. B. in der früheren UdSSR oder der DDR, mittels geschickter Argumentationen das Wirken des Kapitals in diesen Gesellschaften als »natürlich« und »rein« (frei von Ausbeutung) zu beschreiben, auch wenn ihnen die Mechanismen der neuen Aneignungsformen durch neue Klassen in diesen Gesellschaften nicht verborgen bleiben konnten.[29] Heute wird in China ein rigider Kapitalismus auf der Basis einer vermeintlich »sozialistischen« Staats- und Parteidoktrin gelebt, der den Menschen kaum individuelle Rechte gewährt, um zugleich als Ideologie einer gerechten Gesellschaft deklariert zu werden. Es ist eine Gesellschaft, die die Aufklärung ihrer eigenen Grundsätze und Abhängigkeitsmechanismen ebenso verweigert wie demokratische Grundrechte. Wer hier Marx zu ernst nahm oder nimmt und mit seinem Instrumentarium kritisch auch den angeblich »real existierenden Sozialismus« auf Kapitalverhältnisse untersuchte oder untersuchen will, der wurde und wird immer noch schnell mundtot gemacht und nicht selten ins Lager oder Gefängnis zur Umerziehung geschickt. Aber von den Wirkmechanismen des Kapitalismus her gesehen gehören auch diese Gesellschaften zur kapitalistischen Entwicklung, auch wenn sie von kapitalistischen Demokratien durch andere Gesellschaftsordnungen scharf unterschieden sind. Die gegenwärtige Entwicklung mündet in einen globalisierten Kapitalismus, der bis heute die Welt erobert hat,

---

29 Eine der besten dieser Analysen, so denke ich, findet sich bei Zeleny (1969).

auch wenn wir historisch gesehen wissen, dass damit kein Endpunkt der menschlichen Geschichte bezeichnet werden kann.[30]

Veränderungen im ökonomischen Kapital von der großen Industrie bis heute

Marx sah die große Industrie als Chance, dass die Menschen den Einsatz des ökonomischen Kapitals als Ausbeutung ihrer Arbeitskraft durchschauen, um dann mittels einer Revolution die Produktionsmittel zu vergesellschaften. Diese Vergesellschaftung, so dachten er und Friedrich Engels, könnten die Klassen von Besitzenden und Besitzlosen abschaffen. Aber um die Anreizsysteme, mehr Gewinn als ein anderer zu erzielen oder mehr Macht als ein anderer zu haben, auszuschließen, reicht eine Vergesellschaftung der Produktionsmittel, so lehrte die Geschichte nach Marx und Engels, offensichtlich nicht aus. In dem Maße wie Ware-Geld-Beziehungen und Privateigentum überhaupt bestehen, wird sich immer die Frage nach ihrer gerechten Verteilung stellen. Hier machten die sozialistischen Versuche bittere Erfahrungen: Entlohne ich alle möglichst gleich, dann sinkt die allgemeine Arbeitsmoral, weil es keinen Grund mehr gibt, sich mehr als ein anderer anzustrengen. Dies kann sich negativ auf die Arbeitsintensität und die Arbeitsproduktivität auswirken. Gewähre ich Privilegien für bestimmte, staatserhaltende Gruppen, wie es alle sozialistischen Versuche taten, dann entsteht eine neue Klasse, die ihrerseits eine Umverteilung zu ihren Gunsten vornimmt.

Verglichen mit ihren Anfängen sind die Industriegesellschaften zu ungeheurem Wohlstand gelangt. Im Blick auf den relativen Abstand der massenhaft Arbeitenden zum ökonomischen Kapital sind die Massen aber arm geblieben oder immer ärmer geworden.[31] Dennoch steht der Kapitalismus als allgemeine Wirtschaftsweise für die Mehrheit heute nicht zur Disposition. Der freie Markt garantiert den Menschen auch andere Freiheiten. Dafür nehmen sie ökonomische Unsicherheiten in Kauf. Interessant ist es hier, eine Gegenüberstellung der Einschätzung von Marx bezogen auf die Wirkungsweise des ökonomischen Kapitals im 19. Jahrhundert mit Vergleich zum 21. Jahrhundert zu machen (vgl. *Schaubild 3*).

Informativ an dieser Gegenüberstellung, die allerdings nur grobe Tendenzen des Kapitaleinsatzes beschreiben kann, ist, dass die Wirkungen und Einsatzweisen des ökonomischen Kapitals vielen Veränderungen unterliegen. Auch wenn bis heute die Güterproduktion noch ein Kernbereich des Kapitalismus ist, so muss gleichzeitig gesehen werden, dass die Dienstleistungen und Finanztransaktionen enorm an Kraft gewonnen haben.

Vom schweren zum leichten Kapitalismus

Das Zeitalter der großen Industrie wird von Soziologen wie Zygmunt Bauman als ein Zeitalter der Ordnungssuche beschrieben, in dem kontinuierlich Fortschritt festgehalten und überprüft werden soll (vgl. dazu auch Neubert/Reich 2011). Diese Ordnung ist nicht natürlich, sondern sie wird gesellschaftlich konstruiert und produziert, sie bildet wie selbstverständlich unseren Lebenshintergrund, auf den wir bewusst und intentional zurückgreifen (vgl. Baumann 1993a,

---

30   Auch wenn Fukuyama (1992) den gegenwärtigen Kapitalismus als Ende der Geschichte angesehen hat, bleibt ein jedes Ende immer zweifelhaft. Die vorübergehende und wohl noch länger anhaltende Durchsetzung des Kapitalismus in einem globalen Sinne kann jedoch kaum bestritten werden.

31   Zum Abstand zwischen Arm und Reich in den OECD-Ländern, der in den letzten Jahren zugenommen hat, vgl. OECD (2008).

Schaubild 3:   Wirkungsweisen des ökonomischen Kapitals

Ökonomisches Kapital	
in der großen Industrie	**tendenziell im 21. Jahrhundert**
ist gewinnmäßig konzentriert auf die Güterproduktion	spaltet sich gewinnorientiert stärker in Güterproduktion, Dienstleistungen und Spekulationen auf
ist verkörpert durch einen Kapitalisten als Unternehmer	ist immer stärker verkörpert durch Dritte, die das Kapital verwalten und gewinnbringend für seine Besitzer einsetzen
bezieht Frauen- und Kinderarbeit massenhaft in die Produktion mit ein	sieht erwachsenes Lohneinkommen als Basis für Freiheit und Systemstabilität, betreibt Kinder- und Jugendschutz
benötigt den Staat und die Religion zur Aufrechterhaltung der Ordnung	benötigt vorwiegend den Staat, um die Bedingungen der Wirtschaft zu optimieren und soziale Sicherung (Renten, Sozialfürsorge, Erziehung, Gesundheit) zu organisieren
beschränkt die Bildungsmöglichkeiten der Arbeitenden im Rahmen ihrer Arbeitstätigkeiten und Lebensbedingungen	gewährt unterschiedlich geförderte Bildungsmöglichkeiten je nach Land und kultureller Entwicklung
rechnet mit langen Arbeitstagen und geringen Erholungszeiten	verkürzt die Arbeitstage und gewährt längere Erholungszeiten
benötigt ein Heer von Arbeitskräften (viele Kinder auch bei armen Familien, Migration als Erschließung neuer Arbeitsmärkte) als Reserve für Konjunkturen oder Kolonialisierungen	hat ein Heer ständiger Arbeitsloser und potenzieller Migranten als Reserve für Konjunkturen
steigert die Arbeitsintensität und nach und nach die Arbeitsproduktivität	steigert die Arbeitsintensität und vor allem die Arbeitsproduktivität immer weiter
differenziert qualifizierte und dequalifizierte Arbeiten im Betrieb	differenziert qualifizierte und dequalifizierte Arbeiten im Betrieb, zwischen Betrieben und durch globalisierte Wanderungsbewegungen; steigert den Qualifizierungsbedarf
setzt erste Strategien zur Vermarktung der Waren auf dem Markt ein	gibt Strategien zur Vermarktung der Waren auf dem Markt einen sehr großen Raum
reinvestiert Gewinne in die Entwicklung des Unternehmens (eher langfristige Strategie)	ist widersprüchlich zwischen steter technologischer Weiterentwicklung mit hohen Investitionen oder schneller Gewinnrealisierung (mittel- oder kurzfristige Strategie)

4 ff.). Ordnungen entstehen dadurch, dass wir sprachlich und in Regeln festhalten, wie wir leben und wie die Dinge unseres Lebens bewertet werden sollen. Dabei gelten Ein- und Ausschlüsse, mit denen wir eine Ordnung erzeugen: Besitzend oder besitzlos, reich oder arm, privat oder öffentlich sind einige dieser Verständigungsleistungen, die z. B. festhalten, was zu einer Leistungsgesellschaft als Erfolg gehört und was als Misserfolg abzuweisen ist. Als erfolgreich werden im Industriezeitalter und den Auffassungen der Moderne allgemein Klarheit der Ziele, Transparenz der Wege, Kontrollierbarkeit der Handlungen, Voraussagbarkeit der Ergebnisse angesehen. Der *Fordismus* (abgeleitet vom Autofabrikanten Henry Ford), die schwere Industrie und ein »schwerer Kapitalismus«, in dem Kosten und Gewinne klar überprüft werden können, um nachhaltige Ergebnisse zu erzielen, sind Prototypen solcher Moderne (vgl. Bauman 2000, 25 f.). Doch in der Entwicklung der Moderne offenbarte sich in der Produktion wie auf allen Märkten mehr und mehr auch die Unvollständigkeit der Informationen, ein Mangel an

klaren Beobachterpositionen mit eindeutigen Ergebnissen, was den Erwartungen der Moderne und den Hoffnungen auf immer mehr Wachstum und allgemeinen Wohlstand widerstreitet.

So kommt es bereits in der Moderne dazu, dass immer mehr Ambivalenzen auftreten, die das Projekt der Moderne selbst gefährden. Bauman erläutert in vielen seiner Arbeiten, dass je mehr in der Moderne der Versuch unternommen wurde, alles zu kontrollieren und »sicher« im Sinne von Wachstum und Gewinnen zu machen, desto stärkere Gegenerscheinungen der Unvollständigkeit, Unkontrollierbarkeit und Ambivalenzen hervorgebracht wurden, die sich deutlich in kontinuierlich auftretenden Krisen zeigten. Er drückt dies in einem Bild aus: Die Moderne versucht, in einer Art Aktenschrank alle wesentlichen Daten und Dateien zu sammeln, die in ihr Ordnung auszumachen scheinen, und sie folgt der Illusion, sicher alle Kosten und Gewinne besonders im ökonomischen Bereich kalkulieren zu können. Die Krisen in der Ökonomie zeigen die Unmöglichkeit dieses Vorhabens und die Unvollständigkeit aller Aktenschränke, so dass Ambivalenz unvermeidlich wird (vgl. Bauman 1993 a, 2). Und mit dieser Ambivalenz verflüssigt sich die Moderne und sie fragmentiert sich zugleich in unübersichtliche Welten. Es tritt ein Unbehagen an der Moderne und dem Übergang in die Verflüssigung dieser Moderne, die manche auch Postmoderne nennen, auf (vgl. Bauman 1997).

Bezogen auf das Kapital erkennen wir dessen Vervielfältigung in diversen Erscheinungsformen, in denen ein Spiel des Gewinns und des Verlustes in sehr unterschiedlichen Varianten betrieben wird. Dabei lässt sich als klassisch moderne Variante der schwere Kapitalismus bezeichnen, in dem für mich mindestens fünf unterschiedliche Faktoren zur Wirkung kommen (modifiziert nach Bauman 2000, 25 ff.):

1. Die Fordistische Fabrik produziert in seriellen Funktionen und erzeugt eine menschliche Arbeit, die auf einfache Aktivitäten, auf Routinen und vorherbestimmte Bewegungen und Handlungen orientiert, auch wenn sie qualifiziertes Wissen zur Herstellung dieser Routinen benötigt. Die Autoproduktion von Ford gilt hier als einer der Prototypen solcher Fabrikation, in der unterschiedliche Teilarbeiter ein Gesamtprodukt in effektiver Arbeitsteilung herstellen. Spontaneität und Kreativität werden hier in den Routinen ebenso zurückgehalten wie kritisches Denken und individuelle Initiativen. Diese Seite der Moderne reduziert den Menschen schnell auf einen Befehlsempfänger, der im Räderwerk der Fabrik seinen Dienst als ein Rädchen neben anderen versieht. Zugleich spaltet es die Mehrheit der in Routine stehenden Arbeiter von den Ingenieuren und Managern der Fabrik ab.

2. Bürokratie ist ein weiteres wesentliches Merkmal der Moderne, das die Ordnungen errichten hilft, nach denen alles so geregelt wird, dass sich keine Unruhe ergibt, dass störende Unterbrechungen oder Verzögerungen ausbleiben, die nur unnötig die Kosten der Produktion oder Zirkulation in die Höhe treiben. Bürokratie steht für Zwanghaftigkeit, die verinnerlicht werden muss, um als Regelwerk im Verhalten aller Menschen schon im Vorfeld zu wirken, bevor die Bürokratie im ungünstigeren Fall dann auch bei Verletzungen der Selbstzwänge als Fremdzwang mittels Drohungen oder Strafen agiert werden muss. Je mehr die Arbeitsteilung voranschreitet, je mehr die Moderne sich institutionell verwaltet und die erwirtschaftete Leistung in eine Umverteilung bringt, desto stärker wächst diese Bürokratie an, um die Regelabläufe organisatorisch zu begleiten.

3. Sie wird von einem Panoptismus begleitet, in dem jeder von jedem gesehen, beobachtet, erforscht und beschrieben werden kann.[32] Die Moderne sucht alle Informationen über Menschen und Ereignisse zu beobachten und zu erfassen, um sich der Sehnsucht nach Vollständigkeit hinzugeben, auch wenn genau dieser Punkt sie an ihr Scheitern bringt. Die Vollständigkeit der Informationen ist die große Illusion der Moderne. Deshalb ist *Big Brother* die narrative Fiktion und öfter auch die erschreckende Wirklichkeit, denn in der Moderne gab und gibt es immer wieder Versuche, die Kontrolle und Überwachung ins Extrem zu treiben, um alle Prozesse voraussagen und steuern zu können.

4. Der gesteigerte Panoptismus wurde an Phänomenen wie dem Konzentrationslager oder dem Gulag deutlich sichtbar. Sie treiben die im Kapitalismus ersehnte Ordnung nach Kontrolle der Gewinne und Senkung der Kosten auf die Spitze, weil sie die schrecklichste Form einer »totalen« Ordnung annehmen, die uns vorstellbar erscheint. Sie disziplinieren das Subjekt und verdinglichen es als Objekt eines Machtapparates, der nur seine Ordnungsvorstellungen gegen alles Menschliche durchsetzt, dem die Freiheit des Individuums oder die Abweichung der Haltung zum Angriffspunkt der Vernichtung wird. Dies sind keine Betriebsunfälle der Moderne, sondern Ausdrucksformen einer kapitalistischen Lebensweise, die den Menschen als Kostenfaktor dramatisiert und seine Verfügbarkeit für andere auf die Spitze treibt (vgl. Bauman 1989). In weniger extremen Formen treibt der Kapitalismus große Teile der Bevölkerung in die Armut oder an die Armutsgrenze, um seine »Kostenordnungen« zu wahren.

5. Der schwere Kapitalismus mit seinen schweren Fabriken war und ist jedoch kein ökonomisches Modell, das allein und auf Dauer Gewinne maximieren ließ und lässt, so dass diese Perspektive, auch wenn sie bis heute immer wieder beschworen werden mag, sich selbst sehr oft als hinderlich für die kapitalistische Entwicklung zeigte. Der schwere Kapitalismus trägt den Nachteil, dass er recht unbeweglich, auf langfristigen Gewinn mit hohen Investitionen angewiesen ist, was ihn anfällig für Störszenarien aller Art macht. Die Zunahme der Dienstleistungen und des Handels, der Immobiliengeschäfte und vor allem der Finanzmärkte zeigt deutlich Tendenzen der Überwindung des schweren Kapitalismus.

Der schwere, feste, kondensierte Kapitalismus der Moderne trägt für Bauman immer die Tendenz in sich, die Menschen in eine Gleichheit, in übertriebene Gemeinsamkeiten bis hin zum Totalitarismus zu führen, weil er einen ungeheuren Druck in Richtung Homogenität, Funktionalität und Zwanghaftigkeit der Handlungen ausübt. Das Fordistische Modell steht für Industrialisierung, die Akkumulation von großem, ökonomischem Kapital und eine hohe

---

32 Michel Foucault hat in „Überwachen und Strafen" (1994) eine Basistheorie für den Panoptismus entworfen, der insbesondere die Überwachung des Individuums zeigt. Allerdings erkennt Foucault in seinem Spätwerk noch deutlicher, dass dieser Panoptismus mit der Gouvernementalität, einer Regierungskunst, zusammenwirkt, weil und insofern Herrschaftsformen im Einverständnis mit den Beherrschten wirken. Die Individuen wählen Technologien des Selbst, um sich und andere wechselseitig zu kontrollieren, Macht auszuüben, sich zu subjektivieren und zugleich zu objektivieren. Solche Regierungsformen können Freiheitsgrade der Subjekte erhöhen, aber zugleich die Freiheiten anderer dadurch beschränken. Sie bezeichnen Techniken und Künste des Regierens und Führens, nehmen Einfluss auf andere, bestehen aus Techniken der Selbstführung und äußeren und inneren Regierungstechniken. Die Herrschaft in einem solchen Gebilde ist kompliziert geworden, denn die Macht erscheint in vielfältiger Form und Durchdringung (vgl. Foucault 2004).

Regulation des Lebens (vgl. Bauman 2000, 56). Es benutzt Maschinerien in großem Maßstab, um seine Gewinne zu produzieren. Das Maschinenzeitalter gilt als stabil, aber es ist
zugleich schwerfällig und immobil. Dieser Kapitalismus okkupiert ganze Landschaften und
Städte, er verwandelt die Welt in Industrielandschaften. Er fördert eine Haltung, die sich auf
Gesetze, Regeln, feste Standards und Ziele fixiert, und die alle Operationen prozessualisiert,
um sie stets effektivieren zu können. Er benötigt Führungskräfte und Lehrer/innen, die stets
alles besser als andere können, und die den Menschen stets sagen sollen, was sie noch besser
machen können (vgl. ebd., 63). Diese Moderne ist ein Gegner der Zufälligkeit, des Chaos,
der Variation, der Anomalien und Ambivalenzen, wobei individuelle Freiheit und Autonomie besonders stark bekämpft wurden (vgl. ebd., 25). Zwar ist auch die Moderne im ökonomischen Bereich auf eine Lohnarbeit angewiesen, die sich frei in Arbeitsverträgen unter-
wirft, aber diese Freiheit wird stark durch die Erwartung der Kalkulation von Kosten und
Gewinnen in den Formen der Fabrikarbeit und ihrer Ordnungen begrenzt. Auch wenn dieses
Bild vereinfachend skizziert ist und nicht alle Handlungsarten der Moderne, die bei näherem
Blick sich ausdifferenzieren lassen, umgreift, so bezeichnen die fünf Wirkungsfaktoren be-
denkenswerte strukturelle Bedingungen auf die Herkunft der Kapitalformen. Charlie Chap-
lin hat diese Fordistische Welt in dem Film »Moderne Zeiten« 1936 eindrucksvoll verfilmt.

Eckpunkte einer Veränderung der sozialen Lebensformen
Industriegesellschaften hatten im 19. und 20. Jahrhundert vor allem individuelle Selbstzwänge ausbilden helfen, die bereits auf die ständige Kontrolle durch äußeren, fremden
Druck bis zu einem bestimmten Grad verzichtet bzw. solchen Druck durch Institutionen-
bildung versachlicht haben. Dies dokumentiert sich in einer Veränderung der Verhaltens-
standards, die z. B. folgende Aspekte aufweisen:[33]

- eine enorme Erhöhung des Nationalprodukts der führenden Industrieländer, eine damit
  einhergehende Verbesserung des Lebensstandards, eine zunehmende Abnahme von
  harter körperlicher Arbeit und eine Verkürzung der Arbeitszeit in den Spätphasen des
  Industrialisierungsprozesses führen zu breiteren und aktiveren Handlungsmöglichkeiten
  der Menschen; die Steigerung der Produktivität im Prozess der Industrialisierung, die
  zunehmenden Märkte und immer unüberschaubareren Tausch-, Konkurrenz- und Pro-
  fitverhältnisse bedingen aktives, selbstständiges Handeln, um überleben und mitleben
  zu können;

- Industriegesellschaften sind je nach Blickwinkel von Emanzipations- oder Apoka-
  lypsebewegungen erfüllt; zunächst besiegte das Bürgertum den Adel; der Klassenkampf
  zwischen Bürgertum und Proletariat konnte durch eine materielle Besserstellung der
  Arbeiter entschärft werden. Es bildeten sich vor dem Hintergrund der wissenschaftlich-
  technischen Revolutionen neue Machtbalancen. Die dabei erreichten Versöhnungen sind
  aber immer heikel, wenn die materielle Seite erschüttert, der Wohlstand der Massen
  gefährdet wird; es hat sich ein Bewusstsein entwickelt, dass dieser Prozess nicht abge-
  schlossen ist;

---

33   Hier nach Elias (1989, 33 ff.) und um einige Punkte erweitert. Dieser Abschnitt findet sich auch in Reich
     (2009 b, Kap. 1).

- die Institutionalisierung der Gewaltenteilung in exekutive, legislative und judikative Mächte, wobei insbesondere ein relativ unabhängiges Rechtssystem zur Verhaltenssicherheit beiträgt, festigt die jeweils erreichten Machtbalancen und stabilisiert die Herrschaftsverhältnisse durch demokratieorientierte Versachlichung; an die Stelle der persönlichen Unterwerfung rückte die versachlichte Unterordnung, was zu einer Erhöhung der Selbstzwänge als Einsicht in sachlich-rationale Fremdzwänge, unabhängig von der Autorität bestimmter Personen, führte und führt;

- seit dem 20. Jahrhundert veränderten sich in den Industriegesellschaften besonders die Machtgefälle zwischen den Menschen:

    - zwischen Männern und Frauen, wobei Frauen stärker berufliche Rollen einnehmen und mehr Freiraum gegenüber der patriarchalischen Struktur traditioneller Familien gewinnen;

    - zwischen der älteren und der jüngeren Generation, wobei eine Werteneuorientierung stattfindet: die Ideale der Älteren haben nicht mehr unbefragt Gültigkeit; Jugendideale werden von zahlreichen gesellschaftlichen Altersgruppen als geeigneter Ausdruck einer sich ständig wandelnden Lebenshaltung vertreten; autoritäre Abhängigkeiten werden gebrochen oder zumindest verunsichert; das Recht auf Selbstorientierung der Jüngeren findet allgemeine gesellschaftliche Anerkennung;

    - zwischen den europäischen Gesellschaften und ihren ehemaligen Kolonien bzw. zum Rest der Welt gibt es einschneidende Veränderungen, indem Abhängigkeiten abgeschüttelt wurden und werden (z.T. ersetzt durch die Rolle der Weltmächte);

    - zwischen Herrschenden und Beherrschten, indem demokratische Gebräuche – besonders durch rechtliche Einbindungen – zur Versachlichung von Macht führen, die, sofern demokratische Grundsätze der freien Wahl und Gewaltenteilung gegeben sind, – mit Einschränkungen – zur Kontrolle von Macht beitragen;

- die Veränderung des Machtgefälles, die die strikte Hierarchisierung feudaler oder früher bürgerlicher Lebensformen auflöste, geht aber zugleich mit einer wachsenden Verhaltens- und Statusunsicherheit der Menschen einher; für dynamische Industriegesellschaften stellt damit das Problem von sozialisierenden Maßnahmen, die die Identitätsfindung garantieren, in weit stärkerem Maße eine Verkomplizierung der Sozialisation dar als für überwiegend agrarisch produzierende Gesellschaften, in denen Identitätsfindung noch im relativ überschaubaren Rahmen der Familie erfolgt und wesentlich auf diese beschränkt bleiben kann;

- hier erscheint auch ein Bewusstseinsproblem, das typisch für den Verlust der Machtgefälle ist: Erst durch den Abbau von Macht konnten die Menschen in den Industriegesellschaften überhaupt das Problem erkennen, was Macht zuvor bedeutete und warum sie in ihrem Gebrauch kritisch zu betrachten ist;[34] erst hieraus konnten auch wissenschaftliche

---

34　Elias gibt dafür folgendes Beispiel: „Wir sind uns heute stärker als je zuvor bewusst, dass ein überwältigend großer Teil der Menschheit durch das ganze Leben hin an der Hungergrenze lebt... Ganz gewiss ist das kein neues Problem. Mit wenigen Ausnahmen gehören Hungersnöte zu den immer wiederkehrenden Erscheinungen der Menschheit. Aber es ist eine Eigentümlichkeit unserer Zeit, dass man Armut und hohe Sterblichkeitsraten nicht mehr als selbstverständlich und als eine gottgegebene Bedingung des menschlichen Lebens hinnimmt." (Elias 1990, 37 f.) Menschen der Industrieländer empfinden es nunmehr als Pflicht,

Untersuchungen entstehen, die nicht nur das traditionell Überlieferte in Frage stellen, sondern zugleich auch sich selbst, den eigenen Ansatz als einen relativen, im Prozess der Zivilisation nunmehr erkennen.

In der flüssigen Moderne werden diese Entwicklungen noch weiter verschärft. Dort, wo der Selbstzwang dazu diente, möglichst handlungsfähig im Produktions- oder Unternehmensbereich zu sein, um aus einer Langsicht heraus einen nachhaltigen und kalkulierbaren Erfolg zu erreichen, erscheint er mehr und mehr in den Lebensverhältnissen der Menschen als gebrochen und ambivalent, denn ein ausgeprägter Selbstzwang mag zwar immer noch als wesentlich erscheinen, um eine Karriere zu planen, aber er gewährt diese nicht mehr selbstverständlich. Die steigende Unsicherheit und die Ambivalenz, die alle gesellschaftlichen und individuellen Lebensbereiche ergriffen hat, bleiben hier nicht ohne Folgen für die individuellen Einstellungen. Was stabil und fest zu sein scheint, was unverrückbaren Werten entsprechen soll, lässt sich heute nicht mehr verkaufen, denn hier gilt Wandel, Innovation, ständige Entwicklung fort von etwas, als neues Ideal. Deshalb verwandelt sich auch das Bild, das Elias über die Vorzüge der Langsicht und die Nachteile des kurzfristigen Handelns und direkter Bedürfnisbefriedigung gab. Der leichte Kapitalismus und sein Zwillingspartner, die flüssige Moderne, untergraben die traditionellen Tugenden. Sie versprechen Freiheitsgewinne, die als Gewinne zu mehr und immer neuem Konsum auftreten. Neue Ängste erscheinen: „Die intensivsten und hartnäckigsten Sorgen, die ein solches Leben heimsuchen, das ist die Furcht, im Schlaf erwischt zu werden, nicht mehr mit den schnell wechselnden Ereignissen Schritt halten zu können, zurückgelassen zu werden, das Verfallsdatum zu übersehen, mit Besitztümern überladen zu sein, die nicht länger wünschenswert sind, den Moment zu verpassen, der nach einem Wechsel des Weges verlangt bevor man die Stelle überschritten hat, von der es kein Zurück mehr gibt." (Bauman 2005, 2)

Dunkle Seiten des Kapitalismus

Heute wird allerdings kaum mehr, obwohl es im Kapitalismus Gewinner und Verlierer gibt, die *eine* Geschichte von Ausbeutung oder Klassenkampf erzählt, sondern es erscheinen viele Geschichten. Der Kapitalismus ist auch hier »leichter« geworden. Diese Geschichten werden wie alles andere auch zu Konsumgütern. Im konsumorientierten Kapitalismus gibt es *de jure* sehr viele Formen neuer Freiheiten, die jedoch *de facto* für viele Menschen oft gar nicht erreicht werden können (vgl. Bauman 2000, 31 ff.), weil die Gegensätze wie Arm und Reich, Widersprüche von Freiheitschancen und tatsächlichen Möglichkeiten, Ambivalenzen zwischen dem, was innerlich erhofft und äußerlich gesprochen wird, in den gelebten Verhältnissen die Freiheits- und Lebenschancen ungleich verteilen.

Bauman hat in seinen zahlreichen Arbeiten immer wieder solche Problemlagen und dabei vor allem die dunklen Seiten der ökonomischen und gesellschaftlichen Entwicklung analysiert. Sie sind für die Bestimmung des ökonomischen Kapitals sehr wichtig, weil sie ein

---

etwas dagegen zu tun. Tatsächlich wird zu wenig getan, aber das Mitverantwortungsgefühl ist verglichen mit früheren Zeiten gewachsen. Hier liegt ein Zusammenhang mit der neuen Statusunsicherheit vor: Sie schärft den Blick für das mögliche Leid, das man selbst erfahren könnte und öffnet so den Blick für das Leid anderer. Daraus entstehen allerdings auch psychische Mechanismen der Verdrängung oder Abwehr.

vielfältiges Bild der Brüche, Widersprüche, Paradoxien und Ambivalenzen zeigen, die die Geschichte des Kapitalismus heute begleiten:

- Die kapitalistische Entwicklung fördert in dem Maße die Emanzipation der Individuen, wie sie ihren Wohlstand sichert und ihnen Ressourcen und Chancen gibt, diese Emanzipation zu leben und mehr Freiheit zu erfahren. Aber insbesondere das ökonomische Kapital in seiner Ungleichverteilung verwirft solche Emanzipation ständig und sorgt dafür, dass die ökonomisch besser Gestellten ihre Privilegien gegen die schwächer Gestellten verteidigen und ausbauen. So erweist sich die Ideologie, dass es im Laufe der Zeit allen immer besser gehen wird, als eine Illusion insbesondere der verflüssigten Moderne und auch der vielen Geschichten, die wir uns hierüber erzählen und die unser Bild über das Zeitalter formen.

- Die Ungleichverteilung des ökonomischen Kapitals führt immer wieder zu Einschränkungen emanzipativer Chancen. Dies gilt insbesondere für die Zunahme von Außenseitern und Ausgestoßenen (Bauman 2004), die Helden und die Opfer der verflüssigten Moderne (Bauman 1997), die unsicheren Positionen von Fremden (Bauman 1993 a,b), die Fragilität und Unsicherheit gelebter Beziehungen (Bauman 2003, 2005, 2006), die Widersprüche und Paradoxien der Assimilation bei Migration (Bauman 1997) und die Gefahren der Globalisierung (Bauman 1998, 2007 a). Die Verwandlung aller Bedürfnisse in Konsumerfahrungen vereinseitigt die Lebenswünsche und illusioniert die Chancen der Konsumgesellschaft (Bauman 2007 b).

- Der Kapitalismus benötigt freie Lohnarbeit, freie Bürgerschaft und freien Konsum, um sich breit und umfassend zu entfalten. Der leichte, verflüssigte Kapitalismus ist dabei stark auf den Konsum hin orientiert. Hier scheint es jedem Individuum selbst überantwortet zu sein, das Leben so zu organisieren, dass eine möglichst hohe Teilhabe an den Konsumchancen stattfindet. Der Individualismus trägt dabei mehrere Züge:

  - Zunächst ist der Individualismus selbst dynamisch aufgefasst und er erschöpft sich nicht in menschlichen Freiheiten, diese oder jene Wahl oder Entscheidung zu treffen. Der Individualismus wird stets von Strukturen und Zwängen in der Gesellschaft begleitet, die Bedingungen des Handelns kennzeichnen und Chancen ermöglichen oder verhindern.

  - Individualismus zeigt sich dort erfolgreich, wo der Konsum gelingt, weniger dort, wo die Mittel dazu erlangt werden. Die Möglichkeiten, am Konsum zu partizipieren, sind zum hauptsächlichen Kriterium für den sozialen Status und die individuellen Orientierungen geworden. Der erreichbare Konsum definiert die Schranken zwischen denen, die haben und jenen, die nichts oder zu wenig haben, zwischen den Gewinnern und Verlieren, den Helden oder Opfern der flüssigen Moderne. In Kurzform heißt dies bei Bauman: „Divided, we shop." (Bauman 2000, 89)

  - Mit der Erhöhung der individuellen Freiheitsgrade ging eine von den Gewerkschaften hart erkämpfte Vergrößerung der sozialen Sicherheit einher. Der Wechsel von der Berufung hin zum Job, der mich am Konsum teilhaben lässt, schiebt aber heute dem Individuum immer mehr Verantwortung für die Organisation des eigenen Lebens, der eigenen Karriere und der eigenen Arbeitslosigkeit zu. „Individualisierung, um es auf einen Kern zu bringen, besteht darin, die menschliche ‚Identität' von einer

Gegebenheit in eine Aufgabe zu transformieren und die Akteure dafür verantwortlich zu machen, wie diese Aufgabe ausgeführt wird und ihnen die Konsequenzen (und Nebeneffekte) ihrer Ausführung zuzuschreiben. In anderen Worten besteht sie in der Etablierung einer Autonomie de jure (unabhängig davon, ob eine Autonomie de facto auch errichtet wurde)." (Bauman 2000, 31 f.)

- Der Zwang, die eigene individuelle Biografie zu entwickeln, gilt nicht nur im Arbeitsbereich, sondern in allen sozialen Beziehungen, insbesondere in der Familie und den Partnerschaften. Nichts kann mehr auf Dauer gestaltet werden, alles muss dem individuellen Status mit seinen Freiheitserwartungen geopfert werden, selbst wenn die Freiheiten sich als Illusionen erweisen.

- Individualisierung ist dabei zu einem komplizierten und komplexen Spiel geworden, was Bauman (1996) mit den Metaphern des Flaneurs, Touristen, Spielers und Vagabunden illustriert. Dabei zeigt er den flüssigen Charakter menschlicher Angelegenheiten, und die in jeder Position enthaltene Ambivalenz, die Individualisierung ausmacht. So ist z. B. der Tourist ein Prototyp für erhöhte Mobilität, für flexible Formen des Konsums, für die Aneignung und zeitweise Umdeutung des Fremden und unterschiedlicher Kulturen nach dem Muster von Inbesitznahme und Verlassen, die zugleich in individualistischer Erhöhung kaum Rücksicht auf die Beziehungen im Reiseland und die Folgen des Aufenthaltes für andere nimmt.

- Im Individualismus geben die Menschen die Bindung an Traditionen und die Unterwerfung unter Autoritäten auf, sie müssen im Gegenzug deshalb ständig nach Beispielen, Rat und Lenkung durch andere rufen, obwohl sie durchgehend meinen, sich selbst dabei zu bestimmen. In jedem Fall wissen die Individuen, dass ihr Scheitern an ihnen selbst liegen wird, weil dies ihr wesentlicher Freiheitsgewinn zu sein scheint.

Baumans Analyse scheint nicht nur für beobachtbare Handlungen der Menschen zuzutreffen, sondern auch Veränderungen in der gesellschaftlichen und individuellen Nutzung des ökonomischen Kapitals zu spiegeln bzw. die Ausnutzung durch solches Kapital treffend zu beschreiben. Wenn in der traditionellen, festen Moderne der schwere Kapitalismus mit seiner Produktionsorientierung noch eine Vielzahl von Regeln und Institutionen in festen Bahnen und berechenbaren Konsequenzen benötigte, was ökonomisch auch gerne als Produktionskapitalismus bezeichnet wird, so zeigt die flüssige Moderne und der leichte Kapitalismus eine deutliche Relativierung auch der Abhängigkeiten von ökonomischen, sozialen und kulturellen Beziehungen und damit eine Verflüssigung auch der Regeln und Regulationen. Es entsteht ein Zirkulationskapitalismus, der mit sehr unterschiedlichen Produktionsformen mehr oder minder stark verbunden ist. Folgen zeigen sich insbesondere in einer Verflüssigung der Ordnungsmerkmale, von denen besonders abhängig Beschäftigte betroffen sind: „Kein Job ist mehr auf Dauer garantiert, keine Position ist sicher, keine Fähigkeiten sind von dauerhaften Nutzen, Erfahrungen und Know-how verwandeln sich in Verbindlichkeiten sobald sie jemanden zugehören, verlockende Karrieren erweisen sich allzu oft als Sackgassen. In ihrer gegenwärtigen Form schließen die Menschenrechte auch dann nicht das Recht auf Arbeit ein, wenn diese gut ausgeführt wird oder – verallgemeinert – auch nicht ein Recht auf Fürsorge oder die Berücksichtigung vergangener Verdienste. Der Lebensunterhalt, die soziale

Position, die Anerkennung des eigenen Nutzens und der Erhalt der Selbstwürde können alle gemeinsam verschwinden, über Nacht und ohne bemerkt zu werden." (Bauman 1997, 22)

Paradox der Industrieproduktion

Im Blick auf das ökonomische Kapital ist immer wieder beobachtbar, dass fast jeder es idealisiert, aber nur wenige es in größerem Umfang besitzen. Die Idealisierung bezieht sich insbesondere auf die Geldformen. Hier gilt es z. B. kaum noch als Ideal, ein Unternehmen in anstrengender Arbeit und in Verantwortung gegenüber den Beschäftigten zu führen, weil dies die Freiheitsposition beschränkt. Der flüssige Kapitalismus ist widersprüchlich geworden, er will das Eigentum als Grundanspruch behalten, aber Verantwortlich- und Verbindlichkeiten des Eigentums gesellschaftlich nach Möglichkeit minimieren.

Heute sprechen Ökonomen auch – unabhängig von Marx – vom „Paradox der Industrieproduktion", was eine wesentliche Seite dieser Widersprüchlichkeit bezeichnet. Joseph Stiglitz sieht diese z. B. in folgender Entwicklung begründet: „Die Industrie bildete lange Zeit gewissermaßen den Höhepunkt einer bestimmten Stufe der Entwicklung, und sie war für Entwicklungsländer eine Möglichkeit, die traditionelle Abhängigkeit von der Landwirtschaft zu überwinden. Arbeitsplätze in der Industrie wurden von jeher gut bezahlt und bildeten die Voraussetzung für die Entstehung einer breiten Mittelschicht in Europa und Nordamerika im 20. Jahrhundert. Im Verlauf der letzten Jahrzehnte hatten große Produktivitätsfortschritte jedoch zur Folge, dass die Zahl der Beschäftigten im Fertigungssektor in dem Maße zurückging, wie sein Anteil an der nationalen Wirtschaftsleistung wuchs, und dieser Trend wird vermutlich anhalten." (Stiglitz 2010, 248) Je mehr Qualifikation und Automation durch die wissenschaftlich-technische Entwicklung erfolgt, desto stärker sind damit die alten Arbeitsplätze in der Breite gefährdet, weil immer weniger Menschen in der Produktion benötigt werden. Je weniger Arbeitsplätze vorhanden sind, desto weniger Waren können jedoch in der Breite konsumiert werden, weil hier die Löhne breiter Massen fehlen, um etwas zu kaufen. Der Kapitalismus scheint dieses Dilemma nur durch Innovationen bei Waren und Dienstleistungen lösen zu können, d. h. er muss in einer ständig aufsteigenden Spirale sich stets auf höherem Niveau neu erfinden: Immer neue Waren und Dienstleistungen, die von hinreichend vielen Arbeitenden produziert und konsumiert werden.

Etliche Voraussagen von Marx, insbesondere der tendenzielle Fall der durchschnittlichen Profitrate (Ausdruck einer zunehmenden Verwertungsschwierigkeit des Kapitals, tatsächlich langfristig immer noch Gewinne bei immer größerem Maschinenpark zu erwirtschaften), konnten sich nicht bewahrheiten. Zudem zeigen die globalen Kapitalbewegungen sehr viel Dynamik und Widersprüchlichkeiten auf, die die kapitalistische Entwicklung begleiten. So lässt sich z. B. insbesondere für die Entwicklung Chinas beobachten, dass dessen Industrie binnen weniger Jahrzehnte zu einem Hauptlieferanten der ehemals reichen Industrieländer wurde. Die billigeren Arbeitskräfte führten dazu, dass viele Industrieunternehmen sich in China ansiedelten, wobei die staatliche Regulierung darauf achtete, dass das Land nicht einfach vom westlichen Kapital übernommen wurde. Heute haben neben China auch andere Länder wie Indien und aus dem aufgelösten Ostblock in größeren Teilen zum Westen aufgeschlossen und die Produktivitätssteigerung im Westen auf der einen Seite und die globale Wanderung des Kapitals in die billiger produzierenden Länder auf der anderen Seite erhöhen das Paradox der Industrialisierung. Wir können nicht mehr ungebrochen bei Innovationen oder dem allgemeinen wissenschaftlich-technischen Fortschritten einen voraussagbaren Aufschwung in allen Industrieländern erwarten, sondern beobachten in der globalen Konkurrenz immer auch einen eingebauten Abschwung mit erhöhter Arbeitslosigkeit in unterschiedlichen Regionen. Allein hochwertige Innovationen können hier bei hoch qualifizierten Arbeitenden bzw. teuren Löhnen in den klassischen Industrieländern neue Arbeitsplätze schaffen. Aber vor allem Entwicklungsländer sind zu Verlierern in diesem Konkurrenzsystem um Industriestandorte geworden. Hier leben die Ärmsten der Armen, die pro Tag weniger als einen Dollar besitzen und die ums nackte Überleben kämpfen. Nach Schätzungen über eine Milliarde Menschen, d. h. gegenwärtig etwa 1/7 der Menschheit (vgl. z. B. Stiglitz 2010, 249).

Produktive und unproduktive Arbeit werden neu eingeschätzt

Für Marx ist die Unterscheidung von produktiver und unproduktiver Arbeit entscheidend, um auf ein Dilemma im Kapitalismus aufmerksam zu machen. So gibt es sehr viele Arbeiten, die entlohnt oder nicht entlohnt werden, die nicht durch den Einsatz von Kapital existieren und die daher auch nicht auf dem Markt getauscht werden. Die Hausarbeit ist hierfür ein typisches Beispiel, aber auch alle Arbeiten, die unmittelbar vom Staat oder Nichtprofit-Organisationen bezahlt werden. Sie bringen im Produktionskapital keinen Gewinn für einen Kapitalisten, aber erzeugen Kosten für die Gemeinschaft oder das Individuum. So mag die Arbeit einer Lehrerin zwar nützlich für die Gesellschaft sein, aber sie ist unproduktiv für den Gewinn, denn sie erzeugt, wenn sie vom Staat bezahlt wird, nur Kosten, die durch Steuern aufgebracht werden müssen und den Lohn der Arbeitenden und den Gewinn der Kapitalisten schmälern, wenngleich die Lehrer/innen ökonomisch gesehen auch durch ihren Konsum ein wichtiger Wirtschaftsfaktor sind. Ganz anders sieht dies aus, wenn diese Lehrer/innen an einer Privatschule mit Gewinnabsicht unterrichten. Marx sagt hierzu: „Steht es frei, ein Beispiel außerhalb der Sphäre der materiellen Produktion zu wählen, so ist ein Schullehrer produktiver Arbeiter, wenn er nicht nur Kinderköpfe bearbeitet, sondern sich selbst abarbeitet zur Bereicherung des Unternehmers. Dass letzterer sein Kapital in einer Lehrfabrik angelegt hat, statt in einer Wurstfabrik, ändert nichts an dem Verhältnis." (MEW 23, 532)

Im heutigen Kapitalismus haben solche unproduktiven Arbeiten im Sinne der Gewinnerzielung stark zugenommen, was bedeutet, dass ein kompliziertes Finanzierungsgebilde von Arbeit und Gewinn im Kapitalismus entstanden ist. Schließlich werden die vom Staat bezahlten Lehrer/innen in ihren Steuerabgaben auch wieder vom Staat zur Kasse gebeten, und für die Arbeitenden macht es keinen unmittelbaren Unterschied in ihren konkreten Handlungen, woraus ihr Lohn erwirtschaftet wird. Gleichwohl muss der Staat immer auch aus externen Quellen schöpfen, um sich seine Bediensteten im Sinne gesellschaftlicher Aufgaben leisten zu können. Die heutige Staatsverschuldung vieler Länder zeigt, dass oft mehr verausgabt als eingenommen wird. Dies führt leicht in den Hang, weit über die Verhältnisse zu leben und nachfolgenden Generationen große Schulden zu hinterlassen.

Die meisten ökonomischen Theorien der Gegenwart haben die Unterscheidung von produktiver und unproduktiver Arbeit aufgegeben. Die Unterscheidung von Marx macht nämlich nur Sinn, wenn strikt zwischen dem auf Gewinn orientierten Kapital, das sich aus produktiver Arbeit herleitet, und weiteren Kosten, die durch unproduktive Arbeiten unterschiedlicher Art entstehen, überhaupt unterschieden werden soll. Der heutige Kapitalismus lässt sich mit solchen Unterscheidungen aber nicht mehr hinlänglich erfassen, insbesondere weil die unproduktiven Arbeiten längst konstituierender Bestandteil der Herstellung und Sicherung auch produktiver Arbeiten geworden sind und eine Unterscheidung dieser beiden Prototypen von Arbeit im Einzelfall immer schwieriger oder sinnlos geworden ist. Zugleich gibt es immer stärker auch andere Gewinnformen als die Ausbeutung produktiver Arbeit. Ökonomische Theorien der Gegenwart betonen deshalb die Wechselwirkungen und Zusammenhänge, die zwischen Ressourcen, Arbeitskräften, in sie eingehende Investitionen und Leistungen (z. B. als humanes, persönliches, soziales, kulturelles usw. Kapital, wie in den Folgekapiteln diskutiert wird), Verhaltensweisen auf dem Markt und andere Faktoren bestehen. Dabei sind solche Theorien so speziell geworden, um einzelne Aspekte hervorzuheben, dass sie auf der anderen Seite immer wieder die Grundstruktur kapitalistischen Wirtschaftens aus den Augen verlieren: Es geht in dieser Grundstruktur immer um die Frage, welche Kosten jemand investiert, d. h. welches Kapital eingesetzt wird, um daraus einen Gewinn, d. h. einen Mehrwert zu schöpfen. Eine zentrale These in diesem Buch ist, dass diese Grundstruktur nun nicht nur für die so genannten Kapitalisten gilt, sondern für alle Menschen, da sich niemand von der Kapitalisierung auch der eigenen Person freimachen kann. Allerdings sind die Gewinne und Risiken sehr unterschiedlich verteilt.

Shareholder Value als Abschied von der Unternehmerverantwortung

Im Blick auf das ökonomische Kapital gibt es vom 19. bis ins 21. Jahrhundert eine weitere, wichtige Veränderung. Die private Eigentümerschaft hat sich fundamental verändert. Großunternehmen haben nicht mehr nur einen Eigentümer, sondern zahlreiche Anteilseigner. Dabei gibt es wiederum jene, die über ein großes privates ökonomisches Kapital verfügen, aber auch jene, die z. B. zur Alterssicherung mit kleineren Beiträgen in Pensionsfonds, Lebensversicherungen und andere Anteile investieren (müssen), um soziale Risiken abzusichern. Auch Staaten treten als Anteilseigner mit kapitalistischen Gewinnabsichten auf. Dies macht die Wirkungsweisen des Kapitaleinsatzes komplizierter und undurchschaubarer. Die Unternehmensführung findet als ein Handeln in Stellvertretung statt, indem Dritte als Manager und Verwalter des Kapitals agieren. Sie streben nach deregulierten Märkten und möglichst geringer Aufsicht und Kontrolle. Die daraus erwachsenden Probleme, die sich auch in wiederkehrenden Spekulationsblasen und einer auf Kurzfristigkeit angelegten Gewinnstrategie an den globalen Märkten ohne Rücksicht auf langfristige volkswirtschaftliche Effekte überaus deutlich zeigen, so besonders in der Finanzkrise seit 2008, rufen den Staat als Regulierer des kapitalistischen Marktes auf, das System zu erhalten und ökonomische Zusammenbrüche zu vermeiden. Gleichwohl kann dies, wie ich später noch in Abschnitt 2.3 diskutieren werde, nur begrenzt mit Aussicht auf Erfolg geschehen.

Dem Kapitalisten ist es beim gewinnbringenden Einsatz seines Kapitals meist egal, in welchem Feld er die Gewinne macht. Und dies gilt in besonderem Maße für die Spekulationsgeschäfte, die an der Börse und anderswo zu realisieren sind. Spekulationen nehmen mittlerweile einen immer größeren Teil der Gewinnherstellung ein: „Als die aufgeblähten Finanzmärkte 2007 ihren Höchststand erreichten, entfielen 41 Prozent der Unternehmensgewinne auf diesen Sektor." (Stiglitz 2010, 34). Dies hat damit zu tun, dass der klassische Kapitalist als

Privatunternehmer in eigener Firma immer mehr ein Auslaufmodell wurde und wird. Schauen wir auf wesentliche Voraussetzungen. Es gibt beim »großen Kapital« heute immer mehr eine Trennung zwischen Eigentümer und Leitungsbefugnis. Die Konzentration des ökonomischen Kapitals in großen Firmen und Konzernen, die an der Börse als Aktien notiert werden, führt dazu, dass im *Shareholder Value* das Kapital durch Dritte, durch Manager, verwaltet wird, die ihrerseits nicht mehr Besitzer dieses Kapitals sein müssen. Sehr viel ökonomisches Kapital wird auch durch Investoren gebildet, die sich z. B. durch eine große Anzahl von Einzelanlegern so ihre Pensionen oder Einkünfte sichern wollen. So kann ein Vorstand, der in keinem nennenswerten Umfang Besitz an dem Unternehmen hat, dieses in seinem Interesse führen. Dies verstärkt die Tendenz, kurzfristig Erfolg zu haben und die langfristige Konsolidierung des Unternehmens zu vernachlässigen. Im *Shareholder Value* wird durch die Stellvertreterregelung und entsprechende Prämienanreize der kurzfristige Erfolg gegenüber nachhaltigen und sicheren Anlagen verstärkt, wenngleich Ratingagenturen helfen sollen, größere Risiken besser einzuschätzen und so zu vermeiden. Die unternehmerische, persönliche Verantwortung gegenüber den Beschäftigten wird deutlich niedriger. Durch hohe Gehälter und Boni sollen die Manager motiviert werden, ein Maximum an Gewinn zu realisieren. Damit ist auch eine Entfremdung gegenüber der unmittelbaren Verantwortung für die Arbeitnehmerschaft eingetreten, die nun ausschließlich als Kostenfaktor betrachtet und behandelt werden kann. Da der Staat die Sicherung auch der Arbeitslosigkeit in etlichen Industrieländern zumindest in Teilen übernommen hat, um absolutes soziales Elend zu vermeiden, gibt es zugleich immer eine moralische Entschuldigung für rein profitorientiertes Handeln, da die kapitalistische Unternehmung sich nicht unmittelbar mit sozialen Folgelasten beschäftigen muss.

Der Staat, der seine Unterhaltsleistungen für Renten, Sozialfürsorge, Erziehung, Gesundheit usw. organisieren soll, finanziert diese über Steuern, wobei er vor allem die Löhne belastet, meist anteilsmäßig deutlich geringer die Einkommen der Kapitalbesitzer.[35] Dabei unterscheiden sich die kapitalistischen Staaten gewaltig, wie ich in Kapitel 2.3 ausführlich diskutieren werde.

Widersprüche im kapitalistischen Handeln

Eine besondere Form ist im Wirtschaftssystem, wie wir bisher gesehen haben, die Ware Arbeitskraft, die auch staatlich mit reguliert wird. Je mehr die private Arbeit von Unternehmern (Kapitalisten) organisiert und profitorientiert betrieben wird, desto mehr Arbeitskräfte werden benötigt, die mehr oder minder qualifiziert solche Arbeiten gegen Lohn durchführen. Der Unternehmer aber steht mit seinem eingesetzten Kapital nicht unmittelbar zur Verfügung, um einerseits die Qualifikationskosten seiner Arbeitskräfte auf einem freien Markt zu bezahlen, denn dies ist Privatsache der Ware Arbeitskraft (des Lohnarbeiters selbst), noch will er für die Kosten aufkommen, die dann entstehen, wenn diese Arbeitskraft aus seinem Unternehmen ausscheidet, gekündigt wird, krank wird oder in Rente geht. Wegen der privaten und freiheitlichen Verfasstheit der Arbeit in der Moderne stehen hierfür – mit hervorgegangen aus den Kämpfen der Arbeitenden durch Gewerkschaften und Parteien – überge-

---

35 Vgl. dazu z. B. die je aktuellen Steuersätze unter http://www.worldwide-tax.com/. Die sehr hohen Einkommen müssen gegenwärtig nicht befürchten, einen zu großen Anteil ihrer Gewinne an Steuern zu verlieren. Die Masse der gegen Lohn arbeitenden Menschen erbringen die Masse des Steueraufkommens in allen kapitalistischen Ländern.

ordnete Organisationen, der Staat mit seinen verschiedenen Institutionen wie Arbeitsamt, Rentenversicherung, Sozialleistungsträgern usw. oder private Versicherungen, in die Arbeitende einen Teil ihrer Einkünfte einzahlen, zur Verfügung. Der Staat holt sich seine Gelder dann per Gesetz zurück, teilweise über Steuern auf dem Markt, insgesamt durch Steuern von den Bürgerinnen und Bürgern, und damit sind alle Menschen in einem Staat meist unabhängig von ihrer Rolle im Markt gemeint. Oft erhalten allerdings dann wieder Unternehmer besondere Steuervergünstigungen, da sie allein die Wirtschaft anzutreiben scheinen. Dabei unterscheiden sich die Staaten der kapitalistischen Länder erheblich. Die einen holen sich mehr auch aus den Gewinnen insbesondere der privaten Unternehmer, die anderen mehr von der Masse der arbeitenden Bevölkerung, wiederum einen anderen Teil aus der Vererbung von Privateigentum.

Die Bindung des klassischen Unternehmertums an einen Standort und die beschäftigten Arbeiter war früher sehr hoch. Die Arbeitenden sahen den wachsenden oder sinkenden Wohlstand des Unternehmers und konnten ihre soziale Lage dazu in Relation setzen. Dies war für die Arbeitskämpfe und die gewerkschaftliche Organisation der abhängig Beschäftigten eine wesentliche, verstehbare Grundlage. Im Übergang zum *Shareholder Value*, in dem der Kapitalist nicht mehr unmittelbar, sondern über Dritte sein Kapital vorstreckt, um anonymisiert als Aktionär, Fonds- oder Optionsscheinbesitzer aufzutreten oder eine andere der vielfältigen Formen zu nutzen, um seinen Gewinn zu machen, wird der Prozess der Mehrwertgenerierung und Profitbildung durch Entpersönlichung verschleiert. Der *Shareholder Value* ist der Aktionärswert, der als Marktwert getauscht werden kann und dabei dem Eigenkapital des Investors entspricht. Die zusammengesetzten Anteilswerte der Investoren entsprechen dann vereinfacht gesprochen dem Unternehmenswert. Das Geld »an sich« scheint zu arbeiten und je nach Marktlage Gewinne abzuwerfen. Dass am Ende von Produktions- und Dienstleistungsketten immer arbeitende Menschen stehen, die Werte erhalten und schaffen, gerät in den Hintergrund und bleibt unverständlich. Die Handlungen des Geldverdienens scheinen immer stärker auf virtuelle Märkte an Börsen und in Fonds bezogen, und die Intransparenz der Vorgänge führt in ihrer neuen Vielfalt dazu, dass die Erzeugung von Gewinn immer weniger nachvollzogen werden kann und immer mehr wie ein unabwendbares Schicksal erscheint.

Im gegenwärtigen Kapitalismus ist die Lage vor diesem Hintergrund schon dadurch verkompliziert, dass es nicht nur kapitalistisch organisierte Lohnarbeit gibt, sondern neben der Warenproduktion, die auch Dienstleistungen mit Gewinnabsicht einschließt, solche Tätigkeiten gegen Lohn stehen, die insbesondere aus Gebühren und Steuern bezahlt werden, was weiter oben schon als produktive und unproduktive Arbeit unterschieden wurde. Auch diese Lohnarbeit wird nach dem historisch-kulturellen und sozialen Stand der Produktions- und Reproduktionskosten von Arbeitskräften bezahlt, aber solche Arbeit trägt nicht unmittelbar zum Gewinn bei (Non-Profit-Bereich). Diese Arbeiten werden aus der Umverteilung über Steuern oder aus privaten Mitteln bezahlt.

Die Widersprüchlichkeit, die in all den geschilderten Bewegungen besteht, ist für das ökonomische Kapital im Blick auf seine Rahmung durch den Staat (z. B. Schaffung von günstigen Rahmenbedingungen durch Infrastrukturen, Bildung und Erziehung, Rechts- und Ordnungswesen usw.) und in der Akzeptanz durch die Individuen (z. B. Wille, als Arbeitskraft zu fungieren, Abgaben zu leisten, sich zu bilden und in die Regeln einzuordnen usw.) von ausschlaggebender Bedeutung. Hier will ich zusammenfassend folgende wesentliche Widersprüche festhalten, die sich in den Handlungen der Menschen beobachten lassen:

1. Die Privatheit der Warenproduktion bedingt, dass zunächst jeder private Produzent vorwiegend ein Interesse daran hat, seine eigenen Bedürfnisse zu befriedigen. Der Bäcker hat vorwiegend Interesse an Qualifikationen, die vorliegen müssen, um einen guten Bäcker einzustellen, der Dienstleister hat Interesse, dass sein Personal die Dienstleistung zufriedenstellend erfüllt, die Behörde, dass die Mitarbeiter entsprechend der Vorgaben funktionieren. Diejenigen, die nicht ein Unternehmen oder ein Geldvermögen erben und zum Lebensunterhalt ihre Arbeitskraft auf dem Markt gegen Lohn veräußern müssen, haben auch ein privates Bedürfnis, aber es wird in der Regel breit sein müssen, weil es zumindest vernünftiger Weise darauf gerichtet sein müsste, die Chancen für eine produktive Tätigkeit auf unsicheren Märkten selbst möglichst hoch durch eine breite Qualifikation und damit Chancen zum Wechsel des Arbeitsplatzes zu halten. Der erste Widerspruch, verursacht durch die private und freie Form der Produktion und des Eigentums, besteht darin, dass der jeweilige private Produzent zunächst sein Eigeninteresse einer bestimmten Warenproduktion (auch Herstellung seiner Kompetenzen) hat, das sich nicht mit den Interessen anderer Menschen oder einem allgemeinen Interesse (z. B. nach würdigen Arbeitsverhältnissen, umfassender Erziehung und Ausbildung aller, hohem Wohlstand aller usw.) decken muss. In den Handlungen der Menschen äußert sich dieser Widerspruch insbesondere in einer sehr unterschiedlichen Interpretation der notwendigen oder zu unterlassenden allgemeinen Aufgaben des Staates zur Verteilung von Gewinnen aus der Warenproduktion, der Lohnarbeit und dem Besitz (Besteuerungen in allen Formen), zur Sicherstellung einer angemessenen und Chancen erhöhenden Erziehung und Bildung – auch ökonomisch benachteiligter Menschen –, zur Sicherung gegen Arbeitslosigkeit, bei Krankheit und im Alter, aber auch zum Unterhalt der allgemeinen Rechts-, Verkehrs- und Lebensverhältnisse. So entstehen unterschiedliche Interessen, Lobbygruppen im Staat, und die gesellschaftlichen Parteien, die zur Wahl stehen, bedienen jeweils zumindest in Teilen ihre Klientel.

2. Der zweite grundsätzliche Widerspruch, der aus der modernen Wirtschaftsweise herrührt, besteht vom Beginn der Moderne bis heute in unterschiedlichen Ausprägungsformen darin, dass die Privatheit der Interessen sich nicht einfach und bruchlos mit einer Erhöhung der Chancen möglichst aller – noch nicht einmal möglichst vieler – Menschen in Einklang bringen lässt, um an der Entwicklung des Wohlstands der Gesellschaft gleich oder gerecht teilzuhaben. Immerhin hat die kapitalistische Entwicklung in den hoch industrialisierten Ländern dazu geführt, dass der allgemeine Wohlstand gestiegen ist, aber zugleich ging dies damit einher, dass die Kluft zwischen Arm und Reich dabei zu- und nicht abgenommen hat.[36] Zwischen den armen und reichen Ländern ist diese Kluft grundsätzlich groß. In den Handlungen der Menschen äußert sich dies darin, dass die Solidarität der Besitzenden mit den eher Besitzlosen, sei es auf freiwilliger oder durch den Staat erzwungene Weise, stets, vor allem auch politisch, umkämpft und umstritten ist. Alle Lösungen in diesem Feld sind immer nur partiell, auf Zeit, widersprüchlich.

---

36 Dieser Zusammenhang wird uns noch mehrfach beschäftigen. Vgl. auch einführend z. B. OECD (2008).

3. Der dritte Widerspruch besteht darin, dass der Markt auch Interessengegensätze hervorbringt, die unmittelbar mit den unterschiedlichen Interessen der Unternehmer/innen zu tun haben. Die einen von ihnen suchen hoch qualifizierte Arbeiter, deren langjährige Qualifikation vom Staat vorgehalten und finanziert werden soll, die dann im Verhältnis zum Durchschnitt der Arbeitenden mehr verdienen, weil sie in produktiver Weise höhere Werte herstellen, wohingegen andere unqualifiziertes Personal bevorzugen, das weit unter dem Durchschnitt verdient und stärker arbeitsintensiv einfache Arbeiten auszuführen hat. In Zeiten der Globalisierung des Kapitals werden diese widersprüchlichen Interessen noch dadurch verkompliziert, dass das Kapital in jene Länder flieht, die beide Bedingungen unter noch niedrigeren Lohnniveaus betreiben lassen, um die Waren, die in der Herstellung so weniger kosten, auf dem globalen Markt mit mehr Gewinn zu veräußern. In dieser Konkurrenzsituation aller gegen alle gibt es den Widerspruch, dass ökonomisch gesehen sowohl eine hohe Bewertung der Qualifikation durch Erziehung und Bildung als auch eine Dequalifikation als sinnvoll erscheinen kann. Im politischen Handeln spiegelt sich dieser Widerspruch darin, dass die einen eine möglichst breite und umfassende Qualifikation der Bevölkerung in die Breite und Tiefe anstreben, andere sich mit einer gestuften Erziehung und Bildung in einem gegliederten Schulsystem oder einem schlecht ausgestatteten öffentlichen Schulsystem zufrieden geben, solange hinreichend billige Arbeit zur Verfügung steht. Da dieser Widerspruch allerdings immer vor dem Hintergrund des schon erkämpften Wohlstandes und damit auch eines gewissen Lohnniveaus zu sehen ist, fliehen insbesondere die Unternehmen in Billiglohnländer, die eine Vielzahl noch dequalifizierter Arbeiter/innen beschäftigen. Dies führt dazu, dass auch in Staaten, die ein bereits hohes Gesamtqualifikationsniveau erreicht haben, die Arbeitsplätze nicht sicher sind, obwohl ein hoher Erziehungs- und Bildungsstand der Bevölkerung günstig ist, um die Arbeit leichter zu wechseln, sich fortzubilden, Gesundheitskosten niedrig zu halten, Sozialkosten und Kosten durch Kriminalität usw. zu mindern (vgl. dazu z. B. Wössmann 2007, 2009). Das ökonomische Kapital gibt sich jedoch allein mit qualifizierter Arbeit und hoher Produktivität nicht zufrieden, wenn es anderswo oder anderweitig besser Gewinne machen kann.

4. Dies erzeugt einen weiteren, sehr problematischen Widerspruch: Je weniger Beschäftigungsverhältnisse in einem entwickelten Industrieland bezahlt werden, desto stärker sinkt der Konsum der Bevölkerung ab oder steigt nicht mehr, so dass dann auch die Käufer für die Waren fehlen, die vielleicht zwar billiger im Ausland produziert wurden, aber im Inland abgesetzt werden müssen. Der Staat ist aus der ökonomischen Sicht betrachtet in einer misslichen Lage. Einerseits soll er je nach kulturellem Stand und erreichtem Wohlstand (auch im Rahmen von sozialen Sicherungssystemen) eine allgemeine Erziehung und Bildung ermöglichen, die den Berufstätigen ihre Arbeit und den zukünftig Arbeitenden ihre hinreichende Qualifikation und entsprechende Arbeitsplätze sichert, andererseits schützen ihn alle Anstrengungen nicht davor, selbst bei hohem Ausbildungsniveau durch globale Krisen getroffen zu werden. Hierfür ist Island 2008 ein sehr gutes Beispiel. Obwohl das Land in dieser Zeit die meisten Zugangsberechtigungen zum Studium und Hochschulabsolventen gemessen an der Gesamtbevölkerung weltweit besaß, war es in der Finanzkrise besonders stark durch globale Kapitalwanderungen betroffen. Obwohl das Land in der

OECD beste Ergebnisse bei Schulabschlüssen und eine überproportional hoch akademisch gebildete Bevölkerung besitzt, ist es durch Spekulationen an den wirtschaftlichen Abgrund getrieben worden, weil das angelegte Kapital das nationale Bruttoinlandsprodukt um mehr als das Elffache überstieg und die Gewinne so letztlich nur spekulativ bestanden und nicht realisiert werden konnten. Eine Immobilien- und Einlagenblase sollte nach dem Crash dann von der Bevölkerung, die mehr Beobachter als Akteur war, durch Schuldentilgung für die risikoreichen Banken getragen werden (vgl. z. B. Stiglitz 2010, 52 f.). Nach diesem Muster verlief die Auflösung der Finanzkrise von 2008, diesem Muster folgten dann später auch die Auffangversuche der Staatsschulden z. B. in der EU und den USA.

Alle genannten Widersprüche zeigen, dass eine liberale oder neoliberale Auffassung, wo am Ende immer der Markt alles regelt und zu höherem Wohlstand auf lange Sicht führen wird, vorrangig die ökonomischen Interessen der Entwicklung der Lebensverhältnisse der bereits Besitzenden umschreibt und hierbei willkürlich auf riskant wirkende Marktgesetze setzt – wie die neoliberale Phase bis zur Finanzkrise 2008 zeigte –, weil z. B. einseitig festgelegte Managereinkommen, Boni, spekulative Anlagen, Betrug usw. die ehemals wirkenden Mechanismen von Angebot und Nachfrage in einem von vielen nicht vorstellbaren Maß relativieren. Für die Herstellung der Ware Arbeitskraft ist eine solche Haltung aber noch viel schwieriger, weil sie immer in eine Verhinderung von Lebenschancen münden kann. Hier ist es aus Eigeninteressen heraus auch zur Einsicht bei Unternehmern gekommen, die für die Privatheit der Produktion ein Umfeld benötigen: Zunächst Arbeitskräfte, die nicht nur über ein bestimmtes Fachwissen, sondern auch über methodische und soziale Kompetenzen verfügen, um an den kooperativen, kommunikativen und technischen Prozessen im Betrieb hinreichend effektiv teilhaben zu können. Dies schließt auch ein gesundheitsbewusstes Verhalten, Tugenden wie Fleiß, Pünktlichkeit und Ordnung ein, aber auch loyales Verhalten gegenüber dem Betrieb. Sodann benötigt jede private Produktion oder Dienstleistung aber auch einen gesellschaftlichen Verkehrs- und Rechtsraum, in dem es sich berechenbar verhalten kann. Notwendig sind Gesundheits- und Rentenversorgungen, die Schutz bei Krankheit und Alter bieten. Und es ist ein Ineinandergreifen weiterer privater und staatlich oder organisationsbezogener Unternehmen und Behörden, Agenturen, Vereine, Parteien usw. erforderlich, die strikt am Modell des privaten Eigentums festhalten, ohne dass dessen anarchische Effekte überhand nehmen.

2.2 Mehrwert des ökonomischen Kapitals

Aus der Handlungsanalyse der Verwendung ökonomischen Kapitals und seiner Vermehrung will ich nachfolgend den Konstruktionsbedingungen zur Bildung des ökonomischen Kapitals näher nachgehen und diese erweiternd bestimmen. Diese Bestimmung fehlt insbesondere in Bourdieus klug entwickelter Beschreibung der Kapitalformen und deshalb war es immer wieder leicht, seine Erweiterung des Kapitalbegriffs anzugreifen. Solche Angriffe waren vor allem aus zwei Richtungen geführt worden: Aus einer Sicht war nicht plausibel, wieso ein Wechsel in die Distribution, vor allem die Verteilung der erwirtschafteten Gewinne, besser sein sollte, als zunächst die Funktion der Ausbeutung durch Mehrwertproduktion genau zu bestimmen. Für diese Kritiker zeigte sich Bourdieu als zu offen, er verließ den Dualismus von Lohnarbeit

und Kapital, weil er für alle Menschen und nicht nur für die Kapitalisten Kapitalformen ein-
führte. Auf der anderen Seite wurde von Ökonomen kritisiert, dass er den Kapitalbegriff zu
sehr aufweiche und verallgemeinere. Sie sehen die Gefahr, dass ökonomische Gesetzmäßigkeiten zu sehr durch subjektive Faktoren unterlaufen werden und als zu willkürlich erscheinen.

Für mich gilt es in folgenden Teilen umgekehrt zu bedenken, dass der Mehrwert auf verschiedene Art und Weisen hergestellt werden kann. Insoweit ist es erforderlich, dies näher
für das ökonomische Kapital zu betrachten, um es dann in einem zweiten Schritt auch für
die Konstruktion des Mehrwerts in den unterschiedlichen anderen Kapitalformen zu nutzen.

2.2.1 Mehrwertproduktion durch Lohnarbeit

In den ökonomischen Handlungen der Menschen ist die Warenproduktion und die Produktion von Mehrwert, wie sie Marx konstruierte, dem Grunde nach deutlich nachvollziehbar.
Auch wenn die moderne Ökonomie anders als Marx rechnet, so ist erkennbar, dass die Differenz zwischen dem Lohn und dem Wert der Arbeitszeit, den ein abhängig Beschäftigter erzeugt, wesentlich zu einem höheren Wert der Ware (= Mehrwert) beiträgt. In der Praxis der
Kostenrechnung werden die Reproduktionskosten der Ware Arbeitskraft zwar nicht nach-
gehalten, sie ergeben sich z. B. vorwiegend aus dem gesellschaftlichen Kontext des Lohnes,
gewisser Mindesteinkommensgrenzen zum menschenwürdigen Überleben, der Qualifikation der Arbeitskraft und Aspekten von Angebot und Nachfrage von Arbeitskräften, die je
nach Land und Kulturkreis erheblich schwanken. Aber für den Kapitalisten ist klar, dass er
– ganz gleich, wo er lebt – die Lohnkosten möglichst niedrig halten muss, um bei gleichzeitiger Wertherstellung möglichst hohen Gewinn zu erzielen. Auch wenn weitere Produk-
tionskosten marktabhängig anfallen, so ist es insbesondere die Arbeitskraft und ihre Nutzung im Vergleich zur Bezahlung, die als gut kalkulierbarer ökonomischer Gewinn verbucht
werden kann. Dies ist auch dem Kapitalisten klar, ohne dass er Marx folgen muss, aber er
spricht es nicht gerne aus, weil die Differenz einen Aneignungsvorgang zeigt. Er betont in
seinen Handlungen dagegen sein Risiko auf unsichereren Märkten und den Einsatz seines
Privatvermögens, das auf dem Spiel steht und für das jeder Gewinn gerechtfertigt erscheint.

Das Marxsche Modell für den Mehrwert aus Lohnarbeit ist eine Konstruktion, die helfen kann, den Mehrwert als eine Differenz zu erklären. Aber wir können diese Differenz
auch einfacher aus den Handlungen selbst ableiten. Dann sind mindestens vier Aspekte in der
Handlungsanalyse der Nutzung dieser Differenz durch Aneignung von Lohnarbeit notwendig, um wesentliche Handlungselemente im Umgang mit ökonomischem Kapital zu erfassen:

1. Arbeitskräfte lassen sich in bestimmter Re/Produktionsstufe herstellen und werden
    gesellschaftlich mit unterschiedlichen Standards von Ausbildung für eine arbeitsteilige
    Produktion/Dienstleistung vorgehalten, d. h. es besteht ein allgemeiner Qualifikations-
    und Arbeitsmarkt.

2. Lohnarbeit ist eine grundlegende Bedingung gesellschaftlichen Handelns, d. h. bei
    großer Arbeitsteilung gibt es genügend Menschen, die frei sind, sich in Lohnarbeit un-
    terschiedlicher Berufe/Qualifikationen zu verdingen und die die Freiheit, aber auch die
    Notwendigkeit zum Zweck des Lebensunterhalts haben, Verträge hierüber zu schließen
    und ihre Arbeitszeit zur Verfügung zu stellen.

3. Es gibt gesetzliche Bedingungen und Regeln, nach denen die Arbeitszeit gegen Lohn
    vergeben wird, wobei der Käufer der Arbeitskraft zugleich der Besitzer der von ihr pro-
    duzierten Waren/Dienstleistungen ist, d. h. das Privateigentum ist gesetzlich geschützt
    und die Lohnarbeit ändert nichts an den Eigentumsverhältnissen.

4. Der Lohn wird jeweils historisch-kulturell erkämpft, wobei die Höhe einerseits minimal
    einem gesellschaftlichen Mindeststandard zum Überleben und zur Re/Produktion (auch
    künftiger Arbeiter/innen) Genüge tun muss (sonst verliert auch der Kapitalist auf lange
    Sicht einstellbare Arbeitskräfte), andererseits maximal auf Dauer soweit steigen kann,
    wie noch ein Gewinn für den Kapitalisten realisierbar erscheint. Verkompliziert wird
    dies dadurch, dass Lohnarbeit auch außerhalb von unmittelbaren Gewinnverhältnissen
    existiert, wobei insbesondere der Staat oder Non-Profit-Organisationen aber dazu beitra-
    gen, dass der wirtschaftliche Gesamtprozess gestützt und unterhalten werden kann. Die
    dabei entstehenden Kosten spielen bei allen erreichbaren Gewinnen eine implizite Rolle.

Diese vier Momente spiegeln zwar nicht die Rechnungsweise der modernen Wirtschaft un-
mittelbar wider, aber sie sind handlungsbezogene Voraussetzungen jeglicher Kosten-Nutzen-
Rechnungen in kapitalistischen Strukturen. In dieser Handlungsanalyse lauern vor allem zwei
Spannungsverhältnisse, die bei der Erzielung von Mehrwert stets mindestens zu beachten sind:

a. Die Lohnkosten der Ware Arbeitskraft und ihrer verschiedenen Unterarten kann sehr
    stark historisch und kulturell schwanken. Im Rahmen der Globalisierung der Weltmärkte
    werden hierdurch Konkurrenzbedingungen auch innerhalb der Lohnarbeit zwischen
    verschiedenen Arbeitsmärkten und Wirtschaften lokal und global erzeugt, die nicht
    ohne Folgen für Wanderungsbedingungen des Kapitals und der Arbeit bleiben. Die in
    der Moderne verfolgte stetige Verbesserung der Lebensverhältnisse auch breiter Mas-
    sen kann damit kapitalistisch auf Dauer nicht für alle gleich garantiert werden. In den
    Wohlstandsländern wird Armut deshalb auch immer relativ zum übrigen Reichtum der
    Gesamtgesellschaft berechnet (vgl. z. B. Stiglitz 2006).

b. Der Kapitalist kann zwar die Werterzeugung in seiner Produktion/Dienstleistung kont-
    rollieren, aber die Realisierung des Wertes auf dem Markt als tatsächlich erzielten Preis
    kann er nicht ebenso bewusst steuern und kontrollieren, auch wenn er mittels Marketing
    und Werbung hierzu allerlei Anstrengungen unternehmen kann. Aber hier unterliegt er
    im globalisierten Kapitalismus nicht nur der Konkurrenz durch andere, sondern ist dabei
    zugleich auch in einen ständigen gesellschaftlichen Verteilungskampf durch staatliche
    Regulationen hineingezogen.

Marx verstand seine Mehrwerttheorie als eine gesellschaftliche Gesetzmäßigkeit, für die er
klare Konstanten und Regeln herausarbeitete. Aus der Handlungsanalyse heraus zeigen sich
diese aber nicht als universelle Kausalgesetze, sondern als idealtypische Re/Konstruktionen,
die eine Differenz theoretisch ansetzen, die in den Handlungen beobachtbar ist, die zumindest einen großen Teil der Handlungen und Handlungsergebnisse, die wir empirisch beobachten können, erklärbar werden lässt. Mehrwert aus Lohnarbeit kann jedoch nicht einfach
auf eine produktive Arbeit in der kapitalistischen Produktion begrenzt bleiben, weil durch
die Verflechtung des wirtschaftlichen Systems auch unproduktiv erscheinende Arbeiten stets
einen impliziten Beitrag im Gesamtsystem und für alle Gewinne leisten. Insoweit helfen z. B.

auch die Lehrer/innen einer Gewinnerzeugung indirekt, auch wenn sie diese nicht direkt produzieren. Damit ist von vornherein klar, dass es in der Handlungsanalyse für mich keinen Sinn mehr macht, eine produktive Arbeiterklasse den Kapitalisten und zusätzlichen unproduktiv Arbeitenden gegenüberzustellen. Die Kosten-Gewinn-Rechnung kann stark vereinfacht werden: In der kapitalistischen Struktur gehen alle Menschen im ökonomischen Handeln Investitionen (Kosten) ein, die sie zunächst in ihre eigene Qualifizierung stecken, um sich als Ware Arbeitskraft einen Gebrauchswert zu bilden. Andere besitzen hinreichendes ökonomisches Kapital, um mittels Lohnarbeit Gewinne zu erzielen. Die Differenz aus Kosten und Gewinnen ist der Mehrwert aus Lohnarbeit.

Von der Mehrwertproduktion haben beide Seiten etwas: Die Lohnarbeiter/innen erhalten mit dem Lohn Kosten zur Re/Produktion ihrer Lebensweise und zu einem möglichen Wohlstand. Die Kapitalisten machen Gewinne, die in der Regel sehr viel höher als ein Lohn liegen und die als ökonomisches Kapital akkumuliert werden können. Die Verteilung des ökonomischen Kapitals in der Gegenwart zeigt, wie sehr dabei die Spaltung zwischen sehr reichen und relativ armen Menschen zugenommen hat, d. h. auf Dauer und in der Breite haben die Kapitalisten sehr viel mehr von dieser Differenz als alle anderen. Dies gilt in doppelter Weise:

a. Das ökonomische Kapital wird in den Händen sehr weniger Menschen immer größer. So besitzen nach dem „World Wealth Report" von Merril Lynch[37] im Jahr 2009 etwa 8,6 Millionen vermögende Privatpersonen ein Vermögen von 32,8 Billionen US-Dollar, das bis 2013 etwa auf 48,5 Billionen steigen soll. Noch extremer sind die Superreichen zu bewerten. In der jährlich erscheinenden Milliardärsliste von „Forbes" sind 2010 geschätzte 1.011 Milliardäre verzeichnet, deren Gesamtvermögen sich kaum exakt schätzen lässt. Angenommen wird, dass etwa 10 Prozent der Reichen weltweit rund 85 Prozent des Gesamtvermögens der Welt besitzen. [38]

b. Auch diejenigen, die die Leitung des ökonomischen Kapitals managen, verdienen überproportional mehr als alle anderen und steigen so in die Liga der Reichen und Superreichen auf. Von 1985 bis 2010 erhöhten sich die Bezüge von leitenden Managern vom etwa 40-fachen des durchschnittlichen Arbeitslohnes auf das 100- bis 1000-fache.[39]

Im Kapitalismus wird der produzierte und angeeignete Reichtum sehr stark verschleiert. Dies zeigt sich an der Standardmessgröße des durchschnittlichen Pro-Kopf-Bruttoinlandsprodukts (BIP) besonders deutlich. Im BIP werden alle Ausgaben erfasst, also auch die weniger produktiven für Gefängnisse, Militär, Immobilienblasen usw. In all ihren Produkten und Verkäufen kann eine Gesellschaft immer reicher werden, ohne dass die übergroße Mehrheit der Bevölkerung hiervon etwas hat. Der Kuchen ist zwar größer geworden, aber nur sehr kleine Stücke sind für die große Masse übrig geblieben. So „lag das mediane Haushaltseinkom-

---

37 http://www.de.capgemini.com/m/de/n/pdf_World_Wealth_Report_2009.pdf

38 http://www.forbes.com/2010/03/10/worlds-richest-people-slim-gates-buffett-billionaires-2010_land.html? boxes=listschannelinsidelists. Genauere Untersuchungen finden sich aktualisiert besonders unter der Seite der „United Nations University" aus Helsinki unter http://www.wider.unu.edu/home/en_GB/index/.

39 Vgl. Stiglitz (2010, 313). So etwa die Bezüge von Vorstandsvorsitzenden in den USA, die mit 10,5 Millionen Dollar das 344-fache des Durchschnittsverdienstes amerikanischer Arbeitnehmer spiegelten. Noch größer sind die Unterschiede bei Hedgefonds. „Im letzten Jahr [2007] verdienten die 50 bestbezahlten Manager von Hedgefonds und Finanzinvestoren im Schnitt jeweils 588 Millionen Dollar, mehr als 19 000 Mal so viel wie ein durchschnittlicher US-Arbeitnehmer." (Ebd., 436)

men in den Vereinigten Staaten im Jahr 2008 inflationsbereinigt um etwa 4 Prozent niedriger als im Jahr 2000, obgleich das Pro-Kopf-BIP (ein Durchschnittsmaß) um 10 Prozent gestiegen war." (Stiglitz 2010, 356)[40] Wir können auch anders rechnen: Immer weniger Prozent der Menschen einer Gesellschaft haben heute immer mehr, wohingegen die große Masse keinen Dazugewinn mehr verbucht oder sogar Abstiege hinnehmen muss. „Das oberste Fünftel der Gesellschaft hat" – in Deutschland – „(selbst unter Berücksichtigung aller staatlichen und sonstigen Transferleistungen wie Arbeitslosengeld und Sozialhilfe) heute ein fast fünfmal so hohes Einkommen wie das unterste Fünftel." (Hartmann 2007, 8) Eine Steigerung des Einkommens, das statistisch signifikant ist, beschränkt sich auf die oberen 20 Prozent. „In der EU (wie auch in Deutschland) gelten nach der letzten Erhebung von 2004 16 Prozent der Menschen als arm." (Ebd., 9) Dabei wächst die Rate an Armen nach und nach immer mehr an, statt zu sinken. Dies spiegelt sich auch in den subjektiven Empfindungen der Menschen.[41] Dagegen steigt das Bruttoinlandsprodukt.

Hier zwingt uns die Handlungsanalyse dazu, die Entwicklungen im Kapitalismus anders darzustellen, um nicht illusionäre Statistiken zu betreiben. Wenn wir realistisch auf Einkommensverhältnisse schauen wollen, dann ist das BIP als Standardmaß zu wenig aussagekräftig. „Nicht ein Maß allein kann die Komplexität der Vorgänge in einer modernen Gesellschaft erfassen, doch die Kenngröße BIP versagt in einer ganz entscheidenden Weise. Wir brauchen Messgrößen, die das individuelle Wohlfahrtsniveau erfassen (Maße des medianen Einkommens sind viel aussagekräftiger als Maße des Durchschnittseinkommens), Kennziffern zur Nachhaltigkeit (die zum Beispiel die Erschöpfung von Ressourcen und die Verschlechterung der Umwelt sowie die Erhöhung der Schulden erfassen) sowie zur Situation in Sachen Gesundheit und Bildung." (Ebd.) Im »United Nations Development Programme« (2009) findet sich eine Länderliste, die solche weiteren Aspekte mit einbezieht. 2009 lag Norwegen vor Australien auf Platz 1. Deutschland lag auf Platz 22, obwohl es ökonomisch stärker eingeschätzt werden muss. Die Lebensqualität wird hier durch andere Faktoren deutlich kritischer gemessen (insbesondere Einbezug von Bildung, Arbeitslosigkeit, Armut).

Die Mehrwertproduktion durch Lohnarbeit zeigt, dass in die ökonomische Form objektive, d.h. klar definierbare ökonomische Kosten, wie erweiternde, d.h. nur indirekt oder implizit zu ermittelnde Kosten eingehen. Aber zu beachten ist, dass die Mehrwertproduktion von folgenden Ko-Konstruktionen begleitet und damit weiter relativiert wird. Hier sehe ich vor allem drei Mehrwertarten wirken, die in den nächsten drei Unterkapiteln beschrieben werden.

---

40   Der Median oder Zentralwert bezeichnet eine Grenze zwischen zwei Hälften, d.h. statistisch gesehen halbiert er eine Verteilung. Gegenüber dem Durchschnitt hat er den Vorteil, die Ausreißer an Extremen nicht in den Durchschnitt aufgehen zu lassen. Im Median ließe sich z.B. bestimmen, wie der mittlere Verdienst der Bevölkerung in einer Reihe aller Menschen (wobei die sehr gut Gestellten nur wenige sind) liegt. Solche bereinigten Werte sind sehr viel aussagekräftiger als reine Durchschnittswerte bei Besitz, Einkommen, Vermögen usw., die durch das extrem hohe Einkommen und Vermögen der Besitzenden zu Täuschungen verführen: Etwa der Art, dass angeblich durchschnittlich jeder Bürger über 200.000,- EUR an Vermögen besitze, obwohl die Mehrheit real betrachtet fast kein Vermögen hat.

41   Vgl. dazu die Stimmungsstudie der EU-Kommission (2007). Die Länderunterschiede sind dabei recht groß. Daten der tatsächlichen Verteilung finden sich im europäischen Vergleich z.B. bei Hartmann (2007, 225 ff.). Am gerechtesten verteilt sind die Einkommen in den skandinavischen Ländern.

2.2.2 Mehrwert durch Angebot und Nachfrage

Die Differenz zwischen gewöhnlichen oder vorhandenen und ungewöhnlichen oder seltenen Waren/Dienstleistungen beeinträchtigt den erzielbaren Preis so sehr, dass er auch jenseits der Wertbildung durch Arbeit stehen kann. Selbst wenn der Unternehmer in seinen Kosten einen bestimmten Betrag aufwendet, so heißt dies aus dieser Differenz heraus betrachtet nicht, dass er die Kosten in jedem Fall realisieren oder übertreffen kann. Gibt es Unternehmen, die beispielsweise die gleiche Ware/Dienstleistung billiger anbieten und ausreichend vorhalten können, dann kann der teurer produzierende oder anbietende Unternehmer unter Umständen keine Ware oder Dienstleistung absetzen. Je größer die Konkurrenz ist, desto größer wird der Preiskampf die Rendite senken, je geringer die Konkurrenz, umso höher können die Preise und Renditen ausfallen.

Es gibt Ökonomen, die diesen Aspekt für so stark halten, dass sie die Mehrwerttheorie von Marx oder anderen Ökonomen gänzlich verwerfen. Dann ist jeder Gewinn dem eher subjektiven Umstand einer Wertzuschreibung geschuldet: Die seltene oder besondere Ware/Dienstleistung wird dann als günstig, gut, qualitätsvoll usw. angesehen und kann zu einem Preis veräußert werden, der mehr Gewinn oder weniger Verlust einspielt. Je länger die Ware/Dienstleistung in einer konkurrenzlosen Situation veräußert werden kann, umso stärker können Gewinne eingefahren werden. Die Verallgemeinerung dieser Sichtweise aber hätte zur Folge, dass jegliche Wertbildung völlig willkürlich wäre, was gegen alle Erfahrungen des kapitalistischen Marktes spricht. Zwar gibt es immer wieder Waren oder Dienstleistungen vom Kunstwerk bis zur Edelhure, die sich jedem Vergleich durch Einzigartigkeit entziehen mögen, aber die Masse der Waren unterliegt durch den Konkurrenzdruck des Kapitals sowohl einer Vergleichbarkeit als auch einer Kosten- und Gewinnrechnung, die den Wert der in sie eingehenden Produktionsmittel ebenso wie die Lohnarbeitskosten erhalten und übertreffen muss. Lassen sich irgendwo sehr hohe Gewinne machen, so wandert das Kapital in diesen Bereich und erhöht die Konkurrenzsituation, sofern keine Monopolsituation für eine relativ lange Zeit vorliegt. Und würde kein Gewinn übrig bleiben, dann wäre auch kein investiertes Kapital mehr auf Dauer bereit, die Kosten aufzubringen. Gleichwohl gibt es Strategien wie z. B. Monopolbildungen, Verdrängungen in der Konkurrenz durch Patente, Etablierung von Machtstrukturen usw., die den Mechanismus von Angebot und Nachfrage gezielt auch mittels Ausschluss von Konkurrenz gestalten.

Angebot und Nachfrage beruhen immer auf Eigentumsrechten. Der Produzent als Eigentümer einer Ware oder Dienstleistung veräußert diese. Über Zwischenverkäufe lassen sich in der Zirkulation der Eigentumsrechte weitere Gewinne im Sinne von Gewinnaufteilungen realisieren. Im Grunde erzeugt aber auch ein privat genutztes Eigentum, also z. B. eine Eigentumswohnung, dann einen Mehrwert, wenn ich sie auf dem Mietmarkt anbiete und vermiete. Hier kann ich Kosten und Erträge gegenüberstellen. Der Mietzins erscheint wie eine Prämie auf das Eigentum. Sehr viele Kapitalgeschäfte der Gegenwart scheinen diesem Muster zu folgen. Das Eigentumsrecht gilt jedoch für die Lohnarbeit nur bedingt, da diese im Gegensatz zu den Produktionsmitteln, Rohstoffen, Grund und Boden usw. auf dem Einsatz von Arbeitsverhältnissen beruht, die kein persönliches Eigentum sind.

Zur Vereinfachung fasse ich alle auf Eigentumsrechten basierenden und realisierten Kapitalgewinne mit unter die Gewinne aus Angebot und Nachfrage, da sie hier eindeutig situiert sind, um in Handlungen tatsächlich als Gewinne realisiert werden zu können. Dies zeigt sich sehr deutlich z. B. in der Höhe der Gewinne, die vorrangig nach Angebot und Nachfrage in Konkurrenz auf dem Markt bei Verkauf oder Vermietung von Immobilien oder durch die Gewährung von Krediten aller Art realisiert werden. Wichtig ist es zu erkennen, dass Angebot und Nachfrage daher nicht nur bei der Veräußerung von Waren oder Dienstleistungen aus der Lohnarbeit eine Rolle spielen, sondern auch ganz eigene Formen auf der Basis von Eigentumsrechten entwickelt haben.

Ebenfalls mindestens vier Aspekte sind in der Handlungsanalyse der Nutzung der Differenz durch Angebot und Nachfrage besonders wesentlich, wenn wir ökonomische Handlungen auf den Märkten beobachten:

1. Es gibt einen Markt, auf dem Bedürfnisse für einen Bedarf von Waren oder Dienstleistungen bestehen oder erzeugt werden. Es gibt eine Nachfrage nach Austausch bestimmter Waren oder Dienstleistungen. Und es gibt klare Eigentumsrechte, die einen Anspruch auf Verkauf, Vermietung, Kreditierung und Verzinsung usw. begründen.

2. Es gibt ein Angebot, das von Marktteilnehmern gesichtet und beurteilt werden kann. Es gibt Wahlmöglichkeiten. Gäbe es keine, dann bestünde eine monopolistische Marktposition, die willkürlich Preise setzen könnte. Auf lange Sicht wirkt der Markt auflösend auf solche Monopole ein.

3. Es gibt Tauschmittel, die den Tausch möglichst einfach bewerkstelligen lassen, und diese Tauschmittel stehen ausreichend den Käufern, Mietern, Kreditnehmern usw. zur Verfügung. Dieser Punkt bedingt, dass auch die breite Masse der Lohnarbeiter/innen genügend Mittel zum Konsum besitzen muss, d. h. dass die Löhne nicht gewinnmaximierend so reduziert oder durch Steuer- und Soziallasten geschmälert werden, dass der Tausch bzw. die Markfähigkeit stark beschränkt werden (= innere Widersprüchlichkeit kapitalistischer Einzel- gegen Gesamtinteressen).

4. Tauschgeschäfte werden in der Konkurrenz des Marktes tatsächlich realisiert und die Marktmechanismen werden eingehalten, d. h. Warenpreise sinken bei hohem und steigen bei geringem Angebot in Relation zur Nachfrage. Gäbe es Außenregulationen, dann wird der Mechanismus von Angebot und Nachfrage selbst reguliert, was insbesondere dann notwendig wird, wenn der Markt versagt (z. B. bei Verelendung breiter Massen).

Moderne Ökonomen haben zahlreiche Theorien über diese Aspekte entwickelt, die jeden der genannten Punkte sehr differenziert in ihrem Mit- und Gegeneinander erfassen. Der Tausch erfolgt prozesshaft und zirkulär, d. h. das eigene Handeln im für den Kapitalismus notwendigen Feld von Angebot und Nachfrage verändert jeweils die eigenen Ausgangsbedingungen. So relativieren Angebot und Nachfrage die zuvor beschriebene Mehrwertproduktion aus der Lohnarbeit, sie können sie im Einzelfall sogar außer Kraft setzen. Hinzu treten Mehrwerte aus Eigentumsrechten, in denen zwar auch durchschnittlich gesellschaftlich verausgabte Arbeitszeit eingegangen sein mag (z. B. bei der Fertigung einer Wohnung), aber gerade das Wohnungsbeispiel zeigt, dass der Mieterlös sehr oft mehr von der Lage und Angebot und Nachfrage statt von den realen Herstellungskosten abhängt. Immobilienspekulationen sind vor diesem Hintergrund erklärbar. Da der Zeitpunkt des Verkaufs, der Vermietung oder Verzinsung für den Kapitalisten jedoch entscheidend ist, rechnet er hier seine Kosten gegen die

Gewinne und ist stets fasziniert davon, was sich auf dem Markt an Mehrwerten bzw. Extraprofiten über zuvor imaginierte Durchschnittsgewinne erzielen lässt.

Joseph A. Schumpeter (1942) fügte im Ringen um eine theoretische Erklärung des Wettbewerbs eine Analyse der Innovation als Motor des Wettbewerbs den bis dahin bestehenden Theorien hinzu. Er ging von der Beobachtung aus, dass der Markt in bestimmten Zeiträumen von Monopolisten beherrscht wird, die besonders günstig produzieren. Allein durch Innovation, die die Produktivität erhöht und die Kosten senkt oder neue Produkte schafft, kann ein solcher Monopolist verdrängt werden. Die Innovation im wissenschaftlich-technischen Fortschritt erscheint als wesentliche Triebkraft, die Märkte immer weiter zu entwickeln. Dieser Aspekt ist seitdem als sehr wichtig erachtet worden, denn in der Tat lässt sich ein wachsender Kampf um Märkte im Kapitalismus erkennen. Und auch die ständig neuen Waren, die im Kapitalismus produziert werden und die auf Innovationen fußen, scheinen Schumpeter zu bestätigen. Im Laufe der Entwicklung des Kapitalismus ist allerdings auch zu beachten, dass sowohl die Mehrwertproduktion aus Lohnarbeit als auch die aus Angebot und Nachfrage sehr stark mit dem staatlichen Sektor verbunden wurden. Das Verhältnis von Staat und Markt ist wesentlich geworden, wie sowohl Blütezeiten der kapitalistischen Entwicklung wie seine Krisen zeigen. Der Staat, der das Gemeinwohl der Gesellschaft sichern und das Funktionieren der wirtschaftlichen Entwicklung effektiv begleiten soll, um den Wohlstand einer Gesellschaft zu stärken soll idealer Weise verschiedenen Seiten gerecht werden:

- Er muss eine hinreichende Infrastruktur für die kapitalistische Warenproduktion/ Dienstleistungen bereitstellen (Märkte, Verkehr, Rechtssicherheit usw.).
- Er muss die Verwaltung und Steuerung des Gemeinwesens nach innen und außen regeln (innere Ordnung und Sicherheit, Frieden, Bündnisse usw.).
- Er muss dafür sorgen, dass hinreichend qualifizierte Arbeitskräfte erzogen und gebildet werden.
- Er muss ein Sozialsystem entwickeln, das für Gesundheit, Alter und soziale Fälle zuständig ist, um soziale Konflikte und Unruhen zu vermeiden und ein menschenwürdiges Leben zu ermöglichen.

Der Staat übernimmt Aufgaben, die zwar auch im Interesse der Kapitalisten sind, sich aber nicht als unmittelbare Kosten für sie niederschlagen sollen. Andererseits können die Arbeitskräfte diese Aufgaben auch nicht für sich lösen. Dazu nimmt der Staat Steuern ein, die er sowohl an den zirkulierenden Waren festmacht (Mehrwertsteuer) als auch insbesondere auf Gewinne und Löhne erhebt. Die Einnahmen des Staates, die in Sachkosten und Löhnen der Verwaltung, Gesundheit, Erziehung usw. umverteilt werden, hängen unmittelbar von der Wirksamkeit des Kapitalismus ab. Je mehr Vollbeschäftigung und je mehr Gewinne, desto höher können die Einnahmen des Staates sein. In Krisenzeiten hingegen können hohe Steuern kontraproduktiv sein, weil sie die Nachfrage nach Waren und Dienstleistungen mindern. Diese klassische Ausgangslage ist im globalisierten Kapitalismus sehr »komplex« und schwierig geworden, wie ich in Punkt 2.3 noch ausführlicher zeigen werde.

2.2.3 Mehrwert durch Illusionierungen, Täuschung, Betrug

Die beiden vorgenannten Punkte lassen sich in mindestens dreifacher Weise unmittelbar in der Produktion und Dienstleistung beeinflussen, steuern, manipulieren:

Illusionierungen

Illusionierungen sind im ökonomischen Handeln so zahlreich geworden, dass sie bei keiner Ware oder Dienstleistung mehr zu fehlen scheinen. Immer wird beste Qualität versprochen, es werden Unsummen für die Werbung ausgegeben, es werden werbepsychologische Tricks verwendet, um jegliche Ware an die Frau oder den Mann zu bringen. All die damit verbundenen Kosten gehen in die Wertbildung mit ein und sie zielen darauf, den Verkauf anzuregen und zu steigern.

Auch die Ware Arbeitskraft muss sich auf dem Arbeitsmarkt als ein illusionäres Gebilde verkaufen, das neben optimaler Qualifikation für die konkrete Arbeit hinreichend mobil, flexibel und disponibel ist, um in der Konkurrenz zu bestehen. Dabei gibt es beispielsweise zahlreiche Mechanismen, die Illusionen zur Anstachelung von Nachfrage und zur Realisierung eines Gewinns zu nutzen:

- Projektionen sind die Grundlage der Illusionierungen. Projektiv werden Wünsche geweckt oder berührt, sie werden suggestiv eingeführt, mit Reizobjekten oder Reizbildern emotional verknüpft, um selbst banale Waren oder Dienste positiv aufzuladen.

- Die Warenästhetik hilft dabei, nicht nur mittels psychologischer Übertragungen die Waren oder Dienste zu menschlichen Bedürfnissen und ihren Besitz zu einem Begehren werden zu lassen, sondern sie verleiht auch ästhetischen Kontext, um bestimmte Käuferschichten gezielt anzusprechen.

- Dabei helfen Statussymbole, die einen gesellschaftlich erwarteten Besitz in der Unterscheidung von anderen Menschen herstellen, besonders teure und scheinbar einmalige Waren oder Dienste zu veräußern.

- Waren oder Dienste werden dann zu einem Identifizierungsobjekt, wenn der Firmenname gleichzeitig als Erkennungszeichen steht. Coca Cola oder McDonalds sind z. B. Markenzeichen, die die gemeinte Ware deutlicher bezeichnen als andere Wortkonstruktionen.

- Eine besondere Form der Illusionierung ist die Suggestion, dass der Käufer eine Ware benötigt, die er im Grunde zunächst gar nicht zu brauchen scheint. Je mehr die Ware oder eine Dienstleistung in der Öffentlichkeit gezeigt, genannt, gehandelt wird, desto mehr scheint sich niemand ihrem Nutzen entziehen zu können, auch wenn der Nutzen erst durch die Illusionierung erzeugt wurde. Hier ist es für äußere Beobachter überhaupt schwer, Illusionierungen noch von »tatsächlichen« Bedürfnissen zu unterscheiden.

- Waren oder Dienste werden erfolgreich dann konsumiert, wenn sie in großen Mengen veräußert werden. Zur Illusion aber gehört es, dem Käufer die Einmaligkeit des Besitzes vorzugaukeln. Individualisierungen sind daher immer wieder typische Werbestrategien, die dem Käufer seine freie und individuelle Entscheidung auch gegen den Massengeschmack anbieten, obwohl damit auf den Massengeschmack gezielt wird.

Warenbesitz und der Besitz einer Vielfalt von Waren oder Diensten gilt im Kapitalismus als Reichtum und Glück. Dieses Glück ist zentral auf den Geldbesitz konzentriert, der in größerer Höhe im Arbeitsleben nur schwer erwirtschaftet werden kann. So wird die Illusion des Glücks als Wunsch mächtig: Mit einem Lottogewinn lassen sich die Einkünfte mehrerer Arbeitsleben auf einen Schlag erzielen. Aber das große Kapital operiert jenseits dieser Wünsche mit viel größeren, unüberschaubaren Geldmengen. Sind nun jene Menschen am glücklichsten, die mittels Zufall gewonnen haben oder jene, die stets schon auf der Gewinnerseite stehen? Auch die Gewinnerseite ist selbst schon Illusion, da die menschliche Zufriedenheit jenseits der Armut nicht absolut von der Menge des Besitzes abhängt, wenngleich höherer Reichtum tendenziell zu mehr Zufriedenheit führt. So sind reichere Menschen (obere 10 Prozent) z. B. mehr zufrieden mit ihrer Versorgung, ihren Teilhabechancen in der Gesellschaft, dem Arbeitsplatz, dem Einkommen, der Sicherheit, dem Lebensstandard, aber weniger als andere mit dem Familienleben, der sozialen Gerechtigkeit, den Konflikten zwischen Armen und Reichen.[42] Hier zeigt sich bereits in der Mentalität der Reichen eine Tendenz der Entsolidarisierung, da sie oft Abgaben von ihrem Reichtum als Konflikt und Ungerechtigkeit und damit als »Unglück« erleben.

Täuschungen

Täuschungen sind eine gezielte Illusionierungsform, zu der alle eben genannten Aspekte herangezogen werden können. Die Täuschung aber geht mit Mechanismen einher, die auch objektiv messbar mehr versprechen, als gehalten wird. So wird beispielsweise, um eine größere Menge der Ware vorzutäuschen, eine große Packung mit unverhältnismäßig kleinem Inhalt angeboten. Oder es wird ein Sonderangebot suggeriert, das sich beim Nachlesen im Kleingedruckten als Schwindel entpuppt. Oder es werden Berechnungen angestellt, die einen besonders günstigen Preis behaupten, die sich aber kaum nachrechnen und beweisen lassen. Weil solche Täuschungen mittlerweile im Kapitalismus zum »guten Geschäft« dazugehören, haben sich Verbraucherschutzvereinigungen gebildet, um ein Gegengewicht im stets ungleichen Kampf zu setzen. Als Käufer muss man über spezielle Kenntnisse verfügen, um gegen Täuschungen gewappnet zu sein, ohne sich jedoch je sicher sein zu können, ob man tatsächlich hinreichend geschützt ist.

Auch die Ware Arbeitskraft greift in der Konkurrenz dazu, mehr zu scheinen als zu sein. So lassen sich Zeugnisse und Berufsbiografien bis hin zu akademischen Arbeiten schönen oder fälschen, indem Negatives ausgelassen und Positives dramatisiert wird. *Copy* und *Paste* als Standardverfahren wird bereits im schulischen Lernen überbetont, um in der Aneignung fremden geistigen Eigentums bis hin in eigene Qualifikationsarbeiten und Zertifizierungen übertragen zu werden. Der Übergang von der Täuschung in den Betrug ist umfassend geworden.

Betrug

Je mehr zu gewinnen ist, desto mehr Risiko wird gegangen. Das wissentliche Verletzen von Verträgen, Regeln, Gesetzen oder gutem Anstand bricht sich dort Bahn, wo es nicht durch starke Gegenkräfte reglementiert, begrenzt oder verhindert wird. Je mehr ökonomisches Kapital auf Seiten der Betrüger steht, desto stärker ist der Reiz, dieses riskante Geschäft zu be-

---

42   Vgl. dazu die Zufriedenheitsstudie von Glatzer u. a. (2008, insbes. 59 ff.).

treiben. Ein kapitalistisches Lehrstück hierzu ist die Banken- und Finanzkrise der neueren Zeit. Wie bei einem betrügerischen Kettenbrief wurden hier z. B. Immobilienkredite vergeben, in der Hoffnung, dass die Preise steigen und die Kredite damit getilgt werden könnten. Als die Blase platzte, sind die Regierungen dann mit dem Geld von Steuerzahlern eingesprungen, um den Betrug abzufangen. Der Betrüger profitierte doppelt: Zunächst strich er durch riskante Geschäfte Extragewinne ein, dann wurden seine eingetretenen Risiken auf die Gesamtbevölkerung umverteilt.

Ebenfalls vier Aspekte sind auch in der Handlungsanalyse der Nutzung der Illusionen, der Täuschungen oder des Betruges wesentlich, um diese in Handlungen wirksam werden zu lassen:

1. Es gibt eine mindestens fiktionale (meist teilweise auch reale) Herstellung einer Leistung, die mit gewissen Kosten erbracht wird, d. h. es besteht ein Angebot nach erzeugten oder suggerierten, teilweise auch vorhandenen Wunschvorstellungen, die illusionär beworben werden.

2. Die Fiktionalisierung dieser Leistung wird plausibel für den »allgemeinen Menschenverstand« beschrieben und demonstriert, um glaubwürdig zu sein und tatsächlich Absatz zu finden (Einsetzung fiktionaler Strategien und von Werbepsychologie).

3. Der Tausch wird durch Verkauf, Austausch, Vertrag, Verpflichtung, Boni usw. in Handlungen vollzogen und damit als erfolgreich bewiesen.

4. Der Mehrgewinn wird entweder zusätzlich zu einem tatsächlich bestehenden Wert oder rein betrügerisch realisiert, d. h. er vermehrt entweder die bereits bestehende normale Wert- und Mehrwertrealisierung und stärkt die Nachfrage, gleicht Nachteile dieser beiden Bereiche aus oder erzeugt einen Gewinn ohne jegliche Gegenleistung.

Ökonomen aller Lager haben für den Kapitalismus immer wieder die Frage gestellt, ob er insbesondere auf Täuschung und Betrug aufbauen kann. Auf Dauer lässt sich kein Wert und Mehrwert bloß aus der Täuschung und dem Betrug ziehen, zu dieser Schlussfolgerung kommen die meisten, aber für einen Extragewinn sind diese Mechanismen immer gut. Viele sehen in diesen Mechanismen heute noch momentane Abweichungen des ökonomischen Systems, die jedoch, das müssen Beobachter/innen mehr und mehr zugestehen, zu kontinuierlichen und von den Menschen erwarteten Erscheinungen werden. Zur Ironie der Vorgänge zählt, dass bereits diese Erwartungen zur erhöhten Auftretenswahrscheinlichkeit dieser Mechanismen führen.

2.2.4 Parasitäre Gewinne

Erbschaften, günstige Heiraten und andere parasitäre Gewinne (wie aus dem Glücksspiel oder den dem Glücksspiel ähnlichen Spekulationsgeschäften) bilden ökonomisches Kapital, ohne aus Arbeit oder Produktion und Handel unmittelbar zu entspringen. Der Gewinn ist die Differenz zwischen fremder (oft verwandtschaftlicher) Leistung und eigener Nichtleistung, die im Übergang der Generationen oder aus bloßem Glück ausgezahlt wird. Im Falle des Glücksspiels ist die Differenz zwischen den Einzahlungen vieler und dem Gewinn sehr weniger – abzüglich des Gewinns der Lottogesellschaft oder anderer Institutionen – statistisch gesehen so unwahrscheinlich, dass es schon wieder eine Illusion ist, an solche parasitäre Teilhabe als reale Chance zu glauben. Bei Spekulationen wird es neben dem Gewinner immer auch Verlierer geben. Eine besondere Form ist es, wenn hierbei z. B. Banken erst das Geld verzocken und sich die Schulden dann vom Steuerzahler über den Staat zurückholen, wie weiter unten noch thematisiert werden wird.

Für mich ist es wichtig zu beachten, dass die parasitäre Teilhabe hier nicht als moralische Kategorie verstanden wird, sondern als ein Ausdruck, der allein auf die kapitalisierten Effekte der Realisierung oder Verhinderung von Mehrwertbildungen bezogen wird. Ganz unabhängig z. B. von der Liebe oder persönlichen Wert- und Wunschvorstellungen ist eine Heirat eben immer auch ein Ausdruck einer Teilhabe an den Kapitalformen eines anderen. Und auch eine Arbeitslosigkeit, die aus einer sozialen Lage mehr als aus einem persönlichen Versagen resultieren mag, wird hier aus der Perspektive der Kapitalisierung analysiert, weil eben genau diese Kapitalisierung aller Lebensverhältnisse wesentlich die sozialen Lagen der Menschen definiert. Dies bedeutet allerdings nicht, dass nicht auch andere Definitionen hinzutreten und in anderer Betrachtungsweise möglich sind.

Erbgeber und Erbnehmer sehen die Weitergabe von Vermögen meist nicht als parasitären Gewinn, sondern als eine Selbstverständlichkeit an. Sie sichert Familien und Familientraditionen ökonomisch ab, was als gutes und natürliches Recht erscheint. Gleichwohl ist die Vererbung schon lange umstritten. Jean Jacques Rousseau sah die Vergesellschaftung aller Erbschaften als einzige Chance, tatsächlich Gleichheit unter den Menschen herbeizuführen. Aber die Dominanz des Privateigentums im Kapitalismus ging genau in die andere Richtung. Heute gehört es zu den Regulationsaufgaben des Staates, eine Besteuerung herbeizuführen, die die Spaltung der Gesellschaft in Besitzende mit immer größerem Vermögen und Arme ohne jegliches Vermögen nicht immer größer werden lässt, wenn sich die Ausgangsbedingungen der Menschen nicht immer weiter auseinander entwickeln sollen. Ökonomisch und ohne Moral gesehen erscheint das vererbte Vermögen als parasitäre Teilhabe. Und manche Erblasser mögen sich auch so fühlen, könnten sie sehen, was nach ihrem Tode geschieht.

Günstige Heiraten verstärken den Effekt von Erbschaften, weil die meisten Heiraten in einer gleichen ökonomischen Schicht stattfinden. In Kapitel 3 werde ich von der Bildungshomogamie sprechen, die darin besteht, dass die reicheren Schichten sich in jenen teuren Bildungsstätten sammeln – und hier Bindungen eingehen –, die für die Ärmeren gar nicht zugänglich sind (vgl. insbes. Blossfeld/Timm 2003).

Marx diskutiert unter der ursprünglichen Akkumulation die Anhäufung von Kapital, das dazu dienen kann, überhaupt den Kapitalismus in Schwung zu bringen. Dies war historisch gesehen die Phase in den Übergang in die Moderne, in der zunächst Reichtümer angehäuft wurden, um dann auf die Herausbildung des Kapitalismus zu wirken. Werner Sombart (1967) versuchte z. B. zu rekonstruieren, wie diese ursprüngliche Akkumulation insbesondere durch den verschwenderischen Hof in Frankreich vor der Revolution 1789 durch Luxusgüter vorangetrieben wurde. So konnte Kapital in die produzierenden Handwerke gelangen, von denen aus es zu Gründungen von Manufakturen und später Fabriken kam. In verschiedenen Ländern kam es zu verschiedenen Formen der ursprünglichen Akkumulation, d. h. größere Geldvermögen wurden in die Hände weniger Menschen gespielt, die dann dieses Vermögen als Ausgangskapital für ihre Investments nutzen konnten. Bis heute lassen sich Familiengeschichten sehr reicher Familien rekonstruieren, die auf solche Ursprungsgewinne zurückgehen. Aber entscheidend war insgesamt der Sieg der bürgerlichen Moderne und Europas in seiner Phase der Expansion nach außen und damit der Export eigentumsbasierter Ökonomie in die Welt hinaus. In dem Maße, wie in der Welt eine Wirtschaftsweise durch Auswanderung und Kolonialisierung etabliert werden konnte, die auf Eigentumsverhältnissen basierte, konnte die ursprüngliche Akkumulation überall angetrieben werden. Dies hängt damit zusammen, dass Eigentum, wenn es gesellschaftlich als ökonomisches Verhältnis erscheint, in allen Formen getauscht, belastet, verpfändet werden kann, um daraus Kapital zu gewinnen, mit dem sich weitere Gewinne machen lassen. Einmal in Gang gesetzt, beginnt die Akkumulation zu wirken und sie scheidet in ihrer Erfolgsgeschichte die Menschen stets wieder nach Arm und Reich.

Im Generationenwechsel ist eine solche Akkumulation stets neu zu vollziehen. Erbschaften dienen volkswirtschaftlich gesehen einer Verstetigung ungleicher ökonomischer Bedingungen und Ausgangsvoraussetzungen im großen Maßstab. Das solchermaßen angehäufte Privateigentum ist eine wesentliche Voraussetzung, um überhaupt als Kapitalgeber agieren zu können. Die im Kapitalismus oft noch zu findende Behauptung, dass man es vom Tellerwäscher zum Millionär (*from rags to riches*) bringen könne, ist statistisch gesehen unwahrscheinlich. Es gehört zu den wiederkehrenden Mythen des Kapitalismus, zu behaupten, dass jeder alles erreichen könne. Die große Mehrheit zeigt hingegen, dass die sozial-ökonomische Ausgangslage meist nicht tiefgreifend überwunden werden kann. Der Mythos wird für die Benachteiligten dann auch noch zu einem Fluch, denn er suggeriert ihnen, dass es nur an ihnen gelegen habe, dass sie ihr mögliches Glück nicht finden konnten.

Beim Thema Erbschaften zeigt sich der Mythos konkret. Die Vererbung großen ökonomischen Kapitals an die nachfolgende Generation bleibt einer kleinen Menge von Reichen vorbehalten. Nehmen wir als Beispiel das in Deutschland 2001/2002 vererbte Vermögen, so zeigen schon die Summen an, dass nur ein kleiner Prozentsatz von Menschen ein wirklich großes Vermögen erbt (Kohli u. a. 2006, 61). Die Statistiken bleiben hier in der Angabe sehr grob, da sie die großen Einzelfälle nicht dokumentieren. Aber die Tendenz ist auch bei dieser einfachen Tabelle schon eindeutig: „Die Möglichkeit, durch eine Erbschaft ein Vermögen zu bilden oder zu vergrößern, ist sehr ungleich verteilt ... Dies lässt sich auch anhand einer Schichtung der jeweils genannten Erbsummen veranschaulichen. So hat ein Drittel der Haushalte in den alten Bundesländern eine Summe von bis zu rund 13 000 Euro geerbt. In den neuen Bundesländern liegt der entsprechende Anteil sogar bei 60 %. Der Anteil der Haushalte, die eine Summe von mehr als einer viertel Million Euro als Erbe erhalten haben, beträgt insgesamt 10 %, wobei der Unterschied zwischen den alten und den neuen Bundesländern noch markanter ist: Dieser Anteil ist im Westen mehr als zehnmal so hoch wie im Osten. Einer hohen Zahl von geringfügigen Erbschaften steht also eine niedrige Zahl von sehr großen gegenüber." (Kohli u. a. 2006, 62)

Schaubild 4: Vererbte Vermögen in Deutschland 2001/2002

Betrag von ... bis unter ... Euro	Prozent
unter 2 556	7
2 556 – 12 782	24,3
12 782 – 51 129	29,9
51 129 – 255 646	29,7
255 646–511 292	6,1
511 292 und mehr	3,3

Die oberen 20 Prozent der Vermögenden in Deutschland besitzen über 72 Prozent des Nettogesamtvermögens, die unteren 40 Prozent hingegen nur 1,2 Prozent (ebd., 67 f.). Zugleich ist festzustellen, dass die Ersparnisse, die etliche Menschen wegen der prekären Beschäftigungssituation und einer nicht immer hinreichenden Altersabsicherung zur Seite legen, im Erbfall sehr vielen nur einen kurzfristigen relativen Wohlstand bescheren können.

Im ersten Armutsbericht der Deutschen Bundesregierung von 2001 wurde ermittelt, dass bei den Millionären 92 Prozent über Gewinneinkünfte verfügen, 88 Prozent haben Einkünfte aus Vermietung und Verpachtung und 82 Prozent Einkünfte aus Kapitalvermögen (vgl. Deutsche Bundesregierung 2001, 41). Im zweiten Armutsbericht aus dem Jahre 2005 wird festgestellt, dass das Vermögen der Haushalte zu drei Vierteln aus Immobilienvermögen besteht (Deutsche Bundesregierung 2005, 33). „Von der Steigerung des geschätzten Immobilienvermögens profitieren aber vor allem die reicheren Haushalte, da sie sehr viel häufiger und auch über deutlich höhere Immobilienvermögen verfügen. Ordnet man nämlich die Haushalte nach der Höhe des Vermögens, so zeigt sich, dass im obersten Zehntel praktisch jeder Haushalt Grundvermögen besitzt, während es im untersten Zehntel nur rund 6 % sind. Auch sind die geschätzten Immobilienwerte der Haushalte im obersten Zehntel durchschnittlich über 10-mal so hoch." (Ebd.,)

Unterstützungen in Zeiten der Arbeitslosigkeit oder bei der Rente mögen von außen betrachtet auch wie eine parasitäre Teilhabe erscheinen, aber sie wurzeln in der Regel in längeren Zeiten der Arbeit und Arbeitsabgaben an soziale Versicherungen, die zuvor von den Arbeitskräften verausgabt wurden und zu den normalen Reproduktionskosten gehören. Anders ist dies mit sozialen Leistungen, die ohne einen Gegenwert an Arbeit von Anfang an, d. h. unmittelbar nach Schulabschluss z. B. in der Jugendarbeitslosigkeit erbracht und dann verstetigt werden. Hier findet eine parasitäre Teilhabe an den sozialen Systemen statt, aber im Unterschied zu Erbschaften und Heiraten sind hier auch die soziale Lage und das zugewiesene Lernkapital (vgl. Kapitel 6) ursächlich dafür verantwortlich, inwieweit solche Zustände relativ verstetigt oder abgebaut werden. Meist findet in diesen Fällen die parasitäre Teilhabe auch im Familiensystem statt, das zur Kasse oder Mitzahlung verpflichtet wird. Dies führt nicht selten in negative Kreisläufe einer solchen Teilhabe, die ruinöse Folgen für Familien haben kann. Der Staat zieht sich oft aus seinen verpflichtenden Vorkehrungen zur Vermeidung solcher Kreisläufe zurück, und der kapitalistische Markt mit seiner Tendenz zur Haltung eines Arbeitskräfteüberschusses stärkt eine parasitäre Teilhabe, die nicht Gewinne und Mehrwerte verbucht, sondern Verluste und Wertvernichtungen durch dauerhaften Ausschluss von der Arbeit und Qualifikation. Wie jeder Mehrwert positive Effekte intendiert, so kann bei

Nichterfüllung der Intentionen auch das genaue Gegenteil erzeugt werden. Die gesellschaft-lichen Folgekosten im Sozial- und Gesundheitsbereich sind erheblich und sie werden über die Staatsausgaben, die aus Steuern bezahlt werden, wiederum vergesellschaftet und zu we-nig jenen auferlegt, die aus der Wertschöpfung der Arbeit ansonsten besonders profitieren.

Exkurs: Tauschparadigma oder Eigentumsparadigma?

Nicht nur bei Marx, sondern auch in der Ökonomie der Moderne spielt das Tauschparadig-ma, dessen wesentliche Eckpfeiler ich weiter oben erläutert habe, eine entscheidende Rolle. Es prägt in sehr unterschiedlichen Formen und Abgrenzungen den Mainstream der Wirt-schaftswissenschaft grundlegend. Dies gilt weniger im Blick auf das von Marx entwickelte Modell der Ausbeutung der Ware Arbeitskraft als vielmehr in der Betonung von Angebot und Nachfrage auf dem Markt.[43] Nach Heinsohn/Steiger (2010, 84 f.) gibt es im Tauschpa-radigma immer Waren mit Geldpreisen. Es wird ein irgendwie äquivalenter Tausch unter-stellt, in dem der Mensch als *homo oeconomicus* nach eigenen Vorteilen strebt und diese rational durchzusetzen versucht. Geld wird dabei zu einem algemeinen Tauschmittel, das zunächst den Güteraustausch bloß erleichtert, indem es die Transaktionskosten senkt, aber indem Geld auch Zinsen abwirft, entsteht das Problem, dass die Herkunft dieses Mehrs er-klärt werden muss. Für Marx ist dies der Mehrwert, den er vor allem aus der Aneignung der Ware Arbeitskraft ableitet, für die etablierte Wirtschaftswissenschaft ist es hingegen ein mehr oder minder offen erscheinender Vorgang, der allein im Resultat gemessen wird. Heinsohn/Steiger behaupten: „Niemals ist es gelungen, dieses ‚irgendwoher' des Mehrer-trags überzeugend zu konkretisieren." (Ebd., 86) Sie sehen im Eigentum, das belastet und verpfändet werden kann, statt im Tausch den Ursprung und Hintergrund, die immaterielle Basis für die Entstehung von Zins und Geld, weil das Blockieren des Eigentums durch Kre-ditvergabe mit einer Eigentumsprämie belohnt wird. Dieses Eigentumsparadigma bestreitet sowohl das Tauschparadigma der Klassik (Produktion als Ursache von Kauf, Verkauf, Dar-lehen, Kredit und Gewinn) oder Neoklassik (Tausch in einem Markt des Gleichgewichts mit Angebot und Nachfrage als Ursache).

Um das Eigentumsparadigma einzuführen, unterscheiden die Autoren zunächst Eigen-tum und Besitz. Eigentum, sei es privater oder gruppenbezogener oder staatlicher Form, be-deutet „die volle Dispositionsfreiheit, die im Belasten, Verpfänden und Verkaufen" (ebd., 91) ihren Ausdruck findet und die zugleich rechtlich abgesichert ist. Besitz dagegen schließt Rechte über die „Verfügung" von etwas ein, also eine „physische Nutzung von Gütern oder Ressourcen" auf der Grundlage solchen Eigentums (ebd.). In der Wirtschaft zeigt sich dies im Handeln der Menschen, z.B. als Unterschied von „Grundeigentümer und Pächter" (ein Besitzer ohne Eigentum), „Aktionär und Manager oder Vermögenseigentümer und Bank als Vermögensbesitzer" (ebd., 93). Jenseits der Güterproduktion zeigt sich das Eigentum als ge-winnbringend mittels Prämien. Nehmen wir den Eigentümer von Grund und Boden, der ein Haus oder eine Wohnung errichtet und vom Haus- oder Wohnungsbesitzer (genauer: dem Mieter) einen Mietzins erhält. Wir erkennen in diesem Fall eine „Prämie" in der Form von

---

43   Klassisch hierzu z.B. das von Leon Walras (2010) entwickelte »Gesetz«, dass sich sich in einem vollkomme-
       nen Markt Angebot und Nachfrage auf allen Teilmärkten in der Summe ausgleichen. Vgl. dazu auch Arrow/
       Debreu (1954).

Mietzins, die aus einer Blockierung des Eigentums durch Fremdnutzung entsteht. Oder ein bestehendes Eigentum wird mittels Kredit belastet, damit verpfändet und blockiert, um das erhaltene Geld als Kapital mit Gewinnabsichten zu investieren. Dies erscheint als die Ermöglichung der „Bewirtschaftung von Ressourcen" (ebd., 19), um Gewinne zu erzielen. Zusammenfassend: „Die ökonomische Qualität des Eigentums besteht in seiner Prämie, die sich in seiner Belastbarkeit in der Geldschaffung und seiner Verpfändbarkeit durch einen Schuldner manifestiert." (Ebd., 87) Da alles Wirtschaften im Kapitalismus auf Eigentum frei handelnder Menschen basiert, was alle Dispositionsrechte an diesem Eigentum einschließt, lässt es sich auch auf alle Bereiche des Wirtschaftens ausdehnen. Dies sind: „(i) Halten von Eigentum, (ii) Belasten von Eigentum zur Schaffung von Geld, (iii) Zinsforderung auf das so geschaffene Geld im Kreditkontrakt, (iv) Verpfändung von Eigentum im Kreditkontrakt, (v) Verkaufen von Eigentum." (Ebd., 463) Auf solche Gewinne können dann noch Risikoprämien (höherer Ertrag während einer Leihfrist aufgrund von Risiken) und Liquiditätsprämien (höherer Ertrag während einer Leihfrist durch erhöhtes Vertrauen) hinzugerechnet werden.

Eine Schlüsselstelle der Erklärung von Mehrwert oder Gewinnen ist die Frage, wie Zins begründet aus dem wirtschaftlichen Handeln entsteht. Auch für Marx findet die Zinsbildung im Tauschparadigma auf der Basis von Eigentum statt. Dies schließt neben Privateigentum nicht aus, dass auch kollektive Eigentumsformen (z. B. Genossenschaften) oder der Staat vor dem Hintergrund eines Eigentums kapitalistisch operieren. Kapitalisten, die auf den Einsatz von Produktionsmitteln (Maschinen und Arbeitskraft) setzen, leihen sich z. B. von einer Bank Geld dafür und zahlen dieses Geld mit einem Plus an Zinsen – als Tausch für ein geliehenes Kapital – in Gegenleistung zurück. Zinsen stehen dabei notwendig im Austauschprozess: Allein durch die Wertsteigerung in der Produktion oder Dienstleistung und die Erzielung von Profit auf dem Markt kann ein Gewinn erzielt werden, der auch den Zins bedienen kann. Für Marx ist die Ware Arbeitskraft, die Mehrwert produziert, die Ursache auch der Zinsbildungsmöglichkeit, die auf der Tauschseite alle möglichen Formen annehmen kann. Für Heinsohn/ Steiger hingegen zählen nicht der Tausch, sondern das Eigentum als Verursachung von Zinsen. Handlungsbezogen ließe sich hier argumentieren, dass diejenigen, die über Eigentum verfügen und dieses belasten und verpfänden können, hierfür Geld erhalten, wobei die Kreditgeber dieses Geld plus Zinsen zurückerhalten. Die Zinshöhe richtet sich vor allem nach den damit verbundenen Risiken. Die von Heinsohn/Steiger formulierte Theorie scheint besonders dort zuzutreffen, wo Mietzinsen und Kredite erhoben werden. Insbesondere bei der Vermietung erfolgt ein Tauschprozess, wo z. B. die Ware Wohnung zwar irgendwann produziert wurde, aber einmal hergestellt dann als Eigentum erscheint und rechtlich so gesichert ist, das sie einen Zins als Miete hervorbringen kann. Für Marx wäre dies allerdings nicht so einfach zu konstruieren, da er auch jede Wohnung als eine Ware mit Gebrauchs- und Tauschwert sehen würde, die auf einem Markt erst zum Verkauf oder zur Miete angeboten und realisiert werden muss, so dass das Eigentum ohne Tausch zunächst rein gar nichts schaffen würde. Dies ist in der Tat eine große Schwäche der Eigentumstheorie, die den Tausch allzu sehr aus ihrem Wirtschaftsmodell ausgeschlossen hat, obwohl er in den Handlungen gar nicht ausgeschlossen werden kann. Umgekehrt hat auch Marx das Eigentum nie bestritten, aber sich auch nicht vorstellen können, dass Eigentum im Feld von Angebot und Nachfrage, bei Börsenspekulationen, Finanztransaktionen, Blasen aller Art selbst dann Gewinne großen Ausmaßes abwerfen kann, wenn es sogar nur als Besitz und nicht als real vorhandenes Eigentum verfügbar ist. Hier erscheint Marx heute, was die Wirtschaftspraxis betrifft, als einseitig, denn z. B. Immobilien können selbst dann, wenn sie brach liegen, nach Angebot und Nachfrage erheblich im Wert steigen. Marx fokussiert auf seine Arbeitswerttheorie, weil für ihn allein Arbeit dauerhaft Werte schafft. Angebot und Nachfrage erscheinen ihm als sekundär und sie schaffen daher keinen Mehrwert. Aber gerade durch Angebot und Nachfrage, so habe ich weiter oben argumentiert, werden beobachtbar Mehrwerte geschaffen, weshalb ich diesen Aspekt als eine Form der Mehrwertproduktion aufgestellt habe. Heinsohn/Steiger haben diese Seite gut erkannt. Aber sie setzen der Marxschen nun eine andere Einseitigkeit gegenüber: Bei ihnen schafft allein das Eigentum alles aus sich selbst heraus, weil es belastbar und verpfändbar ist und damit überhaupt erst Geld oder Zins hervorbringen kann. Einseitig ist hieran, dass es ausschließlich um diese Hervorbringung, eine kausale theoretische Erklärung geht, die im Grunde nur die Akzente gegenüber Marx oder anderen Theorien in eine andere Richtung verschiebt. So ist auch für Marx das Eigentum notwendig, das sowohl der Kapitalbesitzer hat, um seine Produktionsmittel zur Anwendung zu bringen, als auch der Lohnarbeiter, der seine Ware Arbeitskraft verkauft. Aber erst dann, wenn solche Kontrakte und wirtschaftlichen Handlungen vollzogen werden, dann agiert das Eigentum als Kapital. Bei Heinsohn/Steiger wird aus dem Mehrwert, der durch Lohnarbeit entsteht, einfach ein Gläubiger-Schuldner-Kontrakt (vgl. ebd., z. B. 468 f.). Der Lohnarbeiter überträgt als Gläubiger die Nutzungsrechte an seiner Arbeitskraft, die sein Eigentum darstellt, auf festgelegte Zeit an den Unternehmer, der dafür Geld gibt. Der Unternehmer muss dieses Geld vorstrecken oder per Kredit beschaffen, dafür muss er Zinsen zahlen, und er muss sowohl sein Kapital oder seinen Kredit plus Zinsen mit der Arbeitskraft erwirtschaften, um nicht Verluste zu machen. Ja, der Unternehmer könnte auch so rechnen, dass er sein Kapital verzinst einsetzt, was dann einen Gewinn ergäbe, der mindestens auch mittels der Arbeitskraft erwirtschaftet werden müsste. Die Autoren bezeichnen mit solchen Gedankenspielen nicht mehr die Differenz von Kosten und Erträgen als Mehrwert, sondern es scheint sich um ein bloßes Kreditgeschäft zu handeln, nur dass der Lohnarbeiter keinen Anspruch auf den für eine Leistung fiktiv unterstellten Zins erheben kann. Der Zins steht nur dem Kapitalgeber zu.

Eine solche Argumentation ist nicht nur umständlich, sondern sie entfernt sich auch von den nachvollziehbaren ökonomischen Handlungen. Arbeitsverträge und Kreditgeschäfte sind zwei sehr unterschiedliche Handlungen mit unterschiedlichen Konsequenzen. Wenn die Arbeitskraft unter Eigentumsrechten betrachtet und damit unter einen engen Rechtstitel gestellt wird, dann entspricht dies nicht der Breite menschlicher Rechte, die als Persönlichkeits- und Menschenrechte, aber auch im Arbeits- und Sozialrecht tatsächlich verhandelt werden. Insoweit ist es sehr abgehoben, Arbeitskontrakte überhaupt als Kreditgeschäfte zu deklarieren, nur um die Allgewalt einer Eigentumstheorie zu beweisen. Hier argumentieren die Autoren dann tautologisch, wenn sie z. B. sagen, es sei rechtlich ausgeschlossen, dass andere auf mein Eigentum zugreifen, was dafür sorgt, „dass alle Eigentümer nur über die Bewirtschaftung von Eigentum zu Eigentum gelangen können." (Ebd., 462) Was sagt so eine Behauptung aus, wenn nun jeder Mensch ja zumindest das Eigentum an seiner Person hat? Dann kann jeder zu Eigentum gelangen. Aber in der Wirtschaftspraxis bedeutet Bewirtschaftung aus meiner Sicht konkret doch eher, dass ich entweder über hinreichendes ökono-

misches Kapital mindestens als Besitz verfüge und es investiere[44] oder mich in Lohnarbeit
auf dem Arbeitsmarkt verdinge. Keiner wird hierbei über Eigentumsrechte räsonieren, sondern eher auf den ertragreichen Tausch schauen. In der Handlungspraxis ist der Tauschvor-
gang eben doch nicht zu vermeiden: Insbesondere Angebot und Nachfrage, aber auch Illusionierungen, Täuschungen, Betrug und parasitäre Teilhaben regulieren auf den Märkten die
tatsächlich erreichbaren Beschäftigungen und Einkünfte. Die abstrakte Idee einer Kreditierung meines Körper-Eigentums ist umständlicher in der Erklärung als eine Differenztheo-
rie, wie ich sie vorschlage. Wenn, wie bei Heinsohn/Steiger, der Tausch unterschätzt und
die Kreditgewährung, die auf Eigentumsrechten basiert und hierin ihre Sicherheiten sucht,
einseitig hervorgehoben wird, dann entsteht in der Fokussierung auf das Eigentum auch das
Problem, Gewinne, Zinsen, Werte allein aus einem Recht ableiten zu wollen, das isoliert
und für sich betrachtet eigentlich gar nichts hervorbringen kann, insofern es nicht auf Handlungen und hierbei auch auf Tauschverhältnisse bezogen ist. Um Gewinne zu machen sind
Handlungen des Kaufens und Verkaufens aller Arten notwendig, die als ein Verhalten von
Menschen diese in ein wechselseitiges Verhältnis über einen Austausch stellt, wo Geld gegen Ware/Dienstleistung gegen Geld getauscht wird. So wäre, wenn Heinsohn/Steiger das Eigentum auf Handlungen beziehen würden, es immer auch mit Tauschvorgängen verbunden.
Grundlegend problematisch wird ihre verengende Sicht, wenn das praktische Wirtschaftsleben in konkreten Fällen betrachtet wird. Wenn sie z. B. behaupten, dass die Notenbanken
immer notwendig bei der Geldschöpfung über Eigentum der Kreditnehmer verfügen müssen, das sie belasten können, so entspricht dies ganz und gar nicht dem Wirtschaftshandeln
im Sog von Angebot und Nachfrage mit kurzfristiger Gewinnmaximierungsstrategie, wie es
z. B. bei Immobilienblasen erscheint. Solche Blasen sind heute keine Betriebsunfälle mehr,
sondern treten zyklisch auf, weil die Tauschmöglichkeiten auch die Eigentumsverhältnisse
verflüssigen. Auch Leerverkäufe an den Börsen sind ein schönes Beispiel, das einer reinen
Eigentumstheorie widerstreitet. Eigentum scheint für die Autoren hingegen als eine Ablei-
tungsform für alle Fälle zu fungieren. Aber die Finanzkrise der Gegenwart zeigt, wie relativ solche Erklärungsableitungen sind, weil der Tausch auf nicht durch Eigentum gedeckte
Transaktionen und Leerverkäufe viel mächtiger geworden ist, als es sich die Autoren in der
Fixierung auf den Faktor Eigentum vorstellen können.

    Gleichwohl hat die Argumentation der Autoren geholfen, sowohl die Marxsche Arbeits-
werttheorie zu dekonstruieren und nochmals grundsätzlich darüber nachzudenken, woher
denn die Gewinne oder Zinsen oder Mehrwerte (wie immer wir diesen Überschuss nennen)
stammen. Das Modell von Marx erfasst nur eine Seite des Mehrwerts, das Tauschwertpara-
digma der Wirtschaftswissenschaften eine andere. Eigentum mittels Kreditierung ist ein weiteres Phänomen, das zumindest zu einer Erweiterung des Marxschen Modells in bestimmten Fällen zwingt. Für mich zeigen die vier Formen der Mehrwertgewinnung hinreichend
an, welche Faktoren es gibt, die uns helfen, grundlegende Differenzen zwischen Investi-
onen/Kosten auf der einen Seite und Gewinnen auf der anderen zu erklären. Eigentum und
Tausch stehen hierbei für mich in einem unauflösbaren Zusammenhang. Und es hat sich bei
den vier Formen der Mehrwertproduktion gezeigt, dass der Mehrwert auch keineswegs nur

---

44   Die Pointe mag dann sein, dass ich das Geld von Anlegern als Investmentbanker verzocke und noch nicht
     einmal mit meinem Eigentum hafte.

aus *einer* allgemeingültigen Form entspringt und angeeignet wird, sondern in vielfältigen und widersprüchlichen Formen auftritt.

Zusammenfassung

Nehmen wir alle vier Fälle des gewinnbringenden Einsatzes und der Zirkulation des ökonomischen Kapitals – also Wert- und Mehrwertproduktion, Angebot und Nachfrage samt Eigentumsrechten, Illusionierung, Täuschung und Betrug wie auch parasitäre Teilhabe – dann wird in der Handlungsanalyse deutlich, dass immer aus einer Differenz heraus ein Mehr angeeignet wird. In vereinfachter Form habe ich dies in *Schaubild 5* dargestellt:

Schaubild 5:   Mehrwert des ökonomischen Kapitals

	Gegenstandsform des ökonomischen Kapitals	Mehrwert entsteht als Differenz	Gewinn in seiner Handlungsform
1.	Warenproduktion oder Dienstleistungen unter Einsatz von Produktionsmitteln und Lohnarbeit	aus Wertschaffung der Lohnarbeit in konkreter Arbeit *versus* gezahltem Lohn entsprechend der historisch-kulturellen Bedingungen	Der Wert der Waren oder der Dienstleistungen wird über die Kosten zur Erstellung der Ware hinaus angeeignet, weil das ökonomische Kapital Privateigentum ist
2.	Angebot und Nachfrage	aus gewöhnlichen/vorhandenen und ungewöhnlichen/seltenen Waren bei investierten Kosten/ bestehendem Eigentum *versus* auf dem Markt tatsächlich erzielten Erlösen	Der Markt relativiert die eingesetzten Kosten und den realisierbaren Mehrwert durch Konkurrenz und Schwankungen der Preise
3.	Illusion Täuschung Betrug	aus dem realen Warenwert durch seine Kosten *versus* dem fiktionalen Wert durch Illusion, Täuschung oder Betrug	Auf den Markt wird aktiv eingewirkt, um den Profit zu sichern und Extra-Profit durch Überteuerung durchzusetzen
4.	Parasitäre Teilhabe	aus Teilhabe an dem Geld (Kapital) anderer *versus* dem eigenen »minimalen« Aufwand	Vererbungsverhältnisse sichern Besitzverhältnisse; Gewinn an den Leistungen anderer

Im Gegensatz zu Marx[45] habe ich damit den Mehrwert erweitert oder die harte ökonomische Konstruktion aufgeweicht. Ökonomisch gesehen bleibt auch in dieser weicheren Form der Wert ein Konstrukt, durch das etwas für nützlich, sinnvoll, ertragreich und erfolgreich in den Handlungs- und Tauschketten zwischen Menschen gehalten wird. Dabei wirkt dieser Wert sowohl als Gebrauchs- als auch Tauschwert. Ein Mehr gegenüber einem ursprünglichen Wert entsteht, wenn es einen Zuwachs an Elementen, Aspekten, Teilen in diesem Wert gibt (ein

---

45   Marx ist ein sehr vielschichtiger Autor, der durchaus auch zu den von mir genannten Aspekten Aussagen macht, aber im Gegensatz zu mir sucht er nach einer durchgehend dominanten Erklärung des Mehrwerts aus der Lohnarbeit heraus. Es ist deutlich geworden, dass Lohnarbeit ein wesentlicher Faktor der Mehrwertproduktion neben anderen geblieben ist.

konkretes Mehr oder Anderes im Gebrauchswert, ein geldwertes Mehr im Tauschwert), und wenn zugleich der bisherige Wert aufgehoben, erhalten, fortgeführt scheint.

Das Anwachsen des Tauschwertvolumens im ökonomischen Kapital der Besitzenden ist Ausdruck für einen Reichtum in der Geschichte des Kapitalismus geworden, der nach oben hin grenzenlos zu sein scheint. Aber er hat auch nach unten kaum noch eine Grenze. Für orthodoxe Marxisten kann Geld nicht automatisch Kapital sein und außerhalb einer besitzenden Klasse von Produktionsmittelbesitzern scheint auch kein Kapital erwirtschaftet werden zu können. Damit hat man die Illusion genährt, dass Ausbeutung nur im großen Maßstab der großen Industrie wirklich kapitalistisch scheint, eine Illusion, die verkennt, dass in den Handlungen aller Menschen eine Kapitalisierung stattgefunden hat, die bis in den Mikrobereich der Mehrwertproduktion nach ihren vier Seiten, die ich geschildert habe, Mehrwert in Handlungen erzeugt. Hierbei ist Geld als Zahlungsmittel in der Tat nicht bereits Kapital, aber selbst der kleine Sparer, der für seine Altersvorsorge etwas auf die Seite legen will, wird an der Stelle zum Kapitalisten, wo er Zinsen und damit Mehrwert selbst im kleinsten Maßstab erwirtschaftet. Und für die Handlungen macht es hier keinen Unterschied, in was ich das Geld investiere, wenn sich tatsächlich ein Mehr über meine Kosten hinaus ergibt. Die direkte und unmittelbar sichtbare Begrenzung des Kapitalbegriffs auf jene Investitionen, die Ware Arbeitskraft für einen bestimmten Lohn einkauft, um dadurch Mehrwert abzuschöpfen, die reicht heute nicht mehr aus, um die Vielfalt der Mehrwertgewinnung zu charakterisieren.

Um zu bestimmen, was dieser Mehrwert ist, *bilden wir in jedem Fall eine Differenz*, vergleichen ein Vorher und ein Nachher, Kosten und Erlöse, Soll und Haben, die in Handlungen beobachtbar und damit gerechtfertigt behauptbar sind. Damit ist der Mehrwert kein willkürliches Konstrukt, sondern kann Handlungen in ihren Wirkungen beschreiben. Hier ist es notwendig, zu erkennen, dass der Produktions- und Distributionsprozess solchen Kapitals im entwickelten Kapitalismus viel verschränkter als je zuvor erfolgt. Viele Kapitalisten machen ihre Gewinne auch über die Lohnarbeit hinaus längst im distributiven Bereich oder bei Finanztransaktionen und Versicherungsgeschäften. Der Übergang von der harten oder schweren Industrie mit hohem konstanten Kapitalanteilen, die sich in Grundstücken, Gebäuden und Maschinen ausdrücken, zu einem weichen und leichten Kapitalismus, der mit Laptop und Spekulationsgeschäften seine Gewinne macht, ist so offensichtlich geworden, dass auch die Mehrwerttheorie sich öffnen muss. Da ich davon ausgehe, dass wir es hier ohnehin mit einer Konstruktion, mit einer gerechtfertigten Behauptung in einem hybriden Erklärungsmodell zu tun haben, fällt es leicht, die Erklärung auf beobachtbare Handlungen zurückzubeziehen und das Modell selbst neu zu konstruieren. Es sollte daran gemessen werden, wie plausibel es erscheinen kann, inwieweit es durch beobachtbare Handlungen und Wirkungen gerechtfertigt werden kann, und es mag so lange gelten, wie sich diese Rechtfertigung in bestimmten Verständigungsgemeinschaften durchsetzt.

Gehen wir auf die unterschiedlichen Handlungen der Menschen ein, dann mag die Verteilung der Mehrwertgewinnung in jedem konkreten Fall (der hier beschriebenen vier Haupttypen) anders aussehen. Auch wenn in der bisherigen Geschichte des Kapitalismus der meiste Mehrwert durch Lohnarbeit in der Regel entstanden sein mag, so sind die anderen Faktoren nie unbeteiligt, bisweilen können sie sogar dominant werden. Aber auch der Kapitalist muss realistisch rechnen, weshalb er immer wieder auf die Nutzung aus dem Feld der Arbeit vertrauen wird, um relativ sicher Mehrwert zu generieren (vgl. nochmals *Schaubild 1* auf Seite 42).

Da sehr unterschiedliche Interessen in der Gesellschaft vorhanden sind, verwundert es nicht, dass gerade eine erklärende Mehrwerttheorie stark von Menschen mit Besitzständen angegriffen sein wird, weil sie Fragen der Verteilungsgerechtigkeit aufwerfen lässt. Wenn wir empirische Untersuchungen anstellen wollen, um genau zu sehen, wie dieses Mehr entsteht und von wem es angeeignet wird, dann haben wir zudem methodische Probleme, wie wir die Vorgänge genau messen sollen. Es ist vor allem nicht im Interesse derjenigen, die Gewinne machen wollen und diese realisieren, genau festzustellen, woher die Gewinne kommen. Die vorgenommenen Berechnungen dienen im alltäglichen Kapitalismus dazu, das bestehende System in seiner Effizienz von Kosten und Nutzen (Gewinnen) zu demonstrieren, sie werden nicht dahingehend entwickelt, etwa Aneignungsgrade der durch Lohnarbeit geschaffenen Werte oder weitere Gewinne zu erfassen. Dennoch erscheint genau diese Blickerweiterung als notwendig, wenn wir gesellschaftliche und individuelle Wirkungen von Kapitalformen genauer begreifen wollen. Den Mehrwert jeweils genauer ins Auge zu fassen, das schützt uns vor Übererwartungen und schärft den Blick für die Möglichkeiten und Chancen, die von staatlicher und individueller Seite wahrgenommen werden können. Besonders schwierig jedoch ist es, die indirekten oder impliziten Kosten des Wirtschaftssystems zu berechnen, die sich vor allem in den Reproduktionskosten der Ware Arbeitskraft verbergen. Diese Kosten stehen in Relation mit den Lohnkosten und den allgemeinen gesellschaftlichen Kosten, die sich auch auf die Gewinne auswirken, aber niemals eindeutig berechnet werden können.

Grundsätzlich bedeuten meine Überlegungen, dass sich der Dualismus von Kapitalist und Proletariat, wie es Marx noch schien, nicht einfach in reiner Form aufrechterhalten lässt. Eine reine Form wäre es, daraus Klassen und einen notwendigen Klassencharakter abzuleiten, der eine eindeutige Handlungsrichtung angeben könnte. Die Geschichte nach Marx zeigte leider immer wieder, dass alle Versuche dieser Art vordergründig und illusionär blieben. Sie erzeugten unter einem vorgeblichen Kommunismus z. B. als Stalinismus oder Maoismus größtes Elend und Leid, das sogar noch die kapitalistische Ausbeutung an vielen Stellen übertroffen hat. Für den gegenwärtigen globalisierten Kapitalismus lässt sich hingegen beobachten, dass die Kapitalisierung alle Gesellschaften nach Breite und Tiefe so erfasst hat, dass selbst der ausgebeutete Arbeitende sich mit seinem sauer verdientem Geld im nächsten Moment in jemanden verwandeln kann, der einen Mehrwert für sich und gegen andere – z. B. noch ärmere Menschen in Niedriglohnländern – erwirtschaften will und kann. Ein Dualismus von Haben und Nicht-Haben mag dadurch nicht gänzlich verschwinden, weil das Volumen der erreichten Gewinne sehr unterschiedlich verteilt ist (siehe dazu Kapitel 3), aber erkennbar wird, wie sehr sich der Kapitalismus auch nach unten kapitalisiert hat. Und auf dieser Einsicht aufbauend macht es auch Sinn, wie in dieser Arbeit begründet wird, weitere Kapitalformen zu unterscheiden und zu untersuchen, die solche Kapitalisierung in unterschiedlichen Handlungsformen ausdrücken.

Da alle Menschen tagtäglich mit dem ökonomischen Kapital konfrontiert sind, gehört es für mich zu einer ökonomischen Allgemeinbildung, sich mit den vier beschriebenen Seiten des Mehrwerts auseinander zu setzen. Dies ist auch im Blick auf die anderen Kapitalformen wichtig, weil das ökonomische Kapital immer wieder bestimmend in die Zirkulationen aller Formen eingreift. Hier gehört es heute zum ökonomischen Grundwissen, den eigenen Stand und die eigenen Entwicklungschancen im ökonomischen Feld zu reflektieren, um ein realistisches Bild nicht nur der eigenen Ausgangslage zu gewinnen, sondern auch die politischen Optionen zu prüfen, für die oder gegen die man sich engagieren will. Insbesondere drängt sich für eine Gesellschaft mit möglichst hohen Teilhabechancen aller Mitglieder und demokratischer Orientierung die Frage auf, wie der Reichtum der Kapitalbesitzer auf der einen und die relative Armut der Masse der Bevölkerung dagegen so aufeinander bezogen und ausgeglichen werden können, dass die gegenseitige Spaltung nicht immer größer und die einseitige Macht der Geldbesitzer nicht immer höher gegen den Rest wird. Zugleich soll thematisiert werden, was das Individuum im kapitalistischen System tun kann oder sollte, um hinreichend Chancen zu erwerben. Nachfolgend sollen deshalb näher die gesellschaftliche wie die individuelle Seite der Nutzungsmöglichkeiten des ökonomischen Kapitals betrachtet werden.

2.3 Gesellschaftliche Nutzung des ökonomischen Kapitals

Die Geschichte der Wirtschaftswissenschaften ist eine interessante Geschichte des Einsatzes, der Gewinnchancen und der Verwertungsschwierigkeiten des ökonomischen Kapitals. Dabei ist auffällig, wie oft unterstellt wird, dass der Erfolg des ökonomischen Kapitals und der Märkte zugleich den Wohlstand verbessern und für alle Menschen einen gesellschaftlichen Nutzen erbringen kann. Dass dies jedoch nicht durchgehend der Fall ist, das zeigen die Krisenerscheinungen, die ich für die neuere Zeit thematisieren will. Sie führen uns zur grundsätzlichen Frage nach dem Verhältnis von Staat und Markt, denn in den kapitalistischen Krisen soll immer der Staat helfen, der ansonsten vom Markt – so einige führende liberale und neoliberale Ideologien des Kapitalismus – fern bleiben soll. Die Frage nach Regulation oder Deregulierung durchzieht die Handlungspraktiken des ökomischen Kapitals deutlich. Schließlich will ich auf Grundphänomene der Kapitalisierung gesellschaftlicher Lebenschancen eingehen, denn hier entscheidet sich, ob und wie überhaupt der Staat dazu beitragen könnte, dass die Chancengerechtigkeit bei einer immer stärkeren Schere zwischen Arm und Reich nicht immer geringer wird.

2.3.1 Krisenerscheinungen

Die Weltwirtschaftskrise der 1930er Jahre war für die Wirtschaftswissenschaften ein Alptraum, denn sie hätte sich nach der Theorie nicht ereignen dürfen. Der Markt, der mit seinen Mechanismen der Konkurrenz und von Angebot und Nachfrage effizient und selbstregulierend sein sollte, hatte auf einmal versagt. Erst gab es eine Rezession, dann eine Depression. Auslöser war eine Spekulationsblase. Illusionen, Täuschungen und Betrug wie auch parasitäre Gewinne durch Spekulationen griffen umfassend auf das Gewinnstreben über. Kettengeschäfte, Bilanzfälschungen, Betrügereien, dies waren Kennzeichen der Krise. Durch den Börsencrash sanken alle Werte ins Bodenlose. Was sollte man tun? Abwarten, bis der Markt sich selbst erholt? Aber was sollte mit den vielen Arbeitslosen geschehen, was mit den Staatsausgaben, die deutlich über den Einnahmen lagen?

John Meynard Keynes, dessen Theorien bis heute maßgebend sind, gab einen anderen Rat. Der Staat sollte weitere Schulden machen, die Ausgaben erhöhen, um die Konjunktur wieder anzukurbeln. „Für diejenigen, die dem Staat grundsätzlich skeptisch gegenüberstanden, war dieser Vorschlag wie ein rotes Tuch. Einige nannten es unumwunden Sozialismus, für andere führte es geradewegs in den Sozialismus. Tatsächlich wollte Keynes den Kapitalismus vor sich selbst retten; er wusste, dass eine Marktwirtschaft nur dann überleben kann, wenn sie Arbeitsplätze schafft." (Stiglitz 2010, 304)

Franklin D. Roosevelt versuchte vor diesem Hintergrund im »New Deal«, durch ein Bündel von Wirtschafts- und Sozialreformen, insbesondere mit großen staatlichen Investitionen zusammen mit der Einführung einer progressiven Besteuerung und eines Sozialversicherungssystems, der Massenarbeitslosigkeit Herr zu werden. Ganz anders agierte Adolf Hitler, der die Rolle des Staates als Stütze des Kapitalismus so ins Extrem führte, dass es zu Krieg und Massenvernichtung kam. Beide Entwicklungen stoppte der Zweite Weltkrieg, wobei sich nach dem Krieg völlig neue Ausgangsbedingungen wirtschaftlichen Aufschwungs ergaben. Der Begriff »New Deal« ist geblieben, er bedeutet heute alltagssprachlich so viel wie »Neuverteilung der Karten«, d. h. auch die Massen sollen am Wohlstand teilhaben. Über die wirtschaftliche Krise hinaus blieb die historische Reflexion, dass der Kapitalismus viele politische Gesichter annehmen kann. Die Einsicht setzte sich bei vielen durch, dass allein eine demokratische Verfassung vor extrem unmenschlichen Formen schützt.

In der Ära, die von Ansätzen nach Keynes geprägt war, sollte der Staat durch makroökonomische Eingriffe dafür sorgen, dass die Märkte reguliert funktionieren, damit die Unternehmen ihre Produkte verkaufen können. Der Absatz sollte belebt, die Konjunktur angekurbelt und möglichst eine Vollbeschäftigung erreicht werden, was wiederum den Massenkonsum antrieb. Diese Sichtweise geriet jedoch dadurch in ihre eigene Krise, als in den 1970ern durch hohe Inflation die Steuerungsinstrumente des Staates als zu schwach oder unwirksam erschienen. Der wissenschaftlich-technische Fortschritt wirkte innovativ, ein wachsender globaler Konkurrenzkampf trat ein, die Märkte schienen sich über die lokalen makroökonomischen Eingriffe hinaus allein selbst regulieren zu können. Zeitgleich wurde die Bindung des Geldes an das Gold und damit die Vereinbarung von »Bretton Woods« (der letzte Versuch der Einführung eines Goldstandards zur Sicherung der Geldstabilität) einseitig vom damaligen US-Präsidenten Richard Nixon aufgegeben. Dies war der Einstieg in eine neue Geldpolitik, die das Geldvolumen aus seinen Begrenzungen befreite und den Gang in die Staatsschulden auf der Basis von Vertrauen in die Märkte mit Staatsanleihen ermöglichte, eine Entwicklung, die bis in die Gegenwart zu unfassbar hohem Geldvolumen der Kapitalbesitzer und extrem hohen Staatsverschuldungen mit krisenhafter Geldpolitik führte. Es setzte eine radikale Wende hin zu einer neoliberalen Wirtschaftspolitik ein, die dem Markt den Vorrang gab, und die Wirtschaft übt seitdem enormen Druck auf die Politik aus, um ihre Interessen möglichst profitabler Kapitalentwicklung rigide durchzusetzen (vgl. insbes. Crouch 2008, 45 ff.). Das ökonomische Kapital verflüssigt sich in seinen Einsatzformen, es wandert von weniger profitablen Gegenden oder aus Firmen in viel versprechendere Gebiete oder Waren ab, aber insgesamt entsolidarisiert es sich auch von seinen Belegschaften und Orten. Dennoch gibt es in aller Verflüssigung zwei Konstanten der Kapitalentwicklung (Crouch 2008, 54):

1. Die wichtigen Investoren des ökonomischen Kapitals sind eine kleine Gruppe von wirk-
    lich Besitzenden, die in immer neuen Konstellationen ihren Reichtum stets im Volumen
    erhöhen und zur Gewinnmaximierung einsetzen. Dies erhöht die Schere zwischen der
    eher besitzlosen Masse oder den relativ wenig besitzenden gehobenen Einkommens-
    gruppen und den wirklich Reichen auf drastische Weise.

2. Auch wenn das Kapital immer flüchtiger in seinen Strategien der Gewinnmaximierung
    wird, so konzentriert es sich andererseits in globalen Konzernen, die als Institutionen
    starken politischen Einfluss auszuüben versuchen.

Der Staat gerät in der neoliberalen Phase in eine Drucksituation. Einerseits muss er seit alters her für jene Leistungen im Bereich der Verwaltung, des Rechts, der sozialen Sicherung,
Erziehung und Bildung usw. aufkommen, die keinen unmittelbaren Profit abwerfen, andererseits verteuern sich seine Ausgaben dann, wenn er in diesen Bereichen immer mehr leisten
soll, ohne dass das ökonomische Kapital hinreichend zur Kasse gebeten wird, weil dies einer
liberalen Marktauffassung entgegen läuft. Teilweise bringt der Staat seine erhöhten Kosten
dadurch auf, dass er große Teile seiner Verantwortungen privatisiert, was ihm aber langfristig auch Einnahmechancen entzieht (so insbesondere bei der Verstaatlichung der Energie, der
Bahnen, der Kommunikation), oder er nimmt in der Marktideologie immer mehr Schulden
auf, was den Wünschen des Marktes nach sicheren Renditen entspricht, aber auf lange Sicht
in eine Schuldenspirale ohne Ende führt. Vor diesem Hintergrund, so schlussfolgert Crouch
treffend, geraten die Regierungen in eine Selbstvertrauenskrise: Die Politik und insbesondere Regierungen denken, dass es nicht gelingen kann, „irgendetwas ohne die Anleitung des
privaten Sektors zufriedenstellend erledigen zu können." (Ebd., 57) Damit werden sie selbst
zum Opfer des Marktes, denn ihre zuvor vielfach propagierte Leistung, auch über die engeren ökonomischen Interessen hinaus das Gemeinwohl und die Demokratie zu verfolgen,
wird nunmehr ins Kalkül einer wirtschaftsökonomischen Abhängigkeit gestellt. „Da sich die
Regierungen von der Rolle verabschieden, die sie in der keynesianistischen bzw. sozialde-
mokratischen Ära innehatten und die darin bestand, Investitionen vorzunehmen und allerlei Projekte zu finanzieren, müssen sich viele gemeinnützige Organisationen auf der Suche
nach finanzieller Unterstützung nun an andere Stellen wenden. Da Reichtum und Macht sich
im Unternehmenssektor ballen, wird dieser zur wichtigsten potentiellen Quelle des Sponso-
rings. Damit gelangen Personen aus der Wirtschaft in eine einflussreiche Position, da sie entscheiden können, was gefördert werden soll." (Ebd., 61) Dies ist für die Ausgleichsfunktion
ökonomischer Ungleichheiten sehr bedeutsam, denn durch diesen Prozess wird eine Haltung
unterstützt, die stärker Besitzverhältnisse insbesondere bei Erziehung und Bildung verstärkt
statt in breiter Offensive in umfassende Förderprogramme für Benachteiligte zu setzen. Im
Bereich der Hochschulen haben Positionen der Wirtschaft zudem nachhaltige Auswirkungen auf Forschungsentwicklungen, wobei Verschiebungen von der kritischen Grundlagenreflexion hin zu anwendungsbezogener Forschung, die marktorientiert operiert, zu beobachten sind (vgl. Kapitel 6).

Das neoliberale Modell wurde durch Krisen der Finanzmärkte nicht nur erschüttert,
sondern auch in seiner Absurdität vereinfachter Vorstellungen entlarvt. Die Finanzmarkt-
krise, die insbesondere seit 2008 die kapitalistische Welt erschüttert, erinnert viele Ökonomen an die Weltwirtschaftskrise. Auch wenn Charles Kindleberger (2001) meint, dass es in

den letzten 400 Jahren etwa alle 10 Jahre eine Finanzkrise gab, so ist andererseits auffällig, wie verschieden diese ausfallen. Allen/Gale (2009) zeigen, dass es nach dem Zweiten Weltkrieg deshalb kaum Krisen gab, weil die Wirtschaft strenger reguliert wurde als es später der Fall war. Der Nobelpreisträger Joseph Stiglitz (2010) argumentiert, dass die Deregulierung der Märkte dazu führte, dass bis in die Gegenwart das Gefahrenpotenzial der ökonomischen Krisen zugenommen hat. „Der 15. September 2008, der Tag, an dem Lehmann Brothers zusammenbrach, ist vielleicht für den ‚Marktfundamentalismus' (die Auffassung, dass freie Märkte von sich aus wirtschaftlichen Wohlstand und Wachstum sicherstellen) das, was der Fall der Berliner Mauer für den Kommunismus gewesen ist." (Ebd., 281) Dabei sind die Mechanismen, die im Hintergrund wirken, zwischen den Krisen gar nicht so unterschiedlich, wie es nach außen scheint.

Was macht solche Krisen aus? Einige charakteristische Kennzeichen der Finanzkrise sind z. B. nach Stiglitz:

- es bildet sich eine Vermögensblase, die durch „unsolide, leichtfertige Kreditvergabe der Banken" gefördert wird (Stiglitz 2010, 17),

- ein „deregulierter Markt mit einer Liquiditätsschwemme und niedrigen Zinsen, eine globale Immobilienblase und das sprunghaft ansteigende Volumen zweitklassiger Hypothekendarlehen" bilden ein giftiges Gemisch (ebd., 27),

- als Sicherheit werden Vermögensgegenstände gehalten, die sich durch die Blase erst als Vermögen aufgebaut haben (in der Immobilienkrise durch den ständig steigenden Wert von Häusern, der irgendwann unrealistisch wurde) (ebd.),

- Ratingagenturen versagen, weil sie selbst Teil des sich mit Gewinnen versehenden Systems sind (ebd., 133),

- die Verbriefung von Krediten erzeugt ein System der Bündelung und Weitergabe von Krediten, die damit selbst für die übernehmenden Banken kaum noch in ihrer Werthaltigkeit durchschaubar sind;[46] bei der Kreditvergabe geht es nicht um eine nachhaltige Sicherung beim Kreditnehmer, sondern um möglichst maximalen, kurzfristigen Gewinn (ebd., 31); die Verbriefung mindert zwar Risiken, aber durch die unvollständige Information entstehen letzten Endes viel größere Risiken, die auf falschen Urteilen basieren (ebd., 42, 131 f.),

- die Verbriefung von Krediten führt dazu, dass die Banken weniger Kredite an mittelständische Unternehmen vergeben, um neue Arbeitsplätze zu generieren, sondern sich auf Hypothekendarlehen konzentrieren (ebd., 32),

- untereinander und mit Marktteilnehmern liefen milliardenschwere Wetten auf die Einlösung von Krediten, um Extraprofite zu machen (ebd., 29),

---

46   Die „massenhafte Verbriefung von Hypotheken erwies sich als fatal. Im Mittelalter versuchten Alchemisten unedle Metalle in Gold zu verwandeln. Die modernen Alchemisten verwandelten riskante, zweitklassige Hypotheken in erstklassige Produkte, die als so sicher eingestuft wurden, dass sie selbst von Pensionsfonds gehalten werden durften." (Stiglitz 2010, 32)

- es gibt keine Vollbeschäftigung[47] und die wachsende ökonomische Ungleichheit führt dazu, dass der Konsum breiter Massen beschränkt wird,[48]

- Banken genießen aufgrund ihrer Größe einen systemischen Bestandsschutz, was sie risikoreich agieren lässt, weil sie immer vom Staat aufgefangen werden müssen; wenn sie Pleite gehen, dann würden durch die Verzahnung mit der Güterproduktion auch andere Bereiche zusammenbrechen (ebd., 43); die Risiken werden so auf alle Bürger umverteilt (ebd., 23),

- um bankrotte Firmen zu retten verschwendet der Staat sein Geld, was dann bei Innovationen fehlt (ebd.),

- die Banken nutzen die Staatskredite vielfach, um weiter zu zocken, weil dies kurzfristig hohe Gewinne verspricht (ebd., 64),

- wenn der Staat hilft, dann wirkt sich dies auch auf künftige Krisen aus, weil nun die Erwartungshaltung besteht, dass am Ende „immer" der Staat eintreten wird (ebd., 46),

- wenn der Staat immer mehr Schulden machen muss, um die privatwirtschaftlichen Krisen zu bewältigen, den Konsum anzuheizen, ggf. auch damit die Bevölkerung über ihre Verhältnisse leben kann und die Politiker gewählt werden, dann zeichnet sich – so möchte ich dieser Liste noch zufügen – allerdings im Hintergrund eine noch größere Krise ab, die durch Staatsbankrotte eintreten könnte. Die gegebenen Staatsverschuldungen fast aller Industrieländer zeigen bereits, dass die Verschuldungen so immens sind, dass die Rückzahlung der Zinsen schon problematisch geworden ist, von einer Rückzahlung der Kredite ganz zu schweigen.

Die Krise betrifft alle vier von mir herausgearbeiteten Mehrwertformen, sie mischt sie mit- und gegeneinander, wobei auffällt, dass insbesondere Illusionierungen, Täuschungen, Betrug und parasitäre Gewinne auf Kosten anderer stark zunehmen. Aber auch in der Unternehmensführung und Unternehmenskontrolle gibt es im globalisierten Kapitalismus Schwierigkeiten. Stiglitz fasst sie so zusammen: „Die Führungskräfte kamen deshalb ungeschoren davon" – und sie bleiben bis heute ungeschoren –, „weil das System der Unternehmenslenkung und -kontrolle (*corporate governance*) mangelhaft ist. Amerikanische Aktiengesellschaften (und Aktiengesellschaften in vielen anderen Ländern) werden nominell im Interesse der Anteilseigner geführt. In der Praxis aber führt das Management sie oft in einer Weise, die seinen eigenen Interessen Vorschub leistet. In vielen Aktiengesellschaften mit breit gestreutem, zersplittertem Aktienkapital beruft das Management faktisch die meisten Mitglieder des *Board of Directors* – des Leitungs- und Kontrollgremiums –, und es beruft verständlicherweise Personen, die seinen Interessen am dienlichsten sind. Der Board befindet über die Vergütung des Managements, und das ‚Unternehmen' vergütet seine Board-Mitglieder großzügig. Eine Hand wäscht die andere." (Stiglitz 2010, 207) Hier hat praktisch eine Teilenteignung der Ei-

---

47 Im September 2009 hatten etwa 16,5 Prozent der Amerikaner, die eine Vollzeitstelle suchten, keinen Job (Stiglitz 2010, 47). In anderen Industrieländern ist die Lage, bereinigt um jene, die bereits aus der Arbeitslosenstatistik herausgefallen sind, ähnlich hoch oder höher.

48 „Von der Mitte der 1980er Jahre bis zur Mitte der 2000er Jahre nahm die Einkommensungleichheit in über drei Vierteln der OECD-Länder zu, und in den letzten fünf Jahren wuchsen die Armut und die Ungleichheit in zwei Dritteln der OECD-Länder." (Stiglitz 2010, 384), OECD (2009).

gentümer stattgefunden, die nur noch nominell im Besitz des ökonomischen Kapitals sind und etliche Gewinnanteile an das Management abgeben.

Das globale Krisenmanagement ist schwierig. Es ist ökonomisch vor allem durch fünf Phänomene charakterisiert, die einen widersprüchlichen Rahmen bilden:

1. Eine steigende Produktivität, die bei gleicher Produktion die Arbeitslosigkeit steigen lässt, sofern nicht durch Innovation neue Arbeitsplätze geschaffen werden.

2. Eine neoliberale Deregulierung mit globalem Konkurrenzdruck, was zu Krisenerscheinungen in der Wirtschaft (Finanzkrise) führt, in allen Industrieländern soziale Probleme erzeugt (hohe Arbeitslosigkeit und Driften eines Teils der Mittelschicht in die Armut, Erhöhung des Gegensatzes von Arm und Reich).

3. Eine Zunahme der Staatsverschuldung, damit der Staat notwendige Aufgaben erfüllen kann, wobei er nicht nur gesellschaftliche Ausgaben für Verwaltung, Verkehr, Justiz und Ordnung, Bildung und Erziehung usw. aufwenden muss, sondern auch Unsummen zur Sicherung der Banken und Wirtschaft aufnimmt. Die Schulden treiben ab einem bestimmten Punkt die Staaten in Sparzwänge, die dann ihre Handlungsfähigkeit enorm beschränken.

4. Eine erkennbare Umverteilung der Vermögen von unten nach oben, weil und insofern die Steuerpolitik im Verhältnis zum Einkommen von geringer Verdienenden oder Besitzenden erheblich mehr nimmt als von den besser Gestellten.

5. Ein wenig nachhaltiger Umgang mit natürlichen Ressourcen und ökologischen Standards, um die kurzfristigen Gewinne zu maximieren.

Diese Ausgangspunkte können nicht einfach dem Markt überlassen bleiben, aber sie sind schwer zu regulieren, weil die kapitalistischen Märkte sehr komplex geworden sind. Ein Punkt z. B. ist, dass die Wirtschaftsverläufe in unterschiedlichen Regionen unterschiedlich sind. Deshalb wachsen die Ausgleichsprobleme. Wenn Deutschland als ein Land mit hohem Exportanteil und gleichzeitig recht hoher Staatsverschuldung seinen Handelsüberschuss verträglich mit dem Rest der Welt ausgleichen soll, so die Forderung anderer Länder, dann müsste es mehr importieren, was nur über eine gesteigerte Konsumhaltung geht. Wenn gleichzeitig gespart werden soll, dann ist dies widersprüchlich. Offenbar gibt das Land zu viel für Dinge aus, die nicht hinreichend den Konsum der Massen fördern. Würde die Weltgemeinschaft mit Zöllen gegen Länder operieren, die hohe Handelsüberschüsse haben, dann wäre dies für Deutschland eine nachhaltige Katastrophe. Wenn andererseits die Staatsverschuldung in immer neue Höhen getrieben wird, um den Konsum anzukurbeln, kann sich dies ebenso nachteilig auswirken. So sind die Handlungsräume nicht klar zu berechnen. Wirtschaftspolitik besteht aus Meinungen und etliche Krisenerscheinungen beruhen immer mehr auf hysterischen Marktbewegungen. Dies hat damit zu tun, dass der weltweit unglaublich hohen Verschuldung der Staaten ein Geberkapital gegenübersteht, das solche Verschuldung dringend benötigt, um überhaupt noch angelegt werden zu können. Der enorme Geldbestand relativ weniger Kapitalbesitzer lässt die Kurven von Angebot und Nachfrage exponentiell steigen. Hier ist es ein fundamentales Problem des Kapitalismus geworden, dass die Verzinsung von Kapital – die durch irgendeine Form des Gewinns gedeckt sein muss – immer auch zu einer Vermehrung des Geldes führt, das – sofern es nicht ausgegeben wird und weil es gar nicht mehr ausgegeben werden kann[49] – wiederum nach neuer Verzinsung ruft. Die damit ständig steigende Spirale von Angeboten nach Gewinn bzw. Verzinsung erzeugt deshalb, wenn die Gewinne nicht mehr durch Mehrwertproduktion aus Arbeit zu erwirtschaften sind, Wirtschaftsblasen und immer höhere Staatsverschuldungen, die exponentiell mit dem Geldvermögen anwachsen. Allein die Inflation oder eine Besteuerung der Vermögenden könnten diese Spirale verkleinern. Aber die Inflation reichte bisher nicht aus, wie die letzten Wirtschaftskrisen lehren, die Spekulationen zu mindern.

Einige Autoren sehen in der exponentiellen Zinsentwicklung das wesentliche Risiko kapitalistischer Entwicklung überhaupt, da es an irgendeinem Punkt zu einem Gesamtzusammenbruch der Geldverwertung kommen muss, gleichsam einem Neustart bei null erzwingen wird oder in eine für die Märkte verträgliche Währungsreform führen muss, um das gigantische Kapital zu vernichten, dem keine realen Werte mehr gegenüberstehen und das uns verleitet, weit über unsere Verhältnisse zu leben. Günther Moewes etwa schlussfolgert für Deutschland: „Der Staat hat mutwillig zugelassen, dass jährlich Geldvermögen in Höhe des gesamten Bundeshaushalts privat angehäuft wurden. Dieses Geld muss er sich nun von dort zu hohen Zinsen zurückleihen, um seine öffentlichen Aufgaben wahrnehmen zu können." (Moewes 2004, 63) Dabei werden die, die Geld geben, immer reicher, wobei der enorme Umfang des geliehenen Geldes zwar im Moment auch den armen Schichten zugutekommt, aber langfristig auch von ihnen wieder bezahlt werden soll, wenn es denn überhaupt je zurückgezahlt werden kann. Was solche Kritiker wie Moewes beunruhigt, ist, dass die enormen Geldsummen, die als Kapital im globalen Kapitalismus eingesetzt werden, immer mehr zunehmen und in ihrer Steigerung entweder zu immer stärkeren Blasenbildungen und damit Krisenerscheinungen führen oder die Staatsverschuldungen so anheizen, dass diese letztlich zu Staatsbankrotten führen werden.

Wenn wir das Wirtschaftswachstum im Kapitalismus zu beschreiben versuchen, dann zeigt sich durch Produktivitätszuwachs eine über längere Zeit langsam steigende Kurve. Ganz anders, so argumentiert Moewes, sieht dies mit dem Privatvermögen aus. Diese Kurve steigt zunächst langsam und entwickelt sich dann immer stärker und schneller nach oben, d.h. das Geldvermögen wächst überproportional. Zunächst wächst es durch Verzinsung und Zinseszins, aber im etablierten Kapitalismus reicht dies nicht aus. Geld muss aus Dingen gemacht werden, die real nur einen geringen Zuwachs erfahren, aber am Markt übertrieben höher eingestuft werden. Hedgefonds, Private Equity, Derivate, Optionsgeschäfte usw. treiben diesen Markt an, um Gewinne aus Firmenübernahmen, die nach kurzer Zeit überteuert verkauft werden, aus Wetten, Zockerei usw. zu erzielen. Parasitäre Gewinne scheinen einträglicher und schneller erreichbar zu sein als Mehrwerte aus Arbeit. Wenn aber der Kapitalismus seine Wirtschaft mehr und mehr nach der Methode verdeckter Kettenbriefe aufbaut, dann scheint an einem nicht genau vorhersagbaren Punkt ein Zusammenbruch als unvermeidlich.

---

49 Es könnte wohl nur dann ausgegeben werden, wenn es solidarisch für die Menschheit, die in Not oder nicht so großem Wohlstand lebt, ausgegeben würde, wenn also in konkret menschlichen Nutzen und nicht stets in seine eigene Vermehrung investiert werden würde. Dies könnte allein dadurch geschehen, dass die Staaten größere Teile des Gewinns zum Nutzen der Allgemeinheit durch Steuern zurückholen und nachhaltig für die gesamte Gesellschaft einsetzen. In Lomborg (2004) werden der Klimawandel, Infektionskrankheiten, Konflikte, Zugänge zur Bildung, finanzielle Instabilität, Korruption im Regierungshandeln, Unterernährung und Hunger, Migration, sanitäre Verhältnisse und reines Wasser, Subventionen und Handelsbarrieren als die derzeit 10 zentralen Krisenphänomene der Globalisierung benannt, die einer Lösung harren. In allen Bereichen wäre das Geld gut eingesetzt.

Wenn gegen diese kritische Sicht auch andere Wirtschaftsökonomen die Lage zu entdramatisieren versuchen, so können auch sie nicht leugnen, dass starke spekulative und auch psychologische Faktoren die Märkte in Form von Massenhysterien immer mehr unter kurzfristiger Gewinn-Manie leiten, und dass der gezielte Einsatz großer Kapitalmengen eine unglaublich wirksame Waffe im Kampf der Märkte geworden ist, die auch nicht vor dem Selbstuntergang schützen kann, wenn die Märkte durch solche Operationen im großen Maßstab an ihre Grenzen und – das fürchten etliche Menschen spätestens nach der Pleite von *Lehmann Brothers* – bis in den Zusammenbruch geführt werden.

Der Staat, dies ist eine Konsequenz aus den beschriebenen Krisenphänomenen, wird in Zukunft wieder stärker die Märkte regulieren müssen. Aber gleichzeitig ist aufgrund der unterschiedlichen Entwicklungen in den Ländern kaum damit zu rechnen, dass übergreifende Konzepte leicht entwickelt werden können. Das Ringen um eine globale Finanztransaktionssteuer, die ein guter Einstieg in die Regulierung der überhitzten Finanzmärkte wäre, zeigt, dass die Regulierung selbst bisher an den vordergründigen Interessen der Märkte und verschiedener von ihnen profitierender Länder untereinander scheitert. Ökonomische Vernunft zeigt sich in ihrer kurzfristigen Gewinnorientierung als menschliche Unvernunft.

2.3.2 *Staat und Markt*

Adam Smith benutzte die Metapher der »unsichtbaren Hand« in seinem Buch »The Wealth of Nations« (Buch IV, Kapitel II, § IX), um zu zeigen, dass Menschen in jeder Gesellschaft ihr Kapital auch im Handel mit ferneren Gegenden oder Ländern einsetzen, wenn sie damit höhere Profite als im lokalen Handel erzielen können. Wenn dies so ist und Gewinn bringt, dann ist es besser für jede Gesellschaft, so argumentiert Smith, dies auch zu tun. Denn wenn der Staat nur die lokalen Unternehmen protektioniert, dann errichtet er Handels- und Markthindernisse, die auf lange Sicht allen schaden können.

Später hat man diese Einsicht auf den lokalen und auswärtigen Handel für den Kapitalismus verallgemeinert. Im Blick auf den Markt müssen wir auf die egoistischen Motive jedes Individuums vertrauen, denn aus der Summe aller egoistischen oder privaten Handlungen entsteht der Wohlstand eines Ganzen: Wie durch eine »unsichtbare Hand« gelenkt, erreicht das Individuum durch das Resultat seines Handelns etwas, was seiner eigenen egoistischen Natur zuwiderläuft – es produziert gleichsam wider Willen einen Reichtum für alle.

Die Handlungslogik, die dies begründen soll, lautet folgendermaßen: Wenn jeder Konsument frei ist, zu konsumieren, was und wie er will, und jeder Produzent frei ist, herzustellen, was und wie er will, und es auch frei zu verkaufen, dann regelt der Markt eine sinnvolle Zirkulation und Verteilung, angemessene Preise durch Konkurrenz, die allen Gesellschaftsmitgliedern und der Gesellschaft insgesamt am Ende zugutekommen werden. Das Eigeninteresse treibt die Menschen an, zum allgemeinen Wohlstand beizutragen. Liberalismus als ältere und Neoliberalismus als neuere Ideologie des wirtschaftlichen Handelns vertrauen im besonderen Maße auf diese unsichtbare Hand, und sie misstrauen besonders staatlichen Eingriffen der Regulierung.

Joseph E. Stiglitz nimmt diese Metapher ganz anders auf. Die unsichtbare Hand ist für ihn unsichtbar, weil man sie in den Handlungen der Menschen auch gar nicht sichtbar machen kann. In seinem Buch »Die Chancen der Globalisierung« (2006) bezieht er die Metapher der unsichtbaren Hand auf die tatsächlichen Verhältnisse des globalisierten Kapitalismus. Dabei zeigen sich die Entwicklungen nicht als schicksalshafte Geschehnisse, sondern als Durchsetzung bestimmter ökonomischer Theorien und politischer Steuerungen. Je nachdem, wie die Weichen politisch gestellt werden, ergeben sich andere ökonomische Effekte. Ein liberalisierter Markt der Egoismen führt nun aber keineswegs zu einem allgemeinen Wohlstand. Hier fällt seine Bilanz der liberalen oder neoliberalen Wirtschaftspolitik, einer Politik, in der sich der Staat nicht in den Markt einmischt, sehr kritisch aus. Die nachweisbaren Effekte sind in den letzten Jahrzehnten, dass die Reichen sehr viel reicher, die Armen sehr viel ärmer wurden.[50] Obgleich in der globalisierten Welt insbesondere Indien und China eine Erhöhung des Wohlstands erlebten, hat ansonsten die Globalisierung den Menschen weniger den erhofften Wohlstand gebracht. Zwar ist weltweit der Prozentsatz der in Armut lebenden Menschen gesunken, aber die absolute Zahl der Armen weltweit ist gestiegen. Auch in den Industrieländern ist eine Verarmung breiter Bevölkerungsschichten in Relation zum Gesamteinkommen zu erkennen.

Ökonomen unterscheiden hierbei zwischen absoluter und relativer Armut. Sie ist absolut, wenn Menschen am Existenzminimum leben, wenn sie im Grunde zu wenig zu ihrem Überleben haben und kaum grundlegende Überlebensbedürfnisse stillen können.[51] Relativ ist die Armut im Verhältnis zum übrigen Wohlstand in der Gesellschaft definiert, wobei gesellschaftliche Durchschnittswerte von Verdienst oder Unterstützungsleistungen aller Menschen ins Verhältnis zum einzelnen Menschen gesetzt werden.[52]

Je mehr der Staat sich als Regulationsinstanz aus der Wirtschaft im Rahmen marktfundamentalistischer Richtungen zurückgezogen hat, desto stärker wirken für Stiglitz negative Effekte. Denn die Märkte lösen von sich aus nicht das Armutsproblem, sondern verschärfen es vielfach. Sie helfen auch zu wenig, Vollbeschäftigung herzustellen, wie ein Blick in die realen Verhältnisse auf den Arbeitsmärkten weltweit zeigt. Dabei sieht er mindestens zwei Wirkmechanismen, die strukturell die Ungerechtigkeit der Verteilung von Werten erzeugen:

Einerseits ist die Welthandels- und Weltfinanzordnung ungerecht, weil sie das Geld stets von unten nach oben fließen lässt, d. h. von einer Vielzahl von Armen zu einer geringen Zahl von Reichen. Die Finanzkrise 2008 ist hierfür ein treffendes Beispiel. Weil sich Banken und ihre Geldgeber im Streben nach immer höheren Profiten verspekulierten, müssen alle Bürger über Steuern dafür haften und aufkommen, denn der Staat soll selbst für den Marktfundamentalisten dann reagieren, wenn die gesamte Wirtschaft zusammenzubrechen droht. Hier findet eine Umverteilung der unternehmerischen Risiken auf die Bevölkerungen statt.

Andererseits gibt es aber auch den Kampf der armen mit den reichen Ländern. Zwar wird den armen Ländern Entwicklungshilfe gewährt, aber gleichzeitig werden Handelsschranken

---

50 Vgl. dazu z. B. OECD (2008). Von ca. 1985 bis 2005 nahm die Einkommensungleichheit in drei Vierteln der OECD-Staaten zu, in den letzten fünf Jahren wuchsen in zwei Dritteln der Staaten die Armut und Ungleichheit.

51 Heute leben etwa 1,2 Milliarden Menschen nach Angaben der Weltbank in einem solchen Zustand auf der Welt. Vgl. z. B. http://www.worldbank.org/ unter Sitemap „Topics" und „Poverty". Der größere Kreis der Armen wird auf etwa 2,3 Milliarden bei annähernd 7 Milliarden Menschen geschätzt. Die Daten zu gewinnen, ist nicht einfach. Oft werden die Vermögens- und Einkommensverteilung nicht gleichermaßen beachtet. Daten, die beides berücksichtigen, finden sich unter http://www.wider.unu.edu/home/en_GB/index/.

52 Vgl. hierzu z. B. Definitionen und Daten unter http://www.wider.unu.edu/home/en_GB/index/ oder http://www.armut.de/. Für das Lernkapital (vgl. Kapitel 6) ist insbesondere auch die Kinderarmut ein wesentlicher Indikator.

errichtet, die die Ausfuhren der armen Länder drei Mal mehr belasten als die gewährte Hilfe. Auch den Internationalen Währungsform (IWF) sieht Stiglitz in seiner Politik als problematisch an, denn er gibt vor allen denen, die schon etwas haben. Er nennt das Beispiel Indonesien. Hier hat der IWF z. B. Geld bereitgestellt, um Bankenforderungen zu decken, aber nicht um Nahrungsmittel für Bedürftige zu subventionieren.

Der Marktfundamentalismus, der sich gerne auf die Metapher der »unsichtbaren Hand« beruft, bezieht sich damit auf eine Fiktion. Der Staat, so die Gegenthese, ist notwendig, um den Banken und Unternehmen sichere Bedingungen für ihr Markthandeln zu ermöglichen, er muss eine Vielzahl von Aufgaben regulieren. Dazu gehört nicht nur, dass Verträge und Eigentumsrechte respektiert werden, sondern auch, dass Betrug, Scheingeschäfte und hohe Spekulationen auf Kosten der Menschen, insbesondere der Bevölkerung, die mittels Steuern für Risiken haftet, an denen wenige sich bereichern wollen, vom Staat aus auch gegen die Märkte besser reguliert werden müssten. Es ist aus den Erfahrungen der kapitalistischen Entwicklung für Stiglitz notwendig, eine Balance zwischen Markt, Staat und nichtstaatlichen, nichtprofitorientierten Organisationen herzustellen. Dahinter steckt nicht der Glaube an einen problemlosen Wohlstand für alle, aber die Überzeugung,

- dass die Spaltung zwischen Arm und Reich sowohl auf individueller wie zwischenstaatlichen Ebenen nicht immer größer werden sollte,
- dass die westliche Doppelmoral mit ihrem Versprechen von Demokratie und ihrem Geld, das sie auch für unwürdigste Verhältnisse einsetzt, solange es Gewinn bringt, begrenzt werden kann,
- dass der neue Kolonialismus weniger Besitzender und Konzerne, den sie auf junge Demokratien ausüben, diese nicht vorzeitig ruiniert.

Damit dies möglich ist, müssten die Staaten global zusammenarbeiten und jene Kapitalströme durch Besteuerung regulieren, die im Wildwuchs der Märkte jede Lücke nutzen, um den Profit unabhängig von seiner Wirkung auf das tatsächliche Leben der Menschen zu steigern. Diese Haltung, die der Anarchie des Marktes und dem Egoismus der Kapitalbesitzer geschuldet ist, kann nicht dem Selbstlauf überlassen bleiben, wenn nicht die Demokratie überhaupt gefährdet werden soll. Menschen, die sich für die Demokratie einsetzen wollen, sollten diese Punkte nicht aus den Augen verlieren und nachhaltig für sie eintreten.

Der Staat wird von Stiglitz als eine Institution gesehen, die Regeln bereitstellen muss und zur Kontrolle Schiedsrichter einzusetzen hat, damit die Regeln auch eingehalten werden (vgl. Stiglitz 2010, 268). Solche Schiedsrichter sind Gerichte, Aufsichtsbehörden, Ämter. Gesellschaftlich, so argumentiert Stiglitz, müssen wir darauf vertrauen, dass die Regeln fair und die Schiedsrichter objektiv sind. Aber die Frage angesichts der tatsächlichen Besitzverhältnisse, der immer größeren Spaltung zwischen Arm und Reich, bleibt, inwieweit eine bloße Verwaltung des immer ungleicher werdenden Spiels noch ausreichen kann, oder ob der Staat nicht auch Impulse und Anreize geben muss, um die Spielregeln insgesamt gerechter und nachhaltiger auszurichten. Dies kann nur dann geschehen, wenn die Politik in diesem Sinne auch von den Massen beeinflusst wird, im Sinne einer neuen aufgeklärten ökonomischen Vernunft zu wirken.

Die Regulierer, die darauf vertrauen, dass der Kapitalismus durch ein positives Zusammenwirken von Staat und Markt seine Krisen im Sinne dieser neuen Vernunft überstehen kann, vertrauen, wie Stiglitz (2010, 95 ff., 113 f.) es im Anschluss an Keynes zeigt, auf folgendes Programm (vgl. weiterführend auch *Group of Thirty* 2009):

- Wirtschaftspolitische Eingriffe und Regulationen müssen sehr zeitnah am Markt greifen, um hinreichend wirksam zu sein. In der Finanzkrise schlägt er zur Überwindung der Krise vor, die Risikobereitschaft der Banken einzudämmen, sie zu mehr Transparenz in den Geschäften zu zwingen, ihr Eigenkapital zu erhöhen, die Fremdkapitalaufnahme zu verringern, eine Abgabe zu entrichten, um Einlagen gegen Risiken zu sichern, riskante Produkte zu beschränken (Stiglitz 2010, 218).

- Wirksam werden solche Eingriffe nur, wenn sie die Beschäftigung erhöhen und den volkswirtschaftlichen Output tatsächlich stärken.

- Sie sollten so ausgerichtet sein, dass sie langfristige Effekte haben, indem sie besonders die Bereiche einer Erhöhung der Sparquoten, Ausgleich der Handelsbilanzen, Sicherung der Altersversorgung, Ausbau der Infrastruktur, Bekämpfung der globalen Erwärmung fördern.

- Konjunkturpakete sollten sich auf Investitionen konzentrieren, die langfristig die Schulden abbauen helfen, die für sie eingesetzt werden. Dies geht nicht durch schuldenfinanzierten Konsum.

- Einkommensgerechtigkeit ist ein wichtiges Thema, weil die Schere zwischen Arm und Reich ständig anwächst. Dies muss in der Besteuerung der Reichen berücksichtigt werden, die in der Deregulierungsphase extrem profitiert haben. Die höhere Besteuerung der hohen Einkommen kann eine Umverteilung ermöglichen, die die Breite der Nachfrage bei gleichzeitiger Überkapazität in der Produktion stärkt.

- Konjunkturprogramme müssen auch kurzfristige Notlagen bekämpfen, um Härten zu vermeiden und weiteren Abschwung mit noch mehr Arbeitslosen zu verhindern.

- Deshalb müssen auch jene Bereiche gestärkt werden, in denen Umschulungen stattfinden, die Arbeitslose von verlorenen Arbeitsplätzen auf zukünftige, nachgefragte Arbeitsplätze umschulen.

- Um die globale Nachfrage zu stärken, müssten die Entwicklungsländer mehr ausgeben. Dies geht nur, wenn sie mehr Hilfen erhalten.

- Ein hoher Kohlenstoffpreis, um für das Treibhausgas-Aufkommen zu bezahlen, kann die Modernisierung vieler Wirtschaftsbereiche fördern und wirkt zugleich nachhaltig für die Zukunft.

Die Liste zeigt, wie schwierig die Gemengelage ist, denn manche Ziele stehen mitunter im Widerstreit und mitunter ergänzen sie sich. Der Einfallsreichtum der Finanzmärkte, um mit immer neuen Spekulationen Gewinne zu machen, kennt keine Grenzen. Beispielgebend sind hier Derivate, auf die die Finanzjongleure besonders stolz sind. „Der Name sagt schon viel über ihre Eigenart aus: Ihr Wert *leitet sich* (‚deriviert‘) von einem anderen Vermögensgegenstand ab. Eine Wette darauf, dass der Kurs einer Aktie am kommenden Montag über zehn Dollar liegen wird, ist ein Derivat. Eine Wette darauf, dass der Marktwert einer Wette darauf, dass der Kurs einer Aktie am kommenden Montag über zehn Dollar liegen wird, seinerseits über einem bestimmten Betrag liegen wird, ist ein Derivat auf der Basis eines Derivats."

(Stiglitz 2010, 225) Auch wenn es zunächst Sinn machen kann, einen bestimmten Kurs abzusichern, um eigene Risiken zu mindern (z. B. wenn ein Unternehmen bestimmte Rohstoffe zu einem bestimmten Preis und nicht darüber einkaufen will), so verführt ein solcher Handel aber auch zu umfassender Zockerei. Die Krise vieler Länder der Europäischen Union zeigt im Rahmen der Staatsverschuldungs- und Finanzkrise, wie die Zocker einen Staat nach unten wetten können, so dass dieser in den Strudel immer schlechterer Ratings und damit höherer Kredite gerät, bis ein EU-Rettungsfond ihn für bestimmte Zeit auffängt. Immer mehr Staaten mit hoher Verschuldung werden in solche Krisen hineingezogen. Warren Buffet nannte Derivate finanzielle »Massenvernichtungswaffen«, weil sie Firmen wie Staaten ruinieren können.

Die Finanzkrise der Jahre 2008/09 hat den Neoliberalismus kaum geschwächt, sondern eher gestärkt, wie insbesondere Crouch (2011) argumentiert. Obwohl der Neoliberalismus für die Krise als Hintergrunddoktrin im wesentlichen verantwortlich war, haben die Staaten zur Bewältigung der Krise im Grunde nicht in einem Dualismus von Staat und Markt gestanden, sondern durch die Rettung der Banken und Unterstützung von Großunternehmen das Geld der Bürger/innen ihrer Länder umverteilt. Crouch beschreibt, dass es nicht um ein Verhältnis von Staat gegen Markt geht, sondern um eine Dreiecksbeziehung von Staat, Markt und Großunternehmen. Indem der Staat den Finanzsektor und Banken rettet, bürdet er zugleich dem öffentlichen Dienst und anderen Branchen Einsparungen auf. Hier erstarkt der Neoliberalismus, denn durch die bedingungslose Sicherung der Banken verändert sich weder deren Mentalität noch die Zockerei, wohingegen in anderen Bereichen rigide Staatseingriffe, insbesondere auch in den Entschuldungsstrategien stark verschuldeter Länder, notwendig werden. Die Verflechtung von Staat und Großunternehmen steigt in diesem Zusammenhang, so dass kaum noch von einem wirklichen Ausgleich oder einer umfassenden Krisenbewältigung gesprochen werden kann. Einfluss und Macht der so genannten systemrelevanten Unternehmen sind so in der Krise noch gestiegen, und in dem Wissen um jede mögliche Rettung auf Kosten der Steuerzahler und des öffentlichen Dienstes gehen sie – gegen alle Marktprinzipien alter Art – noch höhere Risiken als zuvor ein, um ihre Gewinne zu maximieren. Welche Folgen dies für die Demokratie und Gesellschaft und das langfristige Verhältnis von Staat und Markt haben wird, das bleibt bei Crouch offen, weil es nur noch schwer vorhersehbar ist. Aber die profitorientierten Kräfte scheinen kaum zu bremsen zu sein, da sich so viel ökonomisches Kapital auf ihrer Seite angesammelt hat.

Was wir zusätzlich beachten müssen, das ist die ungeheure Staatsverschuldung, die in Kauf genommen werden muss, um solche staatlichen Programme zu realisieren. Es ist eine Schuld, die zugleich aber kaum getilgt werden kann, weil der Staat nicht radikal die Steuern erhöhen kann, weil dadurch die Konjunktur insgesamt geschwächt wird (es kann dann wegen der geringeren Mittel beim Bürger weniger konsumiert werden). Hier gibt es einen anderen »Zwang«, der sich in der Politik der Industrieländer breit gemacht hat: Das kontinuierliche Leben über die Verhältnisse hinaus in den Wohlstandsgesellschaften.[53] Den enormen

---

53   Shapiro (2007) analysiert, dass insbesondere Liberale und Neoliberale, Kommunitaristen und Egalitarier für sich unterstellen, die Wohlstandsgesellschaft und mit ihr den Wohlfahrtsstaat zu unterstützen, aber wegen ihrer radikalen Marktbezogenheit de facto das genaue Gegenteil propagieren. Die Marktbezogenheit des Handelns ist die große Illusion auch eines allgemeinen Wohlergehens. Faktisch jedoch gibt es den Wohlfahrtsstaat nur durch Umverteilungen. Wird die Umverteilung durch höhere Besteuerung der Reichen nicht hinreichend angestrebt, so drohen immer höhere Staatsschulden.

Staatsschulden der Gegenwart steht eine ebenso unglaubliche Summe an Kapital gegenüber, das diese Schulden bedient und hieraus Gewinne schöpft.

Wie können die Staaten die Schulden abbauen? Sie könnten auf die Inflation hoffen, die einen großen Teil weginflationiert. Das wiederum treibt die Zinsen in die Höhe. Zugleich jedoch ist zu viel Geld im Markt, weil die Kapitalbesitzer unglaublich viel ökonomisches Kapital angehäuft haben. Ihr Privatinteresse ist die Vermehrung ihres Kapitals, und sie setzen allein hierauf, auch wenn sie damit die Möglichkeiten für eine langfristige staatliche Krisenbewältigung selbst untergraben. In diesem ökonomischen Paradox wird der Kapitalismus noch lange gefangen sein, was seine Krisen nicht gerade erleichtern wird, aber ein ständiges Krisenmanagement voraussetzt, um die Situation im Sinne einer Systemerhaltung zu stabilisieren. Es lässt sich nicht voraussagen, wie lange dies gelingt, aber die Rahmenbedingungen lassen kaum noch auf krisenfreie Lösungen hoffen. Die angehäuften Schulden sind immer auch Schuldbekenntnisse, weil jemand nicht bezahlen kann. Umgekehrt, so folgert Graeber (2012), einer der Akteure der Occupy-Bewegung, besteht in der gegenwärtigen Finanz- und Schuldenkrise wie bei Schulden generell die Chance, sich von altem Ballast und ungleichen Verhältnissen zu befreien. Freiheit von Schulden ist dann gleichbedeutend mit Freiheit überhaupt. Und dies ist ein Weg, der in der menschlichen Geschichte schon oft in Umbruchzeiten notwendig gegangen werden musste, auch wenn die jeweils ökonomisch Mächtigen dies schon immer als Untergangsszenario beschrieben haben. Umstürze und Revolutionen, so vermutet Graeber, beginnen immer mit Schulden, die eine Gesellschaft nicht mehr bezahlen kann oder will.

2.3.3 Kapitalisierung gesellschaftlicher Lebensverhältnisse und die Frage ökonomischer Gerechtigkeit

Staat und Regulierung

Die Regierung eines Staates gilt gemeinhin in Demokratien als eine auf Zeit gewählte Exekutive, die die jeweils durch Mehrheiten repräsentierten Ansichten der Bürgerinnen und Bürger spiegeln und artikulieren soll. Die Regierung als Exekutive steuert politisch die Staatsgeschäfte, sie wird begrenzt durch die legislative (gesetzgebende) Gewalt, die Regierungsmehrheiten selbst mit steuern können, und die judikativen (rechtlichen) Voraussetzungen, also bereits bestehende Gesetze, die einen Rahmen für die Bedingungen und Möglichkeiten auch des regierenden Handelns setzen. Im Blick auf die Entwicklung des ökonomischen Kapitals kommen dem Staat mehrere Aufgaben zu, die zugleich gesetzlich geregelt sind:

- Der Staat in Form unterschiedlicher Regierungen nimmt unterschiedliche Formen an, denen wiederum unterschiedliche Deutungsweisen, was ökonomisch, historisch, kulturell oder sozial bevorzugt werden soll, zur Seite stehen:
    - Als *Steuerungsstaat* regelt er wesentliche Aufgaben des Gemeinwesens (ablesbar an seinen Ministerien und der Aufgaben, die diese wahrnehmen). Ökonomisch gesehen erhebt er Steuern, aus denen diese Aufgaben finanziert werden. Er sorgt vor allem dafür, dass die kapitalistischen Privatgeschäfte möglichst reibungslos ablaufen und er schützt das Privateigentum als auch die Möglichkeiten freier Lohnarbeit. Der

Steuerungsstaat steht dabei immer stark unter dem Interesseneinfluss vor allem ökonomisch mächtiger Gruppen, wie die Geschichte des Kapitalismus lehrt.

- Als *Rechtsstaat* trägt er dafür Sorge, dass alle Handlungen aller Bürgerinnen und Bürger in einem rechtlich prüfbaren Rahmen nach klaren Regeln und Gesetzen ablaufen, die bei Nichtbefolgung mit Sanktionen belegt sind. Dabei ist in einer Demokratie besonders bedeutsam, dass alle Menschen gleiche Rechte wahrnehmen können und der Staat auf Gleichheitsgrundsätzen aufgebaut ist. Hier zeigt die kapitalistische Entwicklung, dass Freiheitsrechte durchaus mit dem Kapitalismus vereinbar sind, aber zugleich in ihren gelebten Formen durch den ökonomischen Status der Menschen stark bestimmt werden.

- Als *Sozialstaat* gleicht er soziale Benachteiligungen aus und steht in dem Bemühen, allen Menschen möglichst hohe und gleiche Lebenschancen zukommen zu lassen. Die kapitalistische Entwicklung hat hier ökonomisch gesehen jedoch nicht verhindern können, dass die Kluft zwischen Arm und Reich innerhalb der Industrieländer gewachsen ist und zwischen Industrieländern und unterentwickelten Ländern sich ebenfalls vergrößert hat.

- Als *Ordnungsstaat* verfügt er über Polizei und Armee, um die vorhandenen Rechte und Pflichten nach innen und nach außen durchzusetzen.

- Im Blick auf die ökonomischen Märkte und Mechanismen tritt der Staat immer im Spanungsfeld von Regulation (geplante Eingriffe) und Deregulation (Spiel freier Kräfte) auf. Die kapitalistische Entwicklung zeigt, dass der Staat und die Politik dabei immer stark abhängig von den kapitalistischen Märkten sind. Meist in Krisenzeiten wird mehr reguliert, obwohl eine nachhaltige Regulation insbesondere zur Sicherung von mehr Chancengerechtigkeit durchgehend und mit Langsicht nötig wäre.

- Im Blick auf die Grundlagen der Demokratie, die in einer Beteiligung aller Menschen an demokratischen Grundrechten wurzelt und die eine Chancengleichheit aller Menschen zumindest dem Grunde nach intendiert, muss der Staat stark regulierend eingreifen, weil die sehr unterschiedlichen ökonomischen Verhältnisse und Bedingungen, unter denen Menschen leben, die Chancen in sehr großen Teilen bestimmen. Dabei ist als staatliche und demokratische Zielvorstellung weniger eine illusorische Gleichheit der Chancen aller gemeint, die ohnehin als unerreichbar im Kapitalismus erscheinen muss (vgl. Bourdieu/Passeron 1988), als vielmehr eine möglichst weitgehende Sicherung der Chancengerechtigkeit. Hierunter ist insbesondere zu verstehen, dass bei eigener Anstrengung Menschen in der Lage sein müssen, einen gewissen Wohlstand zu erreichen und ihre Lebenschancen zu verbessern. Aber genau der Wohlstand und diese Chancen sind in den unterschiedlichen Staaten sehr ungleich verteilt, was sich insbesondere in den Sozialleistungen und der Erziehung zeigt.

Eine wichtige Seite solcher Wirkungsweisen hat Jürgen Habermas in seinem Werk sehr deutlich gemacht: Demokratie und bürgerlicher Rechtsstaat hängen sehr eng miteinander zusammen, denn allein über das Recht kann die politische Partizipation aller Bürger/innen gesichert werden (vgl. Habermas 1992). Partizipation verwirklicht sich für Habermas, wenn „mündige Bürger unter Bedingungen einer politisch fungierenden Öffentlichkeit, durch einsichtige

Delegation ihres Willens und durch wirksame Kontrolle seiner Ausführung die Einrichtung ihres gesellschaftlichen Lebens selbst in die Hand nehmen" und „personale Autorität in rationale" überführen (Habermas 1973, 13). Demokratie sieht er als die politische Gesellschaftsform, die „die Freiheit der Menschen steigern und am Ende vielleicht ganz herstellen könnte" (ebd., 11). Solche Demokratie ist für ihn grundlegend an die „Selbstbestimmung der Menschheit" gebunden. Das Recht, so macht er in seiner Rechtsphilosophie klar, ist wesentlich, um eine soziale Integration herbeizuführen, wenn die handelnden Akteure nicht, wie Habermas in seinem herrschaftsfreien Diskurs idealtypisch fordert, kommunikativ idealtypisch, sondern strategisch handeln. Hierbei muss das Recht die Akteure einerseits beschränken, andererseits aber müssen sie sich auch dem Recht unterwerfen wollen, was eine gewisse Einsicht voraussetzt (Habermas 1992, 44). Gesetze sind für ihn nur dann legitim, wenn sie in einem diskursiven Rechtsetzungsprozess, der die demokratische Zustimmung einer repräsentativen Demokratie benötigt, geschaffen werden. Dabei setzt er vier Hauptprinzipien des Rechtsstaats ein:

1. das „Prinzip der Volkssouveränität" (ebd., 209),

2. das „Prinzip der Gewährleistung eines umfassenden individuellen Rechtsschutzes" (ebd., 212),

3. das „Prinzip der Gesetzmäßigkeit der Verwaltung" (ebd., 213),

4. das „Prinzip der Trennung von Staat und Gesellschaft" (ebd., 215).

Im Blick auf die Kapitalisierung aller gesellschaftlichen Bereiche ist insbesondere das vierte Prinzip problematisch. Habermas geht idealtypisch davon aus, dass in den sozialen Beziehungen der Menschen hier keine unüberwindlichen Klassenstrukturen in der politischen Kultur vorliegen sollten, da sonst der Staat in seinen Handlungen von solchen Strukturen abhängig werden könnte und dann – trotz der Mechanismen der repräsentativen Demokratie – die Rechtsstaatlichkeit zugunsten bestimmter Gruppen und zu Ungunsten anderer auslegen könnte. Die Frage der heutigen Demokratien angesichts der Wirtschafts- und Finanzkrise und des Engagements des Staates, vor allem die Interessen der reicheren Schichten und hier wiederum vorrangig einer Minderheit zu bedienen, lässt zumindest die Frage aufkommen, wie realistisch die gemachte Unterscheidung noch ist. Hat sich der Staat nicht zu sehr auf die Seite des ökonomischen Kapitals gestellt und damit die Trennung längst aufgegeben? Oder anders gesagt: Erkennen wir nicht an den Vorkehrungen des Staates, die er insbesondere zum Ausgleich der Kapitalformen trifft oder nicht trifft – Begrenzung eines maßlosen Reichtums auf der einen Seite, um eine abgehobene ökonomische Elite zu verhindern, Investition insbesondere ins Lernkapital oder soziale Sicherungssysteme auf der anderen Seite, um Chancengerechtigkeit und relative Gleichheit in der Gesellschaft überhaupt noch wahren zu können –, inwieweit diese Trennung überhaupt noch gelingt?

Vor dem Hintergrund der bisherigen Analyse will ich nun einige wesentliche Grundphänomene der gegenwärtigen Lebensweise analysieren, die für das ökonomische Kapital und den gesellschaftlichen Umgang wie auch für die Wirkungen auf die Gesellschaft bedeutsam sind. In etlichen Studien konnte gezeigt werden, wie wichtig diese Grundphänomene sind. So unterscheiden z. B. Bruno Frey und Alois Stutzer in ihrer Studie zu »Happiness and Economics« (2002) das Einkommen, die Arbeitslosigkeit bzw. Beschäftigung und die Inflation als besonders relevante Kategorien, um die Zufriedenheit von Menschen gegenüber den wirtschaftlichen Zuständen zu charakterisieren. In anderen Studien wird z. B. das Wohnen als wichtiger Faktor der Lebenszufriedenheit genannt, aber auch die sozialen Mobilitätschancen (Aufstiegs- oder Abstiegsszenarien der Menschen) in ihren Beziehungen und Erziehung und Bildung (die ich in Kapitel 6 gesondert untersuche). Insbesondere sind jedoch die Konsumchancen als messbare Indikatoren des Wohlstands zu nennen. Hieraus ergeben sich auch Freiheitschancen (Wahl einer Ausbildung, eines Berufs oder Arbeitsplatzes, einer Versorgung vor Krankheiten und im Alter, einer Absicherung der Familie, rechtlicher Sicherheit usw.), die von Menschen als besonders wichtig in der flüssigen Moderne angesehen werden und die auf der gesellschaftlichen Seite die gesamte Entwicklungstendenz und ökonomische Gerechtigkeit einer Gesellschaft zeigen. Obwohl alle kapitalistischen Gesellschaften der Gegenwart gleiche Grundentwicklungstendenzen aufweisen, so sind die Unterschiede zwischen den Ländern im Detail sehr groß. Die hängt sehr stark vom Ausmaß und Erfolg staatlicher Regulierungen ab. Grundsätzlich lässt sich hier die These aufstellen, dass die Gesellschaften, die mehr auf Gleichheit als auf Ungleichheit (verbunden mit Deregulierung oder dem Wirken freier Marktkräfte) setzen, gesellschaftlich größere und gerechtere Chancen für die Mehrheit ihrer Mitglieder bieten (vgl. dazu Wilkinson/Pickett 2010).

Einkommen, Armut, und die Rolle des Mittelstands

Siegfried Kracauer hat z. B. 1930 eine Art Reportage über die Angestellten veröffentlicht, in der er neben dem Proletariat (den Geringverdienern) und den Unternehmern (den Höchstverdienern) einen neuen und sich verbreitenden Typus von Arbeit und Abhängigkeit charakterisierte (auch Mittelschicht genannt). Der Text, der die Wirklichkeit nicht als ein statisches Abbild von Verhältnissen, die naturgemäß so sind oder so bleiben müssen, beschreibt, sieht sich selbst als eine Konstruktion, die plausibel Daten auswerten will. Als Beobachter wirtschaftlicher Verhältnisse verbinden wir empirische Untersuchungen mit unseren Deutungen, und so eröffnete Kracauer seine neuartige Narration über die Veränderungen der Arbeit im Kapitalismus, die bis heute relevant ist. Mit großer Weitsicht beschrieb er den individuellen Einsatz des ökonomischen Kapitals der Mittelschicht. In der Spaltung der Gesellschaft in jene, die ökonomisches Kapital anhäufen, und jene, die sich allein mittels Lohnarbeit verdingen, entsteht nach seinen Beobachtungen eine Gruppe von Menschen in der Mitte, die ein bescheidenes Grundeigentum, Läden oder Gewerbe, besitzen. Diese Schicht kann im selteneren Fall ökonomisches Kapital in größerer Höhe anhäufen und damit auf die Unternehmerseite wechseln, oft lebt sie eher in Selbstausbeutung und ist stets vom Abstieg ins Proletariat – oder wie es heute heißt ins Prekariat (vgl. dazu z. B. Castel 1995) – bedroht. Ein Teil wird zu Angestellten, die ihre Arbeitskraft gegen Lohn verkaufen, besser gestellt zu sein scheinen als die Arbeiter/innen, obwohl sie in »Angestelltensälen« in einer rationalisierten Form des Fließbandes arbeiten, wie Kracauer meinte. Die scheinbare Besserstellung als die der Arbeiter/innen ist die immerwährende Illusion der Angestellten, und dankbar nehmen sie Aufstiegs- und Eignungsprüfungen hin, um ihren Status zu sichern. Sie zählen sich zum Bürgertum und sie übernehmen, obwohl sie kein eigenes ökonomisches Kapital anhäufen, die Mentalität eines »gerechten« Kapitalismus, indem sie an Aufstiegschancen glauben.[54] Kra-

---

54   Dies gilt bis in die Gegenwart, wie Herrmann (2010) für die deutschen Verhältnisse zu zeigen versucht. Vgl. zur Zunahme der so genannten prekären Arbeit auch Brinkmann u. a. (2006). Kurzzusammenfassungen der

cauer allerdings unterschätzte noch die Differenzierungsmacht, die hier angelegt ist, weil er den Angestellten recht ausschließlich ein falsches und illusionäres Bewusstsein zuschrieb. So konnte er zwar erkennen, wie sich die Angestellten nach und nach von den übrigen Arbeitenden emanzipierten, insbesondere sah er bei ihnen zahlreiche Formen der Bildung kulturellen Kapitals in dem Sinne, wie es in Kapitel 4 noch differenziert werden soll. Mit anschaulichen Beispielen illustrierte Kracauer zudem die neue Angestelltenwelt und ließ sie in dokumentarischen Montagen zu Wort kommen: die desillusionierte Verkäuferin, den zynischen Betriebsrat, den realitätsfernen Abteilungsleiter oder den trübseligen Richter. Die Angestellten, so lässt sich seine Sicht verallgemeinern, besuchen Kinos, Museen, nehmen am kulturellen Leben teil und bilden einen bürgerlichen Habitus aus. Sie suchen den Glanz der Oberschicht, aber sie reflektieren zu wenig ihre eigene Lage. Der Widersinn der Angestellten besteht vor allem darin, dass sie durch eigenes Tun jene Technokratie hervorbringen, die nicht nur andere Arbeitende kontrolliert, sondern sie auch selbst zu Opfern eines rationalisierten und funktionalisierten Systems macht. Wenn sie eben noch machtvoll in die Strukturierung der Arbeitsprozesse eingreifen oder ganze Betriebe managen, so sind auch sie nächsten Tages gegebenenfalls arbeitslos, wie Kracauer konstatierte, und stehen dann erschrocken vor den Folgen eines Systems, das sie selbst mit erzeugt haben.

Gegenüber der Analyse von 1930 müssen wir heute erkennen, dass die Angestellten eine sehr viel heterogene Gruppe geworden sind. Die Masse dieses Mittelstandes ist eher gegenüber immer reicher werdenden Gruppen relativ verarmt, aber wenige Manager verdienen, obgleich sie keine investierenden Kapitalbesitzer sind, ein Vermögen, das es ihnen dann doch gestattet, schnell auf die Seite des angehäuften ökonomischen Kapitals zu wechseln. Realistisch gesehen müssen die Massen erkennen, dass ihre relative Lage (gemessen an den Besitzverhältnissen insgesamt) sich in den letzten Jahrzehnten verschlechtert. Dies ist in den Industrieländern aber unterschiedlich. In den USA z. B. liegt das Durchschnittseinkommen, wenn man den Geldbesitz insgesamt durch die Einwohner teilt, zwar sehr viel höher als vor dreißig Jahren, aber wenn man die oberste Schicht der sehr Reichen weglässt, dann zeigt sich, dass das Einkommen etwa der heute Dreißigjährigen deutlich unter dem ihrer Eltern vor 30 Jahren liegt.[55] Die Spaltung zwischen Reich und Arm ist typisch für den Kapitalismus geworden:[56]

- Sehr viele Menschen unter der Armutsgrenze sind in drei Vierteln der OECD-Länder in großer Anzahl zu beobachten, wie das Schaubild weiter unten zeigt.

- Einkommensungleichheiten sind in vielen Ländern zu beobachten. Dabei sind die Reichen insbesondere vermögender gegenüber niedrigen und mittleren Einkommen und Vermögen geworden.

- Besonders hoch sind die Risiken für junge Erwachsene und Familien mit Kindern, wobei arbeitende Mütter die Armut mildern können.

Betrachten wir die niedrigen und mittleren Einkommen in OECD-Ländern, dann fällt auf, dass es große lokale Unterschiede gibt (vgl. *Schaubild 6*). Auf der rechten Seite ist abgebil-

---

prekären Verhältnisse geben z. B. Bude (2008), Schreiner (2010).

55   Vgl. z. B. Isaacs (2008). Zu den folgenden Daten DeNavas-Walt u. a. (2009) und Stiglitz (2010, 243). Für Deutschland z. B. Butterwegge (2011), Brinkmann u. a. (2006), Herrmann (2010).

56   Vgl. dazu OECD: http://www.oecd.org/document/53/0,3343,en_2649_33933_41460917_1_1_1_1,00.html.

det, dass die ärmsten 10 Prozent der Bevölkerung durchschnittlich 7000 US Dollar oder weniger besitzen, wobei Mexiko und die Türkei deutlich zurückfallen. Aber es zeigt sich auch,
dass die Armen in reicheren Ländern nicht immer gut wegkommen. Wenn man z. B. Schweden mit den USA vergleicht, dann haben in Schweden die ärmsten 10 Prozent das 1,5-fache
Einkommen wie die armen Amerikaner.

Schaubild 6:   Low and middle incomes 2005. OECD (2008)
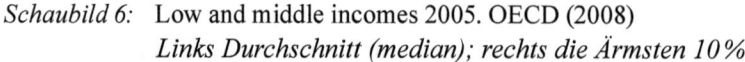
              Links Durchschnitt (median); rechts die Ärmsten 10 %

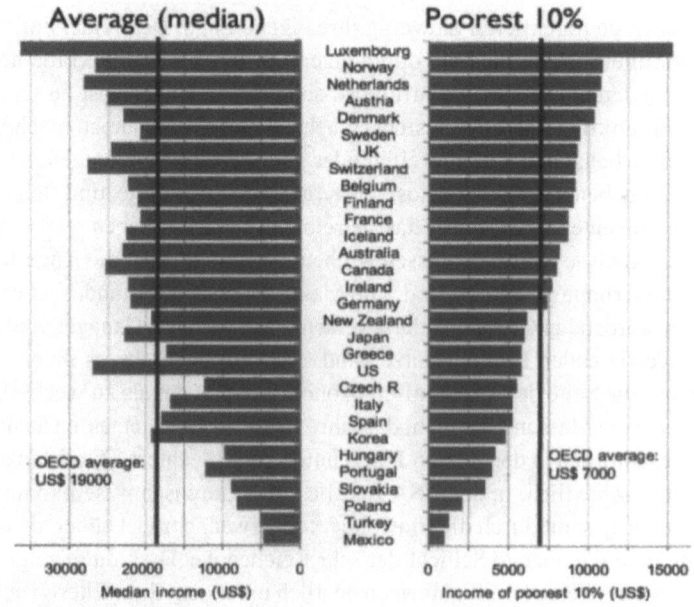

Armut ist ein besonders großes Thema der Industrieländer, weil mit der Zunahme der relativen Armut zeitgleich auch eine Zunahme der Beschäftigung in der Breite insbesondere
durch die Arbeitstätigkeit von Frauen stattgefunden hat, was eigentlich zu einem gegenläu-
figen Effekt hätte führen sollen. Die Ungleichheit der Bezahlung zwischen hohen, mittleren und Niedriglohnbereichen ist groß. Unverständlich bleibt für viele, wie die ungeheuren
Kapitalsummen der Gegenwart um den Erdball fließen und sich mittels Spekulation, mittels
Derivaten und Leerverkäufen, Optionsgeschäften und anderen undurchschaubaren Transaktionen auch jenseits von Arbeit zu vermehren scheinen, wohingegen selbst Doppelverdie-
nerhaushalte kaum Rücklagen bilden können.

   Das Kapital scheint sich verselbstständigt zu haben und selbst nur noch in der Zirkulation, im Zirkel von Angebot und Nachfrage um sich selbst zu kreisen, um dabei wie in einem
Kettenbrief sich stets zu vermehren, bis ein Letzter die Zeche zu zahlen hat. Da die Staaten

über ihre Steueraufkommen dafür haften, um ihre Wirtschaften am Laufen zu halten, gehören die breiten Massen immer mit Sicherheit auch zu diesen Letzten. Zugleich wird es immer schwieriger, die ablaufenden Prozesse zu verstehen. Hier ist die Sprache der Wirtschaft bereits bis ins Unverständliche gedriftet, um den immer neuen spekulativen Geschäften der gegenseitigen Übervorteilung einen Namen zu verschaffen (Heuschrecken, Blase, Leerverkäufe, Währungsrisiken, Subprime-Krise, Ratingagentur-Krise usw.). Die Strukturbedingungen des neuen Kapitalismus erscheinen hier wie ein Schicksal, an dem niemand richtig etwas ändern kann und selbst die Interventionen des Staates erscheinen in den jüngeren Kriseninterventionen mit ihren lokalen und übernationalen Rettungsschirmen als kaum noch durchschaubar. Andererseits ist zu beobachten, dass die Mittelschicht durchaus zufrieden mit ihrer Lage bleibt, soweit große Teile ihrer Vergleichsgruppe einen ähnlichen Konsumstatus einnehmen und sofern sie sich nach unten immer noch von ärmeren Schichten abgrenzen können (vgl. dazu z. B. Herrmann 2010).

Arbeitslosigkeit und Sorge um den Arbeitsplatz

Für alle Menschen, die auf Lohnarbeit angewiesen sind, um die Mittel für ihren Lebensunterhalt zu erwerben, sind das Finden eines Arbeitsplatzes und der Erhalt dieses Arbeitsplatzes wesentlich. Die Arbeitslosenquote ist ein gesellschaftlicher Indikator für den Wohlstand und die Dynamik einer Volkswirtschaft. Diese Quote bezeichnet den Anteil der Erwerbslosen an der Gesamtzahl der zivilen Erwerbspersonen, d. h. von Menschen, die bereits schon einmal erwerbstätig waren.

Die Quote ist ein statistisches Konstrukt und wir müssen genau hinsehen, welche Gruppen nicht arbeitender Menschen hier mitunter auch nicht enthalten sind, obwohl sie Arbeit suchen: Junge Menschen, die noch keinen Arbeitsplatz hatten, Rentner, die sich notwendig etwas hinzuverdienen müssen und andere mehr. In Deutschland z. B. täuscht die Arbeitslosenstatistik besonders, weil es eine versteckte Arbeitslosigkeit gibt. Hierunter fallen beispielsweise Arbeitslose, die älter als 58 Jahre sind, Leistungen zur Teilhabe am Arbeitsleben erhalten, Ein-Euro-Jobs wahrnehmen oder staatlich nicht mehr arbeitsvermittelt werden. Bei einer Arbeitslosigkeit von über 3 Millionen in 2010 wird die Größe dieser Gruppe immerhin auf etwa 1,2 Millionen geschätzt. Betrachten wir die Arbeitslosenquote z. B. in Europa, dann fällt auf, dass sie recht hoch ist und im Schnitt fast 8 % beträgt, eine Quote, die bereits über einen sehr langen Zeitraum mit leichten Schwankungen gilt. In dieser Quote ist ein Überangebot von Arbeitskräften ausgedrückt, das zugleich dazu führt, dass die Löhne stets unter Druck sind. Hinzu kommt, dass in den kapitalistischen Gesellschaften immer mehr Teilzeit- und Leiharbeiten auf niedriger Lohnbasis stattfinden, was insgesamt ein Abdriften größerer Bevölkerungsgruppen in die Nähe der Armutsgrenze oder unter sie ausdrückt. Allerdings sind die Länderunterschiede sehr groß. So waren 2009 z. B. in den Niederlanden 2,8 %, in Dänemark 4,3 %, in Deutschland 7,3 %, in Frankreich 8,3 %, in Spanien 14,8 % arbeitslos. Oft ist die Jugendarbeitslosigkeit dann noch um ein vielfaches höher.

Dieser Entwicklung korrespondiert das psychische Bewusstsein der Arbeitenden, die durch eine große Sorge um einen Arbeitsplatzverlust (in allen Lohngruppen) gekennzeichnet ist (vgl. *Schaubild 7*):

.

Schaubild 7:   Sorge um Arbeitsplatzverlust in Deutschland. In: Hauser u.a (2008, 96)

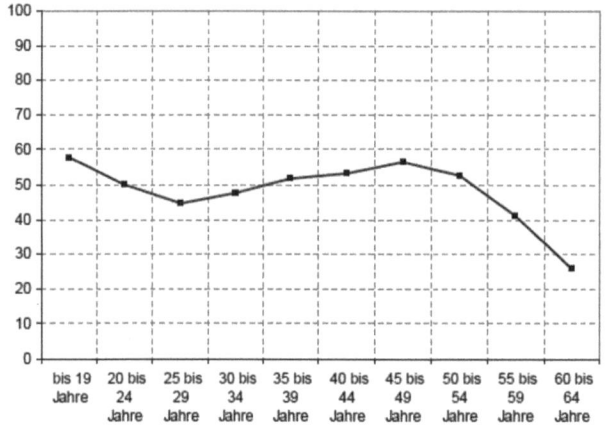

Die Sorge erscheint insgesamt als sehr hoch. Selbst bei den über 60-Jährigen fürchtet noch jeder vierte Arbeitende um einen Verlust des Arbeitsplatzes und damit verbundene ökonomische und soziale Folgen, was durch relativ niedrige Altersversorgungen bei vielen Menschen mit vorgezogenen Rentenleistungen bedingt ist. Stärker betroffen sind junge Menschen und Ältere um die 50, obgleich die Zahlen insgesamt für alle Altersgruppen als sehr hoch anzusehen sind. Die Frage, ob und inwieweit der Staat die Beschäftigung beeinflussen könnte oder sollte, wird immer wieder diskutiert.

Die Spaltung von Arm und Reich wird, wenn sie so weiter wächst, zu einem ernsthaften Problem nicht nur der zunehmenden Differenz in der Gesellschaft und damit verbundener Gerechtigkeitskonflikte, sondern auch im Blick auf fehlende Konsumnachfrage in der breiten Masse und damit auch zu einem Problem der Absatzmärkte. Ein Instrument zur Gegensteuerung wäre der Mindestlohn, um das Abdriften der Löhne nach unten, was bis an die Schwelle der sozialen Hilfen reichen kann, zu vermeiden, da dann diejenigen, die arbeiten, unter Umständen genau so viel oder weniger als die bekommen, die sozial unterstützt werden. Ein anderes Instrument wären Eingliederungshilfen zurück in den Arbeitsmarkt, die dann besonders sinnvoll sind, wenn sie mit einem Zuwachs an Qualifikationen verbunden werden können, die auf dem Arbeitsmarkt nachgefragt werden. Jene Industrieländer, die bei einer anscheinend unvermeidlichen Arbeitslosigkeit von einigen Prozent (im gegenwärtigen Stand des Kapitalismus ist dies schon lange festgeschrieben), durch Bildungsausgaben bereits früh dafür sorgen, dass möglichst viele Heranwachsende gut und breit qualifiziert sind, leisten eine bessere Vorsorge als diejenigen, die hier auf freie und nicht regulierte Märkte vertrauen. Die Investitionen insbesondere in Bildung machen sich auf lange Sicht auch bezahlt. Dies wird im Kapitel über das Lernkapital als erfolgreiche Strategie näher beschrieben werden.

Mindesteinkommen und Zufriedenheit
Fassen wir die staatlichen Möglichkeiten zusammen, die sich im Blick auf die gesellschaftliche Nutzung des ökonomischen Kapitals ergeben, dann sehen wir ein Anforderungspro-

fil, das im Blick auf die Vielfalt der Faktoren, die Einflussgrößen aus kapitalistischer Privat-
produktion und Dienstleistung, die lokalen Unterschiede bei gleichzeitigem globalen Druck
auf das Wirtschaften eine widersprüchliche Interessenlage zeigt, das nicht einfach zu aufzulösen ist. Aus zahlreichen Zufriedenheitsstudien, die über die Lebenslagen von Menschen
und ihre Wünsche an ein glückliches Leben, in den letzten Jahrzehnten entstanden sind,
wissen wir auch (vgl. z. B. Glatzer u. a. 2008), dass niemand Millionär sein muss, um glücklich zu sein. Zufriedenheit hängt von etlichen Faktoren ab, es steigt in Befragungen deutlich
mit dem Einkommen. Aber Glück als emotionales Erleben von Freude, guten Beziehungen
und erfülltem Leben ist nicht an ein besonders hohes Einkommen gebunden. Ein kaufbares
und damit durchgehend kapitalisiertes Glück gibt es nicht, aber die Menschen benötigen ein
Mindestmaß an Einkommen und rechtlichen Sicherheiten, um in der breiten Masse zufrieden und glücklich zu sein. Kahnemann/Deaton (2010) stellten die These auf, dass bei etwa
60.000,- EUR (75.000,- US-Dollar) Haushaltseinkommen gegenwärtig eine Grenze zu verzeichnen ist, die einen relevanten Zusammenhang von Zufriedenheit und Glück aufweisen
kann. Oberhalb dieses Einkommens ist kaum noch ein Glückszugewinn in den Befragungen zu erkennen, aber unterhalb eines solchen Einkommens kann es zu signifikanten Einschränkungen im Wohlbefinden kommen. Dies gilt insbesondere dann, wenn sich negative
Kontexte im Blick auf Familie, Gesundheit oder Arbeitslosigkeit zeigen. Dann wird vieles
als sehr viel Gravierender empfunden oder auch als gesundheitlich belastender gesehen als
bei einem höheren Einkommen oder vorhandenen Rücklagen. Armut hingegen, das fanden
die Forscher in empirischen Befunden heraus, verstärkt in allen Bereichen die negativen Effekte erheblich und führt nicht nur zu stärkerem Unglücksempfindungen als in Vergleichsgruppen, sondern auch tatsächlich zu schlechterer Gesundheit und kürzerer Lebenserwartung, aber auch zu weniger Erholung durch Wochenenden und zu höherem Stress insgesamt.

Konsumteilhabe versus Gewinnmaximierung

Das Thema Chancengerechtigkeit wird es in einem kapitalistischen System insbesondere auf
der ökonomischen Seite immer schwer haben, weil die ökonomischen Chancen stets schon
verteilt sind und die Eigentumsrechte fundamental berühren. Gleichwohl können Menschen
mehrheitlich in Demokratien nach Verteilungsgerechtigkeit suchen, die sie politisch durchsetzen können. Dies betrifft insbesondere die breite Mittelschicht. Viele Arbeitende sind in
dies Schicht aufgestiegen. Dabei ist diese Schicht ohne größeres ökonomisches Kapital und
lebt in einem relativen Wohlstand, ist aber sehr oft durch Arbeitslosigkeit bedroht, die von
der großen Mehrheit als individuelles Pech oder Versagen empfunden wird.[57] Wer Arbeit hat,
der kann im entwickelten Kapitalismus verglichen mit früher zwar auf weniger Arbeitszeit
und mehr Erholung pochen, aber dies ist zugleich mit einer hohen Beanspruchung der Tätigkeit während der Arbeitszeit verbunden. Allen Menschen wird als individuelle Vorsorge
empfohlen, ihr Lernen von Geburt an zu steigern, um im Konkurrenzkampf gegeneinander
möglichst gute, d. h. qualifizierte Plätze einzunehmen, was sie aber nicht davor schützt, dass
die Firmen sich auf globale Wanderungen begeben, weil sie woanders billigere qualifizierte

---

57   Herrmann (2010) beschreibt z. B. für Deutschland sehr anschaulich, wie diese Mittelschicht immer stärker
     in die Armut abrutscht, ohne dies selbst hinreichend zu bemerken und politisch dagegen zu opponieren.
     Einzeldaten zur Gerechtigkeitslücke in Deutschland fasst Schreiner (2010) anschaulich zusammen.

oder auch unqualifizierte billigste Arbeiter finden, die ihren Gewinn steigern. Insoweit ist die Sorge um den Erhalt eines Arbeitsplatzes stark individualisiert worden und erscheint vorrangig in der Verantwortung des Arbeitenden. Verliert jemand seine Arbeit oder gelangt erst gar nicht auf einen Arbeitsplatz, dann ist der Weg in die Armut schnell vollzogen. Dem Staat werden hierfür die Kosten aufgebürdet, die er sich mittels Umverteilung von den Steuerzahlern, in der Mehrheit wiederum den Arbeitenden, zurückholt. Aber die Sachlage ist durchaus kompliziert. Der Kapitalismus benötigt in seiner Gewinnorientierung zum Absetzen seiner Waren und Dienstleistungen einen massenhaften Konsum, der nur erreichbar erscheint, wenn massenhaft Menschen hinreichend Geld verdienen. Insoweit besteht eine heikle Balance aus Gewinninteressen des ökonomischen Kapitals, das seine Kosten für Arbeit (und alles andere) senken will, um gleichzeitig mittels immer höherer Marketings- und Werbungskosten seine Waren an jene zu veräußern, deren Löhne (im eigenen Bereich) möglichst eingespart werden sollen. Gelingen kann diese Balance nur, wenn (vgl. dazu Stiglitz 2010, 260 ff.)

- möglichst eine Vollbeschäftigung bei ökonomischer Stabilität im Funktionieren der Märkte erreicht wird, um die Konsumnachfrage hoch zu halten, [58]

- Innovationen stets gefördert werden, um die Nachfrage nach neuen Produkten zu erreichen und damit wiederum neue Arbeitsplätze und Gewinne zu schaffen (weitere Erhöhung des Wohlstands möglichst vieler Menschen, Erhöhung des Umweltschutzes, Sicherung der Zukunft),

- die soziale Absicherung und umfassender Versicherungsschutz gewährleistet werden, um den Bereich der Arbeitskräfte hinreichend zu schützen und als Arbeitskräfte vorhalten zu können,

- rigide Formen der Ausbeutung mit sozial inakzeptablen Ergebnissen vermieden werden, wie sie durch Billiglöhne, Teilzeitangebote oder Leiharbeitszeitfirmen zunehmend entstanden sind, weil sich der Kapitalismus sonst selbst seine Verwertungschancen (Absatz der Waren) erschwert oder verunmöglicht. [59]

Nehmen wir diese Übersicht als Zusammenfassung wichtiger Aspekte der gesellschaftlichen Relevanz des ökonomischen Kapitals, dann lässt sich sagen, dass insbesondere der Staat als regulierende Instanz aufgefordert ist, Maßnahmen zu ergreifen, die wirksam die Gefährdung bekämpfen.[60] Je größer der Anteil an Menschen ist, deren ökonomische Lage im Vergleich zu anderen dazu führt, dass sie von großen Teilen des Konsums und in der Kultur als menschenwürdig angesehenen Lebensformen ausgeschlossen werden, je größer auch ihre Zufriedenheit gefährdet ist, desto kritischer mag dies für die gesellschaftliche Entwicklung wer-

---

58   Dabei ist der Begriff der Vollbeschäftigung illusionär, denn man begnügt sich hier mit unterschiedlichen Prozentangaben der Arbeitslosen, die noch Vollbeschäftigung bedeuten. William Henry Beveridge definierte 1945 in seinem Werk „Vollbeschäftigung in einer freien Gesellschaft" sie als einen Zustand, in dem die Zahl der offenen Stellen die der Arbeitslosen übersteigt, wobei ein Satz von drei Prozent Arbeitslosigkeit als hinnehmbar angesehen wurde. Heute werden die Prozentsätze oft viel höher angesetzt und mit vielen statistischen Tricks wird versucht, die Arbeitslosenzahlen zu schönen (z. B. indem man Arbeitssuchende in Umschulungen nicht mitzählt oder ältere Arbeitssuchende aus der Statistik fallen lässt).

59   Vgl. dazu auch die Daten aus den Armutsstudien und von der OECD, die in diesem Kapitel bereits zitiert wurden. Zusätzlich auch Wagner/Weiß (2003), Frey/Stutzer (2002), Wilkinson/Pickett (2010).

60   Zu weiteren Schlüsselfragen der gesellschaftlichen Entwicklung der Gegenwart vgl. auch Kingsbury u. a. (2004) und Lomborg (2004).

den, weil die Spaltung der Gesellschaft einen Schaden für alle herbeiführen kann. Dies gilt
für die wirtschaftlichen Folgen allemal, denn je mehr Menschen vom Konsum abgekoppelt
werden, desto schwieriger wird dies für den kapitalistischen Gesamtmarkt, der auf Käufer/
innen angewiesen ist, um überhaupt seine Gewinne realisieren zu können. Ein regulierender
Staat erscheint als notwendig, um zumindest die Zukunftschancen für jene offen zu halten,
die in den sehr ungleichen Verhältnissen in prekäre und bildungsferne Milieus hineingeboren
werden. Dies kann durch Instrumente wie Mindestlöhne, eine angepasste Regulierung von
Arbeitsmärkten, eine rechtliche Absicherung von Bildungschancen und deren tatsächliche
praktische Umsetzung durch Förderung und Inklusion, durch gute Sozialversicherungssyste-
me unter staatlicher Kontrolle geschehen. Aber dies geschieht nicht im Selbstlauf, da die ökonomischen Interessen die damit verbundenen Kosten als Schmälerung der Gewinne erfahren
wird, so dass die Art der Regulation davon abhängt, wie sich die Menschen als Wähler und
politisch engagierte Menschen noch solidarisch miteinander und gegeneinander verhalten.

Gegenüber dem Staat wirkt in Demokratien ein Primat der Politik, das mehrheitlich erstritten und erkämpft werden muss (vgl. Mouffe 1994). Hier wird es zur wesentlichen Aufgabe, möglichst viele Menschen für die Kapitalformen zu interessieren, damit sie sich im
Sinne eigener Interessen engagieren. Allein über diese Politisierung wird es gelingen können, die staatlichen Vorkehrungen und Regulationen im Sinne einer Erhöhung der Chancengerechtigkeit in Gang zu setzen.

2.4 Individuelle Nutzung des ökonomischen Kapitals

Kapitalisierung individueller Handlungen

Der Mensch sieht sich gerne als einmalig an, ist aber in den Kapitalisierungen stets im Vergleich mit anderen. Nur wer individuell Kapital besitzt, der erhält überhaupt erst die Chance, Waren bzw. Dienstleistungen gegen Lohnarbeit produzieren zu lassen, Leistungen nach
Angebot und Nachfrage anzubieten, eigene Mehrwertstrategien zu schaffen und sich Mehrwert anzueignen. Wer individuell Kapital besitzt, der besitzt damit auch potenzielle gesellschaftliche Macht, um mittels Geld seine Interessen gegen andere zu vertreten und durchzusetzen. Im Alltagshandeln wissen die Menschen kapitalistischer Gesellschaften, wie das
funktioniert. Denn immer schon haben abhängig Beschäftigte begriffen, dass ihre Arbeit
ein wesentlicher Grundstein für den Reichtum des Kapitalgebers ist. Werden sie arbeitslos
und z. B. in eine selbstständige Tätigkeit eines kleinen Geschäfts gezwungen, dann erfahren sie, dass ein Unternehmertum nur in größerem Maßstab lohnt, wenn es möglichst viele
Lohnarbeiter beschäftigen und deren Mehrwert (jenseits einer Selbstausbeutung der eigenen Arbeitskraft) aneignen kann. Oder sie sehen, dass ihre Tätigkeit einen besonderen Gebrauchswert aufweisen muss, um in der Konkurrenz von Angebot und Nachfrage und den
anderen Mehrwertstrategien dann auch auf dem Markt erfolgreich zu sein. Gleichwohl sehen sie mehrheitlich auch, dass es unterschiedliche Löhne oder Einkommen gibt, was ihre
Konkurrenz bestimmt. Nehmen wir die Mehrwertfunktionen, wie sie für das ökonomische
Kapital und seine Vermehrung weiter oben grundsätzlich dargestellt wurden, dann lassen

diese sich auch auf die besonderen Formen der Lohnarbeit beziehen. Das *Schaubild 8* zeigt, unter welchen Voraussetzungen sich individuelle Gewinne erreichen lassen.

Schaubild 8:   Lohnarbeit mit hohem Wert

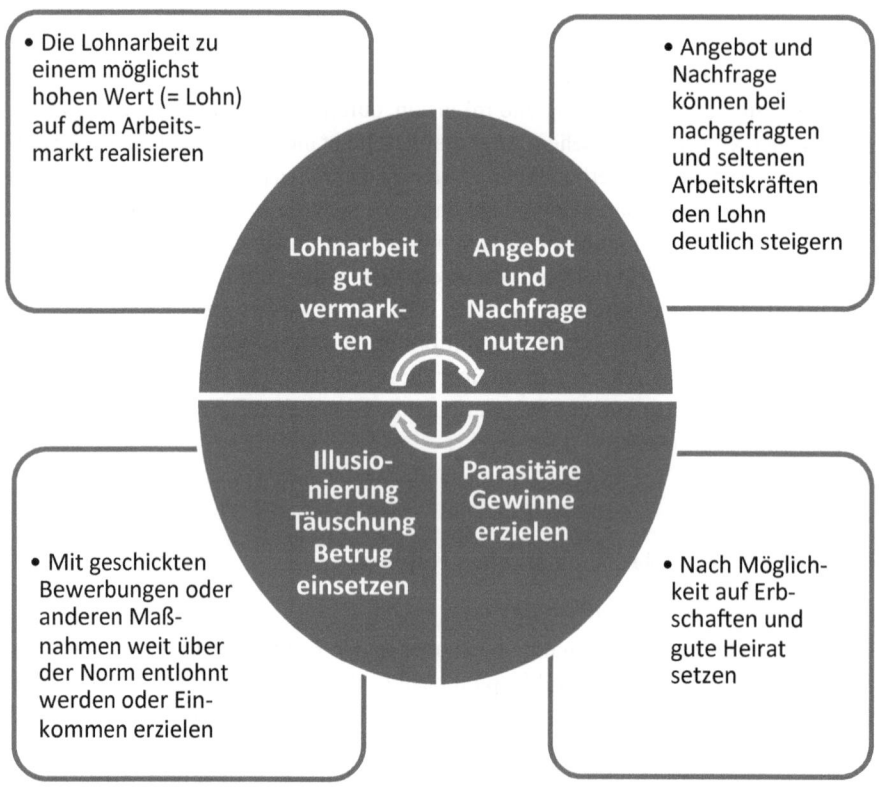

Zunächst muss es im Interesse jedes Arbeitenden liegen, einen möglichst hohen Wert für die eingetauschte Arbeitszeit zu erhalten. Dies bedingt in der Regel hohe Ausgaben im Vorfeld, um durch Ausbildung, Erziehung, soziales und kulturelles, aber auch körperliches Kapital günstige Voraussetzungen in der Konkurrenz um Arbeitsplätze oder Positionen gegen Mitkonkurrenten zu entwickeln und den eigenen Lohn oder eigenes Einkommen zu steigern. Der Markt entscheidet in einer Konkurrenzsituation über die Chancen. Auch wenn im Kapitalismus gemeinhin so argumentiert wird, dass vor allem die Kapitalisten durch den Einsatz ihres ökonomischen Kapitals ein hohes Risiko tragen, das bei Erfolg mit besonderen Gewinnen honoriert wird, so sind auch die Risiken der Arbeitskräfte nicht gering. Zwar ist jede Qualifizierung zunächst eine Chance, einen besonderen Arbeitsplatz mit höherem Lohn oder ein eigenes Einkommen zu gewinnen, aber zugleich sind die unterschiedlichen Berufe mitunter trotz Qualifikationen Einbahnstraßen oder Sackgassen, die neben möglichen Aufstiegen nicht selten zu Abstiegen oder in die Arbeitslosigkeit führen können.

Löhne und Einkommen hängen stark von marktbezogenen Gebrauchswerten ab

Der Kapitalismus erzwingt im Blick auf das ökonomische Kapital, Kompetenzen bzw. bestimmte Gebrauchswerte in konkreten Arbeitsqualifikationen auszubilden. Hier muss selbst die Lohnarbeiterin, die zu niedrigen Löhnen Mehrwert für ein Unternehmen erwirtschaftet, zuvor in ihre Arbeitskraft investieren, um ihren niedrigen Lohn überhaupt durch ein bestimmtes Niveau an Kommunikations- und Kooperationstechniken erreichen zu können. So muss der Lohnarbeiter sich im Kampf und einer Konkurrenz gegen andere mit fachlichen Qualifikationen bewegen, um sich auf dem Markt zu behaupten. Auch in freien Berufen geht es darum, auf dem Markt Waren oder Dienste in bestimmter Qualität mit entsprechenden Vorkosten anzubieten, um ein Einkommen zu erzielen, das ein Mehr gegenüber investierten Kosten erbringt. Und auch der Kapitalist erwartet Gewinne, nur dass sein Ausgangspunkt ein bereits vorhandenes ökonomisches Kapital ist. In den ökonomischen Handlungen ist für jedes Individuum im Kapitalismus immer eine Differenz von Kosten und Nutzen im Rahmen von Konkurrenz wesentlich. Der Kapitalismus bezieht aus einem solchen Differenzdenken seine hohe Wirksamkeit. Den Menschen leuchtet elementar in ihren Handlungen ein, dass sie in solcher Differenz (beschreibbar an den vier Mehrwertformen) agieren und im Vergleich mit allen anderen stehen.

Für Marx war es bei der Beschreibung des kapitalistischen Produktions- und Verwertungsprozesses ein besondere Problem, hinreichend die hierarchische Schichtung mit unterschiedlichen Löhnen der einfachen, gehobenen und leitenden Arbeitenden noch im Dualismus von Kapitalist und Proletariat zu analysieren. Dies hat sich bis in den heutigen Kapitalismus so verschärft, dass im *Shareholder Value* die leitenden Kapitalisten meist selbst nur Angestellte des Unternehmen sind, also auf die Seite der Lohnarbeit fallen, obwohl sie vom Einkommen her das 40- bis 1000fache der Lohnarbeiter/innen verdienen. Eine Handlungsanalyse, wie ich sie vorschlage, macht es leichter, diese Formen der Kapitalisierung zu erfassen. Mehrwertproduktion findet, mit anderen Worten, nicht nur nach dem Muster von *Schaubild 2* (auf Seite 64) statt, sondern ist so tief in allen ökonomischen Handlungen im Kapitalismus verwurzelt, dass sie auch in vielen Zwischenlagen präsent ist. Dies wird sofort offensichtlich, wenn das Mehrwertkonzept als eine Differenz verschiedenerer Mehrwertformen verstanden wird, wie ich sie erweiternd beschrieben habe. Auch wenn die Menschen wenig von Mehrwert sprechen, so ist ihnen die Differenz von verausgabten Kosten und erhaltenen Einnahmen durchgehend bewusst. Gemessen wird diese Differenz in den alltäglichen Beschreibungen am erzielten Lohn/Einkommen. Dabei sind die Löhne bzw. das Einkommen stark geschichtet. Die Individuen haben mit ihren Handlungen mehr oder minder Einfluss, in welcher Position und auf welchem Rang sie in dieser Schichtung stehen. Kapitalismus bedeutet eben auch, sich selbst – und dies bis hin in die untersten Stufen der Gesellschaft – kapitalistisch zu verhalten, indem Vorsorge getrieben, Kosten investiert werden, um daraus in Konkurrenz zu anderen jeweils persönliche Gewinne zu ziehen. Es ist dieser Kampf aller gegen alle, den Marx durch seinen Dualismus beseitigen und in einen Klassenkampf führen wollte, aber die Entwicklung des Kapitalismus selbst zeigte bis in die Gegenwart, dass selbst bei einer wachsenden Kluft zwischen Arm und Reich dieses Bild nicht zur Mobilisierung der Massen in einem Denken auf einen solchen Dualismus hin auf Dauer ausreichte. Dies hängt damit zusammen, dass bis heute zumindest in den entwickelten kapitalistischen Ländern den Individuen vor Augen steht, dass sie eigene Kapitalformen (nicht nur im ökonomischen Bereich) erwerben und anhäufen können, die ihnen ein Leben in einem gewissen Wohlstand eröffnen und in der Freiheit individueller Lebensplanungen stehen. Der Erwerb eigener Kapitalformen wird hier als Freiheit erkannt und konstruiert, um sich als Individuum auf einem Markt orientieren und bewegen zu können, um das eigene Einkommen mit zu bestimmen, und das dabei erreichte Gefühl der Freiheit wiegt oft mehr als die ökonomischen Tatsachen im verobjektivierten Vergleich zu anderen.

Betrachten wir das Einkommen in Verbindung mit der sozialen Stellung am Beispiel Deutschlands, dann sehen wir in *Schaubild 9*, dass solches Einkommen nach Berufsgruppen stark geschichtet ist:

Schaubild 9:   Haushaltseinkommen nach sozialer Schichtung (nach Statistisches Bundesamt 2008, 146)

Monatliches Haushaltseinkommen von ... bis ... EUR			
Berufliche Stellung des Haupteinkommens-beziehers	unter 900	900 - 1500	1500 – 2600	2600 und mehr
	Anteil der Haushalte in %			
Selbstständige	7,7	14,7	26,0	51,6
Beamte	0,7	4,4	26,4	68,6
Angestellte	6,4	20,2	34,8	38,5
Arbeiter/innen	9,3	24,1	44,3	22,3
kein Erwerb	21,3	36,1	31,8	10,8
Insgesamt	14,7	26,0	33,1	26,2

Deutlich zeigt sich am Beispiel des Haushaltsnettoeinkommens, dass neben den Personen ohne Erwerb, die mehrheitlich schon aus dem Arbeitsmarkt gefallen sind, insbesondere die Arbeiter und niedrig eingruppierten Angestellten in den Einkommenschancen abfallen. Gemessen am Zufriedenheitspotenzial von ca. 60.000,- EUR Familieneinkommen fallen die Massen weit hinter diesen Anspruchswert zurück. In den Wohlstandsgesellschaften gibt es zwar in den wirtschaftlichen Aufstiegsphasen zunehmende Chancen auch für die Massen. Aber solche Zeiten sind begrenzt, denn der globale Kapitalismus verteilt auch den Wohlstand unter Konkurrenzbedingungen. Was eben noch gut war, das ist im nächsten Moment nicht mehr gut genug, um die Profite zu sichern und die Arbeitsplätze zu erhalten.

Wer individuell die Lage seines ökonomischen Kapitals planen will, der ist gut beraten, zunächst hinreichend Lernkapital in Form von Bildung und Erziehung als auch soziales Kapital in Form von Beziehungsnetzwerken anzuhäufen, um sich grundsätzliche Aufstiegschancen zu eröffnen. Insbesondere wer am höheren Einkommen partizipieren will, der muss in qualifizierte Beschäftigungsbereiche wechseln. Diese Einsicht ist in der Kapitalisierung der Gesellschaft stets schon vorausgesetzt und sie ist im alltäglichen Bewusstsein der Menschen angekommen. Niemand wird bezweifeln, dass der Erwerb eigener Kapitalformen sinnvoll ist, bezweifelt wird allenfalls, ob es hinreichend gelingen kann, d. h. die individuelle Bring-schuld wird mit Skepsis betrachtet.

Dabei fällt die Verteilung sehr unterschiedlich aus. Entscheidend für die ökonomische Lage ist zunächst die Teilnahme am Arbeitsmarkt, denn wer aus der Lohnarbeit herausfällt, der landet durch Arbeitslosigkeit oder Alter oft in einer ökonomisch misslichen Lage, die nicht mehr hinreichend eine Teilnahme am Konsum der Wohlstandsgesellschaft ermöglicht. Daten zu Durchschnittsverdiensten in Deutschland zeigen für 2005 z. B. (Statistisches Bundesamt 2008, 147), dass in den Privathaushalten durchschnittlich 33.700 EUR pro Haushalt zur Verfügung standen, wobei Selbstständige 106.900, Beamte 42.800, Angestellte 38.200 und Arbeiter/innen 30.200 durchschnittlich aufbrachten. In der Reihe nach unten hatten Pensionäre 28.600, Rentner 20.900, Arbeitslose 18.100 und Sozialhilfeempfänger 13.800 EUR. Im Kapitalismus erfahren alle, dass es sinnvoll ist, zunächst möglichst in höher qualifizierten Berufen zu landen und dann in den höheren Einkommen zu sparen: Für die Ausbildung der Kinder, für Phasen der Arbeitslosigkeit, der Krankheit und das Alter. Gleichzeitig aber sind alle Menschen in einem Vergleich untereinander, sie ringen in kulturellen Erwartungen um einen angemessenen Lebensstandard für sich. Sparen ist in solcher Konkurrenzsituation ein durchgehend ambivalentes Bedürfnis. Im Kapitalismus müssen alle auch wissen, dass Ausgaben für eine blühende Wirtschaft wichtiger sind als zu sparen. Insoweit sind die Botschaften an die Individuen im Kapitalismus immer ambivalent: Spare möglichst viel und gib noch mehr aus!

Der Kapitalismus ist durch und durch an Gütern orientiert, eine materialistische Gesellschaft, in der man durch den Vergleich von Besitz, Einkommen, Ausgaben relativ zu anderen stets benachteiligt erscheint und einen Ausgleich sucht. Die individuelle Zufriedenheit kann sich hier nicht allein auf den individuellen Konsum, das, was man ausgeben kann, beziehen, sondern muss immer auch das mitbedenken, was die anderen ausgeben können. Insoweit ist die individuelle Lage immer in Relation zu anderen Menschen bestimmt.

Im Blick auf das ökonomische Kapital muss sich jedes Individuum in seiner Lebensgeschichte situieren. Es müsste jenseits von individuellen Neigungen und Interessen eigentlich den Beruf suchen, der am meisten Aussicht auf guten Lohn und eine Sicherheit des Arbeitsplatzes verspricht. Aber genau dies ist schwierig geworden, da der Kapitalismus sich zunehmend dynamisiert hat und der wissenschaftlich-technische Fortschritt stets neue Sprünge macht. Also benötigt das Individuum zumindest eine sehr gute und breite Grundqualifikation, um diese Herausforderungen überhaupt im Ansatz hinreichend zu meistern.

Die Bevölkerung lässt sich nach relativen Einkommenspositionen schichten. Für 2006 gehören dann z. B. in Deutschland 11,4 % zu den Armen (0-50 % des Durchschnittseinkommens), 25 % leben in prekären Verhältnissen (50-75 % des Durchschnittseinkommens), 25 % haben untere bis mittlere Einkommen (75-100 % des Durchschnittseinkommens), 16,1 % fallen in die mittlere bis gehobene Einkommensklasse (100-125 % des Durchschnittseinkommens), 9,5 % zählen zur gehobenen Einkommenslage (125-150 % des Durchschnittseinkommens), 8,1 % fallen in den relativen Wohlstand (150-200 % des Durchschnittseinkommens) und 4,7 % liegen darüber (über 200 % des Durchschnittseinkommens) (Statistisches Bundesamt 2008, 165).

Die Statistik zeigt: Der höhere Wohlstand ist nur einer sehr kleinen Gruppe vorbehalten. Dennoch gehören Aufstiegsszenarien gerade zum Mythos der Mittelschicht. Wenn man z. B. die Deutschen danach befragt, wie man zu Reichtum gelangt, dann führen sie die in *Schaubild 10* genannten Gründe an:

Schaubild 10: Wahrgenommen Gründe für den Reichtum in Deutschland, Daten aus Deutsche Bundesregierung (2008, 29)

Was sind die Gründe für den Reichtum von Menschen?				
Angaben in %	sehr oft	oft	manchmal	selten/nie
Beziehungen	35	47	13	5
Ausgangsbedingungen	28	52	14	6
Fähigkeiten	18	50	22	11
Wirtschaftssystem	18	36	26	21
Unehrlichkeit	16	36	27	21
Harte Arbeit	15	38	24	24
Glück	7	22	33	39

Der wesentliche Grund, nämlich der bereits vorhandene Besitz ökonomischen Kapitals, ist hier ausgeblendet, wenngleich er indirekt in den Kategorien Beziehungen und Ausgangsbedingungen enthalten ist. Zugleich zeigt sich eine recht hohe Einschätzung der Fähigkeiten und harter Arbeit, wenngleich die Illusionierungen (Unehrlichkeit) und das Glück ebenfalls als nicht geringe Werte auftreten. Nach einer Studie von Tom Hertz (2006) zeigt sich z. B. für die USA, dass die Wahrscheinlichkeit für ein Kind aus einer armen Familie in die oberen fünf Prozent der Gesellschaft aufzusteigen, bei unter einem Prozent liegt. Ein Kind aus reicher Familie hat hingegen eine Chance bei etwa 22 Prozent.

Ungleiche Ausgangslagen bestimmen die Realisierung der Gebrauchswerte

Neben dem Einkommen spielen Faktoren wie Wohnort und Bildung, Migrationshintergrund und ethnokulturelle Zugehörigkeit eine entscheidende Rolle, um überhaupt aufsteigen zu können. Schwarze Kinder in den USA haben mit doppelter Wahrscheinlichkeit noch geringere Chancen als weiße Kinder aus gleichen Einkommensgruppen. Entscheidend ist zudem die Bildung, die allerdings auch von der Einkommenshöhe stark abhängig ist. Bernhardt u. a. (2001) konnten in einer Längsschnittstudie zeigen,[61]

- dass der Traum, durch harte Arbeit aufzusteigen, zu Beginn des 21. Jahrhunderts ausgeträumt ist. Bei einem Vergleich der Vergütung von 5200 Männern über 16 Jahre beobachteten sie, dass eine große Mehrheit von Jobunsicherheit betroffen ist. Der Verlust

---

61 Für ihre Studie griffen die Forscher auf zwei 1966 und 1979 gestartete nationale Datenerhebungen zurück, dabei verfolgten sie den Berufsweg von Männern bis zu deren 40. Lebensjahr. Die erste Gruppe startete in den späten 1960er-Jahren, eine Zeit recht großen Wirtschaftswachstums in den USA. Die zweite Gruppe kam in den frühen 80er-Jahren in den Beruf, als Deregulierung und Globalisierung zunahmen. Frauenarbeit war noch zu gering, um sie hinlänglich statistisch in dieser Studie zu erfassen.

des Jobs ist insbesondere bei steigendem Alter ein Hauptrisikofaktor in allen kapitalistischen Ländern geworden.

- Dabei zeigte sich auch, dass das Ausharren auf einem zunächst sicheren Job eine gefährliche Strategie war und bis heute ist, weil fast keine Firma langfristige Arbeitsplätze garantieren kann.

- Aber auch ein häufiger Stellenwechsel mit Gehaltserhöhungen kann ein steiniger Weg sein, der keineswegs einen sicheren Erfolg garantiert. Die Untersuchung stellte fest, dass sich bei den Mitdreißigern die Jobinstabilität nahezu verdoppelt hat.

- Zugleich hat sich die Aussicht auf Wohlstand bei den Berufsstartern im Vergleich zur amerikanischen Mittelschicht der 1970er Jahre auf 40 Prozent der Erfolgreichen reduziert.

- Bei Jobverlust landen selbst qualifizierte Beschäftigte oft im Einzelhandel oder in Dienstleistungsbeschäftigungen, wo die Löhne standardmäßig sehr niedrig liegen.

- Auch Hochschulabschlüsse sind keine sichere Garantie mehr auf die besseren Jobs. Vom Boom in der Wirtschaft profitieren immer nur bestimmte Branchen für eine bestimmte Zeit. Die Schere zwischen kleinen und großen Einkommen ist groß, aber auch die großen Einkommen haben keine Garantie auf eine bestimmte Dauer. Und insbesondere Kulturfächer im Studium führen oft in den Niedriglohnsektor.

- Wenn auch insgesamt die Ungleichheit steigt, so kompensierte das doppelte Lohneinkommen in vielen Familien den Gang in die Armut. Diese Belastung führte jedoch zwangsläufig zu einer Veränderung der Familienstrukturen und der Belastung der Haushalte insbesondere mit Kindern.

Diese Studie steht für viele Untersuchungen, die ein ähnliches Ergebnis aufweisen. Es ist trotz der Entwicklung des relativen Wohlstands im Kapitalismus kaum für eine größere Anzahl von Aufsteigern möglich, hinreichend ökonomisches Kapital zu bilden. Dagegen ist es notwendig, hinlänglich Spareinlagen anzuhäufen, die zur eigenen Absicherung bei Jobverlust und Krankheit eingesetzt werden, um die Risiken der Wirtschaft mit ihrer Auswirkung auf den Arbeitsplatz aufzufangen. Aber auch solche Einlagen, die für viele unerreichbar sind, werden dann auch noch durch Finanzkrisen gefährdet.

Angesichts realer Einkommensverhältnisse und subjektiver Zuschreibungen lässt sich fragen, inwieweit ökonomische Schichtungsmodelle überhaupt realistisch im Blick auf eine individuelle Reflexion des ökonomischen Kapitals sind bzw. helfen können, sich die eigene ökonomische Position in der Gesellschaft zu verdeutlichen. Nochmals: die klassische Entgegensetzung von Proletariat und Kapitalist hat sich in der neueren Entwicklung des Kapitalismus als zu einfach erwiesen. Aber dies bedeutet nicht einfach im Gegenschluss, dass es keine sozialen Unterschiede oder Klassenverhältnisse mehr gibt. Kritisch hierzu schreibt z. B. Crouch: „Der Umstand, daß viele Menschen davon überzeugt sind, es gebe keine sozialen Klassen mehr, ist selbst ein Symptom der Postdemokratie." (2008, 71) Er führt fort: „In nichtdemokratischen Gesellschaften werden Klassenprivilegien voller Stolz und Hochmut zur Schau gestellt, und die niederen unteren Klassen müssen ihre untergeordnete Stellung anerkennen; in der Demokratie werden diese Privilegien im Namen der unteren Schichten in Frage gestellt; im postdemokratischen Zeitalter wird sowohl die Existenz der Privilegien als auch die der sozialen Hierarchie geleugnet." (Ebd.) Auch wenn die bürgerliche Übertreibung einer Auflösung und Verbürgerlichung des Proletariats (z. B. Geiger 1949) nach dem zweiten Weltkrieg zu einfach war, weil die neue Mittelschicht nur in Zeiten wirtschaftlichen Aufschwungs so stabil und sozial gesichert schien, wie Geiger es sich für alle Zukunft wünschte, so zeigte sich andererseits eine zunehmende Differenzierung der Arbeitenden in Vielfalt, die in unterschiedliche Interessenlagen mündete. Wenn man in Zeiten des Aufschwungs von einer „nivellierten Mittelstandsgesellschaft" gesprochen hatte (Schelsky 1965), in der die untere Klasse wie die obere Klasse in einer neuen Mitte zusammenfanden, dann erwies sich auch dies auf Dauer als Illusion. Soziale Analysen zeigten und zeigen hingegen bis heute, dass es eine Verflüssigung der sozialen Verhältnisse einerseits gibt, die sich weniger nach klaren Klassen und Schichten darstellen lassen, aber andererseits steht der Verflüssigung eine stabile soziale Ungleichheit gegenüber, so dass sich ein kontinuierlich wirkendes Spannungsverhältnis bildet. In diesem Spannungsverhältnis ist es zur neuen ökonomischen Frage geworden, wer dazugehört (Inklusion = wer Arbeit hat) und wer ausgeschlossen bleibt (Exklusion = wer keinen Zugang zur Erwerbstätigkeit findet) (vgl. einführend Kronauer 2002; Bude/Willisch 2006). Die Frage ist hierbei aber auch, inwieweit überhaupt der Begriff der Mitte noch taugen kann, wenn die heutige ökonomische Schichtung soweit nach Arm und Reich auseinander driftet, wie es sich beobachten lässt. Hier ringt die Masse nach innerer Differenzierung mit unteren, mittleren und gehobenen wie höheren Einkommen, und steht dennoch in immer größerer Distanz zu einem ökonomischen Kapital, das »wirklichen« Reichtum repräsentiert.

Die Vielfalt an Kategorien, die die Schichtung der Gesellschaft beschreiben helfen soll, betont oft Konstruktionen, die stärker auf das kulturelle, soziale, Körper- und Lernkapital zielen, weil das ökonomische Kapital als Differenzlinie nicht mehr ausreicht, um Unterschiede zwischen den Menschen weit genug zu beschreiben. Darauf wird in den folgenden Kapiteln näher eingegangen. Im Blick auf das Einkommen als ökonomisches Verhältnis aber will ich noch auf die Theorie der Dienstklassen von Robert Erikson und John Goldthorpe eingehen, die auf der Basis einer Beschreibung der sozialen Klassenlage nach Marktlage und Arbeitssituation der Betroffenen Merkmale bestimmen (Erikson/Goldthorpe 1992), die für die individuelle Sicht auf das ökonomische Kapital interessant sind.

Grundsätzlich sind für die Autoren drei Tätigkeitsfelder im Kapitalismus vorhanden: 1) Arbeitsgeber mit Produktionsmitteln, die die Arbeit von Menschen kaufen, 2) Selbstständige, 3) Arbeitnehmer, die ihre Arbeitskraft an Arbeitgeber verkaufen. Aber diese Grundgruppen bedürfen der Differenzierung. So unterscheiden sich z. B. die Arbeitgeber nach Größe des Unternehmens und wahrgenommenen Funktionen. Es muss deutlich bewusst sein, dass die Arbeitgebereigenschaft als Funktion nicht unbedingt den Besitz eines Unternehmens einschließen muss. Und bei Arbeitnehmern ist es wichtig zu erkennen, dass die Art der Regulierung des Beschäftigungsverhältnisses zu einer Differenzierung mittels Arbeitsvertrag und erwarteten Verhaltensleistungen führt. Im klassischen Arbeitskontrakt, der für normale Arbeiten ausreicht, wird jemand nach Stunden beschäftigt und es wird eine bestimmte und meist recht konkret beschreibbare Arbeitsleistung erwartet und kontrolliert, die gegen Lohn getauscht wird. In einem Dienstleistungsverhältnis sieht dies jedoch anders aus. Hier wird auf Eigeninitiative, hohe Verantwortung und individuelles Engagement gesetzt, wobei in der oberen Dienstklasse (leitende Angestellte, Beamte) der Arbeitnehmer nicht durch ein Kontrollsystem wie im klassischen Arbeitskontrakt überwacht wird, sondern selbst als Arbeitgeber-Arbeitnehmer fungieren kann oder andere Formen delegierter Autorität wahrnimmt. Das Beschäftigungsverhältnis der oberen Dienstklassen ist durch ein Loyalitätsverhältnis bestimmt, in dem Aufstiegschancen, höhere Gehälter, Fortbildungen usw. eingehen. Die Dienstklassen sind dabei nach den gewährten und gegebenen Funktionen hierarchisiert. Für eine ökonomische Handlungsanalyse ist dies interessant, denn ob man nun dem Schema von Erikson/Goldthorpe folgt oder nicht, *de facto* werden jeder Arbeitnehmer und jede Arbeitnehmerin in ein Gehaltstableau nach Tarifklassen oder freien Tarifen eingetragen, wenn er oder sie ein Arbeitsverhältnis eingehen, und hierbei wird die je spezifisch erwartete Tätigkeit und Funktion auf einen Maßstab hin ausgelegt, der mehr oder minder genau die erwartete Arbeitsleistung bestimmt, aber in jedem Fall das ökonomisch erzielte Entgelt konkret bezeichnet. Hier ist es immer günstig sich schon im Vorfeld – also vor einer Ausbildung in bestimmten Bereichen – die vorhandenen Tableaus und Entlohnungen anzusehen, da diese nicht nur nach dem Aufwand der Vorkosten des Arbeitssuchenden veranlagt werden (im Sinne hoher Ausbildungs- und Studienaufwand = hohe Entlohnung), sondern immer auch von anderen Faktoren, insbesondere Angebot und Nachfrage, abhängig sind. Aus der Diversität der sehr unterschiedlichen Gruppen von Freiberuflern, Beamten, höheren Angestellten, der Beschäftigten in Profit- und Non-Profitbereichen mit sehr unterschiedlichen Ziel- und Aufgabensetzungen kann gefolgert werden, dass diese Vielfalt, Unterschiedlichkeit der Interessen, Widersprüchlichkeit der Erwartungen zugleich auch die Möglichkeiten einer Reflexion der eigenen ökonomischen Lage bedingen. All diese Gruppen drängen auf Inklusion am Arbeitsmarkt, erst in der Entkopplung mögen sie die Macht des ökonomischen Kapitals erfahren, aber sie erleben es nicht als eine strukturelle Macht, sondern subjektiv oft als individuelles Schicksal und persönliches Pech (vgl. auch Crouch 2008, 76 ff.).

Kehren wir zum *Schaubild 8* auf S. 130 zurück, dann sind neben der Qualifikation für die Lohnarbeit vor allem Angebot und Nachfrage zu berücksichtigen. Was für die Waren auf den Märkten gilt, das hat auch für die Ware Arbeitskraft, die auf Lohnarbeit oder freie Tätigkeiten angewiesen ist, eine wesentliche Bedeutung. Dort, wo man sich früher noch auf einen Beruf festlegen konnte, der in jüngeren Jahren erlernt wurde, ist es heute immer notwendiger geworden, ein grundlegendes Berufsprofil zu erarbeiten, das hohe Wechselmöglichkeiten eröffnen kann. Dabei zeigt es sich grundsätzlich, dass eine sehr enge Berufsausbildung sehr hinderlich sein kann, wenn sich die wirtschaftlichen Bedingungen verändern. Bereits vor der nachschulischen Qualifizierung ist es heute wichtig geworden, sich einen Überblick über Berufschancen und -risiken im Vergleich der Angebote zu verschaffen.

Hier spielen Illusionierungen, Täuschungen und mitunter sogar Betrug auch auf der individuellen Seite im Konkurrenzkampf um Arbeitsplätze eine nicht unwichtige Rolle. Die eigene Vermarktung der Arbeitskraft wird insbesondere im Konkurrenzkampf analog zum Muster der Werbung um Käufer für Waren geführt, indem mehr versprochen wird als gehalten werden kann. Die Flut an Bescheinigungen für gute Leistungen und erbrachte Zertifikate führt zu Täuschungsversuchen bis hin zu Fälschungen. Dies muss nicht immer absichtlich entstellend sein, aber im allgemeinen Kampf aller gegen alle wird stets schon ein gehöriges Maß an Selbstüberschätzung vorausgesetzt, um auf sich aufmerksam zu machen. Solche Illusionierungen provozieren immer rigidere Einstellungsverfahren durch Tests und

Assessments, um Bewerber/innen voneinander signifikant zu unterscheiden. Aber auch die Firmen bluffen oft mit vielversprechenden Stellen, die sich in der Praxis als geschönt und minderwertig erweisen.

Der parasitäre Gewinn durch Erbschaft oder Glücksfälle des Lebens (wie z. B. eine günstige Heirat) erscheint vor diesem Hintergrund als wichtige Lebenschance. Aber wir haben bereits gesehen, dass es in der Masse der Fälle (außer bei wirklichem Reichtum) um ein Erspartes geht, das allenfalls geeignet ist, die eigene Vorsorge zu stärken, das aber in der Regel kaum herhalten kann, ein stark wachsendes ökonomisches Kapital zu bieten, aus dem heraus ein großer ökonomischer Erfolg erwachsen könnte.

Im gegenwärtigen Kapitalismus ist allen Menschen sehr klar geworden, dass ein jeder eigene Qualifikationen durch Erziehung und Bildung aufzubauen hat, die sich auf dem Arbeitsmarkt einsetzen lassen oder die zu einer Tätigkeit als Unternehmer, Manager usw. gehören. Je dequalifizierter ein Mensch bleibt, desto höher ist sein Armutsrisiko. Es gilt als Pflicht eines jeden, für die eigene Qualifikation und die seiner Nachkommen so zu sorgen, dass diese im globalen Konkurrenzkampf bestehen und für sich das Beste daraus machen. Aber die individuelle Zugehörigkeit zum Mittelstand reicht heute nicht mehr aus, um prekäre Lebensverhältnisse dauerhaft zu überwinden. Zunächst erscheint es vielen Menschen, die aus den unteren ökonomischen Schichten kommen, als ein glücklicher Aufstieg, wenn sie

- in ihrer Vergleichsgruppe einen Rang einnehmen, der ihnen einen ähnlichen Konsum und Lebensverhältnisse wie der Vergleichsgruppe erlaubt und der noch Raum nach unten, d. h. einen Abstand zu ökonomisch schwächer gestellten Menschen, aufweist. In solchen Fällen fühlen sich auch Menschen mit im Grunde sehr niedrigen Einkommen und hoher Arbeitsplatzgefährdung noch dem Mittelstand zugehörig, auch wenn objektive ökonomische Daten dagegen sprechen (vgl. dazu z. B. Herrmann 2010),

- zunächst einen Rang einnehmen, der zwar in prekären Verhältnissen steht, der aber auf lange Sicht einen Aufstieg in bessere Positionen verspricht (Generation Praktikum, halbe Stellen in den Hochschulen, Qualifizierungsstellen),

- einen Rang erreichen, der höher als die üblichen Ränge in der Herkunftsfamilie ausfällt, auch wenn sich die Lage durch ein Sinken des Reallohns oder prekäre Beschäftigungsverhältnisse bei realistischer Betrachtung verschlechtert hat.

Solche Rangeinnahmen sind oft mehr Verteidigungspositionen als offene Kämpfe um einen sozialen Aufstieg, der sich ökonomisch in wachsenden Einkommen spiegelt. Hier wird es individuell immer notwendiger, die eigene Kapitalisierung des Lebens bewusst zu reflektieren und planvoll, soweit das möglich ist, anzugehen. Ich will einige Eckpunkte aus diesem Kapitel – allein in der Betonung des ökonomischen Kapitals aus individueller Sicht – dazu nochmals zusammenfassen und um einige ausgewählte Unterpunkte erweitern:

- *Einkommen:* Das Einkommen langfristig zu sichern, ist individuell gesehen nur tendenziell möglich. Aber es gibt grundsätzlich Kriterien, die zu beachten sind: Wesentlich ist eine gute Grundausbildung, die sich in möglichst hohen Schulabschlüssen bis hin zu einer qualifizierten beruflichen Ausbildung möglichst in Kombination mit Hochschulausbildung ausdrückt. Je höher qualifiziert die Ausbildung ist, desto höher kann sich zumindest im Durchschnitt das Einkommen entwickeln. Dabei ist jedoch einschränkend die Berufs- oder Studienfachwahl ein entscheidendes Kriterium, da einige Berufe oder Studienfächer eher als Exoten gelten und – außer bei ungewöhnlichen Talenten, die den Markt tatsächlich erobern – eine prekäre Einkommenssituation bescheren können (z. B. bildende Künstler, Musiker, kreative Bereiche). Verschiedene berufliche Felder bieten unterschiedliche Einkommensstrukturen. Je nach Struktur der Dienstklassen lassen sich niedrige bis hohe Einkommen erzielen.

- *Arbeitslosigkeit bzw. Beschäftigung:* Wer seinen Beruf oder ein Studium nur nach Neigungen wählt, der übersieht oft die Arbeitsplatzrealität der Zukunft. Will man individuell einer zukünftigen Arbeitslosigkeit vorbeugen, so ist es aus ökonomischer Sicht immer sinnvoll, auch Angebots- und Nachfrageverhältnisse, soweit sie absehbar sind, mit in die Planungen einzubeziehen. Alle Berufe oder Tätigkeiten, die stark nachgefragt werden, versprechen höheres Einkommen und eine gesichertere Beschäftigung als andere. Hier ist aber auch zu beachten, inwieweit durch absehbaren wissenschaftlich-technischen Fortschritt manche Tätigkeiten eher verschwinden werden. Auf lange Sicht haben sich Tätigkeiten im primären Sektor (Land- und Forstwirtschaft, Fischerei) im Laufe der kapitalistischen Entwicklung am stärksten verringert, im sekundären Sektor (Industrie, Handwerk, Bergbau) stagnieren sie bzw. sind in lohnintensiven Gebieten rückläufig, wohingegen der tertiäre Sektor (Dienstleistungen) am stärksten gewachsen ist (vgl. einführend Geißler 2008, 24 f.). Dennoch helfen diese globalen Profile wenig, weil es in allen Sektoren spezifische Nischen und Bedarfe gibt, die in jeweiligen Trendanalysen reflektiert werden müssen, wenn die Kategorie Einkommen wichtig für die Lebensplanung ist. Mit dem Rückgang der industriellen Produktion und dem Anstieg der Dienstleistungstätigkeiten fand zugleich eine Auseinanderentwicklung der Einkommen statt. Gleichzeitig entstehen neue Gegensätze zwischen ökonomischen Kapitaleignern und abhängig Beschäftigten, weil die Globalisierung eine Verantwortung für soziale Belange vor Ort erschwert oder verunmöglicht. Das Kapital wandert dorthin, wo es am meisten Profit abwerfen kann, und selbst jene, die durch hochwertige und qualifizierte Arbeit früher vor Arbeitslosigkeit sicher schienen, können nicht länger auf solche Sicherheiten vertrauen.

- *Soziale Mobilitätschancen:* In den Aufstiegs- oder Abstiegsszenarien der Menschen zeigen sich soziale Umschichtungen, die vor dem Hintergrund eine stagnierenden Wohlstands in den hoch entwickelten kapitalistischen Ländern stehen. Der Massenkonsum stagniert zumindest dadurch, dass die Einkommenszuwächse bei der Mehrheit der Bevölkerung kaum noch die Inflationsrate ausgleichen, bei einer Minderheit hingegen exorbitant steigen. Abstiegsszenarien ergeben sich dort, wo die Reallöhne sinken, prekäre Arbeitsverhältnisse durch Zeit- und Leiharbeit wachsen, ein Teil in die Arbeitslosigkeit gerät und dadurch ausgegrenzt wird. Diese Form der Exklusion bedeutet, in einer arbeitenden Gesellschaft überflüssig zu sein, überzählig zu werden, nicht einmal mehr ausgebeutet werden zu können, wie Castel in seiner »Chronik der Lohnarbeit« schreibt (vgl. Castel 1995). Castel nennt drei Stufen, in denen eine Exklusion geschieht: 1) in der Zone der Integration mag man sich noch sicher wähnen, dies ist der inkludierte Zustand mit entlohnter Beschäftigung. 2) In der Zone der der Verwundbarkeit zeigt sich bereits der unsichere Status der einst »sicheren« Beschäftigung. 3) In der Zone der Entkopplung wird man ausgegrenzt, die

Firma, in der man beschäftigt war, hat einen exkludiert oder ist verschwunden und die sozialstaatliche Versorgung setzt ein, die an die Stelle einer solidarischen Verbundenheit durch Familie, Verwandtschaft oder Gemeinde getreten ist. Soziale Mobilität findet in diesen Inklusions-Exklusionsräumen ihre Maßstäbe und Wirkungsweisen (vgl. Kronauer 2006). Aus Versorgungsdefiziten in Armut, die durch einen unzureichenden Lebensstandard charakterisiert sind, wächst eine mehrfache Benachteiligung, die aus geringem Einkommen, schlechten Wohnverhältnissen, wenig Teilhabemöglichkeiten am Konsum besteht, wobei ein dabei erlebter Mangel an Chancen dann auch noch Entfremdungen, Wert- und Nutzlosigkeit und insgesamt ein Fehlen von Anerkennung bedingen. Dazu kommt als Folge eine Ausgrenzung von außen (vgl. Böhnke 2006). Ehemalige Positionen scheinbarer Sicherheit lösen sich auf, denn auch der Mittelstand schrumpft und sinkt in Teilen in prekäre Verhältnisse ab. „Abstiegsängste, antizipierte Sicherheitsverluste und ein hohes Maß an Verunsicherung betreffen .. auch Bevölkerungsgruppen, deren soziale Lage nach objektiven Maßstäben, die sich an der Verteilung von Ressourcen orientieren, keineswegs überaus prekär sein muss." (Böhnke 2006, 119) Gleichzeitig gibt es einen Anstieg der Positionen in mittleren und höheren Bereichen der Beschäftigung, wohingegen untere Arbeiten seltener werden. Neue Positionen erzeugen einen Aufstiegssog nach oben, aber oft bleibt dabei eine Erhöhung des realen Einkommens aus. Zudem sind schichtenspezifische Barrieren nicht unwesentlich, beispielsweise geben über 60 % der Selbstständigen und Freiberufler aus dem oberen Gesellschaftsbereich ihren hohen Status an ihre Kinder weiter, wenngleich fast 20 % einen Abstieg in Kauf nehmen müssen (Geißler 2008, 259). In der neuen sozialen Differenzierung des Mittelstandes liegen aber auch Aufstiegspotentiale, die vor allem durch Bildung erreicht werden können (vgl. Kapitel 6). Grundsätzlich kann man sagen, dass Aufstiege über Bildung eher offen, aber über ökonomische Besitzstände stark geschlossen sind (ebd.).

- *Konsumchancen und Wohnen:* Das ökonomische Kapital kann sich nur verwerten, wenn es einen Warenmarkt für Produkte und Dienstleistungen gibt, die tatsächlich getauscht, d. h. konsumiert werden. Es gehört zur eigentümlichen Logik des Kapitalismus, dass er aus Gründen ökonomischer Selbsterhaltung die Massen nicht verelenden lassen kann, sondern sie als massenhafte Konsumenten benötigt. Das »Elend der Welt« (Bourdieu 1997) ist immer ein Mangel an Konsummöglichkeiten. Nehmen wir die Zone der Entkopplung oder Exklusion, dann waren dies nach OECD-Kriterien (60 % des Durchschnittseinkommens) im Jahre 2005 in Deutschland 13,5 %. „Von den fünf Millionen Arbeitslosen sind mehr als 40 Prozent dauerhaft, d. h. mindestens ein Jahr lang, aus dem Arbeitsmarkt ausgeschlossen. Hinzu kommen viele Jugendliche und Ältere in Warte- und Ruhestandsschleifen." (Vester 2006, 260) Diese Gruppen sind nicht nur von großen Teilen des Konsums ausgeschlossen, sondern erleben darin auch eine sozialmoralische Ausgrenzung. In der Zone der Verwundbarkeit befanden sich ca. 25-30 % der Bevölkerung bereits in den 1990er Jahren. „Die einzelnen Standards der sozialen Lage (Einkommen, Wohnweise, Familien- und Gesundheitssituation und so weiter) waren hier so wenig stabil, dass ein alltäglicher Schicksalsschlag – Arbeitslosigkeit, Krankheit, Unfall, Scheidung und so weiter – mindestens vorübergehend unter die Sozialhilfegrenze führen konnte." (Ebd., 261) Bisher wächst diese Gruppe noch an, insbesondere aus den

Niedriglohnbereichen werden zunehmend Menschen in dieses prekäre Feld gelenkt. „Circa 6,3 Millionen Menschen, etwa ein Drittel der vollzeitbeschäftigten Bevölkerung, erhalten Niedriglöhne, die unter 75 Prozent der effektiven Vollzeitverdienste liegen." (Ebd.) Entgegen den Wünschen des Kapitalismus dämpft dies die Konsumnachfrage mangels schwacher Einkommen, ein hausgemachter innerer kapitalistischer Widerspruch zwischen Gewinnmaximierung der einzelnen Kapitalisten und einem Blick auf das Ganze, das auch der Staat zunehmend mehr aus dem Auge verloren hat. Aus der Sicht des Individuums verbleiben die individuellen *Freiheitschancen* hier insbesondere in der Wahl einer Ausbildung, eines Berufs oder Arbeitsplatzes, einer Versorgung vor Krankheiten und im Alter, einer Absicherung der Familie, rechtlicher Sicherheit usw., alles Anforderungen, die die Risiken überwiegend auf das Individuum verlagert haben und mit unsicheren Chancen als Gewinn locken.

Für den individuellen Umgang mit dem ökonomischen Kapital gelten, wenn ich die Überlegungen dieses Kapitels zusammenfasse, vor allem drei Szenarien:

1. *Besitzszenarium:* Wer größeres ökonomisches Kapital erwerben will, der gewinnt dies meist durch parasitäre Teilhabe (Vererbung oder Heirat). Diese Menschen leben von dem, was andere akkumuliert haben. Sie verfügen in der Regel neben dem ökonomischen Kapital meist mehr als andere auch über hinreichendes kulturelles, soziales und körperliches Kapital, sie bilden ihr Lernkapital soweit aus, dass sie günstige Voraussetzungen haben, ihr ökonomisches Kapital zum eigenen Nutzen einsetzen und vermehren zu können.

   Für diese Menschen wird es zu einer Frage und Herausforderung zu überprüfen, inwieweit ihr erreichter Wohlstand auf Dauer gelingen kann, wenn sie den Abstand zu den Besitzlosen immer größer werden lassen. Die Frage hinreichender Solidarität verbindet sich über kurz oder lang auch mit der Frage, welchen Stellenwert die Demokratie mit ihrem Postulat der Chancengerechtigkeit haben kann und wird.

2. *Aufstiegsszenarium:* Wer aus eigener Kraft ökonomisches Kapital akkumulieren und sich nicht auf die Unwahrscheinlichkeit eines Lottogewinns oder eine Heirat mit Bessergestellten verlassen will, der muss vorrangig andere Kapitalformen akkumulieren, um in jene Jobs zu kommen, die so hohe Einkünfte abwerfen, dass zumindest ein kleines ökonomisches Kapital gebildet werden kann. Zu diesem Aufstiegsszenarium gehört es, über das umfassend ausgebildete Lernkapital hinaus möglichst auch über soziales, kulturelles und körperliches Kapital den Aufstieg effektiv zu begleiten und Investitionen zu tätigen, um den eigenen Erfolg abzusichern. Bereits in diesem Kapitel haben wir jedoch gesehen, dass auch die Länder, in denen man lebt, grundsätzlich schon sehr ungleiche Chancen für Aufsteiger ermöglichen oder durch Selektion verhindern.

   Für diese Menschen erhebt sich zunächst immer die Frage, inwieweit sie sich in einer globalen Welt am richtigen Ort befinden oder ob die Chancen an anderen Orten nicht wesentlich größer sind. Je weniger ein Land sie fördert und ihnen Chancen bietet, um so leichter werden sie bei Schwierigkeiten entweder dem Land oder dem System den Rücken kehren, denn sie haben sich bewusst für eine eigene Leistung im Erwerb der Kapitalformen entschieden, sie verstehen sich als Leistungsträger, die chancengerecht behandelt werden wollen. Gleichzeitig müssen sie jedoch auch erkennen, dass allein eine individuelle Strategie nicht ausreichen wird, wenn sich insgesamt die Chancengerechtigkeit erhöhen soll. Gerade ihre Chancen werden zeigen, inwieweit es bloß Ausnahmen sind oder ob sich die Gerechtigkeit insgesamt steigern lässt.

3.   *Unsicherheitsszenarium:* Wer nichts in größerem Umfang besitzt oder erbt und den Aufstieg verpasst oder sich nicht an Aufstiegsszenarien anpassen will, wer in der breiten Masse der relativ Besitzlosen im Mittelstand verharrt, der wird im Blick auf das ökonomische Kapital leer ausgehen. Hier entscheiden die anderen Kapitalformen, die dann noch ausgebildet werden können, über den Grad der Unsicherheit und die individuellen Chancen, die verbleiben.

Dieses prekäre Szenarium funktioniert, so zeigen Zufriedenheitsstudien, selbst bei eigener ökonomischer Schwäche in der Regel so lange, wie noch eine Schicht oder ein Milieu unter einem steht, das als noch schwächer, ausgegrenzter, abgekoppelter gilt. Fatal für diese Gruppe ist es, wenn sie aus der eigenen Unsicherheit auch auf eine Unsicherheit der Demokratie schließt, da damit nicht nur die Chancen einer politischen Veränderung, eines Kampfes um mehr Demokratie und Chancengerechtigkeit vergeben werden, sondern auch noch die Gefahren einer undemokratischen Politisierung möglich sind, weil man ohnehin nichts mehr zu verlieren hat.

3. Soziales Kapital

3.1 Gegenstands- und Handlungsform: Was ist und wie entsteht das soziale Kapital?

Was ist das Soziale in menschlichen Handlungen? Das Soziale ist, in einer ersten Definition, eine Interaktion zwischen Menschen, die im familiären Aufwachsen und in gemeinschaftlichen Beziehungen aller Art den Zugang zu und Umgang mit gemeinsamen Beziehungen von Menschen in einer Kultur regeln. Die Beziehungen und die Art der Interaktionen, von der persönlichen Beziehung bis hin zu Netzwerken, verkörpern Ressourcen, Hilfestellungen, Anerkennungen, Handlungschancen und Perspektiven, um bestimmte Positionen in menschlichen Interaktionen, in sozialen Gruppen und in der Gesellschaft insgesamt einzunehmen. Wie sich die sozialen Beziehungen dabei konkret ausgestalten, ist je nach Kultur und Zeitalter unterschiedlich, aber es gibt keine menschlichen Beziehungen ohne eine soziale Seite. Soziales wird über Interaktionen in Kommunikation und Kooperation vermittelt, was in der Regel durch persönliche Kontakte, Besuche, Bekannten- und Freundeskreise, Arbeitstätigkeiten, gemeinsame Aktivitäten (z. B. Religion, Sport, Sexualität) und gegenseitige Gefälligkeiten, Geschenke, auch Abhängigkeiten geschieht. Aber auch virtualisierte Beziehungen (z. B. Facebook usw.) können als sozial angesehen werden, wenn sie in gegenseitige Verpflichtungen und kommunikative Akte mit dem Ziel einer Netzwerkbildung münden. So mögen 1000 »Freunde« in Facebook nur virtuell »verbunden« sein, aber sie stärken eine fiktionale soziale Gruppe, die hieraus Selbstwert bis Selbstüberschätzung schöpfen mag.

Das Soziale reicht vor diesem Hintergrund von der sehr persönlichen, intimen Beziehung bis hin zu sozialen Erwartungen, Orientierungen, Lebensgestaltungen und Herrschaftsverhältnissen, die seit der Moderne immer offener geführt werden können. Mit dem Sozialen ist dabei auch das Kapital als ein geld- und machtbezogenes Verhältnis entstanden, das soziale Verhältnisse mit bestimmt. Insbesondere Georg Simmel (2011) hat mit seiner »Philosophie des Geldes«, die 1900 erschien, schon auf die Zunahme der Individualisierung im Hinblick auf den Zusammenhang von sozialen und Geldverhältnissen hingewiesen. Hier erscheint eine kalkulierende Rationalität, die für ihn – anders als bei Marx – auf zunächst subjektiver Wertbildung aller Waren basiert, dann jedoch durch die Tauschhandlungen der Menschen sich verobjektiviert und in die Wirklichkeiten zurückkehrt. Für Simmel ist das Geld einer Spinne gleich, die alle gesellschaftlichen, auch die sozialen, Verhältnisse webt. Damit dreht sich das Verhältnis von Bedürfnis und Mittel um: Diente das Geld zunächst dazu, unsere Tauschhandlungen zu optimieren, so verwandeln sich unter seinem Regime alle Tauschhandlungen in Bedürfnisse. Auch wenn durch Marx Geld, Werte und Kapital deutlich differenzierter analysiert worden waren, so kann Simmel zeigen, wie die ökonomischen und scheinbar »objektiven« Verhältnisse immer auch eine subjektive Seite tragen. Und genau diese Versubjektivierung und Individualisierung führte zu einer Aufweichung eines strengen und engen Kapitalbegriffs.

Der Begriff »soziales Kapital« tauchte gegen Ende des 19. Jahrhunderts bereits auf, so z. B. bei John Dewey (1900, 104) in seiner Schrift »School and Society«, um auf soziale Netzwerke hinzuweisen. Dewey benutzte ihn später auch, um die geldbezogene Aufgabe des Staates zu charakterisieren, jungen Menschen unabhängig von ihrer Herkunft und Hautfarbe eine Lernumgebung zugänglich zu machen, die ihr Wachstum, einen Zuwachs an Bildung und Kompetenzen ermöglicht und als soziales Kapital sichert (Dewey MW 4, 158). Im Kontext seines einflussreichen Gesamtwerkes bedeutet soziales Kapital, die sozialen Bedingungen durch wechselseitige Kooperation und Vertrauen zu verbessern, ihre Nachhaltigkeit durch gemeinschaftliche Anstrengungen zu sichern, mit experimentellen Methoden und einer radikalen Lehr- und Lernreform auf der Basis von *learning by doing* zu arbeiten, die dabei entstehenden Ergebnisse kontinuierlich zu überprüfen und die Demokratie insgesamt partizipativ zu entwickeln. Hier wird der Begriff, wie es dann für viele andere Ansätze zu Beginn des 20. Jahrhunderts üblich wurde, vom ökonomischen Kapital und den mit ihm verbundenen materiellen Machtverhältnissen gelöst, insbesondere, um Aufgaben der Gemeinschaft und des Staates in Herstellung eines sozialen Kapitals als Ressource und Chance auch für die ökonomisch Benachteiligten herauszustellen.[62]

Eine wesentliche Frage ist, inwieweit das Soziale, das auf menschliche Interaktionen, auf Geschlechterverhältnisse, auf Kommunikation und Kooperation in all ihrer Vielgestaltigkeit zielt, sich überhaupt mit dem Kapital als Ausdruck ökonomischer Verhältnisse verbinden lässt. Verengt eine damit verbundene Ökonomisierung des Sozialen nicht grundlegend ein notwendiges weites Verständnis sozialer Beziehungen und Verhältnisse? Und wie kann eine solche Verengung trennscharf begründet werden? Sind es in erster Linie ökonomische Vorteile, ist es ein geldwerter Gewinn, den jemand aus sozialen Verhältnissen oder Beziehungen gewinnen kann, um soziales Kapital entstehen zu lassen? Oder reicht bereits eine bestimmte erreichte soziale Position aus, um für die sozialen Beziehungen zu markieren, dass in diesen soziales Kapital erscheint, auch wenn eine solche Positionierung anderen eher als Ausdruck einer Rangfolge oder Machtposition in einer sozialen Gruppe, im Geschlechterverhältnis, aufgrund von Alter, Macht oder verwandtschaftlichen Abhängigkeiten erscheint? Grundlegend ist für mich die Frage, wie sich der ökonomische Aspekt des Kapitals mit dem sozialen Aspekt vielfältiger Beziehungen der Menschen untereinander verbinden lässt. Hier gibt es große terminologische und fachliche Unschärfen, weil entweder Ökonomen auf der einen Seite jegliche soziale Faktoren gegenüber ökonomischen Vorgängen als extern ansehen, andere hingegen in jeglicher sozialer Handlung immer auch eine ökonomische Implikation vermuten. Für mich wird es wichtig sein, hier eine möglichst exakte Verbindung des Sozialen mit dem Kapital zu entwickeln, um drei Aspekten, die mir wichtig erscheinen, vorrangig zu entsprechen:

1. Soziale und ökonomische Felder wie auch Theorien haben ihre je eigenen Bedeutungen, die nicht ineinander aufgehen, sondern stets hinreichend unterschieden werden müssen. So ist nicht alles aus dem sozialen Feld immer mit ökonomischen Vorgängen verbunden.

---

62   Robert Putnam schreibt in »Bowling Alone« Lyda J. Hanifan die Erfindung des Begriffs soziales Kapital zu. Diese oft zitierte Herleitung ist jedoch falsch, da Hanifan sich bereits auf Dewey bezieht und ein deutlich engeres Verständnis entwickelt. Leider schreiben die meisten Darstellungen über das soziale Kapital bei Putnam ab und entstellen so die Diskussionen um die Herkunft und ursprüngliche Bedeutung des Begriffs.

2. Sozialkapital umfasst jene spezifischen Leistungen aus dem Feld des Sozialen, die als kapitalisierbar erscheinen, d. h. genauer, die aufgrund von verausgabten Investitionen und Kosten einen Gewinn, einen Mehrwert, erzielen lassen. Dies ist der engere Sinn des Sozial*kapitals.*

3. Soziales Verhalten in all seinen Formen ist deutlich offener und unschärfer als ein engeres ökonomisches Verhalten. Die höhere Unschärfe ist jedoch kein Grund, gänzlich von Wirkungen des sozialen Felds auf das ökonomische abzusehen, auch wenn durch diese Unschärfen Probleme in der Messung von Wirkungen resultieren. Das soziale Kapital steht in starker Relation zum ökonomischen Kapital, auch wenn es hierin nicht vollständig aufgeht. Aber ein wesentliches Szenarium besteht darin, dass diejenigen, die über hohes ökonomisches Kapital verfügen, auch entsprechende Macht und einen hohen Status im Vergleich der Menschen untereinander verkörpern und symbolisch darstellen können, der andere Menschen anzieht und der bewundert oder beneidet wird. Dies ist immer auch eine Grundlegung für ein höheres soziales Kapital, das sich in ökonomische Werte verwandeln lässt.

In neuerer Zeit gibt es insbesondere die Ansätze von James Coleman (1989, 1990), Robert Putnam (1992, 1995) und Pierre Bourdieu (1986), die das soziale Kapital sehr weit definieren, wobei nicht immer klar wird, inwieweit bereits soziale Interessen und Machtverhältnisse ausreichen, um von einer Kapitalisierung auszugehen, die oft nur darin besteht, dass soziale Machtpositionen ausgebaut werden. Die Vermehrung auch ökonomischen Kapitals erscheint dann wie ein zusätzlicher Hinzugewinn.

Soziales Kapital nach Putnam

In seiner Schrift »Bowling Alone« (Putnam 1995 und 2000) zeigt Putnam vier Faktoren auf, die das Herabsinken des sozialen Kapitals in den USA ausmachen: (1) Dadurch, dass Frauen immer stärker in die Berufswelt vordringen, ist die Chance, soziales Kapital in den Familien auszubilden, deutlich gesunken.[63] (2) Die soziale Mobilität hat dazu geführt, dass die Menschen immer weniger in einer Heimat, Gemeinde, Gruppe verwurzelt sind. Die Arbeitswelt stellt Anforderungen an Flexibilität, Mobilität und Dynamik, die zur Entwurzelung der Menschen beitragen. (3) Der Wandel der Lebenswelt durch Zunahme an Scheidungen, Herabsinken der Kinderzahl, Verlusten bei Realeinkommen führt dazu, dass insbesondere die Mittelschicht immer weniger soziales Kapital herstellen und bewahren kann. (4) Fernsehen und Massenmedien zerstören ein Freizeitverhalten, das durch freiwilliges Engagement und gemeinsame Werte in nicht-profitorientierten Formen soziales Kapital herstellen lässt.

»Bowling Alone« steht als Analyse bildhaft für einen Verlust an sozialem Kapital, wie es durch Familien, Freundeskreise, Kirchen, Sportvereine oder eben Bowling-Klubs repräsentiert ist. Die geringere Beteiligung an solchen Aktivitäten und das Herabsinken an Gemeinwohlinteressen schädigen das soziale Kapital als Ausgangspunkt einer erfolgreichen und glücklichen Gesellschaft. Je mehr dieses Kapital abnimmt, desto stärkere negative Folgen wie mangelndes Interesse an politischen Wahlen, fehlendes gesellschaftliches und mensch-

---

[63] Feministinnen haben dies zu Recht als eine unreflektierte patriarchalische Haltung angegriffen. Vgl. zur Kritik der Idealisierung der Traditionen und Familie insgesamt z. B. Arneil (2006).

liches Engagement, beschränktes Interesse an Integration von Außenseitern usw. fürchtet Putnam. Hier sieht er die Notwendigkeit eines Schulsystems, das zu einer wesentlichen Voraussetzung der Bildung des sozialen Kapitals wird, wenn es die Normen und Werte einer Gemeinschaft artikuliert und vertritt. An diese Sichtweise schließen z. B. die Weltbank und die OECD in zahlreichen Studien zum sozialen Kapital an, um eine Politik der Staaten zu unterstützen und zu fordern, die durch Anstrengungen in allen erzieherischen Feldern sich bemühen, soziales Kapital als Lebenschance nicht zu ungleich zu verteilen. Allerdings schwanken die Empfehlungen hier zwischen einer Hilfe zur Selbsthilfe und sehr offenen Vorschlägen staatlicher Förderprogramme (vgl. dazu Harris 2002).

Putnam hat hierbei eine sehr eigene Sicht: Je mehr freiwillige Dienste es in einer Gesellschaft gibt, je pluraler die gegenseitigen Hilfen wechselseitiger Vereinigungen sind, desto stabiler erscheint die Demokratie. Er idealisiert die freiwilligen Dienste und Leistungen, indem er die unterschiedlichen Interessen und Konflikte zwischen ihnen erst gar nicht thematisiert. Vor allem enthistorisiert er die Zusammenhänge und analysiert nicht kritisch die Individualitätsskepsis in der Moderne, an die er anschließt. Dies führt in eine sehr oberflächliche Betrachtungsweise, die sich zwar gut mit empirischen Teiluntersuchungen zufrieden geben kann, indem sie einzelne Normen, Werte und ihre Verbreitung in Netzwerken untersucht und thematisiert, dabei aber kaum über ein affirmatives Verständnis bestehender Teilverhältnisse hinauskommt. Hierin liegt gewiss auch die Popularität des Ansatzes, der sehr gut für eine Selbstdarstellung solcher Vereinigungen geeignet ist. Dagegen fallen alle kritischen Gruppen, jugendliche Subkulturen, politische Parteien und ihre gegensätzlichen Interessen, Konflikte um soziale Probleme, Machtkämpfe mit- und gegeneinander von vornherein aus der Betrachtung weitgehend heraus (vgl. auch Siisiäinen 2000). Im Hintergrund dieser Theorie des sozialen Kapitals steht die These, dass Gesellschaften immer dann besser funktionieren, wenn sie sich als Wertebasis auf freiwilliger Regulation der sozialen Beziehungen gründen, was einem liberalen oder neoliberalen Bild von Ökonomie entspricht.[64] Insbesondere in Zeiten des Wirtschaftswachstums sind solche Theorien anerkannt, weil sie hinreichend Freiräume für individuelle Handlungen durch ihre Betonung von Freiwilligkeit und Vertrauen erreichen,[65] aber gleichzeitig führen sie dazu, die negativen Effekte wechselseitiger sozialer Abhängigkeiten ebenso zu unterschätzen wie sie vermeiden, die staatlichen Versäumnisse hinlänglich zu kritisieren. Der Staat müsste dort für mehr Gerechtigkeit sorgen, wo die idealtypische Freiwilligkeit *de facto* versagt.

Putnam sieht das soziale Kapital in enger Beziehung zu einem zivilgesellschaftlichen Engagement, als eine zivilgesellschaftliche Tugend, die an Tocqueville (1835) erinnert, durch die aus der Interaktion und Kooperation einer Gruppe von Menschen eine Identität, ein Gemeinwille auf der Basis von Werten und Normen entsteht, der dann rückbindend in der und für die Gruppe als soziales Kapital erscheint. Putnams Arbeiten gehen in vielerlei Hinsicht

---

64   „The flaw in the pluralist heaven", wenn wir diesen Himmel als jene pluralistische Freiwilligkeit positiven sozialen Kapitals nehmen, das sich Putnam vorstellt, „is that the heavenly chorus sings with a strong upper class accent" (Schattschneider 1960, 35; zitiert nach Siisiäinen 2000).

65   In »Making Democracy Work« beschreibt Putnam (1993) fast nur Sportvereine und kulturelle Vereine, was das einseitige Verständnis des Sozialen bei ihm dokumentiert.

auf James Coleman zurück, wobei sehr auffällig ist, dass der Ansatz beider Richtungen trotz einer sehr umfangreichen Sekundärliteratur in großer Ignoranz zu Bourdieu steht.[66]

Wie lässt sich das soziale Kapital in kurzer Form aus der Sicht dieses Ansatzes definieren? Krishna (2002, 15) sieht als soziales Kapital im weitesten Sinne Personen an, die in dichten sozialen Netzwerken mit Normen der Gegenseitigkeit und des Vertrauens operieren und dadurch besser in der Lage sind, kollektiv vorzugehen und wechselseitige Erträge in sozialer Absicht zu erzielen. Ihr Kapital besteht darin, effizienter Opportunismus zu bekämpfen und Probleme sozialer Handlungen zu bewältigen. Dies kann auf soziale wie ökonomische Angelegenheiten bezogen werden. Insofern beide Handlungsbereiche ineinander greifen, scheint von Kapital gesprochen werden zu können. Für Krishna (ebd., 27) können unterschiedliche Erfolge sozialer Gruppen in unterschiedlichen menschlichen Handlungsfeldern eindeutig auf Unterschiede im sozialen Kapital bezogen werden.[67] Auch Unterschiede in der institutionellen Wirkung staatlicher oder nicht-staatlicher Stellen hängen vom sozialen Kapital, insbesondere der Gegenseitigkeit und dem Vertrauen, ab.

Dieser Ansatz ist mit seinen Arbeiten für jene anregend, die auf Szenarien fokussieren, die auf eher unabhängig vom ökonomischen Kapital stehende soziale Formen schauen. Dies sind z.B. geistige oder sportliche Gemeinschaften, die zunächst frei von einer ökonomischen Seite zu sein scheinen und deren Zwecke in einem gemeinschaftlichen Ziel liegen: Sei es als Verein, Sekte, Orden, interessierte Gruppe, Ehrenamt, Freiwilligendienst usw., die einem besonderen sozialen Interesse nachgehen oder sich im Sport im Wettkampf mit anderen ohne weitere ökonomische Gewinninteressen messen. Auch der Freizeitbereich gehört hierzu (vgl. z.B. Harring 2011). Gleichwohl unterliegen auch solche Vereinigungen oder Tätigkeiten mehr oder minder abhängig von ihren Zielen und Methoden einer gewissen Kapitalisierung ihrer Beziehungen, weil und insofern sie Kosten verursachen und zu ihrem Erhalt Gelder aufwenden müssen. Sie bieten die Chance auf soziale Beziehungen, die nicht immer unmittelbar vom ökonomischen Kapital abhängig scheinen. Putnam allerdings vereinfacht solche Beziehungen, weil er nicht auf die machtbezogenen Aspekte schaut, die soziale Gemeinschaften immer auch durchziehen. Vor diesem vereinfachten Hintergrund versuchen Putnam und seine Anhänger genauer zu beschreiben, wie und mit welchen idealtypischen Annahmen sich das soziale Kapital entwickeln oder verbessern lässt. Dabei unterscheidet er Normen, moralische Verpflichtungen, soziale Werte, Vertrauen und soziale Netzwerke. Eine zentrale These ist, dass dieses Kapital auch zu einer gut funktionierenden Ökonomie und einer hohen politischen Integration aller Gesellschaftsmitglieder führen wird. Putnam und seine Anhänger tendieren dazu, den Besitz des Kapitals zu individualisieren und auf bewusste rationale Entscheidungsvorgänge zu reduzieren. Diese Theorien sind dadurch besonders geeignet, individuelle Entscheidungen im Blick auf freiwilliges Engagement und den Gewinn durch solches Engagement in der kapitalistischen Gesellschaft für das Individuum verständlich und kalkulierbar werden zu lassen, aber sie entsagen sich zugleich einer vertiefenden kritischen Perspektive im Blick auf soziale Konflikte oder soziale Problemlagen. Auch erfassen sie nicht die Entstehung sozialer Anpassungsleistungen, wie sie in der unfreiwilligen

---

66 Fine (2001) stellt alle Ansätze vergleichend und in ihrer historischen Entwicklung dar. Graf u.a. (1999) diskutieren einführend die Bedeutung für den Beginn einer deutschen Rezeption.

67 Ein aktives soziales Kapital am Beispiel Indiens diskutiert besonders Krishna (2002).

Teilnahme an gesellschaftlicher Sozialisation wie der Schule gewonnen werden, weil sie hier eine Freiwilligkeit unterstellen, die durch die Zwänge der kapitalistischen Lebenswelt überhaupt nicht gegeben ist: Wer könnte sich gegen die Teilnahme an schulischer Bildung entscheiden (in vielen Ländern ist sie ohnehin obligatorisch), wer auf Freiwilligkeit setzen, wenn doch bereits fast immer durch klare Regeln und Standards vorgegeben wird, in welchen Formen soziales, kulturelles, Körper- und Lernkapital vermittelt und angeeignet werden kann?

Dieses von Konflikten entschärfte soziale Kapital wird von der OECD heute als statistische Größe benutzt, um einerseits soziale Netzwerke von Akteuren und andererseits dabei die Normen der gegenseitigen Beziehungen zu erfassen.[68] Damit erscheinen notwendig Verengungen. In der Linie Coleman, Putnam und einer sehr breiten Sekundärliteratur zum sozialen Kapital wird stark auf die funktionalen, utilitaristischen und rationalen Handlungselemente eingegangen, dabei stehen dann eher die geregelten Beziehungen wie Familien, Nachbarschaften, Ehrenämter usw. mit ihren jeweils unterschiedlichen Normen im Vordergrund, ohne diese hinreichend auf ihre genauere Verknüpfung mit Machtpositionen und geldwerten Vorteilen zu beziehen. Die Analyse verbleibt oft sehr allgemein und betont die sozialen Leistungen so, als wären sie – weil sie immer auch Voraussetzungen einer auch ökonomisch geführten Lebensweise sind – bereits selbst kapitalisiert (vgl. auch kritisch Offe 1999, Offe/Fuchs 2001).

Ein positiver Aspekt des Ansatzes für die Demokratie ist immerhin, dass die Partizipation aller in der Gruppe bzw. Gemeinschaft als besonders wichtig angesehen wird. Durch gemeinschaftliche Aktionen baut sich konkretes Vertrauen auf, werden Werte und Normen als sinngestaltend erlebt, wird ein zivilgesellschaftliches Bewusstsein erreicht, das in vielen Studien als Beteiligung in der Politik und Wirtschaft gedeutet wird. Individuen nutzen aus dieser Sicht situative Netzwerke, die zur Information, zum Handel und für Dienstleistungen stehen, wobei die jeweilige Situation und der bestimmte Zweck die Art und Weise der sozialen Beziehungen bestimmen. So unterscheidet sich beispielsweise ein soziales Netzwerk, das dem Karriereaufbau dient, deutlich von einem, das z. B. ehrenamtliches oder kirchliches Engagement ausdrückt. Empirisch gesehen erforscht der situative Ansatz die sehr heterogenen sozialen Anlässe und mit ihnen verbundene Beziehungen, die durch bestimmte Zwänge und Maßnahmen bedingt sind. Hinzu kommen dabei sozialpsychologische, kulturelle, normative und moralische Interpretationen, die sich insbesondere auf Fragen des inneren Zusammenhalt sozialer Beziehungen und Netzwerke, z. B. Fragen des Vertrauens, der Loyalität usw. beziehen. Putnams Ansatz benutzt dabei den Begriff des Kapitals vor allem in seinen sozialen Wirkungen, wenn er argumentiert, dass das soziale Kapital analog zum ökonomischen eine Gemeinschaft dazu bringt, eine Zusammengehörigkeit zu »kaufen«. Diese sieht er aber entkoppelt von wirtschaftlichen Interessen, denn gerade eine fehlende Profitorientierung, freiwilliges und ehrenamtliches Engagement, gegenseitige unentgeltliche Hilfen stellt er als besonders starkes soziales Kapital heraus. Dabei ist er eher ernüchtert, ob sich die Welt in dieser Hinsicht hinreichend verbessern lässt, denn es ist gerade der Mangel an solchem sozialen Kapital, der die Welt heute mehr und mehr charakterisiert.

---

68   „Social capital is defined as the norms and social relations embedded in the social structures of societies that enable people to co-ordinate action to achieve desired goals." Siehe Social Capital Initiative, C. Grootaert, Working Paper No. 3, World Bank, 1998.

Grundlegend ergibt sich die Frage, ob es sich bei diesem Sozialkapital überhaupt um Kapital handelt. Die begrifflichen Unschärfen führen dazu, dass bereits soziale Teilnehmer/innen und insbesondere freiwilliges Engagement als Kapital gewertet werden, um damit wünschenswerte Werte für die Gesellschaft schlechthin auszudrücken. Für eine solche offene Betrachtungsweise wird leichthin alles Soziale schnell kapitalisiert. Eine gute Tat erscheint dann als gemeinsames gesellschaftliches Kapital, wenn sie z.B. freiwillig anderen Hilfen gibt, die sonst nicht gewährt werden. Aber nur weil der Begriff Kapital für einen gewissen Reichtum steht, bedeutet er ja nicht zugleich, dass alle sozialen Handlungen dann kapitalisiert werden, wenn es den Menschen irgendwie »besser« geht.

Ben Fine (2001) betont, dass ökonomische Sichtweisen auf das Human- oder Sozialkapital sich immer wieder durch einen Reduktionismus auszeichnen, der vorrangig auf eine individuumbezogene Nützlichkeit hin orientiert. Gleichwohl haben die ökonomischen Wissenschaften in den letzten Jahrzehnten verstärkt erkennen müssen, dass auch ökonomisches Handeln immer in Teilen soziales Handeln ist. Insoweit ist es insbesondere ökonomischen Ansätzen zum Sozialkapital gelungen, bereichernd in die ökonomischen Diskurse einzutreten.[69] Mittlerweile gehört es zu den ökonomischen Einsichten, dass Sozialkapital dazu verhelfen kann, besser in den wirtschaftlichen Positionskämpfen voranzukommen, gesünder zu leben, weniger kriminell sich zu verhalten, insgesamt positive gegenseitige Wirkungen zu verstärken. Dabei scheint das Soziale zu einem ansonsten wenig auf Soziales gerichteten, sondern vorrangig vom Gewinnstreben geleiteten Feld hinzuzutreten. Aber auch umgekehrt ließe sich behaupten, dass wirtschaftliches Verhalten stets eine soziale Seite trägt (vgl. ebd., 26). An den stärker ökonomisch orientierten Theorien über das Sozialkapital fällt auf, dass sie zwar stark die Wirkungen des Sozialen auf einzelne ökonomische Aspekte schärfen – z.B. das rationale Wahlverhalten beim Konsum, Tausch, usw., die Netzwerkstrukturen in ihren Wirkungen auf Verhalten und Produktivität, unterschiedliche soziale Rollen im ökonomischen Verhalten usw. –, dabei jedoch die Mehrwertproduktion im Sinne von Zugewinnen und ihre Aneignung nach unterschiedlichen sozialen Gruppen schnell aus dem Auge verlieren.

Soziales Kapital nach Bourdieu

Pierre Bourdieu wählt deshalb einen anderen und deutlich differenzierteren, aber auch zugleich sehr viel kapitalismuskritischeren Ansatz. Er sieht zwar auch die Effekte, die Putnam beschreibt, ordnet sie aber insgesamt in unterschiedliche Kapitalformen und ihre gegenseitigen Abhängigkeiten und systemischen Wechselwirkungen ein. Dabei betont er von vornherein die sozialen Akteure in ihren Interessen- und Machtkämpfen in einer konkurrenzbezogenen Umwelt, in der die Volumina der Kapitalformen sehr unterschiedlich verteilt sind und stets in den Verteilungsformen erkämpft werden müssen.[70] Die Differenzierung der Sozialstruktur in Klassen oder Gruppen von Menschen, die wir insgesamt als Gemeinschaften auffassen, wird für ihn mit der Verfügung über die drei Kapitalformen ökonomisches, kultu-

---

69   Bezeichnend dafür ist die Vermehrung von Arbeiten über das Sozialkapital seit den 1990ern. Vgl. dazu auch Halpern (2005, 9 f.). Unklar ist hingegen oft die Abgrenzung zwischen dem Sozialen und dem Kapitalanteil darin (ebd., 29 f.).

70   Diese kämpferische, agonistische Daseinsweise, hat für die politische Theorie insbesondere Chantal Mouffe (1994, 1996, 2000) eindringlich dargestellt.

relles und soziales Kapital gebildet. Dabei werden Unterschiede in Geschmack und Lebensstil, in Normen und Werten, Einstellungen und Haltungen als Habitus bestimmter Gruppen von Menschen definiert. Auch wenn Bourdieu es für einen Fehlschluss hält, wenn wir von objektiven Daten aus der Distinktion der Kapitalformen und ihrer Verteilung und ihren Volumina unmittelbar auf die Existenz einer realen Klasse im Sinne einer vereinfachten Widerspiegelungstheorie (hier Klassenlage, dort Bewusstsein) im marxistischen Sinne schließen, so sagt er umgekehrt nicht, dass die Unterschiede des Kapitalbesitzes und die Situierung im sozialen Feld es verbieten würden, noch von Klassen zu sprechen. Wir müssen uns nur des Konstruktcharakters des Begriffes bewusst sein und diesen deutlich darstellen, um zu zeigen, was genauer gemeint ist.[71]

Ein Habitus ist für Bourdieu ein Erzeugungsmechanismus, der durch eine vorausgehende Praxis strukturiert und bestimmt ist und zugleich die Praxis wie ihre symbolischen Ordnungen mittels Handlungen und Wahrnehmungen beeinflusst. Der Habitus ist mehr oder minder kohärent in subjektiven Haltungen erlebbar und löst in Interaktionen Rückwirkungen bei anderen aus. Vielfach übernehmen wir einen solchen Habitus in der Familie, in kulturellen und sozialen Interaktionen, wobei uns große Teile dieser Übernahme unbewusst bleiben. Im Habitus werden sowohl Möglichkeiten wie Grenzen in den Wahrnehmungs- und Handlungsschemata der jeweiligen Personen artikuliert. In der Praxis gibt es bestimmte Felder, z. B. das soziale Feld, in dem Chancen gelebt oder verworfen werden. Zum Habitus gehören jeweils spezifische als Eigenschaften bezeichnete Haltungen wie Geschmack, Stil, unbewusste Bevorzugungen, Sympathie für oder Ekel gegen etwas, aber auch Spielregeln usw.

Das symbolische Kapital, das aus allen Kapitalformen gezogen werden kann, artikuliert für Bourdieu in signifikanter Weise Wirkungen durch erreichte Machtpositionen im sozialen Feld. Durch symbolisches Kapital wird die jeweilige Schnittmenge, das erreichte Volumen der Kapitalformen in ihrem Zusammenwirken ausgedrückt. Sind Volumen einzelner Kapitalformen hoch, dann winken Anerkennung und Prestige, sind alle Formen gut gefüllt, dann gibt es Macht und Einfluss. Individuen und Klassen kämpfen im Rahmen ihrer Habitus- und Kapitalausstattung um unterschiedliche Positionen in der Gesellschaft, das ist in Kurzzusammenfassung das Ergebnis der Studien Bourdieus.

Mit diesem Ansatz räumt Bourdieu zunächst mit der Idylle der einen großen Gemeinschaft auf, in deren Versuchung besonders amerikanische Autoren immer wieder gestanden haben oder heute noch stehen. Gemeinschaften zerfallen bei näherer Betrachtung und nüchterner Analyse in Unterschiede. Immer dort, wo das ökonomische Kapital durch Besitzverhältnisse hineinspielt – und dies ist nie ganz auszuschließen – wird auch das soziale Kapital nicht unbeeinflusst bleiben.

---

71   Seit den 1990er Jahren ist angesichts der neoliberalen Montage vieler Elemente des französischen Sozialstaats bei Bourdieu eine deutliche Linkswende zu erkennen. Die destruktiven Auswirkungen der Ökonomisierung aller Lebensbereiche kritisierte er besonders stark. Dabei ging er von einer relativ autonomen Sichtweise des engagierten Intellektuellen aus, der unabhängig von den ökonomischen und anderen Mächten seine kritische Kompetenz einbringen sollte (vgl. Bourdieu 1991). Allerdings bleibt die Frage, inwieweit die Intellektuellen dies angesichts der Kapitalisierung aller akademischen Bereiche auf Dauer so frei können, wie Bourdieu es noch hoffte.

Wodurch verwandelt sich das Soziale in Kapital?

Beziehungen aller Art bilden die Basis, um in sozialen Interaktionen, in Kommunikation und Kooperation von Menschen untereinander soziale Interessen und Macht zu bilden. Ähnlich wie beim ökonomischen Kapital wirken auch hier Privatheit und Gesellschaftlichkeit ineinander. Einerseits erscheint es als rein private Angelegenheit, welche Beziehungen wir führen und welche Beziehungsnetzwerke wir unterhalten, andererseits zeigt sich auf der gesellschaftlichen Ebene jedoch recht schnell, welche dieser privaten Unternehmungen tatsächlich hinreichenden Erfolg versprechen und Gewinne in sozialen Rangvergleichen zu anderen erzielen lassen. Insbesondere in der Verbindung mit ökonomischem Kapital entstehen hier Vorteile, weil in den Netzwerken, in denen auch das Geld zirkuliert, jene Machtpositionen im sozialen Raum konfiguriert werden, von denen die Netzwerker profitieren, wenn sie ihre Position verbessern. Solche Netzwerkvorteile beziehen sich im sozialen Raum vorrangig auf die Herkunft der eigenen Familie, die Höhe des Einkommens, die besondere Wohnlage der Betroffenen, ihre Statussymbole (Haus, Auto, Boot, Ferien, Freizeitgestaltung usw.), die zu entsprechenden Freundes- und Bekanntenkreisen führen, die neben den Arbeitsbeziehungen (oft gegliedert nach der beruflichen Hierarchieebene) entscheidend für die Netzwerkbildung sind. Dagegen fristen ehrenamtliche soziale Dienste eher ein Schattendasein, auch wenn sie als Distinktionsmerkmal für die sozialen Helfer/innen in der Gesellschaft besonders wichtig sind, um die Grausamkeiten der kapitalistischen Lebenswelt und ihrer Egoismen mildern zu helfen und einen moralischen Anspruch jenseits der Kapitalisierung zu vertreten. Die besseren sozialen Kreise können, wenn sie über die eigenen Egoismen hinausgelangen wollen, es sich durch Spenden und Wohltätigkeiten, mitunter auch durch soziale Stiftungen, leisten, ihr eigenes Netzwerk durch das Ansehen der Uneigennützigkeit auch hier zu erhöhen.[72]

Anders als beim ökonomischen Kapital ist es insgesamt schwierig, in den sozialen Tätigkeiten klare Gebrauchs- und Tauschwerte auszumachen, da die sozialen Werte meist in stark symbolisch aufgeladenen Formen auftreten. Auf der Beziehungsseite repräsentieren sie einen Netzwerkcharakter, der in seiner Passung auch stark von Zeitfenstern der biografischen Karrieren und Zufällen der Passungsformen von Beziehungen beim Ergattern eines Praktikums, eines Studienplatzes, eines Jobs oder einer Partnerschaft ebenso wie bei der Bildung von Freundes- und Bekanntenkreisen mit all ihren Zufallsmöglichkeiten abhängt. Der Ursprung der Bildung sozialer Gebrauchswerte mit Aussicht auf eine Tauschbarkeit findet dabei immer in der Herkunft und dem Status der eigenen Familie statt, die einen entsprechenden Habitus und Ort des Heranwachsens vermittelt, der ein Leben lang wirksam bleibt. Dies wird dadurch verstärkt, dass im Rahmen des Kapitalismus die Privatheit nicht nur des ökonomischen Eigentums, sondern auch der privaten Beziehungen betont ist, so dass soziale Netzwerke *per se* als besser oder schlechter im Vergleich gegeneinander erscheinen. Menschen werden in soziale Verhältnisse und Lebensformen hineingeboren, was von vornherein bestimmte Lebenschancen setzt oder verwehrt. Dabei gehört es zu den großen Illusionen im Blick auf das soziale Kapital, dass jede/r Einzelne allein schon durch hohen Einsatz

---

72   Weiterführend zu diesen Seiten des sozialen Kapitals vgl. insbesondere einführend Halpern (2005), Lin (2001) und Field (2008), der immerhin auch die dunklen Seiten des sozialen Kapitals anspricht (ebd., 79 ff.). Siehe auch Small (2009), die für die Netzwerkseite stärker als andere Arbeiten Fragen der Ungleichheit thematisiert, die in ihnen entstehen können. Grimme (2009) und Riemer (2005) geben deutschsprachige Einführungen, die einen guten Überblick verschaffen.

hier Benachteiligungen Wett machen könnte. Dies stimmt allenfalls für den Einzelfall und zeigt sich in den Handlungsformen der Mehrheit doch eher als Ausnahme denn als Regel.

Wie lässt sich trennscharf angeben, wann das Soziale kapitalisiert wird? Wann und wodurch verwandeln sich soziale Handlungen in soziales Kapital? Ich hatte in Kapitel 2 bereits hervorgehoben, dass sich bei Waren und Dienstleistungen, die mit Gewinnabsichten produziert werden und zirkulieren, immer eine Gebrauchs- und Tauschwertseite unterscheiden lassen. Allerdings konstruieren wir für soziale Handlungen in der Regel keinen Gebrauchswert, denn solche Handlungen erscheinen als in sich »nützlich«, ohne dies auch in ökonomischer Hinsicht sein zu müssen. Aber wenn ich von sozialem Kapital spreche, dann wechsle ich in einen ökonomisierbaren Nutzen, der nach einer Unterscheidung von Gebrauchs- und Tauschwert verlangt.

Soziale Fähigkeiten, Kompetenzen, Qualifikationen, persönliche Eigenschaften in all ihren Formen werden zu Gebrauchswerten, wenn sie bestimmte Voraussetzungen erfüllen. Sie zielen darauf, auf einem Markt zu erscheinen, sich also auszutauschen bzw. eingetauscht zu werden, z. B. gegen Lohn oder Einkommen. Damit werden sie auch als Gebrauchswerte nicht mehr bloß zufällig sein können, sondern sie müssen einer Nachfrage entsprechen, einen gesellschaftlichen Nutzen repräsentieren, für Menschen im Regelfall überhaupt erwerbbar sein, kulturell als angemessen und wertvoll erscheinen usw. Diese sozialen Qualitäten verwandeln sich dann in ein Kapital, wenn ich sie auf dem Markt einsetzen kann. Ich hoffe auf einen Gewinn, aber es kann auch geschehen, dass meine Investitionskosten deutlich über dem Gewinn liegen, den ich aus ihnen ziehe. Soziales Kapital ist dabei immer durch Differenzen charakterisiert:

1. In meinem Tausch gelingt es mir, in einer bestimmten ökonomischen Handlung meinen Gebrauchswert, der auch rein persönlichen Qualitäten entsprechen mag, die sich aus sozialen Handlungen ergeben oder in ihnen stehen, einen Nutzen zu ziehen, der meine Kosten (der Herstellung des Gebrauchswertes) mit einer Einnahme (meinem Ertrag im Tausch) vergleichen lässt.

   Als soziale Akteure bilden wir sehr unterschiedliche Qualitäten aus, die oft nicht kapitalisiert, sondern sozial, menschlich, kommunikativ, kreativ usw. sind. Es bedarf eines bestimmten »Handlungsfensters« in einer Tauschhandlung, um aus der Fülle unserer sozialen Befähigungen einen gezielten kapitalisierbaren Nutzen zu ziehen. So kostet unsere Beziehungsarbeit unendlich viel Zeit, aber die Auswirkung findet dann im »Zeitfenster« z. B. jener einen Bewerbung und eines Vorstellungsgespräches statt, in dem wir gegenüber Konkurent/inn/en den Vorzug erhalten und die Kosten wieder reinholen oder den Gewinn machen.

2. Dabei zeigt sich die Kapitalisierung darin, dass der Tausch in geldwerte Formen im weitesten Sinne getauscht werden kann, d. h., wenn ich meine Interessen im Tausch vertrete oder meine Machtposition in einer sozialen Stellung erhöhe, dann spiegelt sich darin immer auch ein möglicher geldwerter Vorteil, den ich in einem »Handlungsfenster« berechnen kann. Bleibt es bei einer Erhöhung meiner Interessen oder Macht ohne diesen geldwerten Vorteil, dann sollten wir von Interessen- oder Machtzuwächsen in sozialen Handlungen sprechen, aber nicht von Kapitalisierungen, um Unschärfen zu vermeiden.

   Gerade bei sozialen Beziehungen reden wir nicht gerne über Geld oder Nutzen. Oft ist es sogar so, dass wir unsere sozialen Beziehungen von dieser Kapitalisierung frei halten wollen, um freie Menschen zu bleiben. Dennoch gibt es auch hier Interpretationen zu unseren »Zeitfenstern«, in denen auf einmal ein solcher Nutzen erscheint. So mag uns eine Heirat bloß als Ausdruck einer Liebe gelten, der soziologische Beobachter kann darin aber zugleich eine Heirat nach bildungshomoganen oder aufstrebenden Mustern mit bestimmten Nutzeffekten erkennen, wenn wir in unserer sozialen Lage verleiben oder diese verbessern. Bei einer möglichen Scheidung werden wir dann auch sehr konkret mit solchen Nutzungsbedingungen über Unterhaltsansprüche und Versorgungsausgleich konfrontiert.

3. Kapitalisierungen müssen nach dieser Bestimmung immer im ökonomischen Feld deutbar sein, d. h. es muss eine Konvertierungsmöglichkeit geben, die für die Handlungen plausibel beobachtbar und nachgewiesen wird. Diese Kapitalisierungen stehen auf dem Markt in Konkurrenz, wobei sich hier die sozialen Hierarchien und unterschiedlichen Chancen spiegeln.

Interessant ist hier, dass dies oft erst im Nachhinein deutlich werden mag. Wir haben dann die sozialen Beziehungen dem Zufall überlassen und ziehen einen Gewinn, der als persönliches Glück erscheinen mag. Bei kritischer Selbstreflexion kann aber auch erkennbar werden, dass die sozialen Qualitäten sich keineswegs zufällig ergeben haben. Insbesondere die ungleichen Chancen durch soziale Herkunft lassen erkennen, dass tatsächlich ein soziales Kapital wirkt.

Soziale Klassen

Vor diesem Hintergrund ist es besonders wichtig, die soziale Herkunft und mögliche Aufstiegschancen zu thematisieren. Dazu muss die soziale Schichtung der Gesellschaft betrachtet werden. Wie die sozialen Beziehungen in ihrer Schichtung von unten nach oben oder von oben nach unten konstruiert werden, das ist ganz dem vorherrschenden Zeitgeist und Kontext überlassen. Max Weber (1976) hat in »Wirtschaft und Gesellschaft« den Klassenbegriff so definiert, dass sowohl die ökonomische als auch die soziale Lage erfasst werden. Für ihn ist eine Klasse dann gegeben, wenn eine Gruppe von Menschen typische Chancen bei der Güterversorgung, der äußeren Lebensstellung und des inneren Lebensschicksals wahrnimmt. Die Chance entsteht aus der Verfügungsgewalt (oder ihrem Fehlen) über entsprechende Güter oder Leistungsqualifikationen und ihrer Verwertbarkeit bei der Erzielung von Einkommen in der gegebenen Wirtschaftsordnung. Die Erwerbsklasse ist für Weber auf die Lohnarbeit angewiesen, um zu überleben, die Besitzklasse unterscheidet sich durch ihren Besitz von solcher Angewiesenheit, und in den sozialen Klassen insgesamt zeigt sich die je persönliche Situation auch in der Generationenfolge.

Dieses Konstrukt der Klassenlage hat sich bis heute in zahlreichen Variationen gehalten, weil es stark anschlussfähig an die Handlungserfahrungen von Menschen im Kapitalismus ist. Sowohl die Verfügungsgewalt über ökonomisches Kapital als auch die jeweiligen Marktchancen einschließlich des Arbeitsmarktes sind bei Weber beachtet, wobei die soziale Lage jeweils mit der ökonomischen verbunden wird (vgl. dazu weiterführend auch Scott 1996).

Es gehört dagegen jedoch zur ideologischen Selbstreflexion des Kapitalismus, das man oft versucht hat, den Klassenbegriff gänzlich aufzugeben, um ihn durch eine freundlichere Sicht auf das Individuum zu ersetzen, das dann in seinen Positionen im sozialen Raum in Schichten oder Milieus gedacht wird, um insbesondere den Gegensatz von Besitz- und Erwerbsklasse, in dem noch die Erinnerung an die Aufteilung von Marx in Kapitalist und Proletariat durchschimmert, zu vermeiden. Mit dem Abflauen der Klassenkämpfe zwischen Kapital und Proletariat, mit dem Untergang der sozialistischen Länder allemal, schien und scheint der Gegensatz überholt. Aber zugleich wird in dieser Reaktion die soziale Lage mit immer differenzierteren Schichtungsmodellen auch verdunkelt und wesentlicher Grundkategorien beraubt, weil durch immer stärker differenzierte Schichtungsmodelle nach sozialen Lagen der Sinn für die Spaltung der Gesellschaft in wenige Reiche, eine gewisse Mitte und eine Masse relativ Armer in scheinbarer Vielfalt vernebelt bleibt.

Das Verhältnis von Masse und Elite kann helfen, das Problem der sozialen Lage differenzierter zu betrachten. Im Rahmen der Bildungsexpansion gab es eine enorme Steigerung an Qualifikationen in der Breite. So nahm z.B. die Zahl der Abiturient/inn/en weltweit sprunghaft zu, es gab immer mehr Studierende, was die Universitäten in Masseninstitutionen verwandelte. In stark stereotypisierender Denkweise halten viele seitdem diese Entwicklung für ein Versagen der Leistungsgesellschaft, denn der irrtümliche Mythos lautet: Wenn bereits früher schon alle so schlau waren, warum haben sie dann nicht studiert? Die Naivität dieser Frage besteht darin, dass sie nicht berücksichtigt, welche familiären und gesellschaftlichen Bedingungen erforderlich sind, damit dieser Weg überhaupt möglich ist. Erst wenn wir den Mythos der Individualisierung sozialer Lagen überwinden, können wir realistisch auch den Mythos einer Leistungsgesellschaft überwinden, die sich ohne gezielte Förderpraxis nicht von selbst ergeben kann.

In den 1960ern kam in Deutschland die Rede von der Leistungsgesellschaft auf, um zu betonen, dass im Rahmen der Bildungsexpansion die individuelle Leistung lohne und jedem ungeachtet von Herkunft und Besitz einen sozialen Aufstieg garantiere. Damit gerieten auch die Eliten in den Blick, denn in einer Demokratie besteht zumindest die idealtypische Annahme, dass es jeder Mensch aufgrund seiner Befähigungen und Leistungen schaffen müsste, dorthin zu gelangen, wenn sie oder er sich nur genügend anstrenge. Aber Eliten sind machtvolle Gruppen oder Menschen, die zugleich als Ausdruck ihrer Macht eine Leistungs- und weitere Auslese treffen, die ihren Besitzstand verteidigt. Das erkannte schon der Klassiker der Eliteforschung Hans Dreitzel (1962). Dennoch schwanken die subjektiven Bilder über das, was Eliten oder Karrieren ausmachen, erheblich.

In seinem Werk »Die Gesellschaft der Gesellschaft« versuchte Niklas Luhmann in seiner systemisch-funktionalistischen Sichtweise Karrieren als Vermittlungsmodus einer Integration von Individuum und Gesellschaft zu charakterisieren, die alte soziale Schichtungen auflösen und individualisieren könne.[73] Er beobachtet, dass individuelle Kontakte sich zwar auf die Reichweite individueller Karrieren auswirken, behauptet jedoch, dass dieser Zusammenhang bis in die Gegenwart abgenommen habe (Luhmann 1997, 241 ff.). Die These lautet hier, dass die „Herkunftsbestimmtheit" durch „Entscheidungsbestimmtheit" ersetzt wurde (ebd., 772). In einer für Luhmann typischen Konstruktion von funktionalen Bezügen behauptet er gar, dass „Vorteilskonglomerate" wie Macht, Geld, Bildung usw. auch in den besser gestellten Familien kaum noch transferierbar seien und deshalb insgesamt riskant geworden sind (ebd., 768). In der systemtheoretischen Pointe wird dann auch noch gefolgert, dass Ungleichheiten in einem

---

73   Vgl. zu einer Kritik dieses Ansatzes auch Hartmann (2002, 171 ff.).

System (z. B. Erziehungssystem mit der ihm eigenen Logik) nicht auf ein anderes übertragen werden können (z. B. Wirtschaft mit einer völlig anderen Logik), da aus der jeweiligen Logik eines Systems nicht die eines anderen kontrollierbar sei. Allerdings, und dies schließt an meine Kritik an Luhmann in Reich (2009 b) an, sind es eben konkrete Menschen als Teilnehmer, Beobachter und Akteure – und nicht eine abstrakte Funktionslogik –, die bis heute Karrieren vor allem aus den Wahrnehmungen und Interpretationen erwünschter Herkunft konstruieren.

Theorien, wie die von Luhmann, verstellen hier deutlich den Weg einer Interpretation der Wirkungen der Kapitalformen, weil sie soziale Ungleichheiten und Chancenungerechtigkeiten nurmehr abstrakt aus Systemeffekten (aus Differenzen zum Zwecke der Abweichungsverstärkung) interpretieren.[74] Damit ist z. B. für eine konstruktive Bourdieu-Rezeption bei Luhmann kein Platz, denn die Kapitalformen als sehr konkret wirkende strukturelle Komponenten gesellschaftlicher und individueller Handlungen und Handlungsräume laufen den idealtypischen Setzungen der Systemtheorie entgegen. So argumentiert Luhmann gegen Bourdieu, wenn er meint, dass „sehr Reiche … nicht deswegen schon politische Macht oder mehr Kunstverstand oder bessere Chancen, geliebt zu werden" (Luhmann 1997, 768) hätten, weil es keine Transferierbarkeit von einem System in ein anderes gäbe. Hier immunisiert sich Luhmann gegen die Daten, die sich über den Zusammenhang und damit die Transferierbarkeit von Reichtum (=ökonomisches Kapital) auf Bereiche des Sozialen oder der Kultur ziehen lassen. Hartmann kritisiert deshalb zu Recht: „Zwar existiert kein Automatismus, dem zu Folge Reichtum auch den Besitz von politischer Macht, kultureller Bildung oder Attraktivität beinhaltet, ein relativ enger und vor allem systematischer Zusammenhang lässt sich aber nicht leugnen. So liegt beispielsweise der entscheidende Vorteil der Bürgerkinder bei der Besetzung von Toppositionen in Großunternehmen, das haben die Rekrutierungsmuster ganz klar gezeigt, ja gerade in einem Habitus, der sich u. a. durch kulturelles Wissen und kulturellen Geschmack auszeichnet. Außerdem ist es kein Geheimnis, dass Reichtum (zumindest bei Männern) auf einen nicht unerheblichen Teil des anderen Geschlechts ausgesprochen anziehend, wenn nicht gar erotisierend wirkt, die Chance, geliebt zu werden, also ganz erheblich steigert." (Hartmann 2002, 172 f.)

Schauen wir etwas konkreter auf die herrschenden Eliten, dann wird das Zusammenwirken der Kapitalformen im Blick auf soziale Positionsbestimmungen und Machträume sehr deutlich. In seiner Schrift über die »Eliten in der Britischen Klassenstruktur« unterscheidet Anthony Giddens (1974) für die *upper class* vier verschiedene Elitearten als Herrschaftsformen, von denen ich drei hervorheben und teilweise umdeuten will, um den besonderen Wert der Eliten zu markieren, die sich im sozialen System nach Macht und Ressourcen von den anderen Klassen abheben:

1. Die *Ruling Class* ist eine herrschende Klasse, die Regeln, Standards, Werte und Normen setzt, sie besteht überwiegend aus den Interessen der Großbürgertums und teilweise des gehobenen Bürgertums, das großes ökonomische Kapital, Macht, Ansehen und strategisches

---

74   Da es nach Luhmanns Funktionstheorie keine Hierarchien der einzelnen autopoietischen Systeme und somit kein Zentrum der gesellschaftlichen Funktionen geben kann, verblassen die konkret agierenden Menschen hinter den theoretischen Möglichkeiten, die ihnen das Funktionssystem zuschreibt. Damit sind hohe Chancen für die Selbstvergessenheit einer Theorie gegenüber den Belangen der Akteure in ihren jeweils konkreten sozialen Lagen gesetzt.

Potenzial zur Steuerung der Gesellschaft besitzt. Es handelt sich je nach Land um eine mehr oder minder stark geschlossene Gesellschaft, wobei in Frankreich und Großbritannien eine sehr hohe Geschlossenheit vorliegt.[75] Wesentlich für die Durchsetzungskraft dieser Elite ist es, inwieweit es ihr gelingt, die ungleichen Besitz- und Vermögensverhältnisse abzusichern und sich selbst vor höheren Abgaben zu schützen.[76] Diese Klasse hat sich seit den 1970ern mittels des Neoliberalismus als besonders durchsetzungsfähig gegenüber der Politik erwiesen und über vermeintliche »Sachzwänge des Marktes« der politisch herrschenden Klasse stark den eigenen Willen aufgedrückt. Sie erscheint allein schon wegen ihres großen ökonomischen Besitzes als legitimiert und ist dauerhaft als Interessengruppe präsent. Inwieweit sie tatsächlich herrschend (*ruling*) ist, das geht aus den Konflikten mit anderen Eliten und der restlichen Bevölkerung hervor. Hartmann (2002, 146) weist nach, dass in diese mächtigste Klasse insbesondere all diejenigen streben, die durch Herkunft gute Voraussetzungen mitbringen und in ihren Bildungsabschlüssen erfolgreich sind.

2. Die *Governing Class* ist eine politisch herrschende Klasse, die vorwiegend aus den Oberschichten des Bürgertums gewonnen wird. Gegenüber der *Ruling Class* ist ihre Macht beschränkter, da sie eher ausführendes Organ ist, abhängig von den Wirtschaftseliten und Lobbygruppen, die sie stützen. Zugleich sind die Rekrutierungen hier etwas offener als bei der *Ruling Class*. In der Macht ist auch diese Klasse nicht zu unterschätzen, da sie über die Politik und Justiz Normen und Regeln setzen kann. Sie ist in der repräsentativen Demokratie formal legitimiert. In den sogenannten Sachzwängen wird sie diskursiv immer von der *Ruling Class* bedrängt. Dabei kann es je nach politischer Lage Interessenkonflikte geben. Der Zugang zu dieser herrschenden Klasse ist für Aufsteiger aus den Mittelschichten leichter als in die Wirtschaftseliten (vgl. dazu weiterführend Hartmann 2002, 2007).

3. Die *Power Elite* sind jene treibenden Kräfte in Wirtschaft und Gesellschaft, die als in sich relativ geschlossen und mächtig angesehen werden wollen. Man spricht auch gerne vom Establishment. In ihnen verbinden sich die herrschenden Klassen der Wirtschaftselite und Politik mit den Spitzen aus Justiz, Verwaltung, Wissenschaft und Medien. Die *Power Elite* ist der Bereich, der aktuell Einfluss hat, seine Ziele durchzusetzen vermag, sich strategische Vorteile zu verschaffen weiß, dabei auch von einer gewissen Mobilität geprägt ist. In der Demokratie werden solche Gruppen erwartet, aber sie sind weniger durch Kapitalbesitz legitimiert. Wesentlich für die *Power Elite* ist die Sichtbarkeit in den Massenmedien. Ihre Argumente werden in den Medien verbreitet, weil die Besitzer solcher Medien meist auch zur *Power Elite* oder zur *Ruling Class* gehören und auf das Establishment auch die scheinbar freien Journalisten fokussieren. Dabei stehen die wirtschaftlichen Interessen oft stark im Vordergrund, denn in ihnen scheint sich am klarsten auszudrücken, was die Power Elite als Fortschritt im materiellen Wohlstand für die Gesellschaft bzw. für einige in der Gesellschaft wünscht. Die *Ruling* und *Governing Classes* verfügt mit der *Power Elite* über eine Elite, die ihnen zuarbeitet und aus denen sich diese Klassen stets rekrutieren. Sie liefert auch Ideen zur Beherrschung der Wirtschaft, des Staates, des Militärs, der Wissenschaften, und ist eine richtungsweisende

---

75   Dies ist wesentlich durch geschlossene Ausbildungsinstitutionen, in die nur das Großbürgertum mit sehr viel Geld Zugang findet, gewährleistet. Vgl. dazu Hartmann (2007).

76   Klassisch dafür Bottomore (1966, 40 f.), neuerdings Hartmann (2002, 176 ff.).

Kraft im Spektrum der zugelassenen und scheinbar »vernünftigen« Ideen. Die *Power Elite* besteht aus einem aktiven, inneren Zirkel der *upper classes.* Die von Giddens noch zusätzlich unterschiedenen *Leadership Groups* können als harter Kern der *Power Elites* angesehen werden. Ihnen gelingt es in besonderer Weise, Interessen der *Ruling* mit denen der *Governing Classes* zu verbinden und Strategien zu entwickeln, die zum Vorteil der Eliten je nach aktueller Lage ausfallen.

Nehmen wir dieses Bild der Eliten, dann wird schon in der Differenzierung deutlich, dass die Interessenlagen keineswegs einheitlich ablaufen. Je nach Land, Ausprägung der Verfassung, Durchsetzung demokratischer Rechte, historischen und lokalen Entwicklungsformen, den jeweils erreichten Schlüsseln der Verteilung und Umverteilung von Besitz und Reichtum, erscheinen die Eliten als relativ sozial noch verantwortlich (und damit für die Gesellschaft als solidarisch) oder liberalisiert (und damit für die Gesellschaft als eher raffgierige Kapitalisten). Eine Gegentaktik besteht darin, der Bevölkerung dann »Sozialneid« zuzuschreiben (vgl. dazu auch Hartmann 2001). Schauen wir auf die soziale Rekrutierung der Eliten aus sozialen Schichten, dann ergibt sich folgendes Bild im europäischen Vergleich:

Schaubild 11: Die soziale Rekrutierung wirtschaftlicher Eliten (Vorstandsvorsitzender, CEO, Chairman usw.) nach Hartmann (2007, 220)

Wie viel Prozent sind aus welcher sozialen Lage in der wirtschaftlichen Elite vertreten?	F	GB	ESP	D	I	CH	SWE
Großbürgertum	57,0	53,2	55,0	51,7	51,6	31,8	28,6
Bürgertum	30,3	31,2	30,0	33,0	16,1	22,7	21,4
Mittelschichten/Arbeiterklasse	12,7	15,6	15,0	15,0	32,3	45,5	50,0

Die Länderunterschiede zeigen sich als groß. Hier ist auch zu bedenken, dass Frankreich, Großbritannien und Spanien besondere Eliteschulen für ihren Nachwuchs pflegen.[77] Dass in Deutschland und Italien trotz des Fehlens solcher Eliteeinrichtungen Kinder aus dem Großbürgertum bevorzugt werden, liegt an den Rekrutierungspraktiken, bei denen nicht nur Leistungen, sondern vor allem Herkunftsmerkmale und Empfehlungen zählen. Länder wie Italien ebenso wie die Schweiz und Schweden sind nach unten sehr viel offener.[78] Hartmann (2002, 150 ff.) und andere konnten zeigen, dass

- Leistungen zwar nicht unbedeutend bei der Karriere sind, aber die soziale Herkunft demgegenüber viel ausschlaggebender wirkt,[79]

---

77 Frankreich und England weisen in Europa eine geschlossene soziale Elite auf (vgl. dazu Hartmann 2007, 156 f.).

78 Insgesamt sind die skandinavischen Länder sehr viel offener und Elitepositionen können auch von der breiten Bevölkerung leichter erreicht werden. Hier kann sich das Lernkapital gegen den sozialen Habitus teilweise behaupten. Vgl. auch Hartmann (2007, 168 ff.).

79 Vgl. dazu zusammenfassend zu den Studien von Bourdieu in diesem Themenfeld auch Swartz (1997, 143 ff. und 189 ff.).

- selbst bei guten Leistungen deutsche Kinder aus unteren sozialen Schichten viel zu wenige Empfehlungen für das Gymnasium erhalten (Becker/Lauterbach 2010 a, 27),
- der klassenspezifische Habitus sich vor solchen Hintergründen prinzipiell durchsetzt,
- es zu wenige objektivierenden Bewertungsverfahren gibt, die sich unabhängig der Habitus-Zuschreibung ausgleichend oder korrigierend auf die soziale Auslese auswirken.[80]

Heute ist es gegen solche Analysen insbesondere ein Credo in der Wirtschaftswelt, dass man hier – im Gegensatz zu den nicht so ernsten Beschäftigungen im Leben – Karriere nur mit »objektiven« Leistungen erreichen könne. Empirische Untersuchungen, die das Selbstbild mit Fakten konfrontieren, entdecken jedoch, dass eher die soziale Herkunft als die Leistung zu Karrieren befähigt. „Die besten Wahlmöglichkeiten haben dabei diejenigen, deren Wiege in den Familien des Großbürgertums stand. Sie zieht es in der Regel zunächst dorthin, wo die größte Macht und das höchste Einkommen winken, d.h. in erster Linie in die Wirtschaft." (Hartmann 2002, 146) Aber auch in anderen Spitzenstellungen der Gesellschaft sind sie durchweg überproportional vertreten.

In seiner Studie über die Leistungseliten fand Hartmann (2002) heraus, dass selbst bei Promovierten (also einem hohen Leistungserfolg) die Karrieren ungleich verteilt sind: „Von den Promovierten aus der Arbeiterklasse und den Mittelschichten haben es – alle Abschlussjahrgänge gemeinsam betrachtet[81] – nur 9,3 Prozent, d.h. ungefähr jeder elfte, bis in die Chefetagen geschafft. Bei einer Herkunft aus dem gehobenen Bürgertum beträgt der Anteil der Erfolgreichen schon 13,1 Prozent, sprich gut jeder achte hat es geschafft, und wer aus dem Großbürgertum stammt, hat bereits fast eine Chance von eins zu vier, in die oberen Führungsetagen der deutschen Wirtschaft zu gelangen." (Ebd., 65) Dabei ist der Nachwuchs aus dem Großbürgertum nicht nur erfolgreicher in der Karriere, sondern in dieser Karriere dann meist auch schneller als andere Bewerber/innen. „Gerade in den ersten zehn Jahren gelangen die Promovierten aus großbürgerlichen Familien teilweise zwei- bis dreimal so schnell in hohe Führungspositionen und gewinnen dabei einen Vorsprung, den sie in den folgenden zwei Jahrzehnten gegenüber den Kindern aus dem gehobenen Bürgertum halten und gegenüber denen aus der breiten Bevölkerung sogar noch weiter ausbauen können." (Ebd., 70) Der soziale Habitus aus sozialer Herkunft zusammen mit Erfolgen insbesondere im Lernen wirken sich hierbei aus. „Zusammenfassend kann man sagen, dass sich die soziale Herkunft in den verschiedenen gesellschaftlichen Teilbereichen recht unterschiedlich auf den Zugang zu den höheren Führungsstellen auswirkt. Während in der Wirtschaft der Nachwuchs des gehobenen und (noch stärker) des Großbürgertums bei der Besetzung von Spitzenpositionen eindeutig begünstigt wird, trifft diese Feststellung in einer solchen Allgemeinheit auf eine Karriere in der Politik und der Justiz nicht zu. Im Hochschulsystem finden sich sogar deutliche Anzeichen für größere Karrierechancen für die Promovierten aus der Arbeiterklasse und den breiten Mittelschichten (vgl. Hartmann 2002, 114).

---

80   Selbst bei der Berufung von Hochschullehrerinnen und -lehrern, die einer besonderen Prozedur der Leistungsauswahl unterliegen, kann nur bedingt der Leistungsansatz durchgesetzt werden (Hartmann 2002, 132 ff.).
81   Untersucht wurden vier Promotionskohorten 1955, 1965, 1975 und 1985 mit rund 6500 Promovierten (vgl. Hartmann 2002, 31 ff.).

Vor solchen Hintergründen scheint es sinnvoll zu sein, von Klassen zu sprechen. Noch stark unter dem Einfluss des Marxismus hat Anthony Giddens (1984) z. B. eine Strukturierungstheorie der Klassen im Kapitalismus vorgeschlagen. Zunächst teilt er die Klassen in höhere, mittlere und untere auf. Dabei sind sie strukturiert, d. h. ihre Ressourcen als auch Regeln erscheinen in organisierter Form und die ausgeübten Praktiken führen zu einer Reproduktion des Systems. Die Akteure agieren in Strukturen, aber sie können sie nach Giddens auch reflektieren und verändern. Dabei gibt es drei Strukturen in sozialen Systemen:

1. *Signifikationen* stellen durch semantische Bedeutungen und Codes und durch Interpretationen sprachliche Formen der Weltkonstruktion als symbolische Repräsentationen und diskursive Praktiken her, die das soziale System sowohl reproduzieren helfen als auch kritisierbar erscheinen lassen.

2. *Legitimationen* geben Rechtfertigungen, wobei oft Naturalisierungen oder moralische Aufladungen Normen und Werte, soziale Haltungen und Handlungsweisen begründen helfen.

3. *Herrschaft* schließlich benutzt Macht, um Ressourcen und Handlungen zu kontrollieren.

Um soziale Strukturen zu beobachten und weitreichend genug zu kritisieren, müssen insbesondere diese drei Aspekte nach Giddens immer wieder im Zusammenhang, in ihrer Wechselwirkung beachtet und auf die Klassenlagen bezogen werden. Dies ist deutlich offener als ein ökonomischer Determinismus, den viele marxistisch orientierte Autor/inn/en vertreten. Nach Giddens werden Einzelanalysen benötigt, in denen die Regeln der Prozeduren für die sozialen Klassen rekonstruiert werden. So hat man beispielsweise einen elaborierten Sprachcode bei den *upper classes* und einen restringierten bei den *lower classes* untersucht.[82] Dies verweist auch auf das, was Bourdieu (1987a) die feinen Unterschiede nennt, die sich zwischen unterschiedlichen Klassenlagen ausbilden. Sie erscheinen nicht nur in den konventionellen Regeln der Alltagspraxis, sondern auch in unterschiedlichen Moralvorstellungen, in den kulturellen Gegenständen und Gepflogenheiten, vor allem dem Konsum- und Freizeitverhalten (vgl. näher Kapitel 4). Giddens fordert dazu auf, all dies möglichst umfangreich zu reflektieren, aber zugleich muss die akademische Schicht auch erkennen, dass solche Reflexion meist auf das Sprachspiel akademischer Kritik beschränkt bleibt.[83]

Wenn wir die Frage stellen, wie soziale Klassen oder Schichten entstehen, dann sind wir als Beobachter/innen immer schon in einer Teilnahme an bestimmte Theorien gebunden, die unsere Aktionen in der Wahrnehmung und Interpretation, in der Auswahl und den Arten der Reflexion bestimmen. Das können wir beispielsweise wie Giddens versuchen, oder wir wenden uns stärker Schichtmodellen zu, die vorrangig über Einkommensunterschiede eine soziale Schichtung vornehmen oder Milieustudien, die das Selbstbild und die Interaktionen in einem gesellschaftlich offeneren Feld zu beschreiben versuchen. Soziale Beziehungen sind sehr komplex und lassen daher die unterschiedlichsten Re- oder Dekonstruktionen zu. Dabei rutschen Interpretationen gerne in die Unübersichtlichkeit und Beliebigkeit, weil

---

82 Zu den Sprachcodes vgl. Bernstein (2000).

83 Am konsequentesten hat Richard Rorty (1991) hieraus den Schluss gezogen, dass neuere Kulturkritik (und Philosophie) nur noch einen therapeutischen Diskurs für die Gesellschaft in dieser Hinsicht markiert und der Selbstironisierung bedarf, weil der Intellektuelle, der über das Elend der Welt schreibt, in diesem Schreiben noch einen »Genuss« und eine Selbstverwirklichung als Autor/in und Kritiker/in erlebt, die das Elend nutzt, um andere zu »behandeln«.

vor lauter Faktoren und Perspektiven der Blick aufs Ganze nicht mehr gelingen kann. Ein
Blick auf das Ganze ist allerdings immer auch ein vereinfachender und durch eigene Interessenlagen bestimmter Blick, der sich nicht in den Details verlieren will. Ein solcher Blick
aber scheint angesichts der ökonomischen Ungleichheit, die bereits thematisiert wurde, auch
für die soziale Lage nicht unerheblich, weil sonst heute alles immer schon soziale Beziehung
und Kommunikation ist, ohne Ungleichheiten hinreichend zu thematisieren und damit alles
ununterscheidbar werden lässt.[84]

Der Begriff Klasse im Verhältnis von ökonomischen und sozialen Voraussetzungen[85]
zeigt für mich mindestens vier Merkmale, die in der näheren Beurteilung der Gegenstands-
und Handlungsform zu beachten sind:

1. Innerhalb der ungleichen kapitalistischen Gesellschaft mit ungleichen Besitzständen hilft
    der Begriff sowohl den Beteiligten als auch Beobachtern eine räumlich gedachte Position
    (oben, unten, in der Mitte usw.) in einem Rangvergleich zu anderen vorzunehmen und
    sich und andere dadurch wechselseitig zu situieren.[86] Ein Problem solcher Situierungs-
    versuche ist es allerdings, dass diese nicht einheitlich, sondern sehr widersprüchlich und
    unterschiedlich nach der sozialen Lage vorgenommen werden.[87]

2. Als Ausdruck einer ungleichen Klassenlage werden insbesondere entweder Besitzstän-
    de oder Einkommensverhältnisse herangezogen, um eine objektive Klassenlage durch
    Rangvergleich mit vorhandenen Besitz- oder Eigentumsverhältnissen herzustellen.
    Solche Bestimmungen fokussieren aus einer Fremdbeobachtung auf die »reale Lage«
    der Betroffenen und schreiben ihnen aus solchen Daten eine Klassenlage zu. So wird
    beispielsweise Armut relativ zum Durchschnittseinkommen berechnet.[88] Schwieriger

---

84 Bittlingmayer (2006, 34 ff.) beklagt zu Recht, dass die Soziologie hier nicht nur gesellschaftlich durch
    Stellenstreichungen und abwertende Bedeutungszuweisungen in die Krise geraten ist, sondern auch selbst
    noch dazu beiträgt, weil sie zu wenig die „sozialen Konstitutionsbedingungen" der Gesellschaft hinreichend
    kritisch untersucht.

85 Zum Klassenbegriff bei Bourdieu, an den ich anschließe, vgl. weiterführend z. B. Eder (1989) und Krais
    (2001). Klasse ist kein Widerspiegelungsbegriff, der etwas Reales abbildet, sondern ein soziales Konstrukt,
    mit dem die spezifische Lage einer größeren Gruppe von Menschen bestimmt wird. Insoweit bestimmt die
    hier vorgelegte Analyse mit ihrer Argumentation und den verwendeten Daten das, was als Klasse bezeichnet
    wird. Eliten sind auch ein soziales Konstrukt, wobei sie innerhalb sozialer Klassen eine besondere Form und
    Gruppe bezeichnen.

86 Dabei sind Besitzstände und nicht Eigenschaften die Ursache von Ungleichheiten, die hier gemeint sind.
    Fokussieren wie auf Eigenschaften wie männlich/weiblich, schwarz/weiß, Bürger/Nicht-Bürger usw., dann
    landen wir, wie z. B. Tilly (1998), in Diskursen subjektiver Unterschiede, die zwar auch wichtig sind, aber
    erst dann zur Beschreibung sozialer Schichtungen taugen, wenn sie *auch* auf das ökonomische Kapital zu-
    rückbezogen werden. Hier sehe ich einen großen Mangel in vielen empirischen Studien, die dies oft gänzlich
    ausklammern. Positionsuntersuchungen im sozialen Feld machen aber nur dann hinreichend Sinn, wenn sie
    auch auf andere Kapitalformen und insbesondere auf das ökonomische Kapital zurückbezogen werden.

87 Dabei werden gerne subjektive Wahrnehmungen und moralische Zuschreibungen wie „die da oben" oder
    die „gefährliche Klasse", die „Proleten" (als Leute, die sich nicht benehmen können) usw. benutzt. Benutzt
    man diese Subjektivierungen als Strukturierungsformen, dann kommt man in einer groben Vereinfachung,
    wie z. B. Kingston (2000), dazu, dass es gar keine Klassen, sondern nur Unterschiede in der Gesellschaft
    gibt. Aber dann kann man wesentliche Unterschiede in der Ungleichheit auch nicht mehr erklären und bleibt
    den Phänomenen gegenüber hilflos und naiv.

88 Relative Armut ist als Konstrukt auf verschiedene statistische Maßzahlen in den Industrieländern bezogen.
    Üblich ist ein bestimmtes Verhältnis des individuellen Einkommens zum Durchschnittseinkommen (Median

sind Besitzstandsmessungen, da diese im Kapitalismus oft nur – insbesondere bei den Superreichen – geschätzt werden können.

3. Insbesondere in marxistischen Analysen wird die Klassenlage als ein Set von Faktoren gesehen, in die sowohl materielle als auch ideelle Verhältnisse als eine Summe von Bedingungen eingehen (vgl. dazu Kuczynski 1961-72).[89] In der historischen Rekonstruktion solcher Klassenverhältnisse durch Unterscheidung von den Besitzklassen soll gezeigt werden, durch welche unterschiedlichen Verhältnisse die Klassenlage jeweils »objektiv« und unabhängig von den individuellen Erscheinungsformen bestimmt wird. Waren früher rigide Ausbeutungsverhältnisse ohne Rücksicht auf die Gesundheit der Arbeiter/innen üblich, so wird in neuerer Zeit jedoch die »objektive« Seite immer auch »subjektiv« erweitert. In dieser Wendung zeigt sich die Ausbeutung auch mittels Selbstausbeutungstechniken durch Anreize z. B. zur Intensivierung und Erhöhung der Produktivität der Arbeit (entweder durch Lohnanreize oder aus Angst um den Arbeitsplatz). Die Klassenlage wird insgesamt in solchen Ansätzen auf die Frage verengt, inwieweit durch die ökonomische Ausbeutung und die Herstellung von Ungleichheit eine kausale Determiniertheit der Klassenlage vorhanden ist.

4. Im Blick auf die hier vertretene Theorie der Kapitalformen ist die Bestimmung der Klassenlage offener als das marxistische Konzept (vgl. auch Bourdieu 1987b). Unter Berücksichtigung der Position (1) erscheint es als wichtig, sich auch die subjektiven Bedeutungskonstruktionen aus Selbst- und Fremdbeobachterperspektiven im Kontext mit den anderen Kapitalformen (insbesondere dem ökonomischen Kapital) zu verdeutlichen und unter Berücksichtigung der Daten aus (2) auch für unterschiedliche individuelle Lagen systematisch im Blick auf Positionen im sozialen Raum zu interpretieren. Daraus lässt sich kein kausaler Determinismus mehr ableiten, denn obwohl die ökonomische Kapitalform einen wesentlichen Mechanismus der Herstellung einer Klassenlage bedingt, treten die anderen Kapitalformen, wie ich zu zeigen versuche, immer erweiternd und vermittelnd, teilweise auch widersprüchlich hinzu.

Soziale Macht oder soziales Kapital?

Mit der Unterscheidung von Gebrauchs- und Tauschwert im sozialen Kapitalbildungsprozess ist bereits deutlich geworden, dass soziale Interessen- und Machtpositionen nicht genuin schon Kapitalpositionen sind. Gleichwohl agieren die sozialen Akteure mit einen sozialen Habitus, der auf der Basis solcher Positionen erfolgt und damit stets Möglichkeitsräume oder Handlungsfenster erschließt, um in eine Kapitalisierung der sozialen Qualitäten einzutreten. Was muss dabei geschehen?

Da sind zunächst die Kosten. Bei der Schaffung sozialen Kapitals muss konkrete Arbeit in Form von Zeitverausgabung für die Entwicklung und Erhaltung der Beziehungen und Beziehungsnetzwerke aufgewendet werden, es muss ein Aufwand betrieben werden, der bestimmte Mittel erforderlich macht. Doch allein eine quantitative Bemessung verausgabter

---

des Nettoäquivalenzeinkommens) in der Gesellschaft. Dabei gibt es z. B. Wertegrenzen bei 40 %, 50 % oder 60 % des Medians, um Armut zu bezeichnen. Die WHO setzt 50 % an, was die OECD übernommen hat.

89   Eine deutlich offenere Interpretation bietet Mann (1993).

Zeit oder von Ressourcen reicht hier nicht aus, weil Beziehungsnetzwerke insbesondere nach ihrer Qualität unterschieden werden. In den *Signifikationen* gibt es je eigene soziale Sprachpraktiken und Rituale, die eine soziale Kohärenz sichern. Auch wenn hier die Individualisierung zugenommen hat, so sichert eine Relativierung der Konventionen immer auf der Basis bestehender Regeln, d. h. in einem konventionell für relevant gehaltenen Raum, das, was sozial als sinnvoll, wünschenswert und durchsetzungsfähig nach Maßgabe der Machtposition erscheint. Dann muss man z. B. den Wechsel vom Tennis zum Golf als Ort sozialer Distinktion mitgehen, wenn man in den »besseren Kreisen« bleiben will. Dies betrifft auch neben den Konventionen die Pluralisierung dessen, was innerhalb sozialer Kohärenz noch an Unterschieden geduldet werden kann, weil es der eigenen Vielfalt von Handlungsgelegenheiten entspricht. Die Grenzen solcher Konventionen zu erfassen, dies setzt immer aktive Teilnahmen voraus. Teilnehmend wird die Signifikanz in der Beziehungsarbeit vor Ort gesichert. Und *Legitimationen* müssen in den Praktiken kaum gegeben werden, denn die Selbstverständlichkeit der sozialen Beziehungen begründet hinreichend die Lebensstile. Nur größere Abweichungen werden in solchen Szenarien zum Problemfall. Insbesondere bei sozialen Abstiegen sind es oft die Betroffenen selbst, die jene sozialen Gruppen meiden, die der Abstieg nicht getroffen hat. Dies alles begründet Herrschaft und Macht im sozialen Feld. Herrschaft tritt gegen jene auf, die vom Volumen und der Qualität sozialer Beziehungen in gegenseitiger Konkurrenz nicht mithalten können. In der Handlungsform gelten soziale Beziehungen dann als qualitätvoll und im engeren Sinne kapitalbildend, wenn sie

- Chancen auf ein höheres Einkommen oder einen Geldzuwachs eröffnen oder zu eröffnen scheinen,

- insgesamt Chancen zur bevorzugten Teilnahme oder Teilhabe an sozialen Prozessen mit Gewinnaussichten erhöhen oder zu erhöhen scheinen,

- durch die Beziehungsarbeit zu einer Werterhöhung der eigenen Person nach Status, Habitus, äußerem Schein als zukünftigem Handlungsfenster in Gewinnstrategien usw. beitragen oder beizutragen scheinen,

- eine Vergrößerung des Netzwerkes von Beziehungen quantitativ und/oder qualitativ ermöglichen, was einer Erhöhung von gegenseitigen Verpflichtungen auf gegenseitige Hilfestellungen entspricht oder zu entsprechen scheint,

- eine Vermehrung des kulturellen Kapitals insbesondere durch Wissens- oder Bildungszuwachs, d. h. privilegierte Zugänge zu Informationen oder kulturelle Güter ermöglichen oder zu ermöglichen scheinen,

- das bestehende Körperkapital zum Einsatz kommen lassen oder Mängel eines solchen Kapitals ausgleichen oder auszugleichen scheinen,

- einen Zuwachs an Lernzertifikaten (wie es das Lernkapital erfordert) erleichtern oder zu erleichtern scheinen.

Die Dopplung aus realen Chancen und erhofften Chancen gilt immer bei dieser Kapitalform, weil sowohl ein real verbuchbarer als auch ein erhoffter Gewinn hinreichend motivieren mag, sich um die Gestaltung und Entwicklung, die Schaffung und Erhöhung des sozialen Kapitals aktiv und handlungsorientiert zu bemühen.

Im Blick auf soziale Beziehungen besteht in Hinsicht auf diesen Doppelcharakter tatsächlicher Gewinnchancen oder bloß erhoffter Wirkungen oft ein Optimismus, der die eigene Leistung gegenüber den realen Verhältnissen überschätzt. Dieses optimistische Grundmuster als hoher Selbstwert, Selbstsicherheit und Souveränität auch im Umgang mit schwierigen Lebenslagen, ist eine Grundvoraussetzung für einen erfolgreichen sozialen Habitus. Der Optimismus muss auch dann bestehen, wenn die Tatsachen dagegen sprechen. Dies folgt Mustern, wie wir sie bei Eheschließungen beobachten können. Auch wenn die reale Scheidungsrate z. B. bei 50 Prozent liegt, denkt die Mehrheit der gerade heiratenden Paare, dass ihre Ehe ewig halten wird. Solch ein Überschuss an Optimismus ist für den Gewinn des sozialen Kapitals wesentlich, weil sein Mehrwert nur erreicht werden kann, wenn zunächst mehr investiert wird als an unmittelbaren Rückwerten erwartet werden kann. Gewinnchancen aus sozialem Kapital ergeben sich in der Regel zudem bei vorausgesetztem Optimismus nur durch langfristige (und bei Aufsteigern riskante) Investitionen.

3.2 Mehrwert des sozialen Kapitals

Um den Mehrwert des sozialen Kapitals zu beschreiben und zu analysieren, muss die eingesetzte Investition zunächst näher untersucht werden. Dabei sind drei Aspekte, wie mir scheint, besonders wichtig:

1. *Zeit:* Soziale Beziehungen aufzubauen, zu pflegen und zu nutzen kostet zunächst immer Zeit. Diese Zeit geht von anderen Unternehmungen, z. B. der Arbeitszeit oder Freizeit ab, sie steht unter Verwertungsdruck (= bringen mit diese Beziehungen tatsächlich so viel ein, wie ich erwarte?). All diese Zeit wird verausgabt, um dann in einem spezifischen Handlungsfenster (bei Einstellungen, Beförderungen usw.) in geldwerte Vorteile umgesetzt zu werden.

2. *Aufwand:* Mit dem Einsatz von Zeit stellt sich sofort auch die Frage nach dem sinnvollen Aufwand. Leiste ich mir einen eigenen Kreis sozialer Beziehungen, der möglichst frei von sozialer Kapitalbildung gehalten wird? Oder bin ich schon durch meinem Habitus im Sog einer solchen unvermeidlichen Kapitalisierung? Und wenn ich bereits durch Herkunft und günstige soziale Beziehungen Vorteile habe, kann ich dann den Aufwand (nach Breite und Tiefe meiner sozialen Beziehungen) dadurch mindern, dass ich Dinge, die mir Spaß machen (z. B. Golf, Tennis, Segeln usw.), mit unmittelbarer Beziehungsarbeit verbinde? Gewinne ich aus solchen Beziehungen auch Partnerschaften, die meine soziale Stellung stabilisieren oder besser noch »upgraden«? Der Aufwand bestimmt sehr stark die Breite meiner Handlungsfenster, denn je geringer das Spektrum der sozialen Beziehungen ist, desto mehr sinkt die Wahrscheinlichkeit an zahlreichen günstigen Gelegenheiten zum Tausch meiner Qualitäten in geldwerten Nutzen.

3. *Mittel:* Soziale Beziehungen verschlingen in ihrer Ausgestaltung Ressourcen. Je mehr ein bürgerlicher oder gar großbürgerlicher Habitus angestrebt wird, desto höhere Mittel sind aufzuwenden, weil sie selbst ein Distinktionsmittel darstellen. Die Höhe der aufgewandten Mittel (mein Haus, meine Jacht, mein Auto, mein Klub usw.) sind Unterschiede, die die feinen Unterschiede ausmachen (vgl. als klassische Analyse hierfür Bourdieu

1987a). Hierin liegt die Relevanz sozialer Schließung: Je weniger Mittel ich habe, desto geringer werden meine Chancen auch im sozialen Bereich sein, hinreichend nachgefragte Qualitäten in der Konkurrenz auszubilden.

Welchen Wert erhalte ich nun aus solchen sozialen Beziehungen? Welcher Mehrwert lässt sich realisieren? Wenn das ökonomische und das soziale Kapital – oder eine andere der noch zu diskutierenden Kapitalformen – miteinander verglichen werden, dann gibt es immer wieder Stimmen, die zwar zugeben, dass soziale Beziehungen sozial von Nutzen sein mögen, sich aber doch nicht eindeutig und bestimmt in ökonomisches Kapital und Mehrwert verwandeln lassen. In *Schaubild 12* habe ich die Kritik der Erweiterung der ökonomischen Kapitalform einer Begründung dieser Erweiterung gegenübergestellt.

Die Tabelle zeigt, dass sich eine Kritik an der Erweiterung der Kapitalformen einer bestimmten reduktiven Sicht auf das Ökonomische bedient, die selbst durchaus kritisch betrachtet werden kann. Zunächst sind außer in idealtypischen Tauschformen im Kapitalismus Umfang und Werte auch des ökonomischen Kapitals nicht immer vollständig zu ermitteln, wenn konkret gehandelt wird. Dies liegt daran, wie ich in Kapitel 2 zu zeigen versuchte, dass die Mehrwertproduktion im Zusammenwirken ihrer vier Seiten immer unscharfe Felder aufweist. Der Kapitalismus ist nicht nur ein Tauschplatz materieller oder physischer Gegenstände, sondern schon lange auch in immateriellen Bereichen aktiv. Zwar mag bei vielen Ökonomen noch der Wunsch bestehen, alle Handlungen auf ein materielles Substrat, etwas, was wir in den Händen halten können, zurückzuführen, aber solche reduktive Gedankenarbeit scheitert schnell an den Unschärfen, die dem System mit seiner Komplexität und Undurchschaubarkeit von ökonomischen Transaktionen – insbesondere im Finanzkapital – innewohnen.

Schaubild 12: Ist soziales Kapital ökonomisch transformierbar?

Soziales Kapital ist nicht ökonomisch transformierbar	Soziales Kapital ist ökonomisch tranformierbar
Umfang und Wert können nicht eindeutig (vollständig) und konkret benannt werden	Umfang und Wert können an Aufwand, Mitteln und Kosten konkret im Vergleich zu Handlungsergebnissen bestimmt werden
Ein Tausch mit einer Übertragung materieller oder physischer Gegenstände oder Waren findet nicht statt	Im Kapitalismus gibt es in vielfältigen Formen auch nicht-materieller Austauschformen (z. B. bei Finanztransaktionen in der Börsenspekulation)
Immaterielle Werte bestimmen sehr stark das soziale Kapital, ihr Austausch erscheint als spekulativ	Immaterielle Werte bestimmen den Kapitalismus mittlerweile in vielen Feldern, in denen Gewinne erwirtschaftet werden
Ein hohes Angebot an sozialen Kapital führt nicht automatisch in eine Inflationierung ihrer Werte	Soziales Kapital wirkt je nach Angebot und Nachfrage durchaus inflationierend auf die erwartbaren Gewinne
Fehlende Eigentumsrechte lassen soziales Kapital nicht hinreichend durchsetzen	Persönlichkeitsrechte oder Rechte in sozialen Netzwerken (z. B. Ein- und Ausschließungsregeln) existieren hinlänglich
Einen Warentausch des sozialen Kapitals gibt es nicht, weil kein neuer Eigentümer durch Verzicht oder Übertragung entsteht	Soziales Kapital tauscht sich nach eigenen Regeln, die mit ökonomischen Tauschformen (z. B. Lohnarbeit) stets eng verbunden sind
Viele Mitläufer bedrohen das soziale Kapital als Trittbrettfahrer	Parasitäre Gewinne sind für alle Kapitalformen möglich

Auch im ökonomischen Feld lässt sich z. B. beobachten, dass ein hohes Angebot nicht immer zu einem Wertverfall der Waren und Preise führen muss, wenn der Markt beeinflusst werden kann. Gleiches intendiert das soziale Kapital ohnehin. Und auch die Eigentumsrechte, die besonders nach Offe (1999, 117) im sozialen Kapital fehlen, zeigen nicht, dass ein „Sozialvermögen", wie er es nennt, nur eine „unintendierte Begleiterscheinung" darstellt, die allenfalls der Förderung und Pflege bedarf. Nein, umgekehrt, die Entwicklung der sozialen Kapitalform zeigt für mich vielmehr, dass es hier eine klare und auch empirisch nachvollziehbare Mehrwertproduktion geben kann, die sich ökonomisch transformieren lässt.

Allerdings ist die ökonomische Transformierbarkeit nicht mit dem Tauschhandeln auf einem Warenmarkt unmittelbar vergleichbar, d. h. es gibt in der Regel keinen Anbieter mit der Ware »Soziales«, der unmittelbar einen Käufer gegen Geld findet (auch wenn solche Dienstleistungen durchaus als Coaching, Beratung, Escortservice usw. angeboten werden). Aus der bisher gegebenen Analyse will ich hier auf bestimmte Leistungen des sozialen Kapitals fokussieren, die für seine hohe Relevanz, sich in ökonomisches Einkommen zu transformieren, sprechen:

- Die Einigung auf Werte und Normen, die erzielte Konformität einer sozialen Klasse, Schicht oder Gruppe (je nach der Konstruktion ihrer Mechanismen) führt zu bestimmten Formen erwarteter und verlangter Rationalität und eines bestimmten kalkulierbaren Habitus. Dies kann ökonomisch in die Besetzung einer im Vergleich zu anderen besser entlohnten Stelle oder zu einem höheren Einkommen im Vergleich zu geringerem sozialen Kapital führen. Ertragreich ist dieser Tausch dann, wenn die Investitionskosten durch die langfristigen Einnahmen übertroffen werden.

- Die komplexen Risiken des ökonomischen Kapitals bedürfen eines Austauschs mit sozialen Kapital, der sowohl hinreichende Informationen über soziale Kooperation und Kommunikation herstellen muss, als auch die geeigneten Führungskräfte zu rekrutieren hat, die solche Prozesse sozial steuern können. Insoweit wird ein hohes soziales Kapital mit entsprechender Netzwerkbindung zu einer wesentlichen Voraussetzung der Steuerung des ökonomischen Bereichs, was wiederum ein höheres Einkommen für den Eigentümer eines solchen Kapitals verspricht.

- In Zeiten ökonomischer Krisen hilft das soziale Kapital, ein Vertrauen zu demonstrieren, das durchaus ambivalent ist: Für die ökonomischen Kapitalbesitzer soll es Sicherheiten und Kontinuität verkörpern, das von Personen kompetent und überzeugend dargestellt und somit nachvollziehbar gemacht wird, obwohl es andererseits immer auch illusionär bleiben wird, weil soziales Kapitals zwar Kompetenzen verkörpert, die sich jedoch weniger mit dem erwarteten Wunder einer ökonomischen Prognose von nicht prognostizierbaren Marktentwicklungen verbinden lassen. Eine solche Erwartung wird stets enttäuscht werden müssen, weil es im Kapitalismus keine absolut sicheren Voraussagen geben kann. In dieser unsicheren Lage sind für ein hohes zugeschriebenes soziales Kapital gerade deshalb hohe Gewinnerwartungen möglich, weil es eine psychologische Wirkgröße darstellt, die nach Angebot und Nachfrage, aber auch nach Illusionierungen, Täuschungen bis hin zum Betrug besonders realisiert werden kann, weil sie besonders erwünscht ist (= erhofftes Vertrauen).

- Grundlage solcher Erwartungen und tatsächlicher Realisierungen sind die Formen der Gewinnung sozialen Kapitals. Die Regeln der Vertrauensbildung, des Ein- und Ausschlusses, der Bildung unterschiedener Gruppen mit unterschiedlichen Handlungs- und Kompetenzhorizonten, der soziale Habitus als Ausdruck all dieser Tendenzen, bilden als Gebrauchswerte eine Grundlage der Mehrwertproduktion durch soziales Kapital, wenn sie als Tauschwerte realisiert werden können.

3.2.1 Mehrwertproduktion durch soziale Beziehungsarbeit

Das größte Problem des sozialen Kapitals besteht darin, dass die sozialen Beziehungen in der Regel durch Herkunft, Vermögen, damit verbundene Wohnorte, Bekannten- und Freundeskreise, Sportvereine, Freizeitbeschäftigungen, Urlaube in bestimmten Szenarien usw. immer schon vorherbestimmt sind. Das Individuum hat kaum eine Chance hier zu sagen, ich will dorthin aufsteigen, weil der Zugang in die anderen oder besseren Kreise meist schon verwehrt ist. Max Horkheimer, als Kritiker der bürgerlichen Gesellschaft berühmt, hat dies als Sohn eines Textilfabrikanten und aufgewachsen im Großbürgertum schön zusammengefasst: „Die Freiheit, Selbstverständlichkeit, ‚Natürlichkeit‘, die einen Menschen in gehobenem Kreis sympathisch machen, sind eine Wirkung des Selbstbewusstseins; gewöhnlich hat sie nur der, welcher immer schon dabei war und gewiss sein kann, dabei zu bleiben. Die Großbourgeoisie erkennt die Menschen, mit denen sie gern umgeht, die ‚netten‘ Menschen an jedem Wort." (1934, 23)[90]

Was Horkheimer hier beschreibt, das entspricht dem Habitus des Großbürgertums. In der Klassenlage oder der jeweiligen sozialen Schicht, in der jemand aufwächst, ist immer eine Bindung, eine soziale Loyalität zu ihres- oder seinesgleichen, ein Habitus eingeschlossen, der nicht leichthin abgelegt werden kann, sondern recht dauerhaft wirkt. Es sind hier die stillschweigenden Vermächtnisse (was hinterlasse ich meinen Kindern als wesentlichen familiären Habitus) und Verdienste (was habe ich als Vorbild für meine Kinder bereits erreicht), die als Delegationsmodell fungieren (vgl. Stierlin 1982). Und mag solche Delegation auch in den besseren Kreisen nie ganz bruchlos und konfliktfrei verlaufen, wovon in den Geschichten über die Reichen und Schönen dann zum Genuss der Massen berichtet wird, so bleibt der Habitus der Inbesitznahme einer gesellschaftlichen Position im Ranking davon meist unberührt. Bei den unteren Schichten erwartet man von vornherein eher negative Delegationen. Deshalb können Aufsteiger noch so viele Ratgeber studieren, Trainingskurse absolvieren, sich bemühen und disziplinieren, genau ihre Mühen und Disziplin sind es dann, mit denen sie als nicht zugehörig auffallen werden. So finden Neureiche zunächst wenig Einlass in die Oberschichten, obwohl sie auf lange Sicht durch ihr ökonomisches Kapital doch aufgenommen werden. Die vielen Neureichen der neuen Märkte im *Shareholder Value* tragen ihrerseits heute aber auch radikal zur Auflösung alter Oberschichten bei.

„Ähnliches ist auch beim zweiten wichtigen Kriterium, einer breiten Allgemeinbildung zu beobachten. In der Regel wird nur der, der diese breite Bildung und den dazu gehörenden kulturellen Geschmack im Rahmen der Familie eher beiläufig erworben hat, auch jene Selbstverständlichkeit im Umgang mit Bildungsgütern zeigen, die den wirklichen Kenner auszeichnet. Er nimmt den offiziellen Kanon nicht zu ernst, weicht anders als derjenige, der diesen Kanon mühsam erlernt hat, sich nie ganz sicher ist und deshalb das Risiko scheut, den

---

90   Vgl. dazu auch Hartmann (2002, 125), der dies als das gepflegte Understatement des Großbürgertums charakterisiert.

sicheren Pfad zu verlassen, auch von ihm ab und beweist genau damit eine wirklich intime Kenntnis der Kultur." (Hartmann 2002, 126 f.) Die Bildung ist zwar insbesondere Teil des Lernkapitals, wie es weiter unten herausgearbeitet werden soll, aber je nach Bildung entstehen soziale Bezugsgruppen, die entscheidend bei der Formung des sozialen Kapitals sind. Um in bestimmten sozialen Kreisen zu verkehren, gibt es zumindest ein Maß jeweils verlangter Allgemeinbildung oder spezifischer Bildungsinhalte, die beherrscht werden müssen, um Zugang zu erhalten oder geduldet zu werden.

Soziale Gruppen drücken je nach ihrer Position und Stellung im gesellschaftlichen Rangvergleich, in den Positions- und Unterscheidungskämpfen mit- und gegeneinander immer auch eine wechselseitig einwirkende Macht aus. Solche Macht ist ein drittes Unterscheidungsmerkmal. Sie ist durch den Grad an Einflussmöglichkeiten auf andere durch ein Mehr an Geld, Einfluss, Abhängigkeit, Erwartungsverhalten und anderen Attributen sozialen Drucks bestimmt. Je mächtiger Gruppen oder einzelne Protagonisten in solchen sozialen Gruppen sind, desto höher ist die Wahrscheinlichkeit, unmittelbar oder mittelbar an dieser Macht zu partizipieren. Es ist aus der Eliteforschung bekannt, dass auch die Mitläufer in solchen sozialen Beziehungen zumindest teilweise enorme Zugewinne an sozialem Kapital verbuchen können.[91] Die Gewinne können insbesondere im ökonomischen Feld durch erhöhtes Einkommen als auch im sozialen Feld durch eine größere Machtposition realisiert werden.

Neben den Machtbeziehungen rückt als viertes Distinktionsmerkmal immer mehr der Konsum in das Zentrum der sozialen Beziehungen wie der Bildung in der flüssigen Moderne. Wer nicht treffsicher die besten Uhrenmarken, Luxusautos, Weine, Urlaubsorte im Sommer wie Winter, die gegenwärtig »in« sind und andere, die »out« sind, aus eigener Anschauung kennt und deshalb mit persönlichen Bezügen klassifizieren kann, wer nicht die Vor- und Nachteile bestimmter Ferienimmobilien und ihrer Lagen, die besten Jachthäfen und Golfplätze in der Konversation bereithalten kann, was nur gelingt, wenn jemand über Besitzerfahrungen im Umgang mit diesen »selbstverständlichen Dingen« verfügt, der gehört schlichtweg nicht dazu. Das Wissen um solche Dinge, die damit verbundene »Bildung«, fällt unter das kulturelle Kapital. Im Konsum ist ein Teil der Macht ausgedrückt und einer profanen Bildung symbolisiert, die sich selbst für wichtig hält, weil sie Unterschiede erzeugt, die den sozialen Unterschied ausmachen.

Soziale Distinktion findet in Teilsystemen oder sozialen Bezugsgruppen statt, die jeweils ihre eigenen Regeln und selektiven Abschottungen besitzen. „Wer als Kind eines Arztes, eines Oberstaatsanwalts, eines Geschäftsführers oder Unternehmers aufgewachsen ist, der hat schon früh gemerkt, dass er nicht einer von vielen ist." (Ebd., 127) Aus den sozialen Netzwerken heraus erhält der Nachwuchs oft Vorteile, sich im gleichen Feld zu etablieren und Karriere zu machen. Aber auch solche Gruppen sind ihrerseits noch geschichtet und ringen nach der Maßgabe der Ressourcen, die sie zur Verfügung haben, der Berühmtheit, die sie erlangen können, der Macht, die sie verkörpern, um Nuancen der Unterscheidung, um Unterschiede, die einen Unterschied ausmachen. Mitunter hört man von Kindern, die an diesen Biografien mangels eigener Durchsetzungskraft scheitern, aber in der Mehrheit der Fälle setzen sie sich aufgrund des Vorsprungs gegenüber anderen eher durch.

---

91 Vgl. dazu z. B. die älteren Texte von Bottomore (1966), Giddens (1974) im Vergleich zu Hartmann (2002, 2007).

Soziale Beziehungen entstehen und entwickeln sich vor diesem Hintergrund als Ausdruck von Interaktionen und Kommunikationen eines Selbst (mit eigenem emotional-kognitiven Selbstwert) mit anderen: Freundesgruppen, Bekanntenkreisen, Nachbarschaften, Vereinen usw., wobei es hierzu auch jeweils virtuelle Pendants in der massenmedialen Verarbeitung besonders über das Internet gibt. Die soziale Kultur, die hierbei entsteht, ist immer eine Mischung aus Familienkultur und den Interaktionen mit der übrigen Kultur, insbesondere jenen durch Distinktion erreichten Unterschieden und Unterscheidungen von anderen, die das eigene Bild prägen, verinnerlichen lassen, entwickeln helfen. Normen, Werte, Moralvorstellungen zirkulieren in diesem Kosmos und bilden den jeweiligen Habitus mit aus.

In einer vereinfachenden Phänomenologie von Formen eines sozialen Gebrauchswerts, der sich als Tauschwert in Sozialkapital verwandeln kann, lassen sich vor allem folgende Aspekte in den Arten der Gruppen- und Netzwerkzugehörigkeiten unterscheiden:

- *Inklusions- oder Exklusionsregeln:* Je inklusiver die Regeln sind, desto mehr unterschiedliche Menschen nach Herkunft, Geschlecht, Alter, Lebensstilen, Hintergrund der Kapitalformen, Behinderungen usw. werden zusammengebracht und ihre Gemeinsamkeit in der Diversität wird als positiv wahrgenommen, um einem gemeinsamen Ziel nachzugehen. Das soziale Kapital hat hier eine starke Brückenfunktion über Unterschiede hinweg. Dies gelingt in den Ländern leichter, die solche Inklusion auch im Erziehungs- und Schulsystem umfassend verankert haben (vgl. Reich 2012). Dennoch müssen auch hier Ort, Zeit und Rahmen geeignet sein, dass diese Menschen überhaupt zusammenkommen können (je niedrigschwelliger das Angebot, desto höher die Chance auf Inklusion). Je exklusiver die Regeln (bedingt durch kulturelle Einstellungen) sind, desto weniger heterogen soll die Gruppe oder das Netzwerk sein und um so stärker wirken Unterregeln des Ausschlusses nach bestimmten Kriterien der Selektion (Fähigkeiten, Bildungsabschlüsse, Eignungen, Aussehen, Regelkonformität usw.). Dies wird oft schon durch das Erziehungs- und Schulsystem mit hoher Selektivität oder einem hohen Anteil an Privatschulen vorbereitet. Heterogenität wird hier niedrig gehalten, Homogenität sozialer Gruppen dagegen positiv gesehen und mit einem eng definierten gemeinsamen sozialen Feld verbunden, das eine Homogenisierung nach Interessen, Haltungen, Erwartungen, Verbindlichkeiten, vorhandenen Kapitalformen oder anderen Unterscheidungsmerkmalen erzwingt und durch Aufnahmeverfahren regelt. Oft führt die Exklusivität der Regeln und des Aufnahmeverfahrens dazu, dass dann anschließend das erreichte soziale Kapital dieser Gruppe/dieses Netzwerkes als besonders hoch in Konkurrenz zu anderen eingeschätzt werden.

- *Art und Grad der Formalisierung der Gruppe/des Netzwerks und der Dichte der Beziehungen:* Es gibt eher lockere, unverbindliche, offene Gruppen und Netzwerke mit schwächeren Bindungen und geregelte, verbindliche, geschlossene Gruppen/Netzwerke, die eine hohe Bindungskraft der sozialen Beziehungen erreichen sollen. Drei Formen sind immer wieder erkennbar:

    1. Verbindliche Bindungen (*bonds*) im Sinne von Familienverpflichtungen oder Freundschaften mit stark geteilten Werten und gemeinsamen Identitätsvorstellungen.

2. Beziehungen als Brückenfunktion (*bridges*) im Sinne von Bekanntenkreisen, die auch über größere Distanz und geringere Identitätsbildung hinreichend auf gemeinsamen Interessen und wechselseitigen Beanspruchungen beruhen.

3. Verbindungen (*links*) als recht offene Beziehungen, die zumindest Anlauf- und Informationsstellen bieten, um schnell Orientierung und richtige Ansprechpartner zu finden.

Alle drei Formen gehen mehr oder minder fließend ineinander über. Sie wirken in allen Bereichen: Der Vielfalt an formellen Gruppen wie Parteien, Vereinen, Klubs usw. steht eine noch größere Vielfalt an informellen Möglichkeiten der Bekannten- und Freundeskreise im Beruf und insbesondere in der Freizeit zur Seite. Um soziales Kapital auszubilden ist die Beteiligung an beiden Arten notwendig, wobei die offenen Bindungen eher für die Quantität und die geschlossenen Bindungen für die Qualität von sozialen Beziehungen stehen. Auf der Jobsuche oder auf der Suche nach verbesserten Jobmöglichkeiten und höherem Einkommen sind beide Gruppen/Netzwerke von Nutzen, weil die Qualität allein nicht hinreicht, um die Vielfalt der Chancen zu erfassen, die Quantität aber nicht ausreicht, um relevante Empfehlungen und Kontexte zu erzeugen.[92]

- *Art und Grad der Eigeninteressen:* Je höher die Eigeninteressen einer Gruppe sind, desto mehr mag die Gefahr bestehen, dass sie gezielte (auch manipulative) Mittel gegen andere einsetzen wird. Lobbyarbeit und Korruption sind zwei besonders wirksame Hebel in der Arbeit eines sozialen Kapitals, das sich mit dem ökonomischen Kapital verbindet und seine Profit- und Verwertungsinteressen besonders potent durchzusetzen versucht. Je geringer die Eigeninteressen auf den Zuwachs des ökonomischen Kapitalvolumens gerichtet sind, desto esoterischer mag das Eigeninteresse in der Öffentlichkeit anmuten, aber für die Beteiligten gleichwohl ein gerade deshalb relevanter Bestandteil ihrer Gruppe und ihres Netzwerkes sein. Dieses Eigeninteresse bildet den Boden einer Diversität in der Gesellschaft, das für ein Wachstum der Vielfalt in Freiheit steht.

- *Art und Grad der sozialen Orientierung:* Die Arten der Gruppen und Netzwerke unterscheiden sich im sozialen Feld durch ihre Positionierung und Orientierung gegenüber den sozialen Fragen, Positionen und Entwicklungen von anderen Gesellschaftsmitgliedern. Soziale Kapitalbildung steht hier im Spannungsverhältnis egoistischer Eigen- und Gruppeninteressen oder Interessen des Allgemeinwohls, des sozialen Ausgleichs oder der besonderen Förderung von Benachteiligten und Diskriminierten. Auch wenn es nicht zu den Zielen der Gruppe/des Netzwerkes gehört, sich in diesen Feldern zu positionieren, so geschieht dies automatisch durch die Gruppen-/Netzwerkbildung als Ausdruck eines bestimmten sozialen Kapitals im Kontext einer Gesamtgesellschaft.

All diese Formen treten immer im Zusammenhang mit einer sozialen Funktion auf, die auf gegenseitige Verpflichtungen zielt. Für Erklärungen dieser Funktion gibt es bereits historische Vorläufer. Marcel Mauss hat in den 1920er Jahren mit seiner Schrift über die »Gabe« (1968) das Schenken in archaischen Gesellschaften untersucht. Seine empirischen Studi-

---

92 Burt (2005) schreibt deshalb der Überbrückung »struktureller Löcher« in den Beziehungen, die durch Offenheiten in Netzwerken entstehen, eine große Rolle zu. Die Formalisierung von Gruppen spielt beim Schließen der »Löcher« bzw. Ungewissheiten eine wesentliche Rolle.

en geben uns einen Einblick in Grundcharakteristika sozialer Beziehungen, weil es beim Schenken und beschenkt werden um soziale Tauschverhältnisse geht, die weiter als der Warenaustausch im Kapitalismus zu reichen scheinen. Zunächst ist der Gabentausch ein soziales Mittel der wechselseitigen Verpflichtung aufeinander. Frühe Völker tauschten auch wertvolle Dinge, um ihre sozialen Beziehungen und gegenseitigen Verpflichtungen (z. B., keine Kriegshandlungen zu beginnen) zu pflegen. Solche Handlungen werden eingebettet in Rituale, Tanzhandlungen, Wissensaustausch, verbindende Kommunikation.

Mauss stellte fest, dass es drei Verpflichtungen in den sozialen Tauschformen gibt: (1) Geschenke machen (dies verpflichtet die Gegenseite zunächst ohne unmittelbaren Gegentausch), (2) Geschenke annehmen (eine Ablehnung würde Freundschaft verweigern und wäre ein kriegerischer Akt), (3) Geschenke erwidern (der Kreislauf wechselseitiger Verbindlichkeiten wird geschlossen).

Mit diesen Regeln sind bis heute soziale Beziehungen definiert. Dabei ist der Entscheidungsspielraum in aller Formalität des Tauschens in der Qualität der Geschenke zu sehen. Während bei frühen Völkern den Gaben noch ein »Geist« oder eine »Seele« innezuwohnen schien, da ist es in der heutigen Zeit ein Kalkül, das aber nicht offensichtlich werden darf: Von welcher Qualität muss mein Geschenk sein, damit ich passende Gegengeschenke erhalte oder mir auf lange Sicht andere Vorteile entstehen oder zumindest die soziale Beziehung nicht enttäuscht wird? Diese oder ähnliche Fragen haben schon vielen Menschen viele schlaflose Nächte beschert. Je reicher man ist, desto mehr können Geschenke auch zu strategischen Werkzeugen werden. Dann kann man Geschenke machen, die zu einer Demonstration des eigenen Reichtums führen, der Statuserhöhung dienen oder als Herrschaftsgeste gelten sollen. Von alters her haben dazu auch verschwenderische Feste gedient.

Eine andere Art der geschenkten Bindung ist die Zeit, die wir in sozialen Gruppen oder miteinander verbringen. Für viele tritt sie schon wie ein Geschenk auf, denn sie ist insbesondere in einer beschleunigten Kultur wie der Gegenwart knapp bemessen. Nur im glücklichsten Fall decken sich Arbeits- und Freizeit mit der sozialen Zeit im Aufbau nützlicher Beziehungen. Optimal wäre es, wenn sich das Nützliche mit dem Angenehmen verbinden ließe, aber dies kommt einer Suche nach einem eingeredeten Glück gleich. Wer kann es sich leisten, Golf zu spielen, nur weil es tatsächlich nur Spaß macht? Wer geht mit Freuden zum Familienfest und ohne Hintergedanken an das spätere Erbe? Wer nimmt Geschäftsessen auf sich, weil er darin einen positiven Lebensinhalt sieht? Wessen Freundeskreise bestehen nur aus Neigung und nicht immer auch aus sozialer Schichtung? Wer kann es sich im sozialen Leben leisten, ganz auf Erwartungen und Austausch zu verzichten?

Wir können in den sozialen Beziehungen sehr oft das eine vom anderen gar nicht mehr unterscheiden. Der Aufwand wäre zu hoch, sich – außer in den auflehnenden Jugendkrisen – aus sozialen Beziehungsgeflechten abzusetzen, die wir zur eigenen Selbstverständigung als glücklich und als besser als andere preisen.

Heute wird immer mehr Zeit statt in realen Beziehungen in virtuelle Beziehungsnetzwerke verlagert. Hier zeigt sich der Beschleunigungsdruck der flüssigen Moderne, aber es zeigt sich auch, auf welch reduktiv oberflächliches Maß Beziehungen schrumpfen können, wenn sie bloß den Anschein eines nützlichen Netzwerkes noch versprechen. Individualisierung stößt an die Grenzen der Unverbindlichkeit, an einen Beschleunigungsdruck, der im ständigen

Beziehungswechsel und damit oberflächlich gelebt werden muss. Dies geht konform mit den Ansprüchen an den Konsum, denn neu verkauft werden kann nur das, was nicht von Dauer ist. Hier wirken die Tauschwerte sehr stark auf die Gebrauchswertseite ein, indem sie die Erwartung der Flüchtigkeit an den Gebrauch selbst heften. Insgesamt ist in den sozialen Beziehung ohnehin eine größere Unverbindlichkeit und Flüchtigkeit im Gegensatz zu traditionellen Formen zu erkennen (vgl. z. B. Bauman 2005, Schulze 2005, Beck/Beck-Gernsheim 2001).

Der soziale Aufwand für Aufsteiger ist in kommunikativer Hinsicht besonders hoch. Verbleiben sie in den aus ihrer Familie entwickelten Strukturen, dann finden sie schon im schulischen Milieu mit seinen Bildungsnormen zu wenig Anschluss an bessere soziale Lagen und scheitern schnell an den ungewohnten Sprachspielen und Bewertungen. In einer Überanpassung an das bürgerliche Leistungsmilieu aber müssen sie ihre Herkunft verbergen oder verleugnen, sie müssen sich den schulischen Zuschreibungen überwiegend selbst bürgerlich geprägter Lehrer/innen unterwerfen, um dazuzugehören, obwohl sie doch immer den Zweifel haben mögen, ob sie ihr Ziel hinreichend erreichen oder ob das Spiel nicht insgesamt zu einseitig ist.[93]

Meist erreichen sie die Ziele ohnehin nicht. Dem korrespondiert in den Studien über das Arbeitermilieu eine oft fatalistische Grundhaltung, weil die unteren Schichten es gewohnt sind, Verluste und Schicksalsschläge hinzunehmen, während das kleinbürgerliche Milieu eher an seinen Niederlagen verzweifelt (vgl. Vester u. a. 2001). Erfolgreiche bürgerliche Milieus schaffen in der Ausbalancierung der eingesetzten Zeit, des geübten Aufwands und der eingesetzten Mittel dagegen leichter eine Interpretation der jeweiligen Lage durch Perspektivwechsel, in denen sie sich von außen in einer »Als-ob-Variante« betrachten und dadurch handlungsfähig bleiben.

Alle konkreten Angaben zur Gewinnung sozialer Beziehungen und Anerkennungen gehören zum Gebrauchswert des sozialen Kapitals. Hier ist es analog zum ökonomischen Kapital wichtig, daran zu erinnern, dass solch ein Gebrauchswert zunächst gar kein Kapital und keinen Mehrwert ausdrückt, sondern nur einen konkreten Gebrauch, eine Handlung nach Zeit, Aufwand und Mitteln, die einen rein persönlichen, privaten, intimen oder irgendeinen Charakter tragen kann. Erst wenn aus diesem Gebrauch ein Wert entsteht, der sich auch tauschen lässt, der auf einem Markt einen Wert darstellt, der eingetauscht werden kann, der sich in einen Mehrwert verwandeln lässt, dann entsteht tatsächlich soziales Kapital. Und dieser Mehrwert errechnet sich aus den aufgewandten Kosten zur Herstellung dieses Werts (soziale Reproduktionskosten basierend auf dem Gebrauchswert) und der Differenz zum erzielten Tauschwert. Soziales Kapital wird kurzum in mannigfachen Formen erworben, ohne zunächst überhaupt Kapital zu sein, aber im Falle seiner Realisierung als Tauschwert verwandelt es sich in wirksames und nützliches, d. h. ökonomisch transferierbares Kapital. Es ist ein Gebrauchswert, der allerdings Kapitalisierungschancen so eng mit Ursprungsformen des Tausches verknüpft hat (z. B. »hilfst du mir, helfe ich dir oder deinen Kindern«), dass die Erzielung eines Mehrwerts dann auch meist unter den Tisch gekehrt wird (es wird dann z. B. gesagt: »Diese Stelle habe ich ganz ohne Beziehungen bekommen, nur den Ersttermin hat mein Vater organisiert«).

Der Gebrauchswert kann an sich so wie die konkreten Arbeiten und Handlungen im ökonomischen Kapital schwanken und sehr persönlicher Natur sein. So wie jemand unendlich lange für die Herstellung eines konkreten Gebrauchsgegenstandes brauchen kann, so

---

93   Der von Willis (1982) propagierte Spaß am Widerstand, den Unterschichtkinder auch entwickeln könnten, ist als Strategie in der Praxis meist wenig erfolgreich und führt eher in den Schulverweis.

kann auch das Eingehen sozialer Beziehungen unendlich viel Zeit verschlingen, ohne dass dadurch der Wert dieser Beziehungen ab einem bestimmten Punkt sich noch steigern lässt (außer, wenn es um sehr einflussreiche Menschen geht). Idealtypisch gedacht wird auch hier eine durchschnittliche Verausgabung von Zeit, Aufwand und Mitteln ausreichen, um eine bestimmte Wertgröße der sozialen Beziehungen erwarten zu dürfen. Aber wichtiger als die Beziehungen schlechthin sind die Qualitäten solcher Beziehungen. Die Grundregel der Verausgabung sozialer Beziehungszeit lautet, dass ein Mehrwert sich nur dann sicher gewinnen lässt, wenn die Zeit in der passenden sozialen Gruppe zu einem günstigen Zeitpunkt verausgabt wird und zugleich in einem System wechselseitiger Verpflichtungen mit Austauschcharakter verankert werden kann, sofern hierdurch ein späterer Tausch erleichtert wird.

Weil dieser Mechanismus allen sozialen Gruppen in ihrer jeweils geschichteten gesellschaftlichen Position als Alltagserfahrung und Wissen bekannt ist, gibt es geregelte Öffnungs- und Schließungsprozeduren im sozialen Kapital. Die höheren Klassen verweigern von vornherein einen leichten Zugang, indem sie bewusst wie unbewusst ein Anforderungsprofil setzen, das eine Mischung mit unterklassigen Habitusformen als nicht schicklich oder problematisch ansieht. Aber auch das großbürgerlich erzogene Kind wird wenig Spaß an einer Jugendgang aus den sozialen Brennpunkten finden, wenn es nicht gerade in Revolte gegen seine Eltern steht. Schließungsprozeduren sind besonders vom Adel oder den Superreichen her bekannt, aber sie setzen sich durch alle Schichten fort, weil eine jede im besonderen Bemühen steht, sich nach unten hin abzugrenzen. Der einzelne Aufsteiger oder die Aufsteigerin können zwar immer wieder durch glückliche Umstände solche Schließungen z. B. über Freundschaften oder Bekanntschaften in Schule, Freizeit oder Sport überwinden, aber es bedarf dann großer und schneller Anpassungsleistungen, um eine passende Form der Teilhabe zu organisieren. Sie schließt immer wieder die Frage ein: Was bringt sie oder er als besonderen Zugewinn für die bestehende Gruppe und ihr Schließungsbedürfnis?

Wie beim ökonomischen Kapital, so sind auch hier zusammenfassend mindestens vier Aspekte in der Handlungsanalyse der Nutzung dieser Differenz durch Aneignung von sozialer Beziehungsarbeit notwendig, um wesentliche Handlungselemente im Umgang mit sozialem Kapital zu erfassen:

1. Soziale Beziehungen lassen sich in gesellschaftlicher Praxis demokratischer Staaten frei führen und entwickeln, wobei allerdings die Zugänge in bestimmte Kreise, Bezugsgruppen und Lebensstile durch Merkmale von Dazugehörigkeit erst erworben und legitimiert werden müssen. In der sozialen Schichtung gibt es auf allen Ebenen geschlossene Gesellschaften (nach Habitus, Bildung, Macht, Distinktionsmethoden), aber insbesondere in den »besseren sozialen Kreisen« sind auch Attribute wie Herkunft, Titel, Zertifikate aus Lernkapital, ein gutes Körperkapital (Schönheit, Attraktivität) oder mindestens hinreichend Geld notwendig, um überhaupt Zutritt zu erlangen.

2. Beziehungsarbeit ist eine grundlegende Bedingung gesellschaftlichen Handelns, d. h. bei großer Individualisierung der Menschen gibt es einen notwendigen sozialen Bedarf an Kooperation und Kommunikation, der einen hohen zeitlichen Einsatz erfordert. Beziehungszeit, die möglichst umfassend aufgewandt wird, ist eine Grundvoraussetzung zur Herstellung von sozialem Kapital. Aber diese Verausgabung mündet nicht grundsätzlich in einen sehr offenen und freien Beziehungsmarkt, auf dem jede und jeder seine sozialen

Tauschbedürfnisse ohne Vorbedingungen, wenn er oder sie nur hinreichend Zeit »ausgibt«, befriedigen kann. Soziale Schichtungen (insbesondere durch Bildungshomogamie, wie weiter unten noch gezeigt werden soll) prägen den Beziehungsmarkt, der, so gesehen, stark durch Konventionen reguliert ist, die durch gemeinsam verbrachte Beziehungszeit zu gemeinsamen normativen Ausrichtungen führt.

3. Es gibt zunächst nur subjektive Erfahrungen und vermutete Erwartungen, die von den eingesetzten Kosten an Zeit, Aufwand und Mitteln auf einen möglichen Nutzen aus dieser Kapitalform bei der Erzielung höheren Einkommens, einer Heirat mit Aufstiegscharakter oder anderen Gewinnformen nach Status schließen lassen. Dennoch zeigen Untersuchungen zu den sozialen Klassen und Eliten, die ich angesprochen habe, dass insbesondere erfolgreiche Karrieren durchgehend vom Habitus besser gestellter sozialer Schichten stark abhängen.

4. Der jeweilige gesellschaftliche Stand der tatsächlichen Offenheit von Beziehungen über Standesgrenzen, Klassen, Einkommensgrenzen, Statusvorgaben usw. hinweg ist abhängig von der Offenheit der Gesellschaft überhaupt. Ein wesentlicher Indikator hierfür ist, in welchem Grad es in der Gesellschaft möglich ist, aus unteren sozialen Schichten in höhere aufzusteigen.

3.2.2 Mehrwertproduktion durch Angebot und Nachfrage

Angebot und Nachfrage bestimmen die sozialen Lagen sehr stark. Man muss nur einmal umziehen, um aufgrund des Wechsels eines Arbeitsplatzes und Freundeskreises von vorne in seinen Beziehungen zu beginnen, um zu begreifen, wie geschlossen die soziale Welt im Grunde ist. Nur mit hohem Zeitaufwand und offen für sich bietende Gelegenheiten entstehen Chancen auf soziale Zugehörigkeit und sozialen Zugewinn. Dabei ist man umso erfolgreicher, je mehr die eigene Position als »Geschenk« für andere, d. h. als vorteilhaft angesehen werden kann.

Will man aus sozialem Kapital Mehrwert über Angebot und Nachfrage gewinnen, so muss das eigene Engagement in der Verausgabung von Beziehungsarbeit möglichst rar im Angebot und hoch in der Nachfrage sein. Allein ungewöhnliche, seltene, über den Durchschnitt herausragende Eigenschaften, Verhaltensweisen, Talente oder Ergebnisse helfen hier, sozial kapitalisierbare Gewinne zu erzielen. So mag zwar jemand Talente als Ringer oder Boxer haben, aber wenn diese Sportarten in den besseren sozialen Kreisen als Gebrauchswerte, als brauchbare Werte wenig anerkannt sind, dann hätte er als guter Golfer die deutlich besseren Chancen, auch einen höheren Tauschwert zu erhalten. Gleichwohl mögen Spitzenleistungen in allen Sportarten helfen, immer deutlich höher nachgefragt als im Durchschnitt zu sein, aber der durchschnittliche Golfer mag in seinem Feld immer noch bessere Beziehungen als der vergleichbare Ringer erreichen und in geldwerte Vorteile verwandeln können.

Insbesondere durch Körper- und Lernkapital, teilweise auch durch kulturelles Kapital, lassen sich Zugewinne im sozialen Kapital realisieren. Da Schönheit und körperliche Attraktivität ebenso wie hohe Bildung und geistige Spitzenleistungen im Angebot selten sind, da sie immer erst durch Rangvergleiche hergestellt werden und deshalb eine kleine Spitze zeigen, bieten sie zugleich auch höhere Chancen einer sozialen Kapitalbildung. Menschen, die über solche Eigenschaften verfügen, müssen zwar ihrerseits viel Zeit aufwenden, diese zu erreichen, aber sie gewinnen in der Verausgabung von Beziehungsarbeit wiederum Zeit zurück, weil sie nun ohne Anstrengung nachgefragt und »befördert« werden. Je höher der Bekanntheitsgrad wird, desto mehr lässt sich das gewonnene soziale Kapital dann auch durch Auftritte in der Öffentlichkeit und Werbeverträge in ökonomisches Kapital übersetzen, was wiederum die Spirale eines Erfolgs verstetigen kann.

Der Weg von unten ist deutlich mühsamer. Hier muss sehr viel Zeit in die Beziehungsarbeit gesteckt werden, Zeit, die an anderer Stelle dann wieder fehlen wird. Für diese Menschen entsteht eine schwierige Balance aus Leistungen (fachlicher, inhaltlicher) Art, die Zeit zur Entstehung benötigen, und dem Aufbau von Beziehungen und Netzwerken, um auf der Basis der Leistungen dann eine Anstellung, ein Einkommen, einen Nutzen erzielen zu können. Auch hier gilt das Gesetz von Angebot und Nachfrage: Je mehr Berufe und bestimmte Leistungen nachgefragt werden, desto kleiner mag das Beziehungsnetzwerk sein, um eine erfolgreiche Position zu ergattern, aber je mehr Angebote bestehen, desto mehr muss die Beziehungsarbeit einen Erfolg steuern helfen.

Es gibt immer die Alternative, auf jeden Zugewinn zu verzichten und der sozialen Kapitalbildung gänzlich zu entsagen. Die Verweigerung, sich Freundes- und Bekanntenkreise nach Aspekten einer Kapitalisierung zu suchen, ist allerdings deutlich bei denen höher, die bereits in einer gesellschaftlich arrivierten Stellung stehen oder bei jenen, für die ein Kampf um Aufstieg als gänzlich aussichtslos angesehen wird. Die Arrivierten werden immer jemanden finden, der sich gerne zu ihnen gesellt, und umgekehrt wird der Aufsteiger bevorzugt solche Beziehungen suchen, in denen er eine Wertschätzung durch sozialen Aufstieg – und sei es nur in der Form des beachtet Werdens – erfahren kann. Zudem ist vielfach der Wunsch, jenseits der nützlichen Beziehungen nur die wertvollen Freundschaften zu pflegen, bereits durch die Vorauswahl der Neigungsgruppen in Verbindung mit dem kulturellen Habitus, dem Bildungsstand, bestimmten Erwartungen, Werten und Normen so gerichtet, dass ein soziales Kapital wie von selbst daraus entspringt. Es mag uns unbewusst bleiben, wie sehr die Kapitalisierung hierbei in unsere sozialen Beziehungen, ob wir es wollen oder nicht, eingedrungen ist.

Die Absteiger hingegen dienen vor allem als Bild der Abschreckung, wie weit man es nicht kommen lassen darf und sie helfen auch noch unteren sozialen Lagen, sich besser fühlen und abgrenzen zu können.

Ebenfalls mindestens vier Aspekte sind in der Handlungsanalyse der Nutzung der Differenz durch Angebot und Nachfrage besonders wesentlich, wenn wir soziale Handlungen beobachten:

1. Soziale Beziehungen werden in allen sozialen Gruppen als wesentlich erlebt und angesehen. Es gibt unterschiedliche Formen der Beziehungsarbeit in Familien, auf der Arbeit und in der Freizeit. Nachfragen geschehen im Wandel der Lebenswelt und unterliegen dabei Moden. Wenn geeignete Angebote bei Nachfragedruck gemacht werden können, dann entstehen neue soziale Beziehungen auch über bisherige soziale Grenzen hinweg. Aber hier ist nichts auf Dauer, denn ein Nachfragedruck erzeugt auf längere Sicht auch eine Angebotsvielfalt.

2. Es gibt im Angebot Wahlmöglichkeiten. Investitionen lassen sich im Spannungsfeld von Interesse und Spaß auf der einen Seite und Kalkül und Nutzen auf der anderen tätigen.

Aber allein eine gute Marktbeobachtung kann helfen, die Nachfrage- und Angebotsseite für die eigenen sozialen Chancen hinreichend zu kalkulieren.

3. Es gibt soziale Tauschmittel, die den Tausch möglichst einfach bewerkstelligen lassen. Solche Tauschmittel stehen in Form von sozialer Beziehungszeit, Geschenken und gemeinsamen Beschäftigungen ausreichend zur Verfügung. Aber diese Tauschmittel sind nicht allen gleich sozial zugänglich.

4. Soziale Beziehungsinvestitionen sind fast nie vergeblich, wenn sie die Nachfrageseite nicht gänzlich vernachlässigen, d. h. die investierten Kosten rechnen sich tatsächlich entweder in den Formen subjektiver Befriedigung (individuelle Nachfrageseite) oder in einem Zugewinn bei Einkommen und Sicherheit des Arbeitsplatzes oder der Selbstständigkeit (gesellschaftliche Nachfrageseite).

3.2.3 Mehrwertproduktion durch Illusionierungen, Täuschungen und Betrug

Wenn ein Mensch behauptet, er sei so, wie er oder sie »ist«, dann kommt bei äußeren Beobachtern sofort der Verdacht einer Illusionierung auf. Wer kann es sich leisten, immer so zu sein, wie man oder frau ist? Oder umgekehrt: Gehört es nicht zu den großen Errungenschaften der westlichen Kultur, sich so zu geben, dass jede/r hinreichend angemessen je nach Situation behandelt werden? Der nach Norbert Elias bezeichnete Selbstzwang, den wir mit dem Entstehen der bürgerlichen Gesellschaften zunehmend kultivieren, hat als Mechanismus längst dafür gesorgt, dass wir uns nicht primär triebhaft und unangemessen, sondern sozialisiert und angepasst an die Mehrheitskultur verhalten. Aber in sozialen Beziehungen ist es überhaupt schwer als Selbst- oder Fremdbeobachter je eindeutig festzustellen, was noch »Wahrheit« (und wenn ja: wie viele?), was schon Illusion, Täuschung (bewusst oder unbewusst) oder gar Betrug (oder Selbstbetrug) ist.

Gegenüber dem Bürgertum vor hundert oder sogar noch vor fünfzig Jahren hat ein Rollenwandel stattgefunden, der die eigene Konventionalität zwar nicht abstreifen konnte, denn sie bildet jene Signifikationen aus, mit denen wir uns unterscheiden, aber doch zumindest für die höheren und gebildeten Kreise hat ironisierbar werden lassen. So haben es viele Menschen gelernt, sehr unterschiedliche Rollen innerhalb kürzester Zeit einzunehmen:

- als Produzenten sehen wir uns nicht mehr wie im schweren Kapitalismus als überwiegend materielle Hersteller des Reichtums, sondern offener als Konstrukteure einer flüchtigen Dienstleistung und Haltung, die das Illusionäre nicht mehr nur als Bedrohung eines auf »sicheren geistigen Fundamenten« ruhenden Lebens begreift, sondern als Chance der Abwechslung, Unterhaltung und eines individuellen, vor allem materiellen Fortschritts sehen kann,

- als Konsumenten ist uns der Wohlstand greifbarer als in der Rolle der Produzenten geworden, denn obgleich meist eine serielle Produktion den Hintergrund dieses Konsums bildet, so unterscheiden sich die Waren wie nie zuvor, und wir unterscheiden uns in dem Ausmaß des Besitzes und Umgangs, den wir mit ihnen treiben können,

- als kulturelle Beobachter flanieren wir immer auf der Suche nach neuen Schnäppchen und Gelegenheiten, nach Ausblicken und Einblicken, wobei wir das überall in der Welt in der Ununterscheidbarkeit der Shopping Malls oder der virtuellen Ununterscheidbarkeit des Internets vollziehen können, dabei können wir sehen und werden zugleich erblickt, wir können sogar an Gefahren teilnehmen, ohne sie erleiden zu müssen (vgl. Bauman 1996), was uns aus sozialen Obligationen befreit,

- als Spieler simulieren wir alles und nichts, eine Welt mit Erfolgen, Risiken, Ängsten, um uns dabei gefahrlos zu unterhalten; der größte Erfolg eines Spielers wäre es, wenn er mit reinem Glück so viel Geld gewinnen würde, wie er es in seinem ganzen Leben durch harte Arbeit nicht hätte verdienen können, um dadurch einen hohen sozialen Status zu erreichen;[94]

- als Touristen sammeln wir möglichst neue und einmalige Erfahrungen und Erlebnisse, obwohl dies in der Masse zu den absurden Effekten führt, dass wir die Fremde immer mehr zur bequemen eigenen Heimat machen wollen und damit das grundsätzlich negieren, was wir eigentlich als Erfahrung von Fremdheit ersehnen; Touristen mögen wesentliche Idealtypen der flüssigen Moderne sein, denn sie besitzen hinreichend Geld, um ihre Freiheit zu konsumieren; zugleich wenden sich ihre ästhetischen und wohlstandsbezogenen Kriterien konsequent gegen das, was sie wünschen: Je individueller Touristen reisen wollen und je ausgefallener ihre Erfahrungen werden sollen, desto unwahrscheinlicher wird ihre Befriedigung im gemeinsamen Wunsch einer Masse von Touristen, die das auch begehren (vgl. Bauman 1996).

Diese Aspekte zeigen, wie flüchtig das Soziale in unterschiedlichen Beziehungen für uns geworden ist und wie dennoch immer wieder eine soziale Bindung erfolgt, an der wir uns orientieren. Soziales Kapital zeichnet sich deshalb nicht nur durch die Qualität von Beziehungen aus, sondern auch durch die Vielfalt sozialer Optionen, die wir auf den Märkten wahrnehmen können. In diese spielt der Schein, die Illusion, die Täuschung über das, was tatsächlich an Beziehungen vorhanden ist, immer mit hinein. In unseren sozialen Daseinsweisen ist die Täuschung immer schon eingebaut, weil eine jede und ein jeder stets mehr sein will, weil es einen Überschuss an Wünschen und Hoffnungen gibt, in deren Konkurrenz wir uns als soziale Wesen artikulieren und bewegen. In der Kultur wird mittels umfassender Werbepsychologie versucht, unsere Interessen und Motive zu beeinflussen, und die Verinnerlichung solcher Strategien ist uns längst mehr zu eigen geworden, als wir distanzierend oder ironisierend in jedem Fall verarbeiten können. Es gehört zu einem guten und gelingenden Sozialbild von sich selbst, die Wunschvorstellung immer schon in die Präsentation des eigenen Egos einzubauen – wissentlich und willentlich oder zufällig scheinend und unbewusst. Dagegen könnte allein die Authentizität eines »wahren Ichs« stehen, aber wo sollte es in der sozialisierten Welt, in der niemand völlig autark und frei von den kulturellen und sozialen Konstrukten der anderen aufwachsen kann, so etwas wie diese unverfälschte Wahrheit geben können? Ist eine soziale Lage gegeben, so kann sie allenfalls mehr oder minder authentisch ausfallen, gelebt werden, realisiert sein. Doch im sozialen Konkurrenzkampf bei gegebener und zunehmender Kapitalisierung, so die entscheidende These, nehmen Illusionierungen, Täuschungen und Betrug notwendig zu, um den Kampf mit all jenen Mitteln zu führen, die alle anderen auch benutzen. In gesteigerter und riskanter Form greifen all jene immer mehr

---

94   Zum Spieler vgl. weiterführend Bauman (1996). Es gehört zum neuen sozialen Status vieler Manager, dass sie pro Jahr so viel verdienen wie ein durchschnittlich Arbeitender in drei Leben nicht erwirtschaften könnte. Dies erscheint als die Steigerung sogar des Spielerglücks.

zu diesen Mitteln, denen der soziale Aufstieg oder das Erreichen oder Behaupten einer besonderen Stellung ansonsten zu lange dauert oder zu mühsam ist.

Greifen wir einige veranschaulichende Beispiele aus dem Spektrum dieser Mittel heraus (vgl. auch oben S. 94 f.):

- *Illusionierungen* sind im Grunde gesellschaftlich erwünscht, denn als Konsumenten
  sollen alle Menschen das kaufen, was mit hohen und oft übertriebenen Versprechungen
  auf den Markt gebracht wird. Im sozialen Feld führt dies in eine Ekstase der Ratgeber
  und sozialen Lösungen für alle Fälle, die möglichst schnell, unkompliziert, nachhaltig
  erfolgen sollen. Eine umfassende soziale Dienstleistungsindustrie ist entstanden, die in
  ihren psychologischen Strategien hierfür umfassende Waffen geschmiedet hat, die sehr
  oft eher suggestiv, projektiv und manipulativ wirken. Obwohl sich diese Illusionierungen an alle richten, versprechen sie dem Einzelnen im Vergleich zu anderen die bessere
  Lösung, die günstigere Partnersuche, die schnellste Therapie und Beratung, das klügere
  Verhalten usw., um ihren Verkaufsgewinn hieraus zu ziehen. Die Menschen sind zwar
  nicht so dumm, wie man oft denkt, aber im Vergleich miteinander kommen sie auch
  nicht umhin, solche Praktiken für sich zu adaptieren. Gemessen an den Vergleichsnormen von sozialem Mainstream, In-Gruppen, angesagten sozialen Aktionsformen, der
  »richtigen« Organisation der Freizeit, der Gestaltung guter sozialer Erlebnisse usw.
  bilden sie Konstrukte eines Selbstbildes aus, das sich an den vergleichenden Szenarien
  erfolgreicher sozialer Gruppen, der Mode und des Luxus ausrichtet und so bereits immer die Illusionierung des eigenen Ichs eingebaut hat. Selbst die alternativ Denkenden
  finden dabei ihre Moden und Marken. Im Ringen um das soziale Kapital finden alle
  Gruppen und Netzwerke oft Formen eigener Illusionierungen, um sich wirksam von
  anderen abzusetzen. Dies kommt den Werbestrategien gleich: Wenn jemand schon Zeit
  in sozialen Beziehungen verbringt, dann muss zumindest der illusionäre Nutzen der
  Zeitverausgabung als Vorstellung und Hoffnung symbolisiert werden.

- *Täuschungen* werden nach Bereichen unterschieden, wo sie nicht schlimm und solchen
  wo sie unerwünscht sind. Je enger, vertrauter, intimer der soziale Bund der Beziehungen
  ist, desto täuschungsfreier wollen wir miteinander umgehen oder behandelt werden, eine
  Aussage, die dafür spricht, wie täuschend die übrige Welt bereits geworden ist. Illusionierungen und Täuschen sind nur schwer voneinander abzugrenzen, in der Täuschung ist ein
  objektivierbares Kalkül eingebaut. Wird die Bewerbungsunterlage als Ausweis sozialer
  Befähigungen z. B. bewusst geschönt, so erscheint noch die Illusionierung, werden die
  Daten aber z. B. durch Auslassung negativer Aspekte in der sozialen Biografie verändert,
  so geschieht eine Täuschung. Betrug wäre es, erfundene soziale Daten hinzuzufügen. Das
  Internet als unübersichtlicher Wissens- und Informationsspeicher gewährt ein unendliches
  Reservoir für Täuschungsversuche auch sozialer Art. Selbst die besten Freunde werden
  in die Illusionierungen eingebunden, weil über die gegenseitige Spiegelung möglichst
  umfangreicher Bekanntheitslisten – sozialpsychologisch ist diejenige beliebt, die von
  möglichst vielen geschätzt wird – der Glaube an sich am besten erhöht und in eine bekannte »Tatsache« überführt werden kann. Oft täuschen sich die Nutzer selbst, scheinbar
  unwillentlich, weil ihre größte Täuschung ist, dass sie behaupten, dass es alle tun. Ja, in
  der Tat, immer mehr tun es, aber auch Mehrheiten können sich täuschen.

■   *Betrug* ist jene Form, in der die Täuschung ein rechtlicher Tatbestand wird, der verfolgt
    werden kann. Wer sich geistiges Eigentum auf Kosten anderer widerrechtlich aneignet,
    der betrügt, aber oft zeigen dann die Plagiatsverfahren in den Entschuldigungen der
    Betroffenen, wie wenig sie die eigenen Täuschungen als Unrecht ansehen wollen. Die
    Täuschung ist noch erfolgreich, als Betrüger wird derjenige entlarvt, der überführt wird.
    Deshalb gehört es zu den wichtigsten Strategien der Betrüger, sich nicht überführen
    zu lassen. Da der Betrug aber allgemein zugenommen hat, scheinen auch die Betrüger
    insbesondere bei bereits hohem sozialen Kapital gar nicht den Schaden zu nehmen, der
    früher zwangsläufig gewesen wäre.[95]

Ebenfalls vier Aspekte sind auch in der Handlungsanalyse der Nutzung der Illusionen, der
Täuschungen oder des Betruges wesentlich, um diese in sozialen Handlungen wirksam werden zu lassen:

1. Es gibt eine mindestens fiktionale (meist teilweise auch reale) Herstellung einer so-
    zialen Leistung, die mit gewissen Kosten erbracht wird, d. h. es besteht ein Angebot
    nach erzeugten oder suggerierten, teilweise auch vorhandenen Wunschvorstellungen,
    die illusionär beworben werden. Je mehr Illusionierung, Täuschung oder Betrug, desto
    leichter mag ein erweiterter Zugewinn im Mehrwert erscheinen, dies ist die leitende
    Triebkraft dieses Aspektes.

2. Die Fiktionalisierung dieser sozialen Leistung wird plausibel für den »allgemeinen Men-
    schenverstand« beschrieben und demonstriert, um glaubwürdig zu sein und tatsächlich
    Absatz zu finden (Einsetzung fiktionaler Strategien und von »positiver Psychologie«). Da
    in der Gegenwart immer mehr Fiktionalisierungen als durchaus gelungen und relevant
    gelten (z. B. repräsentiert in den Medien), wird das Erzählen der »richtigen Geschichte«,
    der »besten Story« wichtiger als Daten und Fakten hinter der Story, die niemand mehr
    hören will.

3. Ein späterer Gewinn wird durch manipulativen, verpflichtenden Tausch von Geschenken
    und Gegenleistungen realisiert, d. h. die Investitionen werden über kurz oder lang in
    mögliche Extragewinne durch korrupte Beziehungen verwandelt.

4. Der Mehrgewinn wird entweder zusätzlich zu einem tatsächlich bestehenden Wert oder
    rein betrügerisch realisiert, d. h. er vermehrt entweder die bereits bestehende soziale
    Vernetzung oder stärkt die Nachfrage, gleicht Nachteile dieser beiden Bereiche aus oder
    erzeugt einen Gewinn ohne jegliche Gegenleistung.

3.2.4 *Mehrwertproduktion durch parasitäre Teilhabe*

Der erreichte soziale Status einer Herkunft wirkt immer dann bereits tendenziell als parasitäre Teilhabe, wenn er günstiger als der eines anderen Menschen ist. Aus dem Adel sind die
bewahrenden sozialen Verhältnisse nach Geburt und Stand bekannt, die sich jedoch durch-

---

95   Besonders berühmt wurde der Fall des deutschen Verteidigungsministers Theodor zu Guttenberg, der
     als exemplarisch für ein solches Betrugsverfahren gelten mag. Vgl. zur Vielzahl seiner Plagiate: http://
     de.guttenplag.wikia.com/wiki/GuttenPlag_Wiki. Inwieweit seiner Stellung dauerhaft geschadet wurde, das
     wird zum Prüffall für den zukünftigen Einsatz solchen Betruges.

aus auch auf die bürgerlichen Schichten übertragen lassen.[96] Es sind vor allem die Mechanismen der Vererbung und der Heirat, die einen Mehrwert an sozialem Kapital herstellen helfen, der auf parasitärer Teilhabe beruht.

Betrachten wir zunächst die Vererbung in der Generationenfolge. Je mehr die Generation der Mütter und Väter an ihre Kinder ohne Abschläge an die Gemeinschaft vererben kann, desto größer sind die Gewinne, die rein aus der Herkunft entstehen und die unabhängig vom eigenen Dazutun der Erben ein Privateigentum sichern, das die Position im gesellschaftlichen Feld über das ökonomische Kapital bestimmt. Soziales und kulturelles Kapital treten hierbei hinzu, denn im Blick auf das soziale Kapital werden nicht nur die Besitztümer, sondern auch die Beziehungen »vererbt«. Solche Erbschaften bedingen eine Position in den Öffnungs- und Schließungsprozessen, die überhaupt erst den Zugang zu besseren Kreisen regeln. Als Voraussetzungen wirken sie auch auf die Verbindungen, die die Erben bevorzugt eingehen.

Hiermit wenden wir uns den Heiratsmechanismen zu. Wer heiratet wen? Dies ist eine der entscheidenden Fragen, wenn soziales Ausgangskapital auf der Familien- und Herkunftsseite als parasitäre Teilhabe gebildet wird.

Wie gestalten sich die Heiratsmechanismen des Adels? Im Hintergrund steht hier immer schon ein aus der Vergangenheit herrührender Glaube vieler Menschen an einen besonderen Status, der sich in der gesellschaftlichen Position und im symbolischen Sprachgebrauch tradiert hat. Adel, Aristokratie, Nobilität entsprechen Wortfeldern, in denen das Edle gegenüber dem Gemeinen, die besondere gegenüber der gewöhnlichen Stellung, das Noble oder Bekannte gegenüber dem Niemand, das Beste (*aristoi*) gegenüber dem Geringeren ausgedrückt wird. Dabei ist es dem Adel insbesondere gelungen, die Schließung seiner Kreise als besonderes soziales Kapital zu verteidigen, indem er sich die Vorrechte erblich durch die Vergabe von Titeln und deren Weitergabe an berechtigte Erben sicherte. Dies lässt eine besondere Gesellschaft mit eigenem Standesdünkel entstehen, die zunächst auch eine gewisse Autarkie gegen das ökonomische Kapital des aufstrebenden Bürgertums bewahren konnte, wenngleich es sich gerne mit diesem Reichtum vermählte. Es gehört zur Paradoxie des Adels, dass er seine Privilegien fast ausschließlich aus Raub, Unterdrückung in Feudalsystemen, kriegerischem Rittertum oder höfischer Unterwürfigkeit über die Zeitalter hinweg gewann, um daraus ein eigenes soziales Kapital zu schmieden, das bis heute einer Distinktion gilt, mit der man etwas »Besseres« zu sein meint. In den republikanischen Verfassungen der bürgerlichen Gesellschaft wird der Adelsstand als besonderes Privileg zwar aufgehoben (mit Ausnahmen bestimmter konstitutionell verankerter Monarchien), aber im Namen kann sich dann auch in der bürgerlichen Gesellschaft das Adelsprädikat als Teil des Familiennamens als unterscheidendes und kapitalisierbares Merkmal erhalten.

Der Adel ist nach der Abschaffung seiner Standesvorrechte eine in sich stark differenzierte soziale Gruppe, die zur Schließung der Zugehörigkeit in ihren Adelsverbänden strengste Überprüfungsregeln anlegen (Adelsprobe, Ahnenprobe). Diese greifen z. B. auf Erbfolgen aus dem Zeitalter der Monarchie und altes Namensrecht zurück,[97] und die Schließungsbe-

---

96 Zur Genese der bürgerlichen Normen aus den höfischen vgl. insbesondere Elias (1969). Im »Prozess der Zivilisation« hat Elias (1976) ein Gesamtmodell einer Verlagerung von den Fremd- zu den Selbstzwängen begründet.

97 Die Mitgliedschaft lässt sich in der Vereinigung der Deutschen Adelsverbände e.V. (VdDA) oder zur Aufnahme als »adeliger Namensträger« in das Genealogische Handbuch des deutschen Adels (Gotha) nur erreichen,

mühungen wurden insbesondere unternommen, um den regen Verkauf von Adelstiteln, der in den 1970er Jahren z. B. in Deutschland einsetzte, entgegenzuwirken. Innerhalb solcher Vereine, die Adelstitel scheinbar »objektiv« verwalten, gibt es obskure Unterscheidungen zwischen »adeligen« und »nicht adeligen« Namensträgern, auch wenn sie nach bürgerlichen Recht ohne Unterschied einen adligen Familiennamen tragen können. Interessant an der Erforschung der Strategien des Adels sind sowohl seine Verteidigungslinien der besonderen Namensvererbung als auch der Weitergabe eines adligen Habitus an die Nachkommen, um durch Exklusivität ein besonderes soziales Kapital zu erzeugen, das sich in Vorteile bei der Suche nach besseren Stellungen, Jobs, Heiraten nutzen lässt.[98]

Der Geldadel vererbt sich dagegen nach materiellen Normen, indem das ökonomische Kapitals als zunächst wesentlich angesehen wird. Aber bei näherem Hinsehen erscheint auch hier der gute wirtschaftliche Name und ein Habitus der Besitzenden, der an die Nachkommenschaft im Sinne eines doppelten Erbes nach Reichtum und Verhalten weitergegeben wird (vgl. dazu weiterführend z. B. Kohli u. a. 2006, Wirth 2000). Eliten versuchen sich als Eliten immer gegen den Sog einer Vermassung zu behaupten, indem sie soziale Unterschiede zu Merkmalen einer institutionalisierten Unterscheidung und Unterscheidbarkeit machen (ausführlich z. B. Hartmann 2002, 2007). Die unterscheidenden Regeln sind äußerst wirksam. Sie lassen sich für den Heiratsmarkt allgemein nachzeichnen.

Für die bürgerliche Ehe haben vor allem Hans-Peter Blossfeld und Andreas Timm (2003) untersucht, wie sich der Heiratsmarkt in Ländern wie Deutschland, Belgien, Frankreich, die Niederlande, Italien, Spanien, Großbritannien, den Vereinigten Staaten von Amerika, Dänemark, Schweden, Ungarn, Slowenien und Israel entwickelt hat. Dabei zeigt sich insbesondere das Erziehungssystem mit seinen differenzierten Bildungswegen und Bildungschancen als ein wesentlicher Bereich, aus dem sich Ehepartnerschaften entwickeln. Die Analyse zeigt, dass die soziale Ungleichheit dadurch wächst, dass gleiche Ausgangslagen ökonomischen und sozialen Kapitals sich in der Erziehung spiegeln und dass die Heiratswünsche sich sehr stark auf die eigene Erziehungs- und Bildungsgruppe nach Status und vorhandener Kapitalisierung beziehen. So kommt es zu einer sozialen Schließung von Chancen, was insbesondere die früheren Aufstiegschancen durch Heirat heute als eher selten erscheinen lässt. Nehmen wir die Partnerwahlprozesse von Alleinstehenden in den untersuchten Ländern näher in Augenschein:

- Zunächst zeigt sich, dass eine Bildungshomogamie auch im intergenerationalen Vergleich deutlich zu beobachten ist. Dies bedeutet, dass Paare in den letzten 50 Jahren sich vor allem über den Bildungsmarkt finden und so die Bevorzugungen oder Benachteiligungen in der Bildung langfristig nochmals spiegeln. Hochqualifizierte suchen Hochqualifizierte, Dequalifizierte lernen überwiegend Dequalifizierte kennen und beide Gruppen orientieren sich zudem stark an der Bildungserwartung, die sie für sich selbst eingenommen haben. Der Partner oder die Partnerin soll der eigenen Erwartung entsprechen oder diese auch übertreffen. Dadurch werden der eigene soziale Status, das Einkommen, die Klassenlage und Mobilitätschancen tradiert und intergenerationell gesichert.

---

wenn ein Adelsnachweis nach den Regeln der Preußischen Rechtslage des 19. Jahrhunderts eingebracht wurde oder wird. Analoge Schließungen gibt es weltweit.

98 Vgl. dazu weiterführend Saint Martin (2003), die den Adel in seinen sozialen Kapitalstrategien aus französischer Sicht zu beschreiben versucht. Zu Deutschland vgl. Conze/Wienfort (2004).

- Solche Partnerwahlen verstetigen soziale Ungleichheiten, weil mangels einer Durchmischung der sozialen Schichten oder Klassen Auf- oder Abstiege möglichst vermieden werden. Dieser Prozess verläuft ungeplant und speist sich aus der Privatheit der Beziehungswahlen und ihrer bildungshomogenen Interessenlage. Hier ist die Herkunftsfamilie ein entscheidender Faktor, der das soziale Kapital durch seine Bildungsaspirationen auch für die gelingende Partnerwahl stiftet. Auch wenn einzelne Fälle immer wieder das Gegenteil zu beweisen scheinen, so zeigt die statistische Signifikanz in der Mehrheit der Fälle den bildungshomoganen Trend.

- Die Bildungsexpansion scheint dem entgegensteuern zu können. Sie ist eine wesentliche Quelle der Partnerwahlen. Je mehr sich eine höhere Qualifikation im Zuge der Moderne verbreitet hat, umso höher sind die Chancen auch breiterer Schichten, an höherer Bildung zu partizipieren. Gleichwohl steigen dadurch auch die feinen Unterschiede, die sich im Grad der Bildung und den anderen Kapitalformen spiegeln. So hat zwar einerseits die geschlechtsspezifische Ungleichheit dadurch abgenommen, dass sich die Zahl und die Lage studierender Frauen enorm verbessert hat, andererseits aber kommt es nun zu stärkeren sozialen Abstufungen in der Bildungshierarchie und damit verbundenen Partnerwahlen. Die Autoren beobachten hierbei Hürden, die die Partnerwahlen beeinflussen:
  - Die Selektivität der Bildungsabschlüsse führt, wenn auch in den Ländern unterschiedlich, so doch insgesamt eindeutig dazu, dass die weniger Qualifizierten frühzeitiger aus dem Bildungsprozess ausscheiden und damit früher aus den Möglichkeiten der Partnerwahl herausfallen. Durch den früheren Einstieg in das Berufsleben ergeben sich für sie Kontaktchancen, die dann teilweise einer bildungshomogamen Bindung auch entgegenlaufen können, sich allerdings auf den niedriger qualifizierten Bereich beziehen.
  - Mit der zunehmenden Länge der Bildungszeiten erhöhen sich die Kontaktchancen der gleich Qualifizierten mit dem gemeinsamen Bildungsniveau.
  - Die ökonomische Abhängigkeit von den Eltern verhindert ein frühes Heiraten während der Ausbildungszeiten, was die Partnerwahl und Heirat auf das Ende der Ausbildungszeit verschiebt. Dies beeinflusst andererseits die Heiratsentscheidung, die verstärkt am Ende der Ausbildungszeit auftritt.

- Die Befunde widersprechen insgesamt der Annahme, dass in der Entwicklung des Kapitalismus die Individualisierung zugenommen habe und sich gesellschaftliche Ungleichheit immer mehr auflöse. Zwar zeigen die Heiratsstudien der Vergangenheit, dass in der Heiratsorientierung bei traditioneller geschlechtsspezifischer Arbeitsteilung die Frau eine Aufwärtsheirat anstrebt, um sich und die Familie versorgt zu sehen, was für Männer impliziert, dass sie vom Bildungsniveau her abwärtsorientiert vorgehen können, aber selbst diese Trends aus der Vergangenheit sind nicht eindeutig, weil vielfach die Männer größere Vorteile darin erblicken, wenn die Frau ihnen gegenüber ebenbürtig erscheint. Gleichwohl ist für das traditionelle Rollenbild immer wieder typisch, dass die Männer doppeldeutige Präferenzen an die Frauen stellten: Einerseits soll sie ihnen möglichst ebenbürtig sein, andererseits aber auch immer zurückstehen, wenn es um den männlichen Erfolg im Beruf geht. Frauen hingegen hatten im traditionellen Rollenbild eindeutige Erwartungen an ein möglichst hohes Bildungsniveau des Mannes, weil und insofern dieser als Hauptverdiener in der Familie gesehen wurde. Je mehr wir uns allerdings der Gegenwart nähern, umso mehr schwächen sich solche Ergebnisse ab. Auch für Frauen wird die lebenslange Erwerbsarbeit zu einem wesentlichen Bestandteil der eigenen Lebenskonzeption. Damit werden auch für Frauen die Bildung und das Einkommen zu einer wesentlichen Voraussetzung der Lebensplanung, und gegenwärtig überholen viele Frauen in diesem Bereich in ihren Leistungen immer mehr die Männer. Dies hat bezüglich der Partnerwahl große Konsequenzen, denn in der bildungshomogamen Sehnsucht der Wahl finden sich deutlich weniger Männer, die den Ansprüchen der jungen Frauen genügen können. Junge Frauen präferieren nämlich immer noch nach dem traditionellen Modell Männer mit möglichst hoher oder zumindest gleicher Bildung. Sie sind besonders abgeneigt, geringer qualifizierte Männer zu heiraten. Dies verkleinert den »Heiratspool« nicht unerheblich. Hier entsteht die neue Tendenz, dass junge gebildete Frauen, die keinen gleich- oder besser qualifizierten Mann finden, eher unverheiratet bleiben. Statistisch zeigt sich dies in einem Anstieg der allein stehenden qualifizierten Frauen. Andererseits wächst das Interesse der Männer in einer Doppelverdienerehe an den qualifizierten Abschlüssen der Partnerin. Hier zeigt sich eine deutliche Abnahme der Abwärtsheirat, d. h. Männer suchen ihrerseits danach, nicht unter ihrem Bildungsniveau zu heiraten.

- Die durch diese Tendenzen bedingte soziale Schließung bestimmter Aufstiegschancen dokumentiert sich insbesondere in der prekären Lage der wenig qualifizierten Männer, die sich als mittlerweile unattraktive Heiratspartner zeigen. Sie machen statistisch gesehen einen großen Teil der alleinstehenden jungen Männer aus.

- Die Doppelverdienerehe als Regel und als Ideal verstärkt das aussortierende, konkurrente Wahlverhalten von Frauen und Männern und erzeugt verstetigende Effekte in der Bildung sozialen Kapitals. Die Auswahl erfolgt mit einer Priorisierung der Wahlen von oben nach unten, was die Tendenz verstärkt, dass sich Gleichqualifizierte zunehmend mehr finden. Der Wandel von der Alleinverdienerehe zur Doppelverdienerehe und die Präferenz der möglichst hohen Qualifikation wird von Blossfeld/Timm als zweiter wesentlicher Schlüssel neben der Bildungshomogamie gesehen, der heute Partnerwahlen in großem Maßstab beeinflusst.

- Allerdings lassen sich weitere Einflussgrößen nicht verleugnen, die zusätzlich die Partner/innen/wahl durch Kontakte stimulieren und motivieren. Dies sind vor allem die Herkunftsfamilien mit ihren sozialen Netzwerken, über die das bestehende soziale Kapital tradiert werden kann. Und hier schließt sich der Kreis der Erwartungen auch meist wieder in Richtung bestimmter Qualifikationserwartungen.

Neben die Ehe als eher traditioneller Lebensform sind heute allerdings sehr viele offenere Lebensgemeinschaften getreten, obwohl zu beobachten ist, dass auch in offeneren Formen die gleichen Mechanismen greifen. Auch hier wird im sozialen Kapital sehr stark auf ein bildungshomogames Verständnis gesetzt, und unabhängig von der Art der Lebensform wirken die Erwartungen an Qualifikation und Einkommen als kulturell akzeptiert. Hier könnte man auch sagen, dass der Konkurrenz- und Aussortierungsprozess von ledig über nichtehelich bis verheiratet verläuft – und verheiratet sind etwa 80 bis 85 Prozent eines Geburtsjahrgangs bis etwa Mitte Dreißig –, um die individuellen Passungsformen von Beziehungen und sozialem Kapital zu überprüfen. Statistisch zeigt sich, dass bildungshomogame Paare eine niedrigere Scheidungsrate haben, wie auch, dass akademische Paare stärker als andere kinderlos bleiben (Wirth 2007). Die kinderlosen Paare nehmen parasitäre gesellschaftliche Gewinne durch die Kinder der anderen wahr, sofern diese später auch für sie gesellschaftliche Leistungen (z. B. Renten) erbringen sollen.

Im wechselseitigen Bezug der Partnerschaften zeigt sich die parasitäre Teilhabe am sozialen Kapital des anderen. Ein Mehrwert aus solchen Verhältnissen entspringt dann, wenn mit eigenem fehlenden oder geringen Aufwand das bestehende Kapitalvolumen des anderen für eigene Zwecke genutzt werden kann. Auch wenn die Liebesheirat der vorherrschende Wunschmodus von Beziehungen ist, so ist der Liebe immer auch eine soziale Passung vorgeordnet, und hier fällt in der großen Mehrheit der Fälle die hohe soziale Selektivität auf, die solche Teilhaben an sozialem Kapital definiert.

Der kapitalistische Staat stärkt nicht nur das Privateigentum in der Nutzung von Arbeit und Kapitalisierung, sondern versucht auch immer wieder seine Leistungen in Bezug auf die Sicherung sozialer Lagen zu privatisieren. So ist es typisch in vielen kapitalistischen Ländern, dass der Staat sich in der sozialen Sicherung bei Arbeitslosigkeit, Renten und Pflegefällen in seinen Versorgungsleistungen beschränkt und hier auf eine parasitäre Teilhabe der Betroffenen an ihren Familien setzt. Hier gibt es dann eine parasitäre Teilhabe des Staates an den Familien und bei den Betroffenen, indem der Staat durch Steuern und Sozialabgaben zunächst Leistungen abzieht, die dann aber nicht vollständig in das Leistungssystem zurückkehren.

Der Mehrwert dieser Kapitalform ist nur schwer zu kalkulieren. Er entspringt aus den besonderen sozialen Beziehungen und den jeweiligen Gruppenzugehörigkeiten mit einer je spezifischen Gebrauchswertseite, wobei der Öffnungs- und Schließungsgrad solcher Gruppen einen besonderen Einfluss auf die Nachhaltigkeit sozialer Vorteile aus den Beziehungen hat. Durchgehend ist der Gewinn des sozialen Kapitals mit Macht verbunden. Je mehr Machtpotenzial (Zugang zu relevanten Stellen und Positionen, zu höherem Einkommen, auch zu mehr kulturellem, Körper- und Lernkapital) in einer sozialen Gruppe verankert ist, desto höher fällt in der Regel der Gewinn des sozialen Kapitals als Mitglied solcher Gruppen aus, wenn sich auf einem Markt ein solcher Ertrag realisieren lässt. Der Ertrag und noch besser der Gewinn im Verhältnis zu den Kosten lässt sich ökonomisch konvertieren, d. h. ist in Geld zurückverwandelbar. Es gibt aber auch einen Positions- oder Machtgewinn, der zur Sicherung oder Verbesserung künftiger ökonomischer Vorteile genutzt werden kann.

Im Zusammenhang betrachtet stellen sich die Mehrwertfunktionen des sozialen Kapitals wie folgt dar (vgl. *Schaubild 13* auf der nächsten Seite).

Auch die in diesem Kapitel beschriebene Differenz von Ausgangskosten und Gewinn beschreibt wie beim ökonomischen Kapital ein Verhältnis, das in Handlungen hergestellt wird und sich in Wirkungen beschreiben lässt. Es ist ein Verhältnis, das Unterschiede in den sozialen Handlungen zeigt und auch für die Handlungsfolgen erkennen lässt, um Gewinne und Verluste in ihrer Relation zueinander zu bezeichnen. Eine Einteilung in die vier gegebenen Haupttypen hilft, sich Klarheit über die unterschiedlichen Handlungsebenen zu verschaffen, in denen Mehrwerte (Gewinne) in den oft unscharfen Sphären der Beziehungen und der Beziehungsnetzwerke geschaffen und angeeignet werden.

Schaubild 13: Mehrwert des sozialen Kapitals

	Gegenstandsform des sozialen Kapitals	Mehrwert entsteht als Differenz	Gewinn in seiner Handlungsform
1.	Wert der sozialen Beziehungen unter Einsatz von Kosten der Beziehungsarbeit (Zeit, Aufwand, Mittel)	aus erzieltem Tauschwert aus sozialen Beziehungen *versus* Kosten entsprechend der sozialen Beziehungsarbeit	der erreichte Tauschwert aus sozialen Beziehungen übertrifft langfristig die Kosten
2.	Angebot und Nachfrage	aus gewöhnlichen/vorhandenen und ungewöhnlichen/seltenen sozialen Beziehungen bei investierten Kosten *versus* später tatsächlich erzielten Status- und Einkommensgewinnen	die Konkurrenz der sozialen Beziehungen relativiert die eingesetzten Kosten und den realisierbaren Mehrwert durch Schwankungen des Volumens und Realisierung von Gewinnen auf dem Markt
3.	Illusion Täuschung Betrug	aus dem üblichen, vergleichbaren Wert sozialer Beziehungen durch seine Kosten *versus* dem fiktionalen Wert durch Illusion, Täuschung oder Betrug	auf soziale Beziehungen wird aktiv eingewirkt, um Gewinne zu sichern und Extra-Profit durch Illusionierung, Täuschung oder Betrug durchzusetzen
4.	Parasitäre Teilhabe	aus Teilhabe an dem sozialen Kapital anderer *versus* dem eigenen »minimalen« Aufwand	insbesondere Vererbungs- und Heiratsverhältnisse sichern Gewinne

3.3 Gesellschaftliche Nutzung des sozialen Kapitals

Staat und soziale Ungleichheiten

Bei der gesellschaftlichen Nutzung des sozialen Kapitals steht zunächst die Frage im Vordergrund, wie der Staat in die Bildung dieser Kapitalform eingreift oder ob die Menschen durch freiwilliges Engagement dieses Kapital eher eigenständig bilden können oder sollen. Wir haben bei der Diskussion der Gegenstandsform und der Mehrwertproduktion des sozialen Kapitals gesehen, dass beide Möglichkeiten bestehen, dass jedoch für die Mehrheit der Menschen mit nicht so günstiger Ausgangslage (bereits definiert durch ihr fehlendes ökonomisches Kapital) vor allem der Staat durch Ausgleichsmaßnahmen insbesondere in der sozialen Bildung und der Förderung von Vereinen, Aktionen im Teilhabebereich, kompensatorische Maßnahmen und Antikorruptionsregeln dazu beitragen kann, dass die Spaltung der Gesellschaft in soziale Kapitalbesitzer mit ausgeprägten Netzwerken und andere mit wenig Teilhabechancen an relevanten Beziehungsstrukturen nicht immer größer wird. Der Staat tritt dabei in einer Machtposition auf, die Michel Foucault in seiner Theorie der Gouvernernentalität (2004) im Blick auf die Führungsrolle (in Absetzung zum Recht und zum Krieg) einleuchtend bestimmen konnte. Der Staat steht in einer Art Scharnierfunktion (vgl. Lemke u. a.2000), er verbindet Herrschaftsbeziehungen mit strategischen Machtbeziehungen, die den Wissen-Macht-Komplex zwischen Subjekten und sozialen Gruppen vermitteln. Der Staat tritt als Institution auf, die lenkt, leitet und kontrolliert. Dabei aber sind die Individuen zugleich gehalten, sich selbst zu lenken, in der Vermittlung regiert zu werden und umgekehrt die Regierenden zu zwingen, auch eigenen Interessen zu folgen. Die Frage ist jedoch immer, wessen Macht sich durchsetzen kann (vgl. Bröckling u. a. 2000).[99]

Nach Bourdieu ist der Staat dabei in einer durchaus ambivalenten Funktion, denn einerseits ist er Sachwalter bestehender Herrschaftsverhältnisse, die er strukturell und symbolisch sichert (insbesondere durch die Garantie der privaten Nutzung der Kapitalformen), andererseits agiert er als Wohlfahrtsstaat, Gesundheits- und Sicherheitsstaat und in der öffentlichen Erziehung, er wirkt auch als Bewahrer schon historisch erkämpfter sozialer Errungenschaften aus der Vergangenheit, die insgesamt ein komplexes gesellschaftliches soziales Kapital bilden, das individuell genutzt werden kann. Dieses Kapital hatte John Dewey vor Augen, als er den Begriff des sozialen Kapitals prägte. Und Dewey hatte auch bereits gesehen, dass der Erziehung in der Sozialisierung hierbei eine entscheidende Funktion zukommt. Wir benötigen soziale Beziehungen, um in Kooperation und Kommunikation wechselseitiges Vertrauen in unseren Handlungen aufzubauen, reziproke Erwartungen zu setzen und zu erfüllen, wir setzen es als soziales Kapital ein, um unsere Investitionen nach Aufwand, Zeit und Mitteln einzuschätzen und ihren Nutzen vorstellbar zu machen. Dieser Nutzen muss nicht nur in ökonomischen Vorteilen liegen, sondern kann auch einen Zuwachs an individuellem und kollektivem Wissen, Kultur, Kreativität usw. auf der Gebrauchswertseite beinhalten. Für die Gesellschaft beinhaltet die Bildung sozialen Kapitals eine Entlastung ihrer verwaltenden, schützenden, kontrollierenden und organisierenden Seite, weil durch gruppenbezogene Integration und Werte- und Normenreziprozität meist auch gesellschaftlich konforme oder produktive Ziele mit erreicht werden, was die wechselseitigen Erwartungssicherheiten und Kooperationen, die Verlässlichkeit von Vertragsverhältnissen, den Informationsfluss, die Berechenbarkeit des eigenen und fremden Verhaltens deutlich erhöhen können. Allerdings können alle Gruppen und Netzwerke hier immer auch für ganz eigene Zwecke genutzt und gegen andere oder mehrheitliche gesellschaftliche Interessen und ein Allgemeinwohl ausgespielt werden.

Der Ansatz des sozialen und auch des später noch zu betrachtenden kulturellen Kapitals ist insbesondere in der Ungleichheitsforschung umfassend genutzt worden. Dabei ist interessant, dass es sehr unterschiedliche Varianten solcher Forschung abhängig von den gesellschaftlichen Konstellationen gab und gibt:

- Zunächst wissen wir aus den Forschungen von Bourdieu und direkt im Anschluss an ihn, dass seit Ende der 1960er Jahre Theorien und Untersuchungen durchgeführt wurden, die von einer klaren Verknüpfung von sozialer Ungleichheit und sozialer Herrschaft ausgingen. Insbesondere marxistische und neomarxistische Ansätze wirken in diesem Feld, aber auch weniger radikale Schichtmodelle sind bekannt. Ihre Einsicht lautet, dass durch die unterschiedlichen Wirkmechanismen im sozialen Kapital, die ich weiter oben beschrieben habe, die soziale Herrschaft sich in sozialen Ungleichheiten spiegelt.

- Die Bildungsexpansion und die Entwicklung des Wohlfahrtsstaates mit ihren Individualisierungstendenzen führte nach Ulrich Beck dann jenseits von Klasse und Schicht zu einem Modell, das stärker auf die individuellen Chancen hin und weniger auf die Herkunft, auf eine Klassen- oder Schichtzugehörigkeit konzipiert ist. Die empirischen Daten eines steten Aufschwungs und einer Erhöhung der individuellen Chancen sehr

---

99 Das daraus entstehende Verhältnis von Herrschafts- und Selbsttechniken diskutieren für Erziehungsaspekte z. B. Weber/Maurer (2006).

vieler Menschen scheinen diese These so zu bestärken, dass sie zum dominanten Erklärungsmodell avancierte (vgl. auch Bauer 2006).

- Die Verknappung der Mittel, die Offensichtlichkeit fehlender Chancen bei größeren Gruppen, die klare Chancenungleichheit im Bildungsbereich, die hohen Arbeitslosigkeitszahlen, die Schlechterstellung von Frauen und die aus all diesen und anderen Faktoren resultierende strukturelle Ungleichheit ließ seit Mitte der 1990er Jahre dann wieder Klassen- und Schichtmodelle Einzug in die Debatten halten. Die Frage allerdings bleibt seitdem offen, ob das klassenbezogene Deutungsmuster noch hinreichend taugt, weil sich ein hoher Differenzierungsgrad nach Milieus mit unterschiedlichen individuellen Wahlmöglichkeiten von zahlreichen größeren Gruppen zeigt, wenn die Beobachtungsperspektiven erweitert werden.

- Für alle Varianten wird die Frage wichtig, inwieweit sie die Ursachen der zu beobachtenden sozialen Ungleichheit erklären können oder überhaupt noch erklären wollen (vgl. dazu auch Bittlingmayer 2006, 40 f.). Verbleiben die Erklärungen nur noch auf der Ebene statistischer Datensammlungen, dann erscheint weder die hier ausgedrückte soziale Herrschaft bestimmter einflussreicher Gruppen noch wird hinreichend erfasst, wie sich politisch an den Ursachen etwas ändern ließe. Bittlingmayer (2006, 41) sieht hierin eine Naturalisierung von Ungleichheiten: „*Erstens* werden Ungleichheiten, die je nach konkreter historischer Situation oder auch kontingent mal mehr, mal weniger durchschlagen, unter der Hand als etwas Selbstverständliches aufgefasst." Dies können wir auch so ausdrücken: Weil etwas gemessen und erhoben wird, erscheint es zwar als faktisch, aber diese Fakten erklären eben nicht, wie es dazu kommen konnte und weshalb es nicht unveränderlich so sein muss. „*Zweitens* werden die gesellschaftlich vermittelten Ursachen der Ungleichheitsproduktion und -reproduktion beispielsweise in Form der Kopplung von Einkommen an den Besitz und die Form der Erwerbstätigkeit als unvermittelte konzeptionalisiert und damit naturalisiert." Dieser zweite Punkt ist schwieriger, aber sehr bedeutsam. Einkommen ist ja nicht unbedingt mit einem Besitz ökonomischen Kapitals gleichzusetzen, ebenso zeigt die konkrete Unterschiedlichkeit der Arbeit ja nicht unbedingt und eindeutig an, welche soziale Lage jemand insbesondere im Blick auf die Macht, die aus ökonomischen Kapital oder sozialen Lagen herrührt, besitzt.

Das soziale Kapital wird in Beziehungen gewonnen und verwirklicht. Beziehungen sind in sozialer Hinsicht nie frei von Interessen und Macht. Dabei verstehe ich mit Foucault die Macht als eine Kraft, die subjektive Positionen im Rangvergleich und der Stellung, als Ermöglichung von Lebens- und Handlungschancen, Einhaltung wie Überwindung von Grenzen und Zwängen, als Behauptungsmittel gegen andere wie als Mittel der anderen, sich gegen mich zu behaupten, verstanden wird. Macht durchquert alle gesellschaftlichen Beziehungen, sie ist nicht nur repressiv und erzeugt Täter und Opfer, sondern sie zirkuliert zugleich umfassend, weshalb es nie ausreicht, nur die Mächtigen und die Schwachen zu unterscheiden, sondern Machtverhältnisse bedürfen der konkreten Untersuchung in ihren systemischen Wirkungsweisen auf allen Ebenen und in allen Verhältnissen.

Das Verhältnis von Staat und Regulierungen, die die Kapitalformen betreffen, wurde bereits in Kapitel 2 angesprochen (vgl. S. 119). Die Bestimmungen, die insbesondere Jürgen Habermas zum Verhältnis von Demokratie und Rechtsstaat dabei gegeben hat und die ich zitiert habe, sind sehr wesentlich zur Beschreibung der Erwartungen an die bürgerlichen Rechte, die wir auch in den sozialen Formen der Kommunikation und Kooperation immer schon voraussetzen, wenn wir nicht willkürlich leben und regiert werden wollen. Dabei geht Habermas jedoch, dies wurde bereits für das ökonomische Kapital bemängelt, von einer recht idealtypischen Trennung von Staat und Gesellschaft aus, wobei der Staat als neutraler Sachwalter der unterschiedlichen Interessen in einer pluralistischen und diversen Gesellschaft fungieren soll. Gleichwohl wird in kritischer Reflexion des idealtypischen Modells heute durch andere Diskurse – im Anschluss z. B. an Zygmunt Bauman, auf den ich mich mehrfach bezogen habe – deutlich, dass die Industriestaaten in der Globalisierung der Gegenwartsgesellschaften zwar nicht die Grundrechte der Menschen in Zweifel gezogen haben (hier vor allem die Grundsätze der repräsentativen Demokratie), aber dennoch – meist beeinflusst durch eine neoliberale Ideologie und ein rücksichtsloses Marktdenken – die sozialen Beziehungen auch auf der Ebene des Rechts (z. B. steuerliche Entlastung der Reichen, Zulassen eines Niedriglohnsektors, mangelhafte Bildungsausgaben usw.) so in den letzten Jahrzehnten steuerten, dass die Spaltung der Gesellschaft in ihren grundlegenden sozialen Beziehungen eher wieder zu- statt abgenommen hat. Habermas mag durch sein Werk, wie schon bei seiner »Theorie kommunikativen Handelns« (1981) erkennbar wurde, mit seiner idealtypischen Denkweise der kapitalisierten Gesellschaft einen Spiegel vorgehalten haben, der zeigt, wo Dichtung und Wahrheit, Wunschgesellschaft und verwirklichte Gesellschaft auseinandergehen, aber die Analyse sollte auch weiter reichen. Wollten wir einer solch theoretisch erwünschten Welt, wie sie Habermas uns vorschlägt, nachgehen, dann müsste die Solidarität deutlich gestärkt werden, wie der Habermas-Schüler Hauke Brunkhorst (2005) ausführt. Unsere Hoffnungen ruhten dann vor allem in jenen Handlungsweisen, in denen sich Partizipation an einer Demokratisierung des Lebens vor allem auf der sozialen Seite unmittelbar zeigen kann. Dazu gehören dann insbesondere nicht profitorientierte nicht staatliche Organisationen (NGOs), die als Selbsthilfegruppen, Aktionskomitees, Graswurzelbewegungen, kirchliche, lokale, feministische oder Bürgerbewegungen, als internationale Organisationen oder Netzwerke usw. fungieren (ebd., 159). Je stärker die Parteien in der repräsentativen Demokratie dem Druck des ökonomischen Kapitals und den vermeintlichen Sachzwängen einer kapitalistischen Gesellschaft unterliegen, desto mehr scheinen solche sozialen und partizipativen Handlungsformen, wie Brunkhorst folgert, demokratisch legitimiert zu sein. Doch ob daraus eine neue zivilgesellschaftliche Opposition erwachsen kann, eine »Multitude« wie Hardt/Negri (2004) gar folgern, die trotz ihrer zunächst schwachen Position in den sozialen Stellungen der Gesellschaft, aber Kraft ihrer demokratischen Legitimation durch gute Absichten, für einen umfassenden gesellschaftlichen Wandel sorgen wird, das bleibt doch eher offen. Derzeitig fehlen diesen Bewegungen die Breite und die Masse der Anhänger/innen. Hinzu kommt, dass sie meist basisdemokratisch organisiert sind, was für eine demokratische Orientierung günstig und wünschenswert ist, aber im Aufbau des sozialen Kapitals dieser Gruppen eher dazu führt, ihre Machtposition durch fehlende Distinktionsmittel zu verwässern. Dies ist die Paradoxie des sozialen Kapitals in der Demokratie: Je weniger Schließung, je weniger Ausschluss, je mehr Partizipation und Mitwirkung aller, desto weniger Einfluss in den Kreisen, die gesellschaftlich bestimmen, wo es langgeht. Erst mit der Schließung, d. h. der Bildung einer wählbaren Partei mit klaren Setzungen, könnte die partizipative Bewegung in Positionen gelangen, die im Staat einen veränderten Machtanspruch artikulieren und auch durchsetzen können. Deshalb argumentiert Chantal Mouffe (1994) für einen kämpferischen Weg, um im Primat der Politik (gegenüber der Unterwerfung unter das Ökonomische) die Chancen zu verdeutlichen, die neue soziale Kämpfe bei der Erhöhung der Chancengerechtigkeit bedeuten könnten.

Die Kapitalisierung der sozialen Beziehungen vor dem Hintergrund des ökonomischen Kapitals und gegenwärtiger Machtkonstellationen ernüchtert allerdings heute eher die gesellschaftlichen Hoffnungen in Richtung von mehr Partizipation, erwünschter Herrschaftsfreiheit, sinkender Benachteiligung und Diskriminierung. Hier helfen uns nur realistische Analysen weiter. Was zeigt sich in den gesellschaftlichen Bedingungen der Entwicklung des sozialen Kapitals?

Individualisierung des sozialen Kapitals

Um diese Frage zu beantworten, erscheint es mir vorrangig, auf die sozialen Beziehungen näher zu fokussieren. Der Begriff Beziehungen hat, gesellschaftlich gesehen, eine Doppeldeutigkeit: Einerseits drückt er Bindungen zwischen Menschen aus, die sich mehr oder minder nahe stehen, die aufeinander bezogen agieren und mit Rechten, Pflichten oder Emotionen verbunden sind, andererseits meint er eine Vorteilsnahme, die aus solchen Bindungen erwachsen kann. In früheren Zeiten waren die Bindungen im Sippen- oder Familienverbund für das Überleben entscheidend. Dies ist heute noch im asiatischen Raum weit verbreitet, weil hier zunächst die Eltern bzw. die Familie viel Aufmerksamkeit und Geld in die Ausbildung der Kinder investieren, im Gegenzug dann aber auch eine loyale Unterstützung im Alter von ihren Kindern erwarten. Die Moderne hat vor allem in den klassischen Industrieländern die Menschen insbesondere durch ihre versachlichten Arbeitsverhältnisse aus dem emotionalen Verbund von großen Familien oder Gemeinschaften entbettet, sie lässt damit einen Bindungsverlust entstehen, aber zugleich auch den Gewinn an neuen Freiheiten und Möglichkeiten. Menschen sind sich ob solcher Entbettungen oft unsicher, was die Vor- und Nachteile solcher Freiheiten betrifft: Einerseits haben sie die Sehnsucht nach einer geschützten Familie oder größeren Gemeinschaft, nach einem sozialen Raum, der ihre Bindungen schützt, andererseits streben sie nach individuellen Erfolgen, der durch zu enge Bindungen auch verhindert oder gebremst werden kann. In diesem Spannungsfeld ist das soziale Kapital stets paradox, weil es eines auszubalancierende Gegensätzlichkeit von sehr unterschiedlichen Interessen und Hoffnungen ausdrückt.

Zugleich ist dieser Vorgang auch ambivalent. Im Übergang von der Moderne in die flüssige Moderne der Gegenwart, wie sie z. B. von Zygmunt Bauman beschrieben wird (2000 ff.), zeigen die sozialen Verhältnisse eine sehr komplexe Form. In der heutigen Lebenswelt hat sich der soziale Raum differenziert, er ist unüberschaubar, gegensätzlich bis paradox, divers und plural, heterogen und different, grenzüberschreitend und global bis begrenzend und lokal gegliedert geworden. Jede Möglichkeit und jeder Unterschied, sich individuell im sozialen Raum zu entfalten, eigene Wege zu gehen, ohne zugleich alle Bindungen verlieren zu wollen, erweist sich als ambivalent. Diese Ambivalenz müssen wir zusammen mit der eben herausgestellten Paradoxie betrachten, wenn wir die Erscheinungsweisen und Wirkungen des sozialen Kapitals auf gesellschaftlicher Ebene genauer beobachten und verstehen wollen.

Ein kurzer Rückblick auf die Ideale der Moderne soll dies verdeutlichen helfen. In der Beschreibung der Vorteile des sozialen Raums in der Moderne werden gerne folgende Fortschritte genannt (vgl. z. B. Loo/Reijen 1992):

- Eine zunehmende Individualisierung erlaubt größere Freiheiten der Entwicklung, eine Erhöhung der individuellen Lebenschancen und -unterschiede.

- Die Differenzierung der Lebenswelt in viele Produktions- und Konsumtionsbereiche mit hoher Dynamik und globalen Tendenzen gewährt mehr Möglichkeiten unterschiedlicher sozialer, kultureller und ökonomischer Lebensstile.

- Die steigende Funktionalisierung der Gesellschaften repräsentiert eine Vielfalt von Aufgabenbereichen.

- Die Steigerung von Arbeitsteilungen, die ständig neue und andere Waren in ständig veränderten und sich wandelnden Berufen produziert, erlaubt eine hohe berufliche Spezialisierung.

- Die Pluralisierung und Diversität der sozialen Lebensräume, die unterschiedliche Kulturen in einem größeren Sozialraum versammelt, lässt eine sinnvoll ineinandergreifende arbeitsteilige Gesellschaft als Idealtypus des Wirtschaftens und Handelns erscheinen.

Werden diese Erwartungen der Moderne an den tatsächlichen historischen Ereignissen gemessen, dann zeigt sich, dass die Moderne in einem Überschwang der Erwartungen konstruiert wurde, einem Erwartungsoptimismus, der heute entmystifiziert erscheint. Die Desillusionierung moderner Erwartungen zeigt sich vor allem in folgenden Bereichen:

1. Die *Individualisierung* scheint ein Reich der Beliebigkeit geworden zu sein. In der Auflösung der Moderne hin zur Postmoderne oder besser, wie Bauman (2000) sagt, zur *Liquid Modernity* werden gerade die sozialen Beziehungen verflüssigt (vgl. auch weiter oben S. 81 f.): Wir haben immer weniger feste Partner und Freunde auf Dauer, sondern wechseln sie in unseren Lebensabschnitten mit den ihnen eigenen Lebensaufgaben. Unsere Fliehkraft benötigt aber eine soziale Lage, in der wir symbolische und reale Ereignisse als Erinnerung und Imagination zur Ausmalung der Gefühle, Bilder und Reden benötigen, die unser soziales Dasein markieren. Dabei wirkt grundlegend eine Individualisierung, die die Beobachterstandpunkte bestimmt. Die Individualisierung ist zwar enorm vorangeschritten, aber der Ich-Kult hat nicht halten können, was von ihm erwartet wurde. Hier schlagen sowohl die Paradoxie als auch die Ambivalenz durch. Die größeren Freiheiten und Lebenschancen gingen mit einer Zunahme der sozialen Risiken und keineswegs mit einer Zunahme der Absicherung von Arbeit und Beruf, Familie und Liebes- wie Lebensglück einher. Die Zunahme der eigenen Freiheit erwies sich interaktiv immer auch als Zunahme der Freiheit anderer, die sich gegen die eigenen Vorstellungen richten konnte, mit ihnen in Konkurrenz geriet, und die insgesamt zu ambivalenten Verhältnissen führte. Die Erhöhung individueller Freiheiten befreite auch von Familienbanden oder einem lange währenden Liebesglück, denn alles scheint nur auf Zeit gewährt werden zu können, wenn die eigenen Egoismen bedient werden sollen. Auch wenn die Überlebensrisiken insgesamt in der Moderne bis heute abgenommen haben, so erscheint gerade die Gegenwart als Risikogesellschaft (Beck 1986), weil auch kleinere Risiken größer als in der Vergangenheit empfunden werden. Zugleich sind ökologische

und ressourcenbezogene Krisen aufgekommen, die in der nachhaltigen Wirkung auf das Leben noch stark unterschätzt werden. Weitsicht ist in einer auf Individualisierung orientierten Lebensform keine Stärke, in der Kurzsichtigkeit dominieren die nahen Lebensziele und -sorgen wie die Arbeitslosigkeit, eine Zunahme an Gewalt, Kriminalität und Ängsten allgemein. Die Kehrseite des Individualismus mit seiner sorglosen Freiheit ist das verworfene oder vergeudete Leben, eine Seite, die Bauman »*wasted lives*« (2004) nennt, ein verworfenes Leben, in dem einerseits viele Möglichkeiten und Chancen vergeudet werden (Bildungsarmut, Krankheit, Arbeitslosigkeit), in dem andererseits die Verlierer der Konsumgesellschaft aber auch nur noch wie bloßer Abfall dieser Gesellschaft wirken.

2. Die *Differenzierung der Lebensbereiche und der Lebensstile* ist zwar Chance zu einer Vielfalt von Entwicklungen, aber sie vergrößert zugleich die gesellschaftliche Konkurrenz und den wechselseitigen Kampf von Auf- und Absteigern. Dabei fällt auf, dass die Differenzierung eine Wiederholungstäterin ist, denn die Eingruppierung in ökonomische, soziale und kulturelle Klassen bleibt relativ konstant, so dass es stets mehr um den Erhalt dessen geht, was man schon hat oder nicht bekommt. Der vermeintliche Aufstieg als neue Lebenschance scheint eher die Ausnahme zu bilden.

3. In der gesellschaftlichen Funktionalisierung steckt ein *Spannungsfeld von Öffnungs- und Schließungsprozessen*. Dies wird vor allem für das soziale Kapital sowohl auf der Gebrauchswert- als auch Tauschwertseite deutlich. Zunächst sind alle sozialen Gruppen, die über ein höheres Machtpotenzial in der Gesellschaft verfügen, prinzipiell geschlossener als jene, die über eine höhere Diversität der Interessenlagen und damit eine demokratischere Grundstruktur verfügen. Diese Gegensätzlichkeit ist für Demokratien schwierig, denn sie drückt ein hegemoniales Verhältnis in den Interessengegensätzen aus. Für den demokratischen Staat wird die Begrenzung hegemonialer Macht von Interessengruppen, die soziale Verhältnisse immer stärker in eine Hierarchisierung treiben, zu einer notwendigen Aufgabe, wenn er Demokratie erhalten und Korruption begrenzen will. Hier bedeutet Schließung dann Öffnung in Richtung auf mehr Demokratie. Umgekehrt kann aber auch die Öffnung eine Schließung beinhalten. Denn es gibt sowohl für die sozialen Beziehungen als auch ihre Austauschformen im Kosten-Nutzen-Schema Öffnungen oder Entgrenzungen. Die Grenzen zwischen Kulturen und Nationen, zwischen ehemals relativ geschlossenen symbolischen Zusammenhängen und offenen Fortentwicklungen verschwimmen immer mehr. Die Folge ist eine geringer werdende Zahl kultureller Nischen und abgegrenzter Lebensräume. Die sozialen Räume eines Dazwischen, in denen sich alle auf den Verkehrswegen, dem Transport oder der Shopping Mall begegnen, sind gewachsen, sie stehen allen offen, aber dennoch schließt sich der Ein- und Zugang nach den verfügbaren Konsummöglichkeiten. Konsum macht gleich, denn das Geld schlechthin benötigt in den sozialen Lagen keine geschlossenen Weltbilder mehr. An die Stelle der Kriege im Namen großer Ideologien mit ihrer scheinbaren Berechenbarkeit der Motive, rückt zunehmend eine nicht mehr durchschaubare Motivlosigkeit, die ihr Lebensziel in kurzfristiger Konsumbefriedigung findet. Aber solcher Konsum, der grenzenlos erscheint, benötigt nicht nur Geld als seine Basiswährung, sondern auch Zeit. Eine zusätzliche soziale Distinktion erscheint neben den Geld- in den Zeithorizonten: Jene, die Zeit haben und jene anderen, die immer gehetzt und erschöpft sind. Für die einen, die

weder Geld noch Zeit haben, ist der Mangel an Konsum der Verlust der Teilhabe. Für die Teilnehmenden hingegen kann es zur Selbstbeschäftigung werden: Viele Wünsche sollen auf einmal in immer kürzerer Zeit gelebt werden. Aber die Zeiträuber der sozialen Beziehungen lauern in allen Konsumgewohnheiten, insbesondere im Medienkonsum.

4. Die Szenarien der *Unsicherheiten sozialer Lagen* wachsen. Eine hohe berufliche Spezialisierung, die früher die Sicherheit des Jobs garantierte, erweist sich heute als gefährlich, weil die Jobs zu schnell verändert werden. Dies ist eine offensichtliche Veränderung. Dahinter zeigen sich ehemals stabile gesellschaftliche Perspektiven wie Stände, Klassen oder Schichten ebenfalls als brüchig, obwohl man je nach sozialer Lage schnell in sie eingeordnet wird. Aber ist diese Zuschreibung sozialer Lagen je zutreffend? Jeder wünscht sich seinen individuellen Lebenslauf und Lebensstil. Der kapitalistische Markt bestimmt alle Teilnehmer/innen als gleich in den Tauschprozessen, aber die Realität ihres ökonomischen Kapitals zeigt ihre Ungleichheit. Befragt man die Menschen hingegen, was sie für die Ursachen der Unterschiede halten, so antworten sie mehrheitlich mit ihrer sozialen und kulturellen Lage, mitunter mit dem Bildungsstand, die sie gerne unabhängig vom Geld sehen. Schließlich scheint es so, dass das Geld flüchtiger als diese Lagen und Kapitalformen ist. Lässt sich die empirische Beschreibung ihrer Unsicherheiten in der Sozialforschung auf dieses Selbstbeschreibungsmuster ein, so sitzt sie schon in der Falle einer Konstruktion, die das ökonomische Kapital als wesentliche Quelle der Unsicherheit verbirgt.

5. *Soziale Lagen sind unterschiedliche Muster des Gleichen.* Zwar unterscheiden sich die Menschen – und dies ist als Unterscheidungsmerkmal für den Status und seinen symbolischen Ausdruck wesentlich – als Konsumenten deutlich nach den geldwerten Möglichkeiten ihres Konsums (Häuser, Schmuck, Autos, Reisen usw.), für die es je angepasste Niveaus gibt, aber in diesen Niveaus gleicht sich dann wieder alles. So ließe sich die soziale Schichtung anders als durch Befragungen der Betroffenen viel deutlicher abbilden, wenn man z. B. ihre Lebensstile bebildert und mit einer Mischung aus Selbst- und Konsumtext (als Ausdruck der Werbung jener Waren, die sie kaufen) zeigt. Der Kleiderschrank in seiner Inszenierung, das Wohnzimmer in all seinen Facetten, die Eingangstür in ihrer Aufmachung, das Bad als Ort der Intimität, die Küche als Dienstleistungswerkstatt, all dies sind Bildformate, die für jede soziale Schicht oft mehr als tausend Worte aussagen und dem Beobachter anzeigen, auf welchem Niveau man angelangt ist. Im Vergleich der sozialen Schichten zeigt sich dann allerdings neben den Unterschieden im Preis und der angeblichen Qualität der Waren auch die Banalität des Ähnlichen: Schließlich sind bis in den Luxus hinein die käuflichen und konsumierbaren Waren begrenzt und selbst bei außergewöhnlicher Sammelleidenschaft nach »Altertümern« oder »Unverkäuflichem« bleibt nur ein begrenzter Spielraum für das Ungewöhnliche. Aber dies mag nur eine kritische Beobachterin erkennen, die bereits dem Konsum in großen Teilen entsagt hat oder ihn nicht so wichtig nimmt.

Wird die soziale Lage durch Konsumgegenstände repräsentiert? Wenn man in der Schulleistungsforschung wie PISA davon spricht, dass sich Bildungsnähe oder Bildungsferne an der Anzahl der Bücher in einem Haushalt ganz einfach messen lassen, so wird hier ein Indikator aus der Fülle herausgenommen. Der entwickelte Habitus jedoch verfügt über eine Vielfalt von Indikatoren, und so, wie es einen generalisierten

Warenkorb zur Feststellung der Inflation in der Wirtschaft gibt, so könnten und sollten wir auch einen Warenkorb der sozialen Lagen erstellen, um genauer Einblick in die Differenzierungsformen eines Konsums und damit verbundenen Habitus zu nehmen, der uns in seiner Vielfalt der Bezüge sonst entgeht.

6. *Soziale Lagen schließen andere aus.* Und dies gilt unabhängig davon, in welcher Lage man sich befindet, auf welchem hohen oder niedrigen Niveau man sich eingerichtet hat oder wo man hingeschoben wurde. Der Grundsatz, der für alle Lagen zu gelten scheint, lautet, dass die Pluralisierung und Diversität der Gesellschaften nicht nur als gesellschaftlicher Reichtum einer Vielfalt von Chancen erfahren wird, sondern immer auch als Bedrohungspotenzial der eigenen Einfalt thematisiert werden muss. So ist die soziale Lage des anderen immer die eines Fremden. Sie ist unverständlich und »verschuldet«, besonders dann, wenn es einem besser geht. Sie lässt die Frage erheben, wie man so leben kann, weil dies der Abwehr eines eigenen Abstiegs entspricht. Diese Abwehr erklärt, weshalb es der Mittelschicht heute gelingt, obwohl sie sich objektiv in ihrer sozialen Lage verschlechtert hat, die Lage noch als zufriedenstellend bis gut zu imaginieren. Einem anderen geht es immer schlechter als mir. Und wenn nicht hier, bei mir zu Hause, dann in einer fernen Welt, wo die Menschen verhungern. Erstaunlich an diesem Vorgang ist der Mangel an soziologischer Fantasie, denn viele Menschen beschäftigen sich lieber mit den Äußerlichkeiten eines Konsums und seiner äußeren Erscheinungsform (besonders in den Massenmedien), anstatt mit kritischen Blicken auf soziale Lagen schauen zu wollen und diese für sich zu interpretieren. Die Sozialforschung erreicht kaum mehr ihr eigenes Diskursfeld, für die Masse ist sie bloße Langeweile einer komplexen und undurchschaubaren Beschreibung der Lagen der Welt, die sich wenig sinnvoll mit dem eigenen Alltag verbinden lassen. Was nützt auch eine Wissenschaft, die mich über meine soziale Lage reflektieren lässt, wenn sich dadurch nichts zum Besseren wendet? Allerdings führt die Selbstvergessenheit, die dadurch entsteht, auch zur teilweisen Zerschlagung sozialer Besitzstände, die aus den Klassenkämpfen der Vergangenheit herrühren. Was als Freiheiten in den sozialen Lagen mühsam erkämpft wurde, was gegen althergebrachte Traditionen, Religionen und menschenverachtende Ausbeutungspraktiken als soziale Freiheit oder soziale Sicherung erkämpft wurde, das reduziert sich heute leicht auf die Frage nach dem persönlichen Lebensstandard. Dies charakterisiert auf der positiven Seite eine offene Gesellschaft. Sie kann sich erneut Traditionen einverleiben und muss nicht bei jedem Kopftuch in rigide Aufklärung zurückverfallen, mag die Aufklärung über kurz oder lang auch bei jenen landen, die noch nicht wissen, was sie tun, aber es vernichtet auf der anderen Seite auch bereits sozial Erkämpftes, wenn es Niedriglohnbereiche und soziale Diskriminierungen als Normalität hinnimmt und die eigene Position in den sozialen Kämpfen vergessen hat.

Die sechs genannten Punkte geben einen Rahmen für soziale Vorstellungen in der Gegenwart an. Sie bilden eine Grundlage für die ökonomische Deutung der sozialen Lagen. So hat man im Sozialstaatssurvey 2007 nach den Reichtumsvorstellungen der Deutschen gefragt und folgende Ergebnisse als Selbstbeobachterpositionen der Befragten herausgefunden (Glatzer u. a. 2008, 33):[100]

---

100 Zustimmende Werte der Gruppe „volle Zustimmung" und „eher Zustimmung" bei einer 5er Skalierung.

Was bedeutet Reichtum für mich? (Prozentangaben für Zustimmung):

- gesund sein (91 %),
- keine finanziellen Sorgen im Alter haben (87 %),
- unabhängig von staatlicher Absicherung sein (76 %),
- sich alles leisten können (75 %),
- bestmögliche Bildung haben (72 %),
- von Vermögenserträgen leben können (70 %),
- politische Einstellungen beeinflussen können (53 %),
- über Hauspersonal verfügen (50 %).

Setzen wir diese Wunschvorstellungen als Forderungen der Menschen in notwendige Strategien des Staates um, den Menschen hinreichendes soziales Kapital (in Form von nachhaltigen Investitionen und hinreichend chancengerechten Verhältnissen) zu bieten, um in der Gesellschaft teilhaben zu können, dann zeigt sich auch hier zunächst die Relevanz des ökonomischen Kapitals bzw. eines Einkommens und einer Arbeitsplatzsicherheit, die in den Punkten zwei bis vier angesprochen sind. Wie ambivalent die Menschen jedoch ihre soziale Lage einschätzen, dies wird deutlich, wenn sie nach den sozialen Konsequenzen des ökonomischen Kapitals, des Reichtums, gefragt werden (vgl. ebd., 57):

- 78 % meinen, dass Reichtum zu sozialen Spannungen und Konflikten führt,
- 71 % sind der Auffassung, dass er ungerechtfertige Vorteile verschafft,
- 61 % denken, dass man nur noch durch Erbschaften reich werden kann,
- aber 82 % möchten in ihrer Zustimmung gern selbst reich werden,
- und nur 15 % glauben daran, dass Reichtum noch dem Wohle der Gesellschaft gilt.

Angesichts der Ambivalenz, die Gefahren des Reichtums zu sehen und selbst gern reich sein zu wollen, kann man weder von den dominierenden politischen Milieus noch dem durch sie gewählten Staatsapparat erwarten, das Privateigentum als Basis des ökonomischen Kapitals und Grundstock des Reichtums radikal in Frage zu stellen (vgl. z. B. Neugebauer 2007). Dennoch unterscheiden sich die kapitalistischen Länder erheblich in den Verteilungen. Für das ökonomische Kapital habe ich dies in Kapitel 2 schon diskutiert. Aber was heißt dies für das soziale Kapital?

Staatliche Vorkehrungen für ein chancengerechtes soziales Kapital

Fassen wir auch hier die staatlichen Möglichkeiten als Ausdruck gesellschaftlich wünschenswerter, weil der Erhöhung der Chancengerechtigkeit dienender Orientierungen zusammen, dann erscheint mir folgendes Anforderungsprofil als wesentlich:

- Länder, die hinreichende staatliche Vorkehrungen für das soziale Kapital für alle betreiben, sind daran erkennbar, dass in ihnen die Schere zwischen Arm und Reich weniger groß als in anderen Ländern ausfällt, sie schaffen Mindestlöhne und sichern auch für untere Gesellschaftsklassen eine menschenwürdige Existenz und eine hinreichende Teilnahme am Konsum, die vor allem durch Fördermaßnahmen in den Bereichen Arbeit und

Verhinderung von Arbeitslosigkeit, Familienunterstützung und -förderung, Gesundheit und soziale Sicherung in allen Lebenslagen charakterisiert ist.

- Die Bildung ist ein Schlüssel auch im Gewinn des sozialen Kapitals. Hier kann das Erziehungs- und Schulsystem durch Inklusion schon rechtzeitig die Heranwachsenden aus verschiedenen Klassen und Milieus miteinander in Beziehung bringen und in einer sozialen Gemeinschaft aufwachsen lassen (vgl. Reich 2012). Eine wirkliche Erhöhung chancengerecht verteilten sozialen Kapitals können wir daran erkennen, wie es im Erziehungs- und Schulsystem gelingt, soziale Klassengegensätze zu überwinden und die soziale Durchlässigkeit zu erhöhen, d. h. den Schulerfolg und soziale Beziehungen möglichst weitreichend von der sozialen Herkunft zu entkoppeln.

- Zugleich bedarf es aber auch etlicher Vorkehrungen im Bereich der Jugendarbeit, Behindertenhilfe, Förderung der Künste, des Sports und aller Gruppen, die einander helfen und gemeinsame Ziele im Sinne vielseitigen Wachstums positiver Seiten einer Gesellschaft einbringen. Hier kann der Staat Akzente und Profile in der Unterstützung von Ehrenämtern, Hilfsorganisationen, Nicht-Profitorientierten Organisationen setzen, die auf die Gestaltung einer menschenwürdigen Gesellschaft, dabei auch auf das Glück und die Zufriedenheit der Menschen in einer pluralistischen Gesellschaft ausgerichtet sind.[101]

- Nach dem sozialen Kapitalansatz, wie er in der OECD vertreten wird, sind zahlreiche empirische Messungen vorgenommen worden, die z. B. auf der Mikroebene von Beziehungen über Bindungen mit Eltern, Verwandten, Beziehungen in der Erziehung im engeren Sinne forschen, auf der Mesoebene insbesondere für Nachbarschaften, Arbeitsplätze, Gemeinschaften nach Gewohnheiten und Ausschließungen suchen, in der Makroebene Abgrenzungskriterien wie Nation, Rasse, Patriotismus, Vertrauen und Ehre usw. benutzen, um das Bewusstsein für soziale Strukturen und ihre mögliche Verbesserung zu schärfen. Auch Normen (Versorgung, Treue, Loyalität, Verpflichtungen, Gemeinschaft, Gewohnheiten, Respektverhältnisse, Patriotismus, Menschenrechte usw.) sind empirisch unterschieden worden, um die Verpflichtungen der Subjekte in ihrer persönlichen Bringschuld in sozialen Verhältnissen zu thematisieren, aber dabei zugleich auch die staatlichen Aufgaben einer Unterstützung jener in den Fokus zu rücken, die von den Chancen her schlechtere Ausgangslagen haben. Auch soziale Sanktionen (wie Bestrafung, Scham, Anerkennung, Ausschlüsse, Gruppenkonflikte, Rechte und Diplomatie) werden in der Forschung über das soziale Kapital zunehmend mehr studiert, um unterschiedliche Grade sozialen Kapitals zu identifizieren (vgl. zu Ergebnissen z. B. Halpern 2005, Kroll 2008). Allerdings müssen diese Analysen heute deutlich erweitert werden, wenn wir nicht bei einer oberflächlichen Analyse im Dualismus von Individuum und Gesellschaft verweilen wollen, um dabei vor allem Indikatoren für eine zunehmende Individualisierung als Betonung der bloß individuellen Lösung zu markieren. Im Hintergrund, so versuchte ich bei der Erläuterung der Mehrwertproduktion des sozialen Kapitals zu verdeutlichen, lauert das Problem der Umverteilung eines Kapitalvolumens über die soziale Kapitalform. Lassen wir den Individualismus allein auf einem liberalisierten Markt gewähren, dann findet diese Umverteilung in Richtung auf wenige statt,

---

101 Aus der Forschungsrichtung nach Putnam gibt es hierzu viele Einzelstudien. Vgl. z. B. für Canada Franke (2005), die zugleich das engere empirische Modell exemplarisch verdeutlicht.

sofern die Gesellschaft nicht Vorkehrungen ergreift, den sozialen Warenkorb auch der weniger Begünstigten entwickeln zu helfen. Ein erster notwendiger Schritt hierzu wäre es, einen solchen sozialen Warenkorb in politischen Prozessen zu definieren und sozial gerecht zu gestalten, um Ausgleichsfunktionen vorstellbar werden zu lassen und sie dann auch staatlich zu regulieren.

Was ist das Ziel der von mir genannten Punkte? Der Staat sollte Möglichkeiten bereitstellen und entwickeln helfen, einander in Würde, Respekt, Toleranz und sozialer Diversität und Kreativität zu begegnen. Ein erschreckender Effekt der Finanzkrise 2008/2009 war, das in vielen Staaten zur Rettung der Banken genau die Gelder für Soziales als erstes eingespart wurden. Alle genannten Vorkehrungen sind hier – unterschiedlich von Land zu Land – mehr oder minder betroffen. Die langfristigen Folgen sind hier nicht unmittelbar in allen Lebensbereichen sofort zu spüren, weshalb sich die Staaten verleiten lassen, hier statt anderswo den Rotstift anzusetzen, aber sie werden in einem Mangel an sozialem Kapital durch Ungleichheiten und Ungerechtigkeiten in der Verteilung auf lange Sicht immer spürbar werden und zu weitreichenden Konflikten führen. Insbesondere aber gefährden sie die soziale Basis der Gesellschaft, die von allen in Feiertagsreden geteilt, aber nur von wenigen in konkrete Programme tatsächlicher Erhöhungen der Chancengerechtigkeit umgesetzt wird.

Es gehört immer wieder zu den sozialen Mythen der kapitalistischen Gesellschaft, dass die Individuen sich an die Gegebenheiten anzupassen haben, aber nicht umgekehrt die Gegebenheiten auch für die Individuen so zu gestalten sind, dass sie es hinreichend schaffen, ihre Chancen wahrzunehmen. Dies wird sehr bewusst, wenn wir z. B. Menschen mit Behinderungen in ihrer sozialen Lage betrachten. In einem stark selektiven, kompetitiven und exkludierenden Gesellschaftsmodell soll sich der Mensch mit Behinderungen an die Norm jener anpassen, die den „Normalfall" darstellen. Gelingt ihm diese Integration an die vorhandenen Normen, Werte und Standards nicht, dann wird er auf Sonderschulen oder andere selektive Wege verwiesen, meist auch noch unter der Vorstellung, hier besondere Hilfe erfahren zu können.[102] Dagegen protestieren zu Recht menschenrechtsbezogene Ansätze, die eine Bringschuld nicht bei den Menschen mit Behinderungen sehen, sich besser zu integrieren, sondern bei der Gesellschaft, die ihnen Hilfen und Vorkehrungen bieten muss, um inklusiv teilhaben zu können. Dieser Wandel im Grundverständnis bedeutet eine Abkehr vom sozialen Mythos des Kapitalismus, dass es eine jede und ein jeder aus eigener Kraft irgendwie schaffen müssen. Als menschlich und sozial erscheint nun ein Ansatz, der auch die Vorkehrungen des Staates als wesentlich ansieht, um überhaupt erst bei unterschiedlichen Voraussetzungen einen sozialen Warenkorb zu füllen, der eine halbwegs gerechte Teilhabe ermöglichen kann. Es lässt sich empirisch sehr genau beobachten, welche Staaten heute einen sozialen Warenkorb (neben anderen Warenkörben im kulturellen Bereich oder für das Lernen und die Gesundheit) unterhalten und pflegen und welche Auswirkungen dies auf die Chancengerechtigkeit und Zufriedenheit der Menschen hat. Erst wenn das Bewusstsein hierfür wächst – so wie es gegenwärtig im Umgang mit der Inklusion in vielen Ländern bereits gewachsen ist –, wird sich eine Politik wählen lassen, die von den Sparzwängen her nicht immer am falschen Ende mit ihren Kürzungen ansetzt.

---

102 Das genaue Gegenteil ist dann faktisch der Fall, wie zahlreiche Studien belegen. Vgl. dazu genauer Reich (2012).

Eine solche Umstellung ist in sich zugleich durchaus widersprüchlich. Gerade in sozialen Beziehungen erwarten wir Eigeninitiative, Sorge und Engagement, eine Hilfe zur Selbsthilfe und für andere, die dann in den Hintergrund treten kann, wenn zu viel von außen reguliert wird. Aber wenn gar nicht reguliert wird, dann wirken die Kräfte des Marktes nicht hinreichend so, dass die Chancen aller gefördert werden, sondern sie verstärken eher Ungleichheiten. Je mehr das Soziale dabei in Schieflagen gerät, desto mehr wird auf Dauer dann das unterhöhlt und untergraben, was als Demokratie mit scheinbarer Chancengleichheit beschworen, aber zu wenig chancengerecht gelebt wird.

3.4 Individuelle Nutzung des sozialen Kapitals

Will man individuell das soziale Kapital planen, verändern, positiv gestalten, dann sind die wesentlichen begrenzenden Ausgangspunkte immer schon Armut oder Reichtum. Die ungleiche Verteilung des Reichtums, die in Kapitel 2 diagnostiziert und die in diesem Kapitel vor dem Hintergrund sozialer Lagen diskutiert wurde, lässt die Wohlstandsgesellschaften keineswegs als Idylle hoher Individualisierungschancen für die breite Masse erscheinen. Dennoch sind dadurch individuelle Handlungschancen nicht ausgeschlossen, wenngleich sie immer günstige Kontexte benötigen. Für den Mehrwert und seine Herstellung müssen die Besitzerin oder der Besitzer dieser Kapitalform erkennen, aus welchen Differenzformen sich ein Gewinn im Verhältnis zu den Kosten besonders ziehen lässt.

Wie schon beim ökonomischen Kapital ist es auch hier im Interesse jedes Individuums, möglichst hohe Vorleistungen durch intensive Beziehungsarbeit in möglichst relevanten Gruppen zu erreichen, um dadurch die Vorteile des sozialen Kapitals nutzen zu können. In *Schaubild 10* auf S. 134 ist bereits beschrieben worden, dass die Menschen mehrheitlich vermuten, Reichtum könne nur über Beziehungen erworben werden. Sehen wir die vier Formen der Mehrwertproduktion im sozialen Kapital, so können wir dieser Aussage zustimmen, auch wenn sie sich kaum mit exakten Daten messen lässt. Aber wir kennen alle das Beispiel einer Einstellung für einen guten Job, für die nie nur eine fachliche Qualifikation zählt, sondern immer auch der soziale Habitus der Bewerberin oder des Bewerbers entscheidend ist, wobei dieser zum sozialen Habitus der Vergleichsgruppe passen muss. In *Schaubild 14* (siehe nächste Seite) ist nochmals zusammenfassend gezeigt, aus welchen individuellen Strategien der Mehrwert des sozialen Kapitals entspringen kann:

1. Zunächst ist es immer die Differenz der eigenen verausgabten Kosten nach Aufwand, Zeit und Mitteln, die Vorteile beim Zugang, Aufrücken, Verbesserung der Positionen für einen selbst oder für die Nachkommen, Verwandte oder Freunde verschaffen können. Die Währung für den Aufwand sind Geschenke und Dienstleistungen (bis hin zur Prostituierung), die Zeit drückt die Nachhaltigkeit der Bemühungen aus und die Mittel reichen von Anpassungsleistungen bis hin zu kreativen Aktionen, um Aufmerksamkeit, Beachtung und Anerkennung zu erregen.

2. In Beziehungen stehen alle in Konkurrenz, nicht nur mit- und gegeneinander, sondern auch in den unterschiedlichen Gruppen und Kreisen mit ihren Zugangs- und Schließungsmechanismen. Kann ich als Individuum nur ein Massenangebot unterbreiten, d. h.

unterscheide ich mich nicht offensichtlich von vielen anderen, so muss ich Gruppen und Kreise suchen, in denen meine Möglichkeiten überhaupt hinreichend nachgefragt werden. Günstiger aber wäre es für mich allemal, mir mindestens in einigen Bereichen Dinge oder Verhaltensweisen anzueignen, mit denen ich mich deutlich von anderen unterscheiden kann, um in jenen Gruppen und Kreisen Erfolg zu haben, in die möglichst viele hinein wollen, aber nicht hinein können. Bereits die Wahl des Wohnortes, des Kindergartens, der richtigen Schule, des Freizeitverhaltens bestimmt über jene Gruppen und Kreise stark mit, in die zu gelangen vorteilhaft ist.

Schaubild 14: Formen des Mehrwerts für das soziale Kapital

3. Mehr Schein als Sein, nach dieser Devise müssen insbesondere Aufsteiger agieren, um überhaupt Aufnahme im relevanten Sozialkapital zu finden oder Arrivierte, die sich von den Mühen der tagtäglichen Beziehungsarbeit und den Lasten kapitalisierender Arbeiten befreien wollen. Illusionierungen sind zum Massengegenstand der kapitalistischen Warenkultur geworden, so dass es einen enormen Druck in diese Richtung gibt. Wenn sich mehr Geld mit Scheingeschäften und Leerverkäufen als mit harter, täglicher Arbeit bei schmalem Wachstum machen lässt, dann locken auch die sozialen Kreise, in denen die Täuschung ein Maximum an Gewinnen verspricht. Allerdings ist man in diesen

Kreisen immer nur soweit anerkannt, wie es finanziell gut läuft, hingegen verloren und verraten, wenn der *cash flow* nicht mehr stimmt.

4.   Günstig ist immer die Ausgangslage, die man nicht erarbeiten muss oder die durch Heirat umstandslos erworben werden kann. Gleichwohl ist die Heirat nicht so einfach zu erreichen, weil hier die Bindungen in der Regel schon erworbenes soziales Kapital bedingen, an dem sich die Partnerschaften orientieren.

Die vier Mehrwertformen zeigen auf, dass sich soziales Kapital nicht allein in Strategien eines überwiegend individualisiert verstandenen »Humankapitals« aufbauen lässt (siehe auch Kapitel 1). Der ökonomische Imperialismus, wie man den Ansatz von Gerry Becker (1993) genannt hat, ist der Inbegriff einer solch humankapitalorientierten Individualisierungstheorie. Das einzelne Individuum wird hier als kleinste Einheit, als die Urform des Unternehmens, angesehen, das sich Arbeitsproduktivität und Rendite selbst schafft. Solche Ansätze übersehen, dass Individuen nie nur allein oder vordringlich aus ihrer Bringschuld heraus agieren, sondern in komplexen und systemischen Handlungsbezügen stehen (vgl. oben S. 43 ff.).

Individualisierung ist nur eine Seite des sozialen Kapitals

Ulrich Beck macht in seinen Schriften die Individualisierung in der flüssigen Moderne der Gegenwart besonders stark. In der Risikogesellschaft haben es die Individuen mit der schwierigen Aufgabe zu tun, dass sie auf der Basis ihrer sozialen Lage eine „Wahl- oder Bastelbiografie" vollziehen müssen. Dies entspricht durchaus der Analyse Baumans, die ich weiter oben herangezogen habe, betont allerdings stärker die Herauslösung aus spezifischen Klassenlagen und weist auf individuelle Handlungsspielräume und Wahlmöglichkeiten hin (vgl. Beck 1986/2009, Beck/ Beck-Gernsheim 1994, 2001). Obwohl Beck/Beck-Gernsheim die Individualisierung nicht vereinseitigend und losgelöst von der sozio-ökonomischen Lebenslage sehen wollen, so erscheint als Problem dennoch eine Überakzentuierung in Richtung der Verwirklichung des Individuellen auf einem Arbeitsmarkt oder in institutionellen Regelungen, wobei dann die Kapitalformen nicht mehr in voller Breite berücksichtigt und analysiert werden. In der »Risikogesellschaft« argumentiert Beck, dass die soziale Ungleichheit zwar nach wie vor in Deutschland weitgehend konstant existiere, aber die Klassenlagen seien dadurch, dass der soziale Fahrstuhl insgesamt eine Ebene höher gefahren sei, ausgedünnt oder aufgelöst worden. Die „Individualisierung und Diversifizierung der Lebenslagen", so die These, unterläuft das „Hierarchiemodell sozialer Klassen und Schichten" (1986, 122).

Hartmann (2002, 166 f.) kritisiert an dieser Argumentation, dass die soziale Herkunft so zu sehr vernachlässigt wird. Die Individualisierungstheorie verfehlt für ihn damit den „Kern der Sache", weil die anhaltend hohe Bedeutung „herkunftsabhängiger Lebensmuster" vergessen wird. Die Frage, die sich stellt, ist – wie Hartmann zutreffend folgert (2002, 168) –, wie wir die Bildungsexpansion in ihren sozialen Wirkungen interpretieren. Die Verbreiterung der Bildungschancen scheint zunächst in der Tat für eine Öffnung des Fahrstuhls und dann für eine Fahrt der Massen in die höhere Etage zu sprechen. Für Menschen, die diese Fahrt schaffen, sind Beck und Beck-Gernsheims Analysen sicherlich geeignet, einen Individualisierungsschub zu beschreiben und zu begreifen, der viele Facetten hat. In noch differenzierterer Form gelingt dies, so denke ich, Bauman (2000 ff.) in seiner Serie über die *liquid mo-*

dernity. Aber Beck, so will ich Hartmanns Kritik aufgreifen, übertreibt dort, wo er behauptet, dass das Bildungssystem etwa seine statusverteilende Macht in den 1970er eingebüßt und an die später einstellenden Orte abgegeben habe (Beck 1986, 244). Zwar ist es durchaus richtig, dass erst nach einer Ausbildung oder einem Studium der Wert der Ausbildung oder des Studiums durch die Einstellungspraktiken bewertet und bei niedrigen Löhnen oder Arbeitslosigkeit entwertet wird. Aber diese Praktiken bedeuten ja nicht im Umkehrschluss, dass die Statusverteilung vorher nicht auch schon wesentlich ist. Eine solche Aussage erhebt ein rein quantitatives Phänomen (= Zuwachs an Abiturient/inn/en) zu einer qualitativen Aussage (= Statusaufhebung), obwohl fast alle Studien zur Chancenungleichheit zeigen, dass die Öffnung des Fahrstuhls in der Bildungsexpansion in Deutschland erstens nicht breit genug im internationalen Vergleich erfolgte und zudem zweitens zu einer Verstetigung sozialer Ungleichheit unterer Klassen oder Schichten führte, weil für sie kein Fahrstuhl bereit stand. Zur Beschreibung des Habitus in der Komplexität der Kapitalformen reicht es nicht aus, wenn wir die ökonomische Lage, die soziale Herkunft, das kulturelle Vermögen, das Körper- und Lernkapital vorrangig auf Alter, Geschlecht, Gesundheit und Einstellungen in bestimmten Milieus reduzieren. Hier zeigen gerade neuere Studien, dass es vorrangig der sozio-ökonomische Status noch vor dem Migrationsstatus ist, der über die Chancen zur Teilhabe am Lernkapital als der Kapitalform, die insbesondere Aufstieg ermöglichen kann, entscheidet.

Übertreibungen der Individualisierungssituation finden sich in der Literatur sehr häufig. So schreibt z. B. Münch: „Die universale Individualisierung der Lebensführung befreit das Individuum aus lokalen Kollektivbindungen. Die Verteilung von Lebenschancen entzieht sich der Organisation durch Kollektive, um sie den Gesetzmäßigkeiten des Marktes zu überlassen." (Münch 2009, 21) Hier wird aus einem Phänomen, das in zahlreichen Spannungsverhältnissen steht, auf einmal sowohl eine Universalisierung als auch eine Befreiung konstruiert, obwohl nachweislich beides nicht besteht: Kollektivierungsformen wirken allein schon durch die soziale Schichtung der Gesellschaft, durch unterschiedliche Habitusformen, Aufstiegs- und Abstiegsszenarien usw. fort und lassen die Individuen auf dem Boden der Tatsachen oder zwischen den Stühlen landen. Zudem können sich nur die Eliten den »wahren« Luxus einer konsumierenden Individualität leisten, die grenzenlos zu sein scheint. Etwas konkreter fügt Münch folgende Sätze seiner Übertreibung hinzu: „Das Individuum gewinnt Spielräume der freien Entfaltung hinzu, Kollektivzugehörigkeiten und die damit verbundenen Privilegien machen einer offeneren Form der Verteilung von Lebenschancen Platz. Die große Kehrseite dieser großen Befreiung des Individuums durch transnationale Netzwerke, Institutionen und Leitideen, Schemata sowie Paradigmen ist dessen Unterwerfung unter die Gesetze des Marktes." (Ebd.) Wenn wir an die Eliten der Gesellschaft denken, dann mögen solche einfachen Zuschreibungen noch Sinn ergeben. Gleichwohl übertreibt auch hier Münch (ebd., 22), wenn er glaubt, dass insbesondere eine neue transnationale Wissenselite hier auch gegenüber dem ökonomischen Kapital dominant geworden ist. Hier werden Erscheinungsbilder einer Kultur vordergründig zu strukturellen Wesenheiten erklärt. Denn zeigt nicht gerade der Umgang mit der Wissenschaft, wie sehr auch sie oft Opfer kapitalistischer Gewinnmaximierungen wird und wie wenig eigene Individualisierung dabei die Wissenseliten noch produzieren können (vgl. Kapitel 6.3.3)?

Grundsätzlich will ich solchen Vereinfachungen entgegenhalten, dass es den Markt schon lange gibt. Er hat seine durchschlagende Kraft nicht erst in der Gegenwart gefunden.

Münch konstruiert wie viele Kritiker der Kapitalisierungsformen der Gegenwart zu sehr in einem eigenen Schema nach schwarz und weiß (früher und heute), statt, wie es mir zutreffender scheint, in Spannungsverhältnissen zu denken.

Der Markt als andere Seite des sozialen Kapitals

Das wesentliche Spannungsverhältnis für die Individuen im Blick auf die sozialen Verhältnisse und ihre Kapitalisierung liegt zwischen dem Gebrauchswert aller sozialen Beziehungen und Leistungen auf der einen Seite und dem zunehmenden Druck des Marktes und seiner Durchdringung aller Lebensbereiche in Erweiterung vor allem des Konsums, Soziales in Tauschwerten zu realisieren. Menschen sind grundlegend soziale Wesen, die das Soziale in ihrem Aufwachsen, in der Sozialisation und in allen sozialen Lebensformen in sehr unterschiedlichen Formen benötigen. Das Soziale reicht von sehr persönlichen, intimen, geheimen und vertraulichen Ereignissen, Erwartungen und Hoffnungen bis hin zum Öffentlichen, in dem es belehrend, moralisierend oder verstörend behandelt wird. Das Soziale ist dabei als grundlegendes Interaktions- und Kommunikationsverhältnis kein Kapital, sondern Ausdruck menschlichen Zusammenlebens in all seinen Formen. Aber je mehr die Märkte, der Konsum und die globalisierte Durchdringung mit Tauschhandlungen das Zusammenleben beeinflussen und bestimmen, um so mehr werden auch soziale Ereignisse, Erwartungen und Hoffnungen in allen Formen von der Seite eines Gebrauchs in unterschiedlichen Situationen auf einen Tauschwert in geldwerten Absichten bezogen. Dann wandelt sich der Gebrauchswert in den Tauschwert und das Soziale wird zu sozialen Kapital.

Für das Individuum ist es wichtig, sich diesen Unterschied bewusst zu machen, um die Kapitalisierung nicht wie ein Gespenst durch alle Vorstellungen sozialer Interaktionen geistern zu lassen. Die Kapitalisierung ist kein Gespenst, sondern ein Kalkül, das sachlich und nüchtern betrachtet sein will, um ihm nicht alles Soziale vorschnell zu opfern. Wandeln wir die Vielfalt unserer sozialen Beziehungen ins Kapital, dann verengen wir immer notwendig unsere Handlungschancen. Vermeiden wir hingegen jegliches Kalkül in Richtung der Bildung sozialen Kapitals, dann verpassen wir unter Umständen wichtige Lebenschancen in Richtung Erfolg und Zufriedenheit.

Diese Unterscheidung mag helfen, den eigenen sozialen Warenkorb kritisch zu durchdenken und eine notwendige von einer überflüssigen Kapitalisierung zu unterscheiden. Will ich wirklich in bestimmten sozialen Gruppen agieren, um mir persönliche Vorteile zu sichern? Oder kritischer: Bin ich mir überhaupt bewusst, welche Vor- oder Nachteile ich bereits besitze, wenn ich meine sozialen Interaktionen betrachte? Und für die Forschung: In welchem Ausmaß wird die soziale Kapitalisierung mehr oder minder nach den eigenen sozialen Lagen hingenommen oder inwieweit wird aktiv auf sie eingewirkt?

Der Erwerb sozialen Kapitals wird angesichts der demografischen Verhältnisse der Zukunft insbesondere in Deutschland durch ein Absinken der Chancen im Rahmen einer Verkleinerung der Population erschwert werden. Die Überalterung der Gesellschaft könnte damit einhergehen, dass die Jüngeren weniger Angebote und weniger gesellschaftliches Interesse finden, um ihre soziale Beziehungsarbeit in vielfältigen Formen mit unterschiedlichen Netzwerken zu praktizieren. Auffällig ist bereits heute, dass der Staat sich aus vielen Projekten der Jugend- und Sozialarbeit, der Förderung von Künsten, Theater, Musik, Jugendtreffs und Jugendbetreuung, der Ehrenämter und Freiwilligendienste zurückgezogen hat bzw. solche Maßnahmen so gering unterstützt, dass es besonders für ökonomisch wenig potente Familien immer schwieriger wird, im Aufbau des sozialen Kapitals noch über die eigene enge, bildungsferne, oft diskriminierte Position hinaus zu kommen. Auch wenn z. B. in Deutschland 1980 nur 55 Prozent der jungen Erwachsenen dachten, dass man eine Familie zum Glück braucht, und dieser Prozentsatz 2006 auf etwa 72 Prozent angestiegen ist (vgl. Statistisches Bundesamt 2008, 47), so hat der Staat kaum Anstrengungen genommen, diesen Wunsch durch eine hinreichend umfassende Familien- und Kinderförderung zu begleiten. Zwar sind Anstrengungen in Richtung Kindergartenplätze unternommen worden, aber sowohl die finanzielle als auch sozial entlastende Unterstützung ist im Verhältnis zu anderen Ländern unterdurchschnittlich. Die Deutschen nehmen in Kauf, ein aussterbendes Volks zu sein. Die Anreize zur Familiengründung oder Zuwanderung stehen insbesondere im Zusammenhang mit fehlenden Chancen zum Aufbau sozialen Kapitals, um eine chancengerechte Teilhabe in der Gesellschaft zu ermöglichen, so negativ, dass die Geburtenrate immer weiter gesunken und qualifizierte Zuwanderung erschwert ist. Dadurch wird die individuelle Bringschuld erhöht. Und der Erwerb sozialen Kapitals wird gesellschaftlich ohnehin meist nur als Bringschuld des Individuums definiert, was vordergründig gerecht zu sein scheint. Ausgehend von der Fiktion der gleichen Startchancen und einem Postulat des freien Willens (= wer will, der kann), scheint es vor allem in das Bemühen des Individuums gestellt, sich nicht nur sozial zu verhalten, sondern auch passende und fördernde soziale Beziehungen aufzubauen. Sennett (1998) zieht gegen eine solche Sicht in stark verallgemeinernder Form den Schluss, dass insbesondere die neoliberale Ökonomie dazu beigetragen hat, die individuellen Bedingungen der Menschen Richtung Unsicherheit und Fragmentierung von Interessen zu verschlechtern. Auch wenn er dabei z. B. übersieht, dass es durchaus Verbesserungen etwa bei der Quote beschäftigter Frauen gegeben hat, so belegt er anhand durchgeführter Interviews aber grundsätzlich einen Wandel der Märkte, der mehr kurzfristiges Denken, Gewinnmaximierung, wenig Nachhaltigkeit, größeren Egoismus erzeugt. Er beobachtet dabei nicht nur den Individualismus, der als äußeres Ziel der Gesellschaft gilt, sondern auch das Phänomen, dass durch Restrukturierungen immer weniger Individuen immer mehr arbeiten sollen, während andere freigesetzt werden, so dass Risiken auf die Individuen verlagert werden, wobei Vertrauen und wechselseitige Achtung und Anerkennung generell absinken, um kurzsichtige Profitstrategien über alles zu stellen. Eine solche Gesellschaft benötigt keine kritischen Grundlagenreflexionen mehr, sie verweigert Gerechtigkeit und nimmt alle in eine dienstleistende Gefangenschaft, um vor allem die Gewinne für wenige zu verdienen. Bei seiner Kritik legt Sennett allerdings keine ökonomische Analyse vor, sondern er argumentiert psychologisch: Für ihn bestimmt eine individualisierte, fragmentierte, kurzsichtige und profitorientierte Haltung heute das menschliche Handeln, das so die alten Tugenden der Kontinuität, Nachhaltigkeit, des Vertrauens auf Fortschritt und Zukunft, auf gegenseitige Mitverantwortung verliert. So richtig er dabei einzelne Phänomene beobachtet, so eng bleibt eine solche Analyse, wenn wir sie vor dem Hintergrund des von mir diskutierten sozialen Kapitals sehen. Auch der alte Kapitalismus zeigt sich rückblickend ja nicht als die gemeinschaftliche Welt, die wir idealisieren sollten, sondern als ein Platz sozialer Kämpfe, der immer schon Gewinner und Verlierer kannte. Und in der heutigen Welt ist es nicht nur ein

individuelles oder gar psychologisches Problem unseres Verhaltens, das die Welt allein bestimmt, sondern es gibt auch strukturelle Fesseln, in denen wir bereits stecken. Daraus ergibt sich ein Spannungsverhältnis, das dem Individuum immer noch Freiheiten und Chancen
lässt, aber ohne gesellschaftliche Vorkehrungen mit hinreichenden Hilfestellungen werden
solche Chancen kaum noch einer Mehrheit zugute kommen können.

Folgen des sozialen Kapitals für ausgewählte Bereiche

Auch hier will ich analog zum Kapitel 2 die Folgen des sozialen Kapitals in wichtigen Lebensbereichen kurz zusammenfassen:

- *Einkommen:* Soziales Kapital kann nur indirekt zur Sicherung des Einkommens beitragen. Je weniger der Staat Vorkehrungen zur Bildung des sozialen Kapitals für breite
  Schichten trifft, desto mehr bleibt es den individuellen Initiativen überlassen, hier gegenzusteuern. Individuen sind gehalten, sich in Richtung einer Verbesserung ihres sozialen
  Habitus, ihrer erreichten Bildung, ihrer Gruppenzugehörigkeit mit Machtpotenzialen,
  ihren betonten Unterschieden zu sozial niedriger gestellten Menschen zu orientieren,
  wenn sie hinreichend Gebrauchswerte für eine Nutzung als mögliches soziales Kapital
  erwerben wollen, das ihnen dann helfen kann, ein besseres Einkommen zu erzielen
  oder abzusichern.

- *Arbeitslosigkeit bzw. Beschäftigung:* Fehlende Gebrauchswerte für soziales Kapital und
  Chancen diese in Tauschwerte zu übersetzen drücken sich individuell vor allem darin
  aus, dass die Menschen mit Sorgen in ihre Zukunft sehen. Dies zeigt sich insbesondere
  bei den Vorstellungen, die den Arbeitsplatz betreffen. 2006 gaben nach dem Statistischen
  Bundesamt (2008, 140) die Befragten folgendes an:

Schaubild 15: Wichtigkeit von Arbeitsplatzmerkmalen

Merkmale: Was ist mir besonders wichtig?	Erwerbstätige Befragte Männer	Erwerbstätig Befragte Frauen
Sicherer Arbeitsplatz	69 % West / 74 % Ost	63 % West / 77 % Ost
Hohes Einkommen	19 % West / 32 % Ost	13 % West / 26 % Ost
Interessante Arbeit	50 % West / 52 % Ost	45 % West / 49 % Ost
Unabhängige Arbeit	44 % West / 47 % Ost	38 % West / 42 % Ost
Anderen helfen	20 % West / 27 % Ost	20 % West / 35 % Ost
Nutzen für die Gesellschaft	16 % West / 22 % Ost	17 % West / 36 % Ost

In den Zahlen spiegelt sich die Sorge um den Arbeitsplatz, hinter denen die Höhe des
Einkommens deutlich (bei einigen Unterschieden zwischen West und Ost) zurückgetreten
ist. Der Wunsch korrespondiert mit den tatsächlichen Fakten, dass die Arbeitsplätze real
sehr viel unsicherer geworden sind. Nur etwa ein Drittel der Befragten im Westen und
unter ein Fünftel im Osten halten ihren Arbeitsplatz für relativ sicher (vgl. ebd., 141).
Das individuelle Interesse an interessanter und eigenständiger Arbeit ist zudem deutlich
höher als ein soziales Interesse oder Überlegungen zum gesellschaftlichen Nutzen. Hierin

spiegelt sich eine entsolidarisierte Mehrheitsgesellschaft, die durchaus auch Probleme hat, sich noch hinreichend umfassende Gebrauchswerte für das soziale Kapital durch Beziehungsarbeit aufbauen zu wollen.

- *Soziale Mobilitätschancen:* In den sozialen Kreisen, zu denen Menschen Zugang finden oder von denen sie ausgeschlossen sind, zeigen sich Wirkungen eines sozialen Kapitals, dessen Währung im zwischenmenschlichen Bereich in den Handlungsfenstern auf den Märkten realisiert wird. Dabei ist es interessant zu sehen (vgl. *Schaubild 16*), für wie gerecht die einzelnen Schichten ihren Anteil am Lebensstandard in der Gesellschaft halten (vereinfacht nach Statistisches Bundesamt 2008, 176). Das Gerechtigkeitsempfinden korrespondiert eindeutig mit der sozialen Lage und hier insbesondere mit bestehender Beschäftigung oder Arbeitslosigkeit. Dabei sind die sozialen Lagen hier immer schon Endpunkte einer Ausbildung und des Einsatzes von sozialem Kapital, die zu einer bestimmten zugeschriebenen und vom Einkommen her erreichten sozialen Lage geführt haben. Diese jeweils erreichte Lage definiert die sozialen Mobilitätschancen. Sie zu erweitern bedarf vor allem einer Veränderung des sozialen Kapitals und/oder des Lernkapitals (vgl. Kapitel 6).

Schaubild 16: Indikatoren der subjektiven Wohlfahrt in West- und Ostdeutschland nach sozialen Lagen 2006

Soziale Lage: Gerechter Anteil am Lebensstand in Prozent		
	West	**Ost**
Leitender Angestellter/höherer Beamter	83	-
Qualifizierter Angestellter/gehobener Beamter	78	58
Einfache Angestellte/einfache Beamte	53	46
Meister/Vorarbeiter	55	38
Facharbeiter	59	26
Un- und angelernte Arbeiter	52	24
Arbeitslose	35	18
Selbstständige, freie Berufe	71	46

- *Konsumchancen und Wohnen:* Je mehr am Konsum teilgenommen werden kann und je besser die Wohnlage ist, desto höher erscheinen auch die Chancen, sich günstige Gebrauchswerte für die Bildung von Tauschwerten als soziales Kapital zu sichern. Hier kann man nicht nur in gegenseitige Verpflichtungen gehen, um durch Aufmerksamkeiten, Geschenke und Dienstleistungen andere auf sich und die eigenen Interessen zu verpflichten, sondern auch altruistische Verhaltensweisen entwickeln. Wenn Menschen für wohltätige Zwecke spenden oder ehrenamtliche Arbeit verrichten, so scheint dies nicht unmittelbar kapitalbildend zu fungieren. Aber hier ist jeweils der Kontext mit zu reflektieren, in dem solche Aktionen geschehen. Auch wenn freiwillige Dienste zunächst als rein individuelle Taten erscheinen und sich mitunter auch als gegen den Zeitgeist gerichtet erweisen, so finden sie ihre Begründung in sozialen Kontexten. Tibor

Scitovsky (1976) ist davon überzeugt, dass der freudlose Markt die Menschen antreibt, wieder sozial nützliche Dinge zu tun, weil sich der Sinn des Lebens nicht im Kapitalismus allein erschließen kann. Aber eine solche Sicht verklärt einen Menschen, den wir uns zwar stets wünschen mögen, der aber in der Realität oft eher eine Fiktion bleiben wird. Spenden und ehrenamtliche Tätigkeiten mögen viele Motivationsquellen haben, in sozialer Hinsicht sind sie aber keineswegs außergewöhnlich oder einmalig. Sie erhöhen in der Regel den Status der Spender/innen. Und sie setzen ökonomisches Kapital voraus, denn solche Spenden oder Tätigkeiten benötigen im Vergleich zu anderen immer einen Einkommensüberschuss, der eingesetzt wird. Dieser Einsatz wird umgekehrt von den schlechter gestellten Einkommensgruppen als sozial nützlich interpretiert, so dass er zusätzlich sogar zur Bildung sozialen Kapitals beitragen kann, eine Einsicht, die bereits bei Veblen (1899) und Duesenberry (1949) vorhanden war (vgl. auch Frey/Stutzer 2002, 21). Und hier schließt sich der Teufelskreis des sozialen Kapitals: Derjenige, der hat, dem wird gegeben. Dies gilt auch dann, wenn er oder sie sich ehrenwert und sozial verhält.

Für den individuellen Umgang mit dem sozialen Kapital gelten, wenn ich die Überlegungen dieses Kapitels zusammenfasse, vor allem drei Szenarien:

1. *Besitzszenarium:* Wer größeres soziales Kapital erwerben will, der gewinnt dies meist durch parasitäre Teilhabe (Sozialisation im Elternhaus, Vererbung oder Heirat). Wie selbstverständlich werden die sozialen Beziehungen hier ohne zusätzliche Lasten weitergegeben und bestehende Netzwerke genutzt. Meist ist hier auch genügend ökonomisches Kapital vorhanden, zumindest sind gute Beziehungen gegeben, um die soziale Lage zu reproduzieren. Ein Blick auf die Bildungsschichten demonstriert dies recht gut. So kommen beispielsweise ungewöhnlich viele Ärzte oder Lehramtsanwärter/innen aus Haushalten von Ärzten oder von Lehrerinnen und Lehrern. Dies gilt analog auch für andere Statusgruppen, die auf der sozialen Leiter eher oben stehen. Menschen mit umfangreichen sozialen Kapital verfügen in der Regel meist mehr als andere auch über hinreichendes kulturelles, soziales und körperliches Kapital, sie bilden ihr Lernkapital soweit aus, dass sie günstige Voraussetzungen haben, ihr soziales Kapital zum eigenen Nutzen einsetzen und in Abgrenzung zu sozialen Schichten unter ihnen vermehren zu können.[103]

    Für diese Menschen wird es zu einer Frage, inwieweit sie den sozialen Zugang in ihre Kreise öffnen wollen statt ihn immer weiter zu schließen. Soziale Schließungsprozesse tragen den Nachteil, dass sich die Vorteile der Schließung (höherer sozialer Status, mehr Macht und Ansehen, bessere Chancen usw.) auch gegen die Besitzenden wenden können, wenn der Neid nicht mehr zur Nachahmung, sondern in den Konflikt und die Aggression führt. Zudem kann die Abnahme des sozialen Verständnisses auch den Sinn für das Soziale überhaupt aushöhlen, was demokratischen Grundstrukturen zuwider läuft.

2. *Aufstiegsszenarium:* Wer aus eigener Kraft vielfältige und günstige Gebrauchswerte für das soziale Kapital trotz ungünstiger Ausgangsbedingungen erwerben will, ist auf Be-

---

103 Prekäre Lebensverhältnisse hingegen erzeugen überwiegend neue prekäre Verhältnisse. Vgl. dazu z. B. einführend allgemein Bauman (2004) und exemplarisch die ethnografische Detailstudie über Chicago von Venkatesh (2006).

sonderheiten in den Feldern Angebot und Nachfrage, z. B. durch seltene Talente, eigenes gutes Körperkapital, hohes Lernkapital angewiesen. Zudem bieten die unterschiedlichen Länder der Welt sehr unterschiedliche Chancen, leicht oder schwer auf den Märkten an das soziale Kapital zu gelangen. Für Aufsteiger eignen sich offene und durchlässige, in der sozialen Hierarchie eher flache Gesellschaften (wie z. B. skandinavische Länder) mehr als bereits stark in der Bildung und den sozialen Kreisen exklusive und ausgrenzende Gesellschaften.

Für Aufsteiger erscheint es als besonders wichtig, sich relevante soziale Gruppen zu suchen, die ihren Aufstieg protegieren. Es gibt hinreichend soziale Beziehungen, die sie nutzen könnten, aber die Zugänge sind sehr oft verschlossen oder nur zufällig geöffnet.

3. *Unsicherheitsszenarium:* Soziales Kapital ist durch die Beziehungen nie bloß gegenständlich aufzufassen und es materialisiert sich nicht so klar wie das ökonomische Kapital, dessen Guthaben exakt bestimmt werden kann. Insbesondere niedriger eingeschätzte soziale Lagen führen dazu, nur ein unsicheres soziales Kapital aufzubauen, das zumindest im Blick auf kapitalisierbare Vorteile nur wenig genutzt werden kann. Die Unsicherheiten sind bedingt durch den jeweils erreichten Stand des sozialen Habitus, dem vorhandenen Bildungsstand, einer Gruppenzugehörigkeit, die über Machtpotenziale und Einfluss verfügt, weitere Unterscheidungsmerkmale, nach denen eine Besonderheit der eigenen Lage und des eigenen Habitus erkennbar wird, die Aussicht auf eine Verbesserung der sozialen Situation verspricht. Je geringer diese Merkmale der Gewinnung sozialen Kapitals einzeln und im Zusammenhang ausgeprägt sind, desto höher ist das Unsicherheitsszenarium.

Gerade im Unsicherheitsszenarium gibt es neben jenen, die für sich keine Möglichkeit der hinreichenden Gewinnung von Gebrauchswerten für ein konvertierbares Sozialkapital mehr sehen auch eine große Gruppe von Menschen, die sensibel und reflektiert mit sozialem Sinn und sozialer Verständigung jenseits der Kapitalisierung umgehen. Sie haben für sich erkannt und vertreten dies auch oft politisch nach außen, dass die zunehmende Kapitalisierung eine Verengung des Sozialen bedeutet. Sie verteidigen die Vielfalt der Gebrauchswerte des Sozialen, indem sie diese von der Tauschwertseite entkoppeln wollen, um die Kapitalisierung zu begrenzen. Dies bedeutet eine neue (alte) Freiheit: In soziale Beziehungen zu investieren, ohne dies mit Kosten und Erträgen verbinden zu wollen – eine Rückkehr zum Menschlichen und Mitmenschlichen. Diese muss man sich allerdings leisten können und wollen.

4. Kulturelles Kapital

4.1 Gegenstands- und Handlungsform

Kultur ist in den Sozial- und Gesellschaftswissenschaften ein Oberbegriff zur Bezeichnung sehr unterschiedlicher zivilisatorischer, künstlerischer, wissenschaftlicher – materieller wie geistiger – Entwicklungen, die vor allem einen oft als positiv gedachten Fortschritt menschlicher Umgangsformen (Kulturtechniken), des Zusammenlebens und Wohlstands, der Lebensstile und Rechte, der Bildung und Aufklärung zu repräsentieren scheinen. In der Kultur haben sich bestimmte historische Ereignisse und Ergebnisse niedergeschlagen, so dass keine Kultur je von vorne anfängt, obwohl es unvermeidlich ist, dass Kulturen sich stets entwickeln. Im Gegensatz zum Naturbegriff zeigt die kulturelle Perspektive, dass Menschen nicht allein aus einer biologischen Lage oder genetisch determiniert sind, sondern ihre je eigenen Wirklichkeitskonstruktionen im Zusammenleben entfalten können, die über die Zeitalter und in verschiedenen Ländern oder sozialen Gruppen sehr unterschiedlich ausfallen. Gleichzeitig zeigen Diskurse über Kultur bis in die Gegenwart immer stärker, dass auch der Glaube der Kulturen an Fortschritt oder besondere Leistungen stets kritisch reflektiert und dekonstruiert werden kann.

Vor allem die »Cultural Studies«, die sich um Arbeiten von Stuart Hall und Raymond Williams herum entwickelten, gaben einer zuvor oft mit nur bestimmten Aspekten der Kultur beschäftigten Theoriebildung Impulse, Kultur sehr weit zu denken. Sie sehen Kultur nicht nur als Hochkultur, nicht nur als Spitzenleistung in Feldern der Bildung, Wissenschaften, Künste, Umgangsformen und Lebensstile, sondern zeigen, dass sich Kultur immer auch mit dem Konsum durchaus trivialer Waren und im alltäglichen Freizeitverhalten der Menschen darstellt und spiegelt. Dabei zerfällt *die* Kultur in verschiedene Kulturen, denn die sozialen Lagen bei gleichzeitiger Individualisierungstendenz in der flüssigen Moderne bleiben nicht ohne Folgen für die Differenzierung des Kulturellen. Dabei treten Spannungsfelder von elitärer und Alltagskultur oder höheren und populären Kulturen auf.[104]

Ziauddin Sardar (2001) hält die folgenden, von mir teilweise erweiterten Aspekte für wesentlich, um Charakteristika einer Definition von Kultur im Diskurs der »Cultural Studies« festzuhalten. Diese leiten auch mein Kulturverständnis:

1. Kultur findet in Praktiken statt, in denen nie nur kulturelle Aspekte wirken, sondern immer auch Machtbeziehungen in einer Gesellschaft ausgedrückt sind. Es gibt damit keine wertneutrale Kultur, sondern Kultur ist stets mit bestimmten Interessen und Ungleichheiten verbunden. Kulturstudien beziehen sich daher auf Akteure in kulturellen Feldern, die sich unterscheiden (z. B. Bildungseliten, Kulturverhalten der Mittelschicht, der Arbeiterklasse, subkultureller Gruppen) und die auf die Macht dominanter Gruppen

---

104 Zu den »Cultural Studies« vgl. z. B. einführend Lewis (2008), Longhurst (2008), Lash (2007).

bezogen werden müssen, um ein hinreichendes Verständnis ihres Wirkens – auch im Blick auf Ungleichheiten und Chancengerechtigkeit – zu erreichen.

2. Kulturelle Theorien wollen die sehr komplex gewordenen Zusammenhänge heutiger Kulturen in möglichst allen Formen verstehen und müssen deshalb auch die sozialen und politischen Kontexte mit reflektieren, in denen Kultur immer schon gelebt wird.

3. Kulturelle Theorien können als Ausdruck der Kultur, aus der heraus sie beobachten und interpretieren, nie wertfrei oder »objektiv« sein. In den »Cultural Studies« verbinden sie sich immer mit einer größeren Vision politischen Handelns, das auf eine Verminderung oder Beseitigung sozialer Ungleichheiten gerichtet ist und sich hierbei in möglichst konkreten Projekten ausdrückt. Für mich sind deshalb Fragen der Kapitalformen in diesem Buch vor allem auf Probleme der Chancengerechtigkeit fokussiert.

4. Dabei ist es für die konkreten Arbeiten der »Cultural Studies« sehr wichtig geworden, die Spaltung des kulturellen Wissens in ein Alltagswissen, das auf konkreten kulturellen Handlungen beruht, und vermeintlich universelle »Wahrheiten« über Kultur zu überwinden. Kulturen, ganz gleich in welchen Formen und Ausprägungen, sind ihrerseits Konstruktionen von Wirklichkeit.

5. Als solche Konstruktionen sind sie jedoch nicht beliebig, sondern sie drücken soziale Verhältnisse aus, die vor dem Hintergrund eines demokratischen Anspruches nach Gleichheit und menschenwürdiger Behandlung aller immer auch ethische Fragen nach einer Verbesserung der Gerechtigkeit aufwerfen und diskutieren sollten, inwieweit diese politisch umzusetzen sind.

Kulturelles Kapital nach Bourdieu

Der Diskurs der »Cultural Studies« ist sehr gut mit dem Verständnis des kulturellen Kapitals vergleichbar, das Bourdieu entwickelt hat. Auch für Bourdieu ist Kultur nicht auf das zu beschränken, was z. B. gebildete Texte aus Literatur und Wissenschaften ausdrücken. Auch er erweitert das Verständnis über Kultur auf Alltagsgegenstände und banal erscheinende Handlungen. Dabei macht er kulturelles Kapital sehr deutlich auch an Besitzverhältnissen fest. Ein Teil des kulturellen Kapitals drückt sich für ihn als

1. *objektiviertes kulturelles Kapital* aus. Dieses zeigt es sich in kulturellen Gütern auf eine materielle Weise. Es wird in unterschiedlichen Formen angehäuft, z. B. in der Form von Büchern, Gemälden, Musikinstrumenten, Sammlungen, antiken Möbeln, aber auch in Villen, Herrschaftswohnungen und guten Wohnlagen. Dieses objektivierte kulturelle Kapital wird in der Regel materiell vererbt, aber die Erben müssen den Sinn und Wert des Erbes verstehen, wenn sie das kulturelle Kapital vollständig aneignen wollen. In der Form des verobjektivierten Kapitals erscheint immer auch das ökonomische Kapital, weil dieser Teil des Privatbesitzes sich wieder gegen Geld eintauschen lässt. Nur der Kapitalbesitzer wird einen großen Teil in solch kulturelles Kapital eintauschen können, der hinreichend Besitz akkumuliert hat. Dieser Kapitalteil lässt sich damit, so argumentiert Bourdieu, sowohl materiell ökonomisch als auch symbolisch als Status einsetzen. Gegenüber diesem engeren Sinn des kulturellen Kapitals gibt es bei Bourdieu auch das, was ich als Gebrauchswert eines möglichen kulturellen Kapitals bezeichne, ein Kapital,

das dann erscheint, wenn dieser Gebrauchswert tatsächlich auf einem Markt in geldwerte Formen eingetauscht werden kann. Hierzu zählt das

2. *inkorporierte kulturelle Kapital* nach Bourdieu. In ihm sind Denk- und Handlungsschemata, Verhaltensweisen und Wertorientierungen ausgebildet, die sich z. B. als Geschmack, Benehmen, Höflichkeit, Tisch- und andere Manieren, Regeln über gutes, angemessenes, situationsbezogenes Verhalten äußern. Wenn ein Kind z. B. in einer Familie mit hohem ökonomischem Kapital aufwächst, so wird es anders als seine Altersgenossen aus einer armen Familie einen Habitus aufbauen, der weiß, wie man sich als Kapitalbesitzer angemessen in einer reichen Umgebung verhält. Dieser Habitus, der sich auch als Anspruchshaltung an eine Lebens- und Arbeitswelt äußert, wird ihm helfen, eine entsprechende gesellschaftliche Stellung gemäß dieses Habitus später einzunehmen. Ein Beispiel von Bourdieu: „Die Champagner-Trinker stehen den Whisky-Trinkern gegenüber, auch, freilich auf andere Weise, den Rotwein-Trinkern; bei den Champagner-Trinkern ist nun die Chance größer als bei den Whisky-Trinkern – ganz zu schweigen von den Rotwein-Trinkern –, im Besitz alter Möbel zu sein, Golf zu spielen, zu reiten, Boulevard-Theater zu besuchen usw." (Bourdieu 1992, 146) Das Beispiel zeigt allerdings auch, wie sehr solche Zuschreibungen im kulturellen Fluss sind, denn die Moden wechseln schnell in einer Konsumgesellschaft. Was bleibt, das ist der Aufbau eines Habitus und dabei die Zeit, die der Investor stets erbringen muss, wenn er erfolgreich sein will. Gleichwohl ist die Dauer der Zeit, die hier verausgabt wird, immer ambivalent: Ist es gut genutzte Zeit in einer guten Umgebung oder eine verschwendete Zeit, die Chancen der Umgebung nicht hinlänglich genutzt hat? Diejenigen, die aus bildungsfernen Milieus mit geringem kulturellen Besitzständen kommen, haben allein dann in diesem Feld eine Chance des Aufstiegs, wenn sie auch unter schlechten Ausgangslagen die wenigen Chancen effektiv nutzen, die ihnen überhaupt zur Verfügung stehen.

Das kulturelle Kapital wird in seiner Form der inneren Herstellung, der persönlichen Eigenschaften und Kompetenzen, der Qualität, die sich in bestimmter kultureller Lebensweise ausbildet, bei Bourdieu sehr weit gefasst. Es ist sehr gut erkennbar, dass es – vergleichbar zu den Studien der »Cultural Studies« – ein konkretes kulturelles Verhalten bezeichnen soll, aber repräsentiert es damit auch eine Kapitalseite? In der Kultur sind auch Interessen und Machtpositionen im sozialen Feld ausgedrückt, in Formen des Besitzes, als materielles oder geistiges Eigentum, das jemand durch familiäre Erziehung, öffentliche oder private Ausbildung, kulturelle, künstlerische oder wissenschaftliche Tätigkeit anhäuft und in der Kultur verwendet. Aber sind damit Bildung, Wissen, eingesetzte Kulturtechniken, Sprache, die Ausdrucksformen gesellschaftlichen Umgangs usw. immer schon kapitalisiert? Für Bourdieu kann diese Frage bejaht werden, denn für ihn ist es Kapital, weil es ungleiche Positionen im sozialen Feld markiert, die im weitesten Sinne ein Vermögen, ein »Kapital« zur Nutzung darstellen. Dies wird besonders in der Bildung deutlich. In den verobjektivierten Formen der Bildungstitel zeigt sich

3. das *institutionalisierte kulturelle Kapital* in schulischen Abschlüssen, Zertifikaten, Aufstiegspapieren, Auszeichnungen, Beförderungen, akademischen Titeln. Höherwertig sind hier z. B. das Abitur, der Master, die Promotion, Auszeichnungen und Preise, der Direktorposten, der Posten, der einen Dienstwagen hat usw. Weniger wert sind jene Zu-

schreibungen, die bloß motivierenden Zwecken dienen sollen, aber als Kapital, d. h. als ein Instrument der Besserstellung gegenüber anderen, nicht taugen (z. B. ermunterndes Lob ohne Chancen zur Aufrückung). Dieses Kapital verweist meist auf das Bildungssystem oder andere verobjektivierende Institutionen. Es verschafft Zugänge zu den anderen Kapitalsorten und ermöglicht eine Besserausstattung. In dieser Unterform des kulturellen Kapitals besteht die Chance, die rigide Vererbung durch Familienbande begüterter Familien und bestehenden Kapitalbesitz durch erfolgreiche Bildung auszugleichen. Dies wäre umso mehr der Fall, wenn die Schulen auch Lernern aus bildungsfernen Schichten hohe Chancen bieten würden, um einen Ausgleich zu schaffen. Formal scheint dies heute meistens der Fall zu sein, denn im Rangvergleich um schulische oder universitäre Leistungen sollen in demokratischen Gesellschaften alle gleich behandelt werden. Die Tücke jedoch besteht darin, dass bereits die Normen des Vergleichs an jenen Habitus angepasst sind, der bevorzugt erfolgreich sein soll und will. Da die Mehrzahl der Lehrenden ihrerseits aus Bildungsschichten kommen, erwarten sie einen entsprechenden Habitus ihrer Schüler/innen und honorieren diesen. Zugleich verfügen die begüterten Familien auch über die materiellen Ressourcen, hier gegebenenfalls durch besondere Fördermaßnahmen für ihren Nachwuchs gezielt einzugreifen, um einem Scheitern vorzubeugen. In den Zertifikaten und Abschlüssen, die einen kulturellen Status sichern, ist dieses Kapital vermittelt über die Institutionen auch nach außen sichtbar. Dabei ist kulturelles Kapital durch den Arbeitsmarkt und in Verbindung mit sozialem Kapital in ökonomisches Kapital konvertierbar, wie auch umgekehrt das ökonomische Kapital zumindest kulturellen Besitz in Form von Kulturgütern anschaffen und als Statussymbol benutzen kann.[105] Vor diesem Hintergrund hat Bourdieu das kulturelle Kapital vor allem als eine akkumulierbre und transformierbare Kapitalform aufgefasst, die als Unterscheidungsmerkmal für soziale Ungleichheit fungiert.

Schwierigkeiten eines kulturellen Kapitalbegriffs

Am deutlichsten ist das kulturelle Kapital als materieller Wert im objektivierten kulturellen Kapital sichtbar. Hier unterscheiden sich die Menschen in materiellen und symbolischen Formen, die immer auch in Tauschhandlungen auf Märkten realisiert werden können. Ungleich schwieriger ist es jedoch, in den beiden anderen Formen eine durchgehende Kapitalisierung auszumachen. Bourdieu nimmt eine solche Kapitalisierung hier analog zum sozialen Kapital als Ausdruck einer Interessen- und Machtposition an, die Vorteile oder Nachteile im kulturellen Feld bedingen. Hier erscheint alles als relevante Kapitalisierung, sofern es kulturell in Besitzständen gleich welcher Art akkumuliert werden kann und dadurch bestimmte Besitzvolumina ausdrückt, die in eine Ungleichheit der Besitzenden führen. Solche Ungleichheit ist für Bourdieu mit bestimmten Positionierungen im gesellschaftlichen Feld verbunden, die Macht- und Herrschaftsformen artikulieren und soziale Lagen (wie schon für das soziale Kapital gezeigt) definieren. Im Vergleich der Kapitalformen zeigt sich dabei, dass durch das ökonomische Kapital allein die Positionierung nicht mehr ausgedrückt werden kann, da sowohl das soziale als auch das kulturelle Kapital Zusatzbedingungen von Macht, Herrschaft

---

105 Wie für das soziale Kapital auf S. 164 ff. diskutiert wurde, gilt auch für das kulturelle Kapital und die anderen Kapitalformen eine Transformierbarkeit in ökonomisches Kapital.

und Ungleichheit definieren, die wir bei den Unterscheidungs- und Verteilungskämpfen in den gegenwärtigen Lebenslagen der Menschen zu beachten haben. Aber sind solche Unterschiede durchgehend als kapitalisiert aufzufassen?

Vereinfacht wird der Ansatz von Bourdieu im Blick auf das kulturelle Kapital auch als Reproduktionsansatz charakterisiert: Die verschiedenen kulturellen Kapitalformen zeigen sehr deutlich eine kulturelle Herkunft, dabei genutzte oder nutzbare Ressourcen und Hilfen an, die für den kulturellen und hier speziell Bildungserfolg maßgeblich sind. Wären die kulturellen Güter und Waren dabei rein quantifizierbar, so könnte man sogar eine mechanistische und deterministische Theorie vermuten, die auf die simple Feststellung hinausläuft, dass ein geringes Volumen an kulturellen Gütern in der Familie gleichbedeutend mit einem niedrigen Klassenstand seien, was dann aber vor allem die individuellen Chancen durch Engagement, Bildungsaufstieg und fördernde Systeme zur Verbesserung des sozialen und kulturellen Kapitals benachteiligter Menschen vernachlässigen würde.[106] Doch solche Vereinfachungen laufen den Intentionen Bourdieus entgegen, der mit den Kapitalformen praktische Phänomene in Theorie und Empirie studieren und reflektieren will, die nicht auf eine Widerspiegelung scheinbar objektiver und ewiger gesellschaftlicher (vor allem materieller) Verhältnisse abzielen, sondern eine Welt von sozialen Lagen und Positionen im Fluss zeigen. Seine Intentionen zielen insbesondere darauf ab

- zu zeigen, inwieweit es Zusammenhänge zwischen kultureller Reproduktion von Ungleichheiten, z. B. durch ungleich erworbene Bildungstitel, gibt,

- zu erkennen, dass es vor allem die Vererbung kulturellen Kapitals ist, die strukturell nicht nur kulturelle, sondern dann auch soziale Ungleichheiten hervorbringt,

- zu verdeutlichen, dass auf der kulturellen Seite ein bestimmter kultureller Habitus entsteht und verkörpert wird, der entsprechend der Lebensbedingungen bewusst wie unbewusst ein bestimmtes kulturelles Verständnis ausdrückt und eine bestimmte soziale Lage repräsentiert und Ungleichheiten reproduziert,

- zu untersuchen, inwieweit das Erziehungs- und Schulsystems solche Ungleichheiten strukturell und systematisch befördert oder tendenziell abzubauen in der Lage ist,

- zu analysieren, wie die Verteilungsstrukturen der unterschiedlichen Kapitalformen im Kontext ausfallen, um ein komplexes Bild der wechselseitigen Abhängigkeit von Ungleichheiten und Kapitalisierungen aufzudecken.

Von diesen forschenden Intentionen her gesehen hat das kulturelle Kapital einen eigenen Wert, der dem ökonomischen Kapital widersteht und eine eigene »Kapitalform« bildet. Dies gilt mindestens in zweierlei Hinsichten:

Einerseits lassen sich Wissen, Bildung und gelingende kulturelle Erziehung nur bedingt kaufen. Kulturelles Kapital kann insbesondere in seinen geistigen Formen nicht wie ökonomisches vererbt, sondern muss immer auch zu bestimmten Anteilen selbst lernend erworben

---

106 Solche Kritikpunkte sind an Bourdieu in grober Vereinfachung immer wieder geübt worden. Vgl. z. B. Jenkins (1992), der nicht nur die Begriffsvielfalt bei Bourdieu beklagt, sondern auch noch eine metaphysische Gesamtkonzeption zu erkennen glaubt und dadurch seine Einführung in das Werk von Bourdieu unter eine fragwürdige Perspektive stellt. Insbesondere aber ist Bourdieu jenen Empirikern ein Dorn im Auge, die selbst nur mit statistischen Methoden meinen, soziale Ungleichheiten aus Daten erfassen zu können und denen dabei jegliche Theoriebasis einer Ursachenerklärung fehlt. Vgl. dazu auch Chun (2001, 20 ff.).

werden. Zugleich gibt es so genannte Schwundrisiken im kulturellen Kapital, denn sowohl Bildungstitel unterliegen dem Druck einer Inflation durch Bildungsexpansion breiter Massen, aber auch das kulturelle Wissen selbst veraltet schnell und kulturelle Moden kommen und gehen.

Andererseits verhält sich kulturelles Kapital oft umgekehrt zum ökonomischen.[107] Wer im kulturellen Feld Erfolg hat, der verliert schnell den Status der Avantgarde. Je angesehener jemand im kulturellen Feld wird, desto weniger scheint sie oder er noch hinreichend alternatives Prestige im kulturellen Feld entwickeln zu können. Dies gilt zumindest für jenen Teil der Kultur, in der die Ablehnung des Populären oder der Verkäuflichkeit gegen den Wunsch nach kultureller Autonomie und Andersartigkeit stehen, was aber oft selbst nur einer Mode in bestimmten Kulturperioden gleichkommt.[108]

Auch wenn sich für das objektivierte kulturelle Kapital die Kapitaleigenschaft sehr klar zeigen lässt, so gilt dies für die beiden anderen Formen nicht gleichermaßen. Die Schwierigkeiten, einen plausiblen kulturellen Kapitalbegriff zu entwickeln, liegen in mehreren Punkten.

Zunächst wird bei Bourdieu der Begriff kulturelles Kapital sehr weit und gleichzeitig vereinheitlichend gebraucht. Er versucht über diese Kapitalform die Ungleichheit der kulturellen Ereignisse und Handlungen aus verschiedenen sozialen Klassen zu erfassen, er versucht Unterschiede in den geistigen und materiellen kulturellen Bildungs- und Kulturformen zu begreifen, die auf die Herausbildung eines bestimmten kulturellen Habitus vor allem durch das kulturelle Erbe der Herkunftsfamilie wirken. Das kulturelle Erbe erschien dabei in der bürgerlichen Vergangenheit vor allem als so genannte zweckfreie Bildung, als Vertrautheit mit klassischen Werken des Theaters, der Musik, des Films, der Malerei, aber auch des Jazz usw. Solch ein Erbe war scheinbar wenig verunreinigt durch die Nützlichkeiten des Alltags und damit ein Distinktionsmittel, um kulturell Wertvolles vom Profanen abzugrenzen. Es unterscheidet damit eine bürgerliche Lebensform mit Sinn für das nicht durch die Arbeiten und Lasten des Alltags geprägte freie kulturelle Sein vom Proletarischen, das neben der Sicherung des Überlebens weder Zeit noch Sinn für Kulturelles findet. Es bedient sich einer eigenen, elaborierten Sprache, die Gewandtheit ebenso wie Ungezwungenheit, Differenziertheit des Stils, Kultiviertheit des Ausdrucks und der Umgangsformen symbolisieren soll. Dabei sind es in der Kultur vor allem die Intellektuellen, die als Träger und Repräsentanten solcher Kultur agieren, die zwar nicht wie Unternehmer oder politische Eliten eine besondere Herrschaftsmacht ausüben, deren kulturelle Sichtweisen dennoch einerseits solche Macht stützen können oder andererseits weitere kulturelle Felder als mögliche Orte der Veränderungen von sozialen Lebensweisen erschließen helfen.

Schwierig an einer solchen Perspektive auf die kulturelle Reproduktion ist jedoch, dass keiner dieser Orte machtfrei ist. Kulturelle Veränderungen bedeuten eine Verflüssigung, die das kulturelle Erbe selbst als fragwürdig und ambivalent erscheinen lässt, weil es keine Einheit einer Kultur mehr gibt. Dabei zeigte sich im Laufe der letzten Jahrzehnte, dass auch die kulturellen Veränderungen selbst bei alternativen Kulturtrends immer mehr unter den Einfluss der Kapitalisierung geraten. Der kritische, zweckfrei operierende Intellektuelle erweist

---

107   So argumentiert Bourdieu (1983) in seinem Aufsatz „The Field of Cultural Production, or: The Economic World Reversed".

108   Vgl. zum Verhältnis von Kunst und Literatur im Blick auf das kulturelle Kapital vor allem Fowler (1997). Sie zeigt auf, dass Bourdieu die Rolle der kulturellen Tätigkeiten teilweise auch einseitig auslegt. Siehe hierzu auch Shusterman (1992, 1999).

sich zunehmend als Illusion. Er muss es sich leisten können, fernab der Märkte tätig zu sein. Vor diesem Hintergrund entsteht die Frage, inwieweit der Begriff des kulturellen Kapitals überhaupt eine gemeinsame Sicht auf kulturelle Tätigkeiten und Leistungen verfügbar machen kann, wenn zugleich die Kultur selbst immer fragmentierter, flüssiger, gegensätzlicher und ambivalenter auftritt. In der Abkehr von strukturalistischen Modellen haben viele Autoren aus den »Cultural Studies«, der Machtanalyse im Anschluss an Foucault, dem radikalen Feminismus oder der Dekonstruktion deshalb die Frage aufgeworfen, inwieweit der bürgerliche Habitus der Vergangenheit heute überhaupt noch als kulturelle Identitätsform aufgefasst werden kann, weil sich soziale Identitäten heute sehr viel widersprüchlicher als in früheren Zeiten bilden und auch empirisch in ihrer Widersprüchlichkeit erfasst werden müssten (vgl. z. B. Suchanek 2006, 120).

Daraus folgend gibt es in der Kultur zwar immer noch die Unterscheidung zwischen Bildungs- und Trivialliteratur oder Kunst und populärer »Kunst«, aber die Unterscheidbarkeit verschwindet angesichts von Konsumstrategien immer stärker, so dass die Unterschiede, die soziale Unterschiede machen, sich ständig neu verschieben. Damit ändert sich auch der kulturelle Habitus. Einerseits beharrt dieser kulturelle Habitus auf Unterschieden, die sich kulturell durchaus standardisiert haben – z. B. spiegeln sich kulturelle Klassen in den Preislagen der Geschäfte, den Sternen der Hotels, den Abgrenzungen von Luxus und Ramsch usw. Andererseits durchdringen sich alle Waren auf einem Konsummarkt immer mehr, so dass die begüterten Klassen weniger Scheu haben müssen, sich einer Alltags- und Populärkultur zu nähern und die unteren Klassen durchaus am Luxusdesign partizipieren (IKEA-Strategie). Diese kritische Wende bedeutet, dass kulturelles Kapital in der Herausbildung eines kulturellen Habitus sicherlich nicht mehr ungebrochen als eine zentrale und sehr klar unterscheidbare Form der Reproduktion sozialer Ungleichheit gelten kann, wie es Bourdieu in seinen Arbeiten noch dachte.[109]

Eine weitere Schwierigkeit ist die Erfassung auch einer entwicklungs- und sozialpsychologischen Perspektive, die neben einer sozialwissenschaftlichen bei der Analyse kultureller Sozialisationsvorgänge wichtig ist. Hier mag die Feststellung genügen, dass es insbesondere psychoanalytische Modelle sind, die als kompatibel zu Bourdieus Vorstellung der unbewussten Anteile dieses Habitus passen (vgl. auch Lilge 2006), wohingegen die bewussten Anteile sich durch sehr viele neuere psychologische Ansätze stützen und sogar noch differenzieren lassen. Es ist auch in der neueren psychologischen Theorienbildung wichtig geworden, die Herausbildung kultureller *habits*, von Einstellungen, Erwartungen und Verhaltensweisen im Blick auf die Lernumgebung, den kulturellen Kontext, die Interaktionsbeziehungen, die Herausbildung eines Selbst (analog zum kulturellen Habitus) zu beziehen und hierbei zugleich die Veränderlichkeit dieses Selbst (des Habitus) stets mit zu bedenken.[110] Aus dieser Sicht erweist sich ein sozialwissenschaftlich konfigurierter kultureller Habitus, wie ihn Bourdieu vornimmt, als zu eng. Umgekehrt können diese Ansätze wiederum von den sozialen Betrachtungsweisen lernen, inwieweit sich die ökonomische, soziale und kulturelle Lage

---

109 Wenn Bourdieu den »Cultural Studies« vorgeworfen hat, oft zu spekulativ und empirisch ungenau zu sein, so trifft auch sein Modell die Kritik, nicht immer passgenau die Widersprüchlichkeiten einzelner Kapitalformen und damit auch nicht immer hinreichend ihr Zusammenwirken beschreiben zu können.

110 Dies hängt stark mit der konstruktivistischen Wende dieser Forschung zusammen. Vgl. z. B. Ormrod (2004, 2006), Slavin (2006), Woolfolk (2005), für die Pädagogik Reich (2010).

mit den psychologischen Aspekten verschränkt. In der Sozialisationsforschung müssen deshalb stets beide Betrachtungsweisen aufeinander bezogen werden, denn beide Perspektiven sind wesentlich, um menschliche Interaktion, Kooperation und Kommunikation hinreichend zu erfassen. Psychologische Ansätze übersehen meist vorhandene Kapitalisierungen. Solche Kapitalisierung scheint bloß äußerlich, von außen, über die Märkte, zu kommen. Aber zu bedenken bleibt, dass sich im Habitus auch psychologisch die Kapitalisierung in Begehrens-, Wunsch- und Illusionsformen niederschlägt. Um die Breite der Forschung zu gewährleisten, sollte der kapitalisierte Aspekt deshalb auch hier nicht ausgeschlossen sein, auch wenn zu präzisieren ist, durch welche genauen Mechanismen die Kapitalisierung eigentlich in Sozialisationsvorgängen einsetzt.

Eine grundsätzliche Schwierigkeit besteht darin, dass Menschen in einer Kultur leben, die in unterschiedliche kulturelle Bezugsgruppen mit ihren Feldern unterschieden werden kann. Dabei drückt die Kultur eines Landes oder einer Region zunächst Beharrungskräfte aus, an die sich die Menschen, die in dieser Kultur leben, nach Normen und Werten in ihren Praktiken, Routinen und Institutionen anpassen. Dieses Bild aus der Moderne hat sich bis heute erhalten, aber es hat sich auch verflüssigt, weil die gesellschaftlichen Entwicklungen und die kapitalistischen Märkte mit enormem Beschleunigungsdruck auch auf die Kulturen einwirken. Wo es früher noch wichtig war, in bestimmten Normen, Werten und mit statusbezogenen Tugenden ein Verhalten auszubilden, einen national-kulturellen Habitus zu entwickeln, da sind die Übergänge zwischen kulturellen Bezugsgruppen bis heute durchlässiger, brüchiger, aber auch gegensätzlicher und ambivalenter geworden. Der durch alle Märkte befeuerte Konsum ist hierfür das Grundmodell. War es für Bourdieu noch vor einigen Jahrzehnten ein Unterscheidungsmerkmal, wer eher Bier- oder Weintrinker war, um das Milieu zu bestimmen, das man kulturell einnahm, so könnte eine solche Unterscheidung heute sogar in die Irre führen, weil die Differenzkriterien zwischen verschiedenen kulturellen Milieus, bei allen Beharrungskräften, die auch zu beobachten sind, sich stets auflösen und neu konfigurieren. Dies gilt z. B. für die Leitdifferenz der nutzlosen, aber originellen Dinge und der nützlichen, aber unoriginellen, die für die französische Oberklasse früher den Sinn erstrebenswerten Konsums definieren half. Schon früher war dabei offensichtlich, dass die Nutzlosigkeit auch durchaus teuer sein darf und muss, aber heute, so ließe sich angesichts des Konsums auch der sehr Reichen schließen, ist insgesamt die triviale Nützlichkeit für den privaten Spaß stark in den Vordergrund getreten. Reiche und Superreiche sind in eine globale Konkurrenz in der Zurschaustellung ihres Reichtums durch Konsum in ein Reich des Profanen, wenn auch teurer Nützlichkeit getreten.

Unter den Ekstasen des Konsums vollzieht sich ein kultureller Wandel. Die Auflösung der kulturellen Differenzkriterien geschieht einerseits unter dem Zeichen zunehmender Globalisierung. Hier werden ehemals lokale Kulturen durch weltweite Märkte und Austauschformen, insbesondere aber durch das Internet, miteinander verbunden und gemischt. Die lokale Präsenz eines Ereignisses kann so schnell in ein globales Ereignis aufgelöst werden, alle Orte und Vorgänge gewinnen eine globale Omnipräsenz. Dabei gibt es sehr unterschiedliche Deutungen über solche Globalisierung: Ökonomische Diskurse setzen z. B. auf eine Interpretation der Veränderungen vom schweren in den leichten Kapitalismus, auf Veränderungen von der industriellen Produktion hin zu den Dienstleistungen, auf die Gegenüberstellung von Vor- und Nachteilen der Globalisierung für einzelne Länder und ihren Entwicklungsstand.[111] Offenbar ist für die kulturelle Seite geworden, dass dabei die westlichen Kulturen allen anderen dominant ihre Werte vermitteln (vgl. Mayer 2005).

Kulturell orientierte Theorien betonen insbesondere das Netzwerk- und Informationszeitalter, sie betonen vor allem die allgemeinen und übergreifenden Merkmale der Kommunikation, die mit oder gegen bestehende lokale Kulturen wachsen. In ihren Deutungen wird in der Regel ein Übergang von wissenschaftlich-technischen Revolutionen beschrieben – Dampfmaschine, Techniken der Elektrifizierung und der chemischen Industrie, Kommunikationstechniken (Computer, Internet) –, um aus diesem Wandel gegenwärtige Kulturen verständlich werden zu lassen.[112] Sozialwissenschaftliche Theorien versuchen den Wandel der sozialen Beziehungen in einem globalisierten Zeitalter zu beschreiben, sie suchen nach den Gewinnern und Verlierern, nach einer Erklärung der systemischen Zusammenhänge und Beziehungen dieser Veränderungen, und sie haben das Bild der einen Ursache und wesentlichen Kraft der Entwicklung mehr und mehr verloren.[113] Der »schwere« Kapitalismus konstruierte fundamentale kulturelle Bindungen und Bezüge, die in ihrer Reproduktion aufwändig waren. Der »leichte« und konsumorientierte Kapitalismus gewährt auch der oberen Klasse eine kulturelle Aufwandsreduzierung, ohne dabei Distinktion vor allem über soziale Schließung zu verlieren (vgl. oben S. 73 ff.).

Kulturelle Ereignisse und Handlungen sind nicht Kapital, sondern zunächst Gebrauchswerte, die in einem Spannungsverhältnis von ureigenen persönlichen Interessen und Bevorzugungen bis hin zu ausgeprägten Interessen- und Machtlagen in Formen symbolischer Herrschaft reichen. Allein in der Form objektivierten kulturellen Kapitals sind sie immer schon Tauschwerte, die über einen Markt erworben werden. Der kulturelle Habitus ist hingegen zunächst kulturell. Aber er kann sich in bestimmten Handlungsfenstern, die ich weiter unten in den Mehrwertarten beschreiben werde, in Tauschwerte verwandeln, um sich über einen Vergleich von investierten Kosten tatsächlich auch in einen geldwerten Nutzen zu verwandeln. Dann entsteht kulturelles Kapital. Für mich ist es wichtig, diesen Unterschied einzuführen, denn ansonsten besteht die Gefahr, dass wir alles Kulturelle leichthin als kapitalisiert auffassen und damit die feinen Unterschiede verfehlen, die zwischen kulturellem Gebrauch und marktbezogener Relevanz liegen.

Kulturelle Gebrauchswerte im Wandel

Gerade Erziehung und Bildung zeigen sich im Selbstverständnis der Teilnehmer/innen meist nicht als kapitalisiert, sondern zunächst als persönlich, privat, auf Individualisierung einer Entwicklung bezogen, für die schon der Rangvergleich im sozialen Feld mit anderen zu ei-

---

111 Vgl. dazu z. B. Bell (1976), der drei wesentliche Veränderungen betont: 1) den Übergang in die Dienstleistungsgesellschaft, 2) die wesentliche Bedeutung der wissenschaftlich-technischen Innovationen für die Zukunft, 3) das Aufkommen neuer technischer Eliten und den Beginn neuartiger Verteilungskämpfe. Wesentliche Aspekte seiner Analyse sind bereits eingetroffen. Bauman (1998, 2000) beschreibt insbesondere sehr anschaulich den Übergang vom »schweren« in den »leichten« Kapitalismus. Zur generellen Einschätzung der Globalisierung und ihrer ökonomischen Effekte vgl. z. B. einführend Kellner (2000) und weiterführend Waters (1995), Bauman (1997), Harvey (1989), Jameson (1991).

112 Zum Informationszeitalter vgl. z. B. Castells (1996, 2001), Lyon (1988), Masuda (1981).

113 So insbesondere Bauman (1993 a,b, 1998, 2000).

ner ersten Last werden kann. Wer seinen Kindern Zärtlichkeit, Wärme und Geborgenheit zukommen lässt, der denkt nicht an eine spätere Kapitalisierung solchen »Urvertrauens« in menschliche Interaktionen, sondern will zunächst menschlich handeln. Gleichwohl ist dies ein kulturelles Handeln, das eine »Sorge um sich« in historischen Kulturbezügen ausdrückt (vgl. auch Foucault 1986 b). Es geht um den Erwerb von Gebrauchswerten, die ein menschliches Leben in Wohlstand, Sicherheit und Bildung ermöglichen sollen, die aber dann irgendwie auch eintauschbar auf den Märkten sein müssen. Was hat sich in den Gebrauchswerten verändert?

Erziehungsdiskurse sehen in der Gegenwart Veränderungen entweder eher in den Bedeutungen für Diversität, Multikulturalität und den Umgang mit zunehmender Heterogenität (eher Gebrauchswertseite) oder vor allem aus den Effekten auf den Arbeitsmarkt, den Kredentialismus, die Zertifizierungswellen und in einer Kapitalisierung des Lernens (eher Tauschwertseite).[114] Die Liste ließe sich auf viele andere Felder und Fachdiskurse ausweiten, denn niemand kommt an einer Neubestimmung, an einer neuen Situierung kultureller Phänomene in der globalen Verflüssigung einer Konsumgesellschaft vorbei, in der auch Erziehung und Bildung neben einer vielfältigen Gebrauchswertseite zu Konsumgütern auf Märkten werden. Es ist wichtig, hier den gesellschaftlichen Wandel nicht zu unterschätzen. Je vielschichtiger, widersprüchlicher und ambivalenter die Kultur in der Verflüssigung der Moderne geworden ist,[115] desto komplexer und unbewusster vollziehen sich die kulturellen Bindungen und Kapitalisierungen, die mit dieser Verflüssigung einhergehen. Kulturelles Kapital steht unter dem Druck einer angeeigneten »Vererbung« durch Erziehung und Bildung einerseits und dem realen Erbe der materiellen Bildungsgüter und Lebensumstände, die von Generation zu Generation weitergegeben werden.

In früheren Zeiten war die kulturelle Bildung immer auch in ihren höheren Formen selbst an die Produktion von Kultur gebunden. Die Herstellung eigener Gedichte, Tagebucheinträge, Kunstwerke usw. ergänzte zumindest die Rezeption jener normativ aufgeladenen Werte und Güter, die kulturell bevorzugt wurden. So genoss man nicht nur die Musik der anderen, sondern versuchte, selbst ein Instrument zu erlernen, so las man nicht nur fremde Texte, sondern produzierte eine Unmenge an eigenen Aufzeichnungen und Briefen, so bestaunte man nicht nur fremde Kunst, sondern produzierte sie im kleinen Maßstab selbst. Allerdings hatte solche vermeintliche Hochkultur immer eine fiktionale, illusionierende Seite, denn das kulturelle Spiel ging meist nicht so weit, dass das Großbürgertum oder aufstrebende Bürgertum dann tatsächlich die eigenen Gebrauchswerte im Bereich des Kulturschaffens als Tauschwerte realisierte. Der Aufbau eines weiten Repertoires an kulturellen Gebrauchswerten durch Erziehung und Bildung diente im klassischen Kapitalismus für die Oberschichten und das Bürgertum eher dazu, eigene kulturtechnische Anforderungen auszubilden, um

---

114   Vgl. dazu einführend Morrow/Torres (2000). Kritisch werden z.B. der kapitalistische Nationalismus (Morrow/Torres 1995), der aufklärerische Universalismus in den Erziehungsvorstellungen (Carnoy 1974, Torres 1998, Willinsky 1998), Globalisierung und Multikulturalismus (Featherstone 1995, King 1997), der Finanzkapitalismus (Cole 2012) betrachtet. Insbesondere Henry Giroux hat in seiner *critical pedagogy* in zahlreichen Veröffentlichungen den Zusammenhang von kulturellen Veränderungen und einer veränderten Erziehung beschrieben. Vgl. z.B. Giroux (1992, 1996, 2008). In Kapitel 6 wird auf die Kapitalisierung des Lernens ausführlich eingegangen.

115   Zygmunt Bauman beschreibt dies nachdrücklich in seinen Serien zur »Liquid Modernity« (2000, 2003, 2005, 2007 a, b).

Vorrechte im sozialen und kulturellen Feld zu bewahren und (heute oft als kleinbürgerlich erscheinende) Tugenden auszuprägen:

- Triebaufschub und langfristige Investition zu praktizieren, um nach längeren Zeiten des Verzichts durch eigene Bildungsbemühungen einen um so höheren Genuss, auch Unterhaltung und Abwechslung, durch eine bessere soziale und kulturelle Stellung zu erfahren,

- eine Bevorrechtigung der Arbeit am Gegenstand vertiefend zu leben, um disziplinierende Kräfte, Selbstzwänge, Kulturtechniken der Geduld, der Anpassung, der Unterordnung usw. scheinbar aus den Notwendigkeiten der Welt, so wie sie in den Anforderungen klassischer Bildung erscheint, selbst abzuleiten und die eigene Bevorrechtigung zu legitimieren,

- eine Einordnung des Individuums in Produktionsprozesse aktiv zu betreiben, sei es im kleinen Maßstab einer Disziplinierung in der Bildung oder im größeren Maßstab im Beruf oder Leben,

- eine Einordnung des Individuums in gesellschaftliche und geschlechtsbezogene Unterschiede und vorhandene soziale Lagen zu akzeptieren, die als kulturelle Unterschiede wahrgenommen und gelebt werden.

Nun verschwinden solch klassischer Kapitalismus und seine Tugenden nicht mit einer Wende in die Konsumentengesellschaft, wie man dies leicht missverstehen könnte, sondern es findet vor allem ein Wandel im kulturellen Habitus selbst statt, der sich wie das Zeitalter »verflüssigt«.

Kultur und Konsum

Immer mehr Menschen konfigurieren ihre Wirklichkeitskonstruktionen aus der Perspektive des Konsums, weil diese ihnen mehr Freiheiten und Möglichkeiten offeriert als das alte Bild des Kapitalismus. Der Konsum ist an sich für den Kapitalismus nichts Neues, denn er war ihm schon immer eigentümlich, aber neu ist in der Konsum- oder Konsumentengesellschaft die durchgehende Konstruktion aller Menschen als Konsumenten, damit auch die Verinnerlichung einer Haltung und eines Lebensziels, das vorrangig auf Konsum ausgerichtet wird. Für den Konsumenten kehrt die Kurzfristigkeit der Entscheidungen in sein Handeln zurück, Konsumenten sind z. B. nicht mehr so stark wie früher aufgefordert, langfristige Investitionen immer vornean zu setzen, sondern sollen aus Sicht der Märkte den schnellen Wandel leben. Dies ist am Warenkonsum überaus deutlich geworden. Keine Ware, auch nicht die besonders begehrte und erwünschte, kann mehr auf Dauer etwas halten, was sie eben noch versprochen hat. Das Wesen aller Konsumwaren ist es, möglichst schnell zu Konsummüll zu werden, um Platz für neue Waren zu schaffen.

Dieser alltägliche Vorgang in allen Bereichen und Kategorien des käuflichen Lebens wiederum macht nun auch nicht vor der Kultur und insbesondere nicht vor der Bildung halt. Alle kulturellen Güter werden als Waren vom Konsumrausch erfasst und unerbittlich in den Müll getrieben. Dies erzeugt einen veränderten kulturellen Habitus. Bildung, Kulturtechniken, Werte usw. wollen ebenfalls als Konsumgüter konsumiert werden. Kritische Reflexionen sind deshalb z. B. als Massenware unattraktiv, es muss eine leicht konsumierbare Ratgeberliteratur geben. Selbst zu lesen ist aufwändiger als ein Hörbuch zu konsumieren. Verfilmungen helfen, Lesezeiten in ein sichtbares Medium zu verschieben und zeitlich zu verdichten. Konsumwaren wie Uhren, Autos, Immobilien usw. werden auf einmal zu Kulturwaren, über die auch in den vermeintlich hochkulturellen Kreisen mehr gesprochen wird als über klassische Bildungsfragen. Und mit dieser Umstellung zerfallen auch die kulturellen Erwartungen, denn der Bildungsmüll bringt notwendig einen veränderten kulturellen Habitus hervor. War es früher angesehen, selbst über die Bildung zu verfügen, die man dann ironisch belächeln konnte, weil man längst gesellschaftlich über seine Lehrer/innen hinausgewachsen war, so ist es heute wichtiger geworden, die feinen Unterschiede zwischen dem, was noch an Bildungswerten lohnt und dem, was individuell Spaß bringen kann, zu erkennen und spielerisch mit dem Wandel umzugehen. Die flüssige Moderne sieht es als individuelles Glück an, den kulturellen Habitus als Konsument zu feiern, wobei die ökonomische und soziale Lage recht schnell definiert, was es hier überhaupt zu feiern gilt.

Im Streben nach kultureller Bedeutsamkeit beschäftigen heute Kapitalbesitzer immer mehr Menschen mit hohen kulturellen Kompetenzen, um ihre Geschäfte zu regeln und zu managen. Sie müssen ihnen Freiheitsgrade lassen, die sogar in Widerspruch zu eigenen ökonomischen Interessen geraten können, weil sie als Angestellte zwar vertraglich für eine verbesserte Kulturalität der Kapitalisten sorgen sollen, aber dabei zugleich ihr freies Verständnis von Kultur bewahren und gestalten müssen, weil der Kapitalist selbst nicht mehr gelernt hat, was das ist oder sein könnte. So richten Designer das Haus ein, so wird auf kulturelle Expert/inn/en vertraut, wenn es um die Gestaltung des objektivierten kulturellen Kapitals geht, so werden die Kinder Eliteschulen überlassen, die mehr nach der Höhe des Preises als nach dem pädagogischen Konzept ausgesucht werden.

Der anwachsende kulturelle Müll beschleunigt die Halbwertzeiten des Wissens, die Konstruktionen dessen, was kulturell als bleibend und wertvoll angesehen wird. Dies ist dem Wissen und der Bildung selbst sehr abträglich. Denn es wird immer unentscheidbarer, was noch wirklich wichtig und was eher vergänglich geworden ist. Dies trifft auch die Wissenschaften, besonders alle Kulturwissenschaften, die selbst durch immer größere Unübersichtlichkeit gekennzeichnet sind, was die Produktion von Müll immer mehr erleichtert. Kurze Moden in immer kürzeren Abständen inflationieren auch die Wissenschaften mehr und mehr, was die *soft sciences* härter als die *hard sciences* trifft. Aber auch die *hard sciences* verbleiben, auch wenn sie noch näher an der Produktion von Waren und technologischem Fortschritt stehen, nicht verschont vom Druck, Müll zu produzieren. Ihr Müll zeichnet sich durch den schnellen Wechsel der profitablen Sphären von Forschung aus, von einer Abkehr von unprofitabler Grundlagenforschung oder einer Forschung in die Breite und der Zuwendung hin zu Bereichen, die besonders ertragsstark Gewinne für jene erbringen können, die finanzierend solche Forschungen steuern (vgl. Kapitel 6).

Gebrauchswert und Tauschwert im kulturellen Kapital

Um einen möglichst relevanten Habitus in der Kultur zu entwickeln, bemühen sich Individuen in der Regel darum, im Ringen um die Aneignung von Gebrauchswerten im kulturellen Feld möglichst viele Werte in all ihren nutzbringenden Formen zu sammeln, um diese dann im ökonomischen und sozialen Feld zum Einsatz bringen zu können. Je mehr dieser Vorgang in der Kultur breite Massen ergreift, um so mehr entsteht eine Paradoxie: Der eben noch hinlänglich sichere Gebrauchswert mit hohen Tauschwertchancen wie z. B. in Form des Abiturs als Bildungszertifikat wird dadurch entwertet, dass es immer mehr zu einem Allgemeingut geworden ist. Dies ist der Fluch der Konsumentengesellschaft, weil sie möglichst alle als Konsumenten etablieren will. Im Rahmen der Bildungsexpansion werden immer mehr Bildungszertifikate von immer mehr Menschen erworben, so dass ihre Konkurrenz die angestrebte Unterscheidung bereits wieder minimiert oder vernichtet. Der Kampf im sozial-ökonomischen Feld ist eine Konkurrenzsituation, die alle kulturellen Intentionen, die im Habitus angesammelt werden können, immer in einen Vergleich stellt. Eine Vergleichslosigkeit können sich eigentlich nur jene leisten, die aus dem Konkurrenzkampf entweder herausfallen, weil sie außergewöhnlich hohes ökonomisches oder soziales Kapital besitzen oder als Verlierer ohnehin nichts mehr zu gewinnen haben.

Was bleibt in diesen Übergangsprozessen dann aber noch konstant in den kulturellen Zugehörigkeiten? Es ist ein Wandel von den Inhalten hin zu den Prozeduren erkennbar, denn unterschiedliche kulturelle Milieus erkenne ich heute weniger an bestimmten Inhalten, die in diesem Milieu besonders gelten, sondern vor allem an dem *Gebrauch* der Bezugsnormen und der Qualität der Konsumgüter, die in Praktiken und Routinen handelnd umgesetzt werden. Und hier sind in kultureller Hinsicht mindestens vier Perspektiven sehr unterschiedlich entwickelt:

1. Menschen definieren ihren kulturellen Status sehr stark aus ihren Hoffnungen, Erwartungen und den kulturellen Anschlüssen, die sie bereits besitzen. Sie finden kulturelle Ansprüche und Zufriedenheit mit einem kulturellen Status besonders dann, wenn ihre kulturellen Möglichkeiten diesen Erwartungen entsprechen und vom Einkommen und verfügbarer Zeit her gelebt werden können. Ein möglicher Zugang, solche Erwartungen und Hoffnungen zu beschreiben, sind Studien zur Zufriedenheit und zum Glück, das Menschen in ihre Lebenslagen hineinprojizieren.[116]

2. Kulturelle Zugehörigkeiten sind immer soziale Zuschreibungen, die jemanden als einen Teil der Kultur zeigen und die im Vergleich zu anderen eine Position, einen Rang oder Platz in den vorhandenen Feldern der Kultur zuweisen. Kultur kann mit sehr unterschiedlichen Kosten gelebt werden, aber die kulturelle Vergleichsgruppe, die sich von anderen Gruppen mit einem Mehr oder einem Weniger oder alternativen Formen von Kultur absetzt, trägt zur Positionierung bei und verursacht Ansichten über die eigene Zufriedenheit im kulturellen Spektrum. Dies führt wesentlich zur Befriedigung des eigenen kulturellen Habitus und Status. Hier besteht auch die Chance bei sehr geringen ökonomischen Ressourcen, gerade gegen die Kapitalisierung alternative Formen kultureller Gebrauchswerte anzusammeln, deren Intention nicht im profitablen Verkauf, sondern z. B. in sozialen Austauschformen liegt.

3. Kulturelles Kapital manifestiert sich zunächst in kulturellen Besitztümern, die materiell greifbar sind und gehandelt, getauscht, ge- und verkauft werden können. Dieser Teil ist in einem kulturellen Warenkorb messbar. In ideellen Vorstellungen über Kultur, die kaum einen materiellen, aber hochgradig einem imaginären, geistigen oder sozialen Wert entsprechen, sammeln sich persönliche Kompetenzen und Qualitäten, die als Gebrauchswert schwer zu bemessen sind und zunächst auch kein Kapital bilden, aber

---

116 Vgl. zum Überblick mit ausführlichen Verzeichnissen http://worlddatabaseofhappiness.eur.nl/.

Vorbedingungen einer späteren Kapitalisierung auf den Märkten darstellen. Hier ist insbesondere eine Zunahme kultureller Gebrauchswerte in der virtuellen Darstellung der eigenen Person über das Internet erkennbar.

4. Kulturelle Werte stehen in enger Verbindung zu neuen Formen der Arbeit, Kommunikation und Information. Castells (1996, 229) führt dafür z. B. an, dass es zunehmend mehr unterschiedliche Serviceleistungen im Bereich der Produktion und Dienstleistungen gibt, wobei Dienstleistungsjobs stark in unterschiedlichen Formen anwachsen. Auch Managementaufgaben werden in vielen Bereichen benötigt, sie bieten eine Aufstiegschance für eine neue Angestelltengruppe oder auch Freiberufler. Zugleich werden Marketing- und Arbeiten im Informationssektor und den Medien immer bedeutsamer und vielfältiger. Die Wissensgesellschaft, eine Ökonomie des Wissens (*knowledge economy*), tritt sowohl in Form von Waren als auch Dienstleistungen auf, die kulturelle Gebrauchswerte mit Tauschwerten verbinden oder aus dem Tauschwertdenken heraus besonders profitabel zu veräußernde Gebrauchswerte fertigen und bewerben.[117] Dort, wo die industrielle Produktion immer an die Grenzen der Materialität der Waren stößt, scheint die *knowledge economy* freier agieren zu können. Firmen wie Google und Facebook sind Beispiele für eine neue Industrie, die keine großen Maschinen und große Produktionsstätten mehr benötigt. Dies geht damit einher, dass sich gleichzeitig Beschäftigungen im höheren und niedrigen Gehaltsbereich eröffnen. Tendenziell scheint es so, dass, auf lange Sicht gesehen, die höherwertigen Arbeiten stärker anwachsen könnten als die niedrigen, was zu neuen kulturbezogenen Ansprüchen führen würde. Allerdings warnte Castells schon in den 1990er Jahren davor, aus solchen Entwicklungen in Teilbereichen der Informationsgesellschaft, die für manche Beschäftigten eine verbesserte und qualifizierte Tätigkeit bieten können, auf eine kulturelle Höherentwicklung der Gesellschaft insgesamt zu schließen. Zu widersprüchlich ist die unterschiedliche ökonomische und soziale Entwicklung unterschiedlicher Länder und Personengruppen, so dass trotz der globalen Effekte auch die Kulturen sich in ihren Anspruchsformen noch deutlich unterscheiden. Ein wesentlicher Grund hierfür liegt in den Beschäftigungsstrukturen, wie Morrow/ Torres (2000, 35) folgern, die immer einen wichtigen Hintergrund für die Chancen und Begrenzungen kulturbezogener Kompetenzen und Unterschiede bilden.

Der unmittelbare Nutzen kultureller Gebrauchswerte oder eines objektivierten kulturellen Kapitals lässt sich vor diesem Hintergrund für die materiell fassbaren Gebrauchswerte sehr klar, aber für die ideellen nur hypothetisch ermitteln. Kosten-Nutzen-Überlegungen, die im ökonomischen Bereich auftreten, lassen sich für den hypothetischen Teil nicht einfach aufstellen. In den Nutzen-Theorien gab es bereits in den 1930er Jahren einen Verständniswandel, der daher rührte, dass man die Messbarkeit von Nutzen überhaupt in Frage stellte (vgl. Robbins 1932, Frey/Stutzer 2002). Nutzen muss sehr eng gefasst werden, um überhaupt gemessen werden zu können. Je mehr wir jedoch in das sehr offene Feld der Kultur und ihrer zunehmenden Diversität in der flüssigen Moderne wechseln, desto schwieriger ist es, auch jenen Nutzen konkret zu erfassen, der in Motiven, Motivationen und Interessen, Imaginationen und Visionen, im Begehren und der Durchhaltefähigkeit von Menschen besteht, der auch ein-

---

117   Peters u.a (2009) und Marginson u. a. (2010) beschreiben die *knowledge economy* in ihren Beziehungen insbesondere zu Fragen der Kreativität, Mobilität und im Blick auf soziale Wirkungen.

schließt, scheinbar unerreichbare Ziele zu verfolgen. Man hat sich in der Forschung damit geholfen, empirisch den Nutzen daran festzumachen, dass man nicht vom Nutzen, sondern den
Wahlen der Individuen ausgegangen ist, die bestimmte Waren und Güter bevorzugen, um aus
dieser Wahl dann indirekt deren Nutzen abzuleiten. Dieser Wechsel entstand nicht zufällig,
denn mit dem wachsenden materiellen und damit auch kulturellen Wohlstand der – seitdem
oft auch als Wohlstandsgesellschaften bezeichneten – Industrieländer wechselt die Perspektive vom Nutzen der Produktion auf die Wahl nützlicher Konsumtion. Hier muss die Empirie
aufpassen, dies nicht bloß noch als Konsumgewohnheiten zu messen, um so das kulturelle
Kapital sehr einseitig aufzufassen. Ohnehin ist zu bedenken, dass Wirklichkeitskonstruktionen nicht nach dem zu bemessen sind, was Empirie mit ihren gegenwärtigen Methoden kann,
sondern wie sie erweiternd eingesetzt werden könnte, um auch komplexeren Fragestellungen
nachzugehen. Und hier fehlt es insbesondere an scharfsinnigen empirischen Untersuchungen, die genauer klären, welche tatsächlichen Kosten in die Gebrauchswertseite kultureller
Handlungen eingehen und wie sich diese dann in konkrete Tauschwerte umsetzen lassen. So,
wie wir einen sozialen Warenkorb in der Empirie benötigen, müsste ein kultureller Warenkorb uns genauere Angaben zur geldwerten Relevanz der kulturellen Tauschwertseite geben.

Eine Balance zwischen Gebrauchs- und Tauschwerten im kulturellen Handeln zu finden,
das ist die Aufgabe in der Kultur, der sich jede/r zu stellen hat. Ein Teil der eigenen Subjektivität, annehmend, abwägend oder widerstreitend, wie es Stuart Hall (1980 a, b) z. B. dachte,
steht in Spannung mit gesellschaftlichen Formen der Lebenswelt, der Ökonomie, des Sozialen, Kulturellen. Kultur ist dabei nicht mehr, wie die bürgerliche Aufklärung noch dachte, ein Gut »an sich«, dessen Sittlichkeit jenseits profanen Nutzens in ihm selbst liegt und
das überhaupt nicht messbar, sondern allenfalls individuell und kollektiv empfindbar, erlebbar, in künstlerischer Weise in »höchster Formvollendung« darstellbar ist, sondern ein Gut
oder Wert, der nachgefragt und angeboten wird und in der Nachfrage der Konsumenten seinen Tauschwert über seinen Gebrauchswert hinaus überhaupt erst herstellt. Dies gilt für alle
profanen Kulturgüter, die als materieller Reichtum (das wiederkehrend aufgeführte Muster:
mein Auto, mein Boot, mein Haus usw.) die Welten bevölkern ebenso wie für höhere geistige
Güter (meine Bilder, Bücher, Datenbanken, Einrichtungsgegenstände usw.), die ich erst über
den Markt kaufen muss, um sie als meinen kulturellen Kosmos zu konsumieren. So sehr sich
viele Menschen einen radikalen Wandel und eine Alternative hierzu auch wünschen, eine
Freiheit von den Tauschbeziehungen und der Kapitalisierung können sie in den gegenwärtigen Gesellschaften auch nur in anderen alternativen Tauschläden finden. Dieser alternative Tausch jenseits der Massenproduktion ist in der Regel dann aber noch deutlicher teurer.
Hierbei mag die Illusion wachsen, von allen Märkten und Tauschgeschäften frei eine eigene
Kultur ohne Gedanken an Nutzen, Tausch, Aufstieg, Karriere, Einkommen, Anerkennung
usw. zu leben – auch wenn dies sehr unwahrscheinlich ist, denn dann müsste auch eine kulturelle Einsamkeit und ein Verzicht auf kulturelle Vereinnahmungen durch andere immer
gleich mitgedacht werden. Kulturelle Gruppenbildungen nach eigenen Interessen versuchen
dies immer wieder scheinbar gegen alle Marktbewegungen zu demonstrieren, aber sie unterliegen bei näherer Betrachtung meist nur einer Illusion der Zweckfreiheit. Denn der bei
ihren Handlungen ausgeprägte kulturelle Habitus kann sich kaum frei davon sprechen, in
Kooperation und Kommunikation dann Transferleistungen in Richtung einer Konvertierung

in Tauschwerte zu erzielen, wenn sie einen Markt betreten, der über den privaten Austausch ohne Gewinninteressen hinaus zumindest ihre Kosten decken soll.

Das Ökonomische erschien gegenüber dem Kulturellen früher oft als profan und unwürdig. Bekannt sind die Karikaturen insbesondere von Neureichen aus der Sicht der kulturell Arrivierten, aber die Entwicklung der Kultur hat dieser Unterscheidung nicht standhalten können, weil der sichtbare Ausdruck kulturellen Handelns immer auch in materiellen Gütern erscheint. Der Wandel im kulturellen Selbstverständnis der Moderne ist vor diesem Hintergrund gewaltig. Wo Kultur früher als ein individuelles bis kollektives Ereignis gedacht wurde, in dem das Individuum mühsam durch Lern- und Bildungsarbeit zum Olymp wahren und umfassenden Wissens, ästhetischer und persönlicher Reife und Sittlichkeit aufsteigen sollte, was oft idealisierend nicht vom ökonomischen Status abhängig gedacht wurde, da zeigt die Kapitalisierung der kulturellen Welt bis heute das genaue Gegenteil an:

- Kultur und Bildung wurden und werden nicht unabhängig von der sozialen und kulturellen Herkunft selbst erworben, d. h. die kulturellen Zugänge sind sehr unterschiedlich für die Menschen nach ihrer ökonomisch-sozialen Lage verteilt, was Inklusion und Exklusion sowie Besitz und Besitzlosigkeit in vielfältigen Formen auch für die kulturellen Chancen anzeigen.

- Kultur ergibt sich heute nicht mehr vorrangig aus der Tradition und nationalen Besonderheiten, so dass nationalistische Ideologien mehr und mehr zurückgedrängt werden (obwohl sie immer noch Einfluss haben und immer dann zum Einsatz kommen, wenn gegen eine vermeintliche Überfremdung der Kultur gestritten wird).[118]

- Kulturgüter in Form anerkannter Waren als Kunst, Architektur, Titel und Abschlüsse, symbolischer Vermächtnisse und Verdienste[119] sind umfassend mit eigenem ökonomischen Kapitalbesitz verbunden, weil sie stets kostspielig sind.

- Kulturschaffende selbst sind auf Einkünfte angewiesen, die ihnen entweder von Kapitalgebern im Tausch gegen ihre Werke oder vom Staat geboten werden, um überhaupt kulturelle Arbeit verrichten zu können.

Im Blick auf diesen Wandel bedürfen auch die Kapitalformen Bourdieus heute einer Neudeutung. Vor allem das kulturelle Kapital zeigt sich in Auflösungserscheinungen, die zu berücksichtigen sind. Dies war im Grunde schon länger deutlich, denn die aus der französischen Kultur abgeleiteten rigiden Kulturunterschiede zwischen Schichten und Klassen von Menschen hatten an anderen Orten der Welt längst nicht die unterscheidende Bedeutung.[120] DiMaggio und Mohr hatten bereits behauptet, dass ihre US-amerikanischen Studien zeigten, dass der Zusammenhang zwischen kulturellem Kapital und sozialer Herkunft nicht so stark wirkte, wie man nach Bourdieu annehmen musste. Dieser Befund hängt mit der Bildungs-

---

118 So etwa bei Huntington (1996), dessen Kampf der Kulturen aus der Sicht einer gespaltenen Welt argumentiert, in der unterschiedliche Kulturen in einen notwendigen Kampf geraten. Dabei fokussiert seine Interpretation auf die Gegensätze in der Diversität, aber weniger auf die Chancen durch Diversität.

119 Vermächtnisse wirken als unmittelbare normative Hinterlassenschaften an die Nachkommenschaft, sich an diesem Vorbild zu orientieren, Verdienste als geleistete Anerkennungen, die mittelbar auf die Nachkommen wirken, es den Vorbildern gleich zu tun. Zu den familiären Folgen solcher Delegationen vgl. Stierlin (1982).

120 Hartmann (2007) zeigt, wie unterschiedlich Eliten in den Ländern gebildet werden. Frankreich und England gelten hierbei als besonders elitär strukturiert.

expansion zusammen. Wenn mehr Menschen Bildungserfolge haben, dann zeigt sich eine partielle Entkopplung der privilegierten kulturellen Klassenlage von den kulturellen Ergebnissen, die auch unteren Schichten zunehmend mehr als möglich erscheinen. Dies bedingt dann eine soziale Mobilität nach oben, d.h. es entstehen Aufstiegschancen. Aber gegen solche Aufstiegschancen sprechen im Vergleich der Konkurrenten immer wieder die Wirkungen des sozialen Kapitals und des bevorrechtigten kulturellen Habitus, der bei Bewerbungen um die besseren Stellen sich nachhaltig durchsetzt, weil diese Bewerber/innen bevorzugt eingestellt werden oder schneller Karriere machen. Zudem zeigen sich starke Länderunterschiede in der Breite der Bildungsexpansion wie in den realen Aufstiegschancen oder Abstiegsrisiken. Als Regel gilt hier, dass bei einer Konkurrenzsituation diejenigen bevorzugt werden, die einen kulturellen Hintergrund aufweisen, der zum Einstellenden passt. Bourdieu konnte bereits in seiner Forschung erkennen, dass durch die Bildungsexpansion eine Inflationierung der Bildungstitel einsetzte, die nach neuen Unterscheidungsmerkmalen verlangte, wenn Eliten sich von den Massen abheben wollten.

Für die Gebrauchs- und Tauschwerte ist eine dreifache Schichtung ist in der kulturellen Bildung immer offensichtlicher geworden: (1) Es gibt Eliten, die auf besondere Zertifikate ausgesprochen teurer Bildung setzen, (2) bürgerliche Schichten orientieren insbesondere auf öffentlich zugängliche Bildungstitel im Rahmen der Bildungsexpansion und suchen eine breite Basis kultureller Bildung, (3) dequalifizierte Menschen, die als bildungsfern gelten und deren kulturelles Kapital als insgesamt gering angesehen wird, bleiben in ihren kulturellen Gebrauchswerten besonders beschränkt. Vor dem Hintergrund dieser Entwicklung will ich das kulturelle Kapital hier neu bestimmen. Es behält für mich seine Besonderheit als eigene Kapitalform, aber sowohl Teile der Bildung, die es ausdrückt, als auch die Dimension des Körpers, die in ihm enthalten sind, haben sich für mich längst als eigenständige Dimensionen erwiesen, die teilweise auch gegen das Feld des Kulturellen streiten, sich abheben, andere soziale Räume, Positionen und Lagen zeigen und eine differenziertere Bestimmung erforderlich machen.

Erziehung und Bildung verwandeln sich vom kulturellen Kapital in Lernkapital
Betrachten will ich dies kurz für das kulturelle Bildungskapital gegen das Lernkapital, wie ich das institutionalisierte kulturelle Kapital in Kapitel 6 neu bestimmen werde. Bildung gilt bisher meist als ein Teil des kulturellen Kapitals. Dazu gehören Werte, Normen, kulturelle Praktiken wie Kunst, Musik, Lesen, Schreiben, Dichten und allerlei Beschäftigungen von den Museums- und Theaterbesuchen bis hin zu eigenen kulturellen Anwendungspraktiken in der Kommunikation, beim Essen und Trinken, im Werben um Beziehungen, in der Höflichkeit und im Benehmen, im Alltag allgemein. Aber die feinen Unterschiede, die Unterschiede machen, lassen sich heute nicht mehr bruchlos in einem kulturellen Kapital darstellen. Es gibt drei Kräfte, die auf die Erodierung des kulturellen Kapitals einwirken:

1. Die kulturellen Gebrauchswerte haben an Macht eingebüßt, um für die sozialen Klassen und Milieus noch hinreichend und eindeutig unterscheidend zu wirken. Die Konsumgesellschaft kulturalisiert alle Waren, so dass die Trennlinie zwischen hoher und niedriger Kultur immer stärker über den Preis der Konsumgüter statt über den mühsamen Erwerb kultureller Bildung bestimmt wird. Zwar gibt es in diesem Feld durchaus einen Unterscheidungswettbewerb zwischen den kulturellen Akteuren, um Bevorrechtigungen

der eigenen kulturellen Position zu markieren, aber die Tauschwertrelevanz auf den kulturellen Märkten relativiert alle Alleinstellungsmerkmale. Die besitzende Klasse sucht weiterhin nach Distinktionsmerkmalen, aber sie findet diese heute zunehmend in der profanen Welt der Preisunterschiede.

2. Die Bildungsexpansion führt dazu, dass kulturelle Bildung als Unterscheidungsmerkmal unter Druck gerät und neuer Differenzierung bedarf. Auch hier wirkt die Preisbildung zunehmend als Unterschied, der Unterschiede macht. Es entstehen neue Konfigurationen einer Kapitalisierung der Bildung, die sich weltweit durch eine Zunahme an Privatschulen, elitären Bildungseinrichtungen, Abgrenzungen der Bildungseinrichtungen nach Wohnorten, Klassifizierung der Bildungsabschlüsse nach Rängen usw. ausdrücken. Diese Unterschiede sind so wesentlich geworden, dass sich das Lernkapital als eine eigene Konfiguration ausmachen lässt, die sowohl einen Querschnitt aus allen anderen Kapitalformen bildet als auch ein eigenständiges und gut zu unterscheidendes Feld der Kapitalisierung bietet. Dieses Feld hat sich ausgebildet, um die Verluste an Unterscheidungen im kulturellen Kapital für die besitzende Klasse auszugleichen und die Chancen auf Teilhabe insbesondere für die mittleren Schichten zu erhöhen.

3. Die Erziehungs- und Bildungssysteme haben in ihren institutionalisierten Formen als Bürokratien ein Eigenleben entfaltet, das in Teilen immer den kulturellen Entwicklungen hinterherläuft und in seine Lehrplänen und Methoden nie effektiv genug an die Lebenswelterwartungen angepasst ist. Damit signalisiert dieses System weniger eine »wahre« Bildung, die sie gegen die Konsumgesellschaft verteidigt, sondern meist eher eine umfassende Bürokratie, in der die Prozeduren der Rangvergleiche, vermeintlich objektiver Bewertungen, zertifizierender Verfahren und selektiver Praktiken oft vor die kulturellen Inhalte rücken. Dies reicht vom Kindergarten bis hin zum Qualitätsmanagement in Betrieben (vgl. dazu Lütke 2007). Auf dieses System wirken alle wissenschaftlichen wie berufsbezogenen Fächer und systemangepasste Lehrende als Lobbygruppen ein, um immer mehr Stoff und formale Kontrollen ins System zu pumpen und dabei als heimlichen Lehrplan eine Überfrachtung mit zu konsumierenden Inhalten bei zu wenig Zeit zu initiieren, was zu einer Steigerung von Vergessensraten statt zu umfassender Bildung führt. In dieser Überforderung gibt die Institution ihre Überlast an die Lernenden weiter und suggeriert den Erfolg eines Systems, das weniger Kultur bewahrt und entwickelt, sondern zunehmend Lernen zertifiziert und auf Zertifizierungsprozeduren abrichtet.

Vor dem Hintergrund dieser drei Kräfte ist erkennbar, dass das Lernkapital aus dem kulturellen Kapital als eigenständige Form herauswächst. Die kulturellen Gebrauchswerte werden im Lernkapital neu konfiguriert, denn nun ist es nicht mehr wie früher immer und eindeutig wichtig und entscheidend, dass

•   zum Erwerb von Bildungstiteln in Form von Credits und Zertifikaten eine breite Allgemeinbildung oder ein bestimmtes kulturelles Benehmen in einem engeren Sinne vorliegen müssen,

•   ein Musikinstrument oder andere »edle« Kulturtechniken erlernt oder gekannt werden müssen, um zu Höchstleistungen auch in anderen Bildungsfeldern zu gelangen oder in der Gesellschaft hinreichend Anerkennung zu erhalten,

- massenhaft z. B. »gute« Bücher gelesen sein müssen, um ein gutes Zertifikat zu erhalten,[121]
- eine Hochkultur an der Kenntnis bestimmter Komponisten, klassischer Musik, an Opern oder Theaterstücken, durch Teilnahme an bestimmten kulturellen Veranstaltungen überhaupt noch umfassend sichtbar werden muss, weil sie für viele als nicht mehr wesentlich für den aktuellen kulturellen Habitus angesehen wird.

Vor diesem Hintergrund kann für mich die Verteilung von Kulturgütern in allen drei von Bourdieu geschilderten Formen nicht mehr durchgehend Auskunft über den Erfolg der Bildung geben. Beobachtbar ist vielmehr in den letzten Jahrzehnten in der Bildung, dass es eine zunehmende Trennung von kultureller Bildung im weiteren Sinne und einer Zertifizierung von Lernen gibt, die nicht gleichbedeutend mit umfassender oder allgemeiner Bildung mehr sein muss. Darin spiegelt sich auch der Untergang des klassischen Allgemeinbildungskonzeptes deutscher Provenienz, das mit Humboldt lange hochgehalten wurde. Bereits das Gymnasium zeigte im Rahmen der Bildungsexpansion und der vielen neuen Wissensgebiete, die aus den Fachwissenschaften eindrangen, dass die klassische Bildungsbreite anachronistisch zu den Bedürfnissen einer flüssigen Moderne geworden ist, die stets Ballast von Innovation unterscheiden muss. Dies ist ebenfalls eine Paradoxie: Je mehr in der Bildung nach mehr Wissen gerufen wird, desto unwahrscheinlicher wird ein allseits gebildeter Mensch, der auf vertraute Werte und Lektüren bauen kann. Dies ist die Geburtsstunde des Lernkapitals.

Gebrauchs- und Tauschwerte kulturellen Kapitals im Wandel

Mit meiner Unterscheidung von kulturellem und Lernkapital wird der Ansatz von Bourdieu um ein neues abgrenzbares Feld präzisiert. Das Erziehungs- und Bildungssystem reproduziert zwar in der Tat die Sozialstruktur, indem es die kulturelle Reproduktion vor allem nach vorhandenen kulturellen Besitzständen vor dem Hintergrund ökonomischer und sozialer Lagen spiegelt und transformiert, aber es spaltet diesen Prozess zusätzlich auch noch in zwei Prozessebenen auf:

1. Erziehung und Bildung reproduzieren und produzieren aktiv einen kulturellen Habitus, der sich durch eine Vielzahl an kulturellen Orientierungen auszeichnen und vielfältig entwickeln kann. Hier ist es in erster Linie das Elternhaus, das Ressourcen durch vorhandene kulturelle und soziale Gebrauchswerte als auch ökonomisches Kapital bereithält, um solche Bildung überhaupt zu ermöglichen und zu fördern. Hier entsehen bestimmte kulturelle Milieus, die jedoch nicht zwangsläufig den Mustern »reich gleich gebildet« oder »arm gleich bildungsfern« in jedem Fall folgen müssen, wenngleich ein tendenzieller Druck zur Bewahrung der je schon erreichten sozialen Lage eindeutig wirkt. Aber die kulturellen Werte und Normen und Praktiken erfahren ihre eigene kulturelle Entwertung, indem die Kapitalisierung aller Lebensbereiche in den letzten Jahrzehnten insbesondere die Künste, Wissenschaften und kritische Reflexionsarbeiten als Tätigkeiten demontierte, die weniger Zugewinn an Einkommen und Status versprechen als Aktien- und Immo-

---

121 Ein Teil der Forschung untersucht insbesondere den Erwerb kulturellen Kapitals durch Leseverhalten, ein anderer durch Kulturkonsum. Beide Indikatoren sind zwar interessant, aber sie greifen auch zu kurz, weil sie nur Teilbereiche des kulturellen Kapitalerwerbs untersuchen. Durch die Aufteilung in kulturelles und Lernkapital lässt sich eine deutlichere Trennschärfe in solche Untersuchungen bringen.

bilienhandel oder andere profane Geschäfte, für die nur ein Mindestmaß an kultureller Bildung, aber ein hohes Maß an zertifiziertem Erfolg und Expertise durch ausgewiesene Studien (= Lernkapital) plus Sozialkapital erforderlich ist. Vor diesem Hintergrund wird das Lernkapital, das ich in Kapitel 6 ausführlich bestimme, als ein Feld neuer Unterschiede über die verlorene Trennschärfe des Kulturellen hinaus immer wichtiger.

2. Zwar kann man auch heute noch Bourdieu zustimmen, dass sich ökonomisches Kapitals in kulturelles transformieren muss, um zu Bildungstiteln zu führen, die den Inhabern und Inhaberinnen der Titel dann wiederum geldwerte Vorteile versprechen, aber die erfolgreichen Kapitalbesitzer müssen dabei zur besseren Distinktion längst nicht mehr klassische Literatur, Musik und Kunst, ritualisierte Konventionen auf höchstem bürger-lichen Anspruchsniveau beherrschen, um in die wirtschaftlichen Eliten aufzusteigen. Auch hier hat sich das kulturelle Feld geteilt: Einerseits bleiben kulturelle Ansprüche in gewissen Teilen an den kulturellen Habitus als Unterscheidungsmerkmale bestehen, aber der breite Erwerb kultureller Qualifikationen wirkt immer weniger trennscharf. Hier scheint es sogar so, dass insbesondere vor allem die Mittelschichten noch auf das alte Modell der kulturellen Bildung setzen, weil sie hier Aufstiegsszenarien imaginieren, die längst in andere Felder verschoben sind. Andererseits verlagern sich die Unterscheidungen des kulturellen Feldes in eine kulturell neue und spezifische Welt des Lernkapitals, das eine Zertifizierung der Bildungs- und Verhaltensleistungen nach dem Muster selektiver Bürokratien durchführen kann. Die »wahren« Unterschiede müssen dann an den Top-Schulen und Universitäten sehr teuer bezahlt werden. Weltweit wird auf Unterschiede nach öffentlichen und Privatschulen und auf Selektion durch Studiengebühren gesetzt. In Deutschland wird die Selektion durch übertriebene Selektivität im Schulsystem selbst gelöst. Der kulturelle Ballast aber wird weltweit immer unnötiger, die Lehrpläne und Kompetenzausrichtungen werden eher gestrafft, um kulturelle Flexibilität zu er-möglichen. Allerdings gibt es hierbei große nationale Unterschiede. Tendenziell sollen verstärkte Handlungsorientierungen einer besseren Verbindung von Schule und Leben dienen. In Deutschland versucht man die unmögliche Aufgabe, den Stoff möglichst vieler Fächer zu erhalten und zu erweitern, was Handlungsorientierungen verunmöglicht und dem Auswendiglernen eine neue Blütezeit beschert. Je mehr dann Hochschulen wegen Überfüllung in ihren Zertifizierungsprozeduren auswendig Gelerntes abfragen, bleibt der Sinn der bürokratisierten Parallelwelt erhalten. Nur für die Berufs- und Lebenswelt bringt er immer weniger ein. Für die dabei erfolgreichen Teilnehmer/innen rückt das objektivierte Lernkapital in Verbindung mit Sozialkapital immer mehr in den Vorder-grund ihres Wünschens und ihrer Gespräche, und das alte kulturelle Kapital mag etwas für die erfolgloseren Berufe der Künstler/innen, Wissenschaftler/innen oder Lehrenden und schließlich auch für das aufstrebende Kleinbürgertums sein.

Im Kapitel über das Lernkapital werde ich darlegen, wie dieser Ablöse- und Übergangspro-zess erfolgt und unaufhaltsam voranschreitet. Er entlastet die Besitzenden oder Aufstreben-den in den sozialen und kulturellen Lagen von Lasten, die nicht mehr zu den aktuellen Kon-sumgewohnheiten und auch nicht zu den Rekrutierungspraktiken für bessere Positionen in einer durchgehenden Konsumorientierung passen. Insbesondere Deutschland wehrt sich mit seinem humanistischen Gymnasium und der Sehnsucht nach großer Allgemeinbildung noch gegen diese Tendenz, hat aber längst schon verloren, weil weltweit die Bildungsinhalte der kulturellen Bildung stark schrumpften und mehr und mehr ohnehin durch austauschbare Module relevanten Lernstoffes aus der Sicht der wissenschaftlichen Fächer, die auf die Schulfächer wirken, bestimmt werden. In der Praxis zeigt das deutsche Zentralabitur mit seinem Stoffsammelsurium bereits, wie wenig es noch gelingen kann, tatsächliche Bildung statt bloßes Fachwissen mit hohen Vergessensraten zu vermitteln.

Wie sehr dieser Wandel bereits stattgefunden hat, das sehen wir heute an den so genannten »brotlosen Künsten«. Zu diesen gehören mehr und mehr die kreativen, kulturell umfassenden, gebildeten, reflektierten und vor allem gesellschafts- und sozialkritischen Reflexionen, die viel Zeit kosten, aber deren Ertrag nach Einkommen, Sicherheit des Arbeitsplatzes, Anerkennung der gesellschaftlichen Stellung eher gering im Vergleich zur Wirtschaft und den Banken ausfällt. Wer sich »wirklich« zur Elite zählt, so Hartmann (2002, 2007), der erwirbt Lernkapital in wirtschaftlich relevanten Feldern und kann sich mit einem Mindestmaß an kultureller Bildung begnügen, so lange das Sozialkapital stimmt und der Habitus großbürgerlichen Selbstwerts mit hoher Selbstbehauptungstendenz ausgeprägt bleibt. Manager und Banker diskutieren dann nicht mehr über Goethe und Schiller, Dali oder Picasso, sondern über das angemessene Auto, die beste Uhr und die aktuell angesagte Immobilie. Wenn sie ihre Häuser einrichten, dann werden wir Goethe und Schiller als antike Ausgabe in der edel angelegten Bibliothek und gelegentlich einen Dali oder Picasso als Besitzstand an der Wand zur Demonstration ihrer Klasse aber auch – ausgesucht von kulturellen Expert/inn/en – finden. Zugleich werden diese mehr und mehr durch technische Virtualisierungen ersetzt, weil Kultur sich in der Bedeutsamkeit verändert, sofern Statussymbole auch anders als traditionell gewonnen werden können.

In diesem Wandel drückt sich der Übergang vom klassischen Unternehmertum mit gebildetem Habitus und einer repräsentativen Haltung zur Kultur hin zum *shareholder value*, das sein Geld mit beschleunigten und konsumorientierten Ansprüchen verbindet, sehr gut aus. Damit verändern sich auch Bildungsungleichheiten wie Ungleichheiten im Erwerb der Gebrauchs- und Tauschwerte des kulturellen Kapitals:

- Der inkorporierte kulturelle Gebrauchswert, den man heute vorbereitend zur Erhöhung der eigenen Geltung auf den Märkten benötigt, lässt sich offener fassen und gestalten, indem er als Tauschwert neue Differenzierungsformen durch Privatschulen und Eliteuniversitäten mit hohen Gebühren findet, in denen zwar kaum mehr gelernt und gebildet wird als an anderen Stellen, aber das besondere Zertifikat der besonderen Institution bereits die Vorteile festschreibt, die durch den Einsatz ökonomischen Kapitals investiert werden.[122]

- Bildung erweitert sich damit als Konsum und die Aneignung von Konsumpraktiken wird oft mit Bildung verwechselt. An die Stelle eines kulturell begreifenden Habitus, der wissen will, welche Kulturgüter er kauft, kann ein monetärer Habitus treten, der nach dem Preis bestimmt, wie kulturell wertvoll etwas ist. Eine Heerschar von Beraterinnen und Experten hilft, indem sie etwas als kulturell deklariert, was nur ein Markt geworden ist.

---

122 Zumindest kann dieses Mehr nicht so hoch in der Differenz sein, wie ein Vergleich zwischen einem Studium in München oder Köln im Gegensatz zu Harvard oder am MIT an Kostenunterschieden offenbart. Wenn ein Studium hundertfach so teuer ist, so wird mit Gewissheit nicht hundert Mal so viel gelernt, auch wenn die Universität besser ausgestattet ist.

- Bildung hat sich durch seine Halbwertzeiten ohnehin selbst ad absurdum geführt. Um-fangreiches Wissen mag für Gedächtniskünstler und Wissenshows im Fernsehen noch geeignet sein, aber als kulturelles Kapital fungiert dies kaum mehr. Entscheidend ist das Zertifikat, wie z. B. die Hochschulreife oder der Hochschulabschluss, und der viele Lernstoff in der Ausbildung dient heute immer mehr zur Kontrolle der Zertifizierung als zum Aufbau einer tatsächlich kulturellen Bildung oder einer handlungsbezogenen Kompetenz. Allenfalls angewandte Wissenschaften machen hier partielle Ausnahmen, aber in der Bachelorisierung der Studiengänge wird eher ein Lernfutter geboten, das in Modulprüfungen dann bruchstückhaft zur Zertifizierung verarbeitet wird. Zertifizierung dient der Selektion, danach kann das eigentliche Leben beginnen.

- Wenn in der Erforschung des kulturellen Kapitals noch die Vertrautheit mit den Küns-ten und literarischen Formen stark im Vordergrund standen, um hieraus Aussagen über spätere Erfolgschancen zu machen (vgl. z. B. DiMaggio 1982, DiMaggio/Useem 1978 a, 1978 b, DiMaggio/Mohr 1985; Mohr/DiMaggio 1995), so erscheint dies heute bereits als veraltet, weil nunmehr spezifische Zertifikate von gerankten Institutionen im Vordergrund stehen, und in deren Lehrplänen werden Künste und Literatur immer randständiger. Deshalb stimmt auch die Aussage nicht mehr bruchlos, dass sich aus einem hohen kulturellen Kapital (also einem hohen Gebrauchswert der Bildung der Herkunfts-familie) zwangsläufig eine hohe Bildungs- und darüber eine gute Einkommenschance ergibt. Elternhäuser mit hohen kulturellen Gebrauchswerten mögen zwar insgesamt mehr hohes kulturelles Kapital bei ihren Nachkommen produzieren helfen, aber für die Zertifizierung der elitären Bildung, die in die noch besseren und insbesondere elitären Kreise führt, muss hohes ökonomisches und soziales Kapital notwendig hinzutreten. Allein mit kulturellem Kapital mag man es noch in klein/bürgerliche Milieus schaffen.

- Insoweit ist das Reproduktionsmodell sozialer Ungleichheiten durch kulturelle Ge-brauchs- und Tauschwerte neu zu durchdenken. Zwar verfügen die Kinder aus kulturell bildungsstärkeren Kreisen über mehr Gebrauchswerte als Kinder aus bildungsfernen Schichten. Zwar zeigt sich der kulturell bessere Tauschwert über den besseren Bil-dungserfolg, der sich auch auf die soziale Lage auswirkt. Aber nun treten zugleich neue Differenzierungsformen auf, die im Rahmen der Bildungsexpansion das Zusammenspiel von Gebrauchs- und Tauschwerten relativieren (vgl. dazu ausführlich Kapitel 6).

Virtuelle Gebrauchswerte in der Kapitalisierung

Massenmedien und Internet haben Veränderungen in den Erwerbs-, Konsum- und Vertei-lungsszenarien kultureller Handlungen bewirkt, die als zunehmende Virtualisierung der Ge-brauchs- und Tauschwertseiten beschrieben werden können. Obwohl die kulturellen Prakti-ken davon nicht im Ganzen betroffen ist, so sind im Laufe weniger Jahre zunehmend größere Teile unter den Einfluss solcher Virtualisierung geraten. Die Medien haben neben der Ge-brauchswert- vor allem die Tauschwertseite kultureller Handlungen stark befördert. In ihrer Inszenierung von Kultur sind stets Tauschleistungen eingeschrieben, die als Gegenwert er-wartet werden. Dies drückt sich insbesondere in geldwerten Vorteilen aus, die eine öffent-liche Präsenz von Akteuren in den Medien gegenüber einer Handlungspräsenz im lokalen

Raum vor Ort hat. Dieser Tauschwert erhöht nicht nur das mögliche Einkommen, sondern setzt auch Macht- und Anerkennungspositionen, die außerhalb der Medien dann Marktvorteile erbringen können. Die Massenmedien beanspruchen über Film, Fernsehen, Video, Rundfunk und Internetangebote immer mehr Zeit quer durch alle kulturellen Nutzergruppen. Hier wird immer mehr Lebenszeit in den Industrieländern z. B. vor dem Fernsehen verbracht, was trotz einer gewissen Programmvielfalt dennoch eine virtuelle Einfalt befördert, die durch kulturelle Durchschnittserwartungen geprägt ist. Selbst Menschen mit hochkulturellen Aspirationen müssen ihre Erwartungen auf solche Angebote herunterschrauben oder sich der Massenkultur verweigern, was im praktischen Konsum aber eher weniger geschieht. Der Medienkonsum ist quer durch alle sozialen Schichten hoch, was eine kulturelle Öffnung der Gesellschaft impliziert. Die Diversität der Geschmacksrichtungen verdunkelt dabei oft die zunehmende kulturelle Profanität der Angebote, zugleich können die Massen an den wichtigen Ereignissen, in denen sich Teileliten präsentieren, durch Fernsehübertragungen virtuell partizipieren. Zugleich wird ein Medienregime erzeugt, das eine eigene Welt aus Austausch-, Macht- und Besitzformen ausprägt, die den kulturellen Habitus in bestimmter Weise nachhaltig mit bestimmten Formaten beeinflusst und dominiert. Kultur verbindet sich hier nicht nur mit den Medien, sondern vor allem mit dem Geld, mit Gewinninteressen und Machtpositionen. Die durchgehende Kapitalisierung der Medien folgt dabei nicht nur dem Interesse ökonomischer Gewinne, sondern auch der Bevorzugung von Ideologien, die den Markt als sich selbstregulierendes System favorisieren und kritische Stimmen zur gesellschaftlichen Entwicklung in Randbereiche zurückdrängen (vgl. z. B. Ott/Mack 2009). Das Internet ist als Informationsplattform zugleich auch die Erinnerungsspur für jedes individuelle Leben, das mehr oder minder signifikante Spuren hinterlässt. Netzwerke von Freundeskreisen wie Facebook und andere organisieren den eigenen Auftritt, der in professioneller Form auch als eigene Homepage vermarktet werden kann. Hier besteht die Chance, mittels der Technik ein virtuelles Ich entstehen zu lassen, das stets mehr vorgeben kann, als es im realen Leben an Kapitalformen besitzt. Da die Messwerte überwiegend quantitativ und formal sind, wie z. B. Menge der eingetragenen Freunde, Treffer beim eigenen Namen durch eine Suchmaschine, Anzahl der Links, die auf einen verweisen, bestehen für den Nutzer und die Nutzerin große Chancen, den virtuellen Tauschwert deutlich höher als den kulturellen Gebrauchswert anzusetzen. Interessant an dieser Entwicklung ist, dass sich kulturelles und soziales Kapital dabei in immer engerer Verknüpfung bis hin zur Ununterscheidbarkeit entwickeln.

4.2 Mehrwert des kulturellen Kapitals

Um den Mehrwert des kulturellen Kapitals zu beschreiben und zu analysieren, muss auch hier zunächst die eingesetzte Investition untersucht werden. Dabei sind die gleichen Aspekte, die bereits beim sozialen Kapital unterschieden wurden, relevant:

1. *Zeit:* Kulturelle Bildung zu erwerben, zu pflegen und zu nutzen kostet Zeit. Diese Zeit geht von anderen Unternehmungen, z. B. der Arbeitszeit ab und sie beeinflusst die Nutzung der Freizeit, sie steht unter Verwertungsdruck (= bringt mir die kulturelle Tätigkeit tatsächlich so viel ein, wie ich erwarte?). Die Zeit wird verausgabt, um Gebrauchswerte zu

erzeugen, die in einem bestimmten Handlungsfenster bei einer Einstellung, Beförderung, Arbeitstätigkeit, Dienstleistung usw. in einen geldwerten Ertrag umgesetzt werden kann.

2. *Aufwand:* Mit dem Einsatz von Zeit stellt sich sofort auch die Frage nach dem sinnvollen Aufwand. Wie viel Kultur soll und kann ich mir leisten? Wie ergänzt diese Kultur mein ökonomisches und soziales Kapital, in welchen Bezügen steht es zum Körper- und Lernkapital? Und wie kann ich je nach Ausgangslage den weiteren Aufwand dadurch mindern, dass ich mir möglichst schnell oder kostenfrei kulturelle Besitztümer materiell und geistig aneigne? Der Aufwand bestimmt stark Umfang, Breite und Tiefe meiner kulturellen Besitztümer. Diese bestimmen entscheidend die Qualität und Ausrichtung meiner Handlungsfenster, um zu einem gegeben Zeitpunkt den durch Investitionen vorbereiteten, aber leider nie ganz sicheren Ertrag zu erhalten.

3. *Mittel:* Kulturelle Tätigkeiten verschlingen Ressourcen. Je mehr ein bürgerlicher oder gar großbürgerlicher kultureller Habitus angestrebt wird, desto höhere Mittel sind aufzuwenden, weil die eingesetzten objektivierten kulturellen Mittel selbst ein Mittel der Unterscheidung von anderen darstellen. Die Höhe der aufgewandten Mittel (meine Bücher, meine Filme, meine Bildungsabschlüsse, meine Zusatzbildung, aber auch meine materiellen kulturellen Besitztümer wie Häuser oder Wohnungen, Einrichtungen, Kleidung, Freizeitverhalten, Kunst usw.) sind Unterschiede, die mich von anderen unterscheiden (vgl. als klassische Analyse hierfür Bourdieu 1987 a). Der kulturelle Habitus selbst verkörpert in seinem symbolischen Auftreten zugleich den erreichten Stand symbolischer Herrschaft, die er ausdrücken kann.

Welchen Wert erhalte ich nun aus kulturellen Tätigkeiten und Ressourcen? Welcher Mehrwert lässt sich realisieren?

4.2.1 Mehrwertproduktion durch kulturelle Arbeit

In den kulturellen Handlungen der Menschen werden wie bei anderen Tätigkeiten auch zunächst Dinge des Gebrauchs in Handlungen geschaffen, die dann als Gebrauchswerte erscheinen. Erst wenn sich solche Gebrauchswerte auch in Waren oder Dienstleistungen, in Lohn oder Einkünfte oder Erträge verwandeln lassen, d. h. als Tauschwerte in irgendeiner Form auf einen Markt ausgetauscht werden können, kann eindeutig von kulturellem Kapital gesprochen werden, weil erst dann ein Zusammenhang zwischen Investition in den (zuvor noch persönlich bleibenden) Wert und seinem Nutzen in einer Austauschform mittels Erträgen (= Kapitalisierung) sichtbar wird.

In die Lohnarbeit oder eine freiberufliche oder gewinnbringende Tätigkeit gehen immer kulturelle Gebrauchswerte ein. Es ist allerdings schwierig, trennscharf anzugeben, welche kulturellen Fähigkeiten der Kooperation und Kommunikation, einer kulturellen Arbeit, einer kulturellen Bildung und weiterer Kulturtechniken wie verrechnet werden. Um dies in der Lebenspraxis zu vereinfachen, hat man im Erziehungs- und Bildungssystem Schul- und Hochschulabschlüsse wie auch Berufsabschlüsse geschaffen, um hierdurch Vergleichswerte und Tarifordnungen einer Eingruppierung in verschiedene Gehaltsgruppen oder Einkommenserwartungen auszudrücken. Auch Qualifizierungsmaßnahmen in Betrieben beinhalten Aspekte von kulturellen Arbeiten. Hier spricht man dann von einer Arbeits-, Firmen- oder Unternehmenskultur, mit der wiederum bestimmte geldwerte Leistungen des Unternehmens verknüpft sind. In diesen Qualifikationen, das markieren z. B. so genannte Schlüsselqualifikationen wie Fach-, Methoden- und Sozialkompetenzen, gehen immer auch kulturelle Normen und Werte sowie vergleichende Prozeduren mit ein. Diese Werte sind in ihren Investitionskosten zunächst immer Gebrauchswerte, von denen die Nutzer/innen erst dann wissen, welchen Tauschwert sie erzeugen können, wenn sie auf einem Markt realisiert werden. In Tarifordnungen oder Eingruppierungsregeln sorgen Unternehmen meist dafür, dass die erarbeiteten Gebrauchswerte sich in diesen Tauschwert verwandeln lassen. Gerade durch diese Praxis gibt es durch die Masse der Fälle bestimmte grundständig erreichbare Erträge, die eine kulturelle Arbeit erbringt. Dies geschieht in der Regel durch Mischformen vor allem mit sozialem und Lernkapital. Heute wird in Leitbildern und Regeln vieler Unternehmen der geldwerte Tausch kultureller Gebrauchswerte, die z. B. bei der Erzeugung kultureller Kompetenzen, der Anwendung von Kulturtechniken und ihrer Verstetigung als kultureller Habitus mit Geschmack, Gewohnheiten, kultureller Anwendungsvielfalt, beim Konsumieren von Kultur wie bei eigenen kulturellen Konstruktionen bis in die Virtualisierungen hinein entstehen, in Ordnungen der Eingruppierung und Karriere eingeschrieben, um so dem subjektiven und kulturellen Charakter von Qualifikationen zu entsprechen. Meist wird dabei nicht über Geld, sondern über Qualifikationen entsprochen, die jedoch stets auch in Geld bzw. Schutz vor Kündigungen münden können.

Aufwand, Zeit und Mittelverausgabung im Blick auf die Unschärfen der Berechnung einer Verwandlung von Gebrauchs- in Tauschwerte können bei dieser Kapitalform in drei Stufen beobachtet und gemessen werden:

1. Alle kulturellen Tätigkeiten, die sich in materiellen Kulturgütern niederschlagen, tragen einen Preis, der sich geldwert tauschen lässt. Ein kultureller Warenkorb lässt diese materiellen Kulturgüter (von Büchern, kulturellen Accessoires über Einrichtungen, Kunstgegenständen bis hin zu Wohnungen und kulturellen Gebrauchswerten aller Art) erfassen. Das *objektivierte kulturelle Kapital* ist leicht messbar und deshalb auch vielfältig gemessen worden. Die Anzahl der Bücher in einem Haushalt gibt signifikant über Bildungsnähe oder -ferne Auskunft. Die Anzahl der Besuche im Museum, Theater oder der Oper zeigt zumindest kulturelle Aktivitäten an, wenngleich hier bereits Vorsicht geboten ist, denn es gibt mehr kulturelle Tätigkeiten als sie in diesen überkommenen Einrichtungen noch gelebt werden (vgl. z. B. Gerhards 2008). Die Bildungsgegenstände eines Haushalts schließlich lassen sich katalogisieren, sie reichen über alle Besitztümer von der Einrichtung bis hin zur Wohnlage und den symbolisch herrschaftlichen Ausstattungen. »Sage mir, wie du wohnst, und ich sage dir, wer du bist.« Die Mediennutzung und der eigene Anteil in der Medienrepräsentation, z. B. auf Internetseiten, lässt sich ebenfalls genauer erforschen, um dem virtuellen Kapital und seinen Kosten und Erträgen nachzugehen.

2. Nehmen wir die Ebene der *inkorporierten Kultur*, dann kann diese im Lernkapital mit seinen Zertifizierungen und Abschlüssen sehr klar bestimmt werden. Das Lernkapital, d. h. die Ausgaben für die Schule und für Abschlüsse, die notwendig sind, um bestimmte Positionen und ein bestimmtes Einkommen zu erreichen, sind gut auf der Ausgaben- wie Einnahmenseite zu berechnen. In der Lohnarbeit liegen für solche Fälle Arbeitsplatzvoraussetzungen und Tarifeingruppierungen vor, die sich in der Lohnhöhe oder Einkommenserwartungen spiegeln.

3. Schwieriger ist jedoch die kommunikative und kooperative Seite von qualitativen kulturellen Gebrauchswerten zu bestimmen, die sich durch Beobachtung und Teilnahme in der Kultur bzw. in spezifischen kulturellen Milieus ergibt. Die Menschen rechnen im Erwerb kultureller Gebrauchswerte, die nicht materiell fundiert sind, nicht in geldwerten Formen, weil es sie z. B. wenig interessiert, wie viel Zeit sie in das Lesen eines Buches investieren, wenn sie dieses Buch lesen wollen, und sie machen sich beim Lesen auch keine Gedanken darüber, dass dieses Lesen eine spätere Bedeutung vielleicht als ein möglicher Tauschwert für Text- und Leseverständnis in der Konkurrenz mit Mitbewerberinnen haben könnte. Sie achten vielmehr zunächst auf Qualitäten wie die Wirkung auf ein eigenes Verständnis, auf eigene Deutungen, Motivationen, bevorzugte Schreibstile usw. Insoweit wird immer erst ein Beobachter von außen feststellen, inwieweit ein privater Gebrauch auf einmal in einen Wert verwandelt wird, weil durch den Gebrauch oder den Nutzen von Gebrauchsleistungen auf dem Markt, insbesondere dem Arbeits- oder Beziehungs- und Heiratsmarkt, auf einmal Vorteile gegenüber Konkurrenten erlangt werden können.

Wenn wir das kulturelle Kapital zu bestimmen versuchen, dann ist es wichtig, auf diesen drei Ebenen Gebrauchs- und Tauschwerte hinlänglich zu unterscheiden. Nicht alle kulturellen Handlungen sind durchweg in kapitalisierender Weise aufzufassen. Viele dieser Handlungen bleiben privat, bleiben Handlungen in einem Gebrauch, der sich individuell ausdrückt, der (zunächst) keine Auswirkungen auf irgendeine Konvertierung in geldwerte Formen mit sich bringt. Dies galt weiter oben auch bereits für das ökonomische und soziale Kapital. Wir beobachten eben nicht das Leben schlechthin, sondern hier, wenn es um einen Vergleich von Einkommen, Arbeitsplatzsicherheit, Lebens- und Bildungslage, kulturelle und soziale Bedingungen neben den ökonomischen geht, inwieweit sich Handlungen auch in sozialen und kulturellen Feldern auf geldwerte Erträge und ggf. Vorteile auswirken. Solche Erträge und Vorteile werden in Tauschverhältnissen realisiert, und allein um diese geht es bei der Kapitalisierung. Und da diese Kapitalisierung immer mehr alle Felder des menschlichen Lebens durchdringt, ist es so wichtig geworden, die Wirkungen in den verschiedenen Kapitalformen, die wir ausmachen können, zu analysieren, um in diesen Feldern nicht die Orientierung zu verlieren. Deshalb kommt es auch darauf an, für das kulturelle Kapital den Mehrwert in seinen Formen näher zu bestimmen.

Ziehe ich das Lernkapital vom kulturellen Kapital ab, weil ich es extra behandeln will, dann bleibt als inkorporierter kultureller Gebrauchswert eine Mischung im Spannungsfeld von kulturellen Gewohnheitsbildungen und kulturellem Eigensinn, eine Mischung, die heute nicht mehr als Konstruktion nur *einer* Kultur, *eines* wesentlichen Geschmacks, *einer* unverzichtbaren Teilnahme an bestimmten Ereignissen, *einer* optimalen Form der Virtualisierung definiert werden kann. Die Diversität des gesellschaftlichen Feldes spiegelt sich in der Kultur. Solche Diversität erzwingt, wenn wir nicht bloß zu oberflächlichen Statements kommen wollen, eine veränderte, komplexere Empirie. Der kulturelle Habitus kann nur in einer Kontexterweiterung sinnvoll erfasst werden:

- in der Bevorzugung von Langzeitstudien gegenüber kurzzeitigen Messungen,
- im Versuch, Kultur nicht bloß in Haupt- oder Durchschnittsgruppen, sondern auch in ihren Subkulturen zu beobachten,

- in fachübergreifenden Projekten, weil die Persönlichkeitsentwicklung nicht nur sozialwissenschaftlich, sondern immer auch psychologisch und pädagogisch beobachtet und interpretiert werden kann,

- in Biografieforschungen und einer Sozialisationsforschung, die um ein Verständnis von Verlaufsformen einschließlich ihrer Sprünge und Ambivalenzen bemüht sind,

- in Medienforschungen, die den Virtualisierungen des Kulturellen kritisch nachspüren,

- in Unterrichts- oder Lehr-/Lernforschungen, die den Aufbau des kulturellen Habitus in der Familie wie in der Bildung näher studieren,

- im Einsatz vor allem qualitativer Methoden, dabei auch von Verfahren, die neben Interviews und Befragungen Bildanalysen und gezielte experimentelle Settings einsetzen.

Ziel all solcher Forschungen wäre es insbesondere, jene Mechanismen aufzuspüren, nach denen ein kultureller Habitus von gesellschaftlich für die Kultur relevanten Gruppen bevorzugt wird, und wie solche Bevorzugungen sich auswirken. Ein wesentliches Feld solcher Wirkungsforschung sind Studien zur Ungleichheit, denn wir wissen aus den Selektionspraktiken z. B. in der deutschen Grundschule, dass die Empfehlungen für das Gymnasium sehr stark kulturbezogen aus bürgerlichen Normen und als notwendig zum Bildungserfolg unterstellten Gebrauchswerten erfolgen.[123] Die Selbstbewusstwerdung einer Kultur über ihre Zwänge und Kulturtechniken, die immer schon selbstverständlich in allen Teilnahmen oder bei Einlass in bestimmte Positionen und Rangplätze vorausgesetzt werden, ist ein wesentliches wissenschaftliches Forschungsfeld, um der Selbstvergessenheit kultureller Vorannahmen entgegenzuwirken. Denn obwohl heute gerne behauptet wird, dass es eine zunehmende kulturelle Diversität gibt, werden die vor allem institutionell wirkenden Teilnahmebedingungen an den besseren Rängen und Positionen innerhalb der Kultur gerne verschwiegen. Hier bleibt die These Bourdieus bestehen, dass aus dem kulturellen Habitus immer auch auf die soziale Lage geschlossen werden kann, wenngleich viele Fälle umgekehrt auch zeigen mögen, dass ein kultureller Habitus allein nicht mehr ausreicht, um in den Verteilungskämpfen immer auf der Gewinnerseite zu landen.

Eine selbstreflexive, gesellschaftskritische Forschung, die das kulturelle Kapital hinterfragt, ist gewiss heute nicht Mainstream der Forschung. Es ist eher zu beobachten, dass es sich um ein Randgebiet handelt, das wenig Anreize bietet. Es ist als Themenfeld komplex, damit schwer zu erforschen, in den Ergebnissen meist kritisch gegenüber gesellschaftlichen Entwicklungen, in der Methodik aufwändig und damit insgesamt auch für die Erlangung wissenschaftlicher Karrieren wenig attraktiv. Aber all dies sind Gründe, die gerade für eine solche Forschung sprechen. Sie lässt auf kulturelle Hintergründe schließen, auf eine Erforschung von Tiefendimensionen, die in der überwiegenden Masse statistischer Daten und Interpretationen meist übersehen und übergangen bleiben.

Aber wie sollen wir die Ergebnisse solcher Messungen im Blick auf Kosten und Nutzen interpretieren? Die Villa eines neureichen Spekulanten mag voller Bücher sein, weil die vorhandene Bibliothek nach irgendwelchen Inhalten verlangte, die Einrichtung und Ausstattung ist von einem Einrichtungsspezialisten für viel Geld gestaltet worden, die Ästhetik ist

---

123 Vgl. dazu z. B. die von Wilfried Bos geleiteten IGLU-Studien einführend unter http://de.wikipedia.org/wiki/IGLU-Studie.

durch Werbung und entsprechende Exklusivläden vorbestimmt, der Besitzer selbst mag dann als Symbol eines kulturellen Lebensstils gelten, der programmatisch in alle weiteren Werbeschriften für »schöner Wohnen« eingetragen wird, ohne dass er jenes kulturelle Kapital noch persönlich verkörpert, das Bourdieu als Ausdruck der feinen Unterschiede in der Kultur vor Augen hatte. Der Konsum verdrängt das, was zuvor als notwendige Eigenleistung in der Kultur erschien. Der Internetauftritt ist von Profis gefertigt, die dafür sorgen, dass für jeden kulturellen Habitus die Seiten immer ganz vorne rangieren und viele Treffer erzeugen. Der *shareholder value* ist zu einem *cultural money value* gewandelt worden, und selbst die einst reichen und eingesessenen Familien des Großbürgertums sind hiervon nicht mehr frei. Der Kulturwandel hat längst die kulturelle Kapitalbildung in ihren Gebrauchs- und Tauschwerten erfasst und sie verleiht ihr einen neuen Sinn. Damit wird das kulturelle Kapital als Ausdruck der sozialen Reproduktion von Klassen deutlich geringer.[124] Ich will einige ausgewählte Daten nennen, die dies sichtbar machen.

Die Kulturausgaben des Staates erstrecken sich auf Theater und Musik, Bibliotheken, Museen, Sammlungen, Ausstellungen, Denkmalschutz/-pflege, kulturelle Angelegenheiten im Ausland, Kunsthochschulen, Kulturpflege und Kulturverwaltung.[125] Der Anteil solcher Ausgaben liegt in Deutschland etwa bei 0,38 Prozent des Bruttoinlandsprodukts, was den relativ niedrigen Wert dieses Bereiches hervorhebt. Nehmen wir die als hochkulturell geltenden Teilnahmen an Theater, Oper, Konzerten und Museen, dann zeigen empirische Studien, dass die Teilnahme in den europäischen Ländern, die auch noch als besonders klassisch in solchen Bildungsangeboten gelten, äußerst gering ist. Gerhards (2008) ermittelte in einer 12er-Skala einen Durchschnittswert für 27 europäische Länder von 1,88 für den eingeschätzten Besuch solcher Orte, wobei die Niederlande mit 3,33 die Spitze bilden, Deutschland mit 2,15 im Mittelfeld liegt und Portugal mit 1,09 das Schlusslicht bildet (ebd., 14). Bei einem Bestwert von 12 zeigen diese Ergebnisse, wie wenig die vermeintliche Hochkultur in der Besuchspraxis in die Breite wirkt. Hinzu kommt, dass solche repräsentativen Befragungen oft durch den Erwünschtheitseffekt in den Werten noch höher erscheinen als es die tatsächlichen Besuche dann zeigen. Dagegen zeigt die Verknappung in der jeweiligen Statistik der Institutionen, wenn die Kulturorte mit ihrer Auslastung werben, heute die Verknappung des kulturellen Gutes insgesamt an, weil die Nachfrage oft noch höher als das Angebot ist. Deutlich wird für den oft als hochkulturell angesehenen Lebensstil, dass die Teilnahmen in diesem Feld wenig in die Breite reichen und nur von bestimmten Schichten tatsächlich genutzt werden. Aber zugleich ist die Nutzung dabei nicht mehr durchgehend für die so genannten höheren Schichten typisch, weil sich bis in die Eliten hinein starke Differenzierungen der Lebensstile zeigen. Nussbaum (2010, 2 ff.) verweist auf die dramatischen Kürzungen im kulturellen Bereich, die in allen kapitalistischen Ländern die Geistes- und Kulturwissenschaften wie vor allem die Künste betreffen. Insbesondere, wenn wir an menschlichen Fortschritt denken, sollten wir nicht nur auf ökonomische Gewinne achten, sondern unsere Fortschritte im Blick auf soziale Gleichheit sehen, auf Voraussetzungen für eine stabile Demokratie, für gerechte Geschlechter- und ethnokultureller Beziehungen, für die Lebensqualität aller Menschen, vor allem aber auch für die politische Freiheit, Gesundheit und Er-

---

124   Dies gilt allerdings nur unter der These, dass wir das Lernkapital extra anführen.
125   Dies sind die Kategorien, die z.B. das Statistische Bundesamt in Deutschland erfasst.

ziehung. Dies sind alles Faktoren, die empirisch kaum in Korrelation zu wirtschaftlichem Wachstum in der Gegenwart stehen (ebd., 14). Die gehobenen Schichten und Eliten rebellieren nicht gegen die Verluste in diesen Feldern, denn auch sie konsumieren die Massenkultur. In der Forschung erklärt man sich diesen Wandel dadurch, dass auch die Hochkultur nicht mehr so stark einkommensabhängig wie früher konsumiert werden kann, dass der Seltenheitswert von Kultur durch die Massenmedien aufgelöst wurde, schließlich aber auch, dass die Hochkultur in kulturkritischen Bewegungen selbst fragwürdig geworden ist, so dass Alternativen entwickelt wurden.[126]

Das Internet symbolisiert nicht nur die Vielfalt der Informationen, sondern auch die Vermassung der Kultur. Virtuell macht es alles präsent, ohne noch Unterscheidungskriterien für gute oder schlechte Präsenz bilden zu können. Solche Bildung ist dem Nutzer überlassen, der jedoch in der kontinuierlichen Nutzung nicht zugleich diese Bildung einfach erwerben kann. Auch wenn es z. B. Wiki-Plattformen gibt, um die Informationen zu sichten und zu bewerten, wobei die Kompetenzen und Bildung der Nutzer/innen geschickt eingesetzt werden, so bleibt das Resultat stets heikel und offen. Die Überschwemmung des Internets mit Sexseiten und Werbung, mit banalen Ratgebern und Falschinformationen steht gegen seine Vorteile, die in einer demokratischen Grundstruktur des Informierens zumindest in jenen Ländern gelten, die das Medium nicht zensieren. Insbesondere in der häuslichen und schulischen Bildung hat das Internet für die Lernenden wie Erziehenden oder Lehrenden immer mehr eine omnipräsente Anwesenheit eingenommen, die nach den erreichbaren Treffern das Regime der möglichen Antworten definieren. Das trifft die klassischen Bildungsgüter besonders. Mussten früher die Buddenbrooks von Thomas Mann in mühsamer Kleinarbeit gelesen und an Textstellen interpretiert werden, um Lesekompetenz und literarisches Verständnis zu entwickeln, so hilft heute die Suchmaschine schnell und zielgerichtet die wesentlichen Zusammenfassungen zu finden, die alle Interpretationsmöglichkeiten in einer geschickten Übersicht zusammenfassen, die schnell vor der Stunde oder der Klausur verinnerlicht werden kann, um ein Bildungszertifikat zu erwerben. So wird eine kulturelle Informationskompetenz erarbeitet, die allerdings das Ziel der Lese- und Literaturkompetenz wesentlich verfehlt. Die Lehrpläne verschärfen diese Tendenz, indem sie einen Standard von Literatur verpflichtend machen, der mittlerweile das Internet mit Interpretationsanleitungen füllt, die sowohl Lernende als auch Lehrende konsumieren, um keine Fehler zu machen. Der kulturelle Gebrauchswert wird über den Tauschwert schneller Zugänglichkeit bei überschaubaren Kosten reguliert.

Hinzu kommen die begrenzten Chancen, in den künstlerischen Feldern eine attraktive Position einzunehmen. Allein höhere Chancen auf hinreichend attraktive Stellen könnten für eine Höherbewertung des kulturellen Kapitals unmittelbar sorgen. Der prozentuale Anteil an den Erwerbspersonen in der Gesellschaft ist für den Kultursektor aber sehr gering. Hier ermittelt Gerhards (2008, 19) 2,4 Prozent der Beschäftigten im Durchschnitt von 27 europäischen Ländern, wobei wiederum die Niederlande mit 3,8 Prozent führen, Deutschland mit 2,8 Prozent im Mittelfeld liegt und das Schlusslicht mit 1,1 Prozent von Rumänien gebildet wird. Auffällig ist hier, dass die kulturelle Struktur eines Landes zugleich eine Ge-

---

126   Vgl. dazu z. B. als umfassende Einführung Schulze (2005). Vgl. zu Einstellungsunterschieden in der Gegenwart mit kulturellen Unterschieden im europäischen Vergleich auch z. B. Gerhards/ Hölscher (2006).

legenheitsstruktur bietet, überhaupt einen kulturellen Lebensstil jenseits der üblichen Kommerzialisierungen auszuüben. Bei den ermittelten Prozentzahlen muss gesagt werden, dass dieses Angebot äußerst knapp ausfällt und die Gelegenheitsstruktur damit substanziell auf Verknappung ausgelegt ist.

Das *institutionalisierte Kapital* in den Bildungstiteln nenne ich Lernkapital. Aber es bleibt nach Abzug dieses Kapitals auch ein institutionalisiertes kulturelles Kapital übrig, das sich in kulturellen Institutionen manifestiert, sich über diese organisiert und verbreitet. Die im Kultursektor Beschäftigten arbeiten hier. Ihr geringer prozentualer Anteil an den insgesamt Beschäftigten zeigt in der Gegenwart allerdings auch, dass die kapitalisierten Gesellschaften sich die Kultur längst nicht so viel kosten lassen, wie in kulturbezogenen Redeweisen immer wieder behauptet wird. Den kulturellen Habitus in einer künstlerischen, wissenschaftlichen und kulturbezogenen Weise unmittelbar zu kapitalisieren ist angesichts dieser Knappheit sehr riskant. Hier geht der Trend von den klassischen Bildungstempeln wie Museum, Theater und Oper hin zu den Massenmedien und dem Internet, von der vermeintlichen Hochkultur, die von Minderheiten wahrgenommen wird und hierbei durchaus elitäre Züge annehmen kann, hin zur Massenkultur. Ausgedrückt wird dies auch in einer zunehmenden Wirtschaftlichkeitsrechnung der hochkulturellen Institutionen, was ihren Trend hin zur Öffnung für weniger elitäre Gruppen verstärkt. Dies erzeugt einen Druck auf den kulturellen Geschmack, den auch die Eliten kaum noch abwehren können, denn auch sie konsumieren die Massenkultur in Filmen, beim Fernsehen, dem Internet. Der populäre Geschmack, der früher insbesondere durch kulturelle Bildung und Teilnahme an der vermeintlichen Hochkultur auf Abstand gehalten werden sollte, ist durch die Bildungsexpansion und die Massenmedien dominant geworden und entwertet das kulturelle Kapital als Distinktionsmittel. Er entwertet auch die Kulturschaffenden und ihren Erwerb eines profilierten kulturellen Gebrauchswerts und öffnet medialen Quereinsteigern und billigeren Arbeitskräften ohne langfristig akkumulierte besondere kulturelle Gebrauchswerte den Einstieg.

Kulturkapital kann in Verbindung mit ökonomischem und sozialem Kapital durchaus als eine Machtressource gesehen werden, aber für sich genommen hat es auch viel von seiner früheren Mächtigkeit eingebüßt. Dies spiegelt sich darin, dass die Rentabilität der verausgabten Bildungszeit und des kulturellen Lernens immer weniger Auskunft über eine mögliche Rentabilität überhaupt zu geben vermag. Die inflationäre Vermehrung kultureller Praktiken bei gleichzeitiger Vermassung führt immer zu einer Beschränkung und Auflösung von Exklusivität. Wenn früher die Sparsamkeit und der Investitionswille auch beim ökonomischen Kapital besondere Gewinne versprach, so hat sich im Ökonomischen diese Einstellung längst gewandelt. Analog gilt auch für das kulturelle Kapital, dass nicht mehr lange Verzichtszeiten und Ausdauer wesentlich sind, um kulturellen Mehrwert zu erlangen und zu genießen. Es kommt vielmehr auf ein geschicktes Kombinieren von Effekten an, um unterschiedliche Volumina der Kapitalformen auszugleichen und eine positive Richtung einzuschlagen. Wer kurzum nur auf spezifische Kulturarbeit sich ausrichtet, der muss mit beruflichen Sackgassen und sozialen Deklassierungen rechnen.

Kulturelles Kapital bezeichnet in seinen Mehrwert zunächst eine Kapitalform, die in vielerlei Richtungen streben kann. Die Gewinne können egoistischer Natur sein, indem versucht wird, alle Kapitalformen im Volumen zu erhöhen, aber sie können auch dazu dienen, einen bestimmten bürgerlichen Status bloß abzusichern oder ein kulturelles Wissen als Kritik oder Wissenschaftlichkeit anzueignen, um diesen Gebrauchswert sogar kritisch gegen die Gesellschaft zu kehren. Am interessantesten ist dies in den Fällen, in denen Autor/inn/en mit ihrer Kulturkritik an der Kapitalisierung dann eigene Gewinne erwirtschaften. Aber die Gebrauchswertseite bietet immer auch die Chance, den Kapitalisierungen durch Marktverweigerungen zu entkommen. Hier eröffnen sich jenseits der Kapitalisierung kulturelle Freiheiten, die jedoch irgendwo und irgendwie von jemanden auch finanziell unterstützt werden müssen. Und hofft dann nicht eine jede und ein jeder in der kulturellen Nische auf die Bekanntheit eines Marktes – auch wenn damit alternative Formen intendiert sein mögen?

In dem Maße, wie ein Einkommen, ein Unterhalt angestrebt, eine bezahlte oder angeeignete Arbeit verrichtet wird, erscheint auch im Kulturellen ein Mehrwert in der Form eines Tausches. Ich gebe eine bestimmte kulturelle Zeit, ich verausgabe Zeit, habe einen Aufwand, setze Mittel ein, und erwarte eine Gegenleistung. Diese Gegenleistung bemisst sich nicht immer unmittelbar in Geld. So kann ich beispielsweise durch mein Kulturkapital Aufmerksamkeit in den Medien erregen, meine Ansichten kostenlos präsentieren, um dann später aus solcher Präsenz Vorteile im Blick auf Einkommen, Macht, Erwerb sozialen Kapitals usw. zu ziehen. Gerade die Offenheit des kulturellen Kapitals macht es so wichtig im Zugewinn, auch wenn es sich dabei nur sehr schwer in seinen Wirkungen abgegrenzt messen und nach Kosten und Nutzen exakt bewerten lässt.

Wenn ich diese Sicht verallgemeinere, dann lässt sich festhalten, dass das kulturelle Kapital immer auf bestimmte Situationen und einen bestimmten Nutzungskontext bezogen ist. In der kulturellen Diversität werden dabei selbst Unterschiede erwartet. Der kulturelle Habitus eines erfolgreichen Politikers muss z. B. die Machtspiele dieses Szenariums in seinem sicheren Auftreten, verbaler Schlagfertigkeit, Argumentationsgewandtheit, Machtbewusstheit und Entscheidungsfreude spiegeln. Eine Lehrerin benötigt einen pädagogischen Habitus, der Wissen demonstriert, kommunikative Einstellungen offenbart, Kontaktfähigkeiten zeigt und auch auf ihre fachlichen Kompetenzen zurückbezieht. Ein Künstler wird sein Einfühlungsvermögen, seine Kreativität, die Singularität seiner Arbeiten und Ansichten betonen. Eine Leistungssportlerin die Disziplin der Körperarbeit, die Gewandtheit und Geschmeidigkeit ihrer Bewegungen, den Rangvergleich der Leistungen zu anderen usw. Diese Differenzierungsfähigkeit und Situativität der kulturellen Gebrauchswerte lässt es für die Gebrauchswertseite – analog zu allen Waren und Dienstleistungen – als unmöglich erscheinen, eine einheitliche Konzeption dieser Gebrauchswerte vorzulegen. Diversität steckt bereits in der Unterschiedlichkeit des Kulturellen, ist auch durch die Unterschiedlichkeit der Anwender/innen und die Verflüssigung, Widersprüchlichkeit und Ambivalenz der kulturellen Situationen selbst gegeben. Und es gibt auch nicht nur eine Verwertungsgesetzmäßigkeit des Mehrwerts, der sich über das kulturelle Kapital erreichen lässt. Dennoch kann und sollte diese Kapitalform nie unterschätzt werden. Sie wirkt auch heute noch, indem sie einerseits mit den anderen Kapitalformen immer verbunden ist und deren Effekte mit antreibt oder mindert, andererseits hat die Kapitalisierung und Ökonomisierung des Kulturellen selbst dazu beigetragen, dass es sich in fast allen Situationen auch recht schnell in handfeste Formen wie Lernkapital, Konsum-, Kulturgüter, kulturellen Besitz verwandelt. Für die Tauschwertseite wird insbesondere sichtbar, wenn wir geneigt sind für kulturelle Angebote überteuerte Preise zu bezahlen, wie groß oft die Sehnsucht nach einer Überhöhung des Kulturellen selbst ist. Die Mehrheit kultureller Angebote erscheint jedoch eher als unterbezahlt, weil die Sehnsucht nicht durchgehend ausreicht, in einer Konsumgesellschaft zu verhindern, dass die Menschen in vermeintlicher Schnäppchenjagd größeren Erfolg sehen.

Mindestens vier Aspekte sind in der Handlungsanalyse der Nutzung dieser Differenz durch Kultur- und Bildungsvorteile notwendig, um wesentliche Handlungselemente im Umgang mit kulturellem Kapital zu erfassen:

1. Kultur ist subjektiv verfügbar, indem kulturell gebildete Personen sich mit einem unterschiedlichen Status bzw. Habitus herausbilden. Die kulturelle Erziehung und Bildung findet als persönliche Entwicklung im Rahmen der Familie und Freundeskreise als auch im Erziehungs- und Schulsystem und der weiteren Kultur statt. Kulturelle Gebrauchswerte lassen sich in Vielfalt erwerben. Es besteht ein allgemeiner Kulturmarkt, der mit allen Bereichen kultureller Entwicklung mehr oder minder verbunden ist. In Formen virtualisierten Kapitals kann eine eigene kulturelle Spur erstellt und präsentiert bis vermarktet werden.

2. Kultur ist verobjektiviert verfügbar, indem es eine Gelegenheitskultur gibt, die allerdings schon unterschiedlich nach Ländern durch die Anzahl der Beschäftigten im Kultursektor ausgedrückt und durch die verausgabten Mittel für Kultur bestimmt wird. Die virtuellen Formen der Verfügbarkeit kultureller Anteile steigen bis hin zur Unübersichtlichkeit an, um durch Schließungsprozeduren im Zusammenwirken mit dem sozialen Kapital in ihrer Relevanz beurteilt zu werden. Objektive und subjektive Kulturformen bedingen sich gegenseitig, verstärken oder schwächen sich im Kontext größerer kultureller Bewegungen und Moden.

3. Kultur erzeugt Werte, die im kulturellen Habitus der Personen erscheinen. Diese Werte lassen sich allerdings immer nur situativ eintauschen, sofern ein bestimmter Habitus, eine bestimmte kulturelle Gewohnheit, ein bestimmter Geschmack, Einstellungen und Haltungen auf dem Einstellungsmarkt nachgefragt werden oder als Eintritt in soziale Gruppen oder beim Erreichen von Partnerschaften und Beziehungen eine Rolle spielen. Der kulturelle Habitus ist ein Gebrauchswert und dann ein Tauschwert, wenn seine subjektive und situative Qualität in einem Handlungsfenster in geldwerte Erträge verwandelt werden kann. Der kulturelle Habitus ist besonders geeignet, andere Effekte der anderen Kapitalformen zu multiplizieren. Er ist der Unterschied, der weitere Unterschiede machen kann.

4. Der aus Kultur generierbare Ertrag oder Gewinn ist jedoch wegen der Offenheit solcher Effekte stets riskant. Es bedarf der spezifischen Situation, auf die der erworbene kulturelle Habitus passen muss oder für die er überhaupt bedeutsam werden kann. Je höher die kulturelle Diversität einer Gesellschaft ist, desto schwieriger ist es, mit einem spezifischen Habitus für alle Fälle des Marktes gewappnet zu sein. Der hochkulturell orientierte Habitus hat zwar heute immer noch Geltung, aber seine Gültigkeit ist nicht mehr so generalisierbar wie in früheren Zeiten. Ein virtueller Habitus, der sich als offen für die technischen und medialen Möglichkeiten zeigt, der das Mitspielen und Mitschwimmen im virtuellen Strom signalisiert, aber zugleich die eigene Besonderheit dabei nicht zu markieren vergisst, erscheint heute als besonders wichtige Voraussetzung, um erfolgreich kulturelles mit sozialem Kapital zu verbinden und gewinnbringend einzusetzen.

Diese vier Momente lassen sich nicht immer exakt berechnen, weder die jeweiligen Kosten noch ein möglicher Nutzen werden überhaupt im Kapitalismus berechnet. Gleichwohl lernen alle Mitglieder in einer Kultur von Kindheit an,

- dass Kultur vorrangig über den Konsum gelebt wird, wobei sie sich in inkorporierter Form von der Massenkultur, die preiswert bis billig ist, und elitärer Luxuskultur, die teuer bis unerschwinglich ist, unterscheidet,[127]

- dass Kultur in dieser Unterschiedlichkeit für den Status und Habitus eines Menschen Unterschiede macht, die Wirkungsmechanismen der anderen Kapitalformen verstärken oder schwächen können,

- dass man deshalb nicht aus der Kultur aussteigen oder sie verweigern kann, weil sie zum kohärenten Bild einer Selbst- und Fremdzuschreibung dazugehört und zu Eingruppierungen von kultiviert bis unkultiviert führt,

- dass die Kulturgüter in unterschiedlicher Verobjektivierung vorliegen, die von zertifizierten und allgemein anerkannten Bildungsabschlüssen bis hin zu nichtssagenden privaten oder esoterischen Zuschreibungen reichen,

- dass die Virtualisierung des Kulturellen auch bedeutet, die eigene Person virtuell vorteilhaft zu präsentieren,

- dass die subjektive Seite der Kultur zwar auf ein *anything goes* hinzuweisen scheint, wobei im Nutzen der Kultur zur Stärkung des kulturellen Kapitals und zur Untermauerung der anderen Kapitalformen jedoch spezifische Leistungen und Reichtümer erwartet werden, um dann auch tatsächlich erfolgreich zu operieren.

Sehen wir auf die Handlungswirksamkeit kultureller Vergleiche der Menschen untereinander, dann wirkt zunächst immer der Vergleichskontext innerhalb kultureller Bezugsgruppen als entscheidender Differenzhebel. Der Vergleich, den ich innerhalb einer kulturellen Gruppe ausübe, indem ich mich zugehörig und andere als nicht zugehörig definiere, schafft die wesentliche Voraussetzung einer individualisierten (nicht kollektiv vereinheitlichten) Kultur, die mittels ihrer Unterschiede stets neue Unterschiede produziert. Hier unterscheiden sich die Menschen nicht nur nach persönlichen Geschmacksrichtungen und Bevorzugungen, Wein oder Bier, Klassik oder Pop, Fahrrad oder Auto, Fernsehen oder Buch usw., sondern drücken über den Kontext und den Stil ihrer Unterschiede zugleich die Zugehörigkeit zu einem bestimmten, von anderen erwarteten Status und einem Habitus aus, der sich gegen andere Gruppen bzw. Milieus absetzt.

4.2.2 Mehrwert durch Angebot und Nachfrage

Kulturarbeit erzeugt Kosten vor allem durch die verausgabte Zeit, die ich aufwenden muss, um mir kulturelles Wissen anzueignen, Kulturgegenstände herzustellen, zu erwerben, zu bewahren, zu interpretieren, in Szene zu setzen. In einer materialistisch orientierten Welt sehen wir dann gerne auf die Höhepunkte von Kultur, die sich in bestimmten greifbaren Ergebnissen zeigen, in Situationen und Ereignissen bewahrheiten und die Höhepunkte eines kulturellen Verstehens ausdrücken. Dahinter verschwindet die Dauer, die Zeit, die benötigt

---

127 Meine These ist, dass die gebildete Hochkultur immer stärker von der bezahlten Luxuskultur als erstrebenswerter elitärer Lebensform abgelöst wird.

wird, solche Kultur nach und nach zu begreifen, sie anzueignen, sie zu aktualisieren und zu bewahren. Damit entsteht ein Spannungsfeld, das die Kapitalisierung von Kultur enorm erschwert, weil sie je nach Angebot und Nachfrage großen Schwankungen unterliegt:

- einerseits drängt Kultur immer auf Gegenstände und Ereignisse, in denen sie sich unmittelbar zeigen und erleben lässt, um sich zu feiern und ihre Geltung zu behaupten, vorausgesetzt, dass ein kultureller Erfolg überhaupt durch Angebote, die nachgefragt werden, erzielbar ist,
- andererseits lässt die Länge der Dauer in der Produktion, Herstellung oder im Kauf solcher Gegenstände und Ereignisse Kosten entstehen, die sich erst bei näherer Prüfung auf dem langfristig sich entwickelnden Markt als zu hoch oder angemessen erweisen, die jedoch insgesamt hochgradig riskant erscheinen, weil kulturelle Erfolge unwägbarer als ökonomische sind, denn sie hängen von jeweiligen kulturellen Stilen und Moden sehr stark ab.

Im Kapitalismus ist aus diesem Spannungsfeld heraus erkennbar, dass die so genannte Hochkultur als Unterscheidungsmerkmal zwar noch für bestimmte Eliten in Teilen gelten mag, aber insgesamt bereits eher durch eine Massenkultur, die für alle verfügbar erscheint, ersetzt wird. Als Konsumenten stehen alle Menschen im Vergleich, weil das Geld allein quantitativ unterschiedlich verteilt ist, aber keine Unterschiede für gute oder schlechte Kultur als Maßstab in sich trägt. Massenmedien und Internet verstärken diese Effekte.

Nach Bourdieu (1987 a) gibt es keine universalisierbaren Definitionen kultureller Leistungen, die sich im kulturellen Habitus ansammeln lassen. Es gehört eben zu den feinen Unterschieden, im Fluss der Unterscheidungen zu bleiben und spielerisch mit ihnen umzugehen, was eine wahre Kennerschaft bezeugt, die nicht marktfern operieren kann. Gerade deshalb werden Künstler/innen bewundert, die völlig unabhängig vom Markt und seinen Moden ihre Kunst schaffen, sofern niemand sich Gedanken darüber macht, wie sie es dann geschafft haben, zu überleben. Fangen wir an, uns solche Gedanken zu machen, dann verschwindet das Idyll solcher Kunstschaffenden recht schnell. Dagegen zählen für uns einzelne Beispiele besonders viel. Immer wieder gibt es im Kultursektor Spitzenpositionen, die im Mechanismus von Angebot und Nachfrage besonderen Mehrwert erzeugen. Je nach Talent und Zuschreibung können hier Spitzen an Mehrwert erreicht werden, die leicht die Illusion erzeugen, dass es nur besonderer Anstrengungen oder eines Glückes bedarf, um solche Positionen zu erreichen. Verkannt wird, dass es vor allem eines Marktes bedarf, der die Basis solcher Mehrwertrealisierungen bietet. Hier haben die Marktagenten längst Besitz von den Künstler/innen gleich welcher Art ergriffen, um an diesem Mehrwert zu partizipieren. Und Markt und Kunst folgen nicht gleichen Gesetzmäßigkeiten. Die Kunst von heute, die kleine Gruppen von Menschen für besonders wertvoll halten, mag erst Morgen oder niemals marktfähig sein, weil die Geltung erst durch eine umfassende Marktfähigkeit hergestellt wird.

Nachfrage nach Kultur zu erzeugen, dies wäre ein erstes Gebot der Vermarktung von Kultur. Aber solche Marktstrategien sind kostspielig und daher angesichts der Menge kultureller Angebote gegenüber den Massenwaren auf sonstigen Märkten nur schwierig zu realisieren. Für die Kultur ist es schon schwierig genug, überhaupt mögliche Käufer und Kunden zu erreichen. Insoweit muss neben der Kulturzeit viel Werbungszeit aufgewandt werden, um überhaupt die kulturellen Wahlmöglichkeiten bekannt zu machen.

Kultur wird aber nicht nur gegen Geld getauscht. Sie tauscht sich auch gegen Zeit der Teilnahme, gegen Aufmerksamkeit von Besuchern und Interaktionspartnerinnen, gegen die Wahrnehmung des Angebotes, was wiederum Voraussetzungen sind, um überhaupt gegen Geld getauscht werden zu können. Mitunter mag es auch Nachfragen geben, die aber nicht realisiert werden können, weil Preis und Aufwand für die Interessenten als nicht bezahlbar erscheinen. Es gibt auch ein Stück Kultur jenseits aller Kommerzialisierungen, indem Kultur tatsächlich individuell und in Gruppen als Austausch, als ein Miteinander, als Erleben erfahren werden kann. Wir ahnen in solchen Momenten immer wieder, wie wichtig dies für unser Leben sein kann, aber zugleich mögen wir auch spüren, je unterschiedlich nach Lebensstil, aber einheitlich als kultureller Trend, wie uns solche Zeiträume immer mehr verloren gehen. Die Gelegenheitsstruktur der so genannten Hochkultur bot uns durch ihre strukturelle Verknappung noch die Chance, die Zwischenräume mit eigenen kulturellen Tätigkeiten zu verbringen, aber die Massenmedien und das Internet sind in ihrer Omnipräsenz so mächtig geworden, dass sie auch diese Zwischenräume mehr und mehr ausfüllen. Das Angebot erzeugt als Sog auf unserer Seite eine Nachfrage, der wir wenig widerstehen können. Der Massenkonsum auf freien Märkten zerstört zugleich die Umwelt, die als eigener Wert bezahlt werden müsste, um dieses Ungleichgewicht auszugleichen (vgl. Sagoff 2004).

Ebenfalls mindestens vier Aspekte sind in der Handlungsanalyse der Nutzung der Differenz durch Angebot und Nachfrage besonders wesentlich, wenn wir kulturelle Handlungen beobachten:

1. Es gibt einen Markt auf dem kulturelle Bedürfnisse für einen Bedarf von Waren oder Dienstleistungen bestehen oder erzeugt werden. Es gibt eine Nachfrage nach Austausch bestimmter kultureller Waren oder Dienstleistungen. Daraus entstehen kulturelle Gelegenheitsstrukturen bzw. Angebotsstrukturen, die sich steuernd auch auf die Nachfragen auswirken.

2. Es gibt ein kulturelles Angebot, das von Marktteilnehmern gesichtet und beurteilt werden kann, es gibt Wahlmöglichkeiten.

3. Es gibt neben Geld weitere Tauschmittel, die den kulturellen Tausch bewerkstelligen lassen, und diese Tauschmittel stehen als Unterscheidungsmittel in unterschiedlichen sozialen Lagen zur Verfügung. Dieser Punkt bedingt, dass sich Kultur nicht immer beliebig gleich nur mit Geld gewinnen lässt.

4. Kulturelle Tauschgeschäfte werden in der Konkurrenz des Marktes tatsächlich realisiert und die Marktmechanismen werden eingehalten, d. h. Waren- und Dienstleistungspreise sinken bei hohem und steigen bei geringem Angebot in Relation zur Nachfrage. Der Kulturmarkt ist kurzum kein antikapitalistisches Idyll.

4.2.3 Mehrwert durch Illusionierungen, Täuschung, Betrug

Im Blick auf Kulturfragen gibt es immer wieder Kulturpessimisten, die insbesondere in der zunehmenden Diversität und Pluralität von Kulturen in der flüssigen Moderne den Untergang alter Werte, wenn nicht sogar des Abendlandes, sehen. Psychologisch gesprochen folgen sie eher der Vermutung, dass die Verluste höher wiegen als die Gewinne in gleicher Höhe, eine Sichtweise die aus dem ökonomischen Denken bekannt ist. Verliert jemand Aktien in bestimmter Höhe und gewinnt am nächsten Tag in gleicher Höhe etwas zurück, so wiegt der Verlust – psychologisch gesehen – meist stärker als der Gewinn. In kulturellen Fragen scheint dies ähnlich zu verlaufen: Die negativen Beschreibungen setzen sich eher gegen die Gewinne durch, zumal sich die Verluste alter Werte und überkommener Bildung deutlicher zeigen lassen als die Gewinne, die durch neue Werte und eine offenere Bildung entstehen könnten, aber noch nicht hinreichend greifbar scheinen. Nun war es aber die Illusion der alten Bildung und der vermeintlichen Hochkultur, dass sie tatsächlich im Besitz der Menschen, wenn sie nur wollten, hätte liegen können. Diese Unterstellung übersieht die Voraussetzungen, nach denen Menschen in eine Kultur eintreten. Der Besitz ist immer schon vorausgesetzt. Solcher Besitz war früher insbesondere Ausdruck elitärer kultureller Unterscheidungen, die im Prozess der Demokratisierung und Bildungsexpansion partiell aufgelöst wurden, um heute in neuen, anderen Formen zu erscheinen.

Gegen die Kulturpessimisten, die die Auflösung der elitären Formen bedauern, ohne dies immer so klar zu benennen, steht eine große Gruppe von Menschen, die der Kultur recht optimistisch gegenübersteht, vor allem, wenn sie aus alten Erfahrungen des Bildungsbürgertums schöpft. Hier waren Werte wie freie Schöpferkraft, das Erlernen von Kunst und Musik als Bildung im höheren Sinne, das Führen eigener Tagebücher und das Entwickeln literarischer Interessen von höchster kultureller Wertschätzung umgeben, und die in der Bildungsexpansion groß gewordenen Optimisten wollen dies alles nun auch an ihren Nachwuchs vermitteln. Bei nüchterner Betrachtung allerdings wären viele dieser neuen Kultur- und Bildungsbürger/innen bestürzt, wenn ihre Kinder es tatsächlich zum Künstler oder Musiker treibt, wenn sie Kulturschaffende werden wollten, wo doch die kapitalisierte Kultur hierfür ihre Unterstützungen und Förderungen nur sehr beschränkt unterhält. Die »brotlose Kunst« ist die Kehrseite einer Sehnsucht nach Kultur, die den Lernenden in den Schulen noch als Chance kultureller Entwicklung angeboten wird, um dann in der ersten Berufsberatung als ökonomischer Selbstmord abgelehnt zu werden.

Vor diesem Hintergrund wachsen Illusionierungen und Täuschungen im kulturellen Feld enorm an. Wie in der Werbewelt der Massenkultur gilt die Devise, kulturell immer mehr zu scheinen als überhaupt sein zu können. Um dies zu erreichen, wird der kulturelle Besitz gerne von der lernenden auf die materiell besitzende Seite verschoben. Indem man zeigt, was man hat, demonstriert man zugleich, was man zu besitzen meint. Hierbei ist die Symbolisierung von Kultur, die sich neben den Titeln und Legitimationen des Lernkapitals ausdrückt, besonders gegenständlich vermittelt. Sie erscheint in den Büchern, Wohnungseinrichtungen, im Schmuck und Accessoires, in den distinktiven Semantiken der Mode und dessen, was »in« und was »out« ist. Da die Schwankungen durch Angebot und Nachfrage, durch die kulturellen Moden bei gleichzeitig hoher Halbwertzeit kulturellen Wissens und Nachahmens sehr hoch sind, bemühen sich etliche, den Seltenheitswert ihrer kulturellen Bemühungen möglichst hoch anzusetzen und eine Exklusivität zu erzeugen. Dies geschieht analog zu den Exklusivmodellen in der Mode. Solche Exklusivität beginnt in den profanen Warengeschäften und geht hoch bis in die Luxusmarken einer Luxuskultur, die als Unterschied zur Massenkultur illusionär und überteuert konstruiert und genutzt wird. In der Überteuerung macht sich eine Fiktionalisierung von Kultur und Einmaligkeit geltend, die übertrieben bis hin zur Täuschung und zum Betrug ausgebaut werden kann. So begegnen sich die Menschen und versichern sich in wechselseitiger Konkurrenz immer wieder, wie gut ausgerechnet sie es getroffen haben, wie perfekt ihre Kinder seien, welche ausgezeichnete Schule man gefunden habe, welche Spitzenwerte hier und dort erreicht wurden, um in dieser Selbstgefälligkeit Trost gegen all die Unwägbarkeiten zu finden, die man lieber verdrängt.

Je höher die Gewinnchancen scheinen, desto mehr Antriebe finden sich, ein Risiko einzugehen. Es ist besonders da hoch, wo der Anspruch eigener Lernzeiten im Erwerb des kulturellen Kapitals abgekürzt werden kann, z. B. durch Pfuschen, falsche Angaben, erschlichene oder gefälschte Dokumente, Verletzung der Spielregeln. Aber auch im Kulturmarkt selbst finden sich Verletzungen des Copyrights, Fälschungen und Ausnutzungen, um Gewinnziele zu erreichen. Dies folgt den klassischen drei Stufen, die ich auch bisher schon hervorgehoben habe:

- *Illusionierungen* sind ein kultureller Standard in der Präsentation auf fast allen Märkten geworden. Musste früher besonders die eigene Biografie in Einstellungsverfahren geschönt werden, so gehört es heute zum kulturellen und virtuellen Habitus, dies erweitert zu praktizieren. So lässt sich z. B. eine Recherche bereits als eigene Forschungsleistung durch Weglassung der Quelle in einer nicht publizierten Präsentation ausgeben, das Abschreiben sieht sich als eigenes Schreiben, die Idee von anderen kann, in neuen Situationen formuliert, wie ein eigener Geistesblitz wirken.[128] Solche kulturellen Illusionierungen verbinden sich unmittelbar mit dem sozialen Kapital, weil sie nur mittels dieser Verbindung hinreichend wirksam werden können. Es sind Konstrukte eines Selbstbildes, das sich an den vergleichenden Szenarien der Werbung und Kultur ausrichtet und so bereits immer über die Illusionierungen der Kultur die des eigenen Ichs eingebaut hat.
- *Täuschungen* sind Steigerungen dieser illusionären Formen. Sie werden aufgeboten, um kulturelle Aneignungen, die Mühen bereiten, leichter zu erwerben, um sich teure Kulturgegenstände möglichst billig zu beschaffen, um Leistungen von anderen möglichst ungestraft als eigene zu reklamieren.
- *Betrug* entsteht dann, wenn die Täuschung rechtlich nachgewiesen und geahndet werden kann. Kultureller Betrug mag immer Selbstbetrug sein, weil er insbesondere ja nie zur tatsächlich lernenden Aneignung eines kulturellen Habitus führen wird, aber die Zunahme an Betrugsverfahren im Kulturbereich zeigt auch an, als wie hoch die Extragewinne angesehen sind, wenn solche Betrügereien riskiert werden.

Ebenfalls vier Aspekte sind auch in der Handlungsanalyse der Nutzung der Illusionen, der Täuschungen oder des Betruges wesentlich, um diese in kulturellen Handlungen wirksam werden zu lassen:

1. Kulturgüter sind Waren wie andere auch. Bei der Bildung gibt es eine mindestens fiktionale (meist teilweise auch reale) Herstellung einer kulturellen Leistung, die mit gewissen Kosten (Zeit, Mittel, Aufwand) erbracht wird.

2. Die Fiktionalisierung dieser Leistung wird plausibel für den »allgemeinen Menschenverstand« beschrieben und demonstriert, um kulturell glaubwürdig zu sein und tatsächlich Absatz zu finden, d. h. es besteht ein Angebot nach erzeugten oder suggerierten, teilweise auch vorhandenen Wunschvorstellungen, die illusionär beworben werden.

---

128 Der Betrug muss nachgewiesen werden, wird daher meist erst dann entdeckt, wenn ein schriftlicher Beweis in veröffentlichter Form vorliegt.

3. Der kulturelle Tausch wird durch Verkauf, Austausch, Vertrag, Verpflichtung, Boni usw. in Handlungen vollzogen und damit als erfolgreich bewiesen.

4. Der Mehrgewinn wird entweder zusätzlich zu einem tatsächlich bestehenden Wert oder rein betrügerisch realisiert, d. h. er vermehrt entweder die bereits bestehende normale Wert- und Mehrwertrealisierung und stärkt die Nachfrage, gleicht Nachteile dieser beiden Bereiche aus oder erzeugt einen Gewinn ohne jegliche Gegenleistung.

4.2.4 Parasitäre Gewinne

Da der kulturelle Habitus immer in einer Herkunft, in einer Familie mit bestehendem kulturellen Kapital angeeignet wird, ist das kulturelle Kapital durchgehend parasitär angelegt.[129] Dies gilt zunächst für die kulturelle Generationenfolge. Hier erfolgt die Vererbung nicht wie beim ökonomischen Kapital in materieller Form oder wie beim sozialen Kapital durch die soziale Vernetzung mit Freundes-, Bekanntengruppen und Netzwerken, sondern über lernende Aneignungen, über Sozialisation und Enkulturation, d. h. durch Teilnahme an der kulturellen Lernumgebung, den angeeigneten Sprachspielen und die Anreize zum Erwerb eines eigenen kulturellen Habitus. Von solchen kulturellen Aneignungen hängen unmittelbar soziale Chancen ab, die sich z. B. im Gewinnen eigener Freundes- und Bekanntenkreise, im Aufbau von Netzwerken, bei der Schließung von Partnerschaften und Heiraten zeigen. Die kulturelle Passung ist ein ausschlaggebender Punkt der Verbindung von kulturellem Habitus, erworbenem Lernkapital und sozialem Kapital. Die Bildungshomogamie in der Partner/innen/suche hängt entscheidend neben den ökonomischen und sozialen Aufstiegschancen von der kulturellen Passung und der Wahrung eines erreichten Status, dabei insbesondere von den kulturellen Erwartungen im Blick auf gemeinsame Wunsch- und Lebensszenarien und Biografieentwürfe, ab.

Die kulturelle Diversität und Massenmedien wie auch das Internet haben es kulturellen Hegemonien angeblicher Hochkultur oder abgrenzenden kulturellen Distinktionspraktiken erschwert, noch ungebrochen als Unterscheidungsroutinen zu funktionieren. Gleichwohl ist dadurch eher nur die Grenze nach unten verschoben worden, aber nicht aufgelöst. Die nicht schicklichen Beziehungen liegen heute vor allem jenseits der Bildungsexpansion, bei den Dequalifizierten bzw. Armen. Als kultureller Erfolgshabitus muss mindestens ein gewisses Lernkapital erreicht werden, das dann noch zusätzlich durch kulturelle Sonderausstattungen (ausgedrückt in kulturellen Konsumgewohnheiten, eigenem Kulturverständnis bis hin zu eigener kultureller Produktion) verfeinert werden kann.

Der parasitäre Gewinn entsteht auch in dieser Kapitalform durch die bloße Teilnahme an gegebenen Voraussetzungen, durch Nutznießung bestehender Strukturen und Verhältnisse, durch Ergebnisse, die kein eigenes aktives Zutun erforderlich machen, durch ein oft begrenztes oder zumindest übliches Engagement im Rahmen der vorhandenen kulturellen Beziehungen. Je geringer der eigene minimale Aufwand ist, desto höher fließt aus solchen Lagen ein Mehrwert zu, der bestehende Kulturverhältnisse tradiert, der bestehende Unterschiede im kulturellen Habitus pflegt und zur Unterscheidung kultureller und sozialer Lagen heranzieht. Der volle Gewinn wird hier allerdings immer erst in einer Kombination mit dem sozialen Kapital gezogen.

---

129 Eine Philosophie des Parasitären menschlicher Kommunikation in heutiger Zeit liefert Serres (1987). Das Parasitäre ist bei ihm wie bei mir keine moralische Beschreibung, sondern die Darstellung eines wesentlichen Aspekts der sozialen Lebensweise.

Im Zusammenhang betrachtet stellen sich die Mehrwertfunktionen des kulturellen Kapitals wie folgt dar (vgl. *Schaubild 17*):

Schaubild 17: Mehrwert des kulturellen Kapitals

	Gegenstandsform des kulturellen Kapitals	Mehrwert entsteht als Differenz	Gewinn in seiner Handlungsform
1.	Wert der kulturellen Arbeit und Güter unter Einsatz von Bildungskosten (Zeit, Aufwand, Mittel)	aus Kosten der kulturellen Bildung und Güter *versus* erzielbaren Erträgen entsprechend der historisch-kulturellen Bedingungen	Der Wert der kulturellen Arbeit und Güter übertrifft langfristig die Kosten in objektiver Nutzung oder subjektivem Zugewinn
2.	Angebot und Nachfrage	aus gewöhnlichen/vorhandenen und ungewöhnlichen/seltenen kulturellen Arbeiten bei investierten Kosten *versus* später tatsächlich erzielten Erträgen	Die Konkurrenz relativiert die eingesetzten Kosten und den realisierbaren Mehrwert durch Schwankungen des Volumens und Chancen der Realisierung von Erträgen
3.	Illusion Täuschung Betrug	aus dem Kulturwert mit seinen Kosten *versus* dem fiktionalen Wert durch Illusion, Täuschung oder Betrug	Auf den Markt wird aktiv eingewirkt, um den Profit zu sichern und Extra-Profit durch Überteuerung durchzusetzen
4.	Parasitäre Teilhabe	aus Teilhabe an dem kulturellen Kapital anderer *versus* dem eigenen minimalen Aufwand	Vererbungs- und Sozialisationsverhältnisse sichern Kulturverhältnisse

4.3 Gesellschaftliche Nutzung des kulturellen Kapitals

Ein Großteil gegenwärtiger Kulturgüter besteht aus Wissen und Nachrichten, Medien, Werbung, einem *corporate design*, kulturellen Waren, Infrastrukturen und Verkehr, öffentlichen Orten und Dienstleistungsroutinen. Die Übergänge damit verbundener Gebrauchswerte in Tauschwerte sind oft fließend. Teilweise handelt es sich um eindeutig materielles kulturelles Kapital, das in Warenform auf den Märkten vorliegt, teilweise aber auch um Gebrauchswerte im öffentlichen oder privaten Raum, die ergänzend in bestimmten Nutzungen und Gebrauchsweisen hinzutreten oder beiläufig wirken. So wird beispielsweise Werbung immer als Ausdruck einer Kultur mit ökonomischen Absichten des Warenverkaufs verbunden sein, aber um Werbung hinreichend konsumieren zu können, bedarf der potenzielle Kunde einer bereits vorhandenen kulturalisierten Wahrnehmung und Kommunikation. Die Strategie der Werbung besteht nun gerade darin, die vorhandenen Gebrauchswerte und Qualitäten dieser Wahrnehmung zu ermitteln, um den Konsumangriff mit möglichst hohem Erfolg durchführen zu können. Die Produktion der Werbung erzeugt Kosten, die Nutzung der privaten Gebrauchswerte und Wahrnehmungsgewohnheiten der Kunden ist auf den Märkten hingegen umsonst, obwohl auf lange Sicht die Werbung dann wiederum veränderte Wahrnehmungs- und Kommunikationsgewohnheiten erzeugen hilft. In diesem Beispiel drückt sich eine neue Vernetzung der Kultur aus, die über die Märkte expandiert. Die Globalisierung hat nicht nur die Märkte geöffnet, leichte Formen des Kapitalismus gegenüber schweren etabliert, internati-

onale Konzerne mit unterschiedlichsten Subunternehmungen wachsen, die Welt mit globalen
Werbeattacken und Konsumgewohnheiten zusammenwachsen lassen, sondern auch politisch
dazu geführt, dass nationale Souveränität immer mehr in Relation zu anderen Staaten und
Gemeinschaften von Staaten gedacht und organisiert werden muss, weil die Kapitalströme an
keiner Grenze mehr Halt machen und alle Länder möglichst viel in allen Märkten profitieren
wollen (vgl. Burboles/Torres 2000, 14). Für die Kultur bedeutet dies zweierlei: Einerseits eine
zunehmende Standardisierung und Homogenisierung kultureller Werte und Normen, Praktiken und Routinen. Andererseits aber auch eine Fragmentierung durch lokale oder entgegen-
gesetzte Richtungen (ebd.).[130] »Glokale Ansätze« versuchen Mischformen zu beschreiben.[131]

Oft werden die negativen Effekte der Globalisierung auf der ökonomischen Seite (Zunahme der Arbeitslosigkeit durch Wanderungsbewegungen des Kapitals, Flüchtigkeit des Kapitals,
Erosion der Löhne und Sicherheiten, Zunahme der Armut, Zunahme gesellschaftlicher Verlierer) gesehen, die positiven Effekte hingegen der Kultur zugeordnet (Diversität durch Migration, mehr Vielfalt der Chancen, mehr Durchlässigkeit der Kulturen und wechselseitige Anregungen, mehr Wahlmöglichkeiten usw.). Dabei stehen – realistisch betrachtet – beide Seiten in
einem unauflöslichen Verhältnis, denn die Kulturen sind durchgehend kapitalisiert. Die Wirkung ist paradox: Ein solches Kulturkapital wirkt durch die Kapitalisierung aller Kulturbereiche
zugleich vernichtend auf kulturelle Vielfalt ein, weil alles immer stärker marktbezogen agiert
wird. Die Wirksamkeit in den politischen Entscheidungen der Industrieländer mit den Folgen
für die Gegenwart sind bekannt und in Kapitel 2 und 3 schon hinreichend beschrieben worden.

Das Beispiel des Neoliberalismus zeigt, dass sich das kulturelle Kapital in gesellschaftlicher Sicht in bestimmten Werten, Interessen und Zeithorizonten ausdrückt. Es ist voller
Inhalte und damit auch Ausdruck gesellschaftlicher Entwicklungen und bestimmter Machtverhältnisse in historischen Epochen. Wenn in einer Demokratie nur noch bestimmte Inhalte
favorisiert erscheinen, wenn nicht die Breite kultureller und wissenschaftlicher Unterschiede
hinreichend pluralistisch entwickelt werden kann, insbesondere wenn die Medien sich der
Pluralität verweigern und bestimmte Interessen (als selbst dem Kapital unterworfene Lobbygruppen) favorisieren, dann driftet Kultur in bestimmte massenhaft verbreitete Richtungen, die Potenziale des Kulturellen vereinseitigen. Hier sind insbesondere die Massenmedien und das Internet über seine Netzwerke kulturelle Stimmungsgeber, Meinungsmacher,
Manipulationsinstanzen, die einer demokratischen und pluralistischen Regulierung bedürfen. Auch dies ist paradox: Die scheinbare Freiheit des Marktes und all seiner Möglichkeiten reicht eben nicht aus, um Pluralität herzustellen, weil die Profitinteressen systematisch
mit der Profanität und oft Banalität von Waren verbunden sind, die die Märkte bevölkern.
Kulturelle Pluralität ergibt sich kaum dadurch, dass ich zwischen verschiedenen Waschmit-
teln oder Automarken wählen kann, sondern über eine inhaltliche und intentionale Vielfalt,
die immer auch jenseits des Konsums stehen muss, wenn kultureller Sinn zu verhandeln ist.
Solcher Sinn kann nur durch politische Regulierungen und demokratische Vereinbarungen
auch jenseits der Märkte geschehen, weil die ökonomische Potenz marktbeherrschender Firmen und einer ihnen entsprechenden Politik sonst alles dominiert. Leider aber sind auch die
regulierenden staatlichen Instanzen unter Druck, weil auch sie mit bestimmten Interessen

---

130   Benjamin Barber (1995) beschreibt dies z. B. anschaulich in seinem Buch „Jihad vs. McWorld".
131   Vgl. dazu z. B. Arnove/Torres (1999), die dies für die Erziehung diskutieren.

verbunden sind, was tendenziell insbesondere der Entwicklung kulturkritischer Einstellungen dann entgegen wirkt, wenn die Pluralität nicht radikal praktiziert, die demokratische Partizipation auch von scheinbaren Randgruppen nicht intensiviert, die Diversität der Ansichten nicht mehr frei zur Diskussion gestellt wird. Insbesondere der öffentlich-rechtliche Teil der Massenkommunikation, sofern in kapitalistischen Ländern überhaupt noch vorhanden, steht hier vor einer großen Herausforderung, um einem Quotendenken des politisch Erwünschten und zugleich dem Konsumdenken eines vermeintlichen Massengeschmacks zu widerstehen.

Vor allem kulturkritische Schriften und Studien erschließen Hintergründe und Problemstellen des kulturellen Kapitals, so wie es heute konstruiert wird, wie es sich verteilt, welchen Interessen und Gruppen es nutzt, welche Ungleichheiten es nach wie vor produziert. Im Rahmen der empirischen Wende in fast allen geisteswissenschaftlichen und kulturbezogenen Fächern wird derzeit solche Kulturkritik oft an den Rand gedrängt und durch eine meist vordergründige Empirie ersetzt, die behauptet, dass durch Messen allein Erklärungen sich verbessern ließen. Kultur und kulturelles Kapital, das zeigte dieses Kapitel, lässt sich jedoch nicht einfach messen. Es ist schon schwierig genug, für die staatliche Seite Vorkehrungen anzugeben, die helfen können, das kulturelle Kapital als Chance einer umfassenden Gebrauchswertentwicklung des Kulturellen möglichst chancengerecht zu entfalten, wo doch die Staaten bei ihrer derzeitigen Verschuldung alles tun, um genau solchen Forderungen zu widerstehen. Dagegen hilft eine positive Forderungsliste politischen und staatlichen Engagements in der Kulturentwicklung:[132]

- Kulturelle Handlungen stehen im gesellschaftlichen wie individuellen Leben immer für eine wesentliche Qualität solchen Lebens, wenn sie in hinreichender Vielfalt, für unterschiedliche Interessen, als Ausdrucksformen von Sinnsuche und Verständigung, von Gestaltung und Kreativität, als Verstörungen von Routinen und Gewohnheiten, als Chancen für Erneuerung und Visionen entwickelt werden können. Der Staat hat Einfluss auf die kulturelle Entwicklung, indem er hinreichend Ressourcen für kulturelle Vielfalt in Theatern, Museen, Volkshochschulen, Sprachschulen, Unterstützungen kultureller Gruppen und Aktivitäten im Kunst- und Kulturbereich gibt, gleichzeitig aber auch für jene sozialen Lagen einen kostenfreien Zugang zu solchen Angeboten ermöglicht, die ansonsten hierfür ausgeschlossen wären. Neben der schulischen Förderung ist eine solche umfassende kulturelle Förderung vielfältiger kultureller Initiativen ein wesentlicher Indikator, für einen hinreichend gefüllten kulturellen Warenkorb in der Gesellschaft.

- In der Entwicklung der Kulturindustrie ist es als staatliche Regulierung wesentlich, neben den kommerziellen Angeboten immer auch staatlich finanzierte oder bezuschusste nicht-kommerzielle Angebote vorzuhalten und öffentlich-rechtliche Medienanstalten umfassend zu führen, um die Kultur hinreichend offen für Vielfalt und Spezialisierung zu halten.[133] Kulturelle Lebensqualität entsteht nicht durch massenhafte Verbreitung bestimmter Formate, sondern durch Vielfalt von Interessen und kulturelle Unterschiede.

---

132 Es gibt eine Vielzahl von Initiativen, die für ein Mehr an Kultur eintreten und insbesondere partizipative Wege betonen. Sie teilen sich in viele Forderungen auf. Hörning/Reiter (2004) haben Beiträge zu „Doing Culture" gesammelt, die verdeutlichen, dass es dabei immer auch um soziale und politische Dimensionen geht.

133 Hier unterscheidet sich das deutsche Fernsehsystem wohltuend vom US-amerikanischen und anderen Ländern. Gleichwohl ist das Denken in Einschaltquoten auch im öffentlich-rechtlichen System stark angewachsen und unterschreitet die Möglichkeiten kultureller Vielfalt.

- Kreativität ist ein Schlüssel in sehr vielen Tätigkeiten, die heute nachgefragt werden. Aber Kreativität entsteht nur in einem hinreichend geförderten kulturellen Umfeld, das sich den Sinn für die Außergewöhnlichkeit, für aktives Gestalten und Umformen, für neue Sichtweisen und ungewohnte Wege nicht verstellt. Kulturelles Handeln hat sich hierbei längst auch auf Bereiche erweitert, die über ein engeres Verständnis von Kultur in Literatur, Kunst, Theater und Museen auch Erholungsbereiche und sportliche Felder einschließen. Angesichts von Haushaltskürzungen, die stets besonders stark in die kulturellen Bereiche wirken, wäre es vernünftig eine bestimmte Quote der jeweiligen Haushalte gezielt für die Förderung der Kulturen und damit der Lebensqualität anzusetzen und eine aktive Kulturpolitik durch klare Zuständigkeiten zu betreiben.

- Die Unterstützung von Kulturschaffenden sollte dabei aktiv und nachhaltig erfolgen. Dies kann insbesondere dadurch geschehen, dass kulturell prekäre Einkommensverhältnisse durch staatliche Projekte unterstützt, durch Steuererleichterungen kofinanziert, durch Anreize für Stiftungen und Non-Profit-Initiativen gefördert werden. Kulturelle Projekte sind in der Lage, auch Menschen in schwierigen Lebensphasen zu motivieren, arbeitslose Jugendliche mit neuen Perspektiven zu fördern, eine Vielfalt von Interessen zu wecken, ohne diese immer gleich in eine ökonomische Verwertbarkeit überführen zu müssen. Kulturelle Tätigkeiten können insbesondere jenen Menschen einen Sinn im Leben geben, die alternativ zum Gewinnstreben in der Wirtschaft andere Handlungsmuster für kreativer, kommunikativer und sozial verträglich halten. Hierzu sollten entsprechende kulturelle Ausbildungsgänge und Qualifikationsmöglichkeiten stärker als bisher vorgehalten werden. Insbesondere die Ausgaben im kulturellen Bereich sind deutlich anzuheben und auch stärker in eine kulturelle Breite zu verteilen. Hier ist nicht nur die Nachfrage des gehobenen Bildungsbürgertums zu bedienen, sondern es wäre auch eine vielfältige Angebotsseite vor allem im Jugendbereich gezielt zu entwickeln.

- Insbesondere dürfen die kulturellen Fächer nicht ständig weiter an den Rand der Bildung getrieben werden, indem sie in den Stundentafeln der Schulen beschränkt und im Ansehen durch Mittelkürzungen gesenkt werden. Geschieht dies, dann wird eine kulturelle Eindimensionalität durch die Bevorzugung kultureller Güter als Konsumgüter befördert, die der Kultur insgesamt Chancen der Diversität und damit ihrer Kreativität nimmt. Künstlerische und kulturell produktive Fächer und Inhalte sind eine Chance, gegen die Dominanz kulturellen Konsums durch kulturelle Eigenproduktionen zu wirken (vgl. Bamford 2006). Sie sind damit auch eine wesentliche Möglichkeit der Stärkung von Chancengerechtigkeit.

4.4 Individuelle Nutzung des kulturellen Kapitals

Für den Mehrwert und seine Herstellung müssen auch die Besitzerin oder der Besitzer dieser Kapitalform erkennen, aus welchen Differenzformen sich ein Ertrag im Verhältnis zu den Kosten besonders ziehen lässt. Wie schon bei den anderen geschilderten Kapitalformen ist es auch hier im Interesse jedes Individuums, möglichst hohe und intensive kulturelle Aneignungen zu vollziehen, um dadurch die Vorteile kultureller Gebrauchswerte nutzen zu können. Sehen wir die vier Formen der Mehrwertproduktion im kulturellen Kapital näher an, so wird

allerdings erkennbar, dass hier der subjektive Spielraum und die Unschärfe des voraussehbaren Resultats sehr hoch sind. In *Schaubild 18* ist nochmals zusammenfassend gezeigt, aus
welchen individuellen Strategien der Mehrwert des kulturellen Kapitals entspringen kann.

1. Zunächst ist es immer die Differenz der eigenen verausgabten Kosten nach Aufwand,
   Zeit und Mitteln, die Vorteile beim Zugang, Aufrücken, Verbesserung der Positionen
   für einen selbst oder für die Nachkommen oder Verwandte im Rahmen kultureller
   Wirkungsmächte verschaffen können. Die Währung für den Aufwand sind kulturelle
   Teilnahmen, die verausgabte Zeit drückt die Nachhaltigkeit der Bemühungen aus und
   die Mittel reichen von kulturellen Anpassungsleistungen bis hin zu kreativen Aktionen,
   um Aufmerksamkeit, Beachtung und Anerkennung in kulturellen Vergleichsgruppen
   zu erregen. Kapitalisiert wird der Gebrauchswert der kulturellen Tätigkeiten und
   Anstrengungen aber erst dann, wenn er sich tatsächlich gegen einen Ertrag (als Lohn,
   Einkommen, auf einem Kulturmarkt usw.) eintauschen lässt.

Schaubild 18: Formen des Mehrwerts für das individuelle kulturelle Kapital

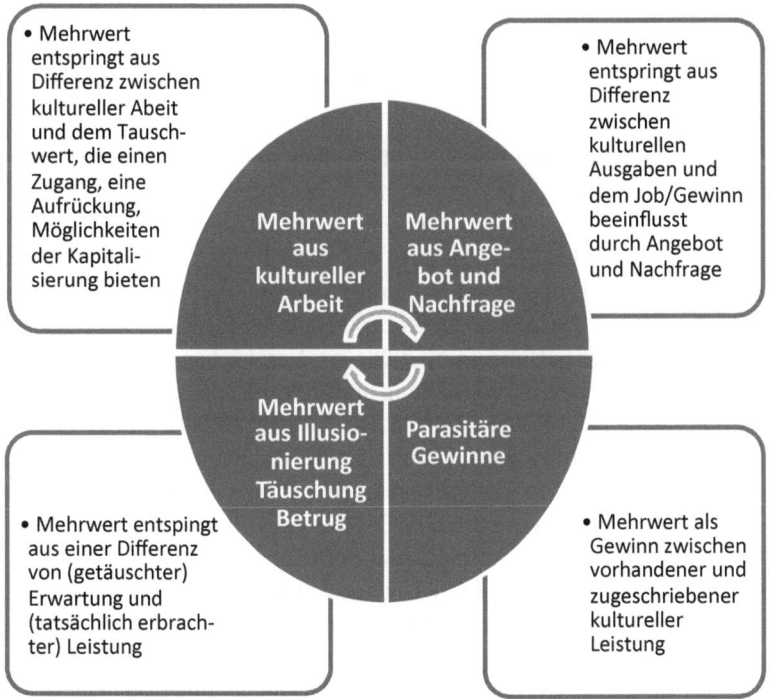

2. In den kulturellen Beziehungen stehen alle in Konkurrenz, nicht nur mit- und gegeneinander, sondern auch in den unterschiedlichen Gruppen und Kreisen mit ihren Zugangs-
   und Schließungsmechanismen. Kultur verlangt einerseits nach Übernahmen, in jeweilige

Gruppen konventionell übereinstimmen und sich bestätigen, andererseits aber auch nach Seltenheit, mit der besondere Begabungen und Talente sich ausdrücken und die Geltung bestimmter kultureller Gruppen und Kreise verstärken helfen. Kulturelle Konventionen oder Sonderleistungen verschaffen nie unmittelbar einen besseren Job oder ein höheres Einkommen, aber sie tragen immer mittelbar dazu bei, dass die Wahrscheinlichkeit steigt, beides auch tatsächlich auf den Märkten zu erreichen.

3. Mehr Schein als Sein, nach dieser Devise streben mittlerweile sehr viele Teile der Kultur, insbesondere geprägt durch die Massenmedien. Illusionierungen sind Teil eines kulturellen Habitus geworden, der »Copy & Paste« nicht als Problem, sondern als Chance sieht. Die Illusionierung besteht nicht so sehr in der Übernahme des geistigen Eigentums von anderen und in einer rücksichtslosen Ausbeutung aller Informationsnetze, sondern darin, hierbei das eigene Ego auch noch als ursächlich, als beachtlich und kreativ auszuweisen, um in der Konkurrenz vorteilhaft dazustehen. Der Übergang in die Täuschung und den Betrug ist vor diesem Hintergrund graduell geworden.

4. Günstig ist immer eine kulturelle Ausgangslage, die man nicht mit großen Mühen erarbeiten muss. Dies verstärkt den Druck, in den »richtigen« oder angesagten kulturellen Kreisen zu verkehren. Wichtigste Voraussetzung ist hierbei die eigene kulturelle Herkunft, deren Inszenierung als Erfolg wesentlich ist, um einen kulturellen Habitus auszuprägen, der bereits durch bloße Teilnahme eigene Erfolgserwartungen hegt und damit auch mehr als andere erwarten darf.

Die impliziten Wirkungen des kulturellen Kapitals sollten nicht unterschätzt werden. Aber gleichzeitig hat sich diese Kapitalform differenziert und sie zeigt ihre Wirkungen auch immer nur in Kombination mit den anderen Kapitalformen. Dies betrifft insbesondere die kulturellen Ausgabemöglichkeiten von Familien. Nehmen wir z. B. Familien mit Kindern unter 18 Jahren, dann verdienten 2008 in Deutschland 14,8 Prozent unter 1.300 Euro, 44,3 Prozent zwischen 1.300 – 2.600 Euro, 32, 1 Prozent zwischen 2.600 – 4.500 Euro und nur noch 8,8 Prozent über 4.500 Euro (Statistisches Bundesamt 2008, 35). Vergleichen wir dies mit den Ausgaben privater Haushalte für Freizeit, Unterhaltung und Kultur, dann sehen wir die relativen Möglichkeiten und Chancen kultureller Teilhabe. Die Ausgaben liegen unter 100 Euro bei der niedrigsten Gruppe, steigen auf knapp über 200 Euro bei Einkommen bis 2.600 Euro, liegen um die 300 Euro bei der nächsten Gruppe und legen erst bei den Höchstverdienern auf über 460 Euro zu (Statistisches Bundesamt 2008, 372). Verglichen mit den Gesamtausgaben der Haushalte liegen die kulturellen Ausgaben sehr niedrig. Sie verbleiben in der Regel unter 10 Prozent der Gesamtausgaben und schließen dann auch Freizeit und Unterhaltung im weiteren Sinne ein. Immer mehr Kultur vermittelt sich angesichts dieser Zahlen über die Massenmedien, die Kultur innerhalb eines begrenzten Ausgabevolumens verfügbar machen.

Betrachten wir auch hier analog zu den vorhergehenden Kapiteln die Folgen des kulturellen Kapitals für wichtige Lebensbereiche:

▪ *Einkommen:* Kulturelles Kapital kann nur indirekt zur Sicherung des Einkommens beitragen. Hierbei ist es insbesondere auf Verknüpfungen mit dem sozialen Kapital angewiesen. Je weniger der Staat Vorkehrungen zur Bildung des kulturellen Kapitals für breite Schichten trifft, desto mehr bleibt es den individuellen Initiativen überlassen, hier gegenzusteuern. Private und auf Profit ausgerichtete Interessen im Medienbereich haben die Lücke, die mangelndes staatliches Engagement hinterlassen hat, geschlossen und wirken kulturbildend im Sinne eines Massengeschmacks, der auch die bisherigen kulturellen Eliten nicht unbeeinflusst lässt. Dennoch verbleiben Unterschiede, die sich im kulturellen Habitus zeigen und die bei der Besetzung von Jobs oder dem Erreichen eigenen Einkommens wichtig sind. Auch wenn dieser kulturelle Habitus seine Profanisierung breit erfährt, so definiert er Zugehörigkeiten aus kulturellen und vor allem sozialen Lagen heraus. Insbesondere Aufsteiger/innen sind hier darauf angewiesen, den linguistischen Code der etablierten Kultur, Kulturtechniken im Umgang und der Kooperation, Selbstwert und Selbstsicherheit auszubilden.

- *Arbeitslosigkeit bzw. Beschäftigung:* Fehlendes kulturelles Kapital drückt sich individuell vor allem darin aus, dass die Menschen weniger Zutrauen in eigene Fähigkeiten, weniger Flexibilität im Blick auf Rollenveränderungen, weniger Möglichkeiten im Blick auf kommunikative Anpassung an Veränderungen haben.

- *Soziale Mobilitätschancen:* Kulturelles Kapital ist immer auch eine Perspektive auf globale Entwicklungen, eine Reflexion der kulturellen Herkunft und Entwicklung. Dies schließt eine kritische Sicht auf die eigene Mobilität im Vergleich zu den gesellschaftlichen Erwartungen ein. Der kulturell Gebildete lernt frühzeitig, sein eigenes Potenzial mit den Gegebenheiten abzugleichen und sich auf Strategien einzustellen, die möglichst hohe Chancen in der sozialen Mobilität eröffnen. Vor diesem Hintergrund ergeben sich leichter Handlungs- und Kommunikationsalternativen. Kulturelle Beteiligungen, Tätigkeiten, Mitgliedschaften und damit verbundene Haltungen erschließen vor allem auch soziale Netzwerke, die helfen können, die soziale Mobilität als Erhaltung eines Besitzstandes oder Lebensstandards zu sichern oder Aufstiege zu vollziehen. Hier ist das Zusammenwirken mit dem Lernkapital allerdings ausschlaggebend.

- *Konsumchancen und Wohnen:* Kultur wird heute mehr denn je am Konsum gemessen und erscheint in der Wohnsituation als Beleg eines kulturell erreichten Standes. Die notwendigen Konsumgüter wie Massenmedien und Internet allein sind nicht hinreichend zur Beschreibung einer höheren Kulturrelevanz. Hierzu zählen auch Bücher, Zeitungen und Zeitschriften, die Gesprächs- und Kommunikationsstoffe und -praktiken, die erst einen umfassenden und reflektierten kulturellen Habitus ausprägen helfen. Auch wenn hier ebenso wie in allen kulturellen Konsumgewohnheiten eine Profanisierung Einzug gehalten hat, so sind es dennoch die Unterschiede im Profanen, die sich als kulturelle Distinktion, als feine Unterschiede, nach wie vor geltend machen.

Für den individuellen Umgang mit dem kulturellen Kapital gelten, wenn ich die Überlegungen dieses Kapitels zusammenfasse, vor allem drei Szenarien:

1. *Besitzszenarium:* Wer größeres kulturelles Kapital erwerben will, der ist zunächst immer auf eine bestimmte Herkunft und damit auf vorausgesetzte kulturelle Kontexte angewiesen. Hier ist es insbesondere für Aufsteiger stets schwierig, den Vorsprung der anderen aufzuholen. Aber die Arrivierten haben ebenso das Problem, ihre Ressourcen nicht sinnlos zu vergeuden und den Besitz, den sie sich je individuell mit gewissem Ehrgeiz aneignen müssen, zu verschwenden. Für die kulturell arrivierten Eltern wirkt nichts als

größere Bedrohung als wenn ihre Kinder an der erreichten Kultur, den Konventionen und dem damit verbundenen Lernkapital nicht länger teilnehmen und teilhaben wollen. Sie werden keine Kosten scheuen, diesen Verlust aufzuhalten.

2. *Aufstiegsszenarium:* Kultureller Aufstieg ist stets mühsam, weil es so ungleiche Startbedingungen gibt. Aber insbesondere Begabungen und Talente können helfen, ein besonderes kulturelles Kapital mit viel Aufwand zu errichten und zu inszenieren, um aus eigener Kraft Vorteile zu erlangen. Dies kann jedoch nur in Verbindung mit vor allem sozialen oder Körper- und Lernkapital gelingen, denn die Entwertung kultureller Besonderheiten in Zeiten der Massenkultur verleiht nur wenigen kulturellen Tätigkeiten noch einen Sonderstatus.

3. *Unsicherheitsszenarium:* Kulturelles Kapital ist angesichts des Massengeschmacks, der immer mehr auch in die Eliten eindringt, und durch seine Differenzierung in Körper- und Lernkapital deutlich von Unsicherheiten geprägt. Gleichwohl reproduziert sich eine kultureller Habitus, der insbesondere aus Kulturtechniken und sprachlichen Leistungen besteht und die Sicherheit einer kulturellen Zugehörigkeit dokumentiert. Wer das unsichere Szenarium verlassen will, der benötigt kulturelle Gebrauchswerte, um Chancen auf Teilhabe nicht nur im kulturellen Feld zu erhöhen. Wer voll auf das kulturelle Feld setzt, um eine eigene und widerständig zum Konsum geltende Kultur zu entwickeln, wird in der Regel die ökonomische Unsicherheit erhöhen, aber auch kulturelle Freiheit gewinnen können.

5. Körperkapital

5.1 Gegenstands- und Handlungsform: Wie entsteht das Körperkapital?

Jean-Jacques Rousseau hat im »Emile«, dem Klassiker bürgerlicher Erziehungsvorstellungen, bereits 1762 eine Perspektive gegeben, die für das Körperverständnis lange Zeit zielbestimmend sein sollte. Der Zögling Emile sollte durch die Natur, Dinge und Gegenstände seiner Lebenswelt, und Menschen, vor allem seinem Erzieher, im Heranwachsen begleitet werden. Dabei sollte er an der Natur und den Dingen seine vor allem auch körperlich empfundenen und erlebten Erfahrungen ausbilden, um sich ein realistisches Bild von der Welt und ihren Wirklichkeiten zu machen. Der Körper wie der Geist des Zögling werden überwiegend aus der Wirkung äußerer Umstände auf das Ich konstruiert, das durchaus einen freien Willen hat, sich diesen Umständen gegenüber zu verhalten, aber immer auch die Einsicht benötigt, sich nicht unnötig gegen den Lauf der Natur und Dinge zu stellen.[134] Dies ist bis in die neuere Soziologie über den Körper eine übliche Sichtweise geblieben: Der Körper wird bis auf wenige Ausnahmen in der aufgeklärten Moderne überwiegend als geprägt durch die äußeren natürlichen und gesellschaftlichen Bedingungen konstruiert.[135]

Dabei hat Rousseau in einem anderen Werk, in seinen »Bekenntnissen« als der ersten Autobiografie der westlichen Welt, auch ein anderes Bild des Körpers gezeichnet. Hier beschreibt er z.B., wie er als verschmähter Liebhaber die körperlichen Stärken und die natürliche Schönheit eines Nebenbuhlers erfahren musste, was sein Selbstbild nachdrücklich schmälerte. Ausführlich charakterisiert er die emotionalen Stimmungen, Ambivalenzen und Widersprüche in seinem Ich, die nicht mehr von außen, sondern nun insbesondere von innen, als inneres Bild, als Konstruktion der eigenen Subjektivität mit ihrem Selbstwert und Körperbild fungieren.

Heute wissen wir, dass wir beide Seiten zu beachten haben.[136] Allerdings ist es erstaunlich, wie wenig der Körper überhaupt in der wissenschaftlichen Forschung über soziale Fragen, die Kapitalformen und die Chancengerechtigkeit, die Ungleichheitsforschung, die Erziehung und Bildung präsent ist.[137] In der Medizin liegt zwar eine ausgewiesene Forschung vor, aber sie verbleibt relativ isoliert gegenüber den Feldern der Soziologie, Psychologie, Philosophie und Pädagogik, die lange Zeit eher körpervergessen operierten. Ein Umstand, dass

---

134   Rousseau hat hierbei auch eine vermeintlich »natürliche« Geschlechterdifferenz zu »Sophie« konstruiert, die bei aller Aufklärung noch einem Bild männlicher Vorherrschaft entspricht.

135   Vgl. einführend dazu insbesondere Schroer (2005, 7 ff.).

136   Maßgeblich hierfür wurden die Ansätze von Norbert Elias, Michel Foucault und Pierre Bourdieu, auf die nachfolgend immer wieder zurückgegriffen wird. Auf ebenfalls relevante Unterscheidungen aus der Phänomenologie, die uns Körper, Leib und Seele unterscheiden lassen, gehe ich hier nicht näher ein. Vgl. dazu insbes. Merleau-Ponty (1974).

137   Zur Soziologie des Körpers vgl. z.B. die Klassiker Turner (1996), Featherstone u.a. (1991), Shilling (1993) und die seit 1995 herausgegebene Zeitschrift »Body and Society«.

die nachfolgend exemplarisch genannten Disziplinen sich dem Körperthema überwiegend verweigerten, liegt gewiss in ihrer Suche nach Eigenständigkeit, was Überschneidungen mit medizinischen Fragestellungen weitgehend ausschloss. Ein kurzer Rückblick mag die Einseitigkeit der Ausrichtungen verdeutlichen:

- *Pädagogik:* Der Körper wurde hier oft eher als Gegner denn als Ausdruck innerer Ansprüche, die nach außen getragen werden können, betrachtet. In der rationalisierten Welt der Aufklärungspädagogik störte der Körper, weil er sich nicht immer leicht disziplinieren ließ, weil die kasernenhafte Gleichschaltung der Lernvorgänge den Körper regulieren mussten, wie es z. B. die zahlreichen Ratschläge gegen die Masturbation während des Unterrichts im 19. Jahrhundert thematisierten. Oft griff man auf die Formel zurück, dass in einem gesunden Körper ein gesunder Geist wohne, wobei der Geist immer bevorrechtigt war und die Gesundheit sich in der Regel auf disziplinierende körperliche Übungen beschränkte.[138] In der Heilpädagogik hat man sich lange mit den Defiziten eines behinderten Körpers beschäftigt (vgl. Göppel 1989, Möckel 1988). Bis heute folgt das schulische Lernen einer durchgehenden Körperfeindlichkeit, die sich z. B. im Schulbau[139] in zu kleinen Räumen, schlechten Licht- und Akustiksituationen, körperfeindlicher Einrichtung, mangelhaften Bewegungsmöglichkeiten usw. ausdrückt.[140]

- *Psychologie:* Die Innensicht ist auch für die Psychologie wesentlich. Der Körper wurde hier oft als Symptomträger konstruiert, auf einzelne Körperteile reduziert, oder auf das medizinische Modell verkürzt, was dann die subjektive Seite und die innere Interaktion mit sich und dem Körper vernachlässigte. Zwar gab es durchaus Versuche, z. B. in der Psychoanalyse, die Sicht auf den Körper zu erweitern,[141] aber bis heute ist eine dualistische Sicht auf die Kognition, Emotion, das soziale Verhalten und den Körper typisch. Grenzüberschreitend mag hier in Zukunft die Hirnforschung oder Neurobiologie wirken, aber sie verkürzt die Sicht auf den Körper oft durch eine Naturalisierung und die Vernachlässigung des Interaktiven und Sozialen.[142]

- *Philosophie:* Die Körpervergessenheit der rationalisierenden Philosophie ist sprichwörtlich. Abstraktionen hoch elaborierter Art und Körperlichkeit scheinen sich grundsätzlich auszuschließen. Aber vor allem die Phänomenologie entdeckte gegen den Trend z. B. mit Merleau-Ponty die Leiblichkeit,[143] besonders aber der philosophierende Feminismus eröffnete Wege, die Körperlichkeit neu und tiefer zu durchdenken.[144] Dabei waren die Arbeiten von Michel Foucault wesentlich, weil er ein tieferes Verständnis des Körpers einerseits als disziplinierten Körper verdeutlichte und andererseits auch die Technologien des Selbst

---

138 Kritische Hintergrundtheorien finden sich insbesondere bei Devereux (1993) und Foucault (z. B. 1993, 1994).

139 Vgl. zu den Forderungen eines nicht körperfeindlichen Schulbaus Montag Stiftung (2012).

140 Eine wichtige Ausnahme macht John Dewey, auf den sich in einem *somatic turn* z. B. Shusterman (2000, 2008) bezieht. Shusterman ist hierbei zugleich auch von Bourdieu beeinflusst worden (vgl. Shusterman 1999).

141 Besonders berühmt wurde hierbei Wilhelm Reich (1975, 1987) mit seiner Bioenergetik. Er betonte insbesondere die Funktion des Orgasmus, die er in der „Orgasmusformel" (Spannung – Ladung – Entladung – Entspannung) zusammenfasste. Der Ansatz blieb ebenso wie sein Orgon-Modell äußerst umstritten.

142 Hier wäre eine Wende hin zu einer Handlungsanalyse notwendig, wie es Janich (2009) folgerichtig vorschlägt.

143 Vgl. insbesondere Merleau-Ponty (1974) und Métraux/Waldenfels (1986).

144 Vgl. dazu insbesondere Butler (1991, 1997). In den »Gender Studies« wird Körperlichkeit in einem öffnenden Diskurs aus bisherigen Engführungen herausgeführt.

thematisierte, die den von Menschen konstruierten Körper diskursiv problematisierten.[145] In den Diskursen wurde deutlich, dass Körperkonstruktionen immer auch sprachliche Wirklichkeitserzeugungen darstellen und keine »natürlichen« Vorgänge bloß widerspiegeln.

■ *Soziologie:* Auch die Soziologie neigt dazu, die relevanten gesellschaftlichen Verhältnisse und Entwicklungen eher in den Köpfen zu situieren, also Gesellschaft und Bewusstsein und nicht Gesellschaft und Körper in den Fokus zu nehmen. Zwar wird der abgerichtete und disziplinierte Körper oft unter Bezug auf Elias oder Foucault thematisiert, aber die Körperlichkeit schaffte es bisher nicht, zu einer zentralen theoretischen Kategorie im Diskurs des Sozialen zu werden. Auch Bourdieu, der bereits erkannte, dass der Körper durchaus zu einer Art Körperkapital werden kann, entwickelte hierzu keine eigenständige Kapitalform. Vielmehr scheinen die Entwicklung der Zivilisation und eine Reflexion hierüber mit einer Herabsetzung der Wichtigkeit des Körpers einherzugehen, und die neuere Technologisierung beschleunigt die Körpervergessenheit (vgl. Schroer 2005, 11 ff.), weil die Nutzer im „rasenden Stillstand", wie Virilio (1997) es ausdrückt, eher passiv sitzend und nicht körperlich aktiv die Welt auf sich zukommen lassen. Hier wirken auch alte Dualismen einer Aufteilung in die Welt der Natur und des Sozialen fort.

Bereits dieser flüchtige Blick zeigt, dass der Körper es schwer hat, in die Diskurse der Wissenschaften Eingang zu finden. Dagegen stehen menschliche Handlungen, die den Körper in der Lebenswelt immer mehr aus seiner verdrängten und vergessenen Rolle herausgeholt haben, so dass er nunmehr auch für die Forschung relevant werden muss:

■ Schon lange war im Kapitalismus bekannt, dass der Körper und dabei körperliche Gesundheit und Fitness ausschlaggebend sind, um Arbeiten zu verrichten und den Lebensunterhalt zu bestreiten. Doch die Profanität dieses Umstandes verlieh ihm nicht die höheren Weihen einer Rationalität und kritischen Reflexion, sondern beließ es bei einer schlichten Feststellung: Ein gesunder Geist benötigt einen gesunden Körper.[146] Je mehr allerdings Körperkulturen durch Gesundheitsfürsorge und Fitnessbewegungen entstanden, konnte dieser Trend nicht mehr nur sportwissenschaftlich oder medizinisch interessant sein, sondern er wurde zu einem unübersehbaren Phänomen auch für andere Disziplinen. Was treibt die Menschen an, noch mehr als in vorhergehenden Zeiten, ihren Körper mit immer mehr Verausgabung von Zeit, Aufwand und Mitteln zu kultivieren?[147] Dahinter steht das Phänomen, dass die Moderne den Körper als natürlich, einmalig, besonders beschreibt, seine notwendige Unversehrtheit und Authentizität hervorhebt, um überhaupt hinreichend als Arbeitskörper fungieren zu können. Der Mensch muss seinen Körper gestalten wollen, muss sich um seinen Körper sorgen und kümmern, wenn er hinreichend wirksam als Arbeits- und Freizeitkörper sein soll.

---

145 Vgl. dazu insbesondere Foucault (1977, 1986 a,b und 1993, 1994).

146 Der originale Spruch des römischen Dichters Juvenal zielte darauf ab, zu zeigen, dass es eines gesunden Geistes bedürfe, der in einem gesunden Körper wirken sollte. In der Rezeption wurde dies von jenen, die vor allem auf die körperliche Ertüchtigung der Jugend als Vorbereitung für den Militärdienst zielten, geradezu umgekehrt, indem der gesunde Körper vor den Geist gestellt wurde.

147 Dabei war z.B. die kriegerische Ausbildung des Körpers in vergangenen Zeiten oft hoch kultiviert. Das Vergessen dieses Körpers hängt mit dem Rationalismus der Moderne zusammen, mit dem Übergang der Kämpfe vom direkten Zweikampf in die Technik, wenngleich im Militär immer noch der »Heldenkörper« gepflegt und verehrt wurde und wird.

- Allerdings ist der Grad der Körpergestaltung und Körperbildung zunächst in der Moderne stark klassen- und geschlechtsspezifisch konfiguriert und ethnisch reguliert. Erst im Übergang in die flüssige Moderne relativieren sich diese Konstruktionen. Der überwiegend physisch ausgeprägte Körper wird zurückgedrängt und die Maßstäbe der Körperbildung werden Richtung Fitness, Gesundheitsvorsorge, Erotisierung und idealtypischer Modellierung verbreitert.

- Die Massenmedien haben im Rahmen solcher Verflüssigung seit den 1990er Jahren verstärkt den Körper in den Blick genommen und eine kontinuierliche und ekstatische Berichterstattung begonnen, in der ein Körperkult erkennbar wird. Unzählige Zeitschriften, Bücher, Fernsehberichte usw. schildern den Umgang mit dem Körper, entwerfen Mode- und Körperbilder, bebildern Schönheitswelten, forcieren körperliche Modifikationen und Umgestaltungen usw. Die Mode formt eine „Schönheit der Uniformität" (Mentges/Richard 2005), die für die Konsumenten auf Individualität setzt und nur in Serienproduktion hinreichend Gewinne im Massenmarkt erzeugt. Im Hintergrund steht hier eine Körperindustrie, die gewinnorientiert die Körperbilder beeinflusst.

- Die Werbung, die Welt der Reichen und Schönen, die Mode und der Jugendkult, eine unverhohlene Geschlechterstereotypisierung verbunden mit Konsum und einer durchgehenden Kapitalisierung erfassen die Bilder über den Körper und das Selbstbild von Körperlichkeit immer stärker, wobei sich gesellschaftliche Anforderungen an den perfekten Körper mit eigenen Wunschvorstellungen im Spektrum von Nachahmung oder Abgrenzung in einem Kreislauf steter Überbietung befinden.

- Die Körperpraktiken von der Tätowierung bis zur Schönheitsoperation zeugen von einem veränderten Bewusstsein nicht nur einzelner, sondern großer Menschengruppen, die den gesellschaftlichen Zwang als inneren erleben oder den inneren Zwang in einen gesellschaftlichen verwandeln. Der Körper soll nicht nur gesund sein und möglichst lange bleiben, er wird auch fit gehalten und »gebildet«, gestaltet, geformt, teilweise sogar verletzt, und eine mittlerweile umfassende Körperindustrie bietet von der Wellness bis hin zum operativen Eingriff Leistungen und Routinen, um der Vielfalt der Praktiken gewinnbringend zu entsprechen oder neue gewinnbringende Praktiken zu bewerben.

- Der Körper als Ort der Identifizierung und Disziplinierung, von dem sich Fingerabdrücke, DNA-Spuren, biometrische Vermessungen, Abbildungen aller Art machen lassen, ist die Kehrseite seiner Individualisierung. Einstellungen, Wünsche, Haltungen und Verhaltensweisen lassen sich am Ende über die hinterlassenen körperlichen Spuren verfolgen, und die Spurensuche hat sich als ein eigenes Fenster hin zum Körper in der Polizei- und Ermittlungsarbeit disziplinärer Praktiken entwickelt. Die Menschen sind hiervon fasziniert, wie die Abbildung und Fiktionalisierung solcher Körperspuren in den Medien zeigt. Foucault hat in seinen Arbeiten diese Seite der Disziplinierung, Überwachung und Kontrolle des Menschen über seinen Körper nachgezeichnet. Möglicher Missbrauch am Körper steht immer in unmittelbarer Spannung zu den Hoffnungen und Chancen seiner Individualisierung. Der Körper erscheint zwischen Fremd- und Selbstkontrolle, wobei die Selbstkontrollpraktiken oft die Fremdkontrollen erst hervorbringen und effektivieren.

- Der Körper als Reparaturbaukasten, Reproduktions- und Transplantationsmaschine rückt immer mehr ins Zentrum einer Apparate- und Gerätemedizin, die technische Machbarkeit demonstriert und ein Bewusstsein der körperlichen Veränderbarkeit erzeugen hilft, das den Körper als Bearbeitungsgegenstand und Konstruktionsobjekt in bisher ungeahnten Dimensionen aufweist. Die Konstruktion des Körpers versucht der Natur, soweit sie überhaupt noch als sinnvolles Konstrukt identifiziert werden soll, zu widerstehen.

Bei näherer Betrachtung sind viele dieser Erscheinungsformen gar nicht so neu, verändert hat sich eher die ekstatische Form der Wahrnehmung und des Konsums. Auch früher hat sich der Körper nicht nur dann bemerkbar gemacht, wenn man krank war, sondern bereits bei Liebeskummer, in Stress-Situationen, bei Flow- oder anderen Sinnes-Erlebnissen oder Körperkontakten. Doch die eigentümliche Interpretation solcher Wahrnehmungen des Körpers machte ihn seit der Moderne zu einem sekundären Objekt, vor allem in der Begierde und dem Begehren erschien er wieder, wenngleich der rein körperliche Genuss angeblich oft nicht »wahrer Genuss« sein sollte. Der Körper war und ist dabei keinesfalls nur Widerstand oder Gegner, wie er dem Ich insbesondere bei Krankheiten oder Leiden erscheint, sondern auch Lustobjekt und Ausdruck körperlicher Freuden. Heute reicht die sekundäre Sicht auf den Körper, die kulturelle Bevormundung und die Betonung höherer Vernunft und Sittlichkeit als reinerer Anspruch in den wissenschaftlichen Diskursen nicht mehr aus, sich umfassend zur eigenen Körperlichkeit zu bekennen. Dies hat sich mit kritischen Arbeiten zu Körperkonstruktionen und ihrem Wandel im historischen Verlauf, insbesondere durch Michel Foucaults Studien zu »Sexualität und Wahrheit« gewandelt. Es konnte deutlich werden, wie sehr die Körper in unterschiedlichen Zeiten unterschiedlich konstruiert wurden und dass der Körper sich auch nicht allein auf sprachliche Wirklichkeitskonstruktionen reduzieren lässt (vgl. Barad 2003). Insbesondere der geschlechtliche Körper wurde sichtbar, indem in feministischen Diskursen umfassend diskutiert wurde, wie sehr Geschlechterrollen zugeschrieben werden. Je mehr die Frauenarbeit in den Industrieländern zugenommen hat und ein eigenes ökonomisches Einkommen sicherten, je mehr emanzipative Frauenbewegungen agierten, um die Ungleichbehandlung von Frauen zu bekämpfen, um so mehr wurden Diskurse ermöglicht, die Partizipation von Frauen an der Bildung, dem Einkommen, den Berufen und Aufstiegschancen begründet zu fordern. Obwohl die Frauenemanzipation viel ältere Ursprünge hat, erscheint ihre Wirksamkeit besonders in diesem Wandel. Insgesamt wird in Zeiten künstlicher Befruchtung, zunehmender Schönheitsoperationen, genetischer Manipulationen, Geschlechtsoperationen im Rahmen von Transsexualität und vieler anderer Praktiken immer deutlicher, dass der Körper gesellschaftlich konstruiert ist. Hiermit geht einher, dass auch die Frage nach der Ungleichheit der Zuschreibung, Bewertung und Anwendung notwendig mit der Analyse dieser Konstruktionen eingehen muss.

Insoweit ist der Körperkult nicht nur Ekstase seiner Kapitalisierung, die mit Profitinteressen einhergeht, nicht nur gesellschaftlicher Zwang, sich Unterschiede in der Körperlichkeit zu markieren, um damit neue Unterscheidungskriterien in den sozialen und kulturellen Lagen einzuführen, sondern zugleich auch Rückkehr zu vergessenen und verdrängten Zusammenhängen. Für frühere Gesellschaften, die kriegerisch ausgerichtet waren, ist der Körper des Helden immer der Inbegriff der Schönheit und Leitbild einer gesellschaftlichen Modellierung gewesen. Solche Modelle wirken bis heute nach, hier gelten oft unbewusste

Motive und Sehnsüchte. In der Sprache erinnern wir eine solche Modellierung, ohne groß
nachdenken zu müssen: „Wir zeigen Fingerspitzengefühl, drücken jemand die Daumen, können bestimmte Zeitgenossen nicht riechen, geraten in Situationen, in denen kein Auge tro-
cken bleibt, betreiben Dinge, die Hand und Fuß haben" (Schroer 2005, 16 f.) usw. All unsere
Sinne und bestimmte Körperteile werden sprachlich immer wieder markiert, um uns zu erinnern, Körperliches aus der Vergessenheit und Verdrängung zurückzuholen, und wir laufen auf dem Zahnfleisch oder haben Herzeleid, uns schlägt etwas auf den Magen oder uns
überschwemmen ozeanische Gefühle, wenn wir unseren Körper zu sehr vergessen haben.

Sigmund Freud hat mit seinem Modell des psychischen Apparats auf den Begriff gebracht,
welchen Zwiespalt ein Ich ausbalancieren muss, der zwischen seinen körperlichen Triebans-
prüchen, die aus dem Es entspringen und den Körper unmittelbar betreffen, und den Wunsch-
und Erwartungsvorstellungen, die im Über-Ich erinnert werden, entsteht. Dies passt auf den
Umgang mit dem Körper in der Gegenwart: Einerseits soll, so fordert die Konstruktion psychischer Gesundheit, das Ich auf seinen Körper, sein Begehren, seine Forderungen, hören und
eine Selbsterhaltungs- und Befriedigungsstrategie betreiben, um den Körper nicht gegen sich
aufzubringen. Dies bedeutet, dass die körperliche Gesundheit und das psychische Wohlbefinden ein vom Ich mit zu regulierendes Gut sind und eine Strategie des Umgangs, eine Technologie des Selbst erforderlich machen. Diese wird dann auch oft noch vereinfacht, indem der
reale, natürliche Körper in den Vordergrund rückt, der Hoffnung darauf machen kann, endlich
zu sich selbst, zu der eigenen Natur, wie sie »ist«, zu kommen, sich so sehen zu können, wie es
unabhängig aller unübersichtlichen und widersprüchlichen sozialen Konstruktionen scheint.
Die Naturalisierung des Körpers (und mit ihr verbundener theoretischer Ansätze) wird zu einer Erwartungshaltung, die allerdings immer enttäuscht werden muss, denn alle Naturalisie-
rungsversuche zeigen doch stets nur den konstruierten Körper, wie er in einer bestimmten Zeit
und Kultur aufgefasst wird. Dies sehen wir im Rückblick auf vergangene Kulturen oder in Kul-
turvergleichen, und dies werden zukünftige Beobachter/innen im Blick auf uns ebenso sehen.

Andererseits aber leben wir in gesellschaftlichen Zwängen, die den Körper disziplinieren und das Ich anregen, bestimmte Strategien und Technologien zu bevorzugen. Es gibt in
bestimmten Situationen bevorzugte Lösungen der Konflikte, es erscheinen in der Triebre-
gulierung (z. B. wie viel Nacktheit darf man zeigen) historisch-kulturelle Bevorzugungen im
Lauf und Wechsel der Lebensverhältnisse. Und wir sind genötigt uns doppelt zu reproduzieren: Als Gattung durch Fortpflanzung und als Individuen durch Arbeit. Wir können in gesellschaftlicher Perspektive kurzum nicht alles ausleben, was uns Befriedigung oder unmittelbaren Genuss verschafft, aber der Körper ist zugleich ein Konstrukt aus unseren Lebenslagen
heraus, und diese Lagen erzwingen auch, dass wir stets neue passende Antworten erfinden.

Eine Balance hierbei zu finden, das ist ein widersprüchlicher und ambivalenter Prozess.
Insbesondere die mit der Moderne einsetzende Individualisierung ist wesentlich geworden,
weil sie das Ich zunächst scheinbar von kollektiven Zwängen entlastet, aber sie führt diese
durch die Hintertür der angeblich freien Wahl als konventionelle Handlungsweise nach Moden und anerkannten Lebensstilen auch wieder ein. Vor diesem Hintergrund muss das Ich
seine Balance ausrichten. Es ist stets auf der Suche nach seinem Körper, es will ihn spüren
und wahrnehmen, pfleglich behandeln, verschönern und verbessern, und muss doch gleichzeitig darauf sehen, was andere für schöner und besser halten. Hier haben wir sowohl den

Antrieb als auch die Konkurrenz, die das Ich motivieren, Körperkapital als einen Ausweg, als eine Strategie im Umgang mit sich und anderen zu etablieren.[148]

Zygmunt Bauman macht in seinen Beiträgen zur flüssigen Moderne darauf aufmerksam, dass der Körper in seinem Übergang von der Produzenten- in die stärkere Konsumentenrolle neu konstruiert wird. War früher der Körper darauf auszurichten, was im Beruf, in der Produktion oder für den Staat, z. B. als Soldat, alles zu leisten war, was zu einer durchgehenden Disziplinierung und auch Gleichschaltung körperlicher Ansprüche und Erwartungen vor dem Hintergrund der jeweiligen Klassenlage und Aufgaben führte, so wird dem Körper als Konsumenten eine neue Rolle zugeschrieben. Nun sind es nicht mehr vorrangig die anderen, die Ausbeuter oder Staaten mit ihren Ideologien, die den Körper für ihre Interessen benutzen, sondern der Körper wird sowohl zu einem konsumierenden Körpersubjekt für das Individuum, das Kosten erzeugt, als auch zu einem Konsumgegenstand für andere (vgl. Gaugele/Reiss 2003).

Der konsumierende Körper ist offensichtlich. Die Körperpflege und -arbeit verschlingt heute viel Zeit und hohe Mittel. Der Aufwand mag individuell unterschiedlich hoch ausfallen, aber der Konsumtrend geht dahin, den Kostenanteil für den Körper immer mehr zu erhöhen. Hierbei bildet sich auch ein körperlicher Habitus aus, der nicht nur seinen Körper nach außen demonstriert, sondern auch etwas von seinem Körper haben will. Wenn wir schon so viel in den Körper investieren, dann erwarten wir Anerkennung, Vorteile und Gewinne. Wer in die Gesundheit investiert, will ohne Krankheiten und länger leben. Wer fit bleibt, der erwartet eine Gegenleistung des Körpers, die mehr Leistung, Lust, Ausdauer spendet. Das Dilemma des körperlichen Habitus ist dabei, dass er nicht mehr einfach nach außen geschoben werden kann, sondern im eigenen subjektiven Erleben verankert (inkorporiert wie der kulturelle Habitus) ist. Das Ich kann gegenüber dem Körper sich distanzierend verhalten (»der Körper als mein Feind«), wenn es eine Krankheit oder mangelnde Fitness als ungerecht oder unerklärlich ansieht, aber der körperliche Habitus dreht den Spieß um und lässt den Körper unmittelbar dem Ich beweisen, dass er etwas als »natürlich« (z. B. »Ich habe das Idealgewicht«), »menschlich« (z. B. »Bewegung ist gesund«), lustbringend (z. B. »Massagen tun mir gut«) und anderes mehr unmittelbar erlebt. Der Körper hat auch in früheren Zeiten immer etwas erlebt, gespürt, erlitten, er ist hierin untrennbar mit dem Ich und seinen Reflexionen über sich und den Körper verbunden, aber die Art der Konstruktion und Reflexion, die Art des Erlebens und die erwartete und zugerechnete Interpretation des Ichs, die verändert sich kulturell. Und hier hat eine Ekstase der Körperlichkeit begonnen, weil es eine Ekstase des Konsums gibt.

Doch wie realistisch sind die Ertragsbilanzen? Zunächst sind Investitionen in die Gesundheit scheinbar Investitionen in eine Sicherheit und wissenschaftlich erforschte Ordnung, die sich kontrollieren und beherrschen lässt. Allerdings wird mehr über die Möglichkeiten als die Grenzen gesprochen. Im Aufschwung der Moderne erscheint noch sehr klar das Bild des gesunden Körpers als eines bewegten, normalgewichtigen, durchhaltefähigen, allseitig ausgebildeten Körpers, der sich vor Krankheiten, Ansteckungen, falschen Milieus schützt.

---

148 Ausführlich auf die Bedeutung symbolischer, imaginärer und realer Seiten in der Konstruktion solcher Balancen gehe ich in Reich (2009 b, insbes. Kap. 3 und 4) ein. Der von mir entwickelte Diskurs des interaktionistischen Konstruktivismus will dabei die subjektiven Konstruktionsleistungen immer auch mit den gesellschaftlichen Bedingungen verbinden. Auch wenn wir Wirklichkeiten wie den Körper kulturell konstruieren, so kehren in unserer Lebenswelt solche Konstrukte oft wie »Tatsachen« zu uns zurück.

Doch von der Konsumentenseite aus betrachtet wird diese Ordnungs- und Sicherheitssuche grundsätzlich in Frage gestellt. Konsumieren soll nun auch der Körper, aber hierbei muss überhaupt nicht mehr seine Gesundheit im Vordergrund stehen, sondern alles kann konsumiert werden, also auch das, was den Körper krank macht, vergiftet, verdickt, entstellt. Nun wird es zur Aufgabe der »Technologie des Selbst« (Foucault), zur individuellen Aufgabe, sich stark ambivalenten Körperpraktiken zu stellen, die passend für bestimmte und selbst zu setzende Zwecke sind, die sich im Blick auf Gesundheit, Fitness, Schönheit, erotische Anziehung, Gepflegtheit, Zurschaustellung, Lustempfinden usw. als wertvoll und nützlich oder wertlos und ungünstig erweisen. Die eintauschbare Form der Gebrauchswerte des Körpers erscheint im Körperkapital. In diesem wird der Körper auch für andere konsumierbar, indem er sich z. B. in erotisches Kapital verwandelt.

Die Voraussetzung für die Bildung solchen Körperkapitals ist zunächst die Vorstellung, dass ein Individuum sich als Akteur gleichsam unabhängig, lenkend, eingreifend auf seinen Körper beziehen kann. Wenn in der Ausbalancierung zwischen gesellschaftlichen Anforderungen und individuellen Lösungen alles als veränderbar und möglich angesehen werden kann, dann erscheint auch der Körper als ein Objekt der Gestaltung und Veränderung. Es war schon in früheren Zeiten klar, dass der Körper ein Tauschobjekt zur Erzielung von Gewinn sein kann. In der Prostitution lässt sich unmittelbar mit dem Körper ein solcher Gewinn erzielen. Aber der Gewinn im Kapitalismus ist an die Voraussetzung gebunden, dass sich der Körper tatsächlich im privaten Besitz befindet und frei agiert werden kann.[149] Dies ist in den historischen Zeitaltern keinesfalls immer selbstverständlich gewesen, sondern durchgehend typisch erst für den Kapitalismus. In ihm ist das Privateigentum ebenso heilig wie der Markt, was für den Körper eine doppelte Befreiung bedeutet: Einerseits ist das Individuum als Besitzer des Körpers anerkannt, so dass es mit ihm machen kann, was es im Rahmen gewisser Grenzen will,[150] andererseits trägt es in seiner Privatheit aber auch die Kosten, die zur Erhaltung, Pflege, Veränderung und Gestaltung des Körpers eingesetzt werden können,[151] und es ist durchgehend mit der Sorge um den Körper befasst. Bei Krankheiten oder Behinderungen können Körperschulden entstehen, die zwar notwendige Investitionen sind, für die es aber keinen marktbezogenen Gegenwert geben wird.

Der »Körper« kann als etwas aufgefasst werden, das einen messbaren Raum ausfüllt. Solche Körper gibt es in einer materiellen Vielzahl wie Heizkörper, Fremdkörper, Beleuchtungskörper usw., aber auch mathematisch definierte Körper bis hin zum menschlichen Körper. Es besteht eine äußere Grenze und Sichtbarkeit und ein Inneres, das als ausgefüllt gedacht wird. Genau dies macht es so sinnvoll, von Körperkapital und nicht vom biologischen

---

149   Die Prostitution weist allerdings oft Zwangs- und Ausbeutungsverhältnisse mittels Zuhältern und Freiern auf, die diese Freiheit vertraglicher Beziehungen durch Gewalt, Unterdrückung und Missbrauch verhindern. Hier herrschen andere, d. h. oft offen kriminelle Marktgesetze.

150   Diese Grenzen erscheinen z. B. bei der Sterbehilfe, wenn der Körper aus seinem Leiden vom Individuum als Besitzer befreit werden soll, aber nicht befreit werden darf, weil die Tötung gesetzlich nicht zugelassen wird. Das Besitzrecht erlaubt nicht alles. Andere Grenzen erscheinen z. B. in der sozialen Ausbeutung, wenn der prostituierte Körper nicht nur ausgebeutet, sondern die Einnahme daraus auch noch durch Zuhälter fremd angeeignet wird.

151   Im Rahmen der Gesundheitsfürsorge kann die Kostenverteilung staatlich geregelt werden, was aber nichts grundsätzlich daran ändert, dass das Individuum für die Kosten im Regelfall verantwortlich gemacht wird. In den kapitalistischen Ländern ist der körperliche Notfall sehr unterschiedlich sozial abgesichert.

Kapital zu sprechen, denn das, was ausgefüllt wird, was durch Operationen und Gestaltungen am und im Körper erreicht wird, das macht seine Kapitalisierung mittels Investitionen aus. Biologisches Kapital könnte uns als Begriff hier in die Irre leiten, denn hier würden wir Investitionen in einen Bereich der Natur uns vorstellen, der nicht so eindeutig durch ein privates Eigentum, einen privaten Besitz, eine Abgrenzung von innen und außen charakterisiert ist, wie es der Körper im bürgerlichen Rechtsverständnis sein kann.[152] Die begrenzende Situierung und die legitime Inbesitznahme des Körpers ermöglicht seine Kapitalisierung. Es gibt insbesondere von der Pharmaindustrie und der biologischen Industrie Versuche, auch die biologische Natur zu kapitalisieren, indem z. B. Patente auf Gene oder Pflanzen erwirkt werden sollen. Aber diese Praktiken erscheinen als grundsätzlich selbst unter kapitalistischen Verhältnissen illegitim, weil sie natürliche Ressourcen der Menschheit für Gewinninteressen zu privatisieren versuchen. Dies aufzuhalten wird ein wesentlicher Kampf sein. Wird er verloren, dann werden wir vom biologischen Kapital reden müssen.

Der Körper lässt sich mit seinen konstruierten Grenzen jedoch nicht als ein natürlicher Prototyp eines Schemas verstehen, das wir der Natur bloß ablauschen oder widerspiegeln könnten. Körper sind stets unterschiedlich über die Zeitalter verstanden und interpretiert worden, und auch die Gegenwart macht hier keine Ausnahme. Schroer fasst dies so zusammen: „Die heutige Situation scheint mir vor allem dadurch geprägt zu sein, den Körper gewissermaßen als letztverbleibende Einheit gegen die mit dem gesellschaftlichen Differenzierungsprozess einhergehenden Auflösungsprozesse setzen zu wollen, während andererseits kulturelle Praktiken und mediale Darstellungen des Körpers von der Faszination zeugen, die Einheit des Körpers nicht als ein für allemal biologisch festgelegt zu erachten, sondern gerade seine Grenzen in Frage zu stellen." (2005, 25) Diese Situation ist keineswegs nur eine freie, die Freude und Glück in der Vielfalt der Körperkonstruktionen gewährt, sondern auch eine des Drucks und der Anpassung, in der jedes Individuum kalkulieren muss, was es für die Kapitalisierung des Körpers tun will, d. h. welche Chancen es sich ausrechnet, gerade und insbesondere mit dem Körper die Bedingungen der Konkurrenz gegen andere auf den Märkten zu verbessern. Genau dieser Trend scheint sich breit durchzusetzen, denn allein aus Spaß am eigenen Körper scheint es kaum verständlich, weshalb die Ausgaben für den Körper immer mehr zunehmen.

Foucault konnte in seinen Arbeiten über »Sexualität und Wahrheit« (1977, 1986 a, b) zeigen, dass bereits in der Antike ein Wissen und eine Sorge einsetzen, wie der Körper gepflegt, verschönert, gestaltet werden kann. Foucaults These geht dahin, dass die Entwicklung hin zur Moderne sich mit einer gesteigerten Aufmerksamkeit zu mehr Hygiene entwickelt, bis das bürgerliche Subjekt in einer Steigerung der körperlichen Aufmerksamkeit anfängt, sich selbst nicht nur äußerlich, sondern auch innerlich zu beobachten und zu kontrollieren, um das physische Wohlbefinden mit dem psychischen gemeinsam zu gestalten. Solche Leistungen setzen Investitionen voraus. Da ist zunächst die Zeit. Die Wahrnehmung, Pflege und Verschönerung des Körpers, seine Gesundhaltung, die Steigerung der Fitness, die Erhöhung der Lebenserwartung, dies kostet sehr viel Zeit und Betreuung. Beides kostet Geld, es ver-

---

152 Ein solches Rechtsverständnis schließt allerdings leider auch ein, dass es zugelassene und ausgesonderte Körper in den jeweiligen Staaten mit ihren Staatsbürgerschaften gibt. Die Körperkontrolle erfolgt über Körpermerkmale wie biometrische Daten, Aussehen usw.

schlingt Mittel und benötigt einen erheblichen Aufwand, um durchgeführt zu werden. Zeit, Aufwand und Mittel erscheinen in jedem der nachfolgend aufgeführten Aspekte:

- Schon immer mussten die Menschen die körperliche Reproduktion durch Nahrung, Schlaf und soziale Versorgung gewährleisten. Diese Körperkosten sind notwendig. Aber veränderlich sind die ausgegebenen Anteile. Menschen, die ums nackte Überleben kämpfen, haben wenig Chancen, umfassende Gebrauchswerte des Körperlichen zu entwickeln, um daraus ein Körperkapital zu bilden. Die Wohlstandsbürger/innen hingegen können ihre Investitionen in eine gesündere oder ungesündere Ernährung planen, in mit Antibiotika verseuchtes Hühnerfleisch vom Discounter oder die bessere Ware aus dem Biomarkt.

- Zugleich ist neben den Wirkungen der ökonomischen und sozialen Lage auf das Körperkapital eine Selbstbezüglichkeit im Umgang mit dem Körper entstanden, die in den Wohlstandsgesellschaften den Körper privatisieren, obwohl er in solcher Privatheit auf dem sozialen Markt dann stets in Konkurrenz mit anderen ist. Aus dieser Ambivalenz kann niemand mehr austreten.

- In den Pflegezeiten, in denen der Körper gewaschen, verwöhnt, „gewellnesst", massiert, gestreichelt usw. wird, erscheinen ständig steigende Ausgaben. Solche Pflegezeiten werden mittlerweile industriell bereitgestellt, und sie sind mit einer Vielfalt käuflicher Pflegemittel verbunden, deren Nutzen vor allem dadurch legitimiert wird, dass andere es auch so machen. Die Grundpflege eines jeden Körpers gehört zum körperlichen Basisgebrauchswert, dessen Einsatz jederzeit in der Ausbildung, im Beruf, in der Freizeit, bei der Partnersuche als Tauschwert vorgehalten werden muss. Der kulturelle Habitus verbindet sich mit einer Einstellung zum eigenen Körper, erscheint als körperlicher Habitus, für den besonders die reicheren Schichten erkennen, wie wichtig Investitionen geworden sind. Dabei führt die Körperindustrie im Zeichen der globalisierten Märkte auch zu einer Nivellierung noch bestehender kultureller nationaler Unterschiede.

- Verschönerungszeiten dienen der Zurschaustellung des Körpers, seiner Aufwertung durch Make-up, einer Aufmachung, die vom Kopf bis zur Sohle reicht. Harmlose Formen wie Varianten der Kosmetik reichen bis hin zur Körperumformungen durch Tattoos, durch Branding (Einbrennen von Mustern auf die Haut), Stretching (Hautdehnungen), Cutting (Hautschnitte) oder Piercings an unterschiedlichen Körperstellen, wobei der Einfallsreichtum solcher Körperpraktiken oft gar nicht so originell ist, wie es erscheinen mag, weil auf frühe Kulturen und ihre Praktiken kollektiver Symbolisierung zurückgegriffen wird. Die Praktiken sind stark auf soziale Gruppen abgestimmt und bezogen. Wo die Mehrheit nach einem möglichst makellosen und schönen Körper strebt, der durch kommerziell inspirierte Moden und entsprechende „Top-Models" definiert wird, da lehnen sich andere (insbesondere in der Jugendszene) gegen den schönen Schein mit allen Mitteln des scheinbar Hässlichen auf. Beide Seiten entkommen so nicht der Kapitalisierung ihrer Körper, denn beides kostet Zeit und Geld. Und beide Seiten hoffen auf Entdeckung, auf Aufmerksamkeit, auf Vorteile, die ihre Investitionen in der ein oder anderen Weise erzeugen sollen.

- Die Schönheitschirurgie ist längst nicht mehr nur Mittel, um möglichst schön zu sein, sondern vor allem, um es möglichst lange zu bleiben und den Alterungsprozess aufzuhalten. Der Kampf kann zwar nicht gewonnen werden, aber in der Konkurrenz insbesondere um den erotischen Anteil am Körperkapital scheinen die Investitionen zu lohnen.

- Fitness wird oft mit einer Gesundheitsprophylaxe gleichgesetzt, bei der es zunächst meist um das Übergewicht (teilweise Untergewicht) der Menschen geht. Diäten werden in unzähligen Variationen angepriesen und angeboten, bis hin zur Verkleinerung des Magens werden keine Eingriffe gescheut. Das Fitnesstraining führte zur Errichtung fabrikmäßig organisierter Center, in die die Menschen freiwillig und gegen Geld gehen, um sich das zurückzuholen, was ihnen die Arbeits- und Freizeitwelten sonst sehr oft verwehren: Bewegung, körperliche Anstrengung, Ausdauer usw. Die Definitionsspiele um das, was Fitness genau sei, sind unendlich, denn irgend jemand ist immer fitter als man selbst und niemand kann genau einschätzen, was dies wirklich bedeutet. Ja, selbst der eigene Körper könnte nach jedem Tag seines Alterns im Grunde fitter gemacht werden, ohne dass auch dieser Kampf je gewonnen werden kann. Deshalb dominieren Schätzwerte und Erwartungen gegenüber Tatsachen oder gesicherten Wahrheiten.

- Bodybuilding ist eine eigene Art, den Körper zu formen und zu perfektionieren. Das Körperkonstrukt, das hier entstanden ist, wird offensichtlich, wenn Beobachter dieser Körper von deren »Unnatürlichkeit« sprechen.

- Organtransplantationen schließlich retten den Körper, wenn sich Defekte an bestimmten Stellen bemerkbar machen, für die Ersatzteile bereitstehen. Die Verknappung der Ersatzteile, die gegenwärtig zu beobachten ist, erhöht die Kosten. Sie öffnet neue Märkte des Organhandels, der Leihmütter, der Ausbeutung von Menschen, die an der Kapitalisierung nicht teilnehmen können. Und sie lässt auch eine Industrie der genetischen Manipulationen entstehen, um einen rasant wachsenden Zukunftsmarkt einer überalterten Bevölkerung in den Industrieländern zu bedienen. Hier ist der Körper als Ware unmittelbar sichtbar und offensichtlich geworden.

- Alle Körper scheinen im Konsumrausch süchtig geworden zu sein, weil die Körperpraktiken alles zu übertreiben scheinen: Entweder zu viel Essen oder zu viel Sport, zu viel Arbeit als Workoholic oder zu viel Freizeit, um noch mehr zum Workoholic der Freizeit zu werden, zu viel körperfeindliche Praktiken oder zu viel Sorgen über den Körper – die möglichen Gegensätze sind unüberschaubar in ihren konkreten Details geworden. Das Individuum erblickt sich in seiner Sehnsucht, es selbst sein zu können, um zugleich in seinem Konsum immer schon etwas anderes geworden zu sein. Schönheits-, Jugend-, Altersideale der richtigen Figur, des perfekten Körpers, der vermuteten Anziehungskraft usw. sind in den Massenmedien so stark bebildert, dass auch deren Konsum die eigene Sehnsucht stärkt und die gelebte Sucht in alle Richtungen befeuert. Dies kann im extremen Fall soweit reichen, dass die eigene Selbsterhaltung und Reproduktion, die dem Körperlichen und seinen inneren Wahrnehmungen innewohnt, vergessen wird. Ein solches Leiden am Körper und mit dem Körper wird beispielsweise in der Magersucht ausgedrückt. Hier setzen unzählige Varianten der Therapie und Beratung ein, um das Verhältnis des Körpers zum Selbst, zur Zwiesprache mit dem Ich, zu den Konflikten mit sich und anderen, zu den Verstörungen der Ansprüche an Selbst- und Fremdbilder in eine lebbare Balance zu führen. Die äußere Fitness und Gesundheit korrespondiert einer inneren, die ohne Ratschläge und Krisengespräche sich kaum noch ausbalancieren lässt. Das Individuum in seinen Konsumzwängen, in seinem psychischen Druck in der Suche nach einer inneren Balance, die so schwer aufgrund einer Überbetonung der Erwartungen, Fremdbilder, Körperbilder, Modeansprüche usw. gegen die eigenen Möglichkeiten zu erreichen ist, muss stets mit körperlichen Symptomen – insbesondere Störungen in den Körperbildern, wie es die Zunahme an verschiedenen Ess-Störungen zeigt – rechnen, wenn nicht auch der innere Kampf gewonnen wird.[153]

Bourdieu (1987 a, 305 ff.) war noch der Auffassung, dass das Körperkapital vor allem den begüterten Schichten zukommt, in den unteren Schichten jedoch eher eine untergeordnete Rolle spielt. Er zeigte dies insbesondere am Klassengeschmack, z. B. beim Essen und Trinken. Dies hat sich insbesondere durch die Medien und die Omnipräsenz des Körperlichen und die Normierungen von Schönheit und Attraktivität geändert. Investitionen in das Körperkapital werden von allen getätigt, aber die Investitionen und Ergebnisse sind durchaus unterschiedlich. Gleichwohl entsteht auch eine neue Gruppe der Ausgesonderten und Ausgestoßenen, der »wasted lives«, wie sie Bauman (2004) nennt. Jene, die nicht mehr aktiv aus eigenem Einkommen konsumieren können, verlieren auch ihren auf Konsum angewiesenen »positiven« Körper, und die Menschen empfinden sie als Obdachlose z. B. wie Kranke, die ansteckende Gefahren mit sich tragen, als Vagabunden, die ihnen präsentieren, wohin der Weg auf keinen Fall gehen darf und wie groß die eigene Sorge vor einem Abstieg – sichtbar an den »hässlichen« Körpern – eigentlich ist. So sehr die Abgrenzung hier nach unten auch funktionieren kann, so sehr misslingt allzu oft die eigene körperliche Versorgung selbst bei den begüterten Schichten. Zu viel Stress, zu wenig Zeit, zu viel Fastfood, immer mehr Burnout, dies sind Symptome im Kreislauf von Anspruch und Beanspruchung.

Je höher der Einsatz von Zeit, Aufwand und Mitteln ist, desto stärker mag die Illusion entstehen, dass sich ein tatsächlich messbares Kapital ergibt, das es ermöglicht oder zumindest erleichtert, eine Kontrolle des eigenen Lebens über die Sichtbarkeit, Materialität und Effektivität des Körpers herzustellen. Ist dies nur eine Illusion oder gibt es hinreichend Fakten und Ergebnisse, die zeigen, dass die Investitionen aufgehen? Die Wirksamkeit des Körperkapitals steht immer in Konkurrenz mit anderen Kapitalformen und sie bezieht ihre Datenlage aus dieser Konkurrenz. Der Körper in seinen Zuständen ist Ausweis der persönlichen Lage eines Menschen, aber dieses Konstrukt setzt immer schon voraus, dass ich eine Vergleichsgruppe bestimme, um die Lage dann konkret zu definieren. Die Körperstatistiken der Versicherungen versuchen dies sehr genau zu berechnen, um ihre Risiken zu kalkulieren. Körper sind zählbar, sie bedienen die Ermittlung von Quoten, Risiken, Meinungen usw. Auch wenn der einzelne Körper seine Individualität bewahrt sehen will, so wird die gezählte Menge an Körpern zur Entindividualisierung, die in der Abgrenzung und Zählbarkeit erscheint. Hier gibt es hinreichend Fakten und Ergebnisse, aus denen auch auf die Mehrwertproduktion des Körperkapitals geschlossen werden kann.

---

153 Magersucht und Bulimie werden auf je ein bis zwei Prozent der Bevölkerung geschätzt, Fettsucht auf ca. vier bis acht Prozent. Von Übergewicht ist mehr als jeder fünfte bereits betroffen. Nationale Unterschiede sind dabei groß. Vgl. einführend auch Absenger (2005).

5.2 Mehrwert des Körperkapitals

Um den Mehrwert des Körperkapitals zu beschreiben und zu analysieren, muss die einge-setzte Investition zunächst untersucht werden. Dabei sind die gleichen drei Aspekte, die be-reits beim sozialen und kulturellen Kapital unterschieden wurden, relevant:

1. *Zeit:* Körperkapital zu erwerben, zu pflegen und zu nutzen kostet Zeit. Diese Zeit geht von anderen Unternehmungen, z. B. der Arbeitszeit ab und in die Freizeit ein, sie steht unter Verwertungsdruck (= bringt mir das Körperkapital tatsächlich so viel ein, wie ich erwarte?).

2. *Aufwand:* Mit dem Einsatz von Zeit stellt sich sofort auch die Frage nach dem sinnvol-len Aufwand. Wie viel ist mir mein Körper wert? Was an ihm ist zu gestalten, was ist hinnehmbar? Wie viel muss ich mühsam selbst investieren und inwieweit kann ich den Aufwand mindern?

3. *Mittel:* Der Erwerb von Körperkapital verschlingt Ressourcen. Je mehr ein gesunder, fitter, anziehender erotischer und langlebiger Körper angestrebt wird, desto höhere Mittel sind aufzuwenden. Die Höhe der aufgewandten Mittel (meine Gesundheit, meine Fitness im Verhältnis zum Alter, meine Schönheit und Attraktivität, meine Lebenserwartung) erzeugen Erwartungen, die sich im Leben aber stets erst bewähren müssen und die nie sicher sind.

Welchen Wert erhalte ich nun aus meinen Aufwendungen und verausgabten Ressourcen? Welcher Mehrwert lässt sich realisieren?

5.2.1 Mehrwertproduktion durch Körperarbeit

Norbert Elias (1976) hat in seinen Studien zum Prozess der Zivilisation herausgearbeitet, dass in der Erziehung und Bildung, in der Entstehung des kulturellen und sozialen Habitus, wie er bisher beschrieben wurde, sehr viel Zeit investiert werden muss, um einen Selbstzwang zu verinnerlichen, der auch die körperlichen Funktionen und das körperliche Verhalten um-schließt. In seinen »Studien über die Deutschen« (1989, 47 ff.) präzisiert er die Arten des Fremd- und Selbstzwangs. Es gibt für ihn erstens jene Zwänge, die von der „animalischen Natur" herrühren. „Der Zwang des Hungers oder des Geschlechtstriebs sind die offenbarsten Beispiele für Zwänge dieses Typs. Aber zu ihnen gehören ebenso der Zwang des Älterwer-dens, des Altwerdens und Sterbens, der Zwang des Verlangens nach Zuneigung und Liebe oder auch des Hasses und der Feindseligkeit, die in Menschen spontan aufwallen, und vie-les mehr." (Ebd., 47) Damit zusammenhängend erscheinen Zwänge, die aus dem Zwang der Nahrungssuche oder „zum Schutz vor den Unbilden der Witterung" (ebd.) entstehen. Abge-setzt hiervon nennt er Zwänge, die die Menschen in Interaktionen gegeneinander ausüben und die wir als gesellschaftliche oder Fremdzwänge bezeichnen können. „Solche Fremd-zwänge finden sich in jeder Zweier- oder Dreierbeziehung. Jeder Mensch, der mit anderen zusammenlebt, der von anderen abhängig ist – und das sind wir alle –, ist aufgrund dieser Abhängigkeit Zwängen unterworfen. Aber wir sind auch Fremdzwängen unterworfen, wenn wir mit 50 Millionen Menschen zusammenleben; wir müssen zum Beispiel Steuern zahlen." (Ebd.) Davon ist schließlich der Selbstzwang unterschieden, den Elias auch „Selbstkontrol-le" nennt. Er erscheint im Verstand, als Gewissen, als verinnerlichte Norm, in Werten und

Vorstellungen, als etwas, dass wir potenziell ausbilden können. „Wenn dieses Potenzial nicht durch Lernen, also durch Erfahrung, aktualisiert wird, bleibt es latent. Grad und Gestalt seiner Aktivierung hängen von der Gesellschaft ab, in der ein Mensch aufwächst, und wandeln sich in spezifischer Weise im Fortgang der Menschheitsentwicklung." (Ebd., 48)

Der naturbezogene Zwang ist für alle Menschen in allen Gesellschaftsformen immer gegeben. Die Fremd- und Selbstzwänge hingegen unterscheiden sich im Laufe der Geschichte und zwischen den Kulturen erheblich.

Aber ist dieses Bild zwischen Natur und Zivilisation stichhaltig? Müssen wir es von heute aus gesehen nicht kritischer konzipieren? Denn was sollen die durchgehenden natürlichen Gegebenheiten sein, wenn sie schon immer vom historisch-kulturellen Stand abhängig gedacht sind? Hunger und Geschlechtstrieb mögen wir zwar als natürliche Bedingungen sehen, aber die Art und Weise wie wir mit ihnen umgehen, unterscheiden die menschlichen Kulturen erheblich. Insoweit sind auch die Investitionen in unsere Natur nie gleich, sondern wechseln zwischen und sogar in den Kulturen erheblich.

Subjektiv messen die Menschen dem Körperkapital bereits dadurch einen hohen Wert zu, weil er so real, »natürlich«, tatsächlich vorhanden und sichtbar ist, was in einer flüssigen Moderne der Unübersichtlichkeit, der Ungewissheit, der Unbeständigkeit aber nur noch einen *scheinbar* sicheren Raum des Handelns und der Erwartungen konstruieren lässt. Gerade deshalb ist es für Menschen so schwierig, dass nun ausgerechnet auch der Körper den allgemeinen Tendenzen der Vergänglichkeit, der Unsicherheit und Überflüssigkeit, und dabei durchgehend ambivalenten Deutungen folgt. Sie erhöhen ihre Anstrengungen, wenigsten den Körper gegen diese Welt zu retten. Und dazu sind sie bereit, sich und ihren Körper zu quälen.

Insbesondere am Geschlechterverhältnis ist die Naturalisierung immer wieder vorgenommen worden, weil es am einfachsten scheint, jeweils eine angeborene männliche und weibliche Körperlichkeit zu unterstellen, um bestehende kulturelle Haltungen und Verhaltensweisen zu legitimieren. Doch die Verflüssigung der Moderne bewirkte auch hier einen Wandel, der in dem für viele irritierenden Ergebnis endet, dass es nicht die Natur des Mannes und der Frau gibt, die dann anschließend kulturell überformt und diskursiv mit Erklärungen versehen wird, sondern dass bereits die Behauptung der Natürlichkeit selbst ein Erklärungskonstrukt aus kultureller Sicht ist.[154] Es ist aus dieser Sicht relativ sinnlos, die Ursprünge eines prototypischen männlichen oder weiblichen Körpers zu suchen, denn wir finden stets nur Varianten der Geschlechterkonstruktion, die vom sozialen Geschlecht und den damit verbundenen kulturellen Vorstellungen aus konstruiert werden. Judith Butler hat in ihrem Buch »Das Unbehagen der Geschlechter« (1991) gezeigt, dass alle Gebrauchs- und Tauschwerte im Körperkapital darauf verweisen, in Anschluss an Foucault zu erkennen, dass Sexualität und Macht stets ineinander und miteinander wirken. Dies bedeutet zu verstehen, dass alle Geschlechterkonstruktionen und sexuellen Verhältnisse immer auch mit Macht kulturell durchgesetzt werden als auch bestimmte – jeweils konkret zu identifizierende – Machtstellungen aufrechterhalten. Insoweit wirkt auch Körperkapital nie neutral, sondern in ihm sind selektive Interessen und Bevorzugungen konstruiert, die in enger Beziehung zu den anderen

---

154 Vgl. dazu insbesondere die Arbeiten von Judith Butler, die *sex* als biologisches und *gender* als soziales Geschlecht diskutiert. Butler legt dar, dass auch das biologische Geschlecht nicht die Natur widerspiegelt, sondern eine Konstruktion ist. Wir benutzen Beobachtungen und Erklärungen, um es zu konstruieren, es findet sich für uns nicht einfach so in der Natur.

Kapitalformen stehen. Zugleich ist zu bedenken, dass alle Zuschreibungen und Interpretationen in diesem Feld der Identität und menschlichen Entwicklung performativ konstruiert
sind. Wir können keine »Natur an sich« angeben, die ursächlich solche Konstruktionen determiniert, sondern müssen in der Kultur selbst nach Entstehungsbedingungen der Interessenlagen und Konstruktionen suchen. Dies gibt Menschen allerdings auch die Chance zurück, solche Verhältnisse bestimmen und dadurch ändern zu können.

Eine solche Sicht – nicht nur bezogen auf die Geschlechter, sondern die gesamte Natur
des Menschen – öffnet uns die Augen auch für das Wie der Kapitalisierung der Körper. Auch
hier sind es soziale Konstruktionen, die mit den anderen Kapitalformen verbunden sind, die
Körperkapital als ein Konstrukt im Umgang der Menschen miteinander ausmachen. Dabei
werden Vorstellungen über das Körperkapital konstruiert, in die Welt gesetzt, in Praktiken
gelebt, um dann als symbolische Erklärung und Voraussetzung wie eine unhinterfragbare
Wirklichkeit zu erscheinen. Warum macht es Sinn, deinen Körper fit zu halten? so könnten
wir fragen. Die Antwort käme wie eine Naturtatsache: Weil es natürlich und zum Lebenser-
halt notwendig ist. Wir vergessen selbst bei so banalen und uns offensichtlich erscheinenden
»Tatsachen«, das auch sie kulturelle Konstrukte aus dem Zeitgeist unseres Zeitalters sind.
Und wir müssen auch sehen, dass die Antworten sich schnell differenzieren lassen: Welchen
Sport treibst du? Ist es eine körperliche Ertüchtigung, die möglichst auf die Bildung von Kon-
dition, Fettabbau, normale Beweglichkeit zielt, oder eine Erlebnisfitness, die den ultimativen
Kick des Sprungs aus der Höhe, des Tauchens in größte Tiefe, der ultimativen Geschwindig-
keit usw. als Erlebnis benötigt und bis in den größten Stress ausarten kann, der kontraproduktiv auf die Gesundheit wirken mag?

Der Mehrwert kann vor allem nach vier Formen des Körperkapitals näher bestimmt
werden:

(1) Gesundheit als Gebrauchs- und Tauschwert

In der Geschichte der Lohnarbeit mussten die Gewerkschaften als Interessenvertretung der
Arbeitenden lange dafür streiten, dass nicht nur genügend Nahrung und menschenwürdige
Unterbringung aus dem Lohn zu ziehen sind, sondern auch Vorsorge gegen Krankheit, bei
Notlagen und im Alter möglich werden. Diese Reproduktionskosten des Lebens schwanken,
so deutete es schon Marx, mit den historischen Zeitaltern. Sie sind relativ in Bezug auf den
Wohlstand eines Landes. So sind diese Kosten in einem Wohlstandsland deutlich höher als
in einem niedrig entwickelten Armutsland. Dies gilt gleichermaßen für die Gesundheitsfürsorge, die der Körper sehr unterschiedlich genießen kann.[155] Insgesamt wurde die Vorsorge
und Durchführung der Maßnahmen im Umgang mit der Gesundheit in der Moderne gänzlich auf das Individuum verlagert. Da dieses Individuum auch in freier Lohnarbeit stehen
soll, erscheint es als doppelt frei: Es kann und soll sich eine Arbeit zum Leben suchen, ohne
diese grundsätzlich als Recht beanspruchen zu können, und es muss sich selbst auch gesund

---

155 Gleichwohl unterscheiden sich die kapitalistischen Länder sehr stark in ihrem Sozial- und Krankensystem,
     das in der Regel die Gesundheitsfürsorge dokumentiert. Ohne staatliche Regulierung und ohne Macht von
     Gewerkschaften würde der Kapitalismus aufgrund von Profitinteressen eher in die Barbarei zurückfallen
     statt sich solidarisch zu verhalten, dies ist jedenfalls die Lehre, die aus vielerlei Daten gewonnen werden
     kann (vgl. dazu z. B. Wilkinson/Pickett 2010).

halten, weil es über alle privaten und freien Rechte an seinem oder ihrem Körper verfügt. Die Kosten in die Gesundheit sind Investitionen, die nur seinen Gebrauchswert, sich gegen Arbeitszeit tatsächlich austauschen zu können, sichern. Es sind notwendige Kosten, die noch kein Körperkapital im engeren Sinne bilden. Dieses entsteht erst dann, wenn durch besondere Investitionen auch besondere Leistungen eingetauscht werden können. Und genau dieser Punkt wird mit der Zunahme der Individualisierung auch erwartet. Eine jede und ein jeder sollen sich auch körperlich gesund halten, um dadurch bessere Verfügbarkeit für die Verwertungsinteressen im Kapitalismus zu erzielen. Denn gleich in welcher Arbeitsfunktion ein Mensch steht, allein als gesunder, kalkulierbarer Körper werden Gewinne abgeworfen. Viele Firmen sind wegen schlechter Ergebnisse ihrer Mitarbeiter/innen auch schon dazu übergegangen, eigene Gesundheits- oder Vorsorgebilanzen zu erstellen und aktiv auf die Gesundheit einzuwirken. Und jene, die nicht in Lohnarbeit stehen, müssen auch auf ihr Körperkapital achten, weil sie immer Gefahr laufen, insbesondere in der Selbstausbeutung der kleinen Selbstständigen, sich und ihren Körper über alle Maßen auszubeuten. In der Position des Reichtums hingegen erscheint nicht selten die Gefahr, körperlichen Genuss zu übertreiben. Die Gesundheitsstatistik allerdings belehrt uns, dass mit der Zunahme des ökonomischen Kapitals und der anderen Kapitalformen auch die Gesundheitskosten zwar steigen, aber die Gesundheit und Alterserwartung eben auch deutlich höher als bei anderen Menschen liegen.

Insgesamt betont die interdisziplinäre Gesundheitsforschung seit den 1960er Jahren, dass das Individuum in all seinen Handlungen verantwortlich für seinen gesunden Körper sei und in der Pflicht stehe, diese Verantwortung anzunehmen. Gesundheit ist kein Schicksal mehr, sondern entsteht aus eigenverantwortlichem Handeln. Dies geht mit einem Aufschwung von Gesundheitsdienstleistungen und einer Kostenexplosion im Gesundheitsbereich einher (vgl. Nollmann 2005, 145 f.).

Die Gesundheit verteilt sich unterschiedlich nach der sozialen Lage. Auch wenn die Massenmedien die Gesundheit bewerben, so erzeugt die Konsumgesellschaft mit ihren Strukturen oft das genaue Gegenteil, wenn der Selbstzwang und die Bildung fehlen, nach der konstruierten Vernunft zu handeln. „Je niedriger die Bildung, die Berufsklasse und die Ressourcenausstattung des Bürgers, desto ungünstiger sind seine Zurechnungsgewohnheiten nach Richtung (intern/extern), Stabilität (stabil/variabel) und Kontrolle (Ja/Nein) für einen gesunden Körper." (Nollmann 2005, 148) Hinzu kommt, dass die Konsumgewohnheiten dieser Menschen eben auch an die Billigwaren gebunden sind, die eher ein ungesundes Verhalten – insbesondere im Essen und Trinken und der Gesundheitsprophylaxe – begünstigen.

Einen Mehrwert durch Gesundheitskapital kann ich nur erzielen, wenn ich Kosten in und für meinen Körper investiere, die möglichst nachhaltig und langfristig wirken. Mein Körper muss sich als gesünder als ein Durchschnitt erweisen, um entsprechende Gegenleistungen durch das Erreichen von guten Arbeitsplätzen, lange Zeiten ohne Arbeitslosigkeit, ein längeres Berufsleben, die Rückerstattung von Versicherungsprämien (insbesondere bei Krankenversicherungen), ein längeres Leben usw. zu erhalten, d. h. um insgesamt durch Vermehrung von Lohn und Einkommen ein Mehr über die Verausgabungen hinaus zu erwirtschaften. Dabei erwartet der kapitalistische Arbeitsmarkt stets schon, dass jedes Individuum diese Vorsorgekosten für sich übernimmt und die Vorsorge aktiv auch über Geldleistungen hinaus durch bewusstes Gesundheitsverhalten erreicht. Einen Mehrwert gewinnt das Individuum, wenn das Verhältnis von investierten Kosten und langfristigen Gewinnen in eine positive Bilanz im Vergleich zu anderen kommt.

(2) Fitness als Gebrauchs- und Tauschwert

Niemand ist je fit genug, um nicht noch fitter zu werden. Der Körper selbst scheint unersättlich zu sein, und dieses Image wird gerne in der Freizeit- und Körperindustrie gepflegt, um die Ausgaben für den Körper zu steigern. Jeder Körper ist im Kapitalismus auch Konsument, und als Konsument wird sein Körper in umfassender Hinsicht beworben. Dabei erscheint ein Spannungsfeld zwischen Wellness und Risiko. Der Körper, der fit gemacht werden soll, bedarf großer Sorge und Pflege, die immer differenzierter in den Möglichkeiten ihrer Erarbeitung und Inszenierung angesichts einer Vielfalt von Konsummöglichkeiten gestaltbar erscheint. Hier kommt es stark auf die illusionären Wirkungen von Mitteln und Pflegeleistungen an, die suggerieren helfen, dass es dem Körper gut geht und dass das Pflegeergebnis Erfolg hat. Entscheidend ist für die industrielle Produktion solcher Pflegeleistungen, dass der Konsument daran glaubt, tatsächlich das zu erhalten, was er oder sie wünscht. Zugleich werden solche Wünsche gezielt durch Werbungen erzeugt. So entsteht ein zirkulärer Wechselbezug zwischen eigenen Erwartungen und vorhandenen Angeboten. Im Gegensatz zur Wellness und Pflege steht der fitte Risikokörper, der an die körperlichen Grenzen in unterschiedlichen Handlungsformen geht, um seine Fitness, seine Körperlichkeit, seine Chancen und Fähigkeiten zu spüren. Ob Wellness oder Risiko, der Körper ist auf der Sinnsuche, sich zu spüren und zu verbessern. Beide Körperbilder suchen sich selbst als fit zu konstruieren bzw. sich überhaupt als Körper zu erfahren. Dabei kann sogar die Fitness dann unbedeutend werden, wenn es vor allem um das Spüren und Aufspüren von Sinn im Körperlichen geht. Hier sind wir in der Physiologie des Körpers und seiner intimen, persönlichen und je eigenen Konstruktion angekommen. Die Gebrauchswertseite drängt uns aber angesichts des Konsums, der Märkte und der Konkurrenz ständig in den Vergleich mit besseren, ideal gestalteten und perfektionierten Körpern – also auf die Tauschwertseite. Dies betrifft zunächst unsere Kosten. Um Gebrauchswerte zu erzielen, müssen wir einkaufen. Fitness benötigt ein Fitnesscenter, eine Mitgliedskarte, einer Beitrag. Nach oben sind die Tauschskalen immer offen. Höchste Summen bezahlen wir dann dafür, um als asketische Leistungsindividualisten Höchstleistungen in theatralischen Inszenierungen von gefährlichen Sportarten oder riskanten Stunts zu demonstrieren, um im hohen Aufwand an physischer und psychischer Energie, um in der Verausgabung und Strapazierung unseren Körper in Stürzen aus der Höhe, Gängen in die Tiefe, Extremen von Hitze und Kälte zu spüren und anderen ein Vorbild für körperliche Verausgabungsstrategien zu liefern.

Fitness liefert trotz solcher Extreme in der Regel einen günstigen Hintergrund für ein gesundheitsbewusstes Verhalten, denn die Verausgabungen und Kosten wirken aus beiden Bereichen meist erfolgreich zusammen. Der körperliche Habitus muss sich bei der Erarbeitung der Fitness insbesondere Selbstzwängen stellen, die beruflich und gesellschaftlich fast immer als erfolgreich angesehen werden: Leistungsbereit sein, sich selbst quälen zu können, um ein Ziel zu erreichen, Durchhaltefähigkeit beweisen, Erfolgsorientierung zeigen, Wettkampfgeist ausüben usw. Damit werden Investitionen in die Fitness zugleich Ausdruck einer Investition in Verhaltensweisen der Persönlichkeit, die dem kulturellen oder sozialen Kapital leistungssteigernd zugeschrieben werden können und die gesellschaftlich angesehen sind.

Ein Mehrwert aus dem Gebrauchswert der Fitness kann dann entstehen, wenn die zunächst notwendigen Ausgaben später durch Einnahmen wieder zurückgewonnen oder übertroffen werden. Der Tauschwert, der sich auf den Märkten präsentiert, wird durch einen körperlichen Habitus dargestellt, für den es Aufgabe, Herausforderung und Motivation zugleich ist, sich nicht nur gesundheitsbewusst zu verhalten, sondern auch aktiv den Körper durch Verausgabungsstrategien zu bewegen, zu gestalten und als attraktiv auszuweisen. Dabei hilft die Fitness im Vergleich zu anderen, weniger fitten Menschen, eine Leistungsfähigkeit zu demonstrieren, die durchaus selbst illusionäre Züge tragen kann, weil auch der fitte Körper nicht gegen alle körperlichen Krisen und Risiken geschützt werden kann. Aber Fitness drückt immer Gesundheit und Stärke aus, zeigt einen Ausdruck von Willen und Kraft, der Überlegenheit suggeriert. Der Mehrwert kann dort erzielt werden, wo es gelingt, durch Selbstinszenierungen auf sich aufmerksam zu machen und Konkurrenten sowohl bei Einstellungen, Beförderungen oder im Kampf um Erfolge hinter sich zu lassen. Umgekehrt zeigen sich hohe Verausgabungen aber auch oft als bloße Kosten, wie sie auch bei anderen Dienstleistungen und Unterhaltungen entstehen. Ein Mehrwert ist dann nicht mehr nachweisbar, wenn der bloße Konsum allein die Gebrauchswertseite erhöht, sich aber nicht mehr eintauschen lässt. Dies mag für die eigene Gesundheit hilfreich und wichtig sein, aber es bringt kein Geld mehr ein.

(3) Erotischer Gebrauchs- und Tauschwert

Je freier und offener der Partner/innen- und Heiratsmarkt ist, desto mehr lohnen Investitionen ins erotische Kapital. Es ist in der Menschheitsgeschichte schon lange bekannt, dass Erotik und Sex eine wesentliche Austauschform für gute Beziehungen, persönliche Vorteile und soziale Absicherungen sind. Aber erst mit der Moderne und bis in ihre Verflüssigung zeigen sich neben der Perfektionierung der Prostitution für alle Vorlieben auch die Chancen, kapitalisierbare Gewinne in anderen Beziehungsformen einzustreichen. Das von Catherine Hakim (2011) als *»honey money«* bezeichnete erotische Kapital,[156] das ich als eine Unterform des Körperkapitals ansehe, mag auf der körperlichen Seite als Gebrauchswert einer Person von Geburt an als mitgegeben erscheinen, aber es entfaltet sich in gesellschaftlicher Wahrheit nie ohne Zutaten: über Styling, Arbeit an der Präsenz, Attraktivität und den Möglichkeiten gelingender Kommunikation und Präsentation. Erotisches Körperkapital benötigt diese ausgewiesenen Zusatzstoffe der Gebrauchsmöglichkeit, um sich überhaupt in Tauschwerte und in Kapital verwandeln zu können. Es verschafft dann Vorteile bei Einstellungen, bei der Suche nach besseren Jobs, nach besseren sozialen Beziehungen, bei einem Upgrade der Partner- und Freundschaften, bei einem Upgrade durch feste Beziehungen und Heirat. Fast eine jede und ein jeder leugnet, es besitzen zu wollen, es nutzen zu wollen, denn was zählt, das scheint immer die wahre und einzige Liebe oder Freundschaft ohne Vorbehalte zu sein, aber bei näherem Hinsehen wird klar, dass die Vordefinitionen, was hier passen könnte, durchgehend als entweder nützlich oder bereits schon kapitalisiert erscheinen. Waren frü-

---

156   Hakim entwickelt ihre Sicht auf das erotische Kapital als Darstellung persönlicher Eigenschaften, als einen Ausdruck von Attraktivität, der in sozialen Beziehungen Vor- oder Nachteile in den Zuschreibungen, Erwartungen, dem möglichen Aufstieg und einer Anerkennung ausdrücken. Sie hätte im Grunde von erotischen Eigenschaften schreiben können, weil sie die Kapitalform nicht weiter nach ihrem Mehrwert hin untersucht. Im Grunde stellt sie nur mögliche Gebrauchswerte vor, ohne den Mehrwert der möglichen Tauschwerte zu begründen.

her der soziale oder kulturelle Stand einer Person noch wesentlich, so ist es heute vor allem das Geld, das neben der sozialen Stellung erotisch ist und macht.

Erotische Gebrauchs- und Tauschwerte bestehen aus verschiedenen Merkmalen, die Hakim (2011, 12 ff.) zusammengetragen hat und die ich um einige Gedanken erweitere:

- Die Schönheit des Körpers oder bestimmter Körperteile, insbesondere des Gesichts, ist ein zentrales Merkmal, das Unterschiede zu anderen Menschen abhängig von der Kultur und ihren Normen und Schönheitserwartungen setzt. Wer Schönheit »von Natur aus« mitbringt, muss sich weniger um die Herstellung solcher Schönheit in jungen Jahren kümmern, hat aber den höheren Kostenaufwand durch Erhaltungsmaßnahmen bei steigendem Alter. Schönheit macht Kosten erforderlich, um die Makellosigkeit der Haut, die Jugendlichkeit des Aussehens, das richtige Gewicht, die Beseitigung von Anomalien usw. nach vorherrschenden kulturellen Normen herzustellen. Zusatzkosten entstehen dann, wenn die Schönheit nach jeweiligen Moden perfektioniert werden soll, was neben den Regelkosten der Pflege des schönen Körpers insbesondere durch Schönheitsoperationen ausgedrückt wird.

- Es gibt kulturelle Festlegungen, die von Kultur zu Kultur nach Reichweite und Verbindlichkeit schwanken. Im globalisierten Kapitalismus aber treten folgende hervor: Sexuelle Attraktivität wird mit Schönheit und Auftreten verbunden, wobei Merkmale wie insbesondere der Körperbau, die Länge der Beine, die Figur und die Präsentation der sexuellen Bereitschaft in Formen von direkter Verlockung bis hin zum vermuteten Geheimnis wirken. Diese Merkmale müssen in den Interaktionen auf den Gegenpart und sein direktes Verlangen oder stilles Begehren wohl abgestimmt werden. Schönheit allein reicht hier nicht aus, das Auftreten in den Bewegungen, Tonlagen, der Gestik und Mimik, müssen als Erregung der Aufmerksamkeit hinzutreten. Junge Menschen scheinen stets mehr sexuelle Attraktivität »von Natur aus« aus zu besitzen, was einer Projektion der Beobachter auf ihr Aussehen und ihre sexuelle Potenz darstellt. Mit zunehmendem Alter muss sexuelle Attraktivität mehr und mehr erlernt und mit geeigneten Mitteln betont werden. Dabei sind Geschmacksunterschiede in den Bevorzugungen immer von Vorteil, wobei sich die Person, die attraktiv sein will, nicht selbst auf nur einen Typ des Begehrens festlegen sollte, um dadurch das Feld des Erfolgs erheblich zu schmälern. Die Kosten für diesen Anteil stecken in großen Teilen bereits beim Erwerb des Gesundheits- und Fitnesskapitals, aber auch insgesamt des sozialen und kulturellen Kapitals. Es entstehen oft zusätzliche Kosten durch Übung, indem in tastenden Versuchen mit wechselnden Partnerschaften solche Attraktivität erlernt wird, um dann zum geeigneten Zeitpunkt für die richtige Wahl in der Kapitalisierung der Erotik bereit zu sein.

- Soziale Fähigkeiten, würdevolles Auftreten, Charme, freundliche Ausstrahlung, vertrauensbildendes Verhalten, sicheres und reziprokes Verhalten in Interaktionen, gemischt mit Fähigkeiten zum Flirt, zur Selbstironie, am besten angereichert mit Charisma, das aus einer inneren Haltung der Ruhe und Zuversicht zu entspringen scheint, sind Ausdrücke für hohe erotische Gebrauchswerte. Sie in Tauschwerte zu verwandeln, dies bedarf allerdings der Gunst der richtigen Stunde, eines Einsatzrisikos, um Wünsche mit Wirklichkeiten zu konfrontieren. Dies setzt eine Psyche voraus, die möglichst hohen Selbstwert verkörpert und es wagen kann, Selbstbilder zu korrigieren. Allerdings gehören solche Fähigkeiten dem Subjekt nie nur »an«, sondern werden immer auch von außen zugeschrieben. Mittels solcher Projektionen wirken diese Fähigkeiten daher bei jenen verstärkt, die neben ihrer »natürlichen« Attraktivität soziale, kulturelle oder ökonomische Macht bereits ihr eigen nennen. Dieser Aspekt kann nicht allein durch Körperkosten erreicht werden, sondern setzt umfassende Kosten in den anderen Kapitalformen voraus.

- Die Lebendigkeit und Fitness, die vermittelt werden, lassen auf Potenz, Gesundheit, genetische Vorteile und Langlebigkeit schließen, was eine Erotik des zweiten Blickes ausmacht. An dieser Stelle sind auch Fähigkeiten wie Humor, Bewegungsfähigkeiten, Anmut oder Aggressivität im Auftreten allgemein, insbesondere aber beim Tanz, Sport, in Freizeitaktivitäten zu nennen. Die Ausbildung des Körpers durch Sport, Tanz, Fitness verursacht entsprechende Kosten.

- Die äußeren Attribute symbolisieren ein Auftreten und eine Präsentation des Körpers. Dabei sind die Kleidung, das Make-up, der Schmuck, die Accessoires, die geschaffene Umgebung und Aura entscheidende Merkmale, die Präsenz und Attraktivität äußerlich ausdrücken. Die sozialen Schichten unterscheiden sich gerade in diesem Feld erheblich, so dass es auch darauf ankommt, welche Gebrauchswerte hier genutzt werden, um einen angemessen erscheinenden Tausch zu erhalten. Will eine junge Frau aus der Unterschicht nach oben upgraden, dann muss sie sich auf den sozialen Code und Stil der höheren Schicht einlassen, ihre Attribute daran ausrichten, um überhaupt einen Möglichkeitsraum des Aufstiegs zu schaffen. Kulturelle Modebewusstheit greift auf Kenntnis der sozialen und kulturellen Kapitalformen über, was immer auch einen Anteil am Lernkapital hat. Gerade die Symbolisierung der Attraktivität, also das, was die meisten Menschen neben und mit meinem Körper als erstes von mir wahrnehmen, unterliegt besonders stark sozial-kulturellen Erwartungen an das, was als Körper und Verhalten in den Wahrnehmungen von der Gegenseite erwünscht wird. Insbesondere die Kosten für Mode, Schmuck, Styling und Accessoires fallen hier ins Gewicht.

- In der Konsumgesellschaft wird Erotik zur Produktwerbung umfassend eingesetzt, um den Waren ein Quantum an Illusion hinzuzufügen. Und es gibt eine Erotikindustrie, die menschliche Körper in vielen Formen vermarktet, um hierbei besondere Gewinne zu verbuchen, die sehr oft mit sexueller Ausbeutung, Missbrauch und Unterdrückung verbunden sind. Sexseiten im Internet unterfüttern ein Verständnis von Erotik und Sexualität, das grundlegend auf Obszönität im Sinne Baudrillards (1996) basiert. Es geht um eine Zurschaustellung intimer Praktiken, die so jeglicher Geheimnisse und gefühlsbezogener Beziehungen entkleidet werden, um den Akt oder Vorgang in den Vordergrund zu stellen. All diese zuvor noch privaten Bilder und Vorgehensweisen zirkulieren heute als öffentliche Konstrukte durch die Alltagswelt der Menschen, sie bebildern die Fantasien und verstärken so zirkulär die imaginäre Macht des erotischen Kapitals, indem sie alles als käuflich zeigen.

- Die erfüllte Sexualität selbst, das, was an sexueller Befriedigung tatsächlich durch einen kompetenten Umgang mit sich und anderen erreicht werden kann, die je gewollte und gewünschte Mischung aus Spiel und Leidenschaft, Warten und Befriedigung, Spontaneität und Durchhaltevermögen, Zärtlichkeit und Aggressivität, machen eine gute Liebhaberin und einen guten Liebhaber je nach den subjektiven Erwartungen und ihren Passungsformen aus. Diese Fertigkeiten sind allerdings sehr unterschiedlich ausgeprägt und verteilt. Das dabei erzielte Verhältnis von Libido (körperlichem Begehren und Aktivität des Sexualverlangens) ist nicht »natürlich« mit sexueller Kompetenz verbunden. Kompetenzen müssen kulturell erworben und geübt sein. Genau diese gelebte Sexualität vermag unter Umständen mehr zu binden, als es die vorhergehenden Punkte allein vermögen. Aber zu solcher Sexualität wird es im Regelfall auch eher kommen, wenn die vorhergehenden Punkte bereits gewirkt haben.

Nun rechnen die Menschen, was die Wirkungen des erotischen Kapitals betrifft, nicht gerne ökonomisch und sie wollen ihre Verhältnisse lieber mit Liebe statt mit kapitalisierten Bindungen erklären. Schließlich wollen sich nicht viele Menschen auf die Ebene eines Gewinnstrebens durch sexuelle Beziehungen einlassen, wenn die eigene Lebensbiografie entworfen wird. Dennoch zeigt das Freundschafts-, Paarungs- und Heiratsverhalten bei der Beobachtung einer großen Anzahl von Fällen signifikant auf, dass unabhängig von der selbstbezüglichen Behauptung auch ein erotisches Kapital wirkt. Die Elite, die Reichen und Superreichen, können Schönheit nicht monopolisieren, weil sie ihnen nicht per Geburt zufällt, aber sie können sich mit ihr umgeben und schmücken, wobei insbesondere für die vermeintlich Schönen das erotische Kapital zum Zuge kommt, um aufzusteigen.

(4) Biokapital

In dem Buch »Global Nature, Global Culture« (2000) zeigen Franklin, Lurie und Stacey auf, wie die Natur durch die Marktstrategien des Kapitalismus im Sinne kurzsichtiger Interventionen verändert und durch Profitmaximierung überformt bis vernichtet wird. Die Bio-Piraterie, wie sie Vandana Shiva (1997) nennt, versucht biotechnologische Produkte zu patentieren, um natürliche Ressourcen privat anzueignen. Dieser Angriff ist vor dem Hintergrund des bisherigen Naturverständnisses der Moderne unverständlich und fokussiert auf einen neoliberalen Markt, der alle Natur- und Lebensbereiche zu kolonialisieren versucht. Gleichwohl drücken sich darin Profitinteressen aus, die eine lange Kulturgeschichte aufweisen. Immer wieder war die Natur ein Angriffspunkt menschlicher Handlungen, um sich Teile anzueignen, die ursprünglich gemeinschaftlich genutzt wurden. Der Kapitalismus in seinen neuen Varianten allerdings beschleunigt – unter aktiver Mithilfe der Regierungen in der neoliberalen Wirtschaftsphase – diesen Prozess erheblich.

Der Körper ist für die Bioindustrie, insbesondere die biogentischen, biotechnologischen und pharmazeutischen Firmen, aber auch für die Sucht- und Drogenprofiteure ein Angriffspunkt, um besonders hohe Gewinne auf dem kapitalistischen Markt zu realisieren (vgl. Rajan 2006). Biokapital zielt in erster Hinsicht auf die Gewinnung ökonomischen Kapitals, aber indem es den Körper benutzt und instrumentalisiert, kapitalisiert es zugleich den Körper. Solche Kapitalisierung geschieht dadurch, dass die Menschen biotechnologische oder genussbezogene Leistungen oder Versprechen kaufen, um in ihren Körper zu investieren. Der Biomarkt, so zeigt Rajan, orientiert sich jedoch nicht in erster Linie an körperlichen Merkmalen, die medizinisch zu behandeln wären, an Fragen, wie z. B. bei seltenen Krankheiten geholfen werden könnte, oder an Fragen zur Verbesserung der Gesundheit, sondern stets am erreichbaren Profit der jeweiligen Firmen, die den Körper immer schon kalkulieren, bevor sie versuchen, ihn irgendwie zu »behandeln«. Erst der erwartete massenhafte Ansatz veranlasst dazu, Forschungen zu intensivieren, seltene Krankheiten hingegen bleiben oft unberücksichtigt, weil der Markt zu klein ist. Darin drückt sich eine Form der Biopolitik aus, wie sie Foucault (1999, 2004, 435 ff.) bereits analysierte und kritisierte (vgl. auch Peters 2006). Im Zusammenwirken kapitalistischer Gewinninteressen des Biokapitals unter Genehmigung und Schutz staatlicher Vorgaben wird der Körper mehr und mehr kapitalisiert – sei es aus Ansprüchen einer von außen an ihn herangetragenen Biotechnologie, sei es aber auch durch dem Menschen suggerierte Maßnahmen, Mittel und Behandlungsformen, die scheinbar aus ureigenen Wünschen entstammen und doch in erster Linie die machbaren Gewinninteressen bestimmter Firmen spiegeln. Diese Verwobenheit als kapitalisierbarer Gegenstand zu gelten und sich selbst als kapitalisierbar darstellen zu können, macht es diesen Strategien leicht, sich mit den vorher genannten Punkten zu verbinden und diese zu durchmischen.

Biopolitische Strategien setzen sowohl auf Eigenstrategien der Individuen als auch auf staatliche Regulierungen z. B. im Feld der Gentechniken, Reproduktions- und Transplantationsmedizin. Kapitalistische Profitinteressen sind mit Lobbyinteressen in der Politik eng verknüpft. Dabei sind es immer weniger zentralistische Entscheidungen der Politik, die als Mikrophysik der Macht in diesem Feld (im Sinne Foucaults) wirken, sondern vielmehr auch und vor allem die internalisierten Zurechnungen und Entscheidungen vieler Individuen, die einerseits alle Chancen einer möglichst großen Emanzipation von den natürlichen und körperlichen Schranken ihrer Körper wahrnehmen wollen, andererseits aber auch Regularien akzeptieren, die diese Chancen immer mehr privatisieren und Ungleichheiten zementieren, weil sie denken, dass dieser marktbezogene Weg am erfolgreichsten sei.

Fragen der Genetik und genetischer Dispositionen rücken unter diesen Strategien heute stärker in den Vordergrund. Die Forschung selbst hat diesen Diskurs zunehmend in statistische Wahrscheinlichkeiten bestimmter Auswirkungen von Genen auf Phänotypen und Funktionen gewandelt, so dass die Biologie nicht mehr als Schicksal, sondern verstärkt als Risiko erscheint, dass die Menschen zur Vorsorge antreibt. Sie sollen ihre genetischen Prädispositionen testen, um sich Wahrscheinlichkeitsverläufe ihres Körperkapitals anzusehen und angemessen darauf zu reagieren. Die Selbstregulation wird dann noch durch Regulationsmaßnahmen der Gesellschaft ergänzt. Angesichts von nuklearen Katastrophen ist die Idee einer biologischen Bürgerschaft aufgekommen, um vor allem die Rechtsposition des Individuums angesichts zunehmender biologischer Einflüsse aus der Umwelt zu markieren. Die Idee lässt sich auch auf biogenetische und medizinische Maßnahmen erweitern. Die Frage lautet, inwieweit Menschen sich vor Einflüssen schützen und gegen Manipulationen im biologisch-medizinischen Feld, also insbesondere gegenüber Beeinflussungen ihrer Körper, wehren können (vgl. dazu einführend Lemke/Wehling 2005).

Die Beispiele Brustkrebs oder Gebärmutterkrebs zeigen heute prototypisch bereits Wirkungen biopolitischer Eingriffe. Frauen sehen sich gezwungen, ihre genetische Prädispositionen zu testen, um dann daraus Maßnahmen bis hin zur Entfernung der Brust oder Eierstöcke zu veranlassen, um das Risiko zu mindern (vgl. Weiß 2009, 48 f.). Umgekehrt kann auch der demokratische Staat sich veranlasst sehen, Gefahren für den gesellschaftlichen Körper zu thematisieren und Vorkehrungen etwa durch Regulierungen der Geburtenrate bei schlechter demografischer Prognose ergreifen (beispielsweise durch Geldanreize, Vergünstigungen, Druck durch Untergangsszenarien usw.). Schnell entstehen Übergänge in eine Regulierung, die freie Entscheidungen der Individuen minimieren oder verhindern. Oft verschränken sich kommerzielle Interessen oder Sparnotwendigkeiten des Staates mit einer Definition von Gefahren, um die Biopolitik zu legitimieren. Andererseits kann eine solche Politik aber auch helfen, Leben zu schützen oder zu verlängern. Es wird für die Individuen zu einer entscheidenden Frage, inwieweit sie sich hier noch frei und kritisch verhalten können.

Hannah Arendt hat in ihrem Konzept der »vita activa« (2002) betont, dass durch die Geburt von Menschen je neues Leben zur Welt kommt, um so der Welt einen neuen Anfang zu ermöglichen. In der Generationenfolge liegt die Chance, die Welt verändern zu können. Dagegen liegt in den Biotechnologien immer auch die Gefahr, solche Neugeburt durch die Verstetigung eines bestimmten genetischen Standes, einer Vermeidung der Evolution und ihrer Härte durch Ersatzteillager, Transplantation bis hin zum Klonen zu vermeiden. Sollte es in Zukunft möglich sein, dass Eltern die Zukunft ihrer Kinder durch genetische Manipulationen bis hin zur eigenen Selbstreproduktion als Abbild eigener genetischer Entwicklung gestalten, dann wäre solche »vita activa« in einen Stillstand gesetzt, dessen Folgen das Körperkapital als Ausdruck eines solchen Vermögens vermehren und die Menschheit auch auf der biologischen Seite in radikale Ungleichheit setzen würde. Die Menschheit käme schnell in einen Kampf nicht mehr um das gemeinschaftliche, sondern das ungleiche individuelle Überleben. Die Folgen für die Gattung wären sehr problematisch, weil und sofern es dann keine Ethik des menschlichen Lebens gäbe, die jenseits der Einzelinteressen die Würde des menschlichen Lebens insgesamt schützen könnte.

Karin Knorr-Cetina (2005, 68 f.) argumentiert, dass die neuen Lebenstechnologien sich nicht mehr mit der Sprache, die wir aus der Aufklärung übernommen haben, hinreichend ausdrücken lassen. „Psychopharmaka, die auf wundersame Weise die Persönlichkeit verändern, oder biotechnologische Maßnahmen, die die Keimzellen dauerhaft verändern, oder genetische Eingriffe, die den individuellen Tod, zumindest indirekt, abzuschaffen versprechen, sind Phänomene, denen unsere Sprache nicht gewachsen ist." (Ebd., 68) Was unserer Sprache, wie sie aus einer humanistischen Tradition entspringt, entgegensteht, das ist die Überbetonung des Versprechens, das an die Stelle von Werten tritt. Eine wertebezogene Gesellschaft ist voll von Forderungen an das Individuum,[157] eine versprechende scheint voll von Möglichkeiten. Sie wirkt damit grundsätzlich attraktiver. Dies ist dem Körperkapital auch in seinem Mehrwert tief eingeschrieben. Der Mehrwert lebt von Versprechen, die eintreten könnten oder sollten, von den Erwartungen vieler, dass dies so geschehen kann. Dabei gehört nach Knorr-Cetina zu dem Versprechen, dass es sich auf die Zukunft bezieht und gewünscht wird, dass der Wünschende es auch einlösen will und kann. Damit es eingelöst wird, muss allerdings der Versprechende die Kompetenz zum Erfüllen des Versprechens besitzen. Doch in einer Kultur des Versprechens nehmen die Erwartungen an damit verbundene Forderungen und an eine Ethik des Handelns ab, denn der Wunsch der Konsumenten leitet die Vorstellungen von Machbarkeit oft mehr als dies von den Versprechenden gehalten werden kann. Zugleich wissen die Menschen ob der vielen nicht eingelösten Versprechen bereits, dass die Wünsche oft mehr zählen als die Fakten. Und dies macht es schwer, das Körperkapital exakt zu berechnen, obwohl eine jede und ein jeder glauben, dass es ein Versprechen auf seine Wirksamkeit gibt.

---

157 Die Pointe ist hier allerdings, dass gerade in der Aufklärung solche Werte mit großen Versprechungen (z. B. nach Gleichheit der Menschen) verbunden wurden, die dann uneingelöst blieben.

Wie bei den anderen Kapitalformen sind auch hier mindestens vier Aspekte in der Handlungsanalyse der Nutzung des Körperkapitals notwendig, um wesentliche Handlungselemente im Umgang mit diesem Kapital zu erfassen:

1. Körper sind Ausdruck von Personen und Persönlichkeiten, eines Habitus und Geschmacks, einer Gesundheit, Fitness, Erotik und Biomanipulation, die in gesellschaftlicher Praxis geführt und entwickelt werden und im Spannungsfeld eigener Wahlen und fremder Zuschreibungen stehen. Der Körper ist intersubjektiv sichtbar, präsent und Akteur eigener und fremder Beobachtungen, Vergleiche, Ansichten und Zuschreibungen, die stets mit Bewertungen im Vergleich verbunden sind. Um den subjektiven Körper zu erzeugen, gibt es hinreichend körperliche Gebrauchswerte, die sich erwerben lassen, als auch Märkte, auf denen solche Gebrauchswerte zugänglich sind. Es besteht ein konventioneller Druck auf alle Subjekte, je eigene Körperpraktiken zu gestalten und subjektiv zu demonstrieren.

2. Körper werden in verobjektivierten Formen präsentiert. Es wird von der Erscheinung auf einen Hintergrund, auf Ursachen, auf einen Stil und eine soziale Lebensform geschlossen, die »verkörpert« erscheint. Damit wird es notwendig, den Körper in bestimmten Weisen, in kulturell erwünschten Formen, in marktbezogener Relevanz in Szene zu setzen, und es ist weder sinnvoll noch möglich den Körper so zu verbergen, dass er für andere unsichtbar bleibt.[158] Eine angepasste kulturelle Körperarbeit ist eine grundlegende Bedingung körperlichen Handelns, d. h. bei gleichzeitig vorhandener großer Individualisierung der Menschen im globalen Kapitalismus gibt es einen umfassenden Bedarf an geleiteten, gelenkten, konsumbezogenen Körperpraktiken, die eine Kenntnis normativer Erwartungen wie der körperbezogenen Märkte erfordern. Ein hoher Zeitansatz für Pflege, Sorge um sich, Gesundheit, Fitness, Biopraktiken der Verjüngung, Verschönerung und Reparatur ist notwendig, um je nach persönlichen Voraussetzungen objektiv anerkannte und medial weit verbreitete Gebrauchswerte für den Körper und als Körper zu erarbeiten. Das Erreichen allgemein anerkannter Konventionen reguliert den eigenen Erfolg aus der Körperarbeit, um Tauschwerte zu erzeugen, die tatsächlich auf den Märkten wirksam sind. Ein zusätzliches Mittel hierzu ist eine körperliche Darstellung auch im virtuellen Raum, die für alle eine Hoffnung auf Präsenz verspricht. Aber die Hoffnungen haben Grenzen. Alle Verausgabungen sichern körperliche Gebrauchswerte, die nur in begrenzten Zeitfenstern perfekt wirken und die durch die Alterung des Körpers stets infrage stehen. Ein weiteres Problem der Verausgabung von Körperzeit ist wie beim sozialen Kapital, die Erfolge dieser Verausgabung in den entsprechenden erwünschten sozialen Kreisen überhaupt realisieren zu können. Und schließlich besteht immer die Gefahr der Änderung der kulturell erwünschten Körperpraktiken, so dass das eben noch anerkannte Tattoo über Nacht in einen Ausdruck von Hässlichkeit verwandelt wird.

3. Auch beim Körperkapital gibt es zunächst nur subjektive Erfahrungen und vermutete Erwartungen, die von den eingesetzten Kosten an Zeit, Aufwand und Mitteln auf einen möglichen Nutzen aus dieser Kapitalform bei der Erzielung höheren Einkommens, einer

---

158   Dies ist eine westliche und kapitalistische Sicht auf den Körper. Dagegen stehen andere Kulturen mit gänzlich anderer Sicht. So ist z. B. das Tragen einer Burka ein religiös beanspruchter Versuch, den Körper zu verbergen, um seine vermeintlichen Geheimnisse und Verlockungen zu schützen und patriarchalisch als verborgenes Körperbild zu bewahren.

Heirat mit Aufstiegscharakter oder anderen Gewinnformen schließen lassen. Dennoch zeigen die im Vorstehenden genannten Untersuchungen, dass insbesondere erfolgreiche Karrieren durchgehend von einem günstigen körperlichen Habitus und insbesondere hinreichendem Kapital in Blick auf Gesundheit, Fitness, Erotik und Biomacht abhängen. Hier können zusätzliche Vorteile gesichert oder überhaupt erst Ausgangspunkte für den Erwerb höherer Werte in den Kapitalformen gelegt werden. Entscheidend für den Erfolg ist der situativ gelingende Tausch des Gebrauchswerts in einen geldwerten Vorteil, der die subjektiven Kosten und Anstrengungen in Annäherung an den kulturell erwünschten Körper entlohnt und den Einsatz weiterer Mittel in die körperliche Vorsorge ermöglicht.

4. Der jeweilige gesellschaftliche Stand der tatsächlichen Erträge aus dem Körperkapital über Standesgrenzen, Klassen, Einkommensgrenzen, Statusvorgaben usw. hinweg, ist sehr stark von der Offenheit der Gesellschaft überhaupt abhängig. Ein wesentlicher Indikator hierfür ist, inwieweit das Körperkapital dazu verhelfen kann, soziale Klassen zu überspringen. Ein weiterer Indikator zeigt an, in welchem Grad es in der Gesellschaft möglich ist, dass sehr große Menschengruppen noch in das Schema der jungen, gesunden, schönen und fitten Körper fallen oder inwieweit Diskriminierungspraktiken dazu führen, viele Menschen hiervon auszuschließen. Der kapitalistische Konsumdruck kann hier den positiven Effekt haben, dass die Normierung der Schönheit breite Gruppen umfasst und differenziert, um so möglichst viele Waren an möglichst viele Menschen zu verkaufen. Deshalb entdeckt die Werbung gegenwärtig auch das Alter als positive Bezugsgruppe, deshalb wird teilweise auch versucht, dem Schlankheitswahn mit Gegenmodellen zu begegnen. Dennoch verbleibt ein großer kultureller Druck, weil zugleich die Werbung und Medien Körperbilder möglichst perfekt darstellen wollen, um noch mehr Gebrauchswerte anzudienen. Wird hingegen eine große Gruppe von Menschen ausgegrenzt, weil sie nicht hinreichend dem Konsum – insbesondere im Luxusbereich der Mode, Pflege usw. – entsprechen, dann werden soziale Gegensätze über die Körper als »natürlich« vermittelt bestimmt.

5.2.2 Mehrwertproduktion durch Angebot und Nachfrage

In den Mehrwert durch Körperbildung gehen immer schon Vergleiche der Körper untereinander ein, so dass Angebot und Nachfrage nach Körpern stets schon alle Körperbildungen im Kapitalismus durchmischen. Im Übergang in die Konsumgesellschaft werden mit der Ausweitung eines Basiswohlstands und des Freizeitbereichs auch die Körper zum Angriffs- und Ausgangspunkt von Konsum und Rangvergleichen untereinander. Der dabei zu konstatierende Körperboom äußert sich in Phänomenen wie der Verherrlichung und Zurschaustellung von jungen, fitten, schlanken, gesund scheinenden, attraktiven Körpern, die gepflegt, konsumbereit, ästhetisiert, trainiert und gestylt erscheinen. Dem Körperkult entspricht eine Körperindustrie, die all das vermarktet, um ihre Gewinne zu erzielen. Und auch, wenn von der Sichtweise des Konsums her alle Menschen gleich scheinen und gleich, d. h. möglichst hoch konsumieren sollen, so gehört es zur Paradoxie des Körperkults, dass die Differenz zwischen den Menschen zum Anlass genommen wird, immer perfektere Körper zu inszenieren, um den Druck auf den Konsum zu erhöhen. Deshalb wirken in diesem Feld die Mechanismen von Angebot und Nachfrage um so härter und offensichtlicher.

Das Marktgeschehen, in dem Körper agieren, ist dabei nicht nur die öffentliche Bühne der Zurschaustellung, sondern durchgehend der gesamte Lebens- und Arbeitsbereich. Es gehört zu den Selbstdarstellungs- und Inszenierungsmechanismen aller Menschen, den Körper in den Beziehungen, auf der Arbeit, in der Freizeit und selbst in den erwünschten Imaginationen ins Spiel zu bringen, wobei dieses Spiel stets in Vergleichen mit- und gegeneinander endet. Insoweit dabei bekräftigt wird, dass jede/r die Selbstinszenierung verbessern und ausstatten kann, entstehen sowohl Angebots- als auch Nachfragedruck, die sich wechselseitig bestärken und durch die Kommerzialisierung des Körpers in der Werbung, in Film, Fernsehen und den Körperidolen des Zeitalters angetrieben werden. Insbesondere die Erotisierung oder Sexualisierung des Körpers bis hin zu einer immer breiter werdenden Akzeptanz der Pornografie verdeutlichen die Dynamik dieses Prozesses. Die Zunahme psychischer Erkrankungen wie Magersucht und Bulimie sind Krisenerscheinungen einer solchen Kultur, die in ihrem Wahn des modellierten Körpers niemanden als wirklich perfekt erscheinen lassen können, weil es in der Unerbittlichkeit der Körpervergleiche immer jemanden gibt, der noch perfekter und erfolgreicher wirkt. Zudem ist die Perfektion stets schon an die Täuschung der Werbung und Idealisierung gebunden, die das retuschiert und verheimlicht, was nicht dem erwünschten Bild entspricht. So streitet im Feld von Angebot und Nachfrage der Körper gegen sein eigenes Fantasma.

Je nach den kulturellen Bevorzugungen sind bestimmte Körper von Geburt an im Vorteil gegenüber anderen. Die Nachfrage nach Modellen von Schönheit, Jugend, Gesundheit, Fitness usw. ist so groß und gleichzeitig so genormt, dass für wenige Menschen »natürliche« Vorteile aus ihrer angeborenen Körperlichkeit entspringen. Aber diese Vorteile reichen meist nicht aus, wenn nicht auch ein eigener Habitus hinzukommt, der den Wert des Körpers nicht verschwenderisch auf dem Markt veräußert und den kurzen Zeitraum der besonderen Attraktivität in der Lebensspanne damit vergeudet. Hier kommt es darauf an, die vier Strategien der eben beschrieben Körperbildung zu nutzen, um die Nachfrage zu erhöhen und den Preis in die Höhe zu treiben. Gugutzer irrt, wenn er meint, das Körperkapital sich nicht als Ware eintauschen lässt (2004, 69). Auch Körper sind nicht nur in der Prostitution käuflich erwerblich, um die Erotik zu bebildern, so wie es die Kunst in der Wohnung intendiert, denn der nachgefragte Körper erzielt Marktvorteile bei den Beziehungen und erwünschten Partnerschaften, der Arbeitsplatzsuche, der Errichtung sozialer Netzwerke usw. Allerdings ist die Wirkung der Ware Körper selbst im erotischen Kapital zeitlich beschränkter, was die Menschen aber auch immer mehr antreibt, ihre körperlich besten Zeiten auf den Beziehungs- und Heiratsmärkten, in den Netzwerken und auf der Arbeit zu nutzen. Nur weil nicht gerne darüber gesprochen wird, heißt dies ja noch lange nicht, dass es nicht geschieht. Und auch das Argument, dass die Austauschrate der Körperkapitals besonders ungewiss erscheint (ebd. 70), sollten wir umgekehrt als Ansporn sehen, die Motivlage zu untersuchen. Warum verbindet sich hohes ökonomisches Kapital fast immer mit besonderem Körperkapital? Warum nähern sich die Reichen und die Schönen durchgehend an? Nach welchen Austauschraten funktionieren hier auch jenseits der Altersgruppen die Aneignungsprozesse von alternden Männerkörpern mit ökonomischer Tiefenausstattung und jugendlicher Schönheit von Frauen, die sich angezogen fühlen? Die Logik des sozialen Feldes, auf die Bourdieu zu schauen versucht, um Bevorzugungen der Wahlen zu ermitteln, zeigt hier eine Kapitalisierung der Körper an, die von den höchst bietenden Eignern ökonomischen Kapitals ersteigert werden. Die dabei Erfolgreichen oder die mit Neid Schauenden tun dann so, als ginge es um etwas gänzlich anderes.

Ebenfalls mindestens vier Aspekte sind in der Handlungsanalyse der Nutzung der Differenz durch Angebot und Nachfrage besonders wesentlich, wenn wir soziale Handlungen in diesem Feld beobachten:

1. Körper wie auch körperliche Beziehungen werden in allen sozialen Gruppen als wesentlich erlebt und angesehen. Es gibt unterschiedliche Formen der Körperarbeit in Familien, auf der Arbeit und in der Freizeit. Nachfragen geschehen im Wandel der Lebenswelt und unterliegen dabei Moden. Wenn geeignete Angebote bei Nachfragedruck gemacht werden können, dann entstehen neue Körperpraktiken auch über bisherige körperliche Grenzsetzungen hinweg. Zugleich erzeugt der Nachfragedruck auf längere Sicht eine Angebotsvielfalt und die konsumierbare Angebotsvielfalt steigert den Nachfragedruck.

2. Es gibt im Angebot Wahlmöglichkeiten. Investitionen lassen sich im Spannungsfeld von Interesse und Spaß auf der einen Seite und Kalkül und Nutzen auf der anderen tätigen. Aber allein eine gute Marktbeobachtung kann helfen, die Nachfrage- und Angebotsseite für die eigenen körperlichen Chancen hinreichend zu kalkulieren und persönlich zu planen.

3. Es gibt körperliche Tauschmittel, die den Tausch möglichst einfach bewerkstelligen lassen. Solche Tauschmittel stehen in Form von körperlicher Beziehungszeit, mittels Erotik und Sex, gemeinsamen körperlichen Erlebnissen bei Fitness und Sport, bei gemeinsamen Beschäftigungen zur Verfügung. Aber diese Tauschmittel sind nicht allen gleich körperlich und sozial zugänglich.

4. Körperliche Investitionen sind fast nie vergeblich, wenn sie die Nachfrageseite nicht gänzlich vernachlässigen, d. h. die investierten Kosten rechnen sich tatsächlich entweder in den Formen subjektiver Befriedigung (individuelle Nachfrageseite) oder in einem Zugewinn bei der Findung von Beziehungen, bei Einkommen und Sicherheit des Arbeitsplatzes oder der Selbstständigkeit (gesellschaftliche Nachfrageseite).

5.2.3 Mehrwertproduktion durch Illusionierungen, Täuschungen und Betrug

Die erste Illusionierung des Körpers liegt bereits darin, dass in ihm immer schon ein bestimmter Klassencharakter, wie Bourdieu vor allem im Blick auf den kulturellen Habitus sagt, liegt. Der Körper wird in Verbindung mit den sozialen, kulturellen, ökonomischen und lernspezifischen Bedingungen von Geburt an geformt, wobei es je besondere individuelle Ausprägungen im Rahmen von bestimmten bevorzugten Konventionen bestimmter sozialer Klassen und kultureller Aspirationen gibt. Dazu wurden bereits hinreichende Ausführungen bei den anderen Kapitalformen gemacht. Bourdieu meint sogar, dass gerade die Körper besonders nachhaltig die »Objektivierungen des Klassengeschmacks« offenbaren, weil sie diese durch die Körperlichkeit, die Erscheinungsform und Präsentation des Habitus in einer bestimmten Gestalt, so sehr offenbaren (vgl. Bourdieu 1987 a). So kann man z. B. bei den sportlichen Körpern eher Sportarten der Unterschichten wie Ringen, Boxen, Wrestling u. a. oder der Oberschichten wie Segeln, Tennis und Golf unterscheiden. Auch die Kleidung als äußere Körperhülle verrät über

das, wie sie etwas bedeckt und inszeniert, sehr viel über den erwünschten Körper. Gleichwohl aber werden solche Unterschiede durch eine zunehmende Individualisierung heute auch
leichter aufgehoben, so dass sich die Konsum- und Anspruchsfelder schneller als in früheren
Zeiten wandeln können. Dies wird insbesondere am Geschmack deutlich, der sich zwar für
die Unterschichten oft auf Fastfood und Convenience-Waren vom Discounter begrenzt – mit
entsprechenden Auswirkungen auf die Körper –, der sich besonders beim Restaurantbesuch
in Abgrenzungen nach unten und oben niederschlägt, aber durchaus auch viele Übergangs-
bereiche aufweist. In diesem Feld wird sichtbar, dass der Habitus nicht nur ein kognitives
Konstrukt bestimmter Kultur ist, sondern dass in ihn auch emotionale, körperliche, leibliche
Aspekte eingehen, die sowohl gesellschaftlich dominante und klassenspezifische Körperpraktiken als auch individuelle Varianten und Abweichungen aufweisen. Warum ist dies so?

Je mehr Selbstinszenierungspraktiken das eigene Kapital in all seinen Formen sichern
sollen, desto mehr wird eine Individualisierung notwendig, um nach vorhandenen Ressourcen
sich hinreichend eigene Chancen zu erarbeiten. Je mehr dies ein massenhafter Prozess geworden ist, desto stärker müssen auch Variationen möglich sein, um der Vielfalt der angebotenen
und nachgefragten Möglichkeiten eine je eigene hinzuzufügen. Dagegen steht zwar ein gesellschaftliches und konventionell normiertes Körperbild, man könnte auch von Körperfavoritin-
nen und -favoriten sprechen, aber die Variation liegt darin, dass es für diese wiederum unterschiedliche Varianten und Abstufungen gibt, so dass verschiedene Plätze in einem recht offenen
Rangfeld erreichbar erscheinen. Jede/r versucht nun, möglichst nicht auf den unteren Rängen
zu landen. Dies wiederum bedingt eine Ekstase der Illusionierungen, eine Zunahme der Täuschungsversuche, um Vorteile zu sichern, als auch des Betrugs, um dies leichter als andere zu
erreichen oder auch bei schlechten Voraussetzungen nicht auf den hintersten Rängen zu landen.

- *Illusionierungen* sind für alle Körper grundsätzlich gesellschaftlich erwünscht, denn als
  Konsumenten sollen alle Menschen das kaufen, was mit hohen und oft übertriebenen
  Versprechungen auf den Markt gebracht wird. Die Warenästhetik feiert insbesondere im
  Körperbereich ihre großen Ekstasen und sie belegt sehr viele Gegenstände der Konsumwelt
  mit zusätzlicher Körperlichkeit (klassisch ist die Verbindung von schöner Frau und Auto).
  Obwohl sich die Illusionierungen an alle richten, versprechen sie wie bei den anderen
  Kapitalformen auch dem Einzelnen im Vergleich zu anderen die bessere Wirkung, die
  günstigere Prognose, das klügere Verhalten usw., um ihren Verkaufsgewinn hieraus zu
  ziehen. Im Blick auf den Körper sind die Menschen sehr schnell zu treffen, denn alle
  Vergleiche erscheinen ihnen sehr schnell als einleuchtend, da sie in den vielen Spiegeln
  der Welt stets auf ihren Körper sehen und diesen vergleichend zu anderen konstruieren. Gemessen an den Vergleichsnormen von Schönheit, Jugend, Fitness, Gesundheit,
  Stand der Biomanipulationen bilden sie Konstrukte eines Selbstbildes aus, das sich an
  den Szenarien der Werbung und Medien bewusst oder unbewusst ausrichtet und so
  bereits immer die Illusionierung der Konsumwaren als eigenen Ich-Anteil verarbeitet.
  Selbst die alternativ Denkenden finden dabei ihre Moden und Bio-Marken. Im Ringen
  um das eigene Körperkapital finden alle Formen eigener Illusionierungen statt, um
  sich wirksam von anderen abzusetzen. Dies kommt den Werbestrategien gleich: Wenn
  jemand schon Zeit in sein Körperbild und die Formung des Körpers steckt, dann muss
  zumindest der illusionäre Nutzen der Zeitverausgabung als Vorstellung und Hoffnung

symbolisiert werden. Dies ist im Blick auf den Körper zu einer großen Last geworden, die für zahlreiche Krankheitsbilder steht, die dem illusionären Vorbild nicht gewachsen sind und an der Norm individuell scheitern.

■ *Täuschungen* sind im Körperkapital zunächst fast immer Selbsttäuschungen. Ob der Busen zu groß oder zu klein ist, die Reparatur der Natur lässt sich bewerkstelligen und damit wird die eigene »Natur« überlistet. Nun zeigt sich der konstruierte Körper auch auf seiner gegenständlichen Seite. Eine ganze Täuschungsindustrie ist angewachsen, um dieses Trugbild, das an das fundamentale Bedürfnis rührt, das scheinbar Unveränderliche zu verändern, immer weiter zu malen. Die Fantasien reichen so weit, die Naturgesetze der Evolution nach Mutation und Selektion außer Kraft zu setzen, um stets dasselbe zu reproduzieren, was dann zugleich in die endgültige Sackgasse menschlicher Entwicklung führen würde. Dies ist das Wesen der Täuschung: Sie sieht nicht mehr, wie sehr sie sich täuscht und welche Folgen sie auf lange Sicht produziert. Hier erweist sich die heute noch gelungene Schönheitsoperation als Desaster für das Körperbild, wenn wir Morgen altern. Andererseits gilt die größte Macht des Körperkapitals im Augenblick, wenn der richtige erwischt werden kann. Und schließlich wird die Täuschung auch in den Beziehungen nicht als Täuschung empfunden, wenn alle Seiten sich im Ziel einig sind: einen schönen Körper in einer möglichst reichen Umgebung zu produzieren. Dies reicht bis hin in die kleinsten Körperpraktiken: das retuschierte Bewerbungsfoto, die körpergünstige Bekleidung, die Selbstsuggestion hinreichender Fitness, das Einreden optimaler Gesundheit usw.

■ *Betrug* wurzelt im Blick auf das Körperkapital meist in den Versprechungen von Profiteuren, die nicht halten können, was sie suggerieren. So mögen Operationen nicht zur Schönheit, sondern zur Entstellung führen. So wird keine Fitness trainiert, sondern Krankheit erzeugt. So kann die Verjüngungstherapie in eine Depression führen, die uns alt aussehen lässt. Gar nicht so selten ist aber auch der Betrug, den wir am eigenen Körper ausüben mögen. So machen wir uns vom Geburtsdatum her jünger als wir sind, so verschweigen wir Erbkrankheiten oder andere Belastungen, so verweigern wir eine medizinische Konsultation, weil wir Angst haben, als krank entlarvt zu werden.

Ebenfalls vier Aspekte sind auch in der Handlungsanalyse der Nutzung der Illusionen, der Täuschungen oder des Betruges wesentlich, um diese in Körperpraktiken wirksam werden zu lassen:

1. Es gibt eine Mischung aus realen und fiktionalen Körperpraktiken in den Feldern Schönheit, Jugend, Fitness, Gesundheit und Biomanipulationen, die mit gewissen Kosten erbracht wird, d. h. es besteht ein präsentierbarer Körper, der sozial und kulturell angeboten werden kann. Je mehr eigene günstige »Natur« in diesem Körper enthalten ist, desto besser sind die Chancen auf dem Markt der Körper. Aber Illusionierung, Täuschung oder Betrug, die diesen Körper aufwerten, vermögen erweiterte Zugewinne im Mehrwert zu sichern.

2. Die körperlichen Leistung wird plausibel für den »allgemeinen Menschenverstand« gezeigt, beschrieben und demonstriert, um glaubwürdig zu sein und tatsächlich Absatz zu finden. Im Blick auf den Körper gelingt solche Präsentation besonders durch Zurschaustellung, hohe Bewertung und gute Zuschreibungen von anderen, Erfolge im

körperlichen Bereich (vom Sport bis hin zum Sex), aber auch durch das Erzählen als glaubwürdig erscheinender Geschichten.

3. Ein Gewinn wird durch Veräußerungen des Körpers erreicht, was vor allem in einem symbolischen Tausch geschieht. Der tauschenden Seite wird suggeriert, dass sie einen guten Gewinn gemacht hat. Dabei soll der symbolische Gewinn in der Regel nicht direkt ökonomisch wie in der Prostitution erscheinen, sondern er wird verdeckt, verschwiegen oder bleibt unerkannt. Damit ist der externe Beobachter stets jemand, der eine Zuschreibung vornimmt, die durch die »wahren« Verhältnisse berichtigt werden kann. Dann verbinden sich Reichtum und Schönheit in dem einen besonderen Fall aus Liebe und nicht aus Mehrwertabsichten. Wer soll hier eine Grenze ziehen? Auch die objektive Beobachterin ist stets ins illusionäre Spiel einbezogen.

4. Der Mehrgewinn wird entweder zusätzlich zu einem tatsächlich bestehenden Wert oder rein betrügerisch realisiert, d. h. er vermehrt entweder das bereits bestehende Körperkapital oder stärkt die Nachfrage, gleicht Nachteile dieser beiden Bereiche aus oder erzeugt einen Gewinn ohne jegliche Gegenleistung.

5.2.4 Mehrwertproduktion durch parasitäre Teilhabe

Der zunächst größte Gewinn wird aus den körperlichen Eigenschaften gezogen, die wir von Geburt an mitbringen. Die genetische Herkunft ist im Blick auf die Vererbung bestimmter körperlicher Voraussetzungen nicht unerheblich. In früheren Zeiten waren körperliche Abweichungen oder fremdes Aussehen bereits auf der Körperebene diskriminierende Faktoren, die schwer auszugleichen waren. Zwar gilt dies bis heute, aber durch die Individualisierungstendenzen auf der einen und die stärkere migrationsbedingte Durchmischung vieler Gesellschaften auf der anderen Seite werden solche Zuschreibungen abgeschwächt. Allerdings muss zusätzlich auch eine inklusive Politik anti-diskriminierende Körperpraktiken unterstützen, um der Menschenwürde und den Menschenrechten hinreichend zu entsprechen (vgl. Reich 2012).

Ansonsten gelten in diesem Feld die für die anderen Kapitalformen bereits hervorgehobenen Mechanismen. Insbesondere der soziale und kulturelle Habitus schließt immer auch einen körperlichen Habitus ein und bildet diesen rückwirkend mit den anderen Formen aus. Besonders deutlich mag die parasitäre Teilhabe dort erscheinen, wo sich die Schönen mit den Reichen verbinden. Hier agieren beide Seiten parasitär: Die einen gewinnen Zugang zu geldwerten Vorteilen, die anderen zur erotischen Ausbeutung. Transplantationen stellen auch einen eigenen Bereich parasitärer Teilhabe an den Organen anderer Menschen dar, insbesondere dann, wenn gegen Geld Menschen verstümmelt werden.

Im Zusammenhang betrachtet stellen sich die Mehrwertfunktionen des Körperkapitals wie folgt in *Schaubild 19* dar:

Schaubild 19: Mehrwert des Körperkapitals

	Gegenstandsform des Körperkapitals	Mehrwert entsteht als Differenz	Gewinn in seiner Handlungsform
1.	Wert der sozialen Beziehungen unter Einsatz von Kosten der Körperarbeit (Zeit, Aufwand, Mittel)	aus den Kosten der Körperarbeit versus dem erzielten Tauschwert vermittelt über körperliche Beziehungen	der erreichte Tauschwert aus körperlichen Beziehungen übertrifft langfristig die Kosten
2.	Angebot und Nachfrage	aus gewöhnlichen/vorhandenen und ungewöhnlichen/seltenen körperlichen Merkmalen bei investierten Kosten versus später tatsächlich erzielten Status- und Einkommensgewinnen	die Konkurrenz der Körper relativiert die eingesetzten Kosten und den realisierbaren Mehrwert durch Schwankungen des Volumens und Realisierung von Gewinnen auf dem Markt
3.	Illusion Täuschung Betrug	aus dem üblichen, vergleichbaren Wert körperlicher Merkmale durch seine Kosten versus dem fiktionalen Wert durch Illusion, Täuschung oder Betrug	auf Körper wird aktiv eingewirkt, um den Gewinn zu sichern und Extra-Profit durch Illusionierung, Täuschung oder Betrug durchzusetzen
4.	Parasitäre Teilhabe	aus Teilhabe an dem Vermögen anderer versus dem eigenen minimalen Aufwand	insbesondere Vererbungs-, Transplantations- und Heiratsverhältnisse sichern den Gewinn

5.3 Gesellschaftliche Nutzung des Körperkapitals

Wie wichtig der Körper allen menschlichen Kulturen war und ist, zeigen kulturvergleichende Studien, die oft eine starke Anthropomorphisierung aufweisen. In ihren Weltbildern und kosmischen Ansichten mischen Menschen über die Zeitepochen hinweg immer wieder sich selbst als »natürliches« Bild hinein, sei es in einem Entwurf der Welt nach dem Maßstab des menschlichen Körpers oder seiner Einzelteile oder in einer Interpretation der Außenwelt und Natur nach dem Vorbildern menschlichen Verhaltens (vgl. z. B. O'Neill 1989). Der Körper steht für Erklärungsmöglichkeiten, die menschlichen Gefühlen und Denken nahe zu stehen scheinen. Aber daraus die Hoffnung zu schöpfen, dass der Mensch aus Sorge um seinen Körper sich auch Sorgen um seine Projektionen auf die Natur und Außenwelt machen würde, wie O'Neill vermutet, greift zumindest für die Gegenwart offensichtlich zu kurz. Die Sorge um den eigenen Körper ist zwar durchgehend festzustellen, aber das Interesse am Rest der Welt scheint für die Mehrheit überwiegend auf die eigene Befriedigungsleistung und – außer in kritischer Reflexion in akademischen Kreisen – weniger am langfristigen Erhalt der Ökosphäre Erde gerichtet zu sein. Gleichwohl, und darin ist O'Neill recht zu geben, fühlen und denken wir unsere Welt oft körperlich oder aus einer körperlichen Perspektive oder sehen die Gesellschaft sich im Körper abbilden. Dies wird besonders in der Biopolitik, im politischen Körper deutlich, ein Körper, der heute angesichts der Zunahme des Körperkapitals nach gesellschaftlicher und staatlicher Regelung ruft.

Zunächst erscheint eine solche Regelung paradox. Der Kapitalismus basiert auf der Freiheit, die vor allem eine Freiheit am eigenen Körper ist. Dieser ist ein unbestrittener Privatbesitz, Voraussetzung dafür, menschliche Beziehungen nach eigenen Wünschen und Vorlieben auszusuchen, sich in Lohnarbeit zu begeben, um einen Vertrag auf Arbeitszeit gegen Lohn zu schließen, oder sich als Selbstständige auch körperlich frei zu bewegen, oder um auf dem Arbeitsmarkt nach bestimmten Körpern in der Form von Arbeitskräften für bestimmte Arbeiten zu suchen. Der Staat soll in einem solchen Kapitalismus allenfalls dafür sorgen, dass die Körper sich frei entfalten, bewegen, verdingen usw. können. Dies ist auch das Grundziel aller liberalen Wirtschaftsansätze.

Doch dieses freie Bild der frei agierenden Körper stößt schnell an Grenzen, die wir deutlich erkennen, wenn wir die Bewegungen nüchtern betrachten. Zunächst ist die Anthropomorphisierung oder auch Naturalisierung von Körpern eine große Gefahr gegenüber einer kritischen Betrachtung. Sie verstellt uns eine tiefere Einsicht in die Körperpraktiken, wie sie z. B. bei der Bildung des Körperkapitals erscheinen. Wir sehen dann nur die agierenden Körper und wie sie sich verhalten, aber wir verstehen nicht mehr die Hintergründe, erkennen zu wenig, was warum und mit welchen Interessen, Machtansprüchen, Unterschieden geschieht. Deshalb war es insbesondere Michel Foucault so wichtig, die Körperpraktiken in ihren diskursiven Zusammenhängen und Konstruktionen zu zeigen. Dies eröffnet überhaupt erst die Möglichkeit, von Körperkapital zu sprechen, das ja nicht gegenständlich dem Körper oder seiner Haut anhaftet, sondern in ihn eingeschrieben ist (theoretisch konstruiert, in Normen, Werten und Verhaltensweisen durch Erziehung vermittelt und an Beobachtungen nachgewiesen). Der Körper steht dabei in einem Spannungsverhältnis: Einerseits ist er ein disziplinierter Körper, weil und insofern sich die Ansprüche und Verhaltensnormen, die gesellschaftlich erwartet und verlangt werden, in Formen von Fremd- und Selbstzwängen ausdrücken. Die Körper können nicht frei agieren und nicht tun, was und wie es ihnen gefällt, sondern sie müssen sich in Bahnen bewegen, die für alle Körper und ihr Zusammenspiel gesellschaftlich gelten, reguliert und sanktioniert werden. Es ist diese Disziplinierungsgeschichte von Überwachen und Strafen, von Zuschreibungen des Normalen und Anormalen, von Disziplinierungen, die machtvoll auf den Körper wirken, die Foucault besonders interessiert hat und zu der er ausgezeichnete Studien erarbeitete. Andererseits aber geht es auch um Technologien des Selbst, dabei nicht nur um eine Macht, die auf den Körper wirkt, sondern auch um eine, die Menschen aus sich heraus auf sich und andere wirken lassen, die für Körperpraktiken oder allgemeiner das Verhältnis von Individuum und Gesellschaft typisch sind. Und diese beiden Seiten bewirken in ihrem Zusammenspiel ein diskursives Verständnis der Körper wie der Gesellschaft und des Individuums überhaupt, weil hier ausgesagt und verhandelt wird, was vor allem Wahrheit oder Lüge, Normalität oder Anormalität, Dazugehörigkeit (Inklusion) oder Fremdheit (Exklusion) bedeuten. Solche Bedeutungen sind stets mit Macht gesetzt und von Macht durchdrungen, und diese Durchdringung ist stets mit Wissen verbunden, das solche Macht agieren hilft. Allein die Definitionen, die diskursiv z. B. durch die Wissenschaften über den Körper und seine Praktiken oder andere Phänomene gegeben werden, drücken eine Definitionsmacht aus, die sich dann noch in spezifischen Machtpraktiken der Vertreter/innen einzelner Aussagen manifestiert. Im Blick auf den Körper bedeutet dies, das je bestehende und dominante Machtinteressen in ihn eingeschrieben werden, als Wissen über den Körper erscheinen und den Wissenshintergrund, die jeweilige Konstruktion der Interessen, leicht vergessen machen. So wirkt z. B. die Körperindustrie mit ihren Konsuminteressen auf den Körper ein, indem sie ihre Interessen hinter einem scheinbar natürlichen und selbstverständlichen Wissen (= Körper sind so, wie wir sie darstellen) verbergen, um ihre Macht zu agieren und auf dem Warenmarkt Gewinne zu realisieren. Da aber alle Wissenspraktiken stets mit solcher Macht und meist auch vor dem Hintergrund der Märkte agieren, wenn sie wirksam sein wollen, ist in die Erwartung an das Wissen immer zugleich eine Ausübung von Macht eingeschlossen.

Solche Macht trägt immer zwei Seiten in sich. Da ist zunächst die repressive, normierende, Druck ausübende und disziplinierende Macht, die insbesondere in Foucaults frühen Arbeiten herausgearbeitet wird, die jedoch nicht dadurch verschwindet, dass er in späteren Arbeiten auch eine andere Seite thematisierte. Diese andere Seite ist eine eher produktive, konstruierende Macht des Selbst, die eine menschliche Selbstbehauptung gegen sich und andere ausdrückt, die notwendig zum Überleben dazugehört. Dies schließt deutlich an Arbeiten Nietzsches an, von dem Foucault stark beeinflusst war.

Ohne auf die Details der Studien Foucaults oder Judith Butlers, die auf ihm aufbaut, hier eingehen zu wollen, soll hervorgehoben werden, dass Körper stets schon in Diskursen, also in Reden über den Körper, die eine bestimmte Sichtweise und Deutung hervorbringen, mit Wissen (Sprache) und Macht verbunden sind. Damit sind wir als Beobachter/innen der Körperpraktiken aufgefordert, uns kritisch nicht nur mit den jeweiligen einzelnen Körperpraktiken auseinanderzusetzen, sondern dabei zugleich immer auch eingeschlossene Machtansprüche mit zu thematisieren. Dies gilt rückblickend auch für die anderen Kapitalformen, die alle Fragen nach der Macht in ihrem Feld ebenso haben aufwerfen lassen.

Bedeutsam wird diese Einsicht der Machtbezogenheit im Blick auf den Körper in besonderer Weise. So haben z. B. die Fortschritte der Medizin im Blick auf körperliche Phänomene einen Diskurs erzeugt, nach dem die Körper immer stärker geformt werden. Hier wird definiert, was gemeinhin als gesund gilt, welche Fettwerte man haben sollte und welche Gewichtsgrenzen, was lebensverlängernd zu wirken scheint und was nicht, was als krank gilt, was als normal usw. Gleichzeitig steht solche Medizin aber nicht in einem neutralen und objektivierenden Verhältnis zum Menschen, ist also nicht nur der Wahrheit einer scheinbar objektiven Medizin verpflichtet, sondern stets mit eigenen und auch fremden, oft profitorientierten Interessen verbunden, was die Konstruktion der Körper stets fragwürdig macht. So wurde in früheren Zeiten ohne Gerätemedizin beispielsweise der Tod sehr viel schneller erreicht als in der Gegenwart. Die neuere Medizin hat den Hirntod konstruiert, um eine klare Angabe dafür zu finden, wann der Tod eingetreten ist und die Geräte abgeschaltet werden dürfen (vgl. Lindemann 2003). Der Diskurs, der mit Veränderungen im Zusammenspiel von Wissens- und Machtpraktiken sich dabei auch kontinuierlich wandelt, dieser Diskurs definiert, wie der Körper wahrgenommen und beurteilt wird. Es hilft auch nicht mehr, die Frage umzukehren und danach zu suchen, was der Körper nun wirklich und tatsächlich *ist*, denn jede Suche konstruiert nur wieder neu eine neue Variante in den Wissens-Macht-Geschichten.

In seinen Studien über »Sexualität und Wahrheit« hat Foucault insbesondere für die Entwicklung der Sexualität gezeigt, dass es auch diese scheinbar natürlichste Sache der Welt nicht in vordiskursiven Formen gibt. Der Wandel der Sexualität im historischen Verlauf zeigt eindringlich, dass Sexualität immer in eine Erzählung eingebunden ist, in ein Setting, das je nach Kultur unterschiedliche Praktiken ihrer Verwirklichung hervorbringt. Die Geschichte der Moderne, die oft gerne nach dem Muster einer repressiven Unterdrückung der Sexualität charakterisiert wurde, weil insbesondere Lust und Arbeit einander ausschließen, hat die andere Seite, dass in keinem Zeitalter so sehr über Sexualität gesprochen wurde, wie in diesem vermeintlich lustfeindlichen Klima. Der sexuelle Geständniszwang, den wir zunächst in der Pädagogik seit dem 18. Jahrhundert immer ausgeprägter kennen, ist bis heute zu einer Ekstase des Beiwohnens intimer Praktiken geworden, mit denen die Massenmedien ihre Auflagen oder Sendequoten steigern. Mit dieser Steigerung ist zugleich ein regulierender Diskurs verbunden, um das Sexualverhalten zu steuern und zu kontrollieren.

Foucault weist vor allem in vier Diskurstypen auf, wie dies bisher geschehen ist: Die hysterische Frau steht als ein Konstrukt der inneren Differenzierung der psychischen Vorgänge (später insbesondere in der Psychoanalyse) und fixiert für lange Zeit eine zugeschriebene Geschlechterrolle; das masturbierende Kind lässt die Ängste wie Kontrollen des sexualisierten Geständniszwanges besonders deutlich sichtbar werden und führt zu einer Pädagogisierung der kindlichen Sexualität; die Familienplanung von Paaren zeigt den Modus moderner Sexualität insbesondere als Sozialisationsaufgabe; der perverse Erwachsene beschreibt die Perversionen der Lust und den ausgrenzenden und strafenden Umgang mit ihr. In allen vier Fällen wird deutlich, dass es in der Sexualität nicht um die Natur der Dinge geht, sondern um Konstruktionen im Wissens-Macht-Komplex.

Auch wenn Foucault damit nur Ausschnitte aus einer Geschichte beschreiben konnte, so erscheint hier eine Biomacht, die im Spannungsfeld der Disziplinierungen der individuellen und der Regulierung der gesellschaftlichen Körper entsteht. Auf der einen Seite erzeugt solche Biomacht eine Mikromacht von unzähligen kleinen Überwachungen der Körper, von medizinischen und psychologischen Prüfungen und Diagnosen, um den Körpern je ihren Raum und Platz zuzuweisen, den sie im Spannungsfeld zwischen Individuum und Gesellschaft einnehmen. Auf der anderen Seite wird der gesellschaftliche Körper in allen Formen vermessen und analysiert, insbesondere in Statistiken und Verallgemeinerungen überführt, die sich dann in politische, bürokratische, verwaltende Eingriffe, in eine Biopolitik, umsetzen lassen, um die Gesellschaft zu regulieren.[159]

Die Individualisierung in der flüssigen Moderne bei gleichzeitiger Expansion des Konsums hat dabei einerseits Tendenzen verstärkt, die Körper aus engen Gefängnissen und Zuschreibungen zu befreien. So war vormals insbesondere eine abweichende sexuelle Orientierung im doppelten Sinne Gefängnis: Der Körper musste sich verstecken, um nicht aufzufallen; der z. B. entdeckte homosexuell orientierte Körper wurde mit Gefängnisstrafe bedroht. Heute werden solche Körper durch Normalitätserwartungen wie die Heirat homosexueller Paare eingeholt, was dann nicht mehr nur die Individualisierungstendenz, sondern andererseits auch die gesellschaftliche Vereinnahmung und Überführung in regulierte Körperpraktiken aufzeigt.

Gerade die soziologische Forschung über Körper ist immer auch Ungleichheitsforschung. Der je individuelle, einmalige und besondere Körper eines jeden Menschen wird im gesellschaftlichen Feld immer zu einem Fall, seine Bewegungen, Verlaufsbahnen, Drehungen und Wendungen zu regulieren, um Reibungsverluste zu vermindern und ein kulturell für gültig gehaltenes Maß an Praktiken immer in Routinen und Institutionen zu überführen. Auch wenn solche Regelungen auf alle Menschen abzielen, also z. B. rechtliche Normen und Stra-

---

159   Der Einfluss auf die Soziologie des Körpers, den Foucault ausübte, ist grundlegend. Vgl. dazu für die Soziologie z. B. Shilling (1993), für den feministischen Diskurs insbesondere Butler (1991, 1997).

fen in den Körperpraktiken mit- und gegeneinander definieren, so zeigen Beobachtungen der Praktiken, dass sich die Menschen durchaus ungleich verhalten und ungleiche Ergebnisse erzielen. Hierbei ist ein deutlicher Wandel zu erkennen. Galt es in früheren Zeiten oft noch als ausgemacht, dass Menschen von Natur aus gewisse Vorteile oder Vorzüge durch ihre Körper qua Geburt und Veranlagung hatten, so wandelt sich diese natürliche Zuschreibung bis hin in unsere Zeit immer mehr hin zu einer Anerkennung, dass solche Vorzüge und Vorteile durch Biopolitik selbst mit hergestellt, wenn nicht überhaupt eingeführt werden. Wurden beispielsweise in früheren Zeiten Frauen bereits durch ihren Körper benachteiligt, weil diesem eine Minderwertigkeit zugerechnet wurde, so kann eine geschlechtergerechte Biopolitik Voraussetzungen dafür schaffen, eine neue, gleichberechtigtere »Natur« der Frau zu erzeugen. Je stärker allerdings die Biopolitik dermaßen in die Zurechnungen und Urteile der Menschen eingreift, desto kritischer muss sich sich Rechenschaft darüber ablegen, wie sie sich im Feld der Ungleichheiten positioniert. Hier gibt es auch in demokratischen Staaten noch zahlreiche Körperpraktiken, die Ungleichheiten eher verstärken als abbauen.[160]

Menschen mit hohem Kapitalvolumen insbesondere im ökonomischen Kapital versuchen in ihren Körperpraktiken unmittelbaren Nutzen aus ihren materiellen Ressourcen zu ziehen, indem sie ihn in vielerlei Hinsicht aufrüsten. Zunächst sind sie leichter als andere in der Lage, eine mediale Zurichtung des Körpers zu inszenieren, die mit seiner bio- und gentechnologischen Aufrüstung verbunden wird, die zwar heute noch in den Kinderschuhen steckt, aber sich dennoch bereits außerordentlich dynamisch entwickelt. Paul Virilio (1994) sieht insbesondere im technischen Fortschritt der Medizin eine Eroberung des Körpers, die nicht darum kämpft, seine Natur würdig zu erhalten, sondern ihn in ein Ersatzteillager aus Herzschrittmachern und anderen technischen Hilfen der prothetischen Chirurgie zu verwandeln, um ihn in Transplantationen zudem immer ungleicher werden zu lassen bzw. einen kapitalistischen Markt hervorzubringen, der zu neuen Klassenkämpfen führen wird. Auch hier geht es um Ungleichheiten, die sich immer verbunden mit bestimmtem Körperkapital zeigen. Hier lassen sich die notwendigen »Ersatzteile« als Gebrauchswerte auf einem Tauschwertmarkt unmittelbar von jenen kaufen, die entweder von gierigen Kriminellen misshandelt oder aus eigener Verzweiflung am Existenzminimum als Selbstausbeutung veranlasst werden. Die Einsicht zur Organspende aller im Todesfall ist hingegen nicht hinreichend entwickelt, offenbar weil viele einen möglichen Missbrauch fürchten.

Die mediale Verarbeitung der Körper hat nicht nur die Seite, dass Menschen um tatsächlich perfekte Körper mit- und gegeneinander ringen, sondern auch jene andere, dass die Körper in den realen Interaktionen zumindest zeitlich an Relevanz abnehmen. Die Körper, die vor Filmen oder Computern sitzen, müssen nicht mehr anwesend in den Interaktionen realer Personen sein, sondern verlagern ihre Körper in einen Stillstand, um das virtuelle und fiktionale Erleben auch des Körperlichen zu befreien und stärker als in Zeiten zuvor an vermeintlich perfekt erscheinenden Vorbildern zu idealisieren. Da diese Perfektion der Realität tatsächlicher körperlicher Begegnungen enthoben ist, wandelt sich das interaktive Bild selbst. Interaktionen unter anwesenden Personen bedeutet immer auch neben der Präsentation der Akteure, ihrer *Performance*, sich ihre Intentionen und Geschichten über sich selbst und andere anzu-

---

160 Vgl. dazu insbesondere den Umgang mit Behinderungen in der deutschen Sonderschule, genauer in Reich (2012).

hören, sie zu spiegeln, zu vergleichen, offen für die eigene Wahrnehmung zu halten, auch auf Widersprüche und Ambivalenzen und anderes mehr zu stoßen. Je mehr der Körper in Bildern fiktionaler Interaktionen steht und sich als Selbst- und Fremdbild hierbei ausprägt, desto höher ist die Wahrscheinlichkeit, dass die Aktion, die Präsentation und Zurschaustellung, die *Performance*, also Seiten der äußerlichen Selbstinszenierung und möglichst eingängigen Urteilsbildung dominant werden. Dadurch verschwindet eine differenzierte, intentional geleitete, mit komplexen Geschichten der Herkunft und des Verständnisses versehene, sprachlich differenzierte Betrachtung und Interpretation von Verhaltensweisen. Es gibt aber auch die genau gegenteilige Interpretation: Die neuen Medien können es ermöglichen, dass die Akteure in virtuellen Interaktionen neue Seiten und Sichtweisen auf ihre Körper konstruieren, die ihnen völlig neue Möglichkeiten der Selbstwerdung und Selbstfindung dann gestatten, wenn sie aus oberflächlichen Zurechnungen fliehen und eigene Intentionen realisieren lernen.[161]

Beide Felder stehen unter dem Druck der Kapitalisierung. Dies kennen wir von allen Körperpraktiken. Ein schönes Beispiel hierfür ist der Strand, der als Ort des Zeigens wie Gestaltens und Bräunens von Körpern erfunden wurde. Es gibt Kulturen, insbesondere im asiatischen Raum, denen der Strand noch völlig fremd ist, die Urlaube am Strand verbringen, ohne den Strand wirklich zu nutzen. So fahren Chinesen beispielsweise auf die Malediven, um zu tauchen, zu fischen oder andere Abenteuer zu erleben, aber der Strand an sich erschließt sich ihren Körpern nicht. Der Strand ist eine Konstruktion der modernen westlichen Kultur (vgl. Corbin 1995). Es ist ein Ort, an dem Körper im Zusammentreffen von Meer, Sand, Wind, Sonne und zunächst Leere und später Überfüllung scheinbar zu sich selbst, zur eigenen Natur kommen können. Es ist zugleich eine Geschichte der Entkleidung des Körpers, einer erotischen Aufladung und Zurechnung, die sich Menschen immer mehr kosten lassen, um an die wahrhaft paradiesischen Strände zu gelangen. Kaufmann (1996) zeigt in seinen Strandbeobachtungen, wie die vermeintliche körperliche Freiheit in ein gegenseitiges Beobachten, Abmessen, Vergleichen verwandelt wird, wobei kleinste Gesten und Blicke kontrolliert werden. Die Körperpraktiken am Strand sind nicht nur durchdrungen von den Geldleistungen, die dazu notwendig sind, um an den Strand zu kommen, sondern sie drücken dann vor Ort auch noch den Besitz eigener Kapitalformen aus. Die Besucher/innen breiten ihre Handtücher und Gegenstände aus, verteidigen ihr Revier gegen mögliche Eindringlinge, gerade weil sie in der Präsentation ihrer Eigenheit hier so stark zusammenrücken. Der kulturelle Habitus gebietet es meist, die eigenen Blicke hinter Sonnenbrillen zu verbergen und den Blick auf die anderen Körper zu verschleiern, indem man so tut, als wäre man unbeteiligt. Das ist die Zeit, wo die Frauen ihre Oberteile ablegen, um in scheinbarer Intimität zu verweilen, was aber immer ein Zeigen der eigenen Körperlichkeit einschließt. Es ist der Showroom im Vergleich der mehr oder minder gesunden und fitten, der schönen und jungen Körper, und der Umstand, dass es auch andere Körper gibt, beweist in der Regel nur die Berechtigung der gesetzten eigenen Erwartungen (vgl. auch Meuser 2005).

Das Körperkapital zeigt sich nicht nur mit den anderen Kapitalformen als verschränkt und vielfach vermittelt, es ist zugleich auch Ausdruck und äußeres Bild, In-Szene-Setzung eines Habitus, der mehrperspektivisch betrachtet werden muss. Dazu sind zwei Richtungen

---

161 Vgl. dazu z. B. Funken (2005). Zu einer konstruktivistischen Medientheorie vgl. auch Reich/Sehnbruch/ Wild (2005).

empirischer Untersuchungen zu unterscheiden. Zunächst können die genannten Faktoren differenziert in den tatsächlich nachvollziehbaren Wirkungen des Körperkapitals beobachtet und analysiert werden. Hierzu sind Studien über die materielle Lage, den sozialen und kulturellen Habitus im Vergleich zu den Ausgaben und Aufwendungen für das Körperkapital, über Konsumgewohnheiten, körperliche Beziehungen und Gesundheitsbedingungen (differenziert nach den hauptsächlich in diesem Kapitel unterschiedenen Aspekten) sinnvoll (= Warenkorb Körperausgaben). Zugleich scheinen mir dabei die Korrelationen mit dem Arbeitsmarkt, erreichten Freiheitsgraden und dem Stand der Bildung vorrangig zu sein, um genauer Einflussmöglichkeiten staatlicher Regulationen genauer beurteilen zu können. Diese Arbeit ist von hoher Ambivalenz gezeichnet. Einerseits können staatliche Regulationen helfen, Vorkehrungen zu treffen, um insbesondere Diskriminierungen zu vermeiden und Menschen im Umgang mit ihren Körpern vielfältige Handlungschancen zu eröffnen. Aber zugleich mag dann in der Kapitalisierung auch ein Rangvergleich und Konkurrenzdenken einsetzen, das stets zum neuen Ort von Unterschieden und Diskriminierungspraktiken werden kann.

Diese Ambivalenz wird sofort sichtbar, wenn wir uns dem Feld der Medien zuwenden. Hier zeigt sich die Medienbeanspruchung der Körper als ein komplexes Thema, das insbesondere auf den Konsum und damit auf eine Kapitalisierung bezogen ist, der kaum ausgewichen werden kann. Insoweit gilt es dort Regulationen einzusetzen, in denen ansonsten der Markt die Körper kolonialisiert und in ungleiche Körperpraktiken führt, die einer menschenwürdigen Moral schnell entgegenstehen können. Diese Seite betrifft die staatlichen Vorkehrungen, die in einem kritischen politischen Willensbildungsprozess vor allem auf Bildung in diesem Feld angewiesen sind, um kritische Handlungsfähigkeit und moralische Entscheidungen gegebenenfalls auch gegen biotechnologische Möglichkeiten zu wählen. Vorkehrungen zur Bildung, das belegen bisherige Studien wie die von Wilkinson/Pickett (2010), erscheinen als vordringlich in diesem Feld. Aber auch Anti-Diskriminierungspraktiken, Regulierung der Arbeitsmärkte und sozialer Leistungen, die Etablierung eines nachhaltigen Systems der Gesundheitsfürsorge erscheinen neben anderen Aspekten als vorrangig, um diese Kapitalform nicht den individuellen Strategien und dabei der Produktion immer größerer Ungleichheiten zu überlassen.

Was sind vor diesem Hintergrund, der hier in vielen Aspekten eher angedeutet als differenziert entfaltet werden konnte, wichtige gesellschaftlichen Seiten einer Körperpolitik, die im Spannungsfeld von Individualisierungen und Regulierungen steht? Und was sollten gesellschaftliche Vorkehrungen sein, um allen Menschen hinreichende Chancen auf einen menschenwürdigen Umgang mit ihren Körpern zu ermöglichen?

Staatliche Vorkehrungen sind im Blick auf die Gebrauchswerte des Körpers insbesondere für die Felder Gesundheit, Fitness, Sexualität und Erotik, Biokapital erforderlich, um allen Menschen chancengerechte Möglichkeiten des Lebens mit ihren Körpern zu ermöglichen:

- Gesundheit wird in der kapitalisierten Welt immer teurer und ist als ein Angriffspunkt der Gesundheitsindustrie zugleich Garant für zahlreiche Gewinnmaximierungen. Kein Land, das menschenwürdige Verhältnisse für alle anstrebt, kommt um eine aktive Gesundheitspolitik herum, in der ein hinreichender Zugang für alle zu einer medizinischen Versorgung in Relation zur ökonomischen und sozialen Lage ermöglicht und finanziert wird. Dazu bedarf es eines staatlich regulierten Gesundheits- und Sozialversicherungssystems, das einen solchen Zugang in allen Lebenslagen gestattet und niemanden diskriminiert oder ausschließt. Es ist erstaunlich, dass reiche kapitalistische Ländern, wie z. B. die USA, dies nicht allen gewähren. Es ist tragisch, wie viele Menschen täglich noch an Unterernährung und fehlender Gesundheitsfürsorge weltweit sterben müssen (vgl. Pogge 2002). Dabei liegen sowohl für die entwickelten Länder (vgl. Wilkinson/Picket 2010) als auch in globaler Hinsicht (vgl. Pogge 2001, Barry/Pogge 2005) hinreichend Vorschläge vor, wie Gesundheit im Zusammenhang mit anderen Menschenrechten reguliert werden könnte.[162]

- Gesundheitspolitik ist immer eine soziale Politik und eng mit Fragen der Chancengerechtigkeit verknüpft. Sie ist vor allem durch ökonomische und politische Bedingungen bestimmt, die schlechte Gesundheitsbedingungen reproduzieren. Dies bedeutet, dass Gesundheitsfragen auch jenseits einzelner Phänomene eines Ringens um den Körper als Ausdruck individueller Strategien im Körperkapital als Grundfragen der Biopolitik einer Gesellschaft begriffen werden müssen. Vor allem ökonomische und politische Kräfte als Ausdruck bestimmter Interessen- und Machtlagen, z. B. den Gewinnmaximierungsstrategien der Pharmaindustrie oder anderer kapitalistischer Interessen im Feld Gesundheit und Körper, führen zur Verarmung bestimmter Populationen, sozialer Klassen und unterentwickelter Länder. Im Report der WHO aus dem Jahr 2008 sind solche Gründe angeführt und es werden zahlreiche Gegenstrategien vorgeschlagen.[163] Aber auch viele politische Bewegungen im Rahmen der Menschenrechtsbewegung oder einzelner Problemfragen wie bei HIV/Aids helfen, einen breiteren Blick auf die Verursachung von Krankheit und Verletzungen der Menschenrechte zu entwickeln und Gegenmaßnahmen einzufordern. Wichtig ist es geworden, vor allem hinreichend Daten über die globale Gesundheit zu sammeln und mit ökonomischen Analysen – und Analysen der Kapitalformen, wie ich sie diskutiere – zu verbinden, um daraus gerechtfertigte Strategien einer Verbesserung der sozialen Gerechtigkeit insgesamt abzuleiten. Hieraus können nicht nur ethische Ansprüche erwachsen, sondern auch politische Forderungen entstehen und von größeren Menschengruppen verfolgt werden, um Maßnahmen und Werkzeuge zu gestalten, die sowohl in den Ländern als auch in einer globalen Perspektive eingesetzt werden. Ungleichheit, dies zeigen Forschungsergebnisse, verschlechtern die Situation in jedem Fall (Wilkinson/Pickett 2010).

- Eine Erziehungs- und Bildungspolitik, die nicht in Körpervergessenheit endet, ist zur Entwicklung hinreichender körperlicher Chancen für alle wesentlich. Dies gilt zunächst für die Notwendigkeit eines inklusiven Schulsystems, das auch Menschen mit Behinderungen und Menschen aus benachteiligten Klassen und Milieus aufnimmt, um ihre Bildungschancen zu erhöhen. Ein Ganztagsschulsystem mit einer hinreichenden und gesunden Ernäherung und nachhaltiger Gesundheitsfürsorge als auch hinreichenden Bewegungsmöglichkeiten nach unterschiedlichen Interessen muss ein Ziel einer Körperpolitik sein, die Chancen für alle bereitstellen will. Einer ihrer wesentlichen Standards ist Antisexismus und die Verhinderung der sexuellen Ausbeutung. Sie muss für die sozial-ökonomisch Schwachen hinlänglich finanziert sein, um nicht zu neuen Bildungsprivilegien zu führen (begüterte Schichten nehmen an der gesunden Schulernährung teil, Arme werden ausgeschlossen). Da der Zusammenhang zwischen höherer Bildung und länger anhaltender Gesundheit und

---

162 Vgl. dazu auch die Vorschläge des „Health Impact Funds", der auf Medikamente auch für Arme zielt, unter: http://www.yale.edu/macmillan/igh/.

163 Vgl. dazu http://www.who.int/whr/2008/en/index.html.

Lebenserwartung eindeutig ist, muss der Staat insbesondere in diesem Feld Vorkehrungen ergreifen, um das Bildungsgefälle abzubauen (vgl. Reich 2012).

■ Zugleich müssen Diskriminierungen aller Art aktiv bekämpft werden, die auf körperlichen oder sexuellen Diskriminierungen aufbauen oder in sozialen Gruppen in Formen von Mobbing in allen Arten praktiziert werden. Hier bedarf es klarer Leitbilder und Regelungen an Schulen, in der Kinder- und Jugendarbeit, Behindertenhilfe, im Sport und in allen sozialen Gruppen in einer Gesellschaft, damit die gegenseitige Hilfe und gemeinsame Ziele im Sinne einer gegenseitigen Akzeptanz und Förderung steigen statt immer weiter abzusinken.

■ Insgesamt müssen die staatlichen Vorkehrungen in nachhaltigen Ausgaben für eine körperliche Erziehungs- und Bildungsarbeit durch die Unterstützung einer Vielzahl von Projekten und Vereinen nachgewiesen werden. Dies schließt insbesondere auch Ausgaben in den Feldern der Geschlechterdiskriminierung, des Antisexismus und Antirassismus mit ein. Dabei sind insbesondere Impulse in Richtung auf eine Erhöhung eines aufgeklärten Körperbewusstseins, auch eines Gesundheitsbewusstseins, einer gesunden Ernährung mit positiven Beispielen dort, wo der Staat es regulieren kann (also insbesondere in allen staatlichen Einrichtungen), in Richtung einer bewegten Schule und Gesellschaft zu setzen, um das Potenzial einer kritischen Aufklärung auch gegen Interessen der Konsumgesellschaft, die durch bestimmte Firmen und Konzerne favorisiert werden, durchzusetzen. Dabei ist es ein wesentliches Ziel, die Einstellungen der Menschen kritisch zu ändern. Kritische Steuerungen sollten nicht erst dann einsetzen, wenn die Nachfrage groß wird, also z. B. bei einer Zunahme an Übergewichtigen auf über 20 Prozent der Gesamtbevölkerung, um dann erst gegenzusteuern, sondern proaktiv als Angebot kontinuierlich vorgehalten werden, also an durchgehendes Angebot, um Gesundheitsschädigungen vorzubeugen.

■ Dies schließt klare gesetzliche Regelungen zugelassener Praktiken ein. Hierunter fallen z. B. Rauchverbote oder andere Maßnahmen gegen Sucht. Bei medizinischen Eingriffen setzen ebenfalls Regulationen ein, die hohen ethischen Standards unterliegen müssen. In der Biopolitik kommt es dabei insgesamt aber auch zwangsläufig zu einem Gegensatz staatlicher Regulierung und individueller Wünsche. Hier kommt es zu kritischen und nur widersprüchlich zu lösenden Fragen zum Beginn des menschlichen Lebens wie z. B. bei der Forschung von Embryonen, der Problematik der Spätabtreibung, den Eingriffen am menschlichen Erbgut, bei Gentest und Gentherapie, der Stammzellenforschung, beim Klonen, usw. Eine andere Problemgruppe wird durch Fragen über das Ende des Lebens bestimmt. Hierzu gehören z. B. der Hirntod, die Organspende, Organtransplantationen, Organhandel, Sterbebegleitung, Sterbehilfe. Und insgesamt gibt es einen Streit darüber, was vom Leben und biologischen Vorgängen patentiert werden kann und darf, um damit Monopolisierungen auf die Natur zur Erzielung von Gewinn zu erreichen. Die internationale Bioethikrat der UNESCO ist hier einen Schritt in eine positive Richtung gegangen, um ethische Normen verbindlich zu machen.[164] Aber es ist durchgehend schwierig, die ethischen Interessen gegen Interessen der Körperindustrien, die den Körper mit Tauschwerten überhäufen wollen, um Gewinne zu realisieren, zu verteidigen. Es

---

164   Vgl. dazu http://www.unesco.de/bioethik.html.

ist auch schwierig, die privaten Konsuminteressen in einer Konsumentengesellschaft immer hinreichend mit Aufklärung und vernünftigen Entscheidungen von Mehrheiten abzugleichen. Es ist ein Kampf, in den über eine aktive Bildung möglichst viele Menschen wissend einbezogen werden müssen, damit überhaupt Chancen auf hinreichend ethisch akzeptable Erfolge bestehen. Es muss immer bewusst bleiben, dass unsere ethischen Normen Konstrukte auf Zeit und aus einem Zeitalter heraus sind, so dass eine besondere Verantwortung gegenüber dem Schutz des Lebens und der Umwelt bestehen.

5.4 Individuelle Nutzung des Körperkapitals

Für den Mehrwert und seine Herstellung müssen die Besitzerin oder der Besitzer dieser Kapitalform erkennen, aus welchen Differenzformen sich ein Gewinn im Verhältnis zu den Kosten besonders ziehen lässt: Wie schon bei den anderen geschilderten Kapitalformen ist es auch hier im Interesse jedes Individuums, möglichst hohe und intensive körperliche Entwicklungen und Gestaltungen zu vollziehen, um dadurch die Vorteile dieses Kapitals nutzen zu können. Sehen wir die vier Formen der Mehrwertproduktion im Körperkapital näher an, so wird hier eine große Unschärfe der tatsächlich voraussehbaren Wirkungen erkennbar. In *Schaubild 20* ist zusammenfassend gezeigt, aus welchen individuellen Strategien der Mehrwert des Körperkapitals entspringen kann:

Schaubild 20: Formen des Mehrwerts für das individuelle Körperkapital

1. Zunächst ist es auch hier immer die Differenz der eigenen verausgabten Kosten nach Aufwand, Zeit und Mitteln, die Vorteile beim Zugang, Aufrücken, Verbesserung der Positionen und damit verbundener Erträge bieten. Dabei ist die Präsenz und Inszenierung der Körpers ein wesentliche Voraussetzung zur Realisierung des Gewinns in seinen verschiedenen Formen wie Lohn, Einkommen, Geschenken, Aufrückungen usw.

2. In den körperlichen Beziehungen stehen alle in Konkurrenz, nicht nur mit- und gegeneinander, sondern auch in den unterschiedlichen Gruppen und Kreisen mit ihren Zugangs- und Schließungsmechanismen. Gerade die Gestaltung des Körpers drückt diese Mechanismen sehr stark nach außen, im Erscheinungsbild aus. Dabei gibt es stark gegenläufige Strategien mit vielen Facetten der Mode- und Stilbildung, die Inklusion oder Exklusion definieren. Der Markt reguliert besonders stark über die Nachfrageseite die Wirksamkeit des Körperlichen, aber zugleich gibt es Elemente, wo das Angebot die Nachfrage steuern hilft. Das individuelle Kalkül muss sehr ausgeprägt und marktorientiert sein, wenn tatsächlich Nachfrageeffekte genutzt werden sollen. Meist wirken sie sich »hinter dem Rücken« eher zufällig aus und erscheinen dabei als individueller Glücksumstand (oft beim erotischen Kapital konstruiert, um zu suggerieren, dass der/ die Richtige gefunden wurde und nicht bloß Schönheit zu Reichtum gefunden hat).

3. Mehr Schein als Sein, dies gelingt bedingt auch bei Körperkapital, aber die Mühen und Aufwendungen sind oft groß, um hier nachzuhelfen. Die Illusionierung, die vorrangig für andere geschieht, führt nicht selten in die Selbsttäuschung. Alle Täuschungen laufen Gefahr, sich betrügerisch auszuwirken, weil und insofern die Tendenz besteht, das Gezeigte mit allen Mitteln in ein besonderes Licht zu stellen.

4. Günstig ist immer ein Körper, der »an sich« schon schön und entsprechend der Moden und Schönheitsvorstellungen vorhanden ist. Hier setzt der Aufwand am Erhalt des zufällig Vorhandenen an. Andere müssen grundlegend umgestalten. Aber niemand kann im Vergleich sicher sein, nicht noch auf perfektere Körper zu stoßen, die noch größere parasitäre Gewinne verbuchen.

Vor diesem Hintergrund wird deutlich, weshalb die Kosten für die Körper immer mehr gestiegen sind und weiter steigen.

Betrachten wir auch hier analog zu den vorhergehenden Kapiteln die Folgen des Körperkapitals für wichtige Lebensbereiche:

- *Einkommen:* Körperkapital vermag indirekt zur Sicherung des Einkommens beizutragen. In Verknüpfung mit einem sozialen und kulturellen Habitus kann es die eigene Position absichern helfen, indem es Gesundheit, Fitness, Attraktivität und einen biotechnologischen Umgang mit den eigenen Ressourcen und ihrer Gestaltung ausdrückt, der für Leistung, Durchhaltevermögen, Selbstorganisation und Selbstzwang und andere Zuschreibungen dieser Art steht. Insbesondere individuelle Initiativen lassen Körperkapital entstehen. Dabei nehmen seine Kosten ständig zu. Private und auf Profit ausgerichtete Interessen der Gesundheits- und Pharmaindustrien sowie im Medienbereich haben die Lücke, die eine fehlende staatliche Regulation in vielen Teilen aufweist, geschlossen und wirken körperbildend im Sinne eines Massengeschmacks, der auch die sozialen und kulturellen Eliten nicht unbeeinflusst lässt. Dennoch verbleiben Unterschiede, die sich im körperlichen Habitus zeigen und die bei der Besetzung von Jobs oder dem Erreichen eigenen Einkommens wichtig sind. Auch wenn der körperliche Habitus eine breite Profanisierung erfährt, so definiert er Zugehörigkeiten aus ökonomischen, kulturellen und vor allem sozialen Lagen heraus.

- *Arbeitslosigkeit bzw. Beschäftigung:* Fehlendes Körperkapital drückt sich individuell vor allem darin aus, dass die Menschen wegen geringerer körperlicher Gebrauchswerte oder eine Zuschreibung, dass diese im Vergleich nicht ausreichen, weniger Zutrauen in eine eigene Präsentation und Inszenesetzung, in die Zurschaustellung ihrer Fähigkeiten und Körperlichkeit zeigen. Dies mindert ihre Attraktivität erheblich und ist hinderlich, um Jobs zu erhalten oder neu zu gewinnen. Aus ihren Körpern ziehen Menschen oft einen mehr oder minder ausgeprägten Selbstwert, der in Konkurrenzsituationen entscheidend beim Durchsetzen gegen andere sein kann. Immer wieder kommt es auch zu körperlichen Gefälligkeiten oder Ausbeutungen, um Beschäftigungen zu sichern.

- *Soziale Mobilitätschancen:* Körperkapital ist immer auch eine Perspektive auf globale Entwicklungen, eine Reflexion der globalisierten Körper. Wer Körperkapital besitzt, der besitzt körperliche Gebrauchswerte, um sich freier als andere zu bewegen. Menschen mit solchen Gebrauchswerten, die sie häufig eintauschen können, lernen deutlicher als andere, ihr eigenes Potenzial in der Konkurrenz abzugleichen und sich auf Strategien einzustellen, die möglichst hohe Chancen in der eigenen Mobilität eröffnen. Vor diesem Hintergrund ergeben sich leichter Handlungs- und Kommunikationsalternativen. Körperkapital öffnet leichter ansonsten verschlossene Türen, aber selbst Schönheit ist kein Garant für einen sozialen Aufstieg, da sie schnell prostituiert werden kann. Insoweit sind die Möglichkeiten und Risiken der Mobilität qua Körperkapital immer auch kritisch zu durchschauen, wenn die soziale Mobilität als Erhaltung eines Besitzstandes oder Lebensstandards gesichert oder als Aufstieg vollzogen werden soll. Auch hier ist wie beim kulturellen Kapital das Zusammenwirken mit dem Lernkapital für langfristige Erfolge ausschlaggebend.

- *Konsumchancen und Lebensstil:* Kultur wird heute mehr denn je am Konsum gemessen und erscheint in den Körpern als klarer Ausdruck eines erreichten Lebensstiles. Körper sind in fast allen Medien omnipräsent. Sie werden mit Konsumgütern überschwemmt, um sich selbst zum Konsum für andere in Beziehungen und Unterhaltungen anzubieten. Auch wenn hier ebenso wie in allen anderen Konsumgewohnheiten eine Profanisierung Einzug gehalten hat, so sind es dennoch die Unterschiede im Profanen, die sich als Distinktion, als feine Unterschiede, nach wie vor geltend machen.

Für den individuellen Umgang mit dem Körperkapital gelten, wenn ich die Überlegungen dieses Kapitels zusammenfasse, vor allem drei Szenarien:

1. *Besitzszenarium:* Wer größeres Körperkapital erwerben will, der ist zunächst immer auf eigene Anlagen und eine bestimmte Herkunft angewiesen. Hier ist es insbesondere für Menschen mit vermeintlich schlechteren »natürlichen« Voraussetzungen ihrer Körper – abhängig von den kulturellen Geschmacksurteilen – schwierig, die Vorzüge der anderen zu übertrumpfen. Die einen müssen ihre »natürlichen« Ressourcen pflegen und erhalten, die anderen fühlen sich mehr oder minder gezwungen, Körperidealen nachzukom-

men, die kostspielig sind. Aber die Besitzenden verfügen immerhin über hinreichende Ressourcen, hier aktiv gestaltend eingreifen zu können. Dies verleiht ihnen besondere Macht. Gleichzeitig stehen sie unter dem besonderen Druck des Alterns ihrer Körper, den sie oft mit Verzweiflung nach Mitteln und Aufwand aufzuhalten versuchen. Zudem sind auch die Besitzenden nicht frei von bestimmten Regularien der Biomacht, die sie dann erreicht, wenn der Staat einschränkende gesetzliche Regelungen trifft. Gerade die Besitzenden sind daher meist gegen solche Regulierungen.

2. *Aufstiegsszenarium:* Eine Verbesserung des Körperkapitals kann an der Gesundheit, Fitness, Erotik oder am Körper selbst durch Biotechnologien ansetzen. Dieser Variantenreichtum lässt Spielräume, die es gestatten, auch aufstiegsbezogene Szenarien zu entwerfen und zu realisieren. Am leichtesten wird der Aufstieg über günstige Gebrauchswerte wie Schönheit, Attraktivität, Gesundheit, Fitness und erotische Ausstrahlung begünstigt, aber ein bewusster Aufstieg wird nur dann hinreichend gelingen, wenn das engere Handlungsfenster des Einsatzes solcher Gebrauchswerte als Tauschwerte auch tatsächlich realisiert werden kann. Solche Handlungsfenster entstehen immer nur zu bestimmten Anlässen und müssen dann genutzt werden. Wem dies nicht gelingt, der könnte auch schnell wieder in den Abstieg geraten.

3. *Unsicherheitsszenarium:* Körperkapital ist angesichts eines sich schnell wandelnden Massengeschmacks stets unsicher. Insbesondere körperliche Veränderungen wie Implantate, Tattoos usw. stehen in der Gefahr, aus der Schönheit in eine Hässlichkeit der Bewertung umzuschlagen. Insbesondere in unteren sozialen Lagen bleiben selbst die Schönheit und Attraktivität gefährdete Werte, insofern sie nicht aus begrenzten erfolgreichen Situationen verstetigt werden können. Wer in der Unsicherheit steht, hat von den körperlichen Gebrauchswerten in der Regel ohnehin nur Tauschwerte zu erwarten, die in der eigenen sozialen Schicht oder Klasse bleiben. Ein Glück mag es dann sein, dass es im Unsicherheitsszenarium auch etliche Menschen gibt, die weniger die Körperlichkeit als vielmehr andere Werte des Selbstbewusstseins alternativ bevorzugen. Sie haben die Chance, sich freier als andere zu ihren Körpern und mit ihren Körpern zu verhalten.

6. Lernkapital

Die heutige Welt ist – vereinfacht gesprochen – eine Ansammlung von vielen Menschen, die unterschiedlich situiert sind. Die große Mehrheit agiert aus einem kleinen privaten Besitz heraus, den sie in angemieteten Räumen verwahrt oder in entwerteten Lebensverhältnissen auf der Straße mit sich herumträgt. In der schmaler werdenden Mitte, wie uns Kapitel 2 lehrte, gibt es etliche Menschen, die ihren schon größeren Besitz auch in einer eigenen Immobilie verwahren können, um sich mehr Möglichkeiten zu erschließen, ohne sich umfassend für alle Fälle absichern zu können. Und nur sehr wenige Menschen gibt es, die ihren privaten Besitz nicht mehr überschauen und nicht einmal mehr verschwenden können, weil er die Vorstellungen des durch mühsame Arbeit erwirtschaftbaren Reichtums längst übersteigt, weil hier das Geld als Kapital für sich in unendlicher Vermehrung zu arbeiten scheint. Auch solcher Besitz mag ruiniert werden, aber dazu muss man sich schon böswillig gegen das eigene Erbe anstrengen.

Mitunter helfen solche Bilder, den Stand der Dinge so zu beschreiben, dass wir uns direkt in sie einordnen können. Hierbei gilt für die Masse der Menschen: Je stärker die Besitzverhältnisse angestiegen sind, desto schwächer werden die Möglichkeiten, am wirklichen Reichtum der Welt – also in der eben genannten dritten Position – zu partizipieren. Durch Erbschaft sichern die Besitzenden die Statik der Besitzverhältnisse, eines Besitzes, der in der Masse eher im kleinen Maßstab gebildet wird, in der Elite für die obersten Zehntausend zeigt er die breite Vielfalt aller Möglichkeiten. Vorrangig durch Erziehung und Bildung, durch den Einsatz von Lernkapital, kann es Chancen des Aufstiegs und einer neuen Durchmischung aller Positionen geben, wenngleich wir realistisch gesehen hieran keine Übererwartungen haben sollten.

Bourdieu fasst Lernen und Bildung unter dem kulturellen Kapital zusammen. Dies hatte in früheren Zeiten durchaus Sinn, wie Kapitel 4 zeigte, denn Lernen ist immer auch Ausdruck der kulturellen Beziehungen der Menschen. Aber mit der Kapitalisierung der Kultur, insbesondere der Bildung, der Wissenschaften und auch des Lernens, setzte sich in den letzten Jahrzehnten mehr und mehr durch, dass das Lernkapital zu einer ganz eigenen Kapitalform aufgestiegen ist, die das kulturelle Kapital durch eigene Formgebungen übersteigt und ganz eigene Verflechtungen zum ökonomischen und sozialem Kapital unterhält, sich dabei durchaus auch widersprüchlich zum kulturellen Kapital verhält und schließlich auch noch Besonderheiten gegenüber dem Körperkapital aufweist. Das Lernkapital ist so zu einer eigenen Kapitalform geworden.

Solches Lernkapital wird auch oft als »Humankapital« bezeichnet, ein Konzept, das ich bereits in Kapitel 1 kritisiert habe. Keeley (2007) beschreibt aus der Sicht der OECD dieses Kapital als „Wissen, Qualifikationen, Kompetenzen und sonstige Eigenschaften, die dem Einzelnen eigen sind und es ihm ermöglichen, persönliches, soziales und wirtschaftliches Wohlergehen zu erzeugen" (ebd., 33). Dies gelingt am besten durch eine Anhebung des Bildungsniveaus. Die OECD sieht die Chancen eines solchen »Humankapitals« vor allem

- in einer Erhöhung der Bildungserträge, was sich in höheren Verdiensten für Absolventen mit höherer Bildung geltend macht (ebd., 37),

- darin, dass neben dem Einkommensvorteil bei höherem »Humankapital« das Risiko der Arbeitslosigkeit deutlich absinkt (ebd., 38),

- in einem gesteigerten Wirtschaftswachstum durch wissenschaftlich-technische Innovationen, was für den Einzelnen von Vorteil ist, sofern der allgemeine Wohlstand steigen kann, und was zahlreiche weitere, auch nicht-ökonomische Handlungschancen eröffnen mag (ebd., 40).

Gleichwohl ist der Begriff »Humankapital« sehr ungünstig und er wird von mir nicht weiter verwendet.[165] Er suggeriert, dass der Mensch selbst als kapitalisierbarer Teil erscheint und steht damit unter einer sehr starken Verallgemeinerung. Dies läuft einer differenzierenden Betrachtungsweise, wie ich sie versuche, entgegen, denn in dieser sind verschiedene Kapitalformen auszumachen, die jeweils Teilaspekte menschlicher Handlungsformen, die sich auf Tausch und Ware-Geld-Beziehungen richten, ausdrücken, die aber damit keineswegs eine Theorie des menschlichen Kapitals in Form zurechenbarer Eigenschaften einer Person aufzeigen können. Die Kapitalformen, wie ich sie benutze, drücken immer Beziehungen zwischen Menschen aus, sie reduzieren diese nicht auf Eigenschaften natürlicher Personen. Der Mensch, und dies erscheint mir eine Grundbedingung für eine wissenschaftliche Diskussion der Kapitalformen, ist kein bloßer Faktor oder nur eine natürliche Person mit bestimmten Eigenschaften, sondern interaktiv und systemisch immer mit anderen verknüpft, was in den Formen der Kapitalisierung dann auch in Praktiken, Routinen und Institutionen erscheint. Die Rede vom »Humankapital« bildet dagegen in ihrem üblichen Gebrauch eine sehr starke Vereinfachung oder eine bloß wirtschaftswissenschaftliche Kategorie mit enger Definition. Das »Humankapital« löst sich deshalb bei näherer Betrachtung und vertiefender Analyse immer in unterschiedliche Kapitalformen auf.

Lernen ist dabei eine Chance wie ein Risiko. Lernen als eine individuelle Verpflichtung zur Teilhabe in der Gesellschaft ist ein Ideal der Moderne. Rational betrachtet, könnte das Lernen für einen Ausgleich auch zwischen ökonomisch ungleich gestellten Gruppen sorgen und soziale und kulturelle Differenzen überspielen helfen. Der Arme kann durch Lernen aufsteigen und es zu einem erheblichen Einkommen bringen, der Reiche muss auch lernen, wenn er seinen Reichtum sinnvoll verwalten und erhalten, wenn er nicht schnell absteigen oder in den Ruin geraten will. Aber wie wirklichkeitsbildend ist dieses Ideal? Ich will es in Verbindung mit vier Grundcharakteristika rücken, mit denen Talcott Parsons (1969) scheinbar universelle evolutive Bedingungen der Moderne zu beschreiben versuchte:

1. *Differenzierung:* Gesellschaftliche Spannungen in der Entwicklung können durch Differenzierung, durch Herausbildung unterschiedlicher sozialer Rollen in der Individua-

---

165 Vgl. auch weiter oben S. 43 ff. Die „Sprachkritische Aktion Unwort des Jahres" hat 2004 den Begriff »Humankapital« gewählt. In der Begründung hieß es, dass dieser Begriff Arbeitskräfte zu sehr auf ökonomische Sichtweisen reduziere und damit vereinseitige. Die Problematik einer Übertragung auf die Erziehung beschreibt einführend z. B. Giesecke (2005).

lisierung von Menschen gemindert werden und die Aufteilung der Machtverhältnisse so begrenzen, dass eine optimale Entwicklung möglich bleibt.

2. *Mobilisierung:* Alles befindet sich in der Entwicklung und muss dabei mobil und innovativ gehalten und gedacht werden: das Erwartungsniveau, die Beteiligung und die Verfügbarmachung von Ressourcen (Kapital, Naturschätze, Technik, Kaufkraft usw.). Je mehr die Industrieländer die Chancen der Mobilität demonstrieren, desto stärker wird sich diese Wirtschafts- und Lebensweise weltweit ausbreiten. Heute sprechen wir auch von *Globalisierung*, um dieses Mobilitätstheorem auszudrücken.

3. *Partizipation:* Eine differenzierte und mobil-innovative Gesellschaft macht eine hohe Vermittlung zwischen ihren Teilbereichen erforderlich. Allein ein hohes Maß an Partizipation ermöglicht ein ausreichendes Maß an Legitimation jener Entscheidungen, die zentral getroffen werden.

4. *Institutionalisierung von Konfliktlösungen:* Neben der Partizipation muss es eine Institutionalisierung (Regelung, Regulation, Verrechtlichung usw.) von Konflikten geben, um die Störungen im Entwicklungsablauf möglichst gering zu halten und legitime Entscheidungen zu bewahren.

Parsons Position ist sehr weitsichtig, denn sie beschreibt zwar nicht universell die „vernünftige Lösung" aller Weltprobleme,[166] aber sie markiert entscheidende Idealpunkte der auch tatsächlich (empirisch) nachvollziehbaren Entwicklung der letzten Jahrzehnte. Wichtig ist allerdings, dass damit keine Wirklichkeit »an sich« und für alle Zeiten beschrieben wird, sondern nur Kriterien genannt sind, die bemerkenswert erscheinen, um gesellschaftliche Entwicklungen näher untersuchen zu können. Beziehen wir solche Untersuchungen von den eher allgemeinen Ansprüchen an die Moderne[167] auf die Bedingungen und Möglichkeiten des Lernens heute, dann erscheinen stärker ambivalente oder widersprüchliche Positionen in diesem Entwicklungsbild. Lernen findet immer im Paradox von gesellschaftlicher Gewährung von Lernchancen und individuellem Eigensinn und Möglichkeiten, diese zu nutzen, statt. Dabei will ich die von Parsons herausgestellten Merkmale moderner Entwicklung neu deuten:

1. *Differenzierung:* Lernen wird heute in den kapitalisierten Orientierungen überwiegend als individuelle Chance aus eigener Kraft, eigener Vernunft und eigenem Willen konstruiert, um Abschlüsse und Zertifikate zu erlangen, die zu einer Differenzierung in einer arbeitsteiligen Welt und damit zu einer Spaltung nach guten und schlechteren Besitzständen führen. Die Chancen einer echten Differenzierung nach Gleichheitsgrundsätzen verteilt oder auch nur angemessen nach Kriterien gefördert, die ein Wachstum *für alle* in möglichst hoher Gleichheit tatsächlich ermöglichen, bleiben dabei heute weitgehend ungenutzt.

2. *Mobilisierung:* Lernen ist stark an mobilisierende Akteure und Institutionen gebunden, die als Lernumgebung tatsächlich zu mobilisieren und nicht bloß verstetigen helfen.

---

166   Für eine vermeintlich universelle Beschreibung lässt sie notwendig zu viele Punkte aus, sie naturalisiert auch zu sehr eine viel zu idealtypische Konstruktion von Entwicklung und ist einseitig bloß auf Wachstum hin orientiert.

167   Dabei hat sich die so genannte Moderne längst als Postmoderne (vgl. bes. Bauman 1995), als flüssige Moderne (vgl. Bauman 2000 ff.) oder als reflexive Moderne (vgl. Beck 2009) weiter entwickelt. Für diese sind Widersprüche der Entwicklung stets schon in das Entwicklungskonstrukt des Beobachters eingeschlossen.

Hier sind Spannungsverhältnisse entstanden: innovativ und besser ausgestattet, privat finanziert, teuer bis luxuriös, hoch individuell fördernd bis der beste Schulabschluss mit allen Hilfen erreicht ist – gegen staatlich und schlechter ausgestattet, früh selektiv, begrenzt mobilisierend, indem nach ökonomischer, sozialer und migrationsbedingter Herkunft am Ende der schlechtere Abschluss in einer schlechteren Schule steht. Die Chancen hängen unmittelbar von der sozialen und ökonomischen Herkunft ab, und hierbei unterscheiden sich unterschiedliche Länder nur graduell. In Deutschland sind die Chancen verglichen mit der Wirtschaftskraft als sehr ungünstig einzuschätzen.

3. *Partizipation:* Eine Partizipation von allen wird desto unwahrscheinlicher, je mehr Lernumgebungen durch Finanzmittel bestimmt und kontrolliert werden, die nur den besser Gestellten eine Partizipation gewähren. Partizipation wird so reduziert auf eine Interessenwahrung bestimmter Kreise.

4. *Institutionalisierung von Konfliktlösungen:* Die Schule als immer schon geteilte Schule wirkt besonders in jenen Ländern als institutionalisierte Verstetigung von Ungleichheit, die entweder wie Deutschland schon frühzeitig die Schule selbst in Klassen als verschiedene Schulformen teilen oder die wie andere Länder ein Privatschulsystem für die besser gestellten Schichten etablieren. Hier werden Konflikte als Verstetigung bestimmter Lernchancen und begrenzter Interessen vor allem der besitzenden Schichten vermieden.

Alle vier Punkte erzeugen auf der gesellschaftlichen Ebene, wenn sie einseitig im Sinne einer Bewahrung besitzorientierter Interessen gepflegt werden, nachhaltige Probleme auch für das wirtschaftliche Wachstum und die gesellschaftliche Entwicklung. Diese resultieren dann insbesondere daraus, dass die Differenzierungen und Individualisierungen mit den dabei erreichten qualifizierten Abschlüssen und den vielen Menschen, die dequalifiziert auf der Strecke bleiben, nicht mehr hinreichen, um innovatives Wirtschaftswachstum in hinreichender Breite zu bewerkstelligen oder eine Teilhabe am Wohlstandskonsum für alle garantieren. Auch Deutschland ist von dieser Problematik betroffen, wie ich noch näher diskutieren werde.

Im Blick auf die Mobilisierung eigener Leistungsbereitschaft, eines hohen eigenen Gesundheitsbewusstseins und einer Sorge um sich erweisen sich fehlende oder mangelhafte Lernleistungen als großes Hindernis für die zukünftige Entwicklung. Und mangelnde Partizipation weist auf eine andere Gefahr hin, die sich in einer mangelnden Bereitschaft, sich für demokratische Verhältnisse einzusetzen, münden kann. Die Politikverdrossenheit ist insbesondere bei jenen groß, die geringere Chancen im Lernen erfahren haben. Insoweit wäre eine Institutionalisierung zur Sicherung hoher Lernchancen für alle eine wesentliche Chance, Konflikten vorzubeugen, die eine demokratische gesellschaftliche Entwicklung gefährden und individuelle Chancen gerechter Teilhabe nicht genügend vorantreiben. Von solchen Problemlagen wird dieses Kapitel handeln.

6.1 Gegenstands- und Handlungsform: Herkunft und Wirken des Lernkapitals

Die Handlungsformen des Lernens lassen sich aus meiner Sicht in drei größere Gruppen von Lernverhältnissen unterscheiden, die nachfolgend zunächst näher untersucht werden sollen, um Lernen in seinen veränderlichen Lernumgebungen zu bestimmen:

1. Lernen in Formen der Imitation, Nachahmung und Modifikation, wie sie vor allem durch Meister-Lehrlingsverhältnisse (*master-newcomer*) beschrieben werden.

2. Lernen als Bildung und Wachstum (*growth*) der kollektiven und vor allem der individuellen Fähig- und Fertigkeiten.

3. Lernen unter den Bedingungen der Kapitalisierung des Lernens (Lernkapital).

6.1.1 Lernen in Formen der Imitation, Nachahmung und Modifikation

Nachahmung ist eine uralte Form des Lernens, die die Menschheit von Anbeginn begleitet. Kinder und Jugendliche, sofern sie überhaupt von kleinen oder großen Erwachsenen unterschieden werden, ahmen die Tätigkeiten und Verhaltensweisen nach, die sie sehen und die ihnen vorgelebt werden. Solche Nachahmung erwächst aus einer Imitation, die überhaupt wesentlich zum Heranwachsen in einer Kultur gehört, weil aus ihr die allgemeinen kulturellen und beziehungsmäßigen Kooperationen und Kommunikationen abgerufen werden (Mimik, Gestik, Sprache, Tätigkeiten). In solcher Imitation mag immer auch ein Quantum Variation eingebaut sein, aber letztlich muss dieses Quantum ko-evolutiv vollzogen werden, damit eine kulturelle und soziale Gruppe sich noch verständigen kann. Wenn z. B. Kinder neue Wörter erfinden, dann müssen sie diese mit ihren Eltern oder der sozialen Gruppe teilen, um koordiniert und in Kooperation miteinander zu interagieren. Die Interaktion aber ist die Voraussetzung für gesellschaftliche Vermehrung und gesellschaftliches Zusammenleben überhaupt. Schon früh in der Menschheitsgeschichte greifen hier Differenzierungsformen, die von der jeweiligen sich entwickelnden Arbeitsteilung abhängig sind. Solcherlei Arbeitsteilung gibt es in Familien, Sippen, Gruppen. Aber es gibt sie auch querstehend zu den gesellschaftlichen Lebensverhältnissen in der Herausbildung besonderer Tätigkeiten bis hin zu Berufen. In der frühen Menschheitsgeschichte verbleibt dies alles sehr lokal, aber es ist im Kern schon durchaus variantenreich und in der gesellschaftlichen Praxis durch das Handeln und seine Resultate selbst legitimiert. Im Lernen vollzieht sich vor allem das Modell der Nachahmung, das einen qualifizierten Master einem Newcomer gegenüberstellt, wobei die umgebende Gemeinschaft selbst als Praxisfeld gesehen werden kann (*community of practice*).

In den Ergebnissen ist dieses Lernen stärker auf die Bewahrung bereits vorhandenen Wissens als auf eine schnell voranschreitende Innovation fixiert. Dies äußert sich darin, dass in den Praktiken die Routinen dominieren und Rituale auf der Handlungsebene die Normen und Werte stärken, die als Handlungs-, Gruppen- und Selbstzwänge agiert werden, um bestehende Macht- und Lebensverhältnisse zu erhalten. Auch wenn die »Wiederkehr des ewig Gleichen« solche Gesellschaften stark prägt, so sind Modifikationen durch mehr oder minder zufällige Abweichungen, Erfindungen oder neue Ressourcen wie Naturstoffe oder Verfahrenstechniken möglich und erwünscht. Aber die Passung solcher Veränderungen wird immer über eine kulturelle Gesamtheit erfahren und muss sich im Kontext der Normen und Werte, die herrschen, etablieren lassen. Lernen als Verfahrenstechnik und Modifikation findet unter starker Produktorientierung in einer zugelassenen Arbeitsteilung statt, die wenig Raum für eine individualisierte Entfaltung und Differenzierung lässt. Dies hat den positiven Effekt, dass das bestehende Handlungswissen sehr gut weitergegeben werden kann, es trägt den Nachteil einer insgesamt wenig mobilen und dynamischen Berufs- und Lebenswelt. In dieser hat deshalb das Alter in der Regel eine bevorrechtigte Sicht auf die Dinge und das Lernen am Modell in solchen Formen folgt den Erfahrungen der Gruppe mehr als den Wünschen von Einzelnen.

Insgesamt ermöglicht der individuelle Lernerfolg in diesen Strukturen den gesellschaftlichen Erfolg. Dies ist Belohnung und Anerkennung in sozialen Verpflichtungen zugleich, so dass die individuelle Freiheit weder hoch noch besonders als kultureller Wert geschätzt ist.

Die Master-Newcomer-Verhältnisse funktionieren besonders effektiv in Gesellschaften, die Sprache in Form von Zeichen und Symbolen soweit entwickelt haben, dass Handlungen in stets gleich ablaufenden Praktiken, Routinen mit bestimmten und kontinuierlich weitergegebenen Werten und Normen geschehen, um Institutionen mit legitimierten Organisationsformen herauszubilden. Es gibt, verallgemeinert gesprochen, eine symbolische Konstruktion von Wirklichkeit, die vor allem zunächst mündlich, später dann auch schriftlich vermittelt wird. Die dabei angelegte Verlangsamung der Lernentwicklung, weil die Beharrungskräfte in der Privilegierung der Master sehr groß sind, sichert den gesellschaftlichen Erfolg, der auf Bewährtes zurückgreift. Der Konfuzianismus in China ist hierfür ein großes historisches Beispiel, weil es ihm gelang, alle Newcomer auf das Master-Bild hin zurechtzuprüfen, zugleich aber auch jedem scheinbar Gelegenheit gab, an dem damit verbundenen Aufstieg in eine herrschende Bürokratenkaste teilzuhaben (vgl. Reich/Wei 1997). Im europäischen Mittelalter war dieses Modell besonders in den Klöstern vertreten, wobei es durchaus kollektiv abgrenzend gegen den Rest der Gesellschaft gehandhabt werden konnte, weil die Novizen und Master sich nach außen durch ihre Abgeschiedenheit absetzten. Die Verkündung der Exklusivität eigener Wissenszugänge mündete hier zugleich in eine Lehre von der Kanzel.

Neben der religiösen Exklusivität entstanden auch exklusive Berufe mit eigenen Master-Newcomer-Modellen. Vor allem die handwerkliche Ausbildung war immer wieder durch strikte Regelungen geprägt. Historisch gesehen sind solche Modelle des Lernens Grundlage für arbeitsteilige Verfahren, aber sie funktionieren in der Breite vor allem bei einfachen und körperlichen Arbeiten, die wenig Handlungsfreiraum ermöglichen oder durch sehr präzise Arbeitsabläufe gekennzeichnet sind. Durch Abgrenzung der verschiedenen Master-Bereiche, etwa in die Bereiche des Profanen und des Heiligen, können sich auch durchaus begrenzte Eliten herausbilden, die jeweils spezifische Verfahrenstechniken, Rituale und ein bestimmtes geheimes Wissen produzieren, das nur von Mund zu Mund und unter vertraulichen Bedingungen weitergegeben wird. Hierin wurzeln bis heute bestimmte Fachsprachen in der Berufswelt (z. B. in der Medizin), die es Quereinsteigern unmöglich machen sollen, in die Masterwelt ohne Einweisung und zertifizierte Prüfungen einzusteigen.

Bis heute wirkt das Master-Newcomer-Modell vor allem in der beruflichen Ausbildung fort. Es findet sich z. B. in Ansätzen wie dem *cognitive apprenticeship* oder dem *situated learning* wieder,[168] die auch kompliziertes Wissen auf jene Praktiken und Routinen beziehen, die sich kontrollierbar durch Vormachen, Nachmachen, in eigenen Worten beschreiben und Nachmachen, Wiederholen, Anwenden und Auswerten entwickeln lassen. Hier wird besonders gesichert, dass die Newcomer nichts vom Handlungswissen der Master verlieren.

---

168   Vgl. dazu Reich (Methodenpool) unter http://methodenpool.uni-koeln.de/situierteslernen/frameset_situiertnetz. html.

6.1.2 Lernen als Bildung und Wachstum (growth)

Schon früh in der Menschheitsgeschichte wurde bewusst, dass symbolische Repräsentationen die unmittelbare und direkte Nachahmung ersetzen und ergänzen können. In der griechischen Antike differenzierte man nicht nur *Theorie* und *Praxis*, sondern auch *Poiesis* (die gegenständliche Hervorbringung bzw. Produktion von Dingen, das Machen, das einem Zweck unterliegt) und *Techne* (die Verfahren und Werkzeuge des Hervorbringens in Kunst und Handwerk).[169] Aristoteles betont im Blick auf die *Poiesis* insbesondere die Lehrbarkeit, weil sich einzelne Handlungsschritte hier präzise beschreiben lassen. Dies verweist auf das Master-Newcomer-Modell. Die *Praxis* hingegen wird von ihm als ein zweckfreier Raum der eigenen, kreativen Entfaltung gesehen, in dem das Handeln in Freizeit, Kunst und im Nachdenken über die Welt sich frei entfalten muss, um dann als Theorie nicht nur Beschreibung dieser Welt, sondern auch normative Instanz der Sinngebung von Welt zu sein. Woher der Sinn der Welt kommt, ob von äußeren Urbildern wie bei Platon oder dem Menschen selbst wie bei den Sophisten, dies war in der griechischen Antike strittig, aber unstrittig war zugleich, dass nur freie Bürger sich mit solchem Sinn beschäftigten, wohingegen Sklaven die *Poiesis* zu verrichten hatten. In dem Erbe der Antike, das vielfältig immer wieder vor allem in den Bildungsvorstellungen des Abendlandes beschworen wurde, wird grundlegend erkennbar, dass der Mensch mittels Reflexion auf sich und seine Entwicklung vermittels Erziehung und Bildung sich in Theorie und Praxis behaupten muss, um als gesellschaftliches, politisches, soziales Wesen zu sich *bilden* zu können.

Die Antike kehrte im Abendland besonders in der Aufklärung in der Moderne wieder, wobei als eine Idee aufgegriffen wurde, dass die Freiheit der Wissenschaften gegenüber einer Abhängigkeit von den Mühen und Bedürfnissen des produzierenden Gewerbes wesentlich für die Entfaltung des Menschen ist. Aus den »freien Künsten« entstanden Vorstellungen von Bildung, die sich selbst als zweckfrei deuten konnten, um dabei Bildung selbst als einen Aufstieg in ein höheres Bewusstsein von Welt zu feiern. Je mehr sich die Wissenschaften zugleich aus der Enge theologischer Setzungen und mittelalterlich-feudaler Denkstrukturen befreiten, desto stärker tritt eine Bildung hervor, die nicht mehr nur einen Master beanspruchen kann, sondern sich in symbolischer Repräsentation breiter und tiefer aufstellen muss. Eine neue theoretische Welt entsteht, die sich einerseits als theoretische Welt von der Praxis verabschieden und ihre eigenen Regeln und Handlungsräume entfalten kann (die Geburt der so genannten *soft sciences*), die andererseits sich aber auch auf die Praxis bezieht (die so genannten *hard sciences* insbesondere in den Naturwissenschaften und in der Medizin), hierbei jedoch stärker die Gegenstände selbst erforscht und sich nicht nur von unmittelbaren Nützlichkeitserfordernissen bestimmter Zeitvorstellungen abhängig macht. In der symbolischen Repräsentation glaubte man zunächst tatsächlich, dass sich die Welt abbildend repräsentieren ließe, wenn nur lange und intensiv genug geforscht würde. Bis heute musste man jedoch erkennen, dass es zwar viele theoretische Begründungen geben mag, aber nicht alle gleichermaßen Geltung nach Interesse oder tatsächlich empirisch überprüfbaren Verfahren und Ergebnissen erbringen konnten. Der Riss zwischen Begründung und Geltung ist die eine Schwierigkeit, die andere ist die der Legitimation und Wahrheit. Nicht alles, was

---

169   Als umfassende und vertiefende Einführungen in diesen Themenkreis vgl. Jaeger (1989) und Welskopf (1962).

begründet ist, kann zugleich auch schon eine Geltung in Kultur und Wissenschaft erlangen (Beispiel: der Fall Galilei). Legitim ist das, was in der symbolischen Repräsentation Eingang in die erlaubten Lehrbücher und Lehranstalten findet, das, von dem eine Wahrheit erwartet wird, ohne dass diese dort draußen und außerhalb der theoretischen Konstrukte jedoch unmittelbar und offensichtlich gefunden werden kann. Insoweit ist das Wissen in seiner Geltung und Legitimität immer auch an Macht und Herrschaft, die ein bestimmtes Wissen und geltende Wahrheiten durchsetzen, zurückgebunden.

Im Lernen sollen die Menschen dem glauben, was repräsentiert wird, aber die Wahrheiten wechseln schnell im Laufe der Zeit, wobei die *hard sciences* sich deutliche Vorteile in der Überprüfbarkeit des geltenden und gültigen Wissens durch strikte Konventionen in den Verfahren intersubjektiver und objektivierender Nachvollziehbarkeit von Begründungen verschaffen konnten.

Der Siegeszug des repräsentativen Wissens spiegelt sich nicht nur in den Bildungstheorien der Moderne wider, sondern auch in den Schulfächern und der Erfolgsgeschichte der Schulen und Hochschulen bis in die Gegenwart. Die Bildung trennt sich vom einzelnen Master und Newcomer und kollektiviert diese in einem Kollegium, das eine wissenschaftliche Forschergemeinschaft (*scientific community*) mit ausgewiesener Fachliteratur hinter sich weiß, und in einer Schülerschaft, die je nach spezifischer Ausrichtung der Schule und Hochschule ein hohes Maß an allgemeiner Bildung in der Schule und wissenschaftlicher Bildung in der Hochschule erwartet. Kein einzelner Master kann dies mehr leisten, sondern eine repräsentative Gemeinschaft von Lehrenden steht für die umfassende Begründungsbreite und für die Qualität der Ausbildung.

Der große Nachteil dieses repräsentativen Lernens ist die künstliche Trennung der Theorie von der Praxis. Die Theorie ihrerseits ist in der Vielfalt der Begründungsmöglichkeiten so umfassend geworden, dass die Praxis ihr erst nachfolgen kann, d. h. meist Jahre später nach der Ausbildung aufgesucht wird, um die Theorien anzuwenden, die vorher gelernt wurden. Da aber in der humanistischen Bildung stets mehr als nur ein Anwendungswissen erworben werden soll, weil hier die Bildung stets auch eine allgemeine Orientierung für alles Wissen und alle Handlungsbereiche bereithalten soll, erscheint eine solche Trennung im Aufschwung von Aufklärung und Moderne nicht durchweg als problematisch. Man muss Umwege und immer längere Ausbildungszeiten in Kauf nehmen.

Das Lernen als Bildung und Wachstum findet hier nicht mehr in einem Master-Newcomer-Modell statt, sondern äußert sich nun als Verschulung. An die Stelle einer familiären Erziehung, in die eine weitere Verwandtschaft, die nähere Umgebung von Gemeinde und Stadt, andere Kinder, insgesamt die regionale und nationale, vor allem die religiöse Kultur einbezogen werden, treten nun öffentliche wie private Erziehungsinstitutionen, die nicht mehr – wie zuvor die Klosterschulen – für einen bestimmten Nachwuchs sorgen sollen, sondern sich zunehmend als öffentliches Schulsystem etablierten. Solche Schulen agieren in einem Spannungsverhältnis, das nicht nur im Namen der Eltern (*in loco parentis*) aufgestellt ist, sondern auch gesellschaftlich und religiös als normierende Kraft verstanden wird. Im Idealfall sollen diese Kräfte zusammenwirken, im realen Fall sorgten sie zunächst für ein herrschaftsbezogenes Ständewissen, wie es erst Ende des 19. Jahrhunderts stärker wieder aufgelöst werden konnte. Die Schulentwicklung folgt dabei der gesellschaftlichen und kulturellen Entwicklung, wobei sie in der Moderne zunächst auf die scheinbar soliden Normen und Werte einer arbeitsteiligen und zugleich national-einheitlichen und klassenbezogenen Welt aufbaute, die sich bis in die Neuzeit dann in ihren Bildungsvorstellungen als zunehmend widersprüchlich und ambivalent zeigt (vgl. z. B. einführend Kalantzis/Cope 2008, Popkewitz u. a. 2001).

In dieser Schulentwicklung gibt es bis heute Stimmen, die sich die Bildung im alten Sinne des repräsentativen Wissens noch erhalten wollen (vgl. zur nachfolgenden Argumentation auch Reich 2008, 98 ff.). Dies ist ein sehr ambivalentes Vorhaben: In der Lebenskunst der flüssigen Moderne ist es immer wieder ein positives Ziel, einen ästhetischen Stil zu entwickeln, der eine Haltung nach möglichst umfangreicher Bildung bewahrt und praktiziert, obwohl gerade dieser Gebildete aufgrund seiner Bildung weiß, dass jegliche Bildung nur begrenzt sein kann.[170] Hier entsteht eine Bildung, die sich selbstironisch ihrer eigenen Gebildetheit gegenüber distanziert und relativiert weiß.[171] Bildung wird jedoch andererseits immer mehr zu einem Vollzug von Abgrenzungen, die Gebildete von Ungebildeten unterscheiden. Hier erweist sich die Sorge um Bildung als eine »Sorge um sich«: um Status, Habitus, Anerkennung von Verzichtsleistungen auf anderen Genuss im Erwerb des Wissens. Da Bildung vor dem Hintergrund dieser Ambivalenz nicht schnell erworben werden kann, warnen mit einer anderen Abgrenzungsstrategie die gebildeten Mehrwisser ihre Lerner, dass sie später schon verstehen werden, wie Bildung nach Nutzen, Schönheit oder Genuss eigentlich »wirklich« sei. Dabei können sie aber kaum noch hinreichend versprechen, welchen Nutzen denn eine möglichst breite Bildung für spätere Arbeitsplätze noch haben wird. Macht es noch Sinn, alte Sprachen zu lernen, die niemand mehr spricht? Ein Musikinstrument zu erlernen, wenn man nicht Musiker werden will oder die Musik oft als brotlose Kunst erscheint? Sich mit allen möglichen geschichtlichen Gesellschaftsformen zu beschäftigen, wenn man Arzt werden will? So viele Fragen, so wenig Antworten. Denn der Sinn einer breiten Allgemeinbildung liegt in einem Sinn- und Lebensglück, das mehr als andere von der Welt verstehen will, ohne es einem beruflichen Zweck zuführen zu müssen. Aus der Sicht des Lernkapitals, das mehr und mehr um sich greift, kommt jedoch die Frage: Wer kann sich das bei den knappen Zeitressourcen noch leisten?

Eine weitere Entwertung hat stattgefunden: Bildung allein ist heute kein Kriterium oder Garant für Fortschritt mehr. Das humanistische Bildungsideal hatte immer schon zwei besondere Schwächen: (1) Eine umfassende Bildung kann erst nach und nach erworben werden, sie kostet deshalb sehr viel Zeit und setzt ein hohes Bemühen und eine gute Motivation beim Lernenden voraus. (2) Je höher und umfassender die Bildung werden soll, desto mehr läuft sie auf eine Elite hinaus, die sich solche Bildung überhaupt leisten kann und will und deren Sprache für die Mehrheit der Menschen unverständlich wird.

Beide Bedingungen ließen sich breit nur von besitzenden Schichten erfüllen, so dass Bildung in der bürgerlichen Moderne immer auch als ein Bildungsprivileg gelebt wurde. Dagegen stand die idealtypische universalistische Hoffnung, alle Menschen durch Bildung »besser« machen zu wollen. Genau dies erwies sich als größte Illusion des Ansatzes. Bildung ist nicht einfach zweckfrei gut, sondern kann auch Vorurteile erzeugen oder verfestigen. Gerade die abendländische Bildung war oft ein Prototyp für Hierarchisierungen, Kolo-

---

170 Vgl. dazu die im Anschluss an Foucault aufgestellten Thesen zur Philosophie einer Lebenskunst bei W. Schmid (2000, 2001 a, b).

171 Besonders Richard Rorty hat diesen Aspekt betont (vgl. Rorty 1991).

nialisierungen, Missionierungen, Geschlechterunterdrückung, Fremdenhass und ständiges Besserwissertum. Bildung musste deshalb im historischen Verlauf mehr und mehr als ein vielfältiges, widersprüchliches und ambivalentes Angebot verstanden werden:

- Bildungsvielfalt lässt Wahlmöglichkeiten zu, deren Bewertung zunehmend uneinheitlicher durch gesellschaftliche Gruppen und deren unterschiedliche Interessenlagen ausfällt. Bildung als langes Sprachspiel der Aneignung einer Vielfalt unter einheitlichen Gesichtspunkten verwandelt sich in eine Vielfalt des nicht mehr einheitlich zu Denkenden. Hier gibt es auch keinen zwangsläufigen Fortschritt in der aufsteigenden Schulbildung nach Jahrgangsstufen. Lerner/innen können zwar ihr Wissen und Verhalten stets verbessern, aber dies garantiert ihnen nicht auf Dauer eine »komplette« Bildung. Schulbildung kann nur exemplarisch sein und kann im Grunde nur ein lebenslanges Lernen als Methodenkompetenz ermöglichen, sich aber nicht mehr auf einen möglichst umfangreichen Wissenskatalog beschränken, der dann angeblich *die* Bildung repräsentiert.

- Bildung ist dabei widersprüchlich geworden, weil die meisten Bildungsinhalte selbst nicht ohne Widersprüche auftreten. Je mehr die Universalisierungen und großen Meta-Erzählungen der Moderne scheiterten, desto stärker treten unterschiedliche Interessen- und Machtgruppen in Verständigungsprozessen auf. Selbst das naturwissenschaftliche und technische Wissen, auch wenn es durch hohe Konventionalität abgesichert ist, kann doch zumindest in seinen Folgen für die Umwelt und ethische Fragen stets relativierend interpretiert werden.

- Bildung ist ambivalent, weil jeder Bildungsinhalt die Möglichkeit zu seiner Entwertung schon einschließt. Bildung ist hier ambivalent mit Wissen verbunden. Je mehr die gesellschaftliche Entwicklung eine Informationsgesellschaft produziert, in der das Wissen zu einer bloßen Information wird, von der man kaum noch Hintergründe weiß (siehe vor allem die Informationsflut in den Massenmedien und im Internet), desto stärker sinkt die Hoffnung auf Bildung, die hiergegen eine Rettung hätte sein sollen. Die Ambivalenz, die wir in der heutigen Bildung spüren, führt zu einer Umstellung von Bildung auf Wissen. Der Begriff des Wissens erscheint als neutraler, um auch gegensätzliche Positionen und Aussagen nach- und nebeneinander stellen zu können, ohne zugleich als ungebildet im Sinne eines umfassenden Weltbildes erscheinen zu müssen. So wie mit der Verflüssigung der Moderne die großen Bildungserzählungen verloren gegangen sind, so werden mit dem Übergang zum Wissen auch die »universalistisch Gebildeten« zu bescheidenen Experten.

Ein Mindestmaß an Bildung ist gleichwohl unumgänglich, um im Zerfall der Bildung wenigstens eine Verständigung über die Vielfalt, Widersprüchlichkeit und Ambivalenz zu ermöglichen. Bildung bedeutet heute daher vor allem, einen Überblick über unterschiedliche Verständigungen in einer Kultur (bis hin in bestimmte Unterrichtsfächer) und über eine Kultur hinaus zu erwerben; sie bedeutet, verschiedene Versionen von Welten zu kennen und reflexiv weitreichend zu erfahren, um sich eigene Urteile begründet bilden zu können. Eine solche Reflexion auf Bildung, wie sie als Reflexion auf das Wissen als Wahrheit auf Zeit, auf die Machtansprüche, die Beziehungen und die Auslassungen angestrebt wird, benötigt einen Dialog der Verständigung, um zu Aussagen zu gelangen, was Gruppen von Menschen und einzelne Subjekte als Bildung *für sich* und *im Blick auf andere* ansehen können. Dies wäre dann die Definition einer passenden Bildung: Einer Bildung, die für bestimmte Subjekte und Gruppen passt und anderen deren Passung nicht verbietet. Bildung ohne solche Viabilität wird zu einem toten Ballast. Eine solche Beschwernis besteht meistens aus dem toten Stoff, der für andere Zeiten und Personen Geltung hatte, dessen Begründung jedoch heute irrelevant oder nebensächlich geworden ist. Fachtraditionen und Generationenwidersprüche machen sich an dieser Stelle immer wieder geltend. Was die Einen bewahren wollen, das wird für die Nächsten zu einem langweiligen, unzeitgemäßen Stoff. Viabilität stellt sich daher nicht nur aus einer Sicht her, sondern erfordert grundsätzlich einen Dialog zwischen traditionellen und avantgardistischen Fachansprüchen und zwischen den Generationen, um in Verständigung ein gemeinsames Maß auszuhandeln. Neben Gruppenabsprachen tritt hier auch noch die Individualisierung des Maßes hinzu, was Abstimmungsprozeduren vielschichtig und schwierig macht, wenn Einzelne nicht übergangen werden sollen.

Bildung erzeugt Unterschiede, denn sie ist unterschiedlich verteilt, gewertet, bedeutsam. Und Bildung ist hierbei ein Unterschied, der weitere Unterschiede macht. Mit ihr werde ich unterschiedlich gefördert, gefordert, aber vielleicht auch entwertet, isoliert oder geehrt. Je mehr das einheitliche Maß für Bildung, das auch schon in früheren Zeiten illusionäre Züge trug, verloren gegangen ist, desto stärker tritt die Ambivalenz hervor, die unser Zeitalter gegenüber Bildungsansprüchen bestimmt. Einerseits soll die Bildung einen Ansporn setzen, sich zu bilden, sich möglichst vielseitig zu zeigen und zu entwickeln, um persönliche Freiheit zu erleben und zu realisieren. Die Zunahme der Freiheit gegenüber den Bildungsmöglichkeiten setzt aber zugleich das Bildungsspiel von einem notwendigen auf einen bloß noch möglichen Rahmen herab. Schien früher die Freiheit der bürgerlichen Moderne überwiegend in der Bildung zu liegen, was eine gewisse Solidarität mit wahrhaft Gebildeten erzeugte,[172] so ist heute die Bildung nur noch eine der Möglichkeiten, nur einer der vielen Unterschiede, die Unterschiede produzieren.[173] Andererseits wird die persönliche Freiheit, die in dem Willen, sich zu bilden, enthalten zu sein scheint, zugleich durch die Bildung selbst begrenzt. Die Zunahme der Bildungsmöglichkeiten, ihre Widersprüche und die Vielfalt bedingen, dass der Gebildete seine Freiheit dadurch beschränken muss, dass er sich für etwas und gegen etwas anderes entscheidet. Die Ekstase der Bildungsmöglichkeiten, die Vervielfältigung des Wissens, seine Beschleunigung und seine Zerfallszeiten begrenzen immer mehr die persönliche Freiheit, weil sie es nur noch in begrenzten Bereichen als passend erscheinen lassen, sich möglichst umfassend zu bilden. Zugleich wird so auch die Solidarität der Gebildeten über die Wahlmöglichkeiten hinaus zerstört, denn das Wissen wird grundsätzlich vom Platz der einen Wahrheit verdrängt und erscheint nur noch als möglicher und begrenzter Raum einer Wirklichkeit auf Zeit und für bestimmte Bedürfnisse.

---

172 Noch Hegel konnte davon sprechen, dass kein begründetes Wissen bisher eigentlich widerlegt worden wäre. Die Bildung schreitet für ihn immer weiter voran und hebt das bisherige Wissen auf. Dies könnten wir als solidarische Seite der Gebildeten bezeichnen.

173 Die Bildung von Eliten wurde in der bürgerlichen Moderne gerne durch die Hierarchisierung der Bildung selbst dargestellt und kontrolliert. Diese Hierarchisierung hat zur Definition gesellschaftlichen Erfolgs, der sich heute vorrangig am verfügbaren Geld orientiert, an Bedeutung verloren, auch wenn Gebildete in der Regel über mehr Geld als Ungebildete verfügen. Aber Bildung allein genügt in der globalisierten Welt nicht, um großen Reichtum zu erwerben.

Bildung in der flüssigen Moderne impliziert als Konsequenz aus diesen Widersprüchlichkeiten heraus eine notwendige Begrenzung und Entillusionierung der Bildung. In diesem Paradox wurzeln ihre ständigen Möglichkeiten und auch Unzulänglichkeiten. Wir müssen davon Abschied nehmen, den einen und letzten Bildungskatalog aufzustellen,[174] was uns befreit und zugleich behindert.

Die Befreiung liegt darin, dass wir als Beobachter/innen stets neu schauen dürfen, welche Bildung zu uns passt; dass wir als Teilnehmer/innen, ganz gleich, wo wir stehen, immer gefragt sein sollten, welche Bildung wir erreichen wollen; dass wir als Akteure uns unsere eigenen Maßstäbe des Gebildetseins verschaffen.

Eine Behinderung für uns liegt allerdings darin, dass wir Gefahr laufen, die umfassende Verständigung mit anderen zu verlieren, dass eine zu einseitige Berufung auf unsere Bildung nicht hinreicht, sich mit möglichst vielen verständigen zu können. Bildung ist in ein Zeitalter eingetreten, in dem immer erst über die Ansprüche verhandelt werden muss, um ein Maß, um ein Wollen, um eine Geltung und eine Begründungsreichweite zu bestimmen. Dieses Verständnis von Bildung hat insbesondere John Dewey entwickelt. Da es im Amerikanischen den Begriff Bildung nicht gibt, spreche ich hier mit Dewey von *growth*. Wachstum, Entwicklung, intentionale Erweiterung des eigenen Horizontes, insbesondere aber Erfahrungen zu machen (*experience*), um durch eigenes Erproben und Experimentieren nicht ein kognitives Schema von außen zu übernehmen, sondern eine eigene reflektierte Handlung und damit ein eigenes Interesse – und hierüber vermitteltes Wachstum – zu erreichen, dies macht für Dewey das aus, was viele Bildung nennen.[175] Der Begriff des Wachstums erscheint als günstiger, um die negativen Implikationen des Bildungsbegriffs zu vermeiden. Es ist in der Tat im englischen Sprachraum auffällig, dass die Diskurse über Bildung deutlich unverkrampfter und entideologisierter erfolgen als im deutschen Sprachraum, in dem mit Bildung immer noch illusionäre moderne Hoffnungen verbunden werden. Dewey zeigte, dass dies nicht zu einer Verflachung, sondern Vertiefung des Diskurses führen kann.[176]

Ob wir nun Lernen als Bildung oder Wachstum deuten, beiden Deutungen ist gemein, dass gegenüber dem Master-Newcomer-Modell eine klare Verschiebung im Lernen stattgefunden hat. Der Master symbolisierte den Fremdzwang, der durch Disziplin, Belohnung und Bestrafung, Selektion in der Auswahl und Ausbildung den Selbstzwang des Lernenden antrieb und stets dominierte. Sehr oft ging dies damit einher, dass Master und Newcomer sich in bestimmten Gesellschaften zusammenschlossen, die sich nach außen abschirmten, um ihre Zunft, ihren Beruf, ihre Expertise zu behaupten. Das neue Lernen entbindet von nur einem Master und setzt an seine Stelle ein kollektives Wissen, das zwar vermittelt über einzelne Master angeeignet wird, das aber deutlicher den Selbstzwang favorisiert, weil es mit der Freiheit zum Lernen lockt. Es ist die Entscheidung des Lerners, sich bilden zu wollen, wach-

---

174 Es gibt immer wieder Versuche, inhaltlich definieren zu wollen, was Bildung im Sinne feststehender Verständigungsgüter für nachfolgende Generationen sein soll. Doch hier lauern die Gefahren der Halbbildung, die dann zu peinlicher Darstellung einseitiger Vorlieben geraten, wenn sich Einzelne als letzte und beste Beobachter aufspielen und eine Beteiligung der betroffenen Generationen am Dialog über die Bildung übersehen.

175 Zur Einführung in die Philosophie der Erziehung Deweys vgl. Garrison/Neubert/Reich (2012).

176 Vgl. dazu klassisch Dewey (MW 9); die deutsche Übersetzung von „Democracy and Education" erscheint mir als unbrauchbar.

sen zu wollen, indem er individualisierte, differenzierte und lange Wege einschlägt, um sich den Zwängen der Bildung und des Wachstums zu stellen. Dabei bleibt er jedoch unmittelbar und mittelbar an die Master gebunden, die in Prüfungen und Aufgaben seine Fortschritte testen und überprüfen. Man wird zu Bildungsstufen, Schulabschlüssen, besonderen Karrieren zusammengeschlossen, die scheinbar allen offen stehen, die aber dennoch nur nach bestimmten Voraussetzungen erreicht werden können.

Auch die Master haben sich verändert. Um ihnen eine Freiheit zu geben, die die Zweckfreiheit der Bildung zu schützen scheint, hat man sie von dem alltäglichen Zwang, sich Arbeit zu suchen oder der Gefahr, arbeitslos zu werden, durch Verbeamtung (*tenure*) geschützt. Dabei allerdings hat man sie vom Staat und staatlichen Regelungen, die ihre Einstellung und ihr Verhalten überwachen, abhängig gemacht. Gleichwohl ist ihr entlasteter ökonomischer Status eine wesentliche Voraussetzung dafür, dass sie sich in recht freier Form um ihre Bildung kümmern können.

Dennoch ist jegliche Bildung stets in Interessenkonflikte einbezogen, und dies gilt von Anfang dieser Bildung an:

- zwischen allgemeiner Bildung mit einer Einführung in die Vielfalt von Kultur und berufsbezogener enger Vorbereitung auf spezifische Tätigkeiten (Theorie-Praxis-Widerspruch),
- zwischen normativer Ein- und Engführung auf bestimmte Herrschaftsperioden und Öffnung im Blick auf gesellschaftliche, kulturelle, wissenschaftliche usw. Veränderungen (Bewahrungs-Veränderungs-Widerspruch),
- zwischen einer staatlichen Interessenführung auf koloniale, imperiale oder sogar rassistische Ansprüche gegen ein weltoffenes und humanes Menschenverständnis (Nationalitäts-Humanitäts-Widerspruch),
- zwischen einer Vollständigkeit von Bildung und der Unmöglichkeit diese Vollständigkeit auch nur annähernd zu erreichen (Halbbildungs-Widerspruch),
- zwischen einer zunächst Wissens- und dann Kompetenzorientierung der Bildung aller bei gleichzeitiger Nutzung dieser Orientierung zur Unterscheidung verschiedener erreichter Grade oder Zertifizierungen, die dann zur Selektion nach besser oder schlechter, intelligent oder dumm, erfolgreich qualifiziert oder erfolglos dequalifiziert herangezogen werden (Wissens- oder Kompetenzorientierungs-Selektions-Widerspruch).

Alle diese Widersprüche leben bis heute fort, aber sie werden von den beiden letzten Widersprüchen besonders überschattet und relativiert, weil sie den ursprünglichen Anspruch an Bildung grundsätzlich in Frage stellen. Hier können wir feststellen, dass heute, in der Verflüssigung der Ansprüche der Moderne, wie sie schon mehrfach in den Kapiteln zuvor besprochen wurde, die Bildung zum Streitpunkt unterschiedlicher gesellschaftlicher Interessen ohne Aussicht auf einen übergreifenden Konsens und zugleich zum Kampfplatz um Verteilungen von Kapital in gegenseitiger Konkurrenz geworden ist. Darin spiegelt sich die Zerrissenheit, Unübersichtlichkeit und Ambivalenz der flüssigen und widersprüchlichen Moderne, so wie wir sie heute erleben. Bereits die Zunahme an Wissen subvertiert schon quantitativ jede Chance auf eine umfassende oder vollständige Bildung, da selbst die Gebildetsten kaum mehr einen Überblick über das eigene Fachgebiet bewahren können. Bildung ist schon Mitte des 20. Jahrhunderts von der Hoffnung auf Vollständigkeit zur Halbbildung geworden, eine

Bildungsform, die Adorno (1959) als notwendigen Mangel an Bildung, als Mangel einer Haltung, sich umfassend zu bilden, bezeichnete, und sie ist bis heute grundsätzlich auf eine zunehmend begrenzte Bildung herabgesunken, weil nicht nur die Haltung zum Erwerb möglichst umfassender Bildung fehlt, sondern auch die Wissensmenge und Wissensvielfalt selbst bei günstigen Haltungen solche Bildung erschweren. Insoweit können wir alle paar Jahre auch die Halbbildung wieder halbieren usw., um schließlich bei einem Bild der Unvollständigkeit jeglicher Bildung anzugelangen, das nur deshalb als nicht so schlimm empfunden wird, weil die Arbeitsteilung im gleichen Tempo auch die kleinsten Fachgebiete erreicht hat. Dort, wo Adorno noch in der Halbbildung eine verdinglichte Bildung eines Kleinbürgertums und Bürgertums bezeichnete, das die Lebendigkeit, Vielfältigkeit und Prozesshaftigkeit von Bildung unterschätzt und ihr erworbenes Wissen eher schematisch, äußerlich und im Stile äußerer Präsentation einsetzt, wird in der flüssigen Moderne immer deutlicher, dass alle Bildung selbst für den noch vermeintlich Gebildeten jenseits möglicher Vollständigkeit steht und neu begriffen werden muss. Differenzierung ist hierbei ein neues Zauberwort. Aber die Zauberei begegnet einer Beschleunigung des Wissens, das seine Wahrheiten sehr schnell zerfallen lässt und damit auch den Zauberer verunsichert. Diese Verunsicherung gefährdet die Bildung selbst, denn wer soll sich für lange und schwierige Ausbildungszeiten motivieren, wenn der Erfolg so fragwürdig geworden ist? Hier sind wir bereits im Übergang zum Lernkapital, das sich unter dieser Voraussetzung besonders schnell durchsetzt und weiter durchsetzen wird.

Die Halbbildung nehmen wir hin, aber die Verteilungskämpfe nehmen wir ernst. Wir opfern diesen Kämpfen die Kindheit der Heranwachsenden, indem wir sie von frühester Kindheit an einem Rangvergleich aussetzen, in dem die »Besseren« als Sieger/innen hervorgehen sollen. Dies empfinden wir als gerecht, meist ohne noch hinreichend die unterschiedlichen Startbedingungen zu reflektieren oder die gemeinsamen Chancen tief gehend erfassen zu wollen, die wir nutzen könnten, wenn wir das gesamte System nicht von vornherein auf Wettkampf, Konkurrenz und damit Selektion ausrichten würden.

6.1.3 *Lernen unter den Bedingungen der Kapitalisierung (Lernkapital)*

Gegenwärtig lässt sich beobachten, dass die beiden zuvor genannten Formen des Lernens immer stärker kapitalisiert werden. Dies hängt unmittelbar besonders mit den Widersprüchen zusammen, die zuvor für die Bildung diskutiert wurden. Was aber bedeutet hierbei die Kapitalisierung?[177]

Schulen und Hochschulen sind parasitäre Institutionen, sie geben oft noch keine Gelegenheiten, Profit zu machen, so spitzt Noam Chomsky (2002, 189) die aus der Moderne überkommene Rolle zu. In öffentlicher Trägerschaft sind Schulen und Hochschulen von den Geldern des Staates abhängig, was ihnen die Chance einer Freiheit gibt, offen zur wie kritisch gegen die Welt – auch die Welt des Geldes – zu bleiben.[178] Aber in Zeiten des Neoliberalismus, wie er für das ökonomische Kapital in Kapitel 2 beschrieben wurde, wird eine

---

177 Vgl. aus der dazu einschlägigen Literatur einführend insbesondere Bok (2003), Geiger (2004), Krimsky (2003), Mirowski/Sent (2002), Resnik (2007), Washburn (2005). Wichtige Reflexionen aus deutscher Sicht liefern z. B. Liessmann (2006), Gruber u. a. (2004).

178 Zu den Untergangsszenarien, die sich viele Autorinnen angesichts der Kapitalisierung ausmalen, vgl. mit weiteren Literaturangaben z. B. Krijnen (2011, 25 ff.).

Denkhaltung entwickelt, die das Lernen selbst als kapitalisierbar ansieht und die parasitäre Institution beseitigen will. Dies, so kritisiert Chomsky, war und ist bereits in der Auftragsforschung schon so, in den USA insbesondere für das Militär, und es erzwingt eine Abhängigkeit, die die Freiheit der Forschung und Lehre fundamental angreift. Dabei wird der privat auf Gewinn ausgerichtete ökonomische Sektor zum Maßstab für Erfolg.[179]

Colin Crouch fasst die ökonomische Strategie der Kapitalisierung des Lernens so zusammen: „Um wissenschaftliche, kulturelle und andere nichtkommerzielle Akteure zu ermuntern, private Sponsoren zu suchen, machen die Regierungen zunehmend ihre eigene Finanzierung solcher Aktivitäten vom Erfolg bei der Anwerbung privater Sponsorengelder bzw. Drittmittel abhängig: Ein kommunales Theater oder ein universitärer Fachbereich bekommt nur dann öffentliche Unterstützung, wenn er zunächst beweist, daß er auch für private Spenden attraktiv ist." (Crouch 2008, 62) Was zunächst so aussehen soll, als würden nur Kosten gespart werden, das erscheint bei tieferer Analyse als grundsätzlich neuer »Bildungsansatz«. Die neue Strategie, die den Staat in seinen allgemeinen Ausgaben entlastet, stärkt vorrangig die Macht jener, die ökonomisches Eigentum und Bildungsstände schon ihr eigen nennen. Zur Verteidigung solcher Besitzstände benötigt man heute keine Begabungs- oder Herrschaftstheorien mehr, sondern lässt die sachliche Macht des Geldes bei gleichzeitiger Behauptung, alle Individuen gleich zu behandeln, walten. Zugleich bleiben so aber auch die Aufgaben des Staates, die er in den Kämpfen in der Moderne und ihren Emanzipationsbewegungen im 20. Jahrhundert übernommen hatte, um gerade jenen eine Erziehungs- und Bildungschance zu ermöglichen, die dies nicht aus eigenen Ressourcen hinreichend schaffen können, leicht auf der Strecke.[180]

Dem entspricht auch ein verändertes Verständnis von Bildung überhaupt. Zunächst verwandelt sich die Bildung von einer positiven Werte- und Haltungsvermittlung bis zur Gegenwart immer stärker in eine »negative Bildung«: In sie geht immer schon das ein, was ihr mangelt, denn wenn sie etwas als positives und nutzbares Wissen erwerben lässt, so zeigt sich in diesem Erwerb und Nutzen bereits der Mangel, da nichts vollkommen gewusst, verstanden und in Zukunft ungebrochen dauerhaft genutzt werden kann. Bildung ist heute mehr eine Prozedur, sich eigenständig und vertiefend mit Wissen, mit diskursiven Praktiken, aber auch mit einer Reflexion über den Mangel, zu beschäftigen, aber nicht mehr eine Ansammlung kultureller Güter, die die Persönlichkeit umfassend im Sinne *einer bestimmten* Vernunft oder Tugend, vor allem nicht in ausgewiesener Sittlichkeit für alle bestimmend formen kann. Ein Mindestmaß an Bildung als negative Bildung ist jedoch noch ein Verständigungswissen und ein diskursiver, verständigender Umgang auf der Inhalts- und Beziehungsebene miteinander, den eine Verständigungsgesellschaft, die in unterschiedliche Verständigungsgemeinschaften mit unterschiedlichen Interessen und Erwartungen (und dabei auch mit unterschiedlicher Bildung) zerfällt, als Anspruch ihrer Offenheit benötigt. Sie benötigt dies, um sich zumindest darüber zu verständigen, worüber man sich nicht mehr inhaltlich vollständig verständigen kann und will, ohne dass dies sogleich in gewaltvollen Konflikten oder bloßem Unverständnis endet. Ein Beispiel hierfür ist die in den christlich geprägten Ländern erfolgte Zuwanderung von Muslimen, die zu kontroversen Diskussionen über eine Vielfalt möglicher Religi-

---

179 Klassisch und nach wie vor lesenswert sind hierfür die Studien von Robert B. Reich (1988, 1992).

180 Dass dies gerade diskriminierten Gruppen in der Gesellschaft schadet und wie es heute durch eine inklusive Erziehung aufgefangen werden könnte, wird in Reich (2012) thematisiert.

onen und mit ihnen verbundener Handlungen führt. Die Demokratie kann durch Diversität wachsen, aber die diversen Gruppen müssen auch solche Demokratie wollen. Neue Begriffe wie Diversität, Heterogenität oder Differenz auch im Lernen zeigen die Veränderungen an.

Verständigungsleistungen in einer Kultur und in Auseinandersetzung mit anderen Kulturen setzen ein Mindestmaß dieser »negativen Bildung« voraus, was aber nicht mehr einseitig von außen gesetzt werden kann, sondern aus dem Lernprozess selbst resultieren muss. Dies bedeutet, dass keine Autorität uns einfach eine Bildung gleich welcher Art allein von außen vorschreiben kann, sondern dass wir im Lernen uns unser Maß an Bildung, das zu uns passt, zunehmend eigenständig konstruieren.[181] Hier verschiebt sich der Lernmaßstab noch mehr auf die Selbstzwangseite als zuvor. Dort, wo vorher der Staat und seine Institutionen auf der Fremdzwangseite ein klares Angebot an Werten, Normen, Zugängen und Abschlüssen erlaubte oder nicht erlaubte, tritt jetzt eine Vielfalt der individuellen Möglichkeiten, die nicht nur staatliche, sondern vermehrt auch privat organisierte Zugänge und Abschlüsse ermöglicht, wobei allerdings die Kosten sehr stark auf das Individuum abgewälzt werden. Die privaten Einnahmen in Schulen und Hochschulen sind in den letzten Jahrzehnten weltweit enorm gestiegen, so dass auch viele Staaten auf die Idee gekommen sind, sich ihre Leistungen durch Gebühren finanzieren zu lassen. Dies bedeutet eine zunehmende Kapitalisierung der Bildung in allen Formen, Zugängen und Abschlüssen, die die Lebenshaltungskosten der Individuen deutlich erhöhen, Familien gesellschaftlich gesehen tendenziell benachteiligen (wenn sie keine Entlastung oder Zuwendung vom Staat erhalten), und dabei gleichzeitig die Erwartungen an die notwendige Bildung radikal verschieben. Der weltweit rasante Anstieg von Privatschulen, um den Bedürfnissen der Differenzierung von Lernangeboten und gleichzeitig nach sozialer Differenzierung zu begegnen, die immer höher steigenden Studiengebühren an Eliteuniversitäten oder auch nur die steigenden Zuzahlungen für Lernmittel an staatlichen Einrichtungen oder Nachhilfen zeigen symptomatisch die Kapitalisierung an, die bereits eingesetzt hat und die weiter fortschreiten wird. Damit wird Bildung oder Wissen als (vermeintlicher) Selbstzweck von einem doppelten Erwartungsdruck begrenzt: Einerseits wollen die zahlenden Individuen in möglichst kurzer Zeit ihre zur Ausbildung verwandelte Bildung durchlaufen und dabei ein Optimum an Abschlüssen erreichen; zugleich treten sie massenhafter und in globalen Wanderungsbewegungen auf. Dies betrifft insbesondere die Konkurrenz um Plätze (bezahlte und mehr noch mit Stipendien verbundene) an den so genannten Eliteuniversitäten. Andererseits werden Lernende auf einmal zu zahlenden Kunden, die entsprechend ihren Bedürfnissen in der Konkurrenz der Institutionen untereinander bedient werden wollen, was für die Lehrenden einen radikalen Rollenwechsel bedeutet.

Vor diesem Hintergrund zeigt die Handlungsanalyse des kapitalisierten Lernens eine deutliche Ausgangslage. In den Oberflächenphänomenen zirkulieren folgende immer wiederkehrende Behauptungen: „Gründe für die Ökonomisierung sind … ‚unausweichliche Sachzwänge‘, ‚Globalisierung‘, ‚internationaler Wettbewerb um die besten Köpfe‘, ‚Erhöhung der Qualität von Forschung und Lehre‘, aber auch handgreifliche und anscheinend quantifizierbare Kernziele der Bologna-Reform" wie z. B. „‚Erhöhung der grenzüberschreitenden akademischen Mobilität‘, ‚internationale Anerkennung von Studienleistungen und -abschlüssen‘,

---

181   Es gehört zum Zeitgeist der konstruktivistischen Ansätze im Lernen (vgl. z. B. Reich 2008, 2010), dass sie insbesondere die konstruierende Seite deshalb so stark betonen.

,Verkürzung der Studienzeit' usw." (Krijnen 2011, 26) Um der Kapitalisierung des Lernens Sinn zu geben, werden neue Strukturen errichtet:

- Eine Vielzahl von Abschlüssen, die unterschiedlichen beruflichen Verwendungsweisen entsprechen, werden zweckorientiert und mit Kosten-Nutzen-Versprechen angeboten. Sie müssen sich zunehmend in den globalisierten Kontexten der internationalen Arbeitsteilung, den Wanderungsbewegungen von Arbeit, den wissenschaftlich-technischen Innovationen und wechselnden Märkten, einem Zuwachs an Dienstleistungen und fachlichen Differenzierungen mit breit aufgestellten Kompetenzbedürfnissen behaupten.

- Dabei sichern selektive Zugänge (Aufnahmeprüfungen, ein Numerus Clausus, hohe Gebühren) und erreichte Zertifikate, die international vergleichbare Kompetenzen ausweisen, einen späteren Rangvergleich der Absolventen, um in den Verteilungs- und Positionskämpfen um berufliche Stellen Unterschiede in den Qualifikationen (Rangvergleiche) zu markieren und Positionierungen zu ermöglichen.[182]

- Die Betonung der Prozeduren erfordert die Umstellung auf ein Management, das auf verschiedenen Stufen operiert: Auf der Ebene des Individuums als Selbstorganisation der Lernenden und der Lehrenden (Selbstmanagement); im Klassenzimmer als »Classroom-Management«; auf der institutionellen Ebene als Selbstmanagement der Institution (z. B. »Selbstständige Schule«); in akademischen Programmen als Wissenschaftsmanagement, insgesamt als »New Public Management« (NPM) tituliert, das neben der eigentlichen Forschung immer mehr Mittel und Zeit für Forschungsgelder, so genannte Drittmittel, aufwenden muss (vgl. Peters u. a. 2000, 110 f.). Lehrende beklagen hierbei oft, ihren eigentlichen Lehraufgaben weniger nachkommen zu können, weil sie immer stärker mit der Dokumentation, Legitimation und Evaluation der Prozeduren solchen Managements befasst sind. An die Stelle alter professioneller Ethiken tritt eine Outputorientierung mit Zielvereinbarungen, Kosten- und Leistungsrechnung, Controlling, Benchmarking usw., alles Instrumente, die durchaus sinnvoll sein können, um Verschwendung zu vermeiden, wenn man im Überfluss lebt, die jedoch bei der notorischen Unterausstattung von Schulen und Hochschulen dann auch noch Frustrationen statt Sinnverständnis auslösen. Dahinter steht oft eine Auffassung von Lehrer/innen als rationale, höchst interessierte Subjekte, die allein schon durch geschickte Organisation der Lehr- und Lernvorgänge durch Management den Nutzen maximieren könnten. In Wahrheit soll immer auch Geld gespart, d. h. hier vor allem umverteilt werden. In neoliberaler Form wird dabei auf hohe Autonomie und Wahlfreiheiten gesetzt, aber es wird zugleich vor allem der bildungsnahe Besitzstand favorisiert, der immer schon über autonome Bestrebungen und tatsächliche Wahlen verfügt (vgl. ebd., 124 f.).

- Der Druck, eine hohe Vergleichbarkeit zu erzielen, führt zu einer Standardisierung der Inhalte und Verfahren. Bildung und Wissen werden auf Kompetenzen umgestellt, die vor allem darauf zielen, sich Wissen in der Breite und Tiefe eigenständig und nach Bedarf aneignen zu können. Methoden- und Sozialkompetenzen werden gegenüber

---

[182]   In Europa als Bologna-Reform propagiert. Die dabei angestrebte Demokratisierung der Bildung durch breitere Zugänge und Abbau von sozialen Hürden ist mehr politische Propaganda als Realität (vgl. Lorenz 2011).

engeren Fachkompetenzen immer wichtiger und leicht auswertbare Tests und Mess-
verfahren sollen für eine Objektivierung der Vergleichbarkeit sorgen. Ein umfassender
Kredentialismus,[183] der sich in *Credit Points* für erbrachte Leistungen und Zertifizierungen
aller Art ausdrückt, ersetzt die persönlichen Beurteilungen und Empfehlungen ausgewiesener Master oder die elitären Abschlüsse der Akademiker früherer Zeiten. Dieser
Kredentialismus im Zusammenhang mit der Zertifizierung führt zu einem Spartenden-
ken in der Ausbildung, die in kleine Moduleinheiten der Fächer mit Unterzertifikaten
(für jedes Fach oder jeden Lehrstuhl) für alle Teilbereiche aufgeteilt wird,[184] so dass in
einer Stückwerkstechnokratie die *Credit Points* erworben werden, die dann ein großes
fiktives Ganzes abgeben sollen. Nüchtern gesehen lässt sich dies auch als Abkehr von
einer kritischen Sicht auf das Ganze auffassen.[185]

- Durch das NPM werden quantitative Beurteilungen der Produktionen von Wissen bevorzugt (vgl. dazu Liessmann 2006). Der Output an Veröffentlichungen, die Teilnahme
an Ranking-Prozeduren nach einem Zitations- oder Relevanzindex, die Summe an
Drittmitteln, erhaltene Auszeichnungen oder andere symbolische Tauschwerte werden zu
Maßstäben für besondere Qualität, obwohl gerade Qualität in der Forschung sich genau
diesen Kriterien entzieht, denn bahnbrechende Qualität zeichnet ja gerade Arbeiten aus,
die gegen den Strom bisheriger Arbeiten stehen und Neues schaffen (vgl. Krijnen 2011,
28 f.). Wer Qualität überwiegend quantitativ bestimmen will, verengt den Horizont und
wird besonders ungerecht gegenüber den geistes- und gesellschaftswissenschaftlichen
Fächern verfahren, die ohnehin einen nicht-quantitativen Qualitätsbegriff pflegen.[186]

- Die wichtigen Inhalte, die früher für Bildung oder notwendiges Wissen standen, stehen
in steter Auflösung, weil die symbolischen Repräsentationen immer nur Versionen von
Wirklichkeitskonstruktionen sind, die schnell durch Updates relativiert werden. Insoweit
minimalisieren Lernende ihr inhaltliches Wissen, um in Anwendungsbezügen relevantes
Handlungswissen mit hohen Zweckbezügen zu aktivieren. Diese Kompetenzorientierung
gefährdet sowohl Grundlagenwissen ohne direkten Anwendungsnutzen im Sinne von
marktbezogenen Gewinnen wie auch insbesondere jene Fächer (z. B. die Philosophie,
Soziologie, künstlerische Fächer usw.), die Grundlagenforschung auch gegen den Mainstream betreiben.

- Ein neues sozio-technisches Paradigma mit elektronischen und netzbasierten Vorgehensweisen stützt die Operationalisierung des Wissens in abrufbare Module und technisch
aufbereitete Stundenplanzuweisungen, abrufbare Inhalte, Prüfungsregelungen usw., um

---

183   Zum Kredentialismus vgl. z. B. Collins (1979). Die Gefahr des Kredentialismus besteht darin, dass die Zertifizierung bei Einstellungspraktiken wichtiger als die tatsächliche Erfahrung und die vorhandene qualitative
Kompetenz eingeschätzt werden können. Im globalen Vergleich um die besten Credits, die in Noten ausgedrückt werden, entsteht zugleich eine Notenentwicklung nach oben, die dann die Rangvergleiche zwischen
Bewerberinnen und Bewerbern auf solcher Basis ohnehin als immer willkürlicher erscheinen lassen und zu
zusätzlichen Differenzierungsformen der Elitebildung führen (vgl. Kapitel 6.3).

184   Jene Lehrstühle, die keine Teilbereiche mehr repräsentieren, können dann auf längere Sicht wegfallen.

185   Drori u. a. (2003) zeigen, dass dabei die Vielfalt wissenschaftlicher Fächer abnimmt und die Forschung
weltweit in einheitliche Bahnen gelenkt wird. Auf Dauer wird sich dies nicht qualitätsfördernd, sondern
-mindernd auswirken, weil gerade Wissenschaft Vielfalt statt Einfalt benötigt.

186   Qualitätsfragen in den Geisteswissenschaften diskutieren z. B. Lack/Markschies (2008).

das Lernen zu managen. Dahinter stehen Verschiebungen, die Fuchs (2010) als Entstehung neuer sozialer Gruppen wie der Internet-Nutzer, der immateriell Arbeitenden, eines angepassten und erfolgreichen oder eines prekär lebenden neuen Hochtechnologie-Proletariats, eines neuen Kleinbürgertums mit Netzverankerung, einer eher unproduktiven neuen Dienstleistungsklasse beschreibt. In solchen Beschreibungen wird erkennbar, dass die frühere Bildungswelt sich vor allem in einer neuen sozio-technischen Struktur entfaltet, die ihrerseits auf die Inhalte und Methoden des Bildungserwerbs wirkt. Die Technik fungiert dabei wie ein Trichter und Filter zugleich: Sie lässt nur die Inhalte durch, die in ihre Formate passen und sie filtert die Möglichkeiten, wie solche Inhalte mit technischem Aufwand leicht zu kontrollieren sind. So lassen sich Inhalte im Intranet aufbereiten, um für den Test gelernt zu werden, und der Test lässt sich Online durch Anklicken in Echtzeit durchführen, wobei das Ergebnis ohne Zutun der Lehrenden unmittelbar zurückgemeldet wird. Echt- und Realzeit täuschen dann vor, etwas wirklich Wichtiges gelernt zu haben.

- Wo früher der gebildete Habitus sich selbst der größte Zweck schien, da rückt nun das Zertifikat an seine Stelle. Die Sammlung möglichst vieler Zertifikate scheint mehr Garantien für Jobs zu bilden als es eine umfassende Bildung könnte. Dies entwertet im Habitus der Lernenden das eigene Lernen in gewissem Grade, weil sie eher auf möglichst leicht erwerbbare Zertifikate als auf die Mühen langer Lernwege und tatsächlichen Kompetenzgewinn achten. Es entstehen immer mehr Studiengänge und Diplomierungsmühlen (*diploma mills*), die, wie in den USA, „keine greifbar gute Position auf dem Universitätsmarkt wegen ihrer schlechten Reputation erreichen können, und deshalb dann mit Fernstudienprogrammen auf dramatische Weise ihre Einschreibungen in Übersee erhöhen" (Morrow/Torres 2000, 42). Universitäten werden zu Unternehmen.[187] Auch die Bologna-Reform in Europa zielt auf eine direkte Umsetzung ökonomischer Funktionen insbesondere für den Arbeitsmarkt.[188] Zugleich wird dadurch aber auch der Status der Lehrenden ausgehöhlt. Ihre Besoldung wird abgesenkt[189] und die Verbeamtung auf Lebenszeit verschwindet oder wird beschränkt.[190]

- Eine sehr große Gefahr besteht darin, dass damit Bildung oder Wissen immer mehr verflacht, auf oberflächliche Bewegungen des Zeitgeistes reduziert wird. Slaughter/Leslie (1997) folgern, dass insbesondere die Universitäten all die Errungenschaften der Freiheit von Forschung und Lehre wieder verlieren, die sie in den 100 Jahren zuvor erkämpft haben. Auch wenn in den Universitäten schon immer die Ressourcen knapp waren, so wurden sie mit der Massenuniversität richtig knapp. Dies trifft vor allem die staatlich betriebenen Universitäten mehr als die privaten, die auf hohe Studiengebühren zurück-

---

187 Für die Universitäten in den USA vgl. Bok (2003), für Australien vgl. Marginson/Considine (2003).

188 Vgl. dazu genauer die kurze Analyse der Bologna-Reform von Lorenz (2011).

189 In Deutschland mit der Umstellung von der C- auf die W-Besoldung vollzogen. Professorengehälter entwickelten sich dadurch in Richtung auf Lehrergehälter. Da die Bestandteile der W-Besoldung bei einem niedrigen Grundsockel in den Zulagen in der Universität verhandelt werden können, entsteht auch noch ein interner Verteilungskampf, den die gewinnorientiert operierenden Fächer mit hohen Drittmitteln mit höheren Gehältern gegen die niedrigeren in den weniger profitablen Fächern gewinnen.

190 Vgl. dazu z. B. Donoghue (2008), der dies für die USA als Vorreiterland analysiert. In Deutschland sind auch Auflösungserscheinungen der Verbeamtung (entscheidend ist das Lebensalter der Berufung und nicht die Qualität des Berufenen) und die Vergabe von Zeitprofessuren zu erkennen.

greifen können und so einen verzerrten Wettbewerb errichtet haben. Je mehr nun aber zusätzlich das ökonomische Kapital sowohl in die privaten als auch in die öffentlichen Universitäten hineingelangt und dort umfassend die Forschungsrichtungen und -ergebnisse dominiert, desto mehr mögen zwar Kosten auf staatlicher Seite gespart werden, aber zugleich wird die Autonomie der akademischen Welt dadurch auch fundamental untergraben.[191] Dies wird insbesondere zu einer Abnahme kritischer Weltsichten führen und den Anwendungsbereich im Sinne der profitablen Anwendungen erhöhen. Wollen wir positive Elemente der bisherigen breiter und unabhängiger aufgestellten Lern- und Forschungsformen bewahren, dann wird ein multiperspektivischer Habitus benötigt, der nicht nur vielfältig sehen will, sondern auch vor der Tiefe und Komplexität des Sehens nicht zurückschreckt. Dieser kann sich aber nur erhalten und entwickeln, wenn die späteren Abnehmer der zertifizierten Abgänger dies auch wünschen und fordern.

- Im Resultat entsteht ein Zwei-Klassen-Lernkapital: Ein höherwertiger Gebrauchswert sichert einen qualifizierten Kompetenzgewinn, der sich durch höhere Investitionskosten ausdrückt (ganz gleich wie viel »tatsächliche Bildung« dann in ihm stecken mag), auf dem in der Kapitalisierung des Lernens durch bessere Jobs, höheres Einkommen usw. aufgesetzt werden kann;[192] eine dequalifizierte Gruppe von mehr oder minder früh ausgeschlossenen Lerner/innen[193] führt schon in jungen Jahren in gefährdete Positionen mit wenig eintauschbaren Gebrauchswerten auf den Arbeitsmärkten, die entweder im Niedriglohnsektor landen oder von vornherein in der Exklusion durch Ausbildungslosigkeit bleiben (vgl. Solga 2006).

Die Kritiker an solchen Veränderungen in der Bildung und Wissenschaft, wie ich sie hier knapp zusammenfasse, haben allerdings oft ein vages Bild, was Bildung oder Wissenschaft als positive Gegenbilder zu solchen Szenarien eigentlich sein sollten oder noch sein könnten. Entweder kommt in solchen Bildern eine idealtypische Verzerrung der Vergangenheit zum Ausdruck, obwohl die alte Schule oder Universität viele Schwächen trugen,[194] oder es bleibt bei allgemeinen Floskeln, dass die Wissenschaft frei von Profitinteressen geistig die Welt durchdringen soll, sich um eine Erkenntnis um der Erkenntnis willen zu bemühen habe, dabei einen

---

191   Hier kann es sogar zu der Paradoxie kommen, dass die Privatuniversitäten wegen ihrer hohen Studiengebühren langfristig größere Freiheitsgrade in Forschung und Lehre als die öffentlichen Systeme unter höherem Kostendruck bewahren könnten.

192   Chris Lorenz (2008) bringt dies in seinem Buchtitel treffend auf den Punkt: „If you are so smart, why aren't you rich?"

193   In dieser Hinsicht ist Deutschland »Weltmeister«, weil solcher Ausschluss schon am Ende der vierten Klasse stattfindet.

194   In den 1968ern wurde insbesondere die Ordinarienuniversität mit ihren verkrusteten Forschungs- und Lehrprofilen und der mangelnden demokratischen Einstellung kritisiert. Es war ein System mit vielen Schwächen, insbesondere in der Lehre, in der viele Hochschullehrer/innen sich oft gleichgültig oder arrogant gegenüber den Studierenden verhielten. Gerade im Übergang in die Massenuniversität versagte dieses System, weil es bei der Überfüllung der Seminare seit den 1970ern nicht in den Protest ging, sondern die Gleichgültigkeit bewahrte. Münch (2009, 99 f.) verweist darauf, dass die deutsche Universität sich als besonders unfähig erweist, neue übergreifende Forschungsgebiete zeitnah zu etablieren. Hier sieht er die USA durch ihr anderes Organisationsprofil (großes Department, flache Hierarchien, flexible Forschungsteams, Freiheit von Forschung und Lehre, aber zentrale Verwaltung der Ressourcen und Mittel) im Vorteil. Allerdings ist dieses System durchgehend noch stärker als Deutschland von der Kapitalisierung durchdrungen und durch hohe Studiengebühren charakterisiert.

Erziehungsauftrag an die Bildung von Menschen ohne Vorurteile oder Beschränkungen auf bestimmte Interessen vornehmen müsse.[195] Aber wie, so will ich dagegen fragen, sollen wir eine Bildung, Wissenschaften oder Universitäten konstruieren, die frei von dem sein sollen, was ihre Umgebung ausmacht? Die Kapitalisierung der Bildung, des Wissens und Lernens ist ja keine böse Absicht irgendwelcher Gruppen oder einzelner Personen, sondern ein durchgehendes Phänomen der Lebens- und Berufswelt, des Kapitalismus in all seinen Ausprägungsformen. Insoweit können wir die Ausprägungsformen zwar noch verhandeln und steuern, aber wohl kaum das grundlegende Phänomen gegenwärtig mit realistischen Perspektiven beseitigen.

Die neuen Anforderungen an die Kapitalisierung des Lernens stehen insbesondere in einem Spannungsverhältnis mit Veränderungen in der kapitalistischen Arbeitswelt. Ein schwerer lässt sich von einem leichten Kapitalismus unterscheiden,, wie ich weiter oben bereits diskutierte (vgl. S. 70 ff.). In der Moderne gab es nach Bauman (2000, 63) sowohl autoritäre Führer als auch Lehrer, die immer besser wussten, wohin es gehen sollte. In der flüssigen Konsumentengesellschaft wird ein wachsender Individualismus gelebt, wobei ein Mentalitätswandel sichtbar wird, der auch für das Lernen wichtig ist. Hier muss sich das Individuum verstärkt selbst um seine Biografie, sein Lernen, seine möglichen Chancen und Fortschritte im Konkurrenzkampf gegen andere kümmern. Zur grundlegenden Kapitalisierung des Lernens gehören die Rahmensetzungen, die von allen immer schon erwartet werden: Identität muss selbst als brüchig und ambivalent konstruiert werden, das Individuum soll sich aktiv den Balancen seiner biografischen Notwendigkeiten und Chancen stellen, indem es sich auch dann noch als autonom, eigenverantwortlich, mobil, flexibel und dynamisch begreift (= *De-jure-Definition*), wenn es längst schon in Zonen der Verwundbarkeit oder der Ausgrenzung geraten ist (= *De-facto-Definition*) (vgl. Bauman 2000, 31f.). Vor diesem Hintergrund gibt es in der Gestaltung der Lernbiografie zwei Gruppen von Lernenden. Zwar sind alle aus den alten Bindungen an Zwängen und Werten einer vermeintlich vollständigen Bildung herausgetreten, aber die einen haben Eltern mit einem Bildungshintergrund, der ihnen hilft, die eigene Position realistisch zu definieren und mit großer Hilfe zu konstruieren, die anderen aus so genannten bildungsfernen Elternhäusern sind auch hiervon freigesetzt. Wo die einen Ratschläge, Begleitung und Hilfen erhalten, da müssen die anderen sich damit begnügen, was sie offiziell in Schulen vorgesetzt bekommen. Wenn dann die Lehrenden unter dem Individualitätsdogma des leichten Kapitalismus erwarten, dass alle Lernenden mit gleichem Einsatz starten könnten, dann haben die Bildungsfernen von vornherein verloren.

6.1.4 Das Zusammenwirken der Handlungsformen des Lernens

Keine der drei Lernformen ist verschwunden oder hat sich vollständig gegen die andere durchgesetzt. Dennoch ist zu beobachten, dass die Kapitalisierung des Lernens nach und nach voranschreitet und die beiden anderen Lernformen durchdringt und modifiziert. Die Master-Newcomer setzen heute immer schon eine gewisse allgemeine Bildung voraus, um sich in der Kultur zurechtzufinden. Aber auch die Berufe verändern sich immer schneller, und auffällig ist, dass kaum jemand auf Dauer in seinem ersten erlernten Beruf verbleibt, sondern öfter den Beruf und Job wechseln muss, und dies gilt keineswegs für dequalifizier-

---

195 Hierauf macht auch Krijnen (2011, 31) aufmerksam. Er findet, dass Kritiker wie Liessmann (2006) zu wenig ein Bewusstsein von Universität entwickeln, wie sie sein sollte.

te, sondern vor allem auch für qualifizierte Jobs. Auch wenn die Lernformen zusammenwirken, so ist zugleich auch erkennbar, dass neue Formen der Gebrauchswertherstellung für
das Lernkapital immer mehr zunehmen. Für das Master-Newcomer-Modell gilt, dass es heute eher in bestimmten Ausbildungsphasen eingesetzt wird, weil es überwiegend für Routinen im Handwerk, in der Industrie und Verwaltung taugt, dort insbesondere beim Anlernen
gerne eingesetzt wird. Aktuelle Konzepte sind hier z. B. das »situierte Lernen« oder Stufen-
methoden in der Ausbildung. Das Bildungs-/Wissens-Modell ist das klassische Modell der
Schul- und Lehrfächer, die unsere Wissenswelt in eine Arbeitsteilung von Fächern verwandelt hat, die heute aus ihren speziellen Blickwinkeln sehr stoffhungrig geworden sind. Das
Wissen in den Fächern ist so komplex geworden, dass es immer schwieriger auf die Ebene
einer Einführung in die Fächer (Elementarisierung) in der Schule heruntergebrochen werden kann. Da jedes Fach immer mehr Raum beansprucht, kommen die fachübergreifenden
Aspekte oft zu kurz. Die Zeit naht deshalb, für die Schule einzelne Fächer aufzulösen und
in einen Verbund von Thematiken zu stellen, die interdisziplinär (mit Hilfe mehrerer Fächer)
oder transdisziplinär (über einzelne Fächergrenzen hinaus) gelehrt werden. Einige Länder
reagieren darauf schon in ihren Reformen.[196]

Die Kapitalisierung des Lernens kann den Vorteil tragen, das Lernen von überwiegen-
der Wissensreproduktion mit uneindeutiger Handlungsrelevanz für das spätere Leben zugunsten höherer Kompetenz für Anwendungen in der Lebenspraxis umzustellen, wenn klare
Gebrauchswerte für eine spätere Verwendung erzeugt werden. Dadurch kann eine notwendige Angleichung von Theorien an die Praxis erreicht werden, die im Bildungsmodell immer schwierig war. Zugleich jedoch bedrängt genau diese Kapitalisierung das Lernen: Einerseits besteht die Gefahr, dass die Gebrauchswerte nur nach Nützlichkeiten für bestimmte
Fachanwendungen ausgerichtet werden. Andererseits erhöht die Kapitalisierung als Effizienz
der Kostenverwaltung und Kostensenkung den Druck auf alle Fächer und Themen, in einer
recht oberflächlichen Zusammenschau einen Überblick zu geben und durch schnell und effektiv kontrollierbare Tests leicht abprüfbar zu sein. Die Ausgestaltung dieser Kapitalisierung ist in den Fächern sehr unterschiedlich, aber generell ist die Tendenz zu beobachten,
dass dadurch ein reproduktiver Wissenserwerb gefördert wird, der schnell abgeprüft und
ebenso schnell vom Lerner vergessen wird. Dies schränkt die Nützlichkeit für Anwendungen in der Praxis wieder ein und führt zu weiteren Kosten in der beruflichen Nachschulung.

Die mit dem Kosten- und Zertifizierungsdruck verbundene Beschleunigung kann auf
verschiedene Art erreicht werden. Für das Lernen besteht das Ziel, dass wir in möglichst kurzer Zeit ein möglichst hohes Quantum an Wissen und seiner Anwendung lernen sollen. Im
Extrem wurde dieser Weg bei der Verkürzung der deutschen Gymnasialzeit von neu auf acht
Jahre gegangen, ohne hinreichend den Stoff zu kürzen. Das führte zu einer Mehrbelastung
der Schüler/innen und Elternhäuser, ohne tatsächlichen Nutzen für das Lernen nachweisen zu
können. Aber man setzt heute auch mit dem Lernen früher an, versucht grundsätzlich mehr
Stoff zu geben, verlängert die Ausbildungsgänge insgesamt, verkürzt jedoch einzelne Aus-
bildungselemente, man orientiert sich an schnellen Lernern, die viel auf einmal reproduzieren können, um hieraus generelle Vergleichsnormen abzuleiten. Aus der Lernforschung und

---

196   Vgl. dazu z. B. Blossfeld/Shavit (1993). Zur Ausgabenseite OECD (2010, 2012). Im Kontext der Inklusion
        vgl. dazu Booth in Reich (2012).

vielen Lernbiografien wissen wir jedoch, dass Lernen sich nur begrenzt beschleunigen lässt und problemorientiertes, anwendungsbezogenes Lernen eher entschleunigt als beschleunigt werden muss, wenn das Vergessen als großer Kontrahent des Lernens nicht übermächtig werden soll. Leider hat die Kapitalisierung des Lernens bisher nicht den Effekt, dass tatsächlich der Kunde, der Lernende, Königin oder König ist, sondern ihr oder ihm wird ein gutes Geschäft vorgegaukelt, das sich oft als Mogelpackung herausstellt. In fast allen Schulfächern oder Studienfächern gibt es eine Unmenge an Stoff, ein partikularisiertes Wissen, das insgesamt aus vielen Einzelsichten heraus gedacht als wichtig erscheint, aber in Ganzheit bloß in eine Beschleunigung führt: Wir lernen von allem ein Bisschen und nichts richtig, nichts oder zu wenig lernen wir vertiefend, exemplarisch und hinreichend anwendungsbezogen. Wir lernen, wie man nach dem Buch Probleme löst, statt selbst Problemlösungen zu lernen. So scheinen wir am Ende mehr zu bekommen, weil wir so Vieles auf einmal wissen und beschreiben, um am Ende doch zu wenig in den Händen zu halten. Fast in jedem Job der Welt fängt man deshalb nach der Zertifizierungsphase der Ausbildung erst einmal an, die eigentlich relevanten Probleme zu verstehen, für die eine anwendungsbezogene Lösung erst nach dem Zertifizierungsstress gefunden werden soll. Wir sind damit zufrieden, weil wir im Vergleich zu anderen keinen Vor- und Nachteil der eigenen beschleunigten Ausbildung sehen. Immerhin wurde die Durchhaltefähigkeit und Disziplin als sekundäre Tugend in unserer Ausbildung getestet, und sie scheint im Rangvergleich bei Einstellungen für jegliche Jobs ein hoch akzeptierter Gebrauchswert zu sein, der sich gut tauschen lässt.

Insbesondere in den Universitäten ist heute der Wechsel in die Kapitalisierung und die Beschleunigung zu spüren. So hat man z. B. mit der Umstellung in Deutschland von den traditionellen Leistungsnachweisen zu Creditpoints in Bachelor- und Masterstudiengängen zugleich mathematische Operatoren eingeführt, die ein beschleunigtes Studium garantieren sollen. Als Studierender bewerbe ich mich über ein elektronisches System für meine noch fehlenden Module und Credits und ich werde durch die Operatoren des elektronischen Wahl- oder Verteilungssystems und die freien Fenster in meinem Stundenplan jenen Veranstaltungen zugewiesen, die mir noch fehlen. Wer nichts anderes kennt, der wird nicht die persönliche Wahl eines Gelehrten vermissen, für den man sich früher vielleicht noch an einer bestimmten Universität eingeschrieben hatte, um besondere Impulse zu empfangen. Im Stückwerk des Massenbetriebs braucht man keine Genies, sondern ein modularisiertes System, das nach einheitlichen Standards allen die gleiche Massenware liefert. Deshalb können mathematische Operatoren auch die Wahl übernehmen und die Beschleunigung garantieren, wo früher das eigene Denken sich für oder gegen eine Wahl zu entscheiden hatte. In dieser neuen Form der Beschleunigung lauert der Mehrwert des Lernkapitals, den wir gründlich verstehen müssen, wenn wir gesellschaftliche und individuelle Chancen und Risiken dieser Kapitalform genauer einschätzen wollen.

6.2 Mehrwert des Lernkapitals

Aus der Handlungsanalyse der Verwendung des Lernkapitals und seiner Vermehrung will ich auch hier vier Formen des Mehrwerts unterscheiden:

6.2.1 Mehrwertproduktion durch Lernarbeit

Um den Mehrwert des Lernkapitals zu beschreiben und zu analysieren, sind drei Aspekte besonders wichtig:

1. *Zeit:* Lernen stattfinden zu lassen, Inhalte, Verhalten und Kompetenzen vielerlei Art zu verarbeiten und zu behalten, anwenden zu können, dies kostet zunächst immer Zeit. Diese Zeit geht beim Lernen in die Lebenszeit ein, sie erfordert aber in der Lernarbeit im Kapitalismus auch spezielle Zeitfenster, die für die Schule und Ausbildung vorgehalten werden. Eine formal für alle gleiche Standardzeit schulischer, hochschulischer oder ausbildungsbezogener Verpflichtungen steht einer Eigenzeit der Lernenden gegenüber. Beide definieren im Zusammenhang die investierte Zeit und Kosten, die in die Herstellung von Gebrauchswerten (Qualifikationen) eingehen, um auf den Märkten Erträge aus Lohn oder Einkommen zu erzielen.

2. *Aufwand:* Lernen kann einen unendlichen Aufwand in die Breite und Tiefe bedeuten, dessen Begrenzung stets von den Möglichkeiten und Vorlieben der Lernenden selbst abhängt. Wie breit eigne ich mir Kompetenzen oder Gebrauchswerte meines Lernens an? Reicht mir ein zertifizierter Abschluss oder will ich mehr wissen? Treibe ich meine Studien auch dann noch weiter, wenn mir dies keine weiteren geldwerten Vorteile bringt? Der Aufwand bestimmt sehr stark die Breite meiner Handlungsfenster, denn je geringer das Spektrum meiner Kompetenzen ist, desto mehr wird die Wahrscheinlichkeit an zahlreichen günstigen Gelegenheiten zum Tausch meiner Qualitäten in geldwerten Nutzen sinken. Wird mein Spektrum jedoch zu groß, dann mag ich schnell als überqualifiziert und damit hinderlich erscheinen.

3. *Mittel:* Lernen verlangt nach Ressourcen. Diese sind familienbedingt mehr oder minder verfügbar. Auch wenn der Staat hier regulierend eingreifen kann, so bestimmt die Höhe der aufgewandten Mittel (meine Bücher, meine Nachhilfen, meine Auslandsaufenthalte usw.) Unterschiede zu den Konkurrenten auf den Märkten.

Welchen Wert erhalte ich aus der Lernarbeit? Für Marx gibt es einen unmittelbaren Zusammenhang zwischen dem ökonomischen Kapital und der Erziehung. Er schreibt: „Um die allgemein menschliche Natur so zu modifizieren, daß sie Geschick und Fertigkeit in einem bestimmten Arbeitszweig erlangt, entwickelte und spezifische Arbeitskraft wird, bedarf es einer bestimmten Bildung oder Erziehung, welche ihrerseits eine größere oder geringere Summe von Warenäquivalenten kostet. Je nach dem mehr oder minder vermittelten Charakter der Arbeitskraft sind ihre Bildungskosten verschieden. Diese Erlernungskosten … gehn .. ein in den Umkreis der zu ihrer Produktion verausgabten Werte." (MEW 23, 186) In der Bestimmung der Reproduktionskosten der Ware Arbeitskraft führt Marx noch weitere Faktoren an: Natur- und Klimakosten, die in unterschiedlichen Ländern zu unterschiedlichen Lebenshaltungskosten führen; erkämpfter Lebensstandard, der durch politische Kämpfe erreicht wird; Angebots- und Nachfragekosten, die nach Bevölkerungs- und Bildungsdichte variieren können. Dabei gehen in die Reproduktionskosten, die die Lohnhöhen bestimmen, sowohl historische wie moralische Momente ein. Diese Bestimmung ist so offen, dass sie alle Höhen und Tiefen von Löhnen erklären kann, denn inwieweit Lohnhöhen als gerechtfertigt oder übertrieben erscheinen mögen, dies hängt von den konkreten, jeweils erkämpften und in einer Gesellschaft auch für moralisch vertretbar gehaltenen Bedingungen ab. In den Kapiteln zuvor wurde bereits diskutiert, dass je nach Berufen und Qualifikationsgraden sehr unterschiedliche Löhne oder Erträge möglich sind. Hier wirken insbesondere Angebot und Nachfrage mit ein, so dass sich die Erträge nicht allein durch die Reproduktionskosten genau berechnen oder voraussagen lassen. Hinzu kommt, dass die Lohnhöhen immer auch an die Grenzen stoßen, wo den Kapitalisten, der sein privates Kapital mit Gewinnabsichten einsetzt, sein Gewinn als nicht mehr ausreichend erscheint. Dabei kann eigentlich der Gewinn nie hoch genug sein. Denn wenn die Arbeit in einem Land so teuer ist, dass der Gewinn im Verhältnis zu einem anderen als geringer erscheint, dann zeigt sich in Zeiten der Globalisierung vor allem die Abwanderung vieler Unternehmen in Billiglohnländer, um sich hierdurch bessere Gewinne zu sichern.

Lernen geschieht im Grunde in allen Handlungen. Aber gezieltes Lernen mit bestimmten Wissenserwerb kostet eine bestimmte Zeit und benötigt Aufwendungen, denn Lernzeit ist eine Zeit analog zur Arbeitszeit. Es ist eine Arbeitszeit ohne Lohn, d.h. zunächst ohne einen Tausch und ohne unmittelbare Gegenleistung, weil erst nach Abschluss des Lernens, nach dem Erwerb bestimmter Zertifikate und Abschlüsse als Gebrauchswerte der Tausch stattfindet, ein Job gewährt wird, der dann rückblickend die Aufwendungen »ersetzt«, d.h. bei dem die Erwartung besteht, dass sehr hohe Aufwendungen für das Lernen sich dann später in besonders hohen Entlohnungen oder Einkünften – auch aus freien oder unternehmerischen Tätigkeiten – niederschlagen.

Geldwerte Entsprechungen für Lernleistungen lassen sich durchaus kalkulieren, aber sie unterliegen hoher Unsicherheit. Generell lässt sich zwar sagen, dass der jeweils höhere Abschluss einer Schulbildung oder einer akademischen Bildung auch jeweils mehr Geld in Form von Lohn oder selbstständiger Arbeit einbringen wird, aber die Variation je nach Berufen und Arbeitsmarktsituation ist erheblich (vgl. OECD 2012). Die Menschen rechnen hier ähnlich dem ökonomischen Kapital nicht eine Differenz zwischen Lernarbeitskosten und einem späteren Mehr der Entlohnung oder des Gewinns aus, sondern sie agieren pragmatisch, indem sie sich untereinander vergleichen und hierbei ein bestimmtes Entlohnungs- und Gewinn-Niveau bei bestimmten Ausbildungszeiten und der Qualität von Zertifikaten im Rahmen von Gewohnheitsbildungen erwarten. Zudem muss ein Grundquantum an Lernarbeitszeit ohnehin von allen aufgewendet werden, um überhaupt in einer Kultur teilnehmen und teilhaben zu können. Dies gehört, aus der Sicht des ökonomischen Kapitals betrachtet, zu den Reproduktionskosten der Lohnarbeit wie auch aller anderen Arbeit, und aus diesem Kontext kann sich auch die Lernarbeitszeit nicht herausdenken. In die Lernarbeitszeit gehen dabei nicht nur bestimmte Fächer, die berufsvorbereitend wirken können, ein, sondern auch allgemeine Kulturtechniken, deren Beherrschung kulturell vorausgesetzt wird. Als bildungsfern werden gerne Menschen bezeichnet, die über kein hinreichendes Maß an solchen Techniken verfügen und deren Ausbildungsprofil damit stark dequalifiziert ist.

Die Kosten der Lernarbeit (Zeit, Aufwand, Mittel) hat zunächst das Individuum oder seine Familie zu tragen, wobei der Staat bei öffentlichen Schul- und Hochschulsystemen einen Teil der Kosten über Steuern umverteilt. Dabei sind die staatlichen Ausgaben in der Regel begrenzt, sie orientieren sich leicht an einer Norm, die nur das Notwendigste bereithalten will, und sie stehen weltweit in der Regel schlechter da als privat finanzierte Systeme. Die privaten Systeme finanzieren sich in ihrer Besserstellung durch hohe bis exorbitante Gebühren, was sowohl ihr Alleinstellungsmerkmal sichert als auch eine besonders hohe Rendite des Lernkapitals durch die wirklich besseren Jobs und Karrieren verspricht.

In der Handlungsanalyse der Gebrauchs- und Tauschwerte des Lernkapitals lauern für mich grundsätzlich zwei Spannungsverhältnisse:

Einerseits kann die Lernarbeit in ihren verschiedenen Formen sehr stark historisch und kulturell schwanken. Im Rahmen der Globalisierung der Weltmärkte werden hierdurch Konkurrenzbedingungen auch innerhalb der Lernarbeit zwischen verschiedenen Märkten lokal und global erzeugt, die nicht ohne Folgen für Wanderungsbedingungen der Lernenden bleiben. Die in der Moderne verfolgte stetige Verbesserung der Bildung möglichst aller Menschen und damit auch der breiten Massen wird als Ausdruck der Bildungsexpansion dadurch relativiert, dass die elitären Schulen und Universitäten trotz ihrer Stipendienprogramme für die Massen unzugänglich bleiben. Wie beim ökonomischen Kapital können wir hier von einer Verarmung des Lernens dort sprechen, wo die Ausgaben im Verhältnis zu den besseren Institutionen die Armut des öffentlichen und massenhaften Lernsystems in der Bildungsexpansion gegenüber den neuen Eliten der Eliteschulen zeigen.

Andererseits werden erst der Arbeitsmarkt oder die Chancen einer selbstständigen Tätigkeit im Nachhinein erweisen, inwieweit die investierten Kosten nutzbringend angebracht wurden und zu welchen Einnahmen es tatsächlich kommt. Hierbei ist als Tendenz des Lernkapitals zu erkennen, dass die Höhe der Aufwendungen und die Güte der erreichten Zertifikate einen guten Schutz für die Zukunft bieten, d. h. insbesondere gegenüber niedriger Qualifizierten Arbeitsplätze sichern oder Chancen auf höheres Einkommen steigern. Das Schul- und Hochschulsystem selbst aber hat in der Regel keinen unmittelbaren Einfluss auf den Markt, für den es Absolventen produziert. Hier zeigt sich der private Charakter auch der Lernarbeit, die kein Recht auf Arbeit herstellt, sondern nur eine Chance auf Einstellung oder eigene Tätigkeit.

In der Bevölkerung wird immer wieder eine Faustregel angenommen, die das investierte Lernkapital in unmittelbare Abhängigkeit vom erreichbaren Lohn oder möglichen Ertrag setzt: Je mehr ins Lernkapital investiert wurde, mit desto höheren Einahmen ist später zu rechnen. Auch wenn diese Faustregel nicht ganz falsch ist, so ist sie doch stark zu relativieren, wenn die tatsächliche kapitalistische Praxis angesehen wird. Denn die Arbeitsteilung zeigt für das Lernkapital sowohl Qualifizierungs- wie Dequalifizierungstendenzen. Für die konkrete Arbeit habe ich bereits im ökonomischen Kapital festgehalten, dass hier zweierlei Möglichkeiten erscheinen: Einerseits qualifizierte Gebrauchswerte, die nicht nur einen angelernten oder Teilarbeiter herstellen helfen, sondern einen flexibel, disponibel und mobil kooperierenden und kommunizierenden konkreten Arbeitenden, der sich sowohl fachlich als auch methodisch und sozial auf beschleunigte und veränderte Arbeitsplätze einstellen kann. Zudem muss er in seiner Lebensweise nach hohen Standards der Gesundheits- und Lebensführung handeln, was einer breiten Ausbildung bedarf.[197] Andererseits gibt es ein dequalifiziertes Anlernen eines Teilarbeiters nach privatem Bedarf in lokaler Borniertheit. Oft besteht dieses in körperlicher Arbeit, die auf einfachen Handlungsabläufen beruht, wobei der Grad der Einfachheit allerdings vom jeweilig erreichten gesellschaftlichen Ausbildungsniveau insgesamt mit abhängig

---

197   Bereits Marx hat in seinen ökonomischen Studien die qualifizierte Arbeit als eine konkrete Arbeit aufgefasst, die ein unterschiedliches Niveau einer solchen Arbeit ausdrückt. Als qualifizierte Arbeit ist sie komplizierte und oft geistige Arbeit, die auf dem Arbeitsmarkt ein höheres Lohnniveau als die einfache (meist körperliche) Arbeit erhalten kann.

ist. Solche Arbeit gilt vor allem für stupide Fabrikarbeit mit einfachen Tätigkeiten oder für relativ kurz angelernte Dienstleistungen. Gegenüber der komplizierten qualifizierten Arbeit handelt es sich hier um einfache Arbeit, die oft auf den Niedriglohnsektor verschoben ist. Insbesondere bedingt die Serialität der Arbeitsvorgänge ein niedriges Niveau.

Marx dachte, dass die komplizierte Arbeit nur ein Vielfaches der einfachen Arbeit wiedergibt, weil sie sich aus einer Vielzahl einfacher Arbeiten zusammensetzt (vgl. MEW 23, 59). Dies ist allerdings sehr stark quantitativ gedacht und abstrahiert vorrangig die Tauschwertseite, vernachlässigt hingegen die konkrete Vielgestaltigkeit unterschiedlicher Tätigkeiten. Hier helfen rein quantitative Modelle nicht weiter, denn die Menschen betrachten die Wertigkeit ihrer Arbeiten unter ganz anderen Gesichtspunkten:

- Unterschiedliche Arbeiten werden kulturspezifisch höher oder niedriger eingeschätzt, so wird z. B. in Deutschland der Arzt hoch angesehen, in Finnland sind es die Lehrer/innen usw.

- Angebot und Nachfrage bestimmen nach lokalen und globalen Gesichtspunkten sehr stark die jeweils zugeschriebene Wertigkeit einer Arbeit im Wandel der Zeit.

- Der jeweils vermutete Schwierigkeitsgrad einer qualifizierten Ausbildung erzeugt Zuschreibungen von Wertigkeit.

- Die Zulassungsbeschränkung und Selektivität bestimmter Ausbildungen erzeugt Vermutungen über eine höhere Qualität.

Nehmen wir die Verteilung des Lernkapitals in den Industrieländern, dann wird deutlich, dass die Qualifizierungsquote in den letzten Jahrzehnten immer stärker zugenommen hat (vgl. Solga 2006, 121 ff.). In dieser Bildungsexpansion wenden immer mehr Menschen eine so hohe Lernarbeitszeit auf, dass sie die Hochschulreife erreichen und immer mehr Menschen schließen ein Studium ab. Die bisherigen Eliten sehen dies als Niedergang der (zuvor nie hinreichend evaluierten) Qualität des Gymnasiums und Abiturs durch Vermassung, ein Vorurteil, das in Deutschland gerne zur Bewahrung von Besitzständen eingenommen wird und bis heute zu einer Verlangsamung der Öffnung beiträgt. Gleichwohl erzwingen kulturelle und berufliche Veränderungen ein höheres Ausbildungsniveau breiter Massen, wobei große Kosten auf das Individuum und seine Familie verlagert werden: „Entscheidet sich in Deutschland eine männliche Person, ein Studium aufzunehmen, muss sie für die Zeit des Studiums mit einem entgangenen Einkommen von rund 59.000 US-Dollar (50.000 Euro) rechnen. Hinzu kommen weitere Kosten in Höhe von knapp 5.900 US-Dollar (5.000 Euro). Dem stehen allerdings geschätzte Einnahmen in Höhe von über 200.000 US-Dollar (170.000 Euro) gegenüber, so dass unter dem Strich zusätzliche Einnahmen in Höhe von fast 140.000 US-Dollar (120.000 Euro) bleiben. Damit kann er eine jährliche Rendite von 9 % für sich verbuchen."[198] Solche Daten schwanken allerdings, insbesondere wenn Studiengebühren die Kosten der Lernarbeit erhöhen. Die Länderunterschiede sind hier sehr hoch. Dennoch kann als allgemeine internationale Entwicklungstendenz festgehalten werden, dass

---

198 Aus: Bundesministerium für Bildung und Wissenschaft: OECD-Veröffentlichung „Bildung auf einen Blick", Wesentliche Aussagen der Ausgabe 2010 in: http://www.bmbf.de/pub/bildung_auf_einen_blick_10_wesentliche_aussagen.pdf, S. 5. Interessant ist, dass Frauen in allen Ländern, aber insbesondere in Deutschland grundsätzlich eine niedrigere Rendite erzielen können.

- sowohl der Staat auf Dauer davon profitiert, wenn eine möglichst hohe Anzahl von Menschen möglichst hohe Lernabschlüsse erreicht, weil diese dann dem Staat mehr Einnahmen durch qualifiziertere Arbeit bringen und weniger Kosten durch geringere Arbeitslosigkeit oder Gesundheits- und Sozialkosten verursachen,

- dies auch für das Individuum günstig ist, weil es ihm größere und sicherere Lebenschancen eröffnet.

Die Höherqualifizierung führt allerdings zugleich dazu, dass die Erwartungen an die besser bezahlten Jobs nur noch eingeschränkt funktionieren können, da mittlerweile eine breite Masse von Qualifizierten verfügbar ist. Wenn auch die Höhe des Einkommens dadurch relativiert wird, so tritt das Problem, überhaupt eine Beschäftigung zu finden, mittlerweile immer stärker vor die Einkommenshöhe. Hier ist eindeutig zu beobachten, dass die besser Qualifizierten auch leichter eine Beschäftigung finden:

Schaubild 21: OECD 2010

Positive Korrelation von Bildung und Beschäftigung (2008)

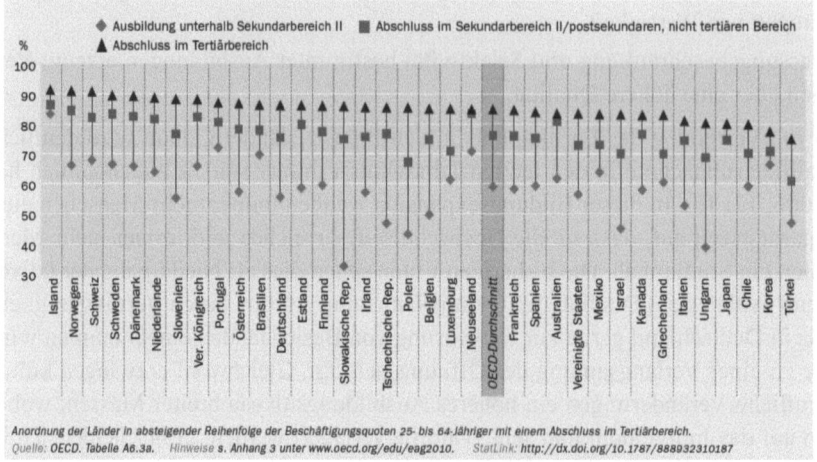

Anordnung der Länder in absteigender Reihenfolge der Beschäftigungsquoten 25- bis 64-Jähriger mit einem Abschluss im Tertiärbereich.
Quelle: OECD. Tabelle A6.3a.   Hinweise s. Anhang 3 unter www.oecd.org/edu/eag2010.   StatLink: http://dx.doi.org/10.1787/888932310187

Der dadurch vorhandene Druck auf die abschlussorientierte Lernarbeit stärkt die Kapitalisierung des Lernens und führt dazu, dass auf sehr unterschiedlichen Wegen Zertifikate aller Art erzeugt werden, die eine notwendige Voraussetzung für den ökonomischen Verdienst werden. Je stärker der Druck ausfällt, desto stärker schreitet die Lernkapitalisierung voran.

Dagegen zählen die Ausbildungslosen nach Heinz Bude (1998) zu den „Überflüssigen" (vgl. auch Bauman 2004). Sie stellen in Frage, inwieweit Integration in das Arbeitsleben überhaupt gelingen kann, wenn sich Ausgrenzungsmerkmale erst einmal verfestigt haben und der Staat keine hinreichenden Vorkehrungen bereits im Vorfeld getroffen hat, um Exklusionsprozesse zu vermeiden oder zu minimieren. Die Frage bleibt allerdings stets offen, inwieweit nicht jede Person im gegenwärtigen Kapitalismus Gefahr laufen kann, auf die Schiene der scheinbaren Überflüssigkeit zu geraten.

Sehen wir insgesamt auf den Mehrwert des Lernkapitals, dann bleibt festzuhalten, dass hohe Investitionen in die Lernarbeit, um möglichst hohe Zertifikate an möglichst bevorrechtigten Stellen zu erlangen, immer grundsätzlich eine günstige Voraussetzung zur Sicherung eines späteren möglichst sicheren und höheren Einkommens sind. Allerdings gelingt dies nur unter Beachtung auch der weiteren Mehrwertarten, wie sich gleich zeigen wird.

Mindestens vier Aspekte sind in der Handlungsanalyse der Nutzung der Differenz von Lernarbeitskosten und des besseren Ertrags durch bessere Jobs oder Einkünfte notwendig, um wesentliche Handlungselemente im Umgang mit dem Lernkapital zu erfassen:

1. Lernarbeit kann in jedem entwickelten Land tatsächlich verausgabt werden und steht prinzipiell allen Menschen zur Verfügung, d. h. es gibt gesellschaftliche Standards für das Lernen, für die Zertifizierung des Lernens und unterschiedliche Abschlüsse, die in gesellschaftlicher Arbeitsteilung als Schul- und Hochschulsystem öffentlich oder privat vorgehalten werden und im internationalen Vergleich wechselseitig anerkennbar sind. Solche öffentlichen oder privaten (gleichwohl staatlich anerkannten) Lernumgebungen sind insoweit standardisiert, dass sie vergleichbare und bewertbare Zertifizierungen aller Lerner ermöglichen und beurteilen lassen. Es besteht eine Standardschulpflicht mit verpflichtenden Lernzeiten. Die Füllung der Lernzeiten mittels Inhalten und Methoden beträgt je nach Land unterschiedliche fachliche Aufteilungen und Mengen.[199]

2. Lernarbeit ist eine grundlegende Bedingung gesellschaftlichen Handelns, d. h. alle Menschen erhalten die Chance, in jeweils gruppenbezogener Weise nach Standards zu lernen und sich damit auf ihr späteres Leben oder spätere Berufe vorzubereiten. Allerdings sind in der Kapitalisierung des Lernens die jeweiligen Aufwendungen, die hierfür öffentlich aufgebracht werden und einen kostenlosen oder kostenpflichtigen Zutritt für den Lerner gewährleisten, sehr unterschiedlich. Diese Unterschiede markieren eine höhere oder niedrigere Chancengerechtigkeit insbesondere für jene Lerner, die aus bildungsfernen Milieus stammen und über keine Mittel einer privat finanzierten Lernarbeit verfügen. In den meisten Industrieländern besteht die Tendenz, die gemeinsame Schulpflicht aller Lerner möglichst lange zu praktizieren, damit die Lernchancen möglichst lange offen gehalten werden.[200] Wenn Differenzierungen und Selektionen nach besonderen Schulformen oder Angeboten mit Höherqualifizierung einsetzen, dann werden erste Weichen gestellt, um unterschiedliche Typen von Lernenden mit unterschiedlichen Zertifikaten und Abschlüssen zu kanalisieren. Messbar wird dies an der Verteilungsquote für die jeweils zur Verfügung stehenden Schul- und Hochschullaufbahnen höherer oder niedriger Art.

3. Es gibt in den Handlungen beobachtbare Aufrückungsmechanismen, nach denen sich die Lernenden in unterschiedliche Lerngruppen verteilen und nach denen sie später für weiterführende Abschlüsse zugelassen oder für Berufe ausgesucht werden. Solche Aufrückungen finden entweder im Schulsystem durch Ausbildungsformen (in Deutschland

---

199 Fach- und Mengenweltmeister der westlichen Welt ist Deutschland, weil hier nach Schätzungen etwa doppelt so viel Stoff in gleicher Lernarbeitszeit umgesetzt wird als in anderen Ländern (vgl. Dalin 1999). Aber auch in Asien sind große Stoffmengen im Umlauf. Dass Menge nicht gleich Qualität ist, das zeigen dann vergleichende Kompetenzprüfungen.

200 Üblich sind mindestens neun gemeinsame Schuljahre, wobei Deutschland mit der frühen Aufteilung nach vier Jahren eine Ausnahme macht, die international als besonders bildungsungerecht angesehen wird. Vgl. auch Reich (2012).

in der Regel besonders getrennt nach Gymnasium, Real- und Hauptschule, Sonderschule) und Noten statt, oder sie werden nach der Schulzeit durch Prüfungsverfahren als Zulassungsbedingung gefordert.

4. Abschließend wird für alle Handlungen jeweils ein Zertifikat erstellt, das sich in den Lebenslauf einfügt. Darin dokumentiert sich ein staatlich geprüfter oder ein institutionell anerkannter Gebrauchswert aus Lernarbeit, der zeitliche Anstrengungen, eingesetzte Mittel und Aufwand als Festschreibung eines vergleichbaren Wertes symbolisch honoriert. Die Kapitalisierung des Lernens erscheint in einer Vielzahl von Zertifizierungen, die gegen Lernarbeit gewährt werden, die aber als Tauschwerte längst nicht so universell wie Geld eingesetzt werden können.

6.2.2 Mehrwert durch Angebot und Nachfrage

Wenn wir vom ökonomischen Kapital ausgehen, dann gehört das Lernkapital zu den Kosten, die Lohnarbeiter/innen oder abhängig Beschäftigte in allen Formen aufzubringen haben, um über Lernzeiten im Rahmen der Sozialisation und Biografie Zertifikate und gesellschaftlich anerkannte Abschlüsse zu erringen, die eine Bewerbung um einen Arbeitsplatz überhaupt erst möglich machen. Der aus diesem möglichen Arbeitsplatz resultierende Lohn dient der Deckung der Lebenshaltungskosten, die sich als historisch-kulturell erreichter Stand durchgesetzt haben. Welche Lohnhöhe im einzelnen Fall erreicht werden kann, dies hängt von vielen Faktoren ab:

- Welche Tarifabschlüsse werden erkämpft und welche Löhne erstritten, um ein der Kultur angepasstes Auskommen nicht nur der Arbeitenden, sondern auch ihren Familien zugutekommen zu lassen?

- Inwieweit kann mit dem Lohn der Lebensstandard gehalten werden oder frisst die Inflation hier große Teile wieder auf?

- Welche Reproduktionskosten in der materiellen und ideellen Bestimmung der Höhe der Löhne werden als notwendig angesehen und als menschenwürdig in der Gesellschaft akzeptiert und definiert?

- Wie stark greift der Staat durch Steuern und Abgaben in die Umverteilung ein und welche Anteile nimmt er wem weg?

- Welche Chancen bestehen auf dem kapitalistischen Markt in den Verteilungskämpfen durch Angebot und Nachfrage Vorteile zu realisieren?

Angebot und Nachfrage bestimmen entscheidend über den Arbeitsmarkt und in großen Teilen auch über die Verteilungskämpfe mit. Selbst die Politik, die als steuernde Kraft mittels staatlicher Regierung in die Verteilungsstrukturen eingreift, ist in ihren Regelungen dem Druck von Angebot und Nachfrage ausgeliefert. Dabei geben die Bewegungen des Kapitals lokal und global vor, welche Arbeitskräfte mit welchen Qualifikationen an welchen Orten gebraucht werden. Idealtypisch gesprochen: Stehen sie reichlich zur Verfügung, dann sinken die Löhne bzw. es steigt die Arbeitslosigkeit bei gleichbleibendem Lohnniveau, sind aber zu wenig da, dann lassen sich gute Gewinne im Verhältnis zu anderen verbuchen. So entstehen jene, die als Reserve entweder stets vorgehalten sind, um nach den Schwankungen der Konjunktur in diese eingesogen oder herausgeworfen zu werden; und andere, die ohnehin nur in selbstständiger Tätigkeit ihr Einkommen finden. Der Staat übernimmt die Kosten für die Reserve und viele allgemeine Reproduktionskosten, indem er sie mittels Steuern und Abgaben vor allem der Masse der Lohnarbeitenden aufbürdet. Insoweit ist der Staat stets schon in die Verteilungskämpfe nach Angebot und Nachfrage eingeschaltet und beteiligt.

Aber auch jene, die in selbstständiger Arbeit verschiedener Berufe bis hin zum Unternehmer oder zur Unternehmerin arbeiten, um Einkünfte oder Gewinne zu erzielen, unterliegen Investitionen in ihr Lernkapital. Diese sind in der Regel insbesondere bei den freien Berufen sehr hoch, weil diese an spezielle Ausbildungen (z. B. Mediziner oder Juristen) geknüpft sind. Insbesondere Schwankungen nach Angebot und Nachfrage wirken sich in diesem Feld sehr stark auf eine mögliche Ertragssituation aus.

Die Schwankungen von Angebot und Nachfrage auf den Arbeits- oder Tätigkeitsmärkten sind eine wesentliche Größe, aber andererseits auch eine Fiktion. Wesentlich sind sie vor allem für jene, die nachgefragt werden. Eine Illusion stellen sie für andere dar, die dauerhaft in der Reserve gehalten sind. Auffällig ist für alle Industrieländer, dass sie sich eine solche Reserve – Marx nannte sie noch eine industrielle Reservearmee – in einem gewissen Prozentsatz offenbar immer halten müssen. Schauen wir auf die Kontinuität der weltweiten Arbeitslosigkeit (eine statistische Spitze eines Eisbergs, in die ohnehin nur die noch nach Arbeit suchenden Personen aufgenommen sind und die bereits abgeschriebenen nicht mehr erscheinen), dann fällt ein schwankender, aber stets hoher Prozentsatz auf:

Schaubild 22: Arbeitslosigkeitsrate in Europa (UE) and USA – 1993-2009[201]

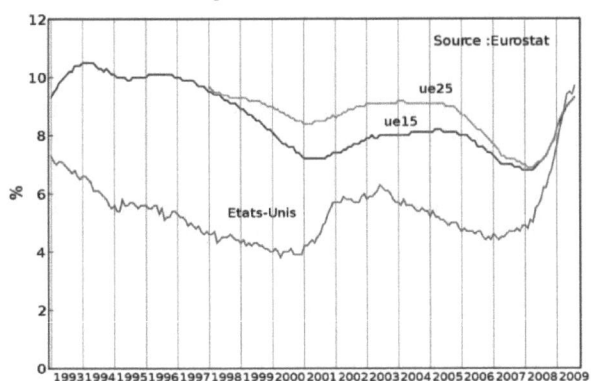

Ebenfalls mindestens vier Aspekte sind in der Handlungsanalyse der Nutzung der Differenz durch Angebot und Nachfrage besonders wesentlich, wenn wir das Lernkapital auf den Märkten beobachten:

1. Es gibt einen Markt, auf dem ein Bedarf nach Arbeitskräften oder freien Berufen (in verschiedenen Gewerben und Dienstleistungen) besteht oder erzeugt wird. Es gibt ein Angebot unterschiedlicher Arbeitskräfte mit unterschiedlichen Lernarbeitszeiten und

---

201 Daten aus: http://en.wikipedia.org/wiki/File:Unemployment_rate_United_states_-_Europe_1993-2009.svg.

Profilen (Gebrauchswerten). Es gibt eine Nachfrage nach Arbeitskräften auf einem Arbeits- oder Dienstleistungsmarkt.

2. Das Angebot an Arbeitskräften oder freien Berufen kann von den Marktteilnehmern gesichtet und beurteilt werden. Es gibt auf Seiten der Arbeitskräfte Bewerbungsverfahren und Zuweisungsmöglichkeiten (z. B. durch Arbeitsämter), auf Seiten der Unternehmen Wahlmöglichkeiten, um Arbeitsverträge zu schließen, auf Seiten der freien Berufe Zulassungen zur Berufsausübung.

3. Es gibt für Arbeit einen Lohn, der dem Unternehmer gestattet, die Arbeitskraft für sich für eine bestimmte festgelegte Zeit zu nutzen. Bei freien Berufen gibt es ein Einkommen, das selbst erwirtschaftet werden kann. Es gibt einen Anreiz für die Bildung von Lernkapital, der darin besteht, dass bei besonders hohen Investitionskosten auch möglichst höhere Löhne oder Einkommen die Investition oder besondere Lernanstrengungen rechtfertigen.

4. Der Tausch Lohn gegen Arbeitszeit oder Einkommen gegen Dienstleistung wird in der Konkurrenz des Marktes tatsächlich realisiert und die Marktmechanismen werden eingehalten, d. h. die gezahlten Löhne oder Einkommen sinken bei hohem und steigen bei geringem Angebot in Relation zur Nachfrage. Gibt es Außenregulationen, wie z. B. Mindestlöhne oder Höchstbegrenzungen, dann wird der Mechanismus von Angebot und Nachfrage durch Regulationen begrenzt.

Ökonomen wie auch Gewerkschaften haben differenzierte Theorien über diese Aspekte entwickelt, die jeden der genannten Punkte sehr differenziert in ihrem Mit- und Gegeneinander erfassen. Wichtig ist es, zu erkennen, dass der Tausch prozesshaft und zirkulär erfolgt, d. h. das eigene Handeln im für den Kapitalismus notwendigen Feld von Angebot und Nachfrage verändert jeweils auch die eigenen Ausgangsbedingungen. So relativieren Angebot und Nachfrage die zuvor beschriebene Mehrwertproduktion. Als Grenze bleibt, dass kein Kapitalist auf Dauer Löhne zahlen wird, wenn er dabei nicht zugleich Gewinne schöpfen kann.

Der Staat gewinnt die Masse seiner Einnahmen aus den Steuern, die die abhängig Beschäftigten zahlen. Insoweit hat er ein Interesse daran, dass die Lohnarbeit funktioniert. Meist wirken kapitalistische Staaten daher positiv auf die Arbeitsvermittlung, die Arbeitsförderung oder berufliche Weiterbildung ein, d. h. der Staat übernimmt auch Kosten, die die Unternehmen entlasten und ihnen kostengünstig Arbeitskräfte nach Bedarf zuführen. Zugleich organisiert der Staat in aller Regel ein System der Arbeitslosen-, Kranken- und Rentenversicherung und der Selbstverwaltung, das ebenfalls die Unternehmen vor langfristigen Kosten schützt. Die Masse der in Lohnarbeit befindlichen Menschen finanziert dieses System aus eigener Arbeit, weil der proportional berechnete Steuerbeitrag der Unternehmer in der Regel deutlich geringer als ihrer ausfällt. Legitimiert wird dies meist mit dem Hinweis darauf, dass der Kapitalist ja ohnehin das unternehmerische Risiko eingeht, das nicht durch zu weitreichende Verpflichtungen gehemmt werden soll.

6.2.3 Mehrwert durch Illusionierungen, Täuschung, Betrug

Die beiden vorgenannten Mehrwertarten lassen sich auch für das Lernkapital in mindestens dreifacher Weise unmittelbar in der Produktion und Dienstleistung beeinflussen, steuern, manipulieren:

- *Illusionierungen:* Wer seine Arbeitskraft als Ware auf dem Arbeitsmarkt anpreist oder wer in selbstständiger Arbeit mit anderen konkurriert, der kann die besondere Qualität und Einmaligkeit seiner Position betonen oder übertreiben, um eine bessere Aussicht auf Erfolg zu haben. Insoweit sind besonders Bewerbungen oder Werbungen um Dienstleistungen immer illusionär gefärbt. Entsprechend dazu sind die Zertifizierungen auch unter einen Illusionierungsdruck geraten, denn wer Lernarbeit aufwendet, der erwartet ein großes Stück vom illusionären Kuchen zurück, um andere im Wettbewerb auszustechen. Die Mechanismen, dies zu erreichen, ähneln denen des übrigen Warenverkaufs:
    - Projektionen auf den eigenen Lernerfolg und Fantasien über die damit verbundene Wirksamkeit gehören heute zu dem notwendigen Instrumentarium des Lernens. In selbstreflexiver Portfolio-Arbeit fasse ich nicht nur zusammen, was ich schon erreicht habe (mein Wissen), sondern ich beschreibe auch ausführlich meine einzelnen Lernschritte, was mir gelungen ist und wo ich mich noch wie zu verbessern habe. Diese prinzipiell gute Methode der Selbstreflexion wird dann kontraproduktiv, wenn ich als Kunde einer Universität mit hohen Gebühren oder als evaluative Bewerterin oder Bewerter meiner Lehrenden kein ehrliches Feedback mehr über den Stand meiner Projektionen gebe oder erhalte.
    - Mein persönlicher Showcase, meine Bewerbungsmappe oder meine Homepage, mein Facebook-Profil oder meine andere Form ästhetischer Selbstdarstellung soll meinen Marktwert erhöhen, aber diese Erhöhung setzt immer auch einen Schuss Illusionierung voraus. Der Übergang in die Täuschung oder den Betrug wird graduell.
    - In der Bildungsexpansion drängen zu viele Menschen in eine Qualifikation durch Lernen, so dass die Konkurrenz meine eigenen Leistungen stets schon entwertet. Dagegen helfen Statusbesetzungen, die ich durch die Einschreibung in angesehene, teure Schulen und Hochschulen erreichen kann, meine dabei erworbenen Netzwerke, die ich durch Symbole nach außen zeige, Zusatzausbildungen, die meine Lernbiografie schmücken.
    - Im Vergleich mit den Lernenden weltweit ist eine jede oder ein jeder nur noch in einer großen Masse. Dagegen muss in allen Lebensfeldern und insbesondere im Beruf die Einmaligkeit der eigenen Person betont werden. Bei Bewerbungen besteht die hohe Kunst darin, auch dann eine Einstellung zu erwirken, wenn man eigentlich gar nicht gebraucht wird, aber so viele individuelle, einmalige Potenziale offenbaren kann, dass man sich selbst eine Stelle schafft. Oft ist ein Praktikum hierfür der günstige Einstieg.
- *Täuschungen:* Die Täuschung ist eine gesteigerte Form der Illusionierung, die sich im Lernen heute leicht ergibt. Es gibt so viel Wissen und dieses ist sehr leicht zugänglich. Mittels *copy & paste* lässt sich fremdes Wissen schnell als eigenes generieren, wobei ohnehin schon niemand mehr weiß, wie viel und was im Internet Original oder Abschrift ist. Entscheidend ist nicht nur, ob die Täuschung verborgen werden kann, d. h. man darf sich nicht mit plumpem Datenklau erwischen lassen, sondern vor allem wie und mit welchem selbstverständlichen Habitus auf das Wissen der anderen zurückgegriffen wird. Die perfekte Täuschung täuscht sich selbst, indem sie das als Allgemeingut beansprucht, was sie zu egoistischen Zwecken frei von Quellenangaben oder Bezugnahmen als das ganz persönlich Eigene reklamiert,

ohne erinnert zu sein oder es je sein zu wollen. Es ist die Selbstverständlichkeit eines großbürgerlichen oder mindestens bürgerlichen Habitus, dem es leicht fällt, zu nehmen, was einem offensichtlich gehört oder immer schon gehört hat, dem diese Art der Täuschung am leichtesten fällt.

- *Betrug:* Da Illusionierungen und Täuschungen im Lernen in der Schulzeit heute weniger konsequent verfolgt werden, da viele Lehrende um die Schwierigkeiten der Konkurrenz und die Oberflächlichkeit der Vergleiche wissen und »Milde« walten lassen, wundert es kaum, dass die Versuchung zum Betrug ansteigt. Je mehr z. B. Doktorarbeiten per Software auf Plagiate überprüft werden, desto mehr weichen die Täter auf fremde Sprachen aus. Übersetzungen sind schwerer zu kontrollieren, aber es reicht auch nicht aus, mit mangelnden Sprachkenntnissen sich zu versuchen, weil dann an Satz- und Wortstellungen oft Plagiate erkennbar sind. Als Gegenmaßnahmen sind in neuer Zeit die Kodifizierungen nach wissenschaftlicher Ethik erhöht und Strafen in Aussicht gestellt worden. Zudem laufen die Betrüger im Lernkapital Gefahr, irgendwann doch entlarvt zu werden. Dies gilt insbesondere, wenn sie einen hohen Bekanntheitsgrad erreichen. Sie haben dann betrogen, um berühmt zu werden, aber genau ihre Berühmtheit bringt sie am Ende zu Fall.

Es besteht die Frage, inwieweit sich aus diesen Faktoren tatsächlich eine Lernleistung simulieren lässt, die nicht nur beim Ergattern von Vorteilen, Erobern einer Stelle oder Beförderung wirkt, sondern dann auch in der Praxis und in der Anwendung Bestand hat. Dies ist je nach dem Handlungsfeld nur spezifisch zu beantworten und variiert stark. Kein gefälschter Abschluss in der Medizin wird helfen können, als Chirurg erfolgreiche Operationen zu vollziehen, aber es gibt genug Beispiele aus der Medizin, dass erschlichene Titel und berufliche Tätigkeiten lange unentdeckt bleiben können. Allein die Möglichkeit reicht schon hin, um erfolgreich zu sein. Bisher sind Schul- und Hochschulsysteme mit diesen Faktoren auch völlig überfordert, weil sie noch in einem alten Denken von Loyalität stecken, die auf Vertrauen in gemeinsame Werte und Normen der Urheberschaft gründen, ein Vertrauen, das im Kapitalismus schon länger grundlegend unterlaufen wird. Und wie soll man in einer Kultur klar eine Grenze zwischen den Fälschungen in der materiellen Produktion, der Wirtschaftsspionage und der Suche nach individuellen Vorteilen im Lernen – vom gelegentlichen Schummeln in der Schule bis hin zur gefälschten Examensarbeit oder einer Urkunde – unterscheiden? Es muss eher mit einer Steigerung der Betrugszahlen gerechnet werden.

Analog zu den vier Aspekten in der Handlungsanalyse der anderen Kapitalformen, werden auch hier in den Handlungen bestimmte Aspekte wichtig:

1. Es gibt eine Lernbiografie, die auf Kosten gründet, vergleichbar zu anderen ist, und sich durch Leistungen in Form von Noten, Abschlüssen, bestimmten Profilen bestimmter Schul-, Hochschul- und Berufslaufbahnen unterscheidet, wobei immer schon Statussymbole, symbolische Honorierungen oder fiktionale Zuschreibungen darstellbar sind, um diese Lernbiografie auf dem Markt oder in der Konkurrenz zu präsentieren.

2. Die Fiktionalisierung der Lernbiografie lässt sich nachvollziehbar und plausibel für den »allgemeinen Menschenverstand« beschreiben und demonstrieren, um glaubwürdig

zu sein und tatsächlich Absatz zu finden (Einsetzung fiktionaler Strategien und von Eigenwerbung).

3. Die Lernbiografie lässt sich im Tausch durch Verkauf, Austausch, Vertrag, Verpflichtung, Boni usw. erfolgreich vermarkten oder in Handlungen einsetzen.

4. Der Mehrgewinn zu den bisherigen Punkten wird entweder zusätzlich zu einem tatsächlich bestehenden Wert oder rein betrügerisch realisiert, d. h. er vermehrt entweder die bereits bestehende Wert- und Mehrwertrealisierung und stärkt die Nachfrage, gleicht Nachteile dieser beiden Bereiche aus oder erzeugt einen Gewinn ohne jegliche Gegenleistung.

6.2.4 Parasitäre Gewinne

Der größte parasitäre Gewinn im Lernen ist zunächst ein gebildetes Elternhaus. Der hier entwickelte Habitus hilft nicht nur, die eigene Lernbiografie zu konstruieren und umzusetzen, sondern er führt bei guter Ausstattung auch zu günstigen Erbschaften, erleichtert die Partnersuche mit Möglichkeiten des Aufstiegs, und hilft bei Lernschwierigkeiten durch Sondermaßnahmen wie Nachhilfe, Internatsaufenthalt, Ausweichen ins Ausland. Wer solche parasitären Gewinne nicht verbuchen kann, muss eine deutliche Benachteiligung in den Bildungschancen hinnehmen.

Das Glück der Geburt in eine gebildete Familie des Großbürgertums oder mindestens des Bürgertums kann auch nicht einfach durch Geld (etwa einem Lottogewinn im Arbeiterhaushalt) kompensiert werden. Zunächst sind solche Fälle ohnehin äußerst selten. Aber die Akkumulation von Bildung, um hierdurch einen entsprechenden Lernhabitus und einen des Auftretens nach außen zu entwickeln, bedarf auch einer anderen Logik. Es ist eine Logik der Eliten (vgl. Hartmann 2002, 10 ff.). Sie zeichnet sich vorrangig durch folgende Merkmale aus:

- Karriereerfolge sind nicht vor allem an Leistungen geknüpft, sondern stehen in grundsätzlichem Zusammenhang zur sozialen Herkunft (vgl. auch Kapitel 3).

- Karriere wird von den Eliten vornehmlich als Wirtschaftskarriere betrachtet. Allein in solcher Karriere locken große Gelder und Machtzuwächse (Hartmann 2002, 146). Wenn Kinder aus dem Großbürgertum vor die Wahl einer Karriere gestellt sind, dann bevorzugen sie mehrheitlich immer die Wirtschaft (ebd., 174).

- Dabei ist der Habitus des Bürgertums ganz klar im Vorteil: Selbst bei promovierten Führungskräften (Ingenieure, Juristen, Wirtschaftswissenschaftler) hatten aus dem gehobenen Bürgertum 50 % und dem Großbürgertum 100 % eine größere Chance, in die Chefetage eines Großunternehmens aufzusteigen, als Promovierte aus der Mittelschicht oder Arbeiterschaft (Hartmann 2002, 93).

- Leistungsvorteile durch Investitionen ins Lernkapital wie Studiendauer, Promotionsalter, Auslandsaufenthalte, Berufstätigkeiten vor dem Studium oder vor der Promotion wirken sich zwar auf Karrieren in der Wirtschaft aus, verringern jedoch nicht die durchschlagende Wirkung der sozialen Herkunft, wobei dieser Effekt in den letzten 50 Jahren sogar noch zu- statt abgenommen hat (ebd.).

- Einzig bei Verbandstätigkeiten oder Führungspositionen im öffentlich-rechtlichen Bereich ist zu beobachten, dass zwar die Vorteile der Kinder aus dem Großbürgertum auch bestehen, aber graduell schwächer ausfallen (ebd., 94).

- Der Habitus (nach sozialem, kulturellem, Körper- und Lernkapital) ist bei der Selektion der Eliten entscheidend: „Gleiche Wellenlänge" oder „richtige Chemie" sind wichtig. Dabei handelt es sich „im Kern um vier Merkmale: die Vertrautheit mit den in den Vorstandsetagen gültigen Dress- und Verhaltenscodes, eine breite bildungsbürgerlich ausgerichtete Allgemeinbildung, eine ausgeprägte unternehmerische Einstellung (inkl. der dafür als notwendig erachteten optimistischen Lebenseinstellung) und als wichtigstes Element persönliche Souveränität und Selbstsicherheit." (Ebd., 122)

- Der Habitus bedingt in der Regel nicht nur eine gute Ausbildung mit Abitur, Auslandsaufenthalt, Studium, Zugang zu den optimalen Netzwerken, sehr gute Praktika usw., sondern auch eine hohe Risikobereitschaft, weil die Familie hinreichende Sicherheiten und Unterstützungen gewährt.

- Der Habitus wandelt sich im Laufe der Zeit und des Konsumverhaltens der Eliten ständig. Hier gehört es zu den Selbstverständlichkeiten, stets auf dem Laufenden in den Luxuskonsumgewohnheiten betreffs der Wohnorte, der Konsumansprüche, Reiseformen, Freizeitbeschäftigungen und Einladungszirkel für Spaß und Party zu sein, ein sich selbst verstärkendes Netzwerk der guten Beziehungen und der erreichten Anerkennung des Status.

Nehmen wir alle vier Fälle des gewinnbringenden Einsatzes und der Zirkulation des Lernkapitals – also Mehrwertproduktion durch Lernarbeit, Angebot und Nachfrage, Illusionierung, Täuschung und Betrug wie auch parasitäre Teilhabe – dann wird in der Handlungsanalyse auch hier wie bei den anderen Kapitalformen deutlich, dass immer aus einer Differenz heraus ein Mehr angeeignet wird. In vereinfachter Form lässt sich dies zusammenfassend so darstellen:

Schaubild 23: Mehrwert des Lernkapitals

	Gegenstandsform des Lernkapitals	Mehrwert entsteht als Differenz	Gewinn in seiner Handlungsform
1.	Verausgabung von Lernarbeit in der Lernbiografie nach unterschiedlichen Formen und Profilen	aus den eigenen Kosten der Lernarbeit und der späteren Entlohnung oder Gewinnen aus selbstständiger Tätigkeit im Vergleich zu anderen	der Gewinn wird durch die Höhe des Lohns oder der Gewinne bestimmt, die durch die Dauer der Arbeitsverhältnisse und Chancen der Einkünfte bedingt sind
2.	Angebot und Nachfrage	aus gewöhnlichen/vorhandenen und ungewöhnlichen/seltenen Kompetenzen/Zertifikaten *versus* auf dem Arbeitsmarkt tatsächlich erzielten Löhnen oder Gewinnen aus selbstständiger Arbeit	der Markt relativiert die eingesetzten Kosten und den realisierbaren Mehrwert durch Konkurrenz und Schwankungen der Löhne oder Gewinne
3.	Illusion Täuschung Betrug	aus den tatsächlichen Kosten der Lernarbeit *versus* dem fiktionalen Wert durch Illusion, Täuschung oder Betrug	auf den Markt wird aktiv eingewirkt, um den Lohn/ Gewinn zu sichern und Extra-Profit durch Überteuerung durchzusetzen
4.	Parasitäre Teilhabe	aus der Teilhabe an dem bereits bestehenden Lernkapital in einer Familie *versus* dem eigenen Aufwand	bestehendes Lernkapital in Verwandtschaften sichert Besitzverhältnisse, die als eigener Vorteil genutzt werden können

6.3 Gesellschaftliche Nutzung des Lernkapitals

Der Wandel der Arbeitsmärkte bedingt in den entwickelten Industrieländern, dass die Nachfrage nach einfachen Qualifikationen stetig abgenommen hat bzw. auf begrenzte Bereiche verschoben wurde. Für den gesellschaftlichen Wandel an Qualifikationsprofilen sind insbesondere folgende Faktoren wesentlich (vgl. teilweise auch Solga 2006, 126 f.):

- einfache Arbeiten werden im Rahmen der Globalisierung in Billiglohnländer verlagert;
- Arbeitsplätze im Fertigungsbereich verschwinden durch Automatisierung oder stellen innerhalb des wissenschaftlich-technischen Fortschritts deutlich höhere Anforderungen an die Qualifikation als zuvor;
- im Dienstleistungsbereich werden verstärkt kulturelle, kommunikative, soziale Kompetenzen nachgefragt;
- insgesamt kommt der Flexibilisierung, freier Disponibilität und erhöhter Mobilität der Arbeitskräfte eine erhöhte Bedeutung zu, was mit erhöhten kognitiven, emotionalen und sozialen Kompetenzen verbunden ist;
- die neuen Informations- und Kommunikationstechnologien, die quer zu anderen Innovationen stehen, setzen ein grundsätzliches Qualifikationsniveau in diesem Bereich immer schon als Grundbildung voraus;
- die neuen »Technologien des Selbst« (Foucault 1993) machen es verstärkt erforderlich, den eigenen Körper, die eigene Fitness, geistige und emotionale Gesundheit und Entwicklung zum Gegenstand von Selbstbeobachtungen und Selbstkontrollen zu machen (vgl. Kapitel 5).

Der Staat und die jeweiligen Regierungen müssen politisch auf solche Entwicklungen reagieren. Dabei ist die politische Ebene mindestens durch fünf Einflussgrößen bestimmt (vgl. dazu teilweise Burbules/Torres 2000, 10):

1. Druck durch das transnationale, globale Kapital, das immer dann mit Abwanderungstendenzen droht, wenn seinen Profitinteressen nicht hinreichend entsprochen wird;

2. Druck durch das nationale Kapital und spezifische lokale Macht- und Lobbygruppen, die zur Legitimation der herrschenden Politik als Geldgeber oder Verbündete wichtig und stützend sind;

3. Druck durch die Massenmedien, die sich durch ihre eigene Kapitalstruktur in der großen Mehrheit mit den ökonomischen und Machtinteressen der ersten beiden Gruppen verbinden und diese verschärft artikulieren; dieser Druck wird auch auf die Politiker persönlich ausgeübt, die hierdurch an Popularität gewinnen oder verlieren;

4. Druck durch die Wählerschaft, die je nach Ende von Wahlperioden motiviert werden muss, bestimmte Parteien mit bestimmten Interessen zu bevorzugen;

5. Druck durch internationale Institutionen wie den Vereinten Nationen, der OECD oder anderen Institutionen, die für allgemeine Entwicklungen der Menschenrechte und Menschenwürde, für Antidiskriminierungspraktiken und Bildungsgerechtigkeit, mithin auch für Ausgaben im Sinne des Allgemeinwohls stehen.

Angesichts dieser Drucksituationen ist es schwierig bis unmöglich, von einem je eigenen Weg und einer eigenen Interessenlage eines Landes im Blick auf die gesellschaftliche Nutzung des Lernkapitals auszugehen. Die Politik folgt hier oft gegen bessere Einsichten den Märkten und ihrem Druck, wie besonders in der neoliberalen Wirtschaftsphase der letzten Jahrzehnte gesehen werden konnte. Obwohl seit den 1970er Jahren klar war, dass die zunehmende Kapitalisierung des Lernens Verlierer vor allem bei den sozio-ökonomisch schwachen Familien produzieren wird, haben die meisten Industrieländer die Kosten in die Bildung zum Ausgleich nur wenig oder gar nicht in Relation zum sonstigen Wirtschaftswachstum angehoben, und so Effekte der Diskriminierung verstärkt. Auf lange Sicht müssen sie dabei dann für Folgekosten aufkommen, die deutlich höher sein werden, als wenn man rechtzeitig und langfristig entgegengesteuert hätte. Aber dagegen stand und steht die neoliberale Doktrin, dass der Markt schon richten werde, was zu richten sei. Diese Rechnung ist nicht aufgegangen (vgl. dazu für Deutschland z. B. Wössmann 2007, 2009).

Die gesellschaftliche Nutzung des Lernkapitals steht immer auch in Verbindung mit den jeweils gültigen, d. h. vor allem massenhaft genutzten Erziehungs- und Bildungsvorstellungen, wie sie von den Erziehungs- und Sozialwissenschaften und der pädagogischen Psychologie vorwiegend geprägt werden. Es wäre naiv, zu glauben, dass die Prozesse wissenschaftlicher Beobachtung, Beschreibung und Anwendung hier nicht durch den jeweiligen Zeitgeist geprägt wären. Sie enthalten alle Stärken wie Schwächen dieses Zeitgeistes. Zwar mögen wir es durchaus begrüßen, wenn in heutiger Zeit Lernende und Lehrende stärker als früher in ihrer Diversität, Heterogenität und je einmaligen Individualität konstruiert werden, wenn sie als aktiv, partizipativ und selbst die Probleme lösend charakterisiert sind, wenn sie zusammenarbeiten wollen und sollen, sich dabei zugleich auf die lokalen wie globalen Kulturen einstellen, aber all diese Zuschreibungen und heute wünschenswerten Eigenschaften stehen eben auch in einem Zeitalter der Ambivalenz. Sie mögen im Sinne einer demokratischen Partizipation genutzt werden, aber sie könnten auch mit neoliberaler Einseitigkeit herangezogen werden, um auf der Grundannahme allgemeiner Gleichheit dafür zu sorgen, dass diejenigen, die schon Bildung haben, mehr davon bekommen, und jene, die nicht genug haben, auch nicht viel mehr erhalten werden. Alle Beteiligten im System müssten klar erkennen, dass es hier keinen macht- und interessefreien Raum gibt, dass hier ein sehr hybrider Raum vorliegt, in dem sich gegensätzliche, unterschiedliche Interessen mischen,[202] der politisch umkämpft ist und in dem eine Politik höherer Chancengerechtigkeit immer erst erstritten werden muss.

Die gesellschaftliche Bedeutung des Lernkapitals will ich in mehreren Schritten weiter differenzieren. (1) Zunächst wird kurz auf die Bildungsexpansion und ihre Effekte eingegangen. (2) Dann soll diskutiert werden, in welchen Hauptformen es im Kapitalismus immer wieder Verschleierungen des Lernkapitals gibt, d. h. warum man eigentlich oft gar nicht wissen will, wie das Lernkapital wirkt und was bei der Verschleierung besonders hilft. (3) In einem dritten Schritt wird dem Verhältnis von Wissenschaft und Lernkapital nachgegangen. Hierbei wird auch gezeigt, inwieweit die Mehrwertformen in der Wissenschaft anzutreffen sind. (4) abschließend soll im Teil Lernkapital und Chancengerechtigkeit gezeigt werden, in welche Richtung gesellschaftlicher Perspektiven gearbeitet werden könnte, um insbesondere die Bildungsgerechtigkeit für das Lernkapital nicht immer stärker aus den Augen zu verlieren.

---

202   Vgl. dazu z. B. Popkewitz (2000), der im Hybriden mit Foucault immer auch die Gefahr hegemonialer Praktiken sieht.

6.3.1 Die Bildungsexpansion und die Verbreitung des Lernkapitals

Nach dem Zweiten Weltkrieg herrschte in allen Industrieländern Einigkeit darüber, dass bis in die 1970er Jahre im Nachkriegsaufschwung der Erziehung eine bedeutsame Rolle zukam, um insbesondere hinreichend ausgebildete Beschäftigte zur Verfügung zu haben. Ralf Dahrendorf etwa als liberaler Politiker verlangte in den 1960er Jahren, dass die soziale Schichtung der Bildung noch stärker abgebaut werden müsse, damit es eine Öffnung der deutschen Eliten gäbe, denn der Wandel der Arbeitswelt erzwang eine breitere Bildung (vgl. dazu einführend Hartmann 2002, 20 ff.). In den meisten Ländern leistete man sich eine gemeinschaftliche Erziehung und Bildung aller Schüler/innen eines Jahrgangs in *comprehensive schools*,[203] d. h. eine Selektion nach Unterschieden wurde möglichst spät ab der achten oder neunten Klasse angesetzt. Allerdings fiel in Zeiten des Aufschwungs in Deutschland auch noch nicht auf, wie unterschiedlich sich die Qualität der Erziehung und Bildung auswirken. Insbesondere mit dem Rückgang der familiären Erziehung in den bildungsfernen Schichten wurde jedoch immer stärker erkennbar, dass der Staat Vorkehrungen treffen muss, um ein möglichst effektives Schulsystem für alle Lernenden bereit zu halten, denn die Entwicklung der Industrieproduktion und Dienstleistungen führt zu immer höherer Kompetenznachfrage, insbesondere weil dequalifizierte Arbeiten in der globalen Welt an anderen Orten billiger sind. Auch wenn man sich in Deutschland z. B. lange zugutehielt, dass die gymnasiale Bildung besser als anderswo in der Welt sei, so sieht es anderswo in der Welt nun besser als in Deutschland aus, weil hier nicht grundsätzlich durch sehr frühe Selektion ein großer Teil der Schülerschaft von vornherein abgekoppelt wird. Das bedeutet allerdings nicht, dass in anderen Ländern paradiesische Zustände herrschen.[204] Alle Erziehungs- und Bildungssysteme weltweit sind unter einem Kostendruck, und in der neoliberalen und teilweise neokonservativen Phase seit den 1970ern haben viele Länder Verschlechterungen im Erziehungs- und Bildungssystem hinnehmen müssen.[205]

Ausbildungslose, deren ökonomisches und soziales Krisenpotenzial sehr hoch ist, werden nicht wie Arbeitslose vom ökonomischen Kapital produziert, sondern zunächst vom Staat selbst (vgl. z. B. die unterschiedlichen Interpretationen bei Collins 1979, Oakes 1985, Solga 2006, 132 f.). Insbesondere ungerechte Bildungssysteme, die zu wenig für Benachteiligte unternehmen, erzeugen signifikante Effekte. Nehmen wir die statistischen Befunde in einer Übersicht, dann erkennen wir Fort- wie Rückschritte. Solga betont (2006, 132 ff.),

- dass ein größerer Teil der Schüler/innen in den letzten Jahrzehnten im Rahmen der *Bildungsexpansion* in höhere Bildungsformen gewechselt ist und höhere Qualifikationen erreicht hat, die dadurch ihren elitären Status verloren haben (international sind hier die Werte in der Regel noch deutlich höher als in Deutschland),[206]

---

203 Dieser Ausdruck bezieht sich auf das Britische System, die spät einsetzende Selektion ist aber ein Vorbild auch in den USA, Kanada und vielen anderen Ländern. Allein die deutschsprachigen Länder bildeten ein Gegenmodell bereits früher Selektion nach der vierten Klasse.

204 Die Bildungsverteilung nach sozialer Herkunft untersuchen im internationalen Zusammenhang z. B. Blossfeld/ Shavit (1993).

205 Vgl. dazu z. B. im Überblick Apple (2000), Giroux (2008).

206 Becker/Lauterbach (2010 a, 11 ff.) fassen die Zuwachsraten für Deutschland zusammen. Auch wenn der Anteil an Gymnasialschülerinnen und -schülern seit den 1950ern von unter 10 auf über 30 Prozent bis heute stieg (in einzelnen Bundesländern fast 40 Prozent), so ist dies im OECD-Durchschnitt nur ein weit unterdurchschnittliches Ergebnis. Mit dem Sinken des Exklusivität des Gymnasiums und der Aufnahme

- dass insbesondere Frauen im Verhältnis zu früher stark aufgeholt haben und in der Tendenz in den Qualifikationen des Bildungssystems sogar die Männer zu übertreffen beginnen,[207]

- dass aber zugleich Schüler/innen mit schlechten Ressourcen – Armut, Migration, Bildungsferne, Diskriminierungserfahrungen – nach unten abgekoppelt werden.

In Lomborg (2004, 238 f.) weist T. Paul Schultz darauf hin, dass in den Feldern der Reform eines chancengerechteren Zugangs zur Bildung wenig mit Erfolgen gerechnet werden kann, wenn es keine politische Einigung der unterschiedlichen Interessengruppen darüber gibt, dass tatsächlich mehr Geld in diesen Feldern investiert wird. Unbestritten neben höheren Geldzuwendungen ist für Bildungsökonomen wie Lant Pritchett (in Lomborg 2004) dabei, dass bei hinreichenden Geldleistungen (1) mehr Autonomie der Lehrenden und Schuladministratoren vor Ort besonders effektiv ist, (2) eine dezentralisierte Vorgehensweise und Kontrolle der Maßnahmen unter Einbeziehung der Eltern und Kommune erforderlich ist, (3) transparente empirische Untersuchungen über den tatsächlichen Erfolg gemacht werden, (4) klare zu erreichende Erziehungs- und Bildungsziele vorliegen, die angestrebt werden sollen. Liegen diese Maßnahmen nicht hinreichend vor, dann ist eine strukturelle Schulreform notwendig. Will der Staat die Chancengerechtigkeit erhöhen, dann ist dies nicht nur durch Sozialleistungen zu erreichen, obgleich diese angesichts von Niedriglohnbereichen und konstant hoher Arbeitslosigkeit großer Bevölkerungsteile immer wichtiger geworden sind. Langfristig wesentlich erscheint jedoch vor allem eine strukturelle Verbesserung des Erziehungs- und Bildungssystems im Sinne der vier Punkte, um so möglichst auch benachteiligten Menschen Zugänge und hohe Chancen unabhängig von ihrem sozial-ökonomischen Status oder anderen Benachteiligungen hinreichend eröffnen zu können. Das so erzeugte Lernkapital erscheint als die hauptsächliche Regulationsmöglichkeit, um überhaupt nachhaltig ein gewisses Maß an Chancengerechtigkeit herstellen zu können.

Die internationalen Schulvergleichsstudien (PISA) zeigen für das Lernkapital jedoch große Ungleichheiten. Dies hat seine Gründe darin, dass in den Industrieländern der Neoliberalismus wie auch ein Neokonservativismus durchaus ungleich gewirkt haben (vgl. Apple 2000). Wenn der Neoliberalismus auf die Kräfte der Märkte setzt, dabei allerdings auch die häusliche Ebene für die Erziehung betont und, wie Fraser (1989) herausarbeitet, dadurch auch ein durchweg patriarchalisches Weltbild stärkt, dann wird im Neokonservativismus zusätzlich noch die »Westliche Tradition« mit der Familie und einer Hilfe zur Selbsthilfe beschworen. Dale (1989) zeigt exemplarisch, wie sich dies im Thatcherismus auf die Erziehung auswirkte: Es vergrößert die Spaltung der Gesellschaft in bereits Besitzende und (auch zukünftig weiterhin) Besitzlose.

In der empirischen Bildungsforschung gibt es einige Erklärungstheorien, die das Phänomen – warum trotz der Bildungsexpansion es weiterhin deutliche Unterschiede zwischen den sozialen Klassen oder Schichten gibt – zu erklären versuchen. Solche Erklärungen sind ihrerseits nicht frei vom Zeitgeist und gewissen Moden der Forschung. So ist man insbe-

---

von Kindern auch aus der Mittelschicht ist gleichzeitig der Abstieg der Hauptschule bis zu ihrem heutigen Niedergang als Schule für die Unterschicht und Sammelbecken von Problemfällen gestiegen. Vgl. dazu bereits Leschinsky/Mayer (1990).

207   Vgl. dazu z. B. Diefenbach/Klein (2002).

sondere von der ökonomisch bestimmten Klassenlage abgekommen, um verstärkt Modelle
zu propagieren, in denen die Bildungschancen der Eltern auf die Kinder übertragen werden
(klassisch hierzu Boudon 1974). Als primärer Effekt der Herkunft werden hier als Ausdruck
der Erziehung, Ressourcen und der gezielten Förderung, Unterschiede zwischen den sozialen
Schichten messbar, die zeigen, dass bildungsferne Kinder gegenüber bildungsnahen Nachteile insbesondere im kognitiven Bereich, in den Sprachleistungen, dem Sozialverhalten und
sozialen Kompetenzen haben. Zugleich ist den Eltern aus bildungsfernen Milieus weniger
bewusst, wie wichtig Bildungsinvestitionen sind. Meist können sie ohnehin keine Mittel für
hinreichende Investitionen aufbringen, um durch Bildung ihrer Kinder spätere Berufs- und
Einkommenschancen zu erhöhen, sozialen Abstieg zu vermeiden oder einen besseren Status
zu sichern. Als sekundärer Herkunftseffekt gilt hier dann, welche Bildungsentscheidungen
die Eltern für ihre Kinder treffen (z. B. lieber nicht auf das Gymnasium schicken, weil zu
wenig Hilfe gegeben werden kann versus unbedingt auch bei schlechteren Leistungen aufs
Gymnasium schicken und Nachhilfen organisieren). Die Herkunftseffekte treffen dann auf
das bestehende Schulsystem, das solche Effekte verstärkt (z. B. in Deutschland durch die sehr
frühe Selektion) oder abschwächt (z. B. eine weit nach hinten geschobene Trennung der Kinder nach Leistungen). Ein solches Modell bietet den Vorteil, dass Empiriker zahlreiche Mes-
spunkte konstruieren können, um die Ungleichheit in den Ressourcen des Elternhauses, den
Einstellungen und den Entscheidungen der Eltern nachzuvollziehen. Die dadurch erhobenen
Daten haben das Verständnis von Bildungsungleichheiten auf der Phänomenebene erheblich
erweitert.[208] Wenn aber Becker/Lauterbach (2010 a, 26) z. B. folgern, dass die intergeneratio-
nale Abfolge von unterschiedlichen Bildungschancen verstärkt über die Bildung der Eltern
statt über den sozioökonomischen Status vollzogen wird, so ist dies allein ein Konstrukt der
angewandten Methode und Messtechnik, die ja nicht mehr den sozioökonomischen Status,
sondern vorrangig die leichter messbaren Bildungsungleichheiten als Untersuchungsgegen-
stand auserkoren hat. Der Nachteil dieser Modelle ist bereits, dass das ökonomische Kapital als eine wesentliche Voraussetzung der Ressourcen und auch Bildungsungleichheiten so
durch die Art der Forschung unsichtbar gemacht wird, weil es als Messgröße keine hinreichende Rolle spielt.

6.3.2 Verschleierungstaktiken der Kapitalisierung des Lernens

Schon immer machten sich Menschen Gedanken über ihr Lernen, aber dabei neigten sie auch
oft dazu, sich vereinfachende Bilder zu schaffen, die je nach dem Zeitgeist und kulturellen
Kontexten das Lernen in Sackgassen führten. Dazu gehören zunächst (1) Naturalisierungen
und (2) Universalisierungen, die ich als zwei Grundfehler sehe, die nach wie vor in wissenschaftlichen Beschreibungen über das Lernen und eine Einschätzung der Kapitalisierungsformen vorkommen. Ihnen folgt ein (3) empirischer Reduktionismus, der es schwer macht,
die Kapitalformen in ihrem Zusammenwirken zu erfassen.

---

208   Vgl. dazu z. B. Becker/Lauterbach (2010 a), die zeigen, mit welchem Spektrum an Fragestellungen operiert
      wird.

(1) Naturalisierungen

Der Mensch beobachtet die Natur und schließt von dieser auf sich als Naturwesen. So bildet er Analogien zwischen Pflanzen und Tieren und dem Menschen. So wie die Pflanze das Wasser zum Wachsen braucht, so benötigt der Mensch einen Stoff zum Lernen. So wie das Tier eine harte Hand und Führung braucht, so muss der Mensch im Lernen diszipliniert und geführt werden. Es gibt eine ungeheure Fülle solcher Analogien, die beliebig Werte und Normen in das Lernen projizieren lassen, um so aus den kulturellen Kontexten erwünschte Verhaltensweisen zu tradieren. Die Naturalisierung ist zugleich ein sehr überzeugendes Legitimationsinstrument, denn es appelliert an den gesunden Menschenverstand und lässt alle über das Lernen mitreden. Bis heute finden sich bis hinein in elaborierte Lerntheorien – z. B. insbesondere dem Behaviorismus[209] – solche Naturalisierungen.[210]

Naturalisierungen sind immer Meta-Erzählungen, meist große Geschichten, die in allgemeiner Weise und möglichst leicht verständlich für die Plausibilität der jeweils konstruierten Wahrheiten werben, indem die schwierigeren Hintergründe verschwiegen und die komplexen Zusammenhänge vereinfacht werden. Gerade Theorien über das Lernen fallen solchen Praktiken leicht anheim, weil alle Menschen je eigene Erfahrungen zum Lernen haben, die sie gerne in eine für sie verstehbare »Geschichte« eingetragen sehen. Um solchen Irrtümern nicht aufzusitzen, ist es notwendig, auch die vermeintlich sicheren neuen Naturalisierungen (z. B. aus der Neurobiologie, der Hirnforschung usw.) auf den historischen, kulturellen und sozialen Kontext, in dem sie entstehen, zurückzubeziehen.[211] Der von mir unterbreitete Vorschlag, sich mit dem Lernkapital zu beschäftigen, folgt einer Strategie sozialer Rekontextualisierung, die eine naive Naturalisierung wissenschaftlicher Tatbestände vermeiden will. Damit ist nicht bestritten, dass soziale Körper eben auch Körper mit biologischem Hintergrund, mit einer Physis, Genetik usw. in einer Evolution sind, aber ihre Natur allein oder vorrangig zu betrachten, wird keine Erklärung des Sozialen oder des Lernens bieten können. Gegenwärtig sind wir leider von notwendiger Transdisziplinarität in diesem Feld noch weit entfernt.

(2) Universalisierungen

Einige Fachvertreter/innen suchen nach universellen Gesetzen, die ein für alle Zeit bestimmen sollen, was die Wirklichkeit »ist« und wie sie funktioniert. Dagegen steht die relativierende und berechtigte Aussage, dass es auch in den Wissenschaften immer wieder darauf ankommt, alle gemachten Behauptungen stets neu und wiederholbar überprüfen zu können. Auch wenn in den *hard sciences* durch hohe Konventionalität hierbei mehr Übereinstimmung als in den *soft sciences* gefunden werden kann, so hat sich jede Form von Universalisierung als hinderlich für den wissenschaftlichen Fortschritt gezeigt. Dies gilt im besonderen Maße für das Lernen, das immer aus den kulturellen Kontexten zeitbezogen erwartet, konstruiert und durchgeführt wird. Im Konfuzianismus machte es Sinn, ganze Bücher auswendig zu

---

209 Die darin liegende hohe Fiktionalisierung und spekulative Kraft zeigt sich z. B. in Skinners berühmten Erziehungsroman *Walden Two*.

210 Eine klassische Kritik an diesen Vorstellungen findet sich bei Devereux (1993, 1998). Jürgen Habermas (2005) sieht in den orthodoxen Religionen wie in naturalistischen Weltbildern zwei Tendenzen des Zeitalters, die stets kritische Reflexion herausfordern.

211 Gerade eine konstruktivistische Handlungsanalyse zeigt dann, welche naturalistischen Fehlschlüsse (Übergeneralisierungen) gezogen werden, wenn eine solche Kontextualisierung unterbleibt (vgl. Janich 2009).

lernen, um die reproduktiven Prüfungen zu bestehen und als Beamter aufzusteigen. Aber in der heutigen Zeit wäre diese Methode völlig kontraproduktiv, weil und insofern die Lerner/innen über hinreichende Informationsquellen verfügen und im lebenslangen Lernen sich daher eher kompetenzorientiert und aufgabenbezogen neues Wissen aneignen und anwenden. In der Zukunft mag sich dies wieder ändern. Zugleich müssen wir gerade gegenüber allen Lernenden zugeben, dass es ohnehin unmöglich ist, universalistische Aussagen über das richtige und effektivste Lernen zu machen. Woran liegt dies? Ich will einige Gründe nennen:

- Mit der Moderne wurde das Lernen für größere Gruppen im Gleichschritt organisiert, um möglichst effektiv eine begrenzte Zeit mit einem gewichteten Stoff zu füllen und kontrolliert zu vermitteln. Zwangsläufig wurden die Lerner/innen als ein einheitliches Entwicklungsmodell konstruiert, das scheinbar universelle Entwicklungsstufen enthält und immer gleich zu bedienen ist. Erst spät konnte die Lernforschung erkennen, dass dieses Modell nur eine Praxis der Lehre bediente, aber keineswegs den Fähigkeiten der Lerner/innen entsprach. Lernende sind bei näherer Hinsicht sehr unterschiedlich, lernen in Eigenzeiten und haben Bevorzugungen im Lernen, die durch einen Gleichschritt oft zu wenig gefördert werden.[212] Insoweit sehen wir heute deutliche Nachteile des Gleichschritts und versuchen diese durch zusätzliche Differenzierungsmaßnahmen zu relativieren (vgl. z. B. Reich 2008, 2009 a), auch wenn aus Kostengründen viel zu wenig individualisierter Unterricht angeboten wird. Die Universalisierungstendenz findet ihre gerechtfertigte Behauptbarkeit also aus einer Praxis heraus, die sie legitimiert, individuelle Förderungen aller aber können auch nicht bei vorliegenden positiven Forschungsergebnissen hinreichend gegen diesen Trend der Lernfabriken durchgesetzt werden.

- Für uns heute zeigt sich Lernen als stark subjektiv bestimmter Vorgang, in den neben kognitiven und sozialen Motiven vor allem auch emotionale Aspekte eingehen. Im Blick auf diese Faktoren sind die Menschen sehr unterschiedlich und sie können nicht »an sich« beurteilt oder gar gemessen werden. Was wir dann messen, wenn wir vergleichende Messungen etwa über Lernzeiten, Lernerfolge, erreichte Zertifikate und Abschlüsse vornehmen, sind soziale Vergleiche, die nur das beschreiben, was wir im Gleichschritt erzeugen. Wenn wir von hier aus rückfolgernd auf Universalien schließen, dann müssten wir etwa sagen, dass die Lerner/innen aus sozial bessergestellten Familien auch die besseren Lerner *sind*, was jedoch gegenüber den Lernmöglichkeiten ein Fehlschluss ist, denn sie sind es ja nur auf Grund *ihrer* Besserstellung. Wir müssten erst überprüfen, was geschähe, wenn wir die benachteiligten Lerner besser fördern würden, um überhaupt zu einem gerechten Vergleich zu kommen.[213]

---

212 Da diese Eigenschaften nur in Langzeitstudien, die sehr aufwändig sind, sichtbar werden, gibt es hierüber leider nur eine unzureichende Empirie. Aber in einem Vergleich sehr unterschiedlicher Einzelforschungen wird die Unterschiedlichkeit der Eigenzeiten und eigenen Wege hinreichend erkennbar. Vgl. dazu auch die Ergebnisse von Howard Gardner und seinen Projekten (z. B. Gardner 1991, 1993, 1997, 1999, 2000, 2004).

213 Diesen Punkt macht sich die konservative Politik in Deutschland immer wieder zu eigen, wenn sie z. B. argumentiert, dass Gymnasien bessere Abschlüsse im Abitur in den Durchschnittsnoten als Gesamtschulen produzieren, obwohl man weiß, dass auf Gesamtschulen sehr viele real- und hauptschulempfohlene Schüler/innen unterrichtet werden. Im Grunde beweisen die Ergebnisse, dass Gesamtschulen erfolgreicher als Gymnasien Bildungsnachteile ausgleichen, wenn sie solchermaßen selektierte Schüler/innen überhaupt durchs Abitur bringen.

- Es gibt weitere Faktoren, die das Lernen stark bestimmen und die ebenfalls subjektiv sehr unterschiedlich ausfallen: Anpassungs- und Assimilationsstrategien, Durchhaltevermögen und Frustrationstoleranz, Belastbarkeit und Coping-Strategien (Bewältigungsstrategien). Jegliche universalistische Sicht wird durch die Vielfalt einwirkender Faktoren auf das Lernen getrübt und verunmöglicht.

Auch wenn sich vor diesem Hintergrund Universalisierungen in Bezug auf Lernen und Lerntheorien nicht halten lassen, so heißt dies nicht, dass Lernen beliebig beschrieben werden sollte. Wir müssen allerdings unseren Erwartungshorizont verändern: Lernen kann als unterschiedliches Lernen unterschiedlicher Menschen begriffen werden, es können gemeinsame Erwartungen und Erlebnisse wie Erfahrungen, vor allem aber vergleichbare Ergebnisse über erreichte oder nicht erreichte Abschlüsse auch statistisch ausgewertet werden, um Tendenzen von Erfolgs- und Misserfolgsstrategien auszumachen, wir können auch beispielhaft aus geglückten oder missglückten Lernbiografien exemplarisch lernen. Dabei müssen wir allerdings als Teilnehmer/innen einer Kultur immer auch erkennen, dass wir kontextbezogene Aussagen treffen und keinen Beobachterstandpunkt jenseits dieser Kontexte einnehmen werden.

(3) Empirischer Reduktionismus

Die Kapitalisierung des Lernens hat einen enormen Druck auf die Wissenschaften ausgelöst. Um die Verwendung der Gelder sei es der Kunden oder des Staates zu legitimieren, sind starke Kosten-Nutzen-Überlegungen entwickelt worden, die mehr oder minder zu einer ständigen Evaluation aller Lernsysteme führen sollen. Dabei wurden empirische Forschungsmethoden dominant, die in möglichst kurzer Zeit möglichst signifikante Aussagen über den Erfolg oder Misserfolg des Lernens zu machen versuchen. Eine an der Empirie orientierte Wende ist hier insbesondere in den Erziehungswissenschaften, den Sozialwissenschaften und der Psychologie erkennbar. Da die angestrebten Messungen aber in der Regel nicht als langfristig angelegte Grundlagenforschung konzipiert werden, sondern dem schnellen Durchfluss der jeweiligen Lerner/innen/ströme folgen, mussten stark reduktive Methoden sowohl in quantitativer wie qualitativer Forschungsabsicht entwickelt werden. Dabei sind widersprüchliche Entwicklungen zu verzeichnen:

- Auf der Forschungsseite führt der Reduktionismus zu begrenzten Fragestellungen, die meist mit sehr kleinen Gruppen erforscht werden und weniger konkrete Beobachtungen vor Ort nach vorher konzipierten theoretischen Modellen als vielmehr vereinfacht konstruierte Befragungen von Einstellungen, Erwartungen und so genannten objektiven Daten (wie erreichten Abschlüssen, Noten usw.) enthalten. Durch den Publikationsdruck in den wissenschaftlichen Karrieren wird diese Tendenz auf der Forschungsseite noch verstärkt, weil hier die Anzahl der Veröffentlichungen vor der Qualität einer umfassenden Untersuchung steht. Die Folge ist eine Tendenz zu isolierten Einzelergebnissen ohne einen komplexen Handlungs- und Theoriebezug. Eine beschleunigte Forschungsmethodik mit immer neuen Spezifizierungen und minimalen Modifikationen führt zu kurzfristigen, aber auch oft kurzsichtigen Ergebnissen.

- Auf der Legitimationsseite der Auftraggeber oder des wissenschaftlichen Mainstreams will man besonders gerne das hören und bestätigt sehen, was man ohnehin erwartet bzw.

was politisch jeweils erwünscht ist. Dies liegt oft auch an den Vergabepraktiken der Drittmittel, die für solche Forschung verausgabt werden, und die an einen zuvor geprüften Antrag gebunden sind, der die Hürden einer Begutachtung durch jene durchlaufen muss, die oft als Abnehmer fungieren (Legitmationsdruck) oder die den wissenschaftlichen Mainstream verkörpern oder zumindest stark unterstützen (Anpassungsdruck).

- Schließlich bleibt der empirischen Forschung kaum Zeit, sich auch theoretische Grundlagen zu erarbeiten, weil der Bemessungszeitraum der Drittmittelförderung für empirische Untersuchungen nur in seltenen Fällen zwei Jahre übersteigt und dementsprechend an den eigenen Kosten-Nutzen-Bedingungen ausgerichtet wird.

Wenn heute das Lernkapital untersucht wird, insbesondere z. B. die Bildungsungleichheit und ihre Ursachen, dann gibt es sehr unterschiedliche Konstruktionen, das Problem zu beobachten, Daten zu gewinnen und diese zu interpretieren (vgl. auch Bauer 2002). Da empirische Studien immer reduktiv vorgehen müssen, d. h. sich komplexitätsreduzierende Fragestellungen vornehmen, werden immer nach selektiven Interessen bestimmte Aspekte und Perspektiven herausgegriffen. Um diese selektiven Interessen zu beurteilen, ist es sehr wichtig, sich immer die Hintergrundtheorien anzusehen, die solcher Forschung zugrunde liegen. Bildungsungleichheit ist hier eine Messgröße, die gewiss zunächst näher an der Frage der Bildung und weniger stark an der ökonomischen Situation liegt. Gesetzt den Fall, der Staat würde die ökonomischen Ressourcen der Unterschichten durch Mindestlöhne und besondere Steuerentlastungen und Unterstützungen stärker fördern, dann bedeutet dies logisch nicht zugleich, dass dadurch die Bildung in den Haushalten steigen wird. Aber ebenso vorschnell wäre es, wenn wir deshalb nur auf die Bildungsungleichheiten fokussieren, die über die Generationen weitergegeben werden, denn ohne in letzter Instanz bessere ökonomische Ressourcen wird sich das Bildungsniveau der schlechter gestellten Familien nicht heben lassen. Solche systemischen Zusammenhänge zu erschließen, fällt der empirischen Forschung besonders schwer, weil und solange sie auf eine Einfachheit der Erklärungen setzt, die durch leichte Messbarkeit suggeriert wird.

Zur Bestimmung der Bildungsungleichheit werden empirisch sowohl die Ungleichheiten der Bildungschancen (*inequality of opportunities*) als auch die Ungleichheiten der Bildungsergebnisse (*inequality of results*) herangezogen. Der erste Aspekt verweist auf Strukturkomponenten, die definiert und miteinander in Beziehung gebracht werden müssen. Dazu gehört z. B. auch ein Konzept der Kapitalformen, die in ihrem Volumen und Verhältnis zueinander interpretiert werden müssen, wenn strukturelle Aussagen gemacht werden sollen. Die zweite Variante kann sich bereits mit statistischen Ergebnissen begnügen, die sie als Aussage über die tatsächlichen Lagen interpretiert. Aber sie kann dabei nicht hinreichend auf Ursachen oder mögliche Konzepte schließen, die zu einer Verbesserung der Situation führen können. Über diese Variante erfährt man wenig über Ursachen aber viel über die Verteilung der Ergebnisse in Bezug auf verschiedene Gruppen. Wird die Unterschiedlichkeit der Forschungsansätze, die mit beiden Aspekten verbunden ist, nicht hinreichend beachtet oder erkennbar, dann sind Verwirrungen zwangsläufig. Ein weiteres Beispiel: Auch aus den Bildungsresultaten kann nicht zwangsläufig auf eine Bildungsbeteiligung bestimmter sozialer Gruppen geschlossen werden, wie insbesondere elitäre Gruppen (Adel oder Wirtschaftselite) zeigen. Sie können sich beispielsweise gängiger bürgerlicher Bildung verweigern oder diese sehr speziell auslegen, ohne daraus zugleich Nachteile im sozialen oder ökonomischen

Status ziehen zu müssen. Die statistischen Ergebnisse können so auch nicht die feinen Mechanismen aufdecken, die im Prozess der sozialen Differenzierung entstehen und genutzt werden. Dennoch sind die Ergebnisse damit nicht unwichtig. Sie bedürfen jedoch immer eines komplexen Modells der Interpretation, d. h. auch kritischer Reflexion auf die eingenommenen Perspektiven, um nicht in einer bloßen Datenübersicht zu landen, die dann auch bestimmte empirische Daten gar nicht erhebt, weil sie für die Problemlage blind geblieben ist.

Für Bourdieu ist hierbei entscheidend, dass es viele Differenzlinien in den Kapitalformen gibt, aber nicht alle sind gleichermaßen relevant zur Erzeugung von Ungleichheiten. Wichtig sind für ihn jene, die nachweislich Ungleichheit produzieren, indem sie nicht bloß zur Individualisierung bestimmter Wünsche oder Lebensformen herangezogen werden, sondern als Unterschiede wirken, die soziale Ungleichheit herstellen. Nun ist es für empirische Untersuchungen relativ leicht, Differenzen in der Lebensweise, im Lebensstil, den Erwartungen, Wünschen und Ergebnissen der Menschen im Vergleich darzustellen, aber ungleich schwerer ist es, dies in einen Einklang mit einer Interpretation von Mechanismen zu bringen, die zugleich den Prozess der Entstehung von Ungleichheit dabei mit erfassen. Insbesondere der viel zu selten praktizierte qualitative Forschungsbereich einer empirischen Überprüfung von Lebensverläufen und Tiefenuntersuchungen kommt in der Bildungsforschung viel zu kurz.[214]

Interessanterweise bemängeln oft gerade jene die empirischen Daten zur Bildungsungleichheit, die meinen, dass es im tatsächlichen Leben gar keine Ungleichheit gibt, weil sie nach den Bildungsabschlüssen Menschen auch unabhängig von ihren Zertifikaten im Leben behaupten und Karriere machen (vgl. z. B. Murphy 1990). Hier findet die Übertreibung zur anderen Seite hin statt, indem alle Daten zur Ungleichheit immer schon relativiert werden, obwohl die Wirksamkeit der Bildungsergebnisse auf den Arbeitsmarkt und den beruflichen Erfolg nachgewiesen werden kann. Hier ist ohnehin vor Momentaufnahmen zu warnen. Wenn z. B. in Deutschland das Gymnasium sich sehr langsam (im Verhältnis zu anderen Ländern) in den letzten Jahren öffnete und die Hauptschule in Auflösung geriet, so heißt dies nicht zwangsläufig, dass die besseren Bildungsergebnisse gleichzeitig einen Strukturwandel auslösen, denn im gleichen Zeitraum sind die Einkommen der Mittelschicht gesunken und die Arbeitsverhältnisse selbst akademisch ausgebildeter Menschen prekärer geworden. Reduktive Bestandsaufnahmen und hochgradige Spezialisierungen der Forschung (vgl. Krais 1996) erweisen sich als besonders kontraproduktiv, wenn es um systemisches Denken und Interpretieren geht.

Statistische Analysen, wie sie derzeit in der Ungleichheitsforschung dominant sind, zeigen Korrelationen z. B. zwischen sozialer Lage, Bildungsbeteiligung und Bildungsergebnissen auf. Sie können damit aber nicht erklären, wie diese Ergebnisse genau zustande gekommen sind. Meist blenden diese Studien dies sogar bewusst aus, indem sie bloß die Ergebnisse zeigen, was einer wissenschaftlichen Erklärung gleichbedeutend scheint. Aber dieser Reduktionismus kapituliert vor der eigentlichen Aufgabe. Er hat durch die Setzung vielfältiger Variablen, die Unterschiede messen, die Aufgabe aus dem Auge verloren, die Handlungen der Akteure zu interpretieren und ihre Teilnahme in bestimmten gesellschaftlichen Bedingungen zu reflektieren. Es sollte nicht nur darum gehen, nur noch Phänomene nach Merkmalslisten abzuprüfen. Eine damit verbundene Theorievergessenheit verleitet zu einer Blindheit in der Empirie, denn es wird gemeinhin immer mehr das untersucht, was statistisch als Ma-

---

214   Ein Beispiel für eine qualitative Analyse liefert Bourdieu (1997) in seiner Studie zum »Elend der Welt«.

terial vorhanden ist, und nicht das, was ein theoretisches Modell zunächst als relevant für die Untersuchung erklärt und woraus sich neue Messungen ergeben sollten.[215]

Selbst eine begrenzte, reduktive Empirie kann Daten gewinnen, die dennoch für die Legitimation brisant sind. Ein Beispiel dafür sind die PISA-Studien, die als internationaler Schulleistungsvergleich mit einem kompetenzorientierten Aufgabensatz Ländervergleiche ermöglichen. Auch PISA ist reduktiv. Vor allem untersucht das Instrument nicht in langfristigen Studien, wie sich vor Ort eine Lernumgebung nachhaltig über längere Zeit positiv im Blick auf die Lernerfolge möglichst vieler Lerner gestalten und individuell differenzierend entwickeln lässt (solche Studien sind sehr selten), sondern überrascht uns mit Momentaufnahmen eines bestimmten Leistungsvergleiches aus verschiedenen Fachgebieten. Hier muss deutlich erkannt werden, dass die PISA-Forscher/innen keineswegs neutrale Beobachter/innen der Lern-und Kompetenzentwicklung in unterschiedlichen Ländern sind, sondern ihrerseits der kapitalisierten Handlungsform des Lernens zu entsprechen versuchen. Sie wird als zeitgemäß für die Lebensbedürfnisse gesehen. Wenn Münch (2009, 29 ff.) hierin die Durchsetzung einer Expertenherrschaft sieht, die durch ihre Tätigkeit nationale und lokale Formen der Herrschaft von Parteien und Verbänden verdrängt, um sie „einer transnationalen Koalition aus Forschern, Managern und Unternehmensberatern" (ebd., 30) zu überantworten, so scheint mir eine solche Deutung aber eher übertrieben zu sein. Gerade Deutschland zeigte nach dem ersten PISA-Schock, dass gerade die Politik nur mehr desselben versucht: Der Stoff wird nicht reduziert, die Umstellung auf Kompetenzen bleibt wissensorientiert, bildungsbenachteiligte und diskriminierte Gruppen werden weiterhin nicht hinreichend genug gefördert, das Turbo-Abitur verstärkt den Selektionsdruck statt ihn zu schwächen, die frühe Selektion wird nicht aufgegeben. Es ist eine eindeutig nationale Koalition aus bildungsnahen Schichten mit Besitzständen in der Bildung und ihrer Verteidigung, die sich in der Herrschaft durchsetzt.

Im Gegensatz zu Münch (2007, 2009) denke ich, dass wir dem Problem der Durchsetzung von Herrschaftsinteressen nicht beikommen, wenn wir in dem Schema alte Handlungsformen des Lernens (= Bildung) und neue (= Kapitalisierung) verbleiben, um dann am Ende immer die Vorteile des alten Systems gegen die Schwächen des neuen auszuspielen. Münch sieht einerseits die Gefahren der alten Ständepolitik, andererseits verteidigt er implizit genau diese, um sich gegen PISA, OECD usw. zu wenden.[216] Das deutsche Wirtschaftswachstum und die von Münch bevorzugte berufliche Bildung im dualen System entsprechen einer Handlungsform, die nicht mehr einfach auf die Gegenwart übertragen werden kann, denn im Zeitalter der Globalisierung erweist sich gerade das deutsche, geschichtete Bildungs- und Selektionsmodell als verstärkend für Ungleichheiten. Zudem offenbart es in der Selektion und ihren Wirkungen eben die fehlende soziale Inklusion und die mangelnde Beteiligung unterprivilegierter Schichten.[217]

Wenn Argumentationen die zunehmende Kapitalisierung des Lernens und der Bildung beklagen, wenn sie in der Kapitalisierung den Untergang des gebildeten Abendlandes sehen, ohne gleichzeitig hinreichend zu reflektieren, dass der Zustand der bildungsbürgerli-

---

215 Bereits David R. Freedman (1987a, 1987b und 1991) hatte dies vor einigen Jahrzehnten schon massiv beklagt und kritisiert. Vgl. auch Lack/Markschies (2008).

216 Unabhängig von dieser grundsätzlichen Kritik und der für mich nicht auflösbaren Selbstwidersprüchlichkeit in der Argumentation kann ich viele Einzelanalysen von Münch in der Kapitalisierung durchaus teilen.

217 Vgl. dazu einführend z. B. Becker/Lauterbach (2010) und Bude/Willisch (2006).

chen Welt schon vorher seine eigenen großen Schwierigkeiten und Ungerechtigkeiten hatte, dann wird enthistorisierend vorgegangen. Ein Studium der Geschichte und Wirkungsweisen der Kapitalformen in ihrer Breite schützt vor solcher Einseitigkeit. Zumindest lassen sich so die Interessen verschiedener Gruppen aus Ökonomie, Politik und Expertokratien besser einschätzen. Aber im Gegensatz zu Münch glaube ich nicht, dass die Wissenschaftsgesellschaft der Gegenwart tatsächlich die Wissenschaft und ihre Expertokratie so mächtig gemacht hat, dass diese gegen Besitzinteressen in Ökonomie und Politik eine eigene, besonders durchsetzungsstarke Rolle spielen können. Es ist doch eher umgekehrt: Die Expertokratie wird von den durchsetzungsstarken Machtgruppen in der Gesellschaft immer wieder benutzt, um mittels Gutachten, Legitimationen, Diskursen usw. das zu stützen, was in den bestehenden Besitzständen der Bessergestellten verteidigt oder eingefordert werden soll. Gerade hier entsprechen PISA oder die OECD doch eher einem Gegenmodell:

- Von keinem Modell kann und sollte mehr erwartet werden, dass es herrschafts-oder machtfrei konstruiert ist. Das PISA-Modell entspricht der Handlungsform des kapitalisierten Lernens insofern, dass es für die Wirtschaft und die Lebenswelt anwendbare Kompetenzen im Ländervergleich konstruiert, aber nicht ein Bildungswissen abprüfen will. Der Anspruch im Blick auf die Kapitalformen ist hier der, dass Erziehung und Bildung als wesentliche Faktoren gesehen werden, um möglichst breit in der Bevölkerung Kompetenzen zu vermitteln, die gegen Ungleichheit wirken und möglichst vielen Lernenden hohe Kompetenzwerte (gemessen im PISA-Test) zukommen lassen. Dahinter steckt die vereinfachende Idee vom »Humankapital« (vgl. Keeley 2007), die den Menschen als Wirtschaftsfaktor (für sich und andere) bestimmt, aber zugleich allen Menschen entsprechend der demokratischen Auffassung von Chancengleichheit ein solches Kapital zukommen lassen will.

- Von dieser Ausgangsbasis her richten sich PISA und OECD-Initiativen gegen die hegemonialen Besitzstandspraktiken nationaler Gruppen, so z. B. dem Philologenverband, die sich vorwiegend an vermeintlichen Eliten, insbesondere die möglichst klein und leistungsstark zu haltende Gymnasialschülerschaft, orientieren, um andere Gruppen zu exkludieren. Die durch PISA veranlasste und die OECD geforderte Öffnung gerade des hoch geschlossenen, selektiven deutschen Schulsystems, zeigt Entwicklungen im globalen Erziehungs- und Bildungsverständnis, die mittels der Kapitalisierung des Lernens auf eine Verbesserung der Chancen für möglichst alle zielen.

- In der Expertokratie der OECD oder der Vereinten Nationen haben die Ländervergleiche nicht nur dazu geführt, dass die Kriterien der Vergleichbarkeit bewusster diskutiert wurden, sondern auch, dass die Ergebnisse unter Vorgabe demokratischer Grundnormen in den Gremien – die in sich durchaus kontrovers sind – einen demokratischen Legitimationsdruck (orientiert an demokratischen Grundwerten) erzeugt haben, der z. B. für ein Land wie Deutschland etliche Reformen anmahnen lässt (vgl. dazu insbesondere Reich 2012).

- Dennoch sind solche Untersuchungen immer stark reduktiv angelegt. Allein schon der Vergleich bedingt die Vernachlässigung nationaler Spezifika (z. B. den in Deutschland im Vergleich zu anderen Ländern stärkeren Fremdsprachenunterricht), und die Konstruktion

der Tests bedingen immer Auslassungen. Sie müssen daher immer auch in Verbindung
mit anderen Erhebungen gesehen werden.

- Und es ist auch nicht abzustreiten, dass die Expertokratie von der Kapitalisierung
ausgeht. Sie zeigt, dass die Umstellung auf Lernkapital bereits stattgefunden hat, weil
gegenwärtig kein anderes dominantes Handlungsmodell in der Globalisierung des
Lernens erkennbar ist.

Interessant ist, wie vor diesem Hintergrund die untersuchten Länder auf die PISA-Ergebnis-
se reagieren. Finnland als recht dauerhaftes Siegerland, nahm die Ergebnisse zum Anlass,
den Reformprozess des Schulsystems weiter voranzutreiben, weil man sich auf dem richtigen Weg wähnte, aber im Detail noch Bedarf sah (so z. B. bei einer besseren sonderpädago-
gischen Ausbildung aller Lehrer). Deutschland hingegen versuchte gar nicht grundlegend zu
reformieren, sondern erhöhte den fachlichen Druck durch mehr Stoff, weniger Abwahlmög-
lichkeiten, zentrale Prüfungen, ohne das eigene System im Vergleich zu den anderen Ländern
in Frage zu stellen. Statt sich inhaltlich mit den Optionen der Länder, die besser abschnitten
und deren Maßnahmen zu beschäftigen, konstatierte man die Nichtübertragbarkeit auf das
eigene System, das man unter keinen Umständen ändern wollte. Insoweit verpuffte hier der
Legitimationsdruck durch die empirische Untersuchung an der Ignoranz der herrschenden
Politik und einer Umdeutung der Ergebnisse. Im Gegensatz zu den *hard sciences*, wo gerechtfertigte Behauptungen dann auch in neue Verfahren der Anwendung münden, sind die
Ergebnisse der *soft sciences* so weit politisch deut- oder umdeutbar, dass ein interessegelei-
tetes Beharrungsvermögen oder eine Beratungsresistenz relativ leicht durchsetzbar sind. In
Deutschland geht es hierbei letztendlich um den Schutz des Gymnasiums als etablierten Bil-
dungsgang der bessergestellten Schichten, die keine Solidarität für benachteiligte in Form der
Bildung leistungsheterogener Gruppen aufbringen wollen. Insoweit ist es folgerichtig, dass
man jetzt die Hauptschulen auflöst und sie mit den Realschulen zusammenführt. Der Schritt
in eine gemeinsame Schule über neun bis zehn Jahre käme in Deutschland einer Bildungs-
revolution gleich. Ungünstig an dieser Entwicklung ist nur, dass die Leistungsheterogenität
weltweit das Erfolgsmodell der besser abschneidenden Länder in den empirischen Studien ist.

Solch misslichen Vergleichsstudien wie PISA kann man am besten durch Auftragsforschung entgehen, in der die Ergebnisse nach eigener Interessenlage besser voraussagbar
sind. Dann wirbt die Regierung Gutachten an, die das bestätigen, was man ohnehin politisch
legitimieren will. Oder man vertraut auf die Macht der Gewohnheiten. In der derzeit hybriden deutschen Situation zwischen alten Bildungsidealen und der Kompetenzorientierung
einer kapitalisierten Lernkultur kommt Münch (2009, 62) auf eine solche Idee, die mittlerweile im Turbo-Abitur auch als Norm umgesetzt wurde: „In dieser Situation wäre es konsequent, auf das klassische Ideal zu verzichten und Bildung auf den Erwerb von Kernkompe-
tenzen in Englisch, Deutsch, Mathematik und einer Naturwissenschaft zu reduzieren. Dies
würde wenigstens für Standards sorgen, die dann auch eingehalten werden könnten, anstatt
zu einer bloßen Fiktion zu verkommen." Die ungewollte Ironie dieser Aussage ist es, dass
sie eben noch dem alten Ideal vollständig entspricht. Dieses Argument ist ein Bild aus dem
Alltagsbewusstsein von Menschen mit einer Lernbiografie, die das eigene Abitur mit seiner
geglückten Wirkung auf die eigene Karriere gerne generalisiert, ohne sich die Mühen eines
Vergleichs mit internationalen Entwicklungen zu machen. Die vermeintlichen Standards ei-

ner höheren Gebildetheit, die in dieser Fächerwahl liegen sollen, sind für die Wirksamkeit der Karrieren oder Bildungsbiografien in keinem Land (außer gefühlt in Deutschland) nachweisbar. Dagegen setzt man in der Hochschulreife international viel stärker auf Wahl- und Differenzierungsmöglichkeiten, um die Lernenden dort zu stärken, wo sie viel können und sie nicht dadurch zu schwächen, dass man ihnen noch in der Oberstufe ungeliebte Fächer aufzwingt. Hier entsteht eine neue Bildungsungerechtigkeit in internationaler Konkurrenz: Im Vergleich der Hochschulzugänge wird es den deutschen Schüler/innen möglichst schwer gemacht, um den alten Standesdünkel auch gegen die internationalen Erfahrungen zu retten. Dann kann man von sich behaupten, dass hierzulande das Abitur noch einen Wert darstelle, auch wenn dieser Wert in der globalisierten Welt nicht mehr vergleichbar eingetauscht werden kann. In der globalen Konkurrenz um Studienplätze an Spitzenuniversitäten sind die deutschen Studierenden dann dadurch benachteiligt, dass ihre Noten durch mangelnde Wahlfreiheiten schlechter als die von Vergleichsgruppen ausfallen. Allerdings steuern Lehrer/innen auch dagegen, indem sie immer bessere Noten vergeben.

Lernen steht heute unter dem Druck der Nachweisbarkeit von Wirkungen. Dies bedingt das Aufkommen eines Zeitalters empirischer Nachweise. Das daraus sich anbahnende Zeitalter empirischer Dominanz in Forschung und Lehre hat einen wichtigen Effekt: Es leitet das Ende der großen Theorien, der letzten Meta-Erzählungen, des Gelehrten ein. Zwar mag es immer noch einige Personen geben, die sich auf die immer weniger werdenden Grundlagenforschungsstellen bewerben, aber mit dem Niedergang der Lernform Bildung und der Zunahme der Kapitalisierung verschwindet mehr und mehr die Basis, die einen solchen Habitus aus einer großen Menge von Menschen, die sich anstrengen, diesen Typus zu verkörpern, erst gewinnen kann. Grundlagenforscher, die mit ihrem Denkansatz ganze Bewegungen und Veränderungen in der Vergangenheit auch unabhängig von empirischer Relevanz auslösten und dadurch empirisch relevant wurden, sind rar geworden, und sie werden in Zukunft immer seltener werden. Sie werden abgelöst durch Forscher und Lehrende, die zugleich Manager und Verwalter ihrer Drittmittel sein müssen, nach denen sich heute die wissenschaftliche Karriere, Berufungen und Auszeichnungen orientieren. Die Profession verwandelt sich in den Job und sorgt dabei zugleich für die Abschaffung der sicheren und unbefristeten Stellen (Abschaffung der *tenure*).[218] Da die Drittmittelvergabe ein wesentliches Kriterium in der Bewertung der Leistungen der Forschungsinstitutionen wie der einzelnen Forscher geworden ist, bedingt die Beauftragung immer eine gewisse Abhängigkeit, die auch empirische Aussagen in bestimmte Richtungen lenkt.

6.3.3 *Wissenschaft und Lernkapital*

Wissenschaft erschien im Geist der Moderne lange Zeit wie eine unangreifbare Festung der Wahrheit, in der durch finanzielle Unabhängigkeit der Professorenschaft (Freiheit von Forschung und Lehre auf der Basis einer unkündbaren Festanstellung auf Lebenszeit – *tenure*) eine Wissenschaftlergemeinschaft (*scientific community*) unterstellt und idealisiert wurde,[219]

---

218 Donoghue (2008) beschreibt diesen Prozess in seinen aktuellen Umrissen.

219 Eine zentrale Erklärungstheorie hierfür lieferte Josiah Royce, der davon ausging, dass wissenschaftliche Wahrheiten nicht allein durch wissenschaftliche Beobachtungen erzeugt werden, sondern durch die Existenz einer *scientific community*, die solche Wahrheiten auch mit ethischen und sozialen Normen überprüft und billigt.

die jenseits von wirtschaftlichen und persönlichen Interessen sich der Vermehrung des Wissens der Menschheit verpflichtet sieht. Dahinter stecken alte Ideale der Universität, die sich aus den Klammern von Herrschaft und Religion über Jahrhunderte befreien musste. Robert K. Merton (1973) schuf 1942 dafür eine schöne Meta-Erzählung, in der er Werte einer solchen Wissenschaft auf vier Aspekte fokussierte:[220]

1. *Universalismus:* Wissenschaftliche Behauptungen müssen hiernach frei von persönlichen Kriterien (wie Herkunft, Rasse, Geschlecht, Religion usw.) sein und dürfen auch nicht sozialen Zuschreibungen unterliegen. Auch wenn soziokulturelle Kontexte wissenschaftliche Erkenntnisse beeinflussen, so soll der Widerstreit von Wahrheitsaussagen auf lange Sicht in einer demokratischen Prozedur jedem die Chance und Gelegenheit geben, sofern er talentiert dafür ist, die Wahrheiten zu prüfen. Der Universalismus zeigt dann in der Übereinstimmung der unabhängigen Forscher/innen, was auf Dauer als wahr gelten kann (ebd. 270 ff.).

2. *Kommunismus:* Hier spielt Merton auf den gemeinschaftlichen Besitz einer Wahrheit an, die er als ein Gut begreift. Die Wahrheiten der Wissenschaften sind das Produkt gemeinschaftlicher Arbeit und können daher nicht bloßes Privateigentum sein, wenn die Wissenschaft ihrerseits nicht zerstört werden soll. Die Forscher/innen können zwar für sich beanspruchen, eine Entdeckung, das Finden einer Wahrheit, gemacht zu haben, wofür ihnen Anerkennung und Ruhm gelten soll, aber Geheimhaltung und Patentierung müssen durch eine vernünftige Ethik der Wissenschaft auf ein Minimum beschränkt werden (ebd., 273 ff.).

3. *Mangel an Selbstinteresse:* Eine gewisse Uneigennützigkeit, ein Mangel an eigenen Interessen soll in Bezug auf die Überprüfung der Wahrheiten geübt werden, denn allein durch Öffentlichmachung, Veröffentlichung, Kritik und Begutachtung durch andere, Wiederholbarkeit der Experimente und Untersuchungen und damit intersubjektive Nachprüfbarkeit der Ergebnisse kann Wissenschaft bestehen. Das Selbstinteresse muss sich andersherum auf die Motivation für eine solche Forschung, eine Neugierde für Neues, eine Offenheit für die Ergebnisse anderer usw. richten. Gerade der wissenschaftlich-technische Fortschritt zeigt, dass Wissenschaft ihre »Wahrheiten« in überprüfbaren Anwendungen zeigen kann. Allerdings kann der autoritative Status von Wissenschaft durchaus auch für falsche Zwecke missbraucht werden, weshalb die Freiheit der wissenschaftlichen Objektivität und Integrität unbedingt zu schützen sind (ebd., 275 ff.).

4. *Organisierter Skeptizismus:* Wissenschaft muss unvoreingenommen alle Behauptungen auf ihre Rechtfertigung prüfen. Dies ist für die Forschung ein methodologisches Gebot, für die wissenschaftliche Institution eine Notwendigkeit. Wahrheitsaussagen müssen auf ihre logische und empirische Gültigkeit überprüft werden. Die Gefährdung dieses Gebots durch Interessen von außen, denen die wissenschaftlichen Ergebnisse z. B. nicht gefallen, die ihren Interessen widersprechen, erzwingen die feste Organisiertheit der Wissenschaft als Institution, die skeptisch gegen alle äußeren Beeinflussungen bleibt, die die Freiheit der Wissenschaft mit ihren Regeln der Geltungsprüfung nach außen und gegen jeden verteidigt (ebd., 277 f.).

---

220 Vgl. dazu auch die Analyse von Radder (2011), an die ich anschließe.

Diese Werte beschreiben sehr klar, wie sich Wissenschaft bis heute oft idealtypisch rekonstruiert oder in Abwehr der Kapitalisierung all ihrer Bereiche konstruieren möchte, obwohl die »große Geschichte« dieser wertfreien und unabhängigen Wissenschaft ihrerseits bloß idealtypisch ist. Wenn heute sehr viel gegen die Kapitalisierung der Wissenschaft – und dies oft mit guten Gründen – geschrieben wird,[221] dann wird leider immer wieder vergessen, dass die Vergangenheit keineswegs eine reine Idylle der Freiheit war. Dies kann mit einer kurzen Kritik der Meta-Erzählung kurz veranschaulicht werden:

1. *Universalisierungen* haben sich in der Wissenschaftsgeschichte immer wieder als problematisch erwiesen. Die »Struktur wissenschaftlicher Revolutionen« (Kuhn 1996) zeigt im Gegensatz zum Universalismus selbst in den *hard sciences* eher einen Konventionalismus auf Zeit, der in den *soft sciences* zusätzlich noch unmittelbarer vom jeweiligen Zeitgeist wegen der fachlich sehr direkten Verwobenheit mit den Entwicklungen in der Kultur abhängig ist. Gerade die in neuerer Zeit stark zu beobachtende Kapitalisierung der Wissenschaft führte hier schon länger dazu, dass

    ▪   nicht alle Menschen gleichermaßen nach Talenten Zugang in die Wissenschaft finden (früher war die Benachteiligung von Frauen sehr ausgeprägt, heute wirken immer noch die auch früher schon vorhandenen Benachteiligungen bildungsferner bzw. sozio-ökonomisch schwacher Schichten),

    ▪   die Finanzierung bestimmter Forschungsgebiete und -themen eine freie Wahrheitssuche ohnehin begrenzt,

    ▪   neue und ungewöhnliche Theorien im *peer review* des Mainstreams und in einer ersten Förderung oft übergangen werden und geringe Zustimmung finden,

    ▪   Langzeitforschungen nur schwierig zu finanzieren sind, weil ihr Nutzen und ihre Verwertbarkeit nicht zeitnah genug evaluiert und nachgewiesen werden können.

2. *Kommunismus:* Insbesondere in den Ergebnissen als Gemeingut ist schon lange durch militärische und wirtschaftliche Interessen eine Begrenzung durch Geheimhaltung oder Patentierung eingebaut worden, die das Ideal überall dort strafen, wo mit der Forschung Gewinne (im Sinne der Wirtschaftsinteressen eines Landes, von Konzernen und Firmen, einer Gruppe von Menschen) zu erzielen oder Rüstungsvorteile abzusichern sind.

3. *Mangel an Selbstinteresse:* In der Kapitalisierung der eigenen Karriere sind Wissenschaftler/innen nicht mehr nur auf ihre Motivation, Neugierde und Offenheit angewiesen, sondern im Konkurrenzkampf gegeneinander auch gezwungen, eine Uneigennützigkeit immer mehr abzulegen. Die Frage ist ohnehin, wer es sich früher leisten konnte, die Sorge um die Wissenschaft oder Menschheit vor persönlichen Ruhm und hohes Einkommen zu stellen, aber in den Praktiken, Routinen und Institutionen der Wissenschaften selbst zeigt sich mehr und mehr durch das Eindringen von Kosten-Nutzen-Rechnungen, neuen Managementsystemen und Evaluationen, dass selbstbezügliche Interessen die idealtypischen Standards immer mehr unterlaufen.

4. *Organisierter Skeptizismus:* Waren früher Religionen und staatliche Herrschaftssysteme oft Feinde der Wissenschaft, so lauern die Feinde heute eher im eigenen Haus: Partikuläre

---

221 Vgl. dazu insbesondere die folgenden Standardarbeiten: Bok (2003), Krimsky (2003), Mirowski/Sent (2002), Resnik (2007), Slaughter, S./Leslie, L. (1997).

Interessen bestimmter Gruppen oder »Schulen« wollen ihre Macht erhalten, Dogmatismus wird in Methodologie oder Zugangsweisen aufgebaut, um sich vor Veränderungen zu schützen, ökonomische Verwertbarkeit mit Geheimhaltung von Forschungsergebnissen wird besonders honoriert, Exzellenzinitiativen stärken die Eigennützigkeit bestimmter Personen, Fachgruppen oder Universitäten, Gehaltsunterschiede und Ausstattungsunterschiede kennzeichnen verschiedene Fächer und Personen nach Wichtigkeit oder Bedeutungslosigkeit. Gleichzeitig wird in politischen Reden noch das alte Ideal der vermeintlich freien Wissenschaft und Universität gepriesen, obwohl es durch solche Maßnahmen *de facto* längst unterlaufen ist. Damit das System nicht aus den Fugen gerät, müssen Kodifizierungen wissenschaftlichen Verhaltens, die früher im wissenschaftlichen Habitus als selbstverständlich galten, nun in umfassenden Gesetzgebungen, Rechtsverordnungen und Richtlinien niedergelegt, kontrolliert und evaluiert werden.[222] Gleichzeitig werden immer öfter Betrugsfälle, die gegen den Kodex verstoßen, bekannt.[223]

Die Mertonschen Kriterien scheinen mir aus diesen Gründen wenig geeignet, noch heute als Werte in der Diskussion um die Kapitalisierung der Wissenschaft herangezogen zu werden, wie es Radder (2011, 91) vorschlägt,[224] denn die Meta-Erzählung verleitet uns eher zur Annahme illusionärer Vorstellungen und führt zu wenig auf eine wirklichkeitsbezogene Analyse. Auch wenn Merton die Wissenschaft gegen Angriffe von außen, so auch gegen eine Kapitalisierung mit Profitinteressen, verteidigen will, so ist seine Erzählung schon in ihrer Zeit zu unrealistisch gewesen, um mehr als einen verbildlichenden Charakter der unterstellten Übererwartung zu geben. Meine Überzeugung ist es, dass wir uns besser umfassend den Wirkungsweisen der Kapitalformen auch auf die Wissenschaften stellen sollten, um realistisch genug zu bleiben. Die Kapitalisierung sollte im Blick auf das Zusammenwirken der Kapitalformen aus meiner Sicht deshalb breiter als in bisherigen Betrachtungen verstanden werden. Hierbei erscheinen aus meiner Sicht folgende Eckpunkte:

Wissenschaftliche Arbeit als Lohnarbeit und ihr Mehrwert:

Die Kommodifizierung der Wissenschaft ist der neue Fachterminus, um den Warencharakter (*commodity*) des Wissens zu bezeichnen. Damit wird ausgedrückt, dass Wissen selbst eine Ware geworden ist, die sich gegen Geld eintauschen lässt (durch Ausbildungsgebühren, Kosten für Literatur, Zeit für die Verarbeitung von Informationen, hohe Ausbildungskosten getauscht gegen einen späteren – besseren? – Job), aber auch, dass die Wissenschaft selbst auf dem Markt als Verkäufer wie Käufer auftritt, was z. B. für Schulen und Universitäten bedeutet, sich auf dem Markt zunehmend mehr zu etablieren. Wenn aber der Markt mit seinen Gewinnabsichten in das Kalkül der Wissenschaft mit ihrer Wahrheitssuche eintritt, dann sind die idealtypischen Kriterien und Werte, die ich mit Merton gerade anführte, besonders in Gefahr.

---

222 Vgl. dazu die Übersicht z. B. bei Kourany (2008); siehe auch Radder (2011, 94 ff.).

223 Die Dunkelziffer dürfte aufgrund der enormen gegenseitigen Konkurrenz sehr groß sein. Nicht nur Literaturarbeiten verleiten zum Abschreiben, auch empirische Daten werden immer wieder dort geschönt, wo sie schwer von anderen nachzuprüfen sind. Vgl. zu berühmten Fälschungsfällen z. B. http://de.wikipedia.org/wiki/Betrug_und_Fälschung_in_der_Wissenschaft.

224 Sie sind gleichwohl geeignet, die idealtypischen Illusionen, die sich Wissenschaft heute noch gerne macht, zu diskutieren und zu kritisieren.

Nunmehr wird auch jenen, die noch an die Meta-Erzählung freier Wissenschaft glaubten, klar, dass interessengeleitete Gewinnabsichten das alte Bild des Wissens zerstören können. Die Folgen sind überdeutlich: „Wissenschaften werden mehr und mehr nach einem Managementmodell bewertet, in dem es um Kosten, Effizienz und Produktion geht und in dem Messbarkeit zentral ist." (Vermeir 2011, 133) Hier steht alles zum Verkauf,[225] Gewinnmaximierungen bestimmen den Preis der Wahrheit,[226] insbesondere in der Gesundheit und Medizin bestimmen Gewinne die Forschung,[227] weder die Schüler/innen und Studierenden können sich durch Privatisierungen vieler Einrichtungen und hohe Studiengebühren diesem Markt entziehen,[228] noch die Dozierenden, die in einem neuen Management nicht mehr vorwiegend ihren Wissensvorsprung erarbeiten, sondern Kundenorientierung zeigen müssen.[229] Damit aber werden Universitäten auch in Machtkämpfe um den Markt gezogen, die sonst nur für Unternehmen typisch sind. Hier geht es um Wettbewerbsvorteile gegenüber anderen, die durch eine möglichst elitäre Monopolstellung, gutes Marketing, hohe Drittmittel, Platzierung der Professorenschaft in Kommissionen und Herausgebergremien mit hohem »Impact« (= hohe Zitationsaufkommen) usw. ausgedrückt sind (vgl. Münch 2009, 139). Nehmen wir dies als Konkurrenzsituation in der Wissenschaft, dann mag Konkurrenz das Geschäft beleben, aber die Konzentration der Mittel auf wenige gegenüber dem schlechteren Stand der vielen wird nicht unbedingt dazu beitragen, dass so das Wissen vermehrt wird (ebd., 141 ff.).[230] Ebenso wird niemand, der sehr hohe Studiengebühren in Harvard (Shanghai Ranking 2011 Platz 1) mit über 50.000 Dollar pro Jahr gegenüber der Technischen Universität München (Ranking 2011 Platz 47) aufwenden muss, so viel mehr Wissen in Harvard als in München erwerben können.[231] Man zahlt nicht für einen Wissenszuwachs, sondern für einen Status, der als Baustein persönlicher Biografieplanung als grundlegendes Lernkapital transferierbar erscheint. Angesicht der Verknappung der Plätze an Eliteuniversitäten geht dies für die Bewerber/innen im Grunde auf, aber auch die Nächstplatzierten haben sehr gute Chancen auf deutlich billigere Investitionen in ihre Karrieren, sofern sie Abschlüsse erwerben, die auf dem Markt nachgefragt sind.

Resnik (2007) verdeutlicht, dass auch in früheren Zeiten bereits politisch, sozial und auch ökonomisch in die Gewinnung von Wissen und seine Vermittlung interveniert wurde, aber die durchgehende Kapitalisierung aller Lebensbereiche in den heutigen Gesellschaften führt zu einer Ekstase der Warenform Wissen mit Gewinnabsichten, wobei sich mehr und mehr private Gewinninteressen mit der Wissenschaft verbinden (vgl. auch Krimsky 2003, Radder 2010). Dies geschieht

- durch die Universität, die das Wissen als Ware entweder selbst mittels Patenten, Lizenzen, Weiterbildungsangeboten vermarktet oder den Wissenschaftlern bei eigenen Firmengründungen mit vertraglichen Bindungen hilft,

---

225 Vgl. dazu kritisch Ridgeway (2004).

226 Klassisch dazu z. B. Resnik (2007), Mirowski/Sent (2002).

227 Vgl. dazu z. B. die Studie zur Pharmaindustrie von Healy (2004).

228 Hierzu gibt z. B. folgende Seite Auskunft: http://www.generation-g8.de/studiengebuehren-weltweit/.

229 Was für die Nachhaltigkeit der Lehre nicht ungünstig ist, aber die Dozierenden oft bei hohen Unterrichtsverpflichtungen von der eigenen Forschung abhält.

230 Dies gilt vor allem vor dem Hintergrund einer dauerhaften Unterausstattung. Die Anzahl der Hochschullehrer in Deutschland stagniert bei 38.000 zwischen 1996 und 2006 (vgl. Statistisches Bundesamt 2008, 62).

231 Münch (2009, 149) vergleicht Harvard mit Penn State, wo der Unterschied etwa den dreifachen Satz ausmacht.

- durch die Vergabe von privaten und staatlichen Geldern, die entweder privaten Gewinninteressen folgen (mittels Auftragsforschung) oder bei staatlichen Förderungen bestimmten Lobbygruppen oder dem wissenschaftlichen Mainstream nachkommen,[232] wobei eine Bürokratisierung der Verteilungen mittels Antragsprüfungen nach oft komplizierten Regelvorgaben vorgenommen wird,[233]
- durch gemeinsame Forschungseinrichtungen von unternehmerischer und staatlicher Seite,
- durch die bevorzugte Einrichtung von bestimmten, komplexen Forschungseinrichtungen, die über eine umfangreiche Ausstattung verfügen (insbesondere in der Medizin und den Naturwissenschaften),[234] wobei Gelder dann nach den Vergabekriterien ohnehin nur noch an diese potenten Einrichtungen vergeben werden (*the winner takes it all*),
- durch die Vorgabe bestimmter Forschungsfragen oder Problemlagen, die überhaupt für Förderungen infrage kommen,[235]
- durch das Verschweigen negativer Forschungsergebnisse und erfolgloser Experimente insbesondere in den Naturwissenschaften,[236]
- durch die Einrichtung von Managementmodellen, die an Universitäten oft weniger Freiräume als in privaten Unternehmen gestatten (Fabrik- statt Forschungsmodell).[237]

Da das Bild des Lernens sehr nachhaltig durch die Entwicklung der Wissenschaften bestimmt wird, verwundert es nicht, wenn all diese Aspekte sich in ihren Auswirkungen bis auf die unteren Ebenen der Erziehung und Bildung verteilen. In ihren Haltungen nehmen die Menschen solche Kapitalisierung als Erwartung an die Zukunft als eine Wahrnehmungs- und Denkhaltung an, wobei je nach vorhandenen Gebrauchswerten und ihrer Eintauschbarkeit allerdings unterschiedliche Schlüsse für die Gewinner- oder Verliererseite gezogen werden.

Wissenschaftliche Lohnarbeit ist auf ihren unteren Stufen chronisch unterfinanziert, und die Nachwuchskräfte werden dabei meist mit prekären halben oder anders geteilten Stellen hingehalten, um bei vollem Einsatz Ergebnisse beizubringen, die ihnen Aufrückungen im Sys-

---

232 Bereits Max Weber (1995) hatte 1919 in »Wissenschaft als Beruf« davon gesprochen, dass Universitäten wie kapitalistische Unternehmen die Arbeitenden von den Produktionsmitteln trennen und Hierarchien einbauen, die selbst zwischen dem Präsidenten dieses Unternehmens und den Lehrstühlen gelten. Weber rekonstruierte die Logik der Abhängigkeit durch Kapitalisierung schon in ihren Anfängen außerordentlich weitsichtig.

233 Hierin ist immer schon eine Verknappung von Universitätsseite eingeschrieben, weil die Antragsteller in der Regel zunächst Mittel der Universität im gegenseitigen Konkurrenzkampf freimachen müssen (sogenannte Overheadkosten), um überhaupt als Antragsteller fungieren zu können.

234 An der Universität zu Köln, an der ich arbeite und die eine der größten Universitäten in Deutschland nach Studierendenzahlen ist, gehen knapp über 50 % der Mittel in die Medizin.

235 Beispiel: 90 Prozent der biochemischen Forschungsgelder werden für die 10 Prozent der bekanntesten Krankheiten der westlichen Welt aufgewendet. Geld bestimmt so eindeutig die Richtung der Forschung (Vermeir 2011, 136).

236 Dadurch stehen dann auch Konkurrenten keine Datenbanken zur Verfügung und sie müssen als Ausdruck des Konkurrenzkampfes oft unnötige Kosten aufwenden, um die erfolglosen Wege mehrfach zu gehen. Aus wissenschaftlicher Sicht wären Datenbanken gescheiterter Versuche unabdingbar, aber die Kapitalisierung verhindert sie insbesondere in den Naturwissenschaften und der Medizin.

237 Vermeir (2011, 143) sieht hierin Firmen wie Google oder Gentech im Vorteil, weil sie durch flachere Hierarchiestrukturen und gute Ausstattungen ein besseres Umfeld für Grundlagenforschung bieten. Das »New Public Management« (NPM) auch für die Hochschulen wird hier keine Besserung bringen, weil der Staat die Mittel kaum auf das Niveau der Privatfirmen heben wird. NPM wird ja auch eher zur Kosteneinsparung und nicht zur Verbesserung der Ressourcen genutzt.

tem erst nach und nach gestatten. In der Veröffentlichung von Forschungsergebnissen ist es in vielen Fächern üblich, dass die betreuenden Professoren und Professorinnen als Mitautorinnen verzeichnet sind, was wie in der kapitalistischen Fabrikarbeit das Privateigentumsrecht des Unternehmers an jeder Ware ausdrückt, nur dass dies hier mit dem wissenschaftlichen Kodex der Originalität und Priorität von Forschungsergebnissen eigentlich nicht vereinbar ist. Wenn von der ständigen Vermehrung des Wissens in der Gegenwart gesprochen wird (etwa eine Verdopplung alle 10 oder 5 Jahre, man ist sich nicht einig), so ist dies Ausdruck eines Ringens um Mehrwert in der wissenschaftlichen Lohnarbeit. Im Konkurrenzkampf gilt der Grundsatz *publish or perish*, veröffentliche oder gehe unter, und so wird munter Altes neu entdeckt, Bekanntes neu konfiguriert, Vergessenes als neu ausgegeben, und zusammengestellt, was keiner mehr zusammenlesen kann, verglichen, was nur irgendwie vergleichbar scheint usw. Wirklich Neues, Kreatives, Einmaliges ist immer seltener in diesem Zwang geworden, und angesichts einer Strategie des *peer reviews*, die auf vertraute und schon anerkannte Verfahren setzt, hat es das Neue auch zusätzlich schwer, überhaupt gesehen, gelesen oder verstanden zu werden. Die Wissensvermehrung selbst ist eine der großen Illusionen der Gegenwart, wenngleich insbesondere die angewandten Naturwissenschaften mittels der Marketingstrategien gewinnorientierter Firmen alles unternehmen werden, den Fortschritt zu verteidigen. Ja, es gibt Fortschritte, aber die Schritte sind deutlich kleiner, als die Selbstvermarktungsstrategien wissenschaftlicher Lohnarbeit uns vormachen, um Arbeit zu finden und zu sichern.

Wissenschaftler werden tariflich in Leistungsgruppen eingestuft, die sie in Deutschland z.B. in einen Rangvergleich mit bloßen Lehrberufen sehen. Selbst die Gehälter für Professorinnen und Professoren sind im Vergleich zu den Einkommen in der Wirtschaft abgewertet und unattraktiv. Als Autor/inn/en werden die Beiträge in Fachzeitschriften und Büchern meist nicht bezahlt, sondern müssen oft sogar noch privat aus eigener Tasche subventioniert werden. Allenfalls mit dem Steigen des Bekanntheitsgrades eröffnen sich Einnahmen aus Nebentätigkeiten, an denen der Staat dann meist auch noch partizipieren will.[238]

Unter solchen Voraussetzungen sind es nicht vorwiegend ökonomische Vorteile, die Karrieren in der Wissenschaft anstreben lassen.[239] Hier sind offenbar Zuwächse an einem spezifischen sozialen Kapital der akademischen Elite, an kulturellem Kapital mit hoher symbolischer Anerkennung und an einem Lernkapital, das die besondere Befähigung zum Durchsetzen im auf Konkurrenz angelegten wissenschaftlichen System ausdrückt, wesentliche Motivlagen. Als wissenschaftliche Lohnarbeit wird immerhin ein höherer Lohn im Vergleich zu anderen Berufen angestrebt (wenngleich im Verhältnis zur Wirtschaft kaum erreicht), wobei private Institutionen deutlich mehr als staatliche zahlen, und ein sicherer, unkündbarer Arbeitsplatz als Privileg für den ausgeübten ökonomischen Verzicht. Je mehr die Verbeamtung auf Lebenszeit (*tenure*) jedoch gefährdet ist, desto mehr sinkt die akademische Elite auf einen bloßen Job hinab (vgl. Donoghue 2008, Washburn 2005).

Immer mehr zeigt sich in solcher Lohnarbeit zudem ein Zwei-Klassen-System: Jene Fächer, die Gewinn abwerfen, die in Anwendungen mit Patenten, medizinischer Versorgung, geldwerten Vorteilen stehen – also vor allem Medizin und Naturwissenschaften, Wirtschafts-

---

238 Dies wird durch Nebentätigkeitsverordnungen geregelt. Vielfach gehen Universitäten auch dazu über, Patente im Namen der Professor/inn/en anzumelden, um an den Erträgen maßgeblich beteiligt zu sein.

239 Dies zeigt Hartmann (2002) in seiner empirischen Studie über Promovierte und ihre Herkunft recht eindeutig.

wissenschaften und andere angewandte Wissenschaften – zeigen sich als die »eigentlichen Wissenschaften«, die gegenüber den Geistes-, Gesellschafts- und Kulturwissenschaften einschließlich der Lehrer/innen/bildung die besser dotierten Stellen und Ausstattungen einnehmen und dabei zu einem internen Verteilungskampf an den Hochschulen führen. Hierzu tragen am Output orientierte Messungen im Hochschulranking wie der Shanghai-Index[240] als auch Exzellenzinitiativen maßgeblich bei.

Mehrwert in der Wissenschaft durch Angebot und Nachfrage:

Angebot und Nachfrage umklammern die Universitäten in doppelter Weise: Einerseits bieten sie Studienplätze an, die auf dem Markt dann besonders teuer sind, wenn das Angebot an elitären Einrichtungen im Kampf gegen andere verknappt werden kann, um so das Lernkapital ihrer Absolvent/inn/en signifikant zu erhöhen, andererseits bietet der kapitalistische Markt Forschungsgelder an, um damit private Gewinne zu maximieren und in *joint ventures* scheinbar die Wissenschaft zu fördern. Werden beide Nachfragen ignoriert, dann wird der Platz im Ranking nach unten rutschen,[241] werden keine hinreichenden Angebote in Richtung Markt entwickelt, dann kann allein die Bildungsexpansion oder eine ohnehin lokal verknappte Studienplatzsituation wie in Deutschland das Überleben der Hochschule retten.

Universitäten auf dem Markt, dieser Schrecken scheint jüngerer Art, aber er begleitet die Universität auch von Anbeginn. Sie war und ist ein Arbeitsmarkt, ein Markt der Ideen, die sich verkaufen, in die Praxis umsetzen lassen, und allein weil die theoretischen Erkenntnisse sich nicht patentieren lassen, weil weder ein Kant, Fichte, Hegel oder Adorno und Habermas sich außer in ihren gekauften Büchern ökonomisch kapitalisieren lassen, weil damit die Kriterien der Bewertung von solcher Forschung sehr offen und vom Zeitgeist abhängig sind, heißt dies nicht, dass sie wertloser als andere sein müssen. Teilweise gelingt die Anerkennung des Wertes solcher Theorien, wenn sich die schlechter bewertbaren theoretischen Erkenntnisse wenigstens in symbolische Gebrauchswerte umwandeln lassen (sozial als angesehen, kulturell als wertvoll, lernbezogen als notwendig), um die universitäre Position im Ranking zu steigern. Aber für die Nutzer/innen solcher Rankings bleibt immer wieder die Frage, was ihnen dies unmittelbar für ihren Status als ein Gebrauchswert bringt, den sie später auf dem Markt in einen Tauschwert verwandeln müssen. Je mehr sie selber zahlen, desto höher sind die Erwartungen an eine Rückkehr des Geldes. Auf die Position einer gleichrangigen Wertung aller Forschung könnte man sich nur dann zurückziehen, wenn der Staat die Universitäten vor dem Markt als ein Refugium unabhängiger Forschung geschützt hätte, aber in der Globalisierung der Märkte werden solche Positionen immer mehr von allen Ländern verlassen.

Mehrwert in der Wissenschaft aus Illusionierungen, Täuschungen und Betrug:

Es sind vor allem die Wünsche nach mehr Geld oder Anerkennung und Ruhm, die Illusionierungen, Täuschungen und Betrug antreiben, und dieser Antrieb ist ein konstanter und viel-

---

240 Vgl. unter http://www.shanghairanking.com/ARWU2011.html (jährlich neu). Methodisch ist dieses Ranking allerdings stark umstritten. Vgl. dazu auch http://en.wikipedia.org/wiki/Academic_Ranking_of_World_Universities.

241 Dass deutsche Universitäten im Ranking weit unten platziert sind, verwundert nicht, da sie bisher noch nicht umfassend marktorientiert operieren.

schichtig mit sozialem, kulturellem, Körper- und Lernkapital verbundener Faktor. „Der verstärkte Wettbewerb in der akademischen Welt hat eine besessene Jagd nach Mitteln aus den wenigen gut ausgestatteten Förderungen ausgelöst. Um bei Förderinstitutionen gut dazustehen, nehmen Wissenschaftler bei der Inflation von Publikationen teil, bei Betrug oder auch einfachen technischen Tricks, bei risikoarmer und uninspirierter Forschung, anstatt sich an neue Forschungsfelder zu wagen. Dies gilt insbesondere für jüngere Forscher, deren Karriere- und Jobaussichten von besonders großer Unsicherheit geprägt sind." (Vermeir 2011, 138)

Da dieser Mehrwert besonders leicht erworben werden kann, ebenso wie es in der Ökonomie der letzten Jahrzehnte in großem Maßstab vorgemacht wurde, ist in diesem Feld mit einer Zunahme zu rechnen. Der damit einhergehende Werteverlust kann entscheidend dazu beitragen, dass der Mehrwert aus wissenschaftlicher Arbeit dann auch geschmälert wird, weil die Objektivität von Aussagen sich als ein zu großes Versprechen der Wissenschaft erweist. In anderen Jobs erwarten wir es ohnehin schon längst nicht mehr.

Um Statushierarchien als Illusionierungen zu konstruieren, wird besonders auf vier Formen zurückgegriffen (vgl. Münch 2009, 185): (1) im Sichtbarkeitseffekt geht es darum, die Größe der Einrichtung und ihrer Stars präsent zu machen; (2) im Komplexitätsreduktions-Effekt setzt man auf die Fokussierung weniger Top-Daten, die fokussiert werden, z. B. die vorhanden Drittmittel oder die Zahl der Publikationen mit hohem »Impact« oder andere hervorstechende Merkmale; (3) die in einem Department durch Evaluation erreichte Position gilt als »geheiligt«, was den Konsekrations-Effekt ausmacht, der dann als Maßstab für alle anderen gilt. Als einen wesentlichen zusätzlichen Mechanismus führt Münch (ebd.) neben anderen (4) den bekannten Matthäus-Effekt an (»Wer hat, dem wird gegeben«), der immer wieder besonders verführerisch wirkt, weil man hier nichts falsch machen kann: Wer hat, der hat ja schon bewiesen, dass er es verdient, also kann es so falsch nicht sein, hier mehr zu geben.

Der parasitäre Mehrwert in der Wissenschaft:

Das Verhältnis der Forscher/innen beginnt sich, nach einer langen Phase der Autonomie und Freiheit von Forschung und Lehre, umzudrehen: Dort, wo früher die Lehrstuhlinhaber/innen als Teil der Universität an ihren Leistungen durch Nutzung von Ressourcen und Hilfen sowie am symbolischen Status parasitär teilnahmen, kehrt sich die Sache in der Gegenwart um. Immer mehr Professuren tragen weltweit den Namen eines Sponsors, auf dessen Markennamen dann die Professorin oder der Professor mit eigenen Namen im Hintergrund sitzen. Man sitzt auf geborgtem Kapital, einem Parasiten gleich, und das verpflichtet.

Noch deutlicher wird in den universitären Umverteilungskämpfen der parasitäre Status in der Exzellenzinitiative, die gegenwärtig in Deutschland propagiert wird. Mit dieser Maßnahme wird ein zuvor auf relativer Gleichheit basierendes Hochschulsystem, das allen Bereichen eine recht hohe Autonomie und einen gleichen Status und etwa gleiche Ausstattungsmerkmale zumindest innerhalb bestimmter Fachgruppen zukommen ließ, grundlegend zerschlagen. Mit Schlagwörtern aus der Wirtschaft – wie Wettbewerb einführen, von der Gleichheit zur Elite, Errichtung von Eliteuniversitäten – soll für eine Umstellung geworben werden, die zwar marktorientiert klingt, aber im Grunde nur eine zentral regulierte Umverteilung und Neubewertung der Wissenschaften vornimmt. Die neuen Eckdaten sind voller Unterstellungen einer Wirksamkeit, die besonders auf eine Vereinseitigung durch Kapitalisierung gepolt ist:

- Wer viel hat, der bekommt mehr, so lautet auch hier immer wieder das scheinbare neoliberale Erfolgskonzept. Damit sind Sieger und Verlierer von vornherein benannt: Jene,
  die insbesondere Drittmittel aus dem Bereich der Wirtschaft gewinnen können, stehen
  vor denen, die wenigstens noch etwas aus den staatlichen Fördertöpfen abbekommen
  und beide rangieren vor jenen, die mit leeren Händen übrig bleiben. So entstehen bewusst Wissenschaften und Fächer erster, zweiter und dritter Klasse. Die erste Klasse
  ist forschungsstark, elitär ausgerichtet und erhält die zusätzlichen Exzellenzmittel, sie
  wird von Lehraufgaben entlastet und mit Gewinnabsichten überhäuft. Die zweite Klasse
  übt Forschung und Lehre noch im Verbund, aber sie steht unter dem stetigen Druck,
  die verbleibenden bescheideneren Mittel abzurufen, ohne doch je in die Top-Forschung
  vorstoßen zu können. Drittklassig bleibt eine Masse an Orten und Fächern, die eine
  Masse an Studierenden versorgen muss. Andere Länder machen bereits vor, was dies
  bedeutet. In Großbritannien sind es Cambridge und Oxford, die als Oxbridge die Elite
  verkörpern, in den USA ist es die Ivy-League, eine aus acht ursprünglichen Football-
  Teams gebildete Liga, in der Harvard, Yale und Princeton lange den Ton angaben, heute
  tauchen jedoch unter den Top 10 auch Stanford, das MIT, Berkeley, das California
  Institute of Technology, Columbia und Chicago auf. Cambridge und Oxford schaffen
  es auch unter die führenden 10, Yale ist auf Platz elf. Resultat eines Top-Rankings:
  Exorbitante Studiengebühren, hohe Selektivität, Anwerbung bester Forscher/innen.
  An solcher Exzellenz will man sich nun auch in Deutschland orientieren. Aber man hat
  nicht die hohen Studiengebühren, um es zu finanzieren. Dann bleibt nur die Idee, die
  Mittel der Hochschulen neu zu verteilen, d. h. einige bekommen viel, der Rest weniger.

- Die Umstellung auf Eliteuniversitäten wird in Deutschland in der globalen Konkurrenz
  über kurz oder lang aber die Muster übernehmen müssen, die auf hohen Studiengebühren
  basieren, weil die umverteilten Mittel im Konkurrenzkampf nicht reichen werden. Aber
  im Unterschied zu den führenden Privatuniversitäten wird sich dann auch die Frage
  stellen, wieso die öffentliche Hand aus Steuermitteln so etwas finanzieren soll, was nur
  einer Minderheit zugutekommt. Die Fiktion, dass insgesamt durch solche Konzentration
  für die Forschung mehr herauskommt, ist bloßes Wunschdenken und bleibt bisher jeden
  Nachweis schuldig. Denn zwar mag in der besonders geförderten Exzellenz immer mehr
  herauskommen, aber zugleich wird durch die Konzentration der Mittel auf bestimmte
  Orte anderen etwas entzogen, so dass die Forschungsresultate in der Breite, die deutlich stärker auch innovativ über die Diversität wirken könnten, beschränkt werden. Ein
  Resultat ist gewiss: Es geht um einen gnadenlosen Umverteilungskampf der begrenzt
  verfügbaren Hochschulausgaben in Richtung jener Fächer, die anwendungsbezogen in
  den Naturwissenschaften und der Medizin forschen (vgl. auch Teichler 2005; Münch
  2009, 105 ff.; Hartmann 2006 und 2007, 77 ff.).

- Keineswegs kann behauptet werden, dass die alte staatlich unterhaltene Universität in
  Deutschland immer sehr effektiv war. Sie war oft durch borniert Lehrstühle, verkrustete
  Lehrformen, eine Uninteressiertheit gegenüber Studierenden und eine völlige Unterausstattung seit dem Übergang in die Massenuniversität gekennzeichnet. Eine Reform
  dieses Systems konnte nicht schaden. Aber die heutige Reform operiert mit bloßen Umverteilungen und nicht fundamentalen Besserausstattungen. Insbesondere die Relation

Dozenten zu Studenten bleibt unbefriedigend und ist keinesfalls mit Eliteuniversitäten weltweit zu vergleichen. Der Betrug an der deutschen Universitätsentwicklung besteht nun darin, dass eine Minderheit entlastet wird, um die Mehrheit in unzureichender Ausstattung zu belassen. Von dieser Seite her zeigt sich die Exzellenzinitiative als Ausdruck einer verpassten und misslungenen Hochschulreform in der Breite.

- Es wird spürbare Konsequenzen geben. „Während es heute auch für Spitzenkarrieren noch egal ist, an welcher Universität man studiert hat, dürfte sich das in Zukunft drastisch ändern. Wer Top-Positionen erreichen will, muss sein Examen dann an einer der Eliteuniversitäten gemacht haben." (Hartmann 2007, 81)

- Das weltweite Verschwinden bzw. Schrumpfen der Verbeamtung (*tenure*) der Lehrenden ist ein Indikator dafür, dass die Zertifizierung als Kosten-Nutzen-Rechnung sich immer stärker gegen Bildung oder Wissen als Selbstzweck im Sinne des Aufklärungskonzeptes der Moderne durchsetzt. Wo früher der Lehrberuf von den Mühen des ständigen Kampfes um den Erhalt des Arbeitsplatzes entlastet wurde, um einen Freiraum zu gewähren und einen gebildeten Habitus ohne kommerzielle Interessen entfalten zu können, da tritt nunmehr die Lehre als ein Job neben anderen auf. Dies gilt sogar für die höchste Ebene der Ausbildung, nämlich für die Professorenschaft.

Nehmen wir diese Punkte im Zusammenhang, dann wird die Ausrichtung und Entwicklung der Wissenschaften als politische Aufgabe offenbar. Die Politik und der Staat können nicht erwarten, dass die Wissenschaften sich selbst wieder aus den Umklammerungen befreien, wenn sie nicht die eigene Rolle in dieser Entwicklung beachten und reflektieren. Auf dem Spiel stehen nicht nur die kleinen »Exotenfächer«, die in den Universitäten mangels ökonomischer Relevanz ums Überleben kämpfen, sondern insgesamt die Grundlagenforschung in allen Bereichen, aber insbesondere in den Geistes-, Gesellschafts- und Kulturwissenschaften, die für die Entwicklung der Reflexion von Demokratie, Freiheit und Ansprüchen an die Menschenwürde und Gerechtigkeit, Erziehung und Bildung wie in vielen anderen Fragen Wesentliches leisten. Im Blick auf das Verhältnis von öffentlichen Leistungen, wie sie auch die Wissenschaft verkörpert, und Kommerzialisierung, sagt Crouch: „Die Spannung zwischen den egalitären Forderungen der Demokratie und den Ungleichheiten, die aus dem Kapitalismus resultieren, kann nie vollkommen beseitigt werden, allerdings sind mehr oder weniger konstruktive Kompromisse möglich." (Crouch 2008, 102) Dies führt uns zum nächsten Punkt.

6.3.4 Lernkapital und Chancengerechtigkeit

Die internationalen Schulleistungsvergleiche haben deutliche Unterschiede zwischen den OECD-Ländern offenbart. Diese bestehen zunächst schon in dem Aufwand, den die Länder für die Bildung betreiben. Dabei werden in vielen Ländern die Qualität der Erziehung und die Bemühung um mehr Chancengerechtigkeit auch für benachteiligte Lerner/innen unterschätzt, weil sich die Wirkungen für die Ökonomie und die Gesellschaft bei solchen Investitionen nicht unmittelbar, sondern nur auf lange Sicht zeigen. An dieser Stelle soll auf den Zusammenhang von staatlichen Maßnahmen im Blick auf das Lernkapital und das ökonomische Wachstum eingegangen werden (vgl. OECD 2010).

Wenn wir z. B. auf Deutschland schauen, dann haben die Leistungsvergleiche mit anderen Industrieländern aufgedeckt, dass das deutsche Bildungssystem zentrale Schwächen hat. Schülerinnen und Schüler erbringen nur durchschnittliche oder schlechtere Leistungen auf zentralen Gebieten wie Lesen, Mathematik oder Naturwissenschaften. In keinem anderen Industrieland entscheiden die sozial-ökonomische Herkunft und der Migrationshintergrund so sehr über den Schulerfolg wie in Deutschland. Anders ausgedrückt, in Deutschland gibt es eine besonders schlechte Bildungsgerechtigkeit, weil der Staat nicht hinreichend Vorsorge in struktureller, finanzieller und sozialer Hinsicht leistet. Messbar ist der Misserfolg vor allem daran, dass viel zu wenige höhere Bildungsabschlüsse in der Breite der Schülerschaft erreicht werden. Experten der OECD haben versucht, die ökonomischen Erträge im Blick auf eine Steigerung des Bruttosozialprodukts der Volkswirtschaften zu berechnen, wenn die Staaten durch Reformen und Investitionen das Niveau des Pisa-Siegerlandes Finnland erreichen würden. Die Schätzungen zeigen in *Schaubild 24* welche starken Wirkungen erwartet werden können.

Schaubild 24: Welchen volkswirtschaftlichen Nutzen hätte es, wenn die Pisa-Länder den Wert des Siegerlandes Finnland erreichen würden? Angaben in Billionen US Dollar. OECD (2010, 7)

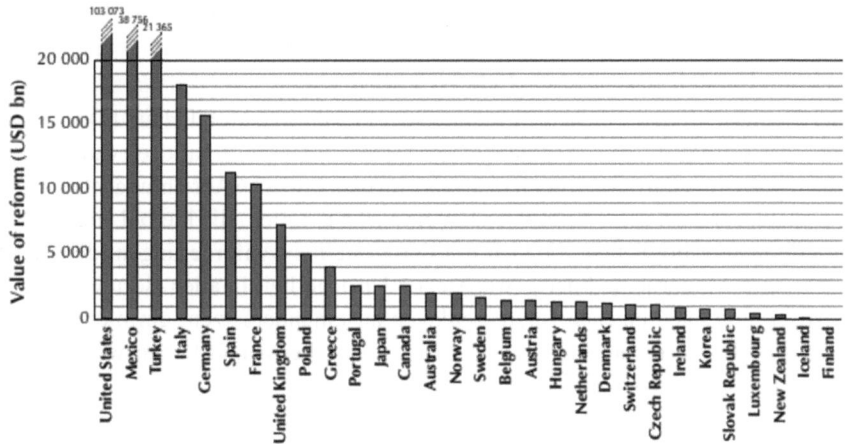

Note: Discounted value of future increases in GDP until 2090 due to reforms that improve student performance in each country to reach the level achieved by Finland, at 546 points on the PISA 2000 scale (average of mathematics and science in 2000, 2003 and 2006), expressed in billion USD (see also Table 2).

Unstrittig in der wissenschaftlichen Forschung ist die Aussage, dass eine gute Erziehung und ein qualitätvolles Erziehungssystem wesentlich für wirtschaftliches Wachstum sind (vgl. ebd., 12). Auch wenn solche Projektionen wie in Schaubild 24 nie genau sein können, so zeigen sie aus ökonomischer Sicht sehr deutlich die hauptsächlichen Tendenzen, die ein qualitativ hohes Schulsystem im Blick auf ökonomische Wirkungen für die Gesamtgesellschaft produzieren kann:

- Insbesondere eine höhere ökonomische Arbeitsproduktivität, weil qualifizierte Lerner/innen über kognitive Fertigkeiten verfügen, die für innovative Technologien und Unternehmen notwendig sind (Ermöglichung eines gezielten wissenschaftlich-technischen Fortschritts).

- Eine größere Flexibilität, Mobilität und Disponibilität der Arbeitskräfte, um stärker auf Schwankungen der Märkte und Innovationen zu reagieren.

- Qualifizierte Arbeitskräfte erzeugen weniger Kosten durch Arbeitslosigkeit, Gesundheitskosten und Kosten durch abweichendes Verhalten.

- Qualifizierte Lerner/innen tragen besser zur Entwicklung des sozialen Gemeinwesens, der Demokratie und einer Kultur bei, die mit Diversität, Respekt vor dem anderen und kommunikativen Kompetenzen einhergeht.

Kritisch ist bei solch ausschließlich ökonomischen Analysen aber anzumerken, dass diese Anforderungen an die Bürger/innen und Arbeitskräfte nicht einseitig zu verstehen sind, sondern zunächst eine Bringschuld der Staaten und hinreichende Motivationsanreize der Individuen bedingen:

- Die Qualifikation der Lerner/innen muss in der Breite, Tiefe und den individuellen Chancen deutlich die jeweils geltenden Bedürfnisse engerer kapitalistischer Profitinteressen übersteigen, weil Schulsysteme nicht nur dazu dienen, auf den Arbeitsmarkt und für die Verwertbarkeit von Arbeitskräften hin zu orientieren. Aber der Umkehrschluss, dass sie dies gar nicht tun dürften, wäre naiv und illusorisch, weil es auch im Erziehungssystem keine vom Kapitalismus abgeschottete Welt geben kann.

- In der flüssigen Moderne dient die Erhöhung der Flexibilität, Mobilität und Disponibilität dazu, dass Lerner/innen Kompetenzen ausbilden, die arbeitsmarktrelevant sind. Das Erziehungssystem darf dies jedoch nicht als rein ökonomische Abrichtung verstehen und entwickeln, sondern muss Kompetenzen entwickeln helfen, die hierbei auch kritische Einstellungen ermöglichen, die sich mit den gestellten Anforderungen, dem Wandel der flüssigen Moderne und der gewachsenen Unsicherheit in allen Berufen bzw. Jobs realistisch und nach eigenen Interessenlagen auseinandersetzen, um möglichst hohe Freiheitsgrade und unterschiedliche Zugänge zur Arbeits- und Lebenswelt in Vielfalt und in Nutzung von Wahlmöglichkeiten zu ermöglichen.

- Qualifizierte Lerner/innen können weder Arbeitslosigkeit, Krankheit oder ein Verhalten, dass der Gesellschaft schaden kann, verhindern. Aber sie erwerben Kompetenzen und Einstellungen, die den Umgang mit diesen Phänomenen meist besser gelingen lassen als wenn sie unvorbereitet oder dequalifiziert blieben.

- Qualifizierte Lerner/innen werden leichter mündige Bürger/innen, die ihre Partizipationschancen nutzen und verteidigen. Dies ist für die Sicherung und Entwicklung demokratischer Verhältnisse selbst ausschlaggebend.

Nehmen wir diese Punkte im Zusammenhang, dann müsste es für alle demokratischen Staaten eigentlich im Eigeninteresse liegen, ein möglichst effektives Erziehungs- und Bildungssystem aufzubauen, das im Ländervergleich möglichst an der Spitze agiert, um dadurch langfristig das eigene Wachstum zu sichern, die Produktivität der Gesellschaft zu erhöhen und zugleich die Chancen in der Gesellschaft möglichst gerecht zu verteilen. Hier zeigt das

Schaubild 24 der OECD im Umkehrschluss, dass jene Länder, die zukünftig ihr Bruttosozialprodukt stärken könnten, gegenwärtig besonders schlechte Ausgangspositionen besitzen, weil sie das Lernkapital ihrer Gesellschaften nicht hinreichend nutzen. Es sind Länder, in denen die Gerechtigkeitslücke deshalb besonders groß ist.

Mit Crouch (2008, 133) lässt sich allerdings auch fragen, ob in der derzeit noch voranschreitenden Überbetonung der Rolle der wirtschaftlichen Unternehmen in den westlichen Demokratie nicht das Ungleichgewicht gegenüber den staatlichen Aufgaben, die Benachteiligungen vorbeugen sollten, so groß wird, dass insgesamt die Demokratie daran zugrunde gehen könnte. „Diese Veränderungen sind so massiv, sie betreffen so viele Bereiche, daß keine wirkliche Wende in Sicht ist. Dennoch gibt es Möglichkeiten, die politische Entwicklung zumindest in Ansätzen von ihrem vermeintlich unaufhaltsamen Kurs in Richtung Postdemokratie abzubringen. Man kann dies auf drei Ebenen versuchen: Erstens mit Maßnahmen, die darauf zielen, die wachsende Dominanz der ökonomischen Eliten zu begrenzen; zweitens mit Reformen der politischen Praxis als solcher; und drittens gibt es Handlungsmöglichkeiten, die den Bürgern selbst offenstehen." (Ebd.)

In der gesellschaftlichen wie auch der individuellen Gestaltung und Entwicklung des Lernkapitals müssen diese drei Möglichkeiten wahrgenommen werden. Insbesondere das Lernkapital kann bei fehlendem ökonomischem Kapital auch bildungsbenachteiligten Menschen helfen, ihre Chancen zu erhöhen. Andere Ausgleichsmöglichkeiten zeigen sich beim kulturellen, sozialen und Körperkapital zwar auch, aber die Wirkungsweise des Lernkapitals hat – so die hier vertretene These – zunächst die nachhaltigste Wirkung. Sie setzt zugleich beim ersten Punkt von Crouch an. Aber wie könnte dies konkret geschehen?

Eine wichtige Frage ist, inwieweit – bei allen Entwicklungsmöglichkeiten – das Lernkapital den anderen Kapitalformen entwicklungsfördernd vorausgehen und Chancen eröffnend realisiert werden kann. Wir können meist nicht unmittelbar gesellschaftlich einen bestehenden Besitz ökonomischen, sozialen, kulturellen oder Körperkapitals grundlegend über Nacht verändern, aber durch staatliche Regulation besteht die Möglichkeit, das Lernkapital langfristig so zu steuern, zu lenken und zu gewichten, dass es in besonderem Maße auch jene Menschen fördert, die ansonsten schlechtere Chancen in ihrer Entwicklung haben. Dies geht allerdings nur über eine klare Erhöhung der Bildungsausgaben, um den Grunderfordernissen überhaupt gerecht werden zu können. Der internationale Vergleich zeigt hier bereits große Unterschiede: Deutschland rangiert hier im unteren Feld und muss sogar zwischen 1995 und 2007 Verluste hinnehmen.[242] Interessant ist an der Entwicklung, dass frühere unterentwickelte Länder deutlicher als Industrieländer erkannt haben, wo Investitionen in die Zukunft lohnen. So lässt sich beispielsweise Korea mit Deutschland vergleichen, um zu erkennen: „Vor vierzig Jahren lag der komparative Vorteil Südkoreas nicht in der Herstellung von Chips oder Autos, sondern im Reisanbau. Die koreanische Regierung beschloss, in Bildung und Technologie zu investieren, und den komparativen Vorteil des Landes zu verändern und den Lebensstandard der Bevölkerung zu heben. Sie hatte Erfolg und veränderte dadurch die koreanische Gesellschaft und Wirtschaft. Die Erfahrung Koreas und anderer erfolgreicher Länder hält Lehren für die Vereinigten Staaten [und Europa] bereit: Wo sollte langfristig unser dynamischer komparativer Vorteil liegen und wie kommen wir dorthin?" (Stiglitz 2010, 254)

---

242   Vgl. zu den Ausgaben für Bildungseinrichtungen aller Bildungsbereiche z. B. OECD (2010 a, 235).

Die Steigerung der Bildungsausgaben ist allerdings, wenn es zu einer Erhöhung der Bildungsgerechtigkeit kommen soll, an weitere Bedingungen – und damit kommen wir auf die Ebene der Schritte zwei und drei nach Crouch – zu knüpfen. Auch wenn sich die Forschung in diesen nicht einig ist, weil sehr viele Interessen vor allem aus der Sicherung bisheriger Besitzstände hier mit eingehen und es ohnehin keinen wertfreie Beschreibung gibt, so will ich aus meiner Sicht wesentliche (und meist schon bewährte Elemente aus den chancengerechteren Ländern) anführen, die anzustreben wären:

- Die Errichtung eines inklusiven Schulsystems mit klaren Regeln gegen Diskriminierungen, wie sie z. B. vom Toronto School Board vorgeschlagen und praktiziert werden (vgl. zur Umsetzung für Deutschland Reich 2012).

- Insbesondere eine früh einsetzende kostenfreie Kinderbetreuung mit umfassender Förderung als ein wesentliches Mittel, schon früh Benachteiligungen entgegen zu steuern (vgl. z. B. Becker 2010, Kreyenfeld/Krapf 2010).

- Die Auflösung des engen Zeitfensters einer Schullaufbahnentscheidung bereits nach der vierten Klasse und die Verschiebung nach hinten (frühestens nach der neunten Klasse), um für alle Schüler/innen hinreichende Entwicklungspotenziale zu erschließen.[243]

- Die Bildung heterogener Lernergruppen, weil nur in der Heterogenität eine hinreichende Förderung aller ohne Leistungseinbußen möglich ist.[244] Diese Klassen dürfen nicht zu groß sein[245] und in der Inklusion muss eine umfassende auch sonderpädagogische Betreuung und Mitarbeit von Sozialarbeitern, Psychologen und medizinischen Diensten gewährleistet werden.

- Entrümpelung, Vereinfachung, höhere Kompetenzorientierung der Lehrpläne und gezielte Sprachförderung auch der bildungsfernen Schichten im heterogenen Klassenverband. Nicht mehr überwiegend die Fachwissenschaften dürfen die Schulfächer in ihren Inhalten und Methoden dominieren, sondern der relevante Stoff muss pädagogisch und didaktisch aufbereitet, auf alltagspraktische Bildungsinhalte zurückbezogen und sprachlich für alle zugänglich bereitgehalten werden. Dies setzt zugleich eine Reform der Lehrer/innen/bildung voraus (vgl. Reich 2009 a).

- Orientierung nicht nur auf erfolgreiche Schulabschlüsse, sondern auch auf schulisch vorbereitete Ausbildungsabschlüsse in jenen Fällen, in denen keine Ausbildungsplätze von der Wirtschaft für bestimmte Schüler/innen bereitstehen.

Zu diesen Aufgaben treten weitere hinzu. Innerhalb der ökonomischen Entwicklung sind die Löhne und Gehälter, die Anreizsysteme, Belohnungen und Boni sehr unterschiedlich für verschiedene Tätigkeiten entwickelt worden. Diese Unterschiedlichkeit gilt einerseits für verschie-

---

243 Wer aus Besitzstandsdenken heraus glaubt, dass dies unmöglich sei, weil so die Leistungsstarken benachteiligt werden, der sollte sich die Ergebnisse der PISA-Siegerländer ansehen, die von der gemeinsamen Schulzeit her bereits so verfahren.

244 Heterogenität ist vor allem eine Chance, die Lernenden auch voneinander profitieren zu lassen und neben dem Wissensaufbau auch soziale Kompetenzen zu fördern.

245 Akzeptierte Klassengrößen sind sehr von Gewohnheiten und kulturellen Stilen abhängig. In der Lehr- und Lernforschung wirklich heterogener Gruppen erscheinen 15-18 Schüler/innen pro Einheit als optimal. Solche Einheiten lassen sich auch in einer »Homebase« zwei- bis vierzügig zusammenlegen und dabei differenziert von einem Lehrteam unterrichten.

dene Branchen und innerhalb der Branchen für verschiedene Tätigkeiten. Die Willkürlichkeit der Zahlungen ist besonders offensichtlich, wenn für gleiche Arbeit unterschiedlich gezahlt wird, z. B. zwischen Männern und Frauen, zwischen verschiedenen Orten, innerhalb eines Unternehmens. Im Bankbereich ist eine besondere Bereicherungstendenz zu erkennen, weil hier die Vergütungen willkürlich hoch angesetzt werden. „Diese leistungsunabhängige hohe Vergütung zeigte sich an den Boni, die US-Banken im Jahr 2008 auszahlten, einem Jahr mit Rekordverlusten und fast Rekordboni – insgesamt 33 Milliarden Dollar. (Sechs der neun Banken zahlten mehr an Boni aus, als sie an Gewinn erwirtschaftet hatten.)" (Stiglitz 2010, 413)

Aber wie würde eine gerechtere leistungsbezogene Vergütung aussehen? In welchem Verhältnis steht sie zum Lernkapital?

Ich will zunächst die falschen Anreize betrachten, die gesellschaftlich durch Regelungen zu vermeiden wären. Beginnen wir mit dem Akkord. Bezahlt man nach Akkord, dann wird der Beschäftigte, sofern er nur den geringsten Freiraum hat, versuchen, die Arbeitsintensität zu unterbieten, minderwertige Waren zu produzieren, d. h. irgendwie der hohen Belastung zu entkommen, um die Stückzahl zu erreichen. Solchen Akkord gab es auch im Finanzsektor, wenn z. B. Immobilienmakler vor der Finanzkrise möglichst viele Verträge ohne Rücksicht auf Kreditwürdigkeit abschlossen. Sie unterlagen falschen Anreizen. Führungskräfte, die mit Aktienbezugsrechten versorgt werden, haben den Anreiz, möglichst kurzfristig den Wert der Aktie nach oben zu treiben, die Bilanzen zu schönen oder schlimmstenfalls die Gewinne so zu manipulieren, dass die Märkte positiv reagieren. Stiglitz (2010, 205) nennt dies einen wesentlichen Faktor, der die Finanzkrise vorantrieb. Alle Boni, die auf kurzfristige Anreize ausgerichtet sind, die nur auf Gewinnen und nicht auch auf Verlusten basieren, erweisen sich als gesellschaftlich problematisch, auch wenn sie als individuell nützlich erscheinen. Der individuelle Nutzen kehrt sich gegen die Gesellschaft, die in irgendeiner Weise für die Schäden aufkommen muss. Was zeigte die Finanzkrise? „Die Diskrepanz zwischen gesamtwirtschaftlichen Nutzeneffekten und persönlichen Anreizen lag offen zutage: Finanzmarktakteure strichen satte Gewinne ein, aber sie waren dabei so krasse Risiken eingegangen, dass sie für die Gesamtwirtschaft nur Risiken geschaffen hatten, denen *keine Ertragschancen* gegenüberstanden." (Stiglitz 2010, 206) Einen solchen Akkord gibt es auch im Erziehungs- und Bildungssektor, wenn weniger auf die individuelle Entwicklung des Menschen als vielmehr auf die Zertifizierung in Rangvergleichen unter hohem Stoff- und Zeitdruck geschaut wird. Je mehr Bildung als Massenware unter diesem Druck inszeniert wird, desto stärker sind die Wirkungen eines Akkords, in der die Lehrer/innen immer mehr durch Stoff- und Zeitpläne hetzen. Das Risiko besteht in wachsender Unlust und »Burnout« auf der Lehrseite, in Schul- und Lernverdrossenheit bei den Lernenden, wobei auch hier die Gesellschaft später für die Schäden aufkommen soll.

Ein weiterer Vergleich bietet sich an. Das ökonomische Kapital hat die Leitung seiner Unternehmen überwiegend an Dritte, an Manager und Führungskräfte, abgegeben. Heute sind die meisten Produzenten daher Angestellte und nicht Eigentümer von Unternehmen. Der bekannte Ökonom Herbert Simon beschreibt, dass es zu einer völlig neuen Mentalität der Unternehmensführung gekommen ist: Wer kontrolliert noch die Maximierung des Gewinns, wenn die Eigentümer keinen unmittelbaren Zugriff mehr haben? Grundsätzlich besteht „kein Unterschied zwischen gewinnorientierten Firmen, gemeinnützigen Organisationen und Verwaltungsapparaten. Alle haben genau das gleiche Problem, ihre Mitarbeiter dazu zu bewegen, auf die Verwirklichung der Ziele der Organisation hinzuarbeiten." (Simon 1991, 28) Was Simon Anfang der 1990er Jahre noch nicht so sehen konnte, das ist die exorbitante Steigerung der »Löhne« und Boni dieser Manager, die sich an der Gewinnmaximierung orientiert und durch diesen Anreiz kurzfristige Gewinne besonders stärkt. Daraus kann ein großer Nachteil entstehen, weil im Gegensatz zu Non-Profit-Bereichen die Firmen deutlich stärker aufs Spiel gesetzt werden. Im Erziehungs- und Bildungssystem gibt es selbstverständlich nicht diese Gewinnchancen Einzelner und auch keine ökonomischen Pleiten, aber ein ähnliches Führungsproblem und ein Versagen in der Leistungsfähigkeit. War es in alten Bildungskonzepten zumindest noch erwartet worden, dass alle Lehrende zugleich das symbolisieren und verkörpern, was eine »umfassende Bildung« sein sollte, so werden sie nunmehr zu Angestellten eines unterfinanzierten und überlasteten Systems, an deren Zielen sie oft zu wenig beteiligt werden und deren Struktur sie selbst für wenig sinnvoll halten. Wenn wir deutsche Schulen heute betreten, dann besteht neben mangelnder Führungsbereitschaft bei vielen zudem schon von den Ausstattungen her der Eindruck einer aktuellen Insolvenz. Allein jene Länder, die Schulen gut finanzieren und die den Lehrenden eine volle Verantwortung für Lehrpläne, Stoffrelevanz und die Lernumgebung geben, können hier eine bessere Leistungsbilanz und eine positive Mentalität erwarten.

Vor diesem Hintergrund ist es eine doppelte Aufgabe des Staates, für mehr Chancengerechtigkeit zu sorgen:

Einerseits sind günstige Rahmenbedingungen für mehr Chancengerechtigkeit zu gewähren. Hier ist das Fazit für aktuelle staatliche Aktionen in Deutschland sehr klar, wie aus der Sicht der Wirtschaftsforschung gefolgert wird: „Der Bildungsstand und die Bildungsbeteilung in Deutschland sind im internationalen Vergleich im Tertiär- wie im Sekundarbereich als problematisch zu bezeichnen. Insbesondere ist die akademische Bildung in Deutschland im Vergleich zu anderen Ländern relativ gering ausgeprägt. Bei Tertiärabschlüssen im Bereich B (in Deutschland Meister- und Techniker- sowie vergleichbare Abschlüsse) liegt Deutschland im Mittelfeld." (Voßkamp/Döhmen 2008, 29) Und im Bereich A, den reinen Abiturienten- und Studierendenzahlen, liegt Deutschland ebenfalls stark zurück. Es bedarf zunächst umfassender staatlicher Anstrengungen, hier umgehend entgegenzusteuern. Obwohl Politiker/innen verschiedener Parteien dies selbst immer wieder betonen, geschieht *de facto* jedoch kaum eine hinreichende Reform. Im Gegenteil, teilweise sinken die Ausgaben, teilweise werden Statistiken geschönt, weil die privaten Bildungsausgaben in eine positive Gesamtbilanz hinzugerechnet werden, und die Betonung des Länderförderalismus bietet beste Chancen, an dem negativen Trend nichts zu ändern. Angesichts der Staatsverschuldung wird die Priorität immer woanders, aber fast nie in der Bildung gesetzt. Als Erfolg wird schon etwas gefeiert, was man sich vorgenommen hat, selbst wenn die Realisierung unwahrscheinlich ist (Beispiel Rechtsanspruch für Kita-Plätze). Diese Kurzsichtigkeit wird auf Dauer sehr teure Folgen haben.

Andererseits bedeutet staatliche Regulation im Erziehungs- und Bildungsbereich aber auch, die Verantwortung bei einer guten materiellen Grundausstattung an die Beteiligten vor Ort zurückzugeben, um so partizipatives und demokratisches Handeln zu ermöglichen, das die eigenen Erfolge oder Misserfolge in den Kommunen kontrolliert und korrigiert. Hier zeigen insbesondere die skandinavischen Länder, dass ein solches System nicht nur erfolgreicher ist, sondern die Beteiligten auch zufriedener macht.

6.4 Individuelle Nutzung des Lernkapitals

Für den Mehrwert und seine Herstellung müssen die Besitzerin oder der Besitzer dieser Kapitalform erkennen, aus welchen Differenzformen sich ein Gewinn im Verhältnis zu den Kosten besonders ziehen lässt: Will man individuell das Lernkapital planen, verändern, positiv gestalten, dann sind die wesentlichen begrenzenden Ausgangspunkte immer schon die anderen Kapitalformen, über die individuell verfügt wird. Die ungleiche Verteilung des Reichtums, die in Kapitel 2 diagnostiziert wurde, lässt die Wohlstandsgesellschaften keineswegs als Idylle hoher Individualisierungschancen vermittelt über das Lernen für die breite Masse erscheinen. Dennoch gibt es gerade im Lernfeld individuelle Handlungschancen, weil vor allem über das Lernkapital sich ein Aufstieg auch aus sozial, kulturell und ökonomisch ungünstigen Lagen – wenn überhaupt – erreichen lässt. Auch hier müssen allerdings für den Mehrwert und seine Herstellung die Besitzerin oder der Besitzer erkennen, aus welchen Differenzformen sich ein Gewinn im Verhältnis zu den Kosten besonders ziehen lässt. Wie bei den anderen Kapitalformen ist es auch hier im Interesse jedes Individuums, möglichst hohe Vorleistungen durch intensive Lernarbeit in möglichst relevanten Lernumgebungen zu erreichen, um dadurch die Vorteile des Lernkapitals nutzen zu können. In *Schaubild 25* (auf der nächsten Seite) ist nochmals zusammenfassend gezeigt, aus welchen individuellen Strategien der Mehrwert hier entspringen kann.

1. Zunächst ist es immer die Differenz der eigenen verausgabten Kosten nach Aufwand, Zeit und Mitteln, die Vorteile beim Zugang, Aufrücken, Verbesserung der Positionen für einen selbst oder für die Nachkommen oder Verwandte verschaffen können. Die Währung für den Aufwand sind die erworbenen Gebrauchswerte, die Zertifikate im Zusammenwirken mit einem erlangten Habitus (kulturell, sozial, körperlich ausgeprägt), um Chancen und Möglichkeiten einer Kapitalisierung zu realisieren.[246]

2. In den Gebrauchswerten, den Lernergebnissen und Zertifikaten, stehen alle in Konkurrenz, nicht nur mit- und gegeneinander, sondern auch in unterschiedlichen Gruppen und Kreisen, in Fächern und Spezialisierungen mit unterschiedlichen Zugangs- und Schließungsmechanismen. Kann ich als Individuum nur ein Lernergebnis mit Masseneffekten anbieten, d.h. unterscheide ich mich nicht offensichtlich von vielen anderen durch besondere Leistungen oder Zusatzqualifikationen (mehr Abschlüsse, mehr Fremdsprachen, jüngeres Alter usw.), so muss ich Chancen suchen, in denen meine Gebrauchswerte und Kompetenzen dann meist zu geringeren Preisen nachgefragt werden. Insbesondere wirksam ist das Studium von Fächern, die beruflich nachgefragt, aber für die Masse der Studierenden unattraktiv sind.

---

246 Die Ergebnisse sind statistisch nachvollziehbar. So z.B. bei den Bruttoarbeitsverdiensten der am stärksten vertretenen Berufe unter Statistisches Bundesamt (2008, 118).

Schaubild 25: Formen des Mehrwerts für das individuelle Lernkapital

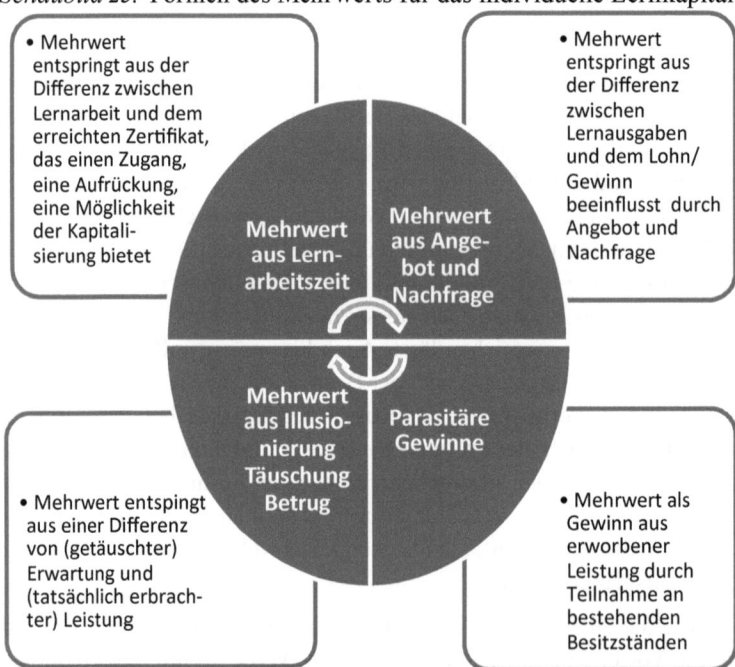

- Mehrwert entspringt aus der Differenz zwischen Lernarbeit und dem erreichten Zertifikat, das einen Zugang, eine Aufrückung, eine Möglichkeit der Kapitalisierung bietet

- Mehrwert entspringt aus der Differenz zwischen Lernausgaben und dem Lohn/ Gewinn beeinflusst durch Angebot und Nachfrage

Mehrwert aus Lernarbeitszeit

Mehrwert aus Angebot und Nachfrage

Mehrwert aus Illusionierung Täuschung Betrug

Parasitäre Gewinne

- Mehrwert entspingt aus einer Differenz von (getäuschter) Erwartung und (tatsächlich erbrachter) Leistung

- Mehrwert als Gewinn aus erworbener Leistung durch Teilnahme an bestehenden Besitzständen

3. Mehr Schein als Sein, nach dieser Devise wird im Lernkapital heute von allen Lernenden agiert. In einem Zeitalter, in dem das Wissen mehr und mehr online verfügbar ist, kommt es stärker als je zuvor darauf an, sich selbst zu präsentieren, zu kommunizieren und ein geschicktes Wissensmanagement zu betreiben. Dies stärkt Tendenzen der Illusionierung bis hin zu Täuschungen und Betrug. Je mehr an Mehrwert im einzelnen Feld zu gewinnen ist, desto größer sind die Anreize, unehrliche Praktiken zur Gewinnsteigerung einzusetzen.

4. Soziales und vor allem kulturelles Kapital sind neben dem ökonomischen Status wesentliche Komponenten eines parasitären Zugewinns auch im Lernkapital. Je unterschiedlich nach der Bildungsgerechtigkeit der Länder, aber durchgehend wirksam, ist bereits das im Elternhaus erworbene Lernkapital, an dem parasitär teilgehabt wird.

Das Lernkapital, das hier nach vier Seiten seiner Mehrwertgewinnung beschrieben wird, wächst als solcher Mehrwert in den Handlungen an. Es speist sich im Wesentlichen aus den benannten Differenzen. Die Differenzen werden aber erst wirksam, wenn sie tatsächlich in Handlungen als Tausch auf einem Markt vollzogen werden. So bleiben künstlerische oder musische Kompetenzen beispielsweise bloße Gebrauchswerte, sie bleiben als Kapital stumm, wenn sie nicht zu Markte getragen werden können. Meist sind es nur begrenzte Handlungs- und Zeitfenster, für die das Lernkapital formal relevant ist: bei einer Einstellung, einer Beförderung, einer Gehaltserhöhung, den Chancen einer freiberuflichen Tätigkeit usw. Haben wir diese Hürde genommen, dann zeigen die Gebrauchswerte in der konkreten Arbeit, ob wir die Erwartungen erfüllen und den Lohn oder die Erträge auch tatsächlich auf längere

Sicht erzielen. Wir vergessen dann schnell das Lernkapital als Ausgangspunkt, weil wir uns nun in der konkreten Arbeit um andere Dinge kümmern müssen. Und wir vergessen so vielleicht auch zu schnell die anderen, die noch vor diesem Handlungsfenster stehen und voller Sorgen auf ihre noch nicht realisierten Chancen blicken.

Eine Messung der Differenzen der Mehrwerte im Lernkapital lässt sich zwar nie ganz genau vornehmen, aber sie erscheint sehr klar ausgedrückt im erreichten Einkommen (sei es in Lohnarbeit oder Selbstständigkeit). Als genaue Messvariablen haben wir die verausgabten Kosten, die zur Erstellung einer Ware und der in sie eingehenden Vorprodukte notwendig ist, und Preise, die sich erzielen lassen. Aber das Lernen geht hier immer nur implizit ein, es wird nicht als Kostenfaktor genau ausgerechnet und dann auf die Lohnhöhe angerechnet oder als Preis für eine Selbstständigkeit genommen. Wir listen kurzum nicht die Kosten auf, die alle Gebrauchswerte erforderlich machten. Dennoch bleiben die Kosten für die Lernbiografie nicht gänzlich unkalkuliert. In die Kalkulation gehen in der Marktpraxis mindestens folgende Überlegungen ein:

- Tarifordnungen regeln in vielen Ländern die Eingruppierung in bestimmte Lohn- und Einkommenshöhen nach den Voraussetzungen der Bildungsabschlüsse (des Lernkapitals ausgedrückt in Gebrauchswerten und nachgewiesenen Zeiten und Zertifizierungen). Dies sichert halbwegs eine Vergleichbarkeit, auch wenn insbesondere Angebot und Nachfrage die tatsächlichen Einkommen dann noch stark schwanken lassen.

- Vergleichsszenarien bei Karrieren zeigen, dass bestimmte Fach- und Kompetenzgebiete deutlich höhere Einkommen als andere erzielen. Dies gilt insbesondere für den Finanz- und Immobiliensektor. Gleichwohl sind in solche Berechnungen auch immer die Sicherheiten von Arbeitsplätzen und andere Faktoren wie Belastung und Arbeitszeit mit hineinzurechnen.

- Langzeitfolgen des Lernkapitals über die gesamte berufliche Arbeitszeit können verdeutlichen, dass manche Schwankungen sich über einen längeren Zeitraum ausgleichen, andere aber auch verstärken. Gerade das Lernkapital zeigt in der flüssigen Moderne, dass nicht alles durch den Markt geregelt wird, sondern auch durch die Motiv- und Interessenlagen der Lernenden, die sehr oft nicht jene Fächer und Kompetenzen wählen, die ein höheres Einkommen sichern würden.

Nehmen wir die aktuellen Befunde der gegenwärtigen Lage des Lernkapitals im Zusammenhang, dann kann für die individuellen Chancen folgendes festgehalten werden:

- Die Chancenungleichheit beginnt bereits im Kindergarten, weil hier insbesondere die sprachlichen Voraussetzungen für die Bildungserfolge gelegt werden. Risikofaktoren eines geringeren Besuches sind ein sozioökonomisch niedriges Profil und Migrantenstatus (vgl. Statistisches Bundesamt 2008, 75).[247] Dies wirkt sich auch auf die weiterführenden Schulen aus, wird teilweise dort noch durch Selektion verstärkt.[248] Umgekehrt gilt: Je höher die Abschlüsse sind, desto wahrscheinlicher ist ein langer und sicherer Erwerbsstatus (ebd., 114).

---

247 „2007 hatten 27 % der Deutschen ab 25 Jahren (noch) keinen beruflichen Abschluss, bei den in Deutschland lebenden Ausländern waren es 55 %." (Statistisches Bundesamt 2008, 73)

248 2006 hatten z. B. in Deutschland 18,6 Prozent Frauen und 16,3 Prozent Männer keinen Berufsabschluss (vgl. Deutsche Bundesregierung 2008, 63).

- Im Verlauf der letzten Jahrzehnte ist es durch die Bildungsexpansion graduell gelungen, die Bildungschancen einerseits zu verbreitern, was aber andererseits auch zu einer Entwertung zuvor elitärer Abschlüsse geführt hat. Für die früher so begehrten Titel und Abschlüsse erhält man heute deutlich weniger Geld. So wird heute das Abitur mehr und mehr als das Minimalziel eines ersten Abschlusses im internationalen Vergleich gesehen,[249] aber in Deutschland hängt man hier immer noch einer vergangenen Illusion eines exzellenten Abschlusses für eher wenige nach. Die Bildungsexpansion hat einen Verdrängungswettbewerb in Gang gesetzt, der die höhere gegen die niedrigere Qualifikation als Unterscheidungsmerkmal ausspielt.

- Dadurch steigen die Kosten zur Investition ins eigene Lernkapital erheblich. Je selbstverständlicher das Abitur wird, desto mehr werden Unterscheidungsmerkmale in Privatschulen, längeren Auslandsaufenthalten, Eliteinternaten, Hochschulen im internationalen Eliteranking gesucht. Nach oben hin sind den Kosten kaum Grenzen gesetzt. Der soziale Zugang zur Hochschule wird zudem zur neuen sozialen Hürde (vgl. Müller/Pollak 2010). Die grundsätzliche Tendenz ist belegt, dass die höheren Abschlüsse durchweg die besseren Erträge erzielen.[250]

- Nach unten verdrängen die besser gestellten Schüler/innen die schlechter gestellten entweder ganz nach unten in Haupt- oder Sonderschulen,[251] in denen eine untere soziale Homogenität nach schlechten Ressourcen und hoher Bildungsferne entstanden ist. Als Mittelweg bleibt noch die Realschule, die aber der nicht mehr funktionalen Hauptschule mittlerweile zusehends geopfert wird. Damit werden die Chancen jener Schichten, die sich noch nach oben hin orientierten, weiter nach unten abgesenkt.

Die Schwellen, die in der Bildung insbesondere in Deutschland gelten, werden meist mit der Ausbildung des Vaters in Korrelation gesetzt, weil hier die ältesten Datenbasen vorhanden sind. Von 100 Kindern eines Vaters mit akademischen Hintergrund gelangen 88 Prozent in die Sekundarstufe II und von diesen erreichen 94 Prozent einen Hochschulzugang. Bei den Nicht-Akademikern ist die Übergangsquote in die Sekundarstufe 46 Prozent, von denen 50 Prozent nicht einmal in die Hochschule gelangen (vgl. Deutsche Bundesregierung 2008, 69). Dabei ist der Erwerb von Lernkapital nachhaltig entscheidend nicht nur für die besseren und auch besser bezahlten Arbeitsplätze, sondern auch für geringere Arbeitslosigkeit, höhere Gesundheit und ein längeres Leben, weniger soziale Kosten durch abweichendes Verhalten und soziale Probleme.

Der Druck auf die Individuen, Lernkapital umfassender zu erwerben, wächst in dem Maße, wie die Individualisierungstendenzen der Gesellschaften immer weiter gesteigert werden. Dies führt auch dazu, dass die Kosten des Lernkapitals immer häufiger als Bringschuld der Individuen gesehen werden, was die Ungleichheit in der Gesellschaft zementiert und weiter befördert. Im demografischen Wandel, so war beim sozialen Kapital gesagt worden, kann die Verkleinerung der Population und die Überalterung der Gesellschaft zu Chanceneinbußen

---

249   Vgl. dazu OECD (2010a, 2001).

250   Vgl. dazu z. B. OECD (Tabelle A 7.1) unter http://www.oecd.org/edu/eag2010.

251   Mittlerweile sind über zwei Drittel der Sonderschüler/innen in Deutschland als lern- oder sprachbehindert oder erziehungsschwierig diskriminiert. Dabei übersteigt diese Gruppe quantitativ längst die Förderung jener Menschen mit Behinderungen, die früher im engeren Sinne als »behindert« exkludiert wurden. Vgl. dazu genauer Reich (2012).

der Jüngeren führen, im Lernkapital könnte dagegen die Chance bestehen, mehr Gerechtigkeit zu praktizieren. Der hohe Kostendruck einer überalterten Gesellschaft benötigt eine sehr aktive Gesellschaft, in der die Arbeitenden hohe Werte mit qualifizierter Arbeit erwirtschaften. Dies wird nur durch eine erhebliche Verbreiterung des Lernkapitals möglich sein. Je mehr es hierbei gelingen kann, die Gebrauchswerte des Lernens nicht nur einer Nutzenorientierung für die Wirtschaft zu opfern, sondern auch eine relativ breite Bildung einzusetzen, um so stärker könnte die gesamte Gesellschaft davon profitieren. Wird diese Chance verpasst, dann müssten immer weniger qualifizierte und arbeitende Menschen sowohl die Alten als auch die dequalifizierten jüngeren Menschen unterhalten, was an deutliche Belastungsgrenzen stoßen wird.

Betrachten wir auch hier analog zu vorherigen Kapiteln die Folgen des Lernkapitals auf wichtige Lebensbereiche:

- *Einkommen:* Lernkapital trägt als Einstiegs-, Eingangs- und Aufstiegsvoraussetzung in Berufen und gewerblichen wie selbstständigen Tätigkeiten direkt zur Sicherung des Einkommens bei. Die Gesellschaft erwartet grundsätzlich eine Teilnahme an Schule, Aus-, Fort- und Weiterbildung, die sie je nach Land und Beruf kostenfrei oder kostenpflichtig anbietet. Je weniger der Staat Vorkehrungen zur Bildung eines allgemeinen und breit verteilten Lernkapitals trifft, desto stärker wird die Bildungsungerechtigkeit im Vergleich zu Ländern ausfallen, die solche Vorkehrungen treffen.

- *Arbeitslosigkeit bzw. Beschäftigung:* Niedriges Lernkapital führt dazu, dass keine Arbeit gefunden wird oder Zeiten längerer Arbeitslosigkeit leichter entstehen. Zugleich führt niedriges Lernkapital verstärkt zu Aushilfs-, Teilzeit- und Leiharbeit, die insgesamt schlecht vergütet werden. Das deutlich niedrigere Einkommen steht zudem im Zusammenhang mit höherer Unzufriedenheit und höheren Sozialkosten für die Gesellschaft.

- *Soziale Mobilitätschancen:* Lernkapital erleichtert sowohl Aufstiege z. B. in einem beruflichen Feld als auch Um- und Neuorientierungen, um sich wechselnden Marktlagen dynamisch, flexibel und mobil anzupassen. Niedriges Lernkapital findet oft nur im Niedriglohnsektor und bei einfachen Arbeiten Verwendung. Im Rahmen der Globalisierung wird solche Arbeit massenhaft weniger in Industrieländern nachgefragt.

- *Konsumchancen und Wohnen:* Lernkapital ist vor allem für jene eine Chance, am Konsum und besseren Wohn- wie Lebensverhältnissen teilzuhaben, die durch die ökonomische, soziale und kulturelle Lage ihrer Familien schlechter als andere gestellt sind. Die Kapitalisierung des Lernens aber bedingt, dass immer mehr Eigenleistungen von Familien Voraussetzung für die Erwerb eines hinreichenden Lernkapitals geworden sind. Der Staat steht als demokratischer Staat in der Verantwortung, sowohl die Kluft zwischen den Menschen nicht dauerhaft Richtung Bildungsungerechtigkeit zu zementieren als auch den Konsum großer Bevölkerungsteile nicht so absinken zu lassen, dass die Gesamtwirtschaft dadurch Schaden nimmt.

Für den individuellen Umgang mit dem Lernkapital gelten, wenn ich die Überlegungen dieses Kapitels zusammenfasse, vor allem drei Szenarien:

1. *Besitzszenarium:* Größeres Lernkapital entsteht besonders durch parasitäre Teilhabe (Sozialisation im Elternhaus, Bildung der Eltern) und kulturelle wie soziale Aneignungen in der Familie. Der je schon erworbene Bildungsstand wird in Familien in der Regel als

ein notwendiger Besitzstand gesehen, der verteidigt und damit auf die Kinder übertragen werden muss. Dies gelingt aber nur durch persönlichen Einsatz, d. h. die Übertragung ist nicht in jedem Fall sicher, wenngleich statistisch gesehen in der Mehrheit der Fälle erfolgreich. Die Besitzenden haben weniger Interesse am Aufstieg auch besitzloser Kreise und sie verteidigen oft mit Behauptungen von Begabung und Leistung den Besitzstand, um die Konkurrenz zu minimieren.

Für diesen Personenkreis wird es zu einer Frage, inwieweit sie auch bildungsfernen oder weniger besitzenden Kreisen die Chance gewähren, hinreichend an Erziehung und Bildung zu partizipieren, sich im Lernen über die Grundschule hinaus auf heterogene Lerngruppen einzulassen, um so das Gesamtniveau der Bildung zu heben und bessere Chancengerechtigkeit herzustellen.

2. *Aufstiegsszenarium:* Da Lernkapital immer auch eigenen Willen und eigene Kraftanstrengungen voraussetzen, kommt es immer wieder vor, dass Aufstiege aus bildungsfernen in bildungsnahe Schichten möglich sind. Wer unter ungünstigen Ausgangsbedingungen Lernkapital erwerben will, ist aber auf Hilfen angewiesen, die sich in der einen oder anderen Weise mit sozialem, kulturellem oder Körperkapital verbinden. Selbst das größte Talent nützt nichts, wenn es nicht entdeckt wird. Selbst eine besondere Begabung wird nicht verwirklicht, wenn sie nicht gefördert wird. Für Aufsteiger eignen sich wie bei der Gewinnung des sozialen Kapitals offene und durchlässige, in der sozialen Hierarchie eher flache Gesellschaften (wie z. B. skandinavische Länder) mehr als bereits stark in der Bildung und den sozialen Kreisen exklusive und ausgrenzende Gesellschaften.

Die Aufsteiger selbst müssen immer mehr leisten als andere, um sich im Vergleich durchzusetzen. Für sie ist es dabei wichtig, positive Vorbilder und Förderer zu finden, die ihnen Unterstützung gewähren.

3. *Unsicherheitsszenarium:* Lernkapital unterliegt starken Wandlungen und damit hohen Unsicherheiten. Wesentlich für ein hinreichendes Lernkapital sind möglichst hohe Schul- und/oder Berufsabschlüsse, durchgehend günstig Hochschulabschlüsse. Deren Bedeutsamkeit und Wirksamkeit hängt aber auch mit nachgefragten oder überfüllten Berufen oder Tätigkeitsfeldern zusammen. Insbesondere kommunikative, kooperative und sprachliche Kompetenzen verbunden mit einem hohen Grad an Selbstorganisiertheit, Durchhaltefähigkeit und gutem Management der Zeit, Aufgabenfülle, wechselnden Anforderungen bei gleichzeitig zufriedenem Auftreten verkörpern einen Idealhabitus, in dem Lernkapital eine Grundlage und soziales, kulturelles und Körperkapital stets Bereicherungen für beruflichen Erfolg darstellen. Besonders niedrige, dequalifizierte Formen der Bildung verhindern gute Gebrauchswerte für das Lernkapital. Fehlende Gebrauchswerte in Konkurrenz zu anderen verstärken eine prekäre und unsichere Lebensführung, die auf soziale Leistungen der Gesellschaft angewiesen ist, sich dieser aber nie dauerhaft sicher sein kann. Eine Gruppe hoch qualifizierter Menschen, die einen hohen Gebrauchswert für ein mögliches Lernkapital besitzt, diesen aber nicht in einen Tauschwert verwandeln kann oder will, zeigt, dass der Markt im Kapitalismus stets eigene, unberechenbare und damit willkürliche Ergebnisse auch gegen die individuelle Planung eines Einsatzes eigener Qualifikationen erzeugt.

7. Kapitalformen und Chancengerechtigkeit

Wenn Menschen die Wahl haben, sich zwischen verschiedenen Kapitalformen zu entscheiden, dann übt das ökonomische Kapital in der Regel die größte Anziehungskraft aus, weil den meisten Menschen bewusst ist, dass sich aus diesem Kapital viele Ressourcen für die anderen Kapitalformen beziehen lassen. In einer Rangfolge der durchgehend kapitalistisch organisierten Gesellschaften ist das Lernkapital dagegen besonders für jene notwendig, die aus eigener Kraft ihren Lebensunterhalt sichern müssen oder aufsteigen wollen. Damit notwendig verbunden sind soziale, kulturelle und Körperkapitalanteile, wobei hier die Bevorzugungen auch wechseln mögen. Diejenigen, die mehr besitzen, mögen sich leichter mit Mischungen und individuellen Varianten zufrieden geben, für die Besitzlosen bergen vor allem Lern- und in Teilen Körperkapital Chancen, um ihr soziales und kulturelles und langfristig auch ökonomisches Kapital aus möglichst eigener Kraft zu erhöhen.

Allerdings kann hier nicht von einem deterministischen Modell ausgegangen werden. Die Kapitalformen sind immer mit historisch konkreten Machtformen verbunden. Dies zeigt ein Blick auf die untergegangenen sozialistischen Staaten. Hier hatte es z. B. in der Sowjetunion oder DDR Länder gegeben, in denen das ökonomische Kapital der Menschen zumindest auf der staatlich verordneten Einkommensseite eher angeglichen wurde (was allerdings bei näherer Hinsicht auch nicht umfassend gelang), zugleich jedoch wurde das soziale Kapital bestimmter Gruppen so mit Macht aufgeladen, dass es stellvertretend für die ökonomische Potenz dann auch noch die Partizipationschancen der Mehrheit fundamental und antidemokratisch angreifen konnte. Allein konkrete historische Analysen können hier je nach Zustand der gesellschaftlichen Verfassung und ihrer lokalen Ausprägungen helfen, das Zusammenwirken der Kapitalformen für bestimmte historische Epochen und lokale Sonderformen in einer ansonsten zunehmend globalen Welt näher herauszuarbeiten und zu bestimmen.

Das Zusammenwirken der Kapitalformen wird dabei allerdings nie zu einer vollständigen Analyse abgerundet werden können, wie ich in allen Kapitel des Buches zu zeigen versuchte. Ein solcher Wunsch nach vollständiger Darstellung ist aufgrund der Komplexität der Kapitalformen und ihres Zusammenwirkens stets vergebens. Aber zeitdiagnostische Betrachtungen können helfen, Beobachtungen zu interpretieren und gerechtfertigte Behauptungen über Wirkungen der Kapitalformen anzustellen.

Das ökonomische Kapital ist heute zwar eine Grundressource, aber – wie über die Kapitel deutlich werden konnte – nicht die einzige Kapitalform, die wirkt. Die soziale Anerkennung, die mit Macht, Status und einem durchsetzungsstarken Habitus einhergeht, ist in der Wahl der Partnerschaften, Freundes- und Bekanntenkreise, der Arbeits- und Freizeitverhältnisse mit der Zunahme persönlicher Autonomie in einer Konsumgesellschaft wesentlich geworden. Die Kultur als Unterscheidungsmerkmal hat zwar ihre Gesichter zwischen altem und neuem Kapital gewandelt, aber die expliziten und impliziten Rangfolgen kultureller Besitzstände und Ansprüche sind wie ein äußerer Spiegel, der das ökonomische Kapital begleitet. Bereits das kulturelle Sprachverhalten bewirkt, ob eine Person hinreichend wahrgenommen, anerkannt und wertgeschätzt wird. Körperkapital mischt sich in diese Formen ein, denn die Reichen wollen auch immer die Schönen sein oder die Schönen besitzen und repräsentieren. Das Lernkapital bildet eine gewisse Zwischensumme, aber es interessiert vor allem jene und ist für sie dann auch höchst attraktiv, die selbst das Lernen als ein Unterscheidungsmerkmal und Hilfsmittel in den Aufstiegskämpfen benötigen oder hierbei lieb gewonnen haben. Man mag diese Aussagen für Hypothesen halten, die im Einzelfall nicht stimmen mögen, aber in der großen Masse der Wünsche und der verwirklichten biografischen Strategien der Menschen ist es nicht schwer, ihre Stichhaltigkeit auch empirisch zu belegen. In reflektierten Selbstbeobachtungen erkennen wir immer wieder die besonderen Wirkungen und erfolgreiche wie erfolglose Varianten.

Die erweiterten Kapitalformen können allerdings nicht verleugnen, dass das ökonomische Kapital die Menschen immer noch wesentlich nach Arm und Reich und damit in ihren grundlegenden Ressourcen scheidet. Dennoch hat sich das Kapital in Kapitale verwandelt. Die Kapitalformen wirken systemisch zusammen, sie bedingen sich gegenseitig, auch wenn in der einen oder anderen Lebensweise die eine oder andere Form dominant sein mag. Und die Kapitalformen sind ineinander transformierbar, d. h. sie lassen sich alle gegeneinander tauschen und konvertieren, was sich leicht an biografischen Fallstudien, nach Unterschieden im Gelingen oder Misslingen von Lebenschancen, belegen lässt.

Insbesondere in Kapitel 2 wird argumentiert, dass sich die Bestimmung des ökonomischen Kapitals im Gegensatz zu Marx wandelt, wenn wir von verschiedenen Mehrwert- und Kapitalformen ausgehen. Dies hängt damit zusammen, dass aus einer handlungstheoretischen Bestimmung heraus nicht mehr allein der Dualismus von Kapital und Lohnarbeit ausreicht, um Mehrwertproduktionen zu erfassen, sondern dass die Analyse, wenn wir auf die Praktiken der Menschen schauen, deutlich breiter aufgestellt werden kann. Jeder Mensch im Kapitalismus ist in Kapitalisierungen verstrickt. Solche Kapitalisierungen finden im Kleinen wie im Großen statt. Sie gründen in einer Differenz, die austauschbaren Werten Mehrwerte hinzufügen lassen, wobei dies nicht nur in der Produktion, sondern in allen Formen der Distribution und des Austausches geschehen kann. Die zusätzlichen Mehrwertproduktionen durch Angebot und Nachfrage, Illusionierungen, Täuschungen und Betrug, schließlich auch durch parasitäre Gewinne, weichen das Marxsche Modell oder andere Theorien nach Tausch- oder Eigentumsparadigmen soweit auf, dass Wert- und Mehrwertproduktionen in einem gänzlich neuen Licht erscheinen. Dies ist nicht notwendig damit verbunden, wie Marxisten gerne unterstellen, dass damit übersehen wird, wie ungleich und sozial geschichtet die Gesellschaft ist, sondern es vermag die Augen für Vorgänge zu öffnen, die sonst der dogmatischen Brille mit ihrer steten Suche nach Vereinfachungen in einer dualistischen Denkweise zu entgehen. Ja, erst vor diesem Hintergrund einer Mehrwertbestimmung für alle Kapitalformen wird plausibel, Kapitalformen nach Kosten und Nutzen genauer zu unterscheiden und sie nicht nur aus den Alltagspraktiken her recht allgemein zu rekonstruieren, wie es in hervorragender Weise bereits Bourdieu unternahm.

Die Entwicklung des ökonomischen Kapitals, das heute einen Großteil seiner Gewinne der Spekulation und spekulativen Austauschgeschäften verdankt, zeigt selbst anschaulich, dass das, was Marx noch für einen Extrem- oder Sonderfall der Geschichte hielt, heute längst zur Regel geworden ist. Und diese Regel schließt ein, dass die Märkte kollabieren können und neu gestartet werden müssen, wenn der Kapitalismus überleben will. Aber er überlebt trotz kontinuierlicher Krisen eben auch deshalb, weil er so unterschiedliche Möglichkeiten der Mehrwertgewinnung gefunden hat und alle Menschen umfassend (wenn auch unterschiedlich) in die Kapitalisierung einbezogen sind. Denn unabhängig von den ökonomischen und sozialen Lagen hat sich ein kapitalistischer Habitus etabliert, dem die Menschen kaum entkommen können und in der Regel auch gar nicht entkommen wollen. Dieser Habitus weiß um die Geldgeschäfte im Kapitalismus, er situiert sich in diesen und agiert diese, er ist sich notwendiger Investitionen als individuelle Bringschuld bewusst, ohne diese aber immer hinreichend aufbringen zu können oder zu wollen, und er differenziert Handlungen zur Gewinnung verschiedener Kapitalformen, die je individuell unterschiedlich zusammengestellt, mehr oder minder ersehnt und geführt, erfahren und erlitten, beobachtet und kritisiert werden. Diese Kapitalisierung ist nicht nur eine Angelegenheit der Reichen, sondern reicht bis in die Handlungen der Ärmsten hinein. Auch wenn Marx bereits erkannt hatte, dass ein solches »gesellschaftliches Sein« mit seinen unterschiedlichen Ausgangslagen das Bewusstsein bestimmt, so wehrte er noch Ansätze ab, diesen Habitus jenseits der objektiven ökonomischen Stellung als Besitzer oder Nicht-Besitzer von Produktionsmitteln als wesentlich im Feld der Kapitalisierung anzusehen. So ging der Blick dafür verloren, dass alle Akteure – reiche wie arme, wenn auch zu ungleichen Anteilen – in die Kapitalisierungen verstrickt sind. In der Zeit nach Marx entstanden Interaktions-, Kommunikations-, Handlungs- und Machttheorien, die uns gegenwärtig besser verstehen lassen, dass alle Positionen von Menschen im kapitalistischen Feld zirkulär miteinander verbunden sind, sich dabei verstärken und begrenzen, wobei wir immer wieder beobachten und erkennen können, dass es keine neutrale, unschuldige, entkapitalisierte Form des Handelns gibt.[252]

Betrachten wir das Zusammenwirken der Kapitalformen, dann erscheint es als sinnvoll, im ökonomischen Kapital eine Basis oder einen Sockel zu sehen, etwas, das die wesentliche Grundlage für alle anderen Kapitalformen bietet. Dies soll das *Schaubild 26* (siehe nächste Seite) veranschaulichen.

Das ökonomische Kapital ist insoweit bevorrechtigt, weil es in allen Kapitalformen eine voraussetzende Rolle spielt. Zudem werden die anderen Formen nur zu Kapital, wenn sie sich auch in ökonomisches Kapital über kurz oder lang auf eine Art tauschen und konvertieren lassen. Dabei sind insbesondere das Volumen, die Verteilungsbreite und -dichte als auch das Entwicklungspotenzial und die Konkurrenz zu beachten, die zugleich als Messgrößen in empirischen Studien genutzt und verglichen werden können. Die Pfeile in dem Schaubild bezeichnen den je möglichen unterschiedlich hohen Anteil der jeweiligen Kapitalformen mit- und gegeneinander, der in jedem Einzelfall anders aussehen wird.

---

252   Auf einen Teil solcher Theorien gehe ich in Reich (2009 b) ein.

Schaubild 26: Kapitalformen und ihre Volumina

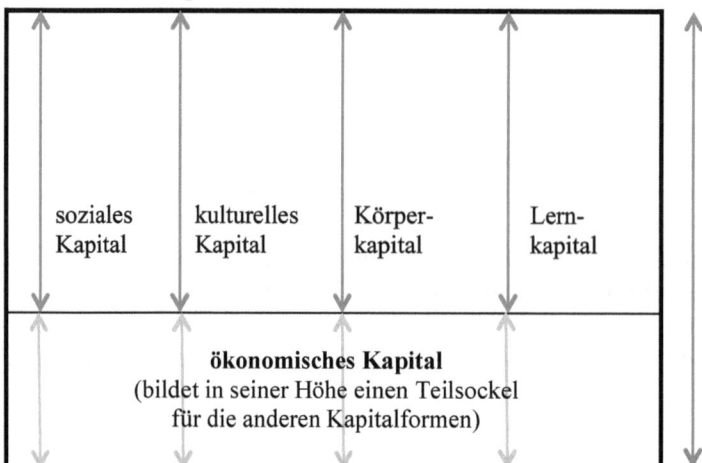

Volumen: Zur Bedeutung der Höhe der Kapitalformen

Die Volumina der Kapitalformen mögen schwanken, aber im ökonomischen Kapital ist ein notwendiger Bestand an Eigentum (konvertierbar in Geld) erforderlich, der Möglichkeiten von Teilhabe an den Kapitalformen überhaupt erlaubt. Dieses Geld verwandelt sich in dem Moment in Kapital, in dem es aufgrund einer Investition in einen der Gebrauchswerte der zur Verfügung stehenden Kapitalformen einen Ertrag auf einem Markt als Tauschwert erzielt. Bei sehr niedrigem Volumen des ökonomischen Kapitals können wir von einer Kapitalisierung im Kleinen, einer Mikroökonomik sprechen, und der demokratische Staat müsste in einer halbwegs gerechten Gesellschaft dafür Sorge tragen, dass alle Menschen über einen Mindeststandard und Mindestlohn verfügen können, um an solcher Mikroökonomik teilzuhaben. Dies ist durchaus widersprüchlich: Um in einer durchgehend kapitalistischen Gesellschaft die Umverteilungen und Ungerechtigkeiten der Kapitalisierung zu begrenzen, muss der Staat selbst die Chancen der Kapitalisierung auch kleiner und kleinster Einkommen erhöhen. So lange keine gänzlich andere Lebensform und Wirtschaftsweise bereit steht und gewollt wird, ist dies aber der einzig mögliche Weg, durch eine Erhöhung der Verteilungsgerechtigkeit die Kluft zwischen den Kapitalbesitzern und den Besitzlosen nicht immer größer werden zu lassen. Die Regel lautet: Je höher das Volumen des ökonomischen Basiskapitals ist, desto günstigere Chancen ergeben sich für die Entwicklung der anderen Kapitalformen.

Kapital ist, das wird hier sichtbar, nicht nur großes ökonomisches Kapital, sondern stets auch kleines oder geringes Kapital. Selbst der Kleinsparer, der kaum über Geldmittel verfügt und nur einen geringen Betrag anspart, erwartet, dass dieser geringe Anteil als Kapital »arbeitet«, d.h. ein Mehr erwirtschaftet. Lohnarbeiter/innen erwarten, dass ihre für die Rente eingezahlten Beiträge Erträge abwerfen, die ihrer späteren Rente zugute kommen usw. Kapitalisierung bedeutet, dass alle gesellschaftlichen Austauschformen sogar unabhängig vom tatsächlich erzielten Gewinn in den Handlungsformen sich von Geld in Kapital verwandeln, wenn es sich vermehrt oder auch nur auf eine solche Vermehrung zielt. Solche Vermehrung wird messbar, wenn in der Regel tatsächliche Tauschwerte in Form von Geld sich in beliebige Waren oder Dienstleistungen tauschen und über einen Tausch auf dem Markt in Geld zurück verwandelbar sind. Genau diese Verwobenheit alle Tauschgeschäfte bis in die Bereiche der Mikroökonomik oder hinunter zu den Ärmsten macht den Kapitalismus so unangreifbar, weil andere Handlungen jenseits kapitalisierter Vorgänge kaum mehr als durchführbar und nur noch selten als überhaupt vorstellbar erscheinen.

Aber über das ökonomische Kapital hinaus zeigen die weiteren Kapitalformen, dass es solche Rückverwandlung immer auch in Vermittlung mit Werten gibt, die nicht nur unmittelbar in einer auf dem Markt tauschbaren Ware in der Form von Preisen erscheinen, sondern auch mittelbar mit persönlichen Gebrauchswerten verbunden sein können. Die Kapitalisierung erfolgt hier dann, wenn investierte Kosten sich in geldwerte Vorteile verwandeln lassen. Gebrauchswerte allerdings tragen mehr oder minder die Potenz in sich, in Tauschwerte verwandelbar zu sein. Der Mensch ist mit seinen Eigenschaften und erworbenen Gebrauchswerten nicht »Kapital an sich«, aber wenn der mit Kosten verbundene persönliche Habitus dazu führt, dass jemand einen Arbeitsvertrag, ein besseres Einkommen, einen Mehrwert gegenüber seinen Investitionen zur Lebenserhaltung, Fortpflanzung und Bildung erhält, dann setzt eine Kapitalisierung ein. In der Praxis wird allerdings von den Menschen der Ertrag nicht in einer eigenen Bilanz der Kapitalformen festgehalten, weil dies nicht nur unüblich, sondern in der Summe der Einzelkosten auch schwierig zu berechnen ist.[253] Die notwendigen und möglichen Kosten werden allerdings immer wieder geschätzt und subjektiv bemessen, weil die Menschen wissen, dass sich die Kapitalformen nicht ohne Investitionen bilden lassen. Dabei werden Durchschnittswerte unterstellt, denn die Gebrauchswerte für alle Kapitalformen lassen sich auf Märkten finden und erwerben. Grundsätzlich verobjektivieren sich die Werte im Vergleich und in der Konkurrenz. Nach gängigen ökonomischen Modellen schwanken die Warenwerte und Dienstleistungen dann auch noch je nach Angebot und Nachfrage, sofern diese nicht überhaupt einen Großteil des Mehrwerts generieren. In der privaten Produktion oder Konstruktion des Wertes wird dabei immer ein Konkurrenzverhältnis zu beachten sein, das in der Regel Abweichungen nach oben oder unten korrigieren hilft. Dieser idealtypische Durchschnitt wird, so zeigt Kapitel 2, in einer Bilanz nach Ausgaben und Einnahmen mit einem tatsächlich verausgabten Geldvolumen bemessen. Außerhalb des ökonomischen Kapitals erscheint selbst eine Bilanzrechnung für die anderen Kapitalformen als zu umständlich und die Menschen verlassen sich hier stärker auf ihr Gefühl. Dieses lautet dann z.B., dass es immer lohnt, eine gute Ausbildung zu machen, Lern- oder Körperkapital anzuhäufen, soziale Netzwerke zu knüpfen und kulturelle Bildung zu erwerben. Die eigenen Erwartungen werden an einem idealtypischen Durchschnitt von Handlungserfolgen dieser Strategien abgeglichen, ohne je genau sein zu können. Dennoch gibt es Regeln, die von vielen Menschen beachtet werden. Und es gibt durchaus Messmöglichkeiten, die zu einer Verobjektivierung beitragen können:

- Im sozialen Kapital gibt es zahlreiche Messvariablen, die sowohl Kosten als auch Wirkungen (Nutzen) der Netzwerke ermitteln lassen. Die Menschen ermitteln durch Erfahrungswerte und im ständigen Abgleich mit- und gegeneinander, was als erfolgrei-

---

253 Gleichwohl ist die OECD um Modellrechnungen bemüht, solche Kosten zu erheben und damit Hinweise auf die Effekte zu geben. Vgl. z.B. OECD (2010, 2010 a, 2011, 2012).

che soziale Strategien gelten können. Hierbei zeigt es sich insbesondere, dass es darauf ankommt, soziale Beziehungen in die Netzwerke hinein zu unterhalten, in denen man sich etablieren oder halten will. Dabei erscheint es als besonders wichtig, ein möglichst großes Volumen solcher Beziehungen in den kritischen Phasen der beruflichen Orientierung, bei Neu- oder Wiederanstellungen, Aufstiegen, Überwindung von Krisen zu unterhalten.[254] Neben der ökonomischen Kosten-Nutzen-Analyse solcher Kontakte bleibt das soziale Interesse an Freundes- und Bekanntenkreisen, die auch ohne unmittelbares Verwertungsinteresse aus Freude, Unterhaltung oder sozialen Interessen unterhalten werden. Ein wichtiges empirisches Feld ist es hier, die tatsächlichen Freiheitsgrade solcher Wahlen in der kapitalisierten Gesellschaft der Gegenwart zu untersuchen.[255]

- Im kulturellen Kapital ist die Ambivalenz zwischen ökonomischer Verwertung und kultureller Freiheit heute besonders spürbar. Zunächst kostet Kultur in all ihren Formen immer schon Geld, sie ist in diesen Anteilen unmittelbar Ware und ökonomisches Tauschobjekt. Gleichzeitig soll Kultur z. B. in Formen der Sprache, Kunst, Musik usw. immer auch besonderer ästhetischer Gebrauchswert sein, was einer bloß ökonomischen Verwertung widerstreitet. Gesellschaftlich wird ein hohes Maß an Kultur erwartet, aber kosten soll diese möglichst wenig. Zumindest sind die öffentlichen Ausgaben für Kultur eher bescheiden und sie wenden sich in aller Regel auch nur an bestimmte Schichten und Milieus. Das Volumen kulturellen Kapitals war für die bürgerlichen und großbürgerlichen Schichten der Moderne bedeutend wichtiger als es für sie in einer vom schnellen Kapital geprägten flüssigen Moderne noch ist. Ein Mindestmaß an Kulturtechniken plus kultureller Lifestyle-Kunde scheint heute immer ausreichender, um hinlänglich Kultur konsumieren zu können. Die Massenmedien erleichtern die Zugänge, aber sie täuschen durch die Omnipräsenz der Übertragungen auch darüber, wer tatsächlich kulturellen Zugang vor Ort finden kann. Ein sehr hohes einseitiges kulturelles Kapitalvolumen repräsentiert meist weniger den ökonomischen Erfolg als vielmehr eine Gelehrtheit und Gebildetheit, die immer unzeitgemäßer im Blick auf wirtschaftlichen Erfolg wird. Empirische Studien helfen, die Verteilung des kulturellen Kapitals in der Gesellschaft näher zu bestimmen und die Auswirkungen dieser Verteilung zu beschreiben. Zugleich wird es gesellschaftlich zu einem relevanten Problem, zu definieren und zu evaluieren, was kulturelle Mindestbestandteile der Breite und Tiefe nach sein sollen, die eine pluralistische und diverse Gesellschaft sich leisten will. Insbesondere der Abbau öffentlicher Kulturförderungen und die Kommerzialisierung aller kulturellen Bereiche ist genauer zu untersuchen, um der Gesellschaft einen Spiegel ihrer Ideale und der Realisierung dieser Ideale vorzuhalten (vgl. Nussbaum 2010).

- Eine andere Form notwendig erscheinender Beobachtung ist die Distinktion, die Kultur im Konkurrenzkampf des kulturellen Kapitals der Menschen gegeneinander hervorbringt. Auch hier scheint der Kapitalismus von seinen schweren Formen der alten Möblierung und dauerhaften Dekoration in einen leichten des Designs und der Verflüchtigung bzw.

---

254 Die SINUS-Milieustudien sind hierfür ein anschauliches Instrumentarium. Vgl. z. B. http:// www. sinus-institut.de/loesungen/sinus-milieus.html.

255 Krishna (2002) hat dies beispielhaft für Indien untersucht. Soziales Kapital bedarf immer der Akteure, die es in Szene setzen und in ökonomische Erfolge verwandeln können.

ständigen Erneuerung überzugehen. Neue empirische Verfahren wie Bildanalysen, biografische und Milieustudien usw. können helfen, solche Prozesse und ihre Wirkungen besser zu verstehen.

- Für das Körperkapital ist ein hohes Kapitalvolumen in der Zurschaustellung der Körper in der Gegenwart mit Sehnsüchten und Erwartungen verbunden, die immer höhere Investitionen in Fitness, Schönheit und Gesundheit oder Biotechnologien erzwingen. Das vererbte Aussehen und genetische Dispositionen erscheinen als Glücksbestandteile eines Volumens, das Selbsterhaltung als auch Extragewinne verspricht. Niemand kann sich einer umfassenden Auseinandersetzung mit dem Körper mehr entziehen. Die Beobachtungen solcher Körperarbeit stehen hingegen noch am Anfang. Neue Studienfelder und empirische Untersuchungen wie z. B. zum erotischen Anteil des Körperkapitals oder Studien über den tatsächlichen Nutzen von Schönheitsoperationen für die Betroffenen werden notwendig, um ein kritisches Verständnis zu erreichen, das auch Gefahren der Kapitalisierung für den Körper und den gesellschaftlichen Umgang mit ihm bewusst macht.

- Das Lernkapital wird bereits umfassend erforscht. Hier zeigt sich sowohl die gesellschaftliche wie individuelle Bedeutung, hinreichend und nachhaltig zu investieren, wenn nicht hohe Folgekosten oder Risiken in Kauf genommen werden sollen. In der Kompetenz-Offensive der OECD (2012) wird grundlegend angenommen, dass alle Investitionen in Bildungsausgaben und in eine Erhöhung der Qualität der Bildung sich als Kompetenzsteigerung positiv auswirken. Was allerdings in dieser Offensive verschwiegen wird, das sind die Wirkungen auf den Markt nach Angebot und Nachfrage. Denn wenn tatsächlich alle hoch investieren, dann wird die Expansion von Kompetenzen nicht ohne Folgen für den Markt bleiben. Es kommt zum Absinken der real erzielbaren Einkünfte, sofern dies nicht reguliert wird. Dennoch ist dieser Weg unumkehrbar und sinnvoll, weil die Kompetenzsteigerung nicht nur für den Markt, sondern auch für die Eigenständigkeit der Lebensführung und die Verbreiterung der Lebenschancen wesentlich geworden ist. Angesichts dieser Chancen selbst im gegenwärtigen Konkurrenzkampf, der sich durch eine Erhöhung der Kompetenzen erzielen lässt, ist es andererseits erstaunlich, wie einige Industrieländer zur Zeit diese Kapitalisierung auf der Investitionsseite verschlafen, indem sie noch zu wenig nachhaltige Angebote in ihren Erziehungs- und Bildungssystemen für alle anbieten. Die Folgekosten werden bei einem zu geringen Volumen dieser Kapitalform in der Gesamtbevölkerung entsprechend hoch sein und zu gesellschaftlichen Krisen führen, so wie sie für den einzelnen schon jetzt bei nicht hinreichender Qualifizierung und Zertifizierung den Weg in die Armut bedeuten. Die Initiative der OECD ist vorrangig wachstumsorientiert, um über die Entwicklung der ökonomischen Verhältnisse den allgemeinen Wohlstand und bessere Lebensverhältnisse für alle zu erreichen. Ihr zur Seite muss allerdings auch eine politische Initiative zur Chancengerechtigkeit stehen, denn solche Initiativen wie die der OECD konnten bisher nicht verhindern, dass die Ungleichheiten besonders im ökonomischen Kapitalvolumen zugenommen haben.

Was auch immer detaillierte Messungen für die Volumina der Kapitalformen an Unterschieden zwischen Bevölkerungsgruppen und Ländern zeigen, so darf eine Grundeinsicht bei einer Spezialisierung auf eine der Kapitalformen nicht vergessen werden: Wirklicher Reichtum und damit verbundene gesellschaftliche Macht, Status und Unabhängigkeit beginnen erst

mit einem höheren ökonomischen Kapital. Dieses bleibt normal arbeitenden oder beschäftigten Menschen in der Regel verwehrt. Es unterscheidet Reich und Arm, Elite und Masse.
Zugleich verkörpert es die ideale Freiheits- und Glücksposition der kapitalistischen Gesellschaft, weil alle wissen, dass es auch Freiheiten hinsichtlich der anderen Kapitalformen gestattet. Je höher das eigene ökonomische Kapital ist, desto gleichgültiger mögen vor allem
Körper- und Lernkapital sein, weil sie allenfalls eine Existenz abrunden, aber kaum begründen sollen. Sie lassen sich im Gegenteil leicht dazukaufen. Auch kulturelles Kapital hat nicht
die Wichtigkeit großer Distinktion mehr, weil Geld immer mehr selbst die Unterscheidung
macht, die alle Unterschiede setzt. Soziales Kapital hingegen fließt je nach Größe des ökonomischen Kapitals meist automatisch hinzu, weil ein großes Volumen des ökonomischen
Kapitals sehr schnell von anderen parasitär mit genutzt werden will.

Empirische Untersuchungen über die Lebenslagen von Menschen und soziale Ungleichheit klammern sehr oft eine profunde Erforschung des Volumens des ökonomischen Kapitals
aus, so als wolle man tiefere Einblicke in die Eliten und ihre ökonomische Macht verwehren. Dabei handelt es sich um eine leicht zu messende Größe, die gesellschaftlich transpa-
rent gehandhabt werden sollte, um unterschiedliche Ausgangspunkte, ihre Rechtfertigung
im Rahmen bestimmter Abgaben und Steuern, ihre Wirksamkeit für das bloße subjektive
und allgemeine Wohl zu diskutieren. Beschreibungen, die wie in Deutschland das Einkommen über 250.000 Euro steuerlich als Grenzwerte nehmen, um den steuerlichen Höchstsatz
zu veranlagen, greifen zu kurz, um ein differenziertes Verständnis des ökonomischen Kapitals zu entwickeln. Eine Reichensteuer müsste ganz andere Differenzierungsformen finden,
wenn sie überhaupt noch den Anspruch auf Gerechtigkeit hätte. Jenseits des Neids, der vordergründig hier aufkommen mag, steht die grundsätzliche Frage sozialer Gerechtigkeit, die
im gegenwärtigen Kapitalismus in eine Schieflage geraten ist (vgl. Kapitel 2). Mittlerweile
haben einige der Superreichen bereits erkannt, dass sie große Teile ihres Einkommens spenden könnten, ohne überhaupt etwas davon zu bemerken. Warren Buffet, einer der reichsten
Menschen der Welt, hat es sich sogar 2010 zur Aufgabe gesetzt, 99 Prozent seines Vermögens an wohltätige Organisationen zu geben. Auch Bill Gates und andere 40 Milliardäre haben sich einem Programm angeschlossen, ihren Reichtum teilen zu wollen.[256] Hier entsteht
allerdings die Frage, wieso der Staat nicht mittels Besteuerung eine gerechtere Verteilung
vornimmt, wenn schon freiwillig solche Leistungen angeboten werden. Die Gewinne im globalisierten Kapitalismus haben Dimensionen angenommen, die im Selbstlauf dieses Kapitalismus – trotz solcher Spenden – zu einer Spaltung der Gesellschaft führen und deshalb nicht
nur persönlicher Einsicht, sondern auch chancengerechter staatlicher Regulierung bedürfen.

Verteilungsbreite: Zur Bedeutung des Mischungsverhältnisses der Kapitalformen

In der Verteilungsbreite sind zwei Szenarien besonders auffällig. Jemand kann von allem
etwas haben, aber keine Kapitalform ist sehr hoch entwickelt, oder jemand hat eine besonders ausgeprägte Kapitalform bei niedrigen anderen. Beide Varianten und all die möglichen
Zwischenstufen bieten Chancen und Risiken.

---

256   Ein positives Beispiel gibt Stephen King, der zugleich fordert, endlich die Steuersätze anzuheben. Vgl. dazu
      Stephen King: "I'm rich, tax me" in Guardian, Tuesday 1 May 2012.

Besitze ich von allen etwas, so bin ich insbesondere einem Rangvergleich mit anderen, die mit mir um eine Durchschnittsposition konkurrieren, ausgeliefert. Je nach dem vorhandenen Volumen ordne ich mich in der Konkurrenz ein und kann mich nur dann abheben, wenn ich über einem Durchschnitt stehe, aber auch entwertet sein, wenn ich im unteren Segment lande. Viele sozialwissenschaftliche Untersuchungen zeigen, dass es Menschen hier vor allem darauf ankommt, stets noch eine Gruppe vor Augen zu haben, denen es noch schlechter als ihnen selbst geht. Die hieraus bezogene Befriedigung tröstet den eigenen Habitus, doch nicht gänzlich versagt zu haben. Und diese Haltung ist gesellschaftlich ausbeutbar, da die Menschen so Verhältnisse hinnehmen, die sie bei nüchterner Analyse in den Widerstand und eine Gegenwehr treiben müssten. Eine Form solchen Widerstands findet sich z. B. in der »Empört-Euch-Bewegung« von Hessel (2010), die ich bereits in der Einleitung angeführt habe. Er ist empört über die Diskriminierung von Ausländern, den Sozialabbau und hier vor allem die fehlende Alterssicherung, die Einseitigkeit der Presse und ihrer Abhängigkeit vom Kapital, schließlich über den unzureichenden Zugang zur Bildung und eine verfehlte Umweltpolitik. Bisher sind solche Bewegungen wie auch die »Occupy-Initiative« als Verurteilung rigider Gewinnmaximierungen an den Börsen ohne Rücksicht auf die daraus entstehenden Folgen für viele Menschen aber noch zu randständig, um die Politik nachhaltig zu verändern. Die Masse harrt offenbar so lange aus, wie sie auch in geringen Kapitalisierungsformen noch Hoffnungen darauf hat, dass es ihr besser als anderen geht.

Besitze ich eine besonders ausgeprägte Kapitalform, dann kann dies bereits eine große Chance beinhalten, sich von anderen abzusetzen. Dabei wirken allerdings die Kapitalformen sehr unterschiedlich. Günstig wäre hier vor allem das Lernkapital, das mir Aufrückungen im gesellschaftlichen Feld dann bietet, wenn es zertifiziert ist und meine Zertifikation auch nachgefragt wird. Auch das Körperkapital, insbesondere als erotischer Gebrauchswert, kann einen schnellen sozialen Aufstieg mit geldwerten Vorteilen garantieren. Allerdings gilt bei beiden Varianten immer auch ein gewisses schon bestehendes soziales Kapital als notwendig, denn ein autistisch orientierter Lernender mit besten Noten mag nicht hinreichend kompatibel mit der Berufswelt sein. Und ein erotisches Kapital reiner Schönheit ohne Ausdrucks- und Präsentationsformen in gut situierten sozialen Kontexten landet leichter in der Prostitution als in einer Aufstiegsehe.

Das kulturelle Kapital, so lässt sich im aktuellen Kapitalismus beobachten, wird auch in seiner Breite immer mehr zu einer ambivalenten Form. Im Sinne von grundlegenden Kulturtechniken benötigen es alle, um sich überhaupt hinreichend in der Gesellschaft zu orientieren, aber in ausgeprägten, überkommenen, traditionellen wie auf eine Avantgarde bezogenen Formen der Bildung, Sprache, Kunst, Wissenschaft usw. wird es teilweise auch problematisch und randständig. Insbesondere die Erwartungen, durch hohe kulturelle Leistungen neben einer kulturellen Anerkennung bestimmter Subkulturen auch noch Geld zu verdienen, werden allzu oft enttäuscht. Kultur im Zeichen des Kapitalismus gilt bei zu hoher Spezialisierung oft als brotlose Kunst. Dazu kommt, dass Kultur und Bildung sich immer mehr verflüssigen. Sie werden medial beschleunigt und neu konfiguriert. Bildung in allen Formen des Konsums und von Konsumkenntnissen drängt zunehmend in den kulturellen Habitus ein, da der gegenseitige Vergleich und das Vergleichen in der Konsumekstase immer stärker Ausdrucksformen dieses Habitus werden. Die Profanisierung der Kultur findet zwar ihr

Gegengewicht in kulturellen Spezialisierungen einiger hoch Gebildeter oder Künstler/innen, aber diese werden stärker an die Ränder einer Kultur gedrängt, und veräußerbar wird solche Kultur erst, wenn sie für den Konsum aufbereitet wird. Alles, was ein gewisses Maß an Schwierigkeit und massenmedial genutzter Verständlichkeit übersteigt, gilt schnell als speziell und unverkäuflich, die Komplexität und Reflektiertheit wird nicht zum Maßstab einer voranschreitenden Aufklärung und Bildung, sondern zum Grenzfall des Verständnislosen. Der Siegeszug des Oberflächlichen, der Ratgeberinformationen, der Aufbereitungen von Aufbereitungen scheint unaufhaltsam. Dies gilt nicht nur insbesondere für die Geistes- und Gesellschaftswissenschaften, sondern vor allem auch für die Sprache, Kunst und Musik jenseits des konsumbezogenen Mainstreams. Einen Spiegel findet diese Entwicklung im Lernkapital, das nur Basiskompetenzen vermittelt und die kulturellen Verständigungsleistungen auf ein exemplarisches Mindestmaß zurückschraubt. In zentralen Prüfungsformen werden dann Musterlösungsvorschläge auswendig gelernt, d. h. auch hier gewinnt der Konsum Oberhand über eine eigenständige Reflexion, die allenfalls durch spontan gestellte Aufgaben von gebildeten und eigenverantwortlichen Lehrkräften erzeugt werden könnte. Doch solche Lehrkräfte werden immer weniger ausgebildet und auch nicht nachgefragt. Die Zertifizierungsmechanismen stehen dem entgegen und führen mit ihrem Wahn nach Vergleichbarkeit von Leistungen zugleich in den Konsum oberflächlicher Aneignungen. Dieses System hat mittlerweile von den Schulen auch bereits auf die Hochschulen übergegriffen.

Dennoch sind gerade diese Zertifikate der Eingangsschlüssel in einen Aufstieg oder den Erhalt einer Position. Das Individuum ist zugleich Produzent als auch Konsument einer Ware Lernen, zu der es sich nicht nur innerlich, sondern immer auch äußerlich und kalkulierend verhalten muss. Glaubte die ehemalige Bildungsphilosophie an einen langsamen Aufstieg mittels Reflexion in die höheren Sphären der Vernunft und damit auch Sittlichkeit, so zeigt die kapitalisierte Form solcher Bildung in der Gegenwart sowohl den Druck eines konsumentenbezogenen Angebotsprofils wie auch eines Nachfragekalküls, das die Faktoren der Mehrwertproduktion stets vor Augen halten soll. Wer hier mangels anderer Ressourcen vorrangig auf das Lernkapital setzt, muss zugleich an der Breite der Kapitalformen in Richtung einer Verbreiterung vor allem des sozialen Kapitals arbeiten, um die Erfolgschancen zu erhöhen. Hier reicht der gute Abschluss oft nicht mehr aus, sondern muss auch durch die Beziehung ergänzt werden, die es überhaupt zu einem Vorstellungsgespräch und späteren Aufrückungen kommen lässt.

Verteilungsdichte: Stärken und Schwächen einzelner Kapitalformen

Innerhalb jeder Kapitalform gibt es Stärken und Schwächen, dichter besetzte Punkte und Perspektiven oder Lücken und Auslassungen. Alle Kapitalformen und der ihnen jeweilig entsprechende Habitus verdichten sich in einer Biografie, die nach außen plausibel vertreten werden muss, um sich in der Konkurrenz zu behaupten. Sozialpsychologisch ist feststellbar, dass sich insbesondere mittlere und untere Schichten die Verteilungsdichten schön reden und den Abstand zum wirklich großen ökonomischen Kapital klein zu spielen versuchen. Tatsächlich ist er nicht nur groß, sondern vergrößert sich von Tag zu Tag. Das große ökonomische Kapital ist mit Einfluss und Macht sowie wichtigen gesellschaftlichen Entscheidungsbefugnissen verbunden. Aber zugleich wird der Mythos einer Beteiligungsgesellschaft aller sehr oft in politischen Sonntagsreden vertreten und die Hoffnung genährt, die Entscheidungsfreiheit sei noch beim Volk. Hier wird mehr suggeriert, als tatsächlich praktiziert werden kann. Die daraus entstehenden Narrationen sprechen Menschen besonders an, wenn es dann tatsächlich Einzelnen gelingt, aus schwierigen Lebensverhältnissen doch in die Welt der Reichen und Schönen aufzusteigen. Wenn es in der Besonderung mit einem erotischen Kapital, mit einem Lernkapital, sozialen Beziehungen oder kultureller Außergewöhnlichkeit oder einfach Glück erreichbar erscheint, diesen Aufstieg zu vollziehen, warum sollte es nicht auch mir in einer Welt so verschiedener Möglichkeiten gelingen, dies trotz ungünstiger Ausgangspositionen zu schaffen? In dieser Hoffnung und Sehnsucht atmet die kapitalisierte Welt in großen Teilen und suggeriert Gewinne für alle, die dann wenige einstreichen.

Die Massen müssen in der Regel die Dichte in der Verteilung mühsam erarbeiten. Gewiss, es gibt immer auch das Glück eines Augenblicks, den Zufall einer Ereigniskette, die einzelne nach oben spült, aber ohne vorherige Arbeit und Verdichtung in den Kapitalformen verspielen viele bereits die Wahrscheinlichkeit dieser Möglichkeiten. Die Leistungsgesellschaft ist eine Welt der abhängig Beschäftigten, den wirklich Reichen nötigt sie eher ein Lächeln ab. Der Mythos des Leistens dient dem Rangvergleich bis hinauf in die höheren Ebenen, aber nie bis hin zu den Eliten, die jenseits der Leistung einen Reichtum erwirtschaften können, für den es kein Leistungsäquivalent (etwa in messbarerer Arbeitszeit, erkennbarem leistungsbezogenem Einkommen, das mit anderen vergleichbar wäre) mehr gibt. In der Tretmühle der Leistungsgesellschaft hingegen sind die Schritte der Verdichtung ebenso klein wie die Fortschritte, die sich im Konkurrenzkampf erzielen lassen. Zufriedenheit mit kleinen Erfolgen muss geschätzt werden, während andere in den höheren Etagen gleich das 100-fache oder mehr verdienen, was die Leistungsträger unten erwirtschaften helfen. Erstaunlich ist, dass der Neid sich in Grenzen hält und die Empörung auf gelegentliche Auflehnungen harmloser Art immer noch beschränkt bleibt. Zu groß mag die Hoffnung sein, die massenmedial stets genährt und befeuert wird, es selbst irgendwie noch schaffen zu können, die Leistungsgesellschaft als Chance und nicht als Illusion zu sehen und das zu erreichen, was jede/r sich erhofft. Dies gelingt offenbar hinlänglich zufriedenstellend, so lange ich noch jemanden unter mir sehen kann. Kaum anders ist zu erklären, wie gegenwärtig die Einbußen des Mittelstandes in Deutschland und in anderen Ländern funktionieren, wie Reallöhne sinken, Renten verkleinert werden, Rettungsschirme der Spekulanten durch die Zahlungsbereitschaft breiter Massen gesichert werden, ohne dass dies – außer in wenigen Fällen – zu massenhaften Protesten oder umfassenden Gegenbewegungen führt.

Die je individuelle Verteilungsdichte der eigenen Kapitalformen kritisch zu reflektieren und in Bezug zu anderen zu setzen, dies erscheint als ein aussichtsreiches Instrument, um die Kapitalisierung und ihr Ausmaß zu begreifen und das eigene Verhalten zu regulieren bzw. auch eine Politik zu fordern, die sich einer bewussten Regulierung annimmt. Hier erscheint eine Grundforderung an die Bildung der Gegenwart, die neben anderen wichtigen Lebensfaktoren wie Umwelt, Ernährung, Diversität, Frieden, Demokratie und andere auch das Kapital und die Kapitalformen zum Gegenstand des Nachdenkens machen sollte. Die Schulen weltweit werden dann zu Parallelgesellschaften ohne hinreichenden Lebensbezug, wenn sie nur auf Schulfächer als Spiegel eines engen Fachwissens abheben und die übergreifenden relevanten Fragen der Gegenwart durch die Trichter und Filter enger Fachlichkeit verhindern.

Interventionsmöglichkeiten zur Regulierung der Kapitalformen

Nachdem die Kapitalformen der Höhe und Breite nach reflektiert wurden, will ich in Rückblick auf die einzelnen Kapitalformen nochmals wesentliche Interventionsmöglichkeiten zusammenfassen, die sich gesamtgesellschaftlich oder für Individuen oder einzelne Gruppen besonders abzeichnen. Alle Interventionen bedingen eine Umverteilung auf staatlicher Ebene, eine Regulation der notwendigen Ressourcen für die einzelnen Kapitalformen (vgl. *Schaubild 27* auf der nächsten Seite).

Im Blick auf die einzelnen Kapitalformen bedeutet diese Umverteilung konkret, dass es zu Interventionen kommt, die mehr Chancengerechtigkeit ermöglichen können. In grober Orientierung zeigen sich folgende Perspektiven:

- Eine gerechte Besteuerung kann helfen, das Auseinanderdriften nach Arm und Reich zu verringern und hierbei insbesondere jene Gewinne abzuschöpfen, die entweder von der Höhe her als übertrieben hoch erscheinen oder von der Gewinnart als hoch spekulativ (illusionär, auf Täuschungen oder Betrug basierend) oder parasitär erkennbar sind. Was hieraus gewonnen wird, dass kann als Grundeinkommen an jene zurückgegeben werden, die im System leicht ausgestoßen werden. Zugleich lassen sich Anreize auf Arbeit sowohl für die Unternehmen als auch die Arbeitenden mit Regelungen (vor allem Anreizsystemen) positiv beeinflussen, so dass hinreichend eine Investitionsneigung für das ökonomische Kapital geweckt und die Arbeitsmotivation für die Arbeitenden erhalten werden kann. Insofern die Gewinne aus Spekulationen aller Art mit höchsten Steuern analog zu Luxussteuern belegt werden, wird es auch für das ökonomische Kapital wieder attraktiv, Arbeit jenseits von spekulativen Finanztransaktionen für die Produktion und Dienstleistung nachzufragen, um Gewinne in realistischen Formen zu erwirtschaften. Da es in früheren Zeiten auch bei kleineren Gewinnspannen hinreichende Motivation für den Einsatz des ökonomischen Kapitals gab, besteht die berechtigte Hypothese, dass bereits kleine Differenzen durch Mehrwerte zum Handeln antreiben. Gleichwohl gibt es heute zwei Rahmenbedingungen, die eine Umsetzung erschweren: Die Schuldenlast der Länder, die kaum noch abzubauen ist, und der globale Markt, der solche Regelungen, z. B. durch Steuern, mittels Ausweichmanövern zu verhindern versteht.

  Da aber auf Dauer in Demokratien auch die Wähler/innen mit entscheiden, was geschehen soll, werden auch diese Schwierigkeiten immer wieder zur kritischen Prüfung alternativer Lösungen vorgelegt werden können. Hier ist die Gier nach immer mehr auch der Totengräber des einseitig angehäuften Reichtums: Sofern nur sehr wenige etwas zu verlieren haben, wird es der Mehrheit nichts ausmachen auch für Alternativen zu optieren, in denen die Schulden verneint und die Globalisierung für einen Moment angehalten wird. Länderinsolvenzen werden den Kapitalismus nicht zerstören, aber die Startbedingungen in der Umverteilung neu bestimmen.

Schaubild 27: Interventionen im Blick auf Kapitalformen

Kapitalformen	Interventionen gesamtgesell-schaftlich	Interventionen für bestimmte Individuen	Risikofaktoren
Ökonomisches Kapital	**hohe Besteuerung** insbesondere auf Höhe und illusionäre oder parasitäre Gewinne	**Grundeinkommen** insbesondere zur Sicherung einer Teilhabe am Konsum	Sinken der Investitionen oder geringere Arbeitsmotivation
	Hypothese: Auch minimale Gewinnchancen treiben an und vermindern die Risiken		
Soziales Kapital	**Formen direkter Demokratie stärken** insbesondere durch Beteiligungsverfahren und hohe Transparenz	**partizipative Teilhabe erhöhen** insbesondere durch Übernahme von Selbstverantwortung	Lokale und partikulare Interessen setzen sich durch
	Hypothese: Selbstorganisation ist effektiver als eine zentrale Bürokratie		
Kulturelles Kapital	**Kulturförderprogramme nach kulturellen Standards** insbesondere als Förderung einer kulturellen Breite und Tiefe	**kulturelle Perspektiven, Zugänge, Ereignisse stärken** insbesondere durch Förder- und Anreizsysteme	Kultur entsteht nur dort, wo eine reiche Gesellschaft mit kulturellem Konsum vorhanden ist
	Hypothese: Kultur ist ein wichtiger antreibender Faktor auch für die Ökonomie und andere Kapitalformen		
Körperkapital	**Biopolitik eines menschenwürdigen Lebens** insbesondere für lange Gesundheit, hohes Alter und breite Diversität und inklusive Teilhabe	**Keine Ausschlüsse aus Gesundheits-, Alters-, Arbeits- und Sozialfürsorge** insbesondere nicht für arme Menschen	Biopolitik der reichen gegen ärmere Länder oder der reichen gegen die arme Bevölkerung
	Hypothese: Vorbeugende Ausgaben bauen späteren Folgekosten vor		
Lernkapital	**Bildungsexpansion** insbesondere als ein hoher und alle fördernder Zuwachs an Qualifikationen und Kompetenzen	**Inklusion aller Lernenden** insbesondere als Erhöhung der Chancengerechtigkeit für alle benachteiligten Menschen	Eine Entwertung der Qualifikationen und Kompetenzen durch eine Entwertung der erreichten Bildungstitel
	Hypothese: Eine allgemeine Bildungsexpansion lässt den Individuen wie der Gesellschaft höhere und bessere Entwicklungsoptionen		

- Soziales Kapital ist immer schon aus einer Herkunft vorhanden, wobei Interessen und Macht sich bei jenen konzentrieren, die eine soziale Vorherrschaft mit einer ökonomischen verbinden können. Eine wichtige Gegenregulation besteht hier auf gesamtgesellschaftlicher Ebene darin, möglichst direkte Formen der Demokratie auf allen Ebenen gesellschaftlichen Handelns zu entwickeln und zu stärken. Soziale Chancen können in einer grundlegenden gemeinsamen Erziehung und Bildung aller Heranwachsenden in einem Kindergarten und einer Schule über möglichst lange Zeit wachsen. Eine Beteiligung möglichst aller vor Ort bei Entscheidungen in der Kommune, in der sichtbar wird, was entschieden werden soll, hilft ebenso wie eine durchgehende Transparenz der Verhältnisse durch Offenlegung von Einkünften, Steuern, Ämtern und Machtpositionen. Da Korruption immer der Schatten des sozialen Kapitals ist, sind besondere Ansprüche an nicht diskriminierende Einstellungs- und Aufrückungspraktiken zu stellen. Und gerade für jene, die über wenig soziales Kapital von zu Hause aus verfügen,

sind Möglichkeiten partizipativer Teilhabe durch besondere Förderprogramme in der
Schul- und Jugendarbeit zu entwickeln, um ihre Selbstwahrnehmung, Selbstverantwor-
tung, aber auch und vor allem die Wahrnehmung ihrer Selbstwirksamkeit zu erhöhen.
Die vermuteten Risiken, dass dadurch lokale oder partikulare Interessen bestimmter
Bevölkerungsgruppen vor Ort dominant werden könnten, sind meist selbst Ausdruck
hoher Selektivität: Wenn arme Menschen mit Migrationshintergrund in Ghettos an den
Rand der Städte verdrängt werden, dann erscheint hier eine mangelnde Teilhabe, die
dann auch noch mit der Verweigerung von Teilhaberechten in der Zukunft verbunden
wird, weil man von solchen Menschen kein Bewusstsein für Demokratie mehr erwartet.
Umgekehrt müssen sich die Sozialpolitiken fragen lassen, welche Regelungen sie treffen,
um weder verdrängende Selektivität überhand nehmen zu lassen noch Teilhabe durch
eine Überbetonung repräsentativer Formen zu verweigern statt umfassend zu fördern.

- Kapitalistische Staaten kürzen ihre Kuturetats immer mehr und lassen es zu, dass die
Kultur mit Konsum gleichgesetzt wird. Die Märkte übernehmen den kulturellen Bereich,
was zur Verdrängung spezialisierter, wenig nachgefragter, experimenteller kultureller
Leistungen führt. Kulturelle Standards helfen in einer Kultur in den Erziehungs- und
Bildungsinstitutionen eine hinreichende Breite und Tiefe kultureller Tätigkeiten zu
bewahren und zu gestalten, die vielfältige Ausdrucksmöglichkeiten und kreative Entwicklungspotenziale ermöglichen. Alle ästhetischen Felder müssen immer auch dem
Markt widerstehen, wenn sie Ausdruck menschlicher Freiheit sein wollen. Eine Politik,
die dies regulierend fördern will, muss in diesen Feldern kontinuierliche Ausgaben bereithalten und möglichst vielen Menschen einen niedrigschwelligen Zugang zur Kultur
ermöglichen. Kultur ist vor allem das, was vor Ort gemacht, erlebt und gestaltet wird. Sie
ist die Chance, aus einer passiven Rezeption über Konsum und Medien hinaus, Kultur
aktiv zu erleben und mit zu gestalten, kulturelle Gebrauchswerte zu entwickeln, die den
kulturellen Konsum differenziert und nicht bloß designgerecht nach Massengeschmack
artikulieren und realisieren. Gegenwärtig arbeiten zu wenige Menschen im Kulturbereich
der Industrieländer und die Chancen, kulturelle Tätigkeiten als wirtschaftlich attraktiv
zu entwickeln, werden nur unzureichend genutzt. Eine Kulturoffensive wird notwendig,
um die Kultur nicht dem Profit zu opfern (vgl. Nussbaum 2010).

- Biopolitik findet bereits umfassend statt, aber die kapitalistischen Länder unterscheiden
sich erheblich in ihrer Fürsorge für die Menschen. Gesundheits-, Alters-, Arbeits- und
Sozialfürsorge sind gesellschaftliche Steuerungssysteme, um ein menschenwürdiges
Leben zu führen, aber die Ausgaben in diesen Bereichen sind sehr unterschiedlich.
Politisch umkämpft sind diese Ausgaben in den Industrieländern und dann auch noch
gegen die armen Länder in der Welt. Die globalen Folgen insbesondere der Umwelt-
verschmutzung und Klimapolitik fließen hier unmittelbar in die Biopolitik mit ein. Je
stärker die Kapitalformen entwickelt sind, desto mehr könnten die Menschen bereit
sein, auch im Feld der Biopolitik ihre eigenen Rechte und Chancen zu erstreiten und die
Solidarität mit den anderen nicht ganz zu vergessen. Dies setzt aber voraus, dass nicht
nur über die Nützlichkeit des ökonomischen Kapitals alles reguliert wird. Das Beispiel
der ungleichen Verteilung un/gesunder Lebensverhältnisse zeigt, wie groß der Abstand
zwischen den Ländern und Menschen in diesem Feld geworden ist. Aber auch in den

Industrieländern klafft mittlerweile eine große Lücke in den unterschiedlichen Chancen auf ein langes und gesundes Leben.

- Die Bildungsexpansion ist weltweit nicht mehr aufzuhalten und sie wird das Jahrhundert entscheidend bestimmen. Erkennbar ist, dass einige reiche Industrieländer noch immer die Entwicklung verschlafen, weil sie traditionellen Bildungsgewohnheiten anhängen, die ihre Zeitgemäßheit längst verloren haben. Auch wenn die Entwertung der Bildungstitel und erwarteter Karriereerfolge durch die Bildungsexpansion geschmälert wird, so wird zugleich das höhere Bildungsniveau breiter Bevölkerungsschichten zum Standardfall gesellschaftlicher Weiterentwicklung. Die Chance der Bildungsexpansion liegt darin, zugleich die Chancengerechtigkeit über die Förderung von Lernkapital für möglichst alle zu erhöhen, die Gefahr besteht darin, dass elitäre und kostspielige Bildungs- und Studiengänge eine neue Hierarchie einführen.

Die hier genannten Aspekte erschließen sich aus der Analyse der einzelnen Kapitalformen. Im Kampf um eine Erhöhung der Chancengerechtigkeit bedarf es jedoch immer der politischen Akteure, die solche Ideen konkret in staatliche und gesetzliche Reglungen in demokratischen Prozeduren überführen, um die Ideen mit Leben zu erfüllen.

Entwicklungspotenzial und Konkurrenz

Erfolgsgeschichten zeigen, dass aus einem einzigen Vorteil, z. B. einer Kapitalform oder eines besonderen Zusammenwirkens, insgesamt ein Vorsprung oder Verlauf gewonnen werden kann, der es leichter macht, tatsächlich gegenüber investierten Kosten auch hohe Mehrwerte zu realisieren. Statistisch gesehen jedoch bleiben diese Erfolgsgeschichten eher die Ausnahme und sie sind nie die Regel. Allerdings muss jedes Individuum im Kapitalismus lernen, das eigene Entwicklungspotenzial einzuschätzen, zu planen, zu korrigieren und mitunter auch auf ein neues Profil umzustellen. Bevor in den Anstellungsverhältnissen oder der Selbstständigkeit andere nach meinen Potenzialen schauen, muss ich in meinen Kapitalformen hinlängliche Bemühungen erkennbar werden lassen, wie ich mich im Vergleich zu anderen verbessern will. Aber auch die Staaten müssen in ihren Ländern Vorkehrungen treffen, die ihre Entwicklungspotenziale stärken und nicht alles einem momentanen Wohlbefinden opfern. So willkürlich die Zuschreibungen auch im individuellen oder gesellschaftlichen Einzelfall erscheinen mögen, so regulierend und objektivierend sind sie im Vergleich. Was die einen gewinnen, das verlieren sehr oft die anderen.

Zwar können durch wirtschaftliches Wachstum alle profitieren, aber auf lange Sicht ergeben sich immer wieder Unterschiede durch Sieger und Verlierer. Die Kapitalisierung in all ihren Kapitalformen bedingt, dass es stets um das Vergleichen gegen- und miteinander geht. So ringen wir mit den Kapitalformen um die Volumina, die Verteilungsbreite und -dichte, Interventionschancen, das Entwicklungspotenzial, um uns immer nach unten hin abzugrenzen und nach oben hin zu orientieren. Empirisch ist es deshalb besonders interessant, wie die Menschen in einer Gesellschaft sich gegenüber jenen Gruppen bestimmen, die unter oder über ihnen zu stehen scheinen. Es geht um eine primitive, aber wirkungsmächtige Kraft.

Hier wirkt ein projektiver Vorgang, der den anderen nach unten bescheinigt, dass sie es im Vergleich zu einem selbst nicht geschafft haben, hinreichend die Freiheit zu nutzen und die eigene Kapitalisierung zu betreiben. Sie lassen sich – Individuen ebenso wie ganze Länder – als Versager oder auch Sündenböcke konstruieren, die die eigene Existenz gefährden. Dabei muss die eigene Sorge, dorthin abzusteigen, zugleich abgewehrt werden. Dies verstärkt die Entsolidarisierung, denn es ist leichter, den anderen die Schuld an ihrer Lage zuzuschreiben, um so die eigene Position als unabhängig von den Schicksalsschlägen des Lebens oder den sozial ungerechten Lagen zu behaupten. Aus einer solchen Sicht und Konstruktion heraus bleibt die eigene Freiheitsposition erhalten. Paradox hieran ist, dass die Menschen eine Sorge vor dem Abstieg abwehren und sich zugleich diese Sorge selbst als ihr Bild erschaffen, indem sie Positionen unter sich definieren, die versagt haben. Sie rechnen sich individuelle Fähigkeiten zu, die Sorge gar nicht erst aufkommen zu lassen, und anderen sprechen sie diese Fähigkeiten ab.

Nach oben hin werden hingegen eigene Sehnsüchte modelliert, die immer stärker auf den Konsum fixiert werden und dabei auch den Reichtum profanisieren. Gab es früher noch anstrengende und arbeitsaufwändige kulturelle Distinktionen, um analog zum Reichtum auch ein kulturelles Profil zu entwickeln, so beschränkt sich dieses Profil zunehmend mehr auf höherwertige Luxusgüter nach dem meist noch patriarchalischen Modell »mein Auto, mein Haus, mein Boot und meine Frau plus Geliebte«, wie es mehrfach in diesem Buch angeführt wurde.

In beiden Strategien zeigt sich eine Unhinterfragbarkeit kapitalistischer Verhältnisse überhaupt: Jenseits des Dualismus von Kapitalist und Proletariat und angekommen in der allgegenwärtigen Kapitalisierung eines jeden und von allem, scheint es keinen Ausweg mehr zu geben. Es wird zur individuellen wie gesellschaftlichen Schuld, wenn etwas scheitert. Es bleibt immer der Vergleich: Andere können noch konsumieren und haben es besser, also liegt es an dir oder deinem Land. Allein das komplette Scheitern des kapitalistischen Systems könnte Anregungen zur Auflösung der Paradoxie zwischen Sorge vor zu wenig und Sehnsucht nach mehr geben, aber die Wahrscheinlichkeit wäre groß, nicht das strukturelle System, sondern einzelne Sündenböcke zur Verantwortung ziehen zu wollen. Der Materialismus der Konsumgesellschaft ist zu überzeugend, um durch andere Formen abgelöst zu werden. So bleibt nur die Hoffnung auf Solidarität in der Konkurrenz, wenn jemand durch Pech und Schicksalsschläge – so werden diese Ereignisse gerne genannt, auch wenn dahinter gesellschaftliche Strukturen mangelnder Vorsorge und ungerechter Verteilungen stehen können – kaum noch Mittel zum Überleben findet.

All diese Verhältnisse und Ereignisse lassen sich messen und viele Daten stehen zur Verfügung. Wenig erstaunlich ist, dass sie nicht immer oder oft kaum genutzt werden. Mit Daten zu den Kapitalformen werden Verhältnisse, Strukturen, Abhängigkeiten, Umverteilungen usw. sichtbar, die für demokratische Gesellschaften, die unter einem Gleichheitsanspruch, dem Anspruch auf individuelle und dabei gerechte Chancen und würdige Lebensverhältnisse stehen, Probleme bereiten. Demokratien geraten in einen fundamentalen Widerspruch zu eigenen Ansprüchen, wenn die Spaltung der Kapitalformen zu einem unüberbrückbaren Dualismus von Arm und Reich führt. Demokratien können sich nicht, das zeigte die Finanzkrise seit 2008, auf den kapitalistischen Markt verlassen, denn dieser Markt hat keine Moral und Gerechtigkeitsvorstellungen, sondern würde sich in kurzfristigen Strategien durchaus selbst zugrunde richten, wenn nur die Gewinne im Moment stimmen. Demokratie hingegen benötigt eine Vernunft, die weiter und länger schaut. Demokratie ist auf lange Sicht auf Chancengerechtigkeit angewiesen, um hinreichende Teilhabe aller zu ermöglichen und zu erhalten. Freiheit im gesellschaftlichen Handeln gibt es nur vor diesem Hintergrund relativer Gleichheit.

Was wäre die Basis einer solchen Demokratie im Blick auf die Kapitalformen? Das Lernkapital ist in der gegenwärtigen kapitalistischen Gesellschaft eine wesentliche Chance, die Demokratie als eine Gesellschaft möglicher Entwicklung und Entfaltung möglichst vieler Menschen zwar nicht gleich, aber unter dem Anspruch einer möglichst hohen Gerechtigkeit von Chancen zu entwickeln und dabei zugleich den Hegemonien der anderen selektiven Kapitale entgegen zu wirken. Aber die gegenwärtige Entwicklung des Lernkapitals zeigt vor allem eine individualisierte Kapitalgewinnung, die große private Ressourcen für die hohen Kosten voraussetzt. Hier ist weltweit und in einigen Ländern dann noch stärker als in anderen eine Ungerechtigkeit entstanden, weil sich die Staaten zu sehr aus diesen Kosten zurückgezogen oder diese nicht entsprechend entwickelt haben. Es wird oft noch zu wenig beachtet, dass mit der staatlichen Vorsorge in ein Lernkapital für alle nicht nur Gerechtigkeitslücken verkleinert werden können, sondern auch die Gesellschaft als demokratische Gemeinschaft gewinnen kann. Zudem eröffnen sich auch wirtschaftliche Chancen. Allerdings, dies müssen wir zugeben, ist dies in der Globalisierung immer ein Gewinn oder Verlust, der in Konkurrenz der Weltmärkte und damit auch gegen andere ausgetragen wird.

»Vermögen« und ökonomisches Kapital

Im »Capabilities Approach«, den ich in der Einleitung schon angesprochen habe, wird das »Vermögen« als menschliche Eigenschaft und Befähigung angesehen, sich im Rahmen von Rechten und in Freiheit für ein Leben in Menschenwürde entscheiden zu können. Die Rede von menschlichen »Vermögen« im Sinne von Potenzialen und Fähigkeiten hat den Vorteil, dass diese nicht wie Rechte an bestimmte Kulturen und Staaten gebunden sein müssen, sondern allgemein auszudrücken helfen, was Menschen in der Gegenwart machen und wie sie sein wollen. Die Liste eines solchen »Vermögens« besteht aus 10 zentralen Bereichen (vgl. Nussbaum 2009, 23 ff.):

1. ein menschliches Leben von normaler Länge unter lebenswerten Umständen zu führen;

2. in Gesundheit, hinreichender Ernährung und Schutz leben zu können;

3. sich frei und sicher bewegen zu können, insbesondere vor Gewalt und sexuellen Übergriffen geschützt zu sein und ein sexuell befriedigendes Leben mit freier Wahl einer Nachkommenschaft zu gestalten;

4. seine Sinne, Imaginationen, Denken und Verstand menschlich und ohne Beschränkungen nutzen zu können, d. h. insbesondere hinreichend kultiviert und gebildet erzogen zu werden und eigene Wahlen und Bevorzugungen frei durchführen zu können;

5. emotionale Verbundenheit gegenüber anderen entwickeln zu können und nicht durch Angst im Umgang miteinander geprägt zu werden;

6. praktische Vernunft und kritische Reflexion der eigenen Lebensplanung gegenüber aufbringen zu können;

7. Beziehungen zu anderen in menschlicher Verbundenheit pflegen und die Bedürfnisse anderer respektieren zu können, d. h. sich auf soziale Interaktionen einzulassen, einen

Selbstwert auszubilden, der sich der Menschwürde auch anderer verschreibt, um Diskriminierungen zu vermeiden;

8. andere Spezies und die Umwelt zu achten und zu schützen;

9. in der Lage zu sein, zu lachen, zu spielen, sich zu erholen;

10. die Lebensweise gestalten zu können, d. h. einerseits politisch gleich, frei und offen
    partizipieren zu können, andererseits Rechte auf Eigentum an Boden und Waren auf
    gleicher Basis mit anderen zu achten, das Recht auf die Suche nach einer Arbeit ebenso
    wie bürgerliche Rechte zu besitzen, insbesondere in der Arbeit als Mensch zu agieren,
    d. h. seine praktische Vernunft und soziale Interaktionen in bedeutsamen Beziehungen
    in gegenseitiger Anerkennung zu gestalten.

Alle Staaten sind aufgefordert, diese »Vermögen« zu fördern und hinreichend im Sinne der
Menschenrechte zu entwickeln. Hierbei dürfen auch die inklusiven Rechte für alle Menschen
mit Behinderungen und Diskriminierungserfahrungen nicht fehlen. Aber heute stehen sich
individualisierende und neoliberale Ansichten auf der einen Seite und nach Gerechtigkeiten
und gerechten Lebenschancen für alle strebende Ansätze auf der anderen gegenüber. Die einen sehen in jedem Eingriff des Staates einen Angriff auf ihre persönlichen Besitztümer und
erreichten Privilegien, die anderen wollen nicht mehr angeblich »natürliche« Bedingungen
von Ungleichheit behaupten, sondern erkennen, dass Lebenschancen immer soziale Konstruktionen und Vereinbarungen einschließen, die mit Verteilungen und gerechten Lebenschancen zu tun haben. Der Kampf beider Richtungen, besonders dramatisch immer wieder
in den USA zwischen Republikanern und Demokraten geführt, lässt sich entschieden ver-
sachlichen, wenn wir ihn auf die Kapitalformen zurückbeziehen. Es ist deutlich geworden,
dass die Aneignung von Kapital in seinen verschiedenen Formen immer in einem Spannungsfeld gesellschaftlicher Verwendung und individueller Teilhabechancen steht. Deshalb
macht es überhaupt Sinn, hier nach Chancen zu fragen und das Thema der Gerechtigkeit zu
fokussieren, wie es insbesondere von Rawls (1971, 1999, 2001), Sen (1985, 1992, 1993) und
Nussbaum (1993, 2000, 2006, 2010) getan wurde.

   Eine Grundaussage lautet, dass es ungerecht wäre, wenn die je bestehenden familiären
Verhältnisse allein oder hauptsächlich dafür ausschlaggebend wären, welche Chancen ein
Kind hätte. Merkel (2008, 6) fasst z. B. die Position von Rawls in dieser Hinsicht folgendermaßen zusammen: „In die politische, wirtschaftliche und soziale Verfassung einer Gesellschaft müssen deshalb Institutionen eingeschrieben werden, die jene Grundgüter fair verteilen, die für gleiche Lebenschancen bedeutsam sind. Die wichtigsten dieser gesellschaftlichen
Grundgüter sind Rechte, Freiheiten und Chancen, Einkommen und Vermögen sowie die sozialen Bedingungen der Selbstachtung. Sozioökonomische Ungleichheiten sind nur dann zu-
lässig, wenn sie ‚zu jedermanns Vorteil dienen und sie mit Positionen und Ämtern verbunden sind, die jedem offen stehen‘. Chancenungleichheiten sind nur dann tolerabel, wenn sie
für die Gesamtgesellschaft ‚Kooperationsgewinne‘ abwerfen und gleichzeitig die Lage der
Benachteiligten verbessern. Rawls Verteilungsinstitutionen sind also zugleich leistungsauf-
merksam und begabungsblind.“ Allerdings hat Rawls keine explizit politische Theorie der
Chancengerechtigkeit entwickelt, die das Verteilungsproblem in Beziehung zur Mehrwertgewinnung und Kapitalisierung setzt.

Der »Capabilty Approach« und die von Nussbaum vorgelegte Liste entschärfen noch deutlicher die Verteilungsproblematik, weil sie eher auf die menschlichen Eigenschaften, die Potenzen und das menschliche Vermögen abheben und offen lassen, wie ein solches »Vermögen« auch tatsächlich in gerechten Formen gelebt werden kann. Die Analyse der Kapitalformen hat gezeigt, dass sich die ökonomische Vermögensbildung deutlich und durchgehend auf das menschliche Vermögen (auf Potentiale, Kompetenzen und alle Gebrauchswerte in den verschiedenen sozialen und kulturellen Feldern) bezieht. Zwar ist es durchaus richtig und wesentlich, auf einer rechtlichen Ebene ebenso wie auf einer moralischen des »Capabilities Approachs« eine solche Liste der Menschen- und sozialen Rechte zu führen und hierüber ständig in den gesellschaftlichen Diskurs zu gehen, aber solche Versuche bleiben gegenüber den realen Verhältnissen dann blind, wenn sie nicht zugleich auch die Kapitalisierung umfassend mit einbeziehen. Hier rächt sich der sehr breite Begriff des Kapitals, wie er als Human-, Sozial-, Kulturkapital usw. oft gebraucht wird, weil dabei meist nicht hinreichend zwischen den Gebrauchswerten des Einsatzes sozialer Beziehungen, kultureller Tätigkeiten, menschlicher Fähigkeiten als auch Kompetenzen und den Tauschwerten, die solche Eigenschaften und Kompetenzen überhaupt erst in Kapital verwandeln lassen, unterschieden wird. Treffen wir eine solche Unterscheidung nicht, dann erscheint es als normal und sinnvoll, alles Menschliche immer schon als ein »Vermögen« mit nicht näher herausgearbeiteten ökonomischen Implikationen zu sehen, um so die Differenzen der Mehrwertgewinnung zu vergessen. Dann übersehen wir, dass im ökonomischen Tausch nicht nur die menschliche Freiheit des Tauschens wurzelt, was bei Nussbaum in Punkt 10 ihrer Liste thematisiert wird, sondern auch die ungleiche Aneignung von Mehrwerten in allen Kapitalformen, die zu sozialen Abstufungen und Unterschieden, damit auch zu Gerechtigkeitsproblemen führt. Im Kapitalismus lässt sich der Mechanismus der Mehrwertgewinnung nicht beseitigen, sofern der Kapitalismus nicht überhaupt aufgegeben werden soll, sondern allenfalls regulieren. Und diese Regulation, das übersieht der »Capabilities Approach«, ist grundsätzlich notwendig, um Hindernisse zur Erfüllung der Liste zu überwinden, denn die nicht überwundenen Hindernisse würden ansonsten die komplette Liste des menschlich Wünschenswerten immer wieder in den politischen Praktiken Lügen strafen.

Gerechtigkeit fokussieren

Wie aber soll eine gerechte Regulation aussehen? Jede Strategie steht hier von vornherein in einem Spannungsverhältnis. Einerseits betreffen die Differenzen in der Mehrwertgewinnung die Chancen von Menschen, sich an einer Gewinnmaximierung zu eigenen Vorteilen zu orientieren und hierdurch Motivation für Einsatz und Durchhaltekraft zu finden. Andererseits vergrößern die dann gemachten Gewinne soziale Ungleichheiten, was die Chancen vieler Menschen auf eine chancengerechte Teilhabe minimiert. Regulation bedeutet, ein System gerechter Abschöpfung von Gewinnen aus der Mehrwertproduktion aller Art zu errichten, das einerseits hinreichend Motivation für Investitionen aller Art erhält, ohne andererseits größere Gruppen von Menschen aus eigenen Investitionschancen zu entkoppeln. Regulation bedeutet dabei eine aktive Umverteilung. Dies kann umso leichter gelingen, wenn die Regulation ihrerseits ins soziale, kulturelle, Körper- und vor allem ins Lernkapital investiert, um die Chancen aller, aber eben auch insbesondere benachteiligter Menschen auf eine Teilhabe zu erhöhen. Dazu müsste auf Chancengerechtigkeit im politischen Feld unter Berücksichtigung der Mehrwerteffekte aller Kapitalformen fokussiert werden. Insbesondere eine steuerliche Abschöpfung der Gewinne aus diesen Mehrwerten steht als Regulationsmasse bereit. Und noch nie gab es so viel Reichtum auf der Welt, der in großer Ungleichheit hierfür zur Verfügung steht.

In der flüssigen Moderne erscheint eine zentrale Paradoxie: Je mehr Individualismus und ein Leben, das nach besseren Ausgangslagen, Besitz, Lebens- und Wohnverhältnissen usw. strebt, desto stärker wird der Druck auf eine Konkurrenz, die Unterschiede verstärkt, um die bessere Position zu erlangen. Da aber alle Individuen danach streben, führt sie ihr entsolidarisiertes Verhalten genau in die Sorgen, die sie eigentlich abwehren wollen. Nur wenn eine Gesellschaft als Ganze sich entschließen kann, durch politische Entscheidungen in demokratischen Prozessen legitimiert, zumindest ein gewisses Maß an Solidarität grundlegend einzuführen, wird der Individualismus mit seinen Vorteilen für Einzelne auch für die Mehrheit der Gesellschaft interessant bleiben und nicht nur einer Minderheit auf Kosten aller dienen können. Ländervergleiche zwischen den Industrienationen zeigen, dass insbesondere jene Länder, die mehr öffentlich für alle in Solidarität investieren, auch als sozial gerechter als andere empfunden werden. Und alle, insbesondere jene, die im Erziehungs- und Bildungssystem arbeiten, sollten sich bewusst machen, dass diese Arbeit eine wesentliche Voraussetzung dafür sein wird, ob Demokratie behauptet und wie sie ausgestaltet werden kann. Schulen sind der Ort in der Gesellschaft, den alle Menschen zwangsläufig durchlaufen müssen, und zugleich der Ort, an dem Biografien grundlegend ge*bildet* werden.

Es bedarf einer Erhöhung der Chancengerechtigkeit, damit eine Mehrheit von Menschen überhaupt in die Lage versetzt wird, aus eigener Kraft und Anstrengung ihre Lebenschancen umfassend im Verhältnis zu anderen zu verwirklichen. Beziehe ich diese These auf die Kapitalformen und ihr Zusammenwirken zurück, dann wird es zu einer gesellschaftlichen und hierbei auch staatlichen Aufgabe, mindestens die folgenden Regeln von Gerechtigkeit verstärkt anzustreben und kontrollierbar umzusetzen:

1. Im Blick auf das ökonomische Kapital gilt es vor allem, die Armut breiter Schichten zu vermeiden und die ökonomische Spaltung der Gesellschaft nicht immer weiter voranschreiten zu lassen. Der Wohlfahrtsstaat, für viele mit großem Besitz ein Gespenst der Umverteilung, benötigt Leistungsanreize gerade in der Chancengerechtigkeit, d. h. es muss möglich sein, durch Teilhabe auch tatsächlich aus armen Verhältnissen mittels gezielter Förderungen und Anreize herauszukommen. Mindestlöhne und Mindesteinkommen helfen, Armut zu vermeiden und ein menschwürdiges, relativ autonomes und chancengerechtes Leben führen zu können. Einkommensunterschiede gehören zwar zum Wesen des Kapitalismus, aber der Staat kann dafür Sorge tragen, dass die Schere zwischen Arm und Reich nicht immer größer wird. Hierzu kann eine gerechte Steuerpolitik beitragen, indem sie extreme Einkommensunterschiede vermeiden hilft. Wenn Manager das 40- bis 100-fache der Mitarbeiter/innen im Betrieb verdienen, dann lässt sich dies kaum noch durch tatsächlich messbare Leistungsunterschiede legitimieren, sondern bedarf einer staatlichen Umverteilung, ohne damit alle Unterschiede nivellieren zu wollen. Leistungsanreize stimulieren menschliches Handeln, aber sie werden dann kontraproduktiv, wenn sie intransparent und willkürlich werden.

2. Um Chancengerechtigkeit tatsächlich beim gegenwärtigen Stand des Kapitalismus zu ermöglichen, muss vorrangig die Bildung und damit ein breit zugängliches Lernkapital für alle entwickelt werden. Bildung muss kostenfrei sehr früh beginnen und verbindlich für alle sein, um den Kindern auch Chancen gegen kurzsichtige oder bildungsferne Eltern zu geben. Investitionen in die Erziehung und Bildung sollen dem messbaren und kontrollierbaren Ziel dienen, möglichst hohe Abschlüsse für möglichst viele zu erreichen. Auch wenn die Bildungsexpansion zunächst wie eine Bildungsinflation erscheint und auch wenn das höhere Gesamtniveau dazu führt, die Einkommen und Löhne unter Umständen niedriger nach Angebot und Nachfrage anzugleichen, so steigen die Chancen aller Menschen im Vergleich zueinander und Leistungsanreize wirken sich positiv auf alle Lebensbereiche aus. Bildung ist nicht nur der Schlüssel für bessere, sichere Arbeitsplätze, für hinreichende Mobilität, Flexibilität und Dynamik in einer sich schnell wandelnden Arbeits- und Lebenswelt, sondern steht auch für bessere Gesundheitschancen und geringere gesellschaftliche Kosten im Lebensverlauf. Zugleich erschließt Bildung auch erweitere soziale und kulturelle Handlungsräume. Die Kapitalformen zeigen dabei in ihrer Entwicklung aber nie eine heile, harmonische Welt, sondern Verteilungen und Ungleichheiten, Spannungen wie Risiken und Chancen. Deshalb bedarf es einer inklusiven Zielsetzung in der Bildung, um Chancenungerechtigkeiten und Diskriminierungen nach sozio-ökonomischer Herkunft, ethnokultureller Ausgangslage, nach Geschlecht und sexueller Orientierung oder Behinderung zu begrenzen (vgl. Reich 2012).

3. Der Arbeitsmarkt muss mit Anreizen verbunden werden, möglichst zunächst alle jungen Absolventen aufzunehmen und prekäre Arbeitsverhältnisse mittels Mindestlöhnen und der Vermeidung von Leiharbeiten langfristig und nachhaltig zu unterbinden. Auch wenn die Besitzenden gerade in diesem Feld besonders ihre Gewinninteressen maximieren wollen, so wird es auch für sie zu einer Frage des Gemeinwohls und der demokratischen Struktur der Zukunft der Gesellschaft werden, nicht bloß ihre Egoismen zu verfolgen. Eine produktive Balance aus hinreichendem Einkommen bzw. Lohn auch der Unterschichten, um an der Entwicklung der Gesellschaft und des Konsums zu partizipieren, und gleichzeitigen kapitalistischen Investitions- und Gewinnchancen ist ein Grundkonstrukt des Kapitalismus, das immer dann, wenn die Balance in eine Schieflage gerät, problematisch für das kapitalistische System und auf Dauer auch für die Gewinne selbst wird. Im Neoliberalismus ohne Gerechtigkeitspolitik hat der kapitalistische Staat sich viel zu einseitig auf die Seite der Kapitalbesitzer gestellt. Die Finanzkrise seit 2008 zeigt die Schattenseiten dieser Politik und die damit verbundenen Gefahren, in denen der Kapitalismus gegenwärtig steht, allzu deutlich.

4. Soziale Sicherungssysteme sind notwendig, um Menschen in Notlagen insbesondere dann zu helfen, wenn sie verarmen. Solche Systeme bedürfen auch der Anreize, damit die Betroffenen hinreichend motiviert sind, eigene Chancen wahrzunehmen. Ungünstig sind solche Systeme immer dann, wenn sie bloß verteilen, ohne zu stimulieren, zu entwickeln, in die Arbeit zu vermitteln. Und sie müssen systemisch konstruiert sein, um z. B. der arbeitslosen Alleinerziehenden zunächst eine unentgeltliche Kinderbetreuung und günstige Wohnung zu ermöglichen, damit sie überhaupt Chancen auf einen Arbeitsplatz erhält.

5. Generationengerechtigkeit kann dann entstehen, wenn Rawls Grundsatz des gerechten Sparens beachtet wird (vgl. auch weiterführend Pogge 1989). Jede Generation muss sich fragen, wie viel sie sparen oder ausgeben würde, um wie viel sie sich dann auch verschulden würde, wenn sie sich Rechenschaft darüber ablegte, wie viel frühere oder zukünftige Generationen bereit wären, dies zu tun. Es ist die Frage danach, warum wir uns erlauben wollen, so viel mehr als frühere Generationen auszugeben, oder inwieweit wir erwarten können, dass unsere Kinder überhaupt in der Lage sein werden und sein wollen, die aufgehäuften Schulden zurückzuzahlen. Nimmt man dieses Gedankenspiel, dann wird offensichtlich, dass die gegenwärtige Staatsverschuldung der meisten Industrieländer nichts mit Gerechtigkeit, sondern allenfalls etwas mit gesellschaftlicher Unvernunft zu tun hat. Sie ist entstanden, weil so viel Geld im Markt ist, das unabgeschöpft sein Wesen treibt und dazu anregt, sich zu verschulden, um die Gewinnchancen einer Minderheit zu realisieren. Die daraus resultierende Ungerechtigkeit der Generationen gegeneinander fördert dann auch noch die Umverteilung nach Arm und Reich in der Gegenwart. Insbesondere hier wird es eine Frage der Bildung auch der breiten Massen und damit der Wähler/innen sein, ob die Menschen den Versprechungen von Parteien, die in die Schuldenfalle führen, weiter hinterherlaufen werden oder ob sie sich aus dieser Erwartung noch befreien können und wollen. Je mehr die eigenen Kapitalformen anwachsen, umso mehr mögen die Menschen sehen und lernen, was als Verlust auch für sie auf dem Spiel stehen kann.

6. Gerechtigkeit als eine grundlegende Haltung und als gesellschaftlicher wie individueller Habitus ist angesichts der Zunahme an Kapitalisierung in den Kapitalformen eine verbleibende Chance, jenseits der geldwerten Vorteile und Umverteilungen noch einen Sinn im Leben zu sehen, der über die begrenzten und begrenzenden Egoismen hinausreicht. Die kapitalistischen Märkte sind einem solchen Anspruch gegenüber blind. „Der Hauptgrund der ethischen Blindheit des Marktes liegt in den ungleichen Zugangsbedingungen, der nicht leistungsbezogenen Bemessung von Kapital- und Arbeitseinkünften, Spekulationsgewinnen, Managereinkommen und der zyklischen Produktion von Arbeitslosigkeit. Das Staatsversagen lässt sich erkennen am Festhalten an einem anachronistischen, konservierenden, passiven Sozialstaat; einer Bildungspolitik, die soziale Mobilität kaum fördert, wenn nicht verhindert; einer Arbeitsmarktpolitik, die Outsider diskriminiert; einer Steuer- und Familienpolitik, die Frauen benachteiligt; einer Immigrations- und Integrationspolitik, die zielsicher eine marginalisierte und zunehmend anomische Unterschicht produziert." (Merkel 2008, 9) Eine Umstellung dieser Szenarien in Richtung Gerechtigkeit wird ein gesellschaftlicher und politischer Kampf sein, der neuer Mehrheiten bedarf, wenn die Ängste und Selbstvergessenheiten der Gegenwart überwunden werden sollen.

Der Kapitalisierung entkommen?

Nicht wenige sehnen sich danach, vor dem Hintergrund einer Zunahme der Kapitalisierung in allen Gebrauchsformen des Lebens, einen originären, nicht auf Tausch und Verwertung gerichteten Handlungsraum zurückzugewinnen, in dem eine menschliche Kommunikation und Kooperation, Eigensinn und Reflexion, ein kultureller Bezug ohne Preise und Schulden, das Soziale, Kulturelle, Körperliche und Lernen ohne einen Kampf um Unterschiede, Positionen und mögliche Erträge zurückkehren. Die Qualität des menschlichen Lebens erscheint dort als besonders hoch, wo es gerade nicht ums Tauschen geht. Doch angesichts der Kapitalisierung der Gegenwart müssen wir uns fragen, ob und wie eine tauschfreie Idylle noch reale Kraft hat. Vielfach sehen wir erst dort Qualität, wo ein Tausch gelungen und dann vergessen ist. Wir haben Kosten investiert, einen Ertrag durch eine Arbeitsstelle erhalten, um nun in Selbstvergessenheit zu denken, dass alle es ja wie wir schaffen können. Nun schauen wir auf die Gebrauchswerte unseres Lebens und müssen zunächst nicht mehr auf die gemachten oder weitere Investitionen sehen. Die Qualität und eine tauschwertfreie Zone rücken in den Vordergrund, wenn wir auf unsere persönlichen Beziehungen, intimen Verhältnisse, »wahren« Wünsche fokussiert sind. Auch wenn eine solche Einstellung in Krisenzeiten sofort brüchig werden mag, so ist sie kennzeichnend für viele, die die Kapitalisierung nicht als dramatisch empfinden, weil sie in ihrem Leben nur ein kurzes Zeitfenster zu berühren scheint oder als unwesentlich selbst im täglichen Konsum abgetan wird, weil man sich diesen leisten kann, ohne über seine Implikationen nachdenken zu müssen. Nach den Kosten kommt die scheinbare Freiheit. Und diese Freiheit des Gebrauchs all jener Werte, die wir schätzen, scheint uns eine Flucht aus der Kapitalisierung zumindest in Teilen zu gestatten. Dies scheint wie eine Rückkehr in die Anfänge des Kapitalismus, in denen die Freiheitsposition eines autonomen und aufgeklärten Subjekts als Chance erblickt wurde, das zu tun, was dem Menschen beliebt und nicht das, wozu ihn andere zwingen wollen. Allerdings müssen wir uns dann auch die Frage gefallen lassen, ob es je Zeiten gegeben hat, in denen es eine solche Freiheit tatsächlich gab. Zwar hat die Kapitalisierung erst in der Gegenwart mit ihrer ungeheuren Kraft und Bedeutung zugenommen, aber dies bedeutet nicht, dass es vorher Idyllen der Freiheit gab. Hier erscheint eine weitere Paradoxie der Kapitalisierung: Wo in früheren Zeiten persönliche Abhängigkeiten, Macht und selektive Interessen nach Geburtsständen und Privilegien die Welt beherrschten, da haben das Geld und die Kapitalisierung zunächst alle Menschen gleich und damit frei gemacht, indem sie Geld und Kapital als objektive Instanzen des Zusammenlebens einführten. In der Verteilung der Geld- und Kapitalmittel jedoch kehren Ungleichheiten zurück, die nun gegenüber früheren persönlichen Abhängigkeiten entpersönlicht erscheinen und in der Objektivität des Kapitalismus selbst zu wurzeln scheinen. Dieser Objektivität kann im Grunde niemand mehr entkommen. Selbst die letzten einsamen Inseln sind bereits kapitalisiert, so dass die Robinsonade, die am Anfang der bürgerlichen Erziehung als vorstellbarer Ort einer Freiheit bei gleichzeitiger Selbstdisziplinierung durch Arbeit und Geduld, um zu überleben, erschien, heute nicht mehr taugen kann. Entkommen kann nun niemand mehr, aber sich mit weniger als dem Übermaß dessen zufrieden zu geben, wonach die Konsumekstasen verlangen, das mag jenen gelingen, die zum Überleben relativ genug haben. Die Menschen unterentwickelter Länder stehen als Mahnung bereit, zu erkennen, dass dieses Genug für die heutige Zeit zum Überleben jedoch nicht hinlänglich ausreicht. Gleichwohl gibt es eine Sehnsucht nach Lebensformen, die Freiheit mit nicht kapitalisierten Lebensweisen gleichsetzen, um das Menschliche vor das Sachliche und

Verdinglichende zu bringen. Je mehr es gelingen mag, das Kapitalisierende aus dem Sozialen, Kulturellen, Körperlichen und dem Lernen herauszuhalten, desto mehr mag eine
Hoffnung bestehen, auch gegen den Trend einen menschlichen Wert im Gebrauch und
nicht vor allem im Kalkül des Nutzens zu sehen. Das Dilemma ist, dass es immer schon
ökonomischer Werte bedarf, um dies tatsächlich leben zu können. Die Möglichkeit der
Überwindung des Dilemmas wurzelt darin, dass gerade ökonomische Werte auch chancengerechter verteilt werden können.

Abbildungen

Literatur

Absenger, I. (2005): Die verkörperte Essstörung: Anorexie – Bulimie – Adipositas. Freiburg (Centauris).

Adorno, T.W. (1959): Theorie der Halbbildung. In: Soziologische Schriften 1. Frankfurt a. M. (Suhrkamp).

Allen, F./Gale, D. (2009): Understanding Financial Crises. Oxford (Oxford University Press).

Apple, M. (2000): Between Neoliberalism and Neoconservativism. In: Burbules, N.C./Torres, C.A. (Eds.) (2000): Globalization and Education – Critical Perspectives. New York/London (Routledge).

Arendt, H. (2002): Vita activa. Vom tätigen Leben. München (Piper).

Arneil, B. (2006): Diverse Communities: The Problem with Social Capital. Cambridge (Cambridge University Press).

Arnove, R./Torres, C.A. (Eds.) (1999): Comparative Education. The Dialectic of the Global and the Local. Lahman (Rowman and Littlefield).

Arrow, K.J./Debreu, G. (1954): "Existence of an Equilibrium for a Competitive Economy". In: Econometrica, Vol. 22, 265-290.

Bamford, A. (2006): The Wow Factor. Global research compendium on the impact of the arts in education. Münster, New York, München, Berlin (Waxmann).

Barad, K. (2003): Posthumanist Performativity: Toward an Understanding of How Matter Comes to Matter. In: Signs: Journal of Women in Culture and Society 2003, vol. 28, no. 3.

Barber, B. (1995): Jihad vs. McWorld. New York (Ballantine Books).

Barrow, C.W./Didou-Aupetit, S./Mallea, J. (2003) (Eds.): Globalisation, Trade Liberation, and High Education in North America. The Emergence of a New Market under NAFTA? Dordrecht/Boston/London (Kluwer).

Barry, C./Pogge, T.W. (Eds.) (2005): Global Institutions and Responsibilities. Malden, MA (Blackwell).

Baudrillard, J. (1996): Das perfekte Verbrechen. München (Matthes und Seitz).

Bauer, U. (2002): Selbst- und/oder Fremdsozialisation. Zur Theoriedebatte in der Sozialisationsforschung. Eine Entgegnung auf Jürgen Zinnecker. In: Zeitschrift für Soziologie der Erziehung und Sozialisation 22 (2002), 118-142.

Bauer, U. (2006): Individualisiert in der Wissensgesellschaft oder: Dominoeffekte sozialwissenschaftlicher Fehldiagnose. In: Bittlingmayer, U.H./Bauer, U. (Hg.): Die Wissensgesellschaft: Mythos, Ideologie oder Realität. Wiesbaden (VS Verlag für Sozialwissenschaften).

Bauman, Z. (1989): Modernity and The Holocaust. Ithaca, N.Y. (Cornell University Press) (dt. Übers. Dialektik der Ordnung. Die Moderne und der Holocaust, Hamburg: Europäische Verlagsanstalt, 1992).

Bauman, Z. (1993 a): Modernity and Ambivalence. Cambridge and Oxford (Polity Press) (dt. Übers. Moderne und Ambivalenz. Das Ende der Eindeutigkeit, Hamburg: Junius, 1992) .

Bauman, Z. (1993 b): Postmodern Ethics. Cambridge, MA (Basil Blackwell) (dt. Übers. Postmoderne Ethik, Hamburg: Hamburger Edition, 1995).

Bauman, Z. (1996): Life in Fragments. Essays in Postmodern Morality. Cambridge (Polity Press) (dt. Übers. Flaneure, Spieler und Touristen. Essays zu postmodernen Lebensformen, Hamburg: Hamburger Edition, 1997).

Bauman, Z. (1997): Postmodernity and its discontents. New York (New York University Press) (dt. Übers. Das Unbehagen in der Postmoderne, Hamburg: Hamburger Edition 1999).

Bauman, Z. (1998): Globalization: The Human Consequences. New York (Columbia University Press) (dt. Übers. Der Mensch im Globalisierungskäfig, Frankfurt am Main: Suhrkamp 2003).

Bauman, Z. (2000): Liquid Modernity. Cambridge (Polity Press) (dt. Übers. Flüchtige Moderne, Frankfurt am Main: Suhrkamp 2003).

Bauman, Z./Tester, K. (2001): Conversations with Zygmunt Bauman. Cambridge (Polity Press).

Bauman, Z./Yakimova, M. (2002): A postmodern grid of the worldmap? Interview with Zygmunt Bauman. In Eurozine: http://www.eurozine.com/pdf/2002-11-08-bauman-en.pdf.

Bauman, Z. (2003): Liquid Love: On the Fragilty of Human Bonds. Cambridge (Polity Press).
Bauman, Z. (2004): Wasted Lives. Modernity and its Outcasts. Cambridge (Polity Press) (dt. Übers. Verworfenes Leben. Die Ausgegrenzten der Moderne, Hamburg: Hamburger Edition 2005).
Bauman, Z. (2005): Liquid Life. Cambridge (Polity Press).
Bauman, Z. (2006): Liquid Fear. Cambridge (Polity Press).
Bauman, Z. (2007a): Liquid Times: Living in an Age of Uncertainty. Cambridge (Polity Press).
Bauman, Z. (2007b): Consuming Life. Cambridge (Polity Press).
Beck, U. (1986): Risikogesellschaft. Frankfurt a.M. (Suhrkamp).
Beck, U. (2009): World at Risk. Cambridge (Polity Press).
Beck, U./Beck-Gernsheim, E. (Hg.) (1994): Riskante Freiheiten. Zur Individualisierung der Lebensformen in der Moderne. Frankfurt (Suhrkamp).
Beck, U./Beck-Gernsheim, E. (2001): Individualization. Institutionalized Individualism and its Social and Political Consequences. London (Sage).
Becker, G.S. (1993³): Human Capital. Chicago (University of Chicago Press)
Becker, G.S. (1996): Accounting for Tastes. Part I: Personal Capital. Part II: Social Capital. Cambridge, MA (Harvard University Press).
Becker, R. (2010): Bildungseffekte vorschulischer Erziehung und Elementarbildung – Bessere Bildungschancen für Arbeiter- und Migrantenkinder? In: Becker, R./Lauterbach, W. (Hg.) (20104): Bildung als Privileg. Erklärungen und Befunde zu den Ursachen der Bildungsungleichheit. Wiesbaden (VS Verlag für Sozialwissenschaften).
Becker, R./Lauterbach, W. (Hg.) (2010⁴): Bildung als Privileg. Erklärungen und Befunde zu den Ursachen der Bildungsungleichheit. Wiesbaden (VS Verlag für Sozialwissenschaften).
Becker, R./Lauterbach, W. (2010 a): Bildung als Privileg – Ursachen, Mechanismen, Prozesse und Wirkungen. In: Becker, R./Lauterbach, W. (Hg.) (2010⁴): Bildung als Privileg. Erklärungen und Befunde zu den Ursachen der Bildungsungleichheit. Wiesbaden (VS Verlag für Sozialwissenschaften).
Beckert, J. (2004): Unverdientes Vermögen. Frankfurt a.M. (Campus).
Bell, D. (1976): The Coming of Post-Industrial Society: A Venture in Social Forecasting. New York (Basic).
Bernhardt, A./Morris, M./Handcock, M.S./Scott, M.A. (2001): Divergent Paths: Economic Mobility in the New American Labor Market (Russell Sage Foundation).
Bernstein, B. (2000): Pedagogy, Symbolic Control and Identity. Theory, Research, Critique. Revised Edition. Oxford (Rowamn & Littlefield).
Bertelsmann Stiftung (2010): Soziale Gerechtigkeit in der OECD – Wo steht Deutschland? Sustainable Governance Indicators 2011. Gütersloh.
Bittlingmayer, U.H. (2006): Wider die Naturalisierung der zweiten Natur! Pierre Bourdieus Soziologie zwischen Kritik und Politik. In: Hillebrand u. a. (2006).
Block, F. (1990): Post Industrial Possibilities: A Critique of Economic Discourse. Los Angeles (University of California Press).
Blossfeld, H.-P./Shavit, T. (1993): Dauerhafte Ungleichheiten. Zur Veränderung des Einflusses der sozialen Herkunft auf die Bildungschancen in dreizehn industrialisierten Ländern. Zeitschrift für Pädagogik 39 (1993), 25-52.
Blossfeld, H.-P./Timm, A. (Hg.) (2003): Who Marries Whom? Educational Systems as Marriage Markets in Modern Societies. Dordrecht, Boston, London (Kluwer).
Böhnke, P. (2006): Marginalisierung und Verunsicherung. In: Bude, H./Willisch (2006).
Bok, D. (2003): Universities in the Marketplace. Princeton (Princeton University Press).
Bok, D. (2010): The Politics of Happiness: What Government Can Learn from the New Research on Well-Being. Princeton (Princeton University Press).
Boltanski, L./Chiapello, E. (2007): The New Spirit of Capitalism. London (Verso).
Boltanski, L. (2010): Soziologie und Sozialkritik. Frankfurter Adorno-Vorlesungen. Berlin (Suhrkamp).
Boltanski, L. (2011): On Critique: A Sociology of Emancipation. Cambridge, UK (Polity Press).
Bottomore, T.B. (1966): Elite und Gesellschaft. München (Beck).
Boudon, R. (1974): Education, Opportunity, and Social Inequality. New York (Wiley).
Bourdieu, P. (1977): Outline of a Theory of Practice. Cambridge, MA (Cambridge University Press).
Bourdieu, P. (1980): Le sens practique. Paris (Edition de Minuit).
Bourdieu, P. (1983): The Field of Cultural Production, or: The Economic World Reversed. In: Poetics (1983) Volume: 12, Issue: 4-5 (Columbia University Press), 311-356.

Bourdieu, P. (1986) The forms of capital. In J. Richardson (Ed.) Handbook of Theory and Research for the Socio-logy of Education (New York, Greenwood), 241-258. Online: http://www.marxists.org/reference/subject/philosophy/works/fr/ bourdieu-forms-capital.htm

Bourdieu, P. (1987 a): Die feinen Unterschiede. Frankfurt a. M. (Suhrkamp).

Bourdieu, P. (1987 b): What Makes a Social Class? In: Berkeley Journal of Sociology. Vol. 22, 1-18.

Bourdieu, P. (1991): Der Korporativismus des Universellen. Die Rolle des Intellektuellen in der modernen Welt. In: Bourdieu, P./Dölling, I. (Hg.): Die Intellektuellen und die Macht. Hamburg (VSA).

Bourdieu, P. (1992): Rede und Antwort. Frankfurt/M. (Suhrkamp).

Bourdieu, P. (Hg.) (1997): Das Elend der Welt. Zeugnisse und Diagnosen alltäglichen Leidens an der Gesellschaft. Konstanz (UVK).

Bourdieu, P./Passeron, J.C. (1988): Die Illusion der Chancengleichheit. Untersuchungen zur Soziologie des Bildungswesens am Beispiel Frankreichs. Stuttgart (Klett-Cotta).

Bourdieu, P./Wacquant, L.J.D (1992): An Invitation to Reflexive Sociology. Chicago (Chicago University Press).

Braun, C. v. (2012): Der Preis des Geldes: Eine Kulturgeschichte. Berlin (Aufbau Verlag).

Brinkmann, U./ Dörre, K./Röbenack, S. (2006) : Prekäre Arbeit. Ursachen, Ausmaß, soziale Folgen und subjektive Verarbeitungsformen unsicherer Beschäftigungsverhältnisse. Bonn (Friedrich-Ebert-Stiftung). Auch in: http://library.fes.de/pdf-files/asfo/03514.pdf.

Bröckling, U. u. a. (Hg.) (2000): Gouvernementalität der Gegenwart. Studien zur Ökonomisierung des Sozialen. Frankfurt a. M. (Suhrkamp).

Brunkhorst, H. (2005): Solidarity. From Civic Friendship to a Global Legal Community. Cambridge, Ms and London (MIT Press).

Bude, H. (1998): Die Überflüssigen als transversale Kategorie. In: Berger, P./Vester, M. (Hg.): Alte Ungleichheiten – neue Spaltungen. Opladen (Leske & Budrich).

Bude, H. (2008) : Die Ausgeschlossenen. Das Ende vom Traum einer gerechten Gesellschaft. München (Hanser).

Bude, H./Willisch, A. (Hg.) (2006): Das Problem der Exklusion. Hamburg (Hamburger Edition).

Burbules, N.C./Torres, C.A. (Eds.) (2000): Globalization and Education – Critical Perspectives. New York/London (Routledge).

Burt, R.S. (2005): Brokerage & Closure. An Introduction to Social Capital. Oxford (Oxford University Press).

Butler, J. (1991): Das Unbehagen der Geschlechter. Frankfurt a.M. (Suhrkamp).

Butler, J. (1997): Körper von Gewicht. Frankfurt a.M. (Suhrkamp).

Butterwegge, C. (2011[2]): Armut in einem reichen Land. Wie das Problem verharmlost und verdrängt wird. Frankfurt a. M./New York (Campus).

Calhoun, C./LiPuma, E./Postone, M. (Eds.) (1993) : Bourdieu : Critical Perspectives. Chicago (Chicago University Press).

Caillé, A. (1992): Esquisse d'une critique de l'economie générale de la practique. In : Cahiers du LASA 12/13, 109-219.

Carnoy, M. (1974) : Education as Cultural Imperialism. New York (David McKay).

Castel, R. (1995) : Les métamorphoses de la question sociale, une chronique du salariat. Dt. (2000): Die Metamorphosen der sozialen Frage: eine Chronik der Lohnarbeit. Konstanz (Univ.-Verl. Konstanz).

Castells, M. (1996): The Rise of the Network-Society. Oxford (Blackwell).

Castells, M. (2001): The Internet Galaxy. Reflections on Internet, Business, and Society. Oxford (Oxford University Press).

Celikates, R (2006): Zwischen Habitus und Reflexion: Zu einigen methodologischen Problemen in Bourdieus Sozialtheorie. In: Hillebrand, M./Krüger, P./Lilge, A./Struve, K. (Hg.) (2006): Willkürliche Grenzen. Das Werk Pierre Bourdieus in interdisziplinärer Anwendung. Bielefeld (transcript).

Chomsky, N. (2002): Chomsky on Democracy and Education (Social Theory, Education, and Cultural Change). New York and London (Routledge).

Chun, S. (2001): Bildungsungleichheit – eine vergleichende Studie von Strukturen, Prozesse und Auswirkungen im Ländervergleich Südkorea und Deutschland. Dissertation Universität Bielefeld.

Cole, D.R (Ed.) (2012): Surviving Economic Crises through Education. New York u. a. (Lang).

Coleman, J. (1989): "Social Capital in the Creation of Human Capital." In: American Journal of Sociology, 94, 95-120.

Coleman, J. (1990): Foundations of Social Theory. Cambridge, MA (Harvard University Press).

Collins, D. (1979): The Credential Society. New York (Academic Press).

Conze, E./Wienfort, M. (Hg.) (2004): Adel und Moderne. Deutschland im europäischen Vergleich im 19. und 20. Jahrhundert. Köln (Böhlau).

Corbin, A. (1995): The Lure of the Sea: The Discovery of the Seaside in the Western World 1750-1840. London (Penguin).

Crouch, C. (2008): Postdemokratie. Frankfurt a.M. (Suhrkamp).

Crouch, C. (2011): Das befremdliche Überleben des Neoliberalismus. Frankfurt a.M. (Suhrkamp).

Dale, R. (1989): The Thatcherite Project in Education. In: Critical Social Policy 9, 4-19.

Dalin, P. (1999): Theorie und Praxis der Schulentwicklung. Neuwied u. a. (Luchterhand).

DeNavas-Walt, C./Proctor, B.D./Smith, J.C. (2009): Income, Poverty, and Health Insurance Coverage in the United States 2008. In: US-Census Bureau, September 2009 unter http://www.census.gov/prod/2009pubs/p60-236.pdf.

Deutsche Bundesregierung (2001):Lebenslagen in Deutschland. Der erste Armuts- und Reichtumsbericht der Bundesregierung. Unter: http://www.bmas.de/portal/902/property=pdf/lebenslagen__in__deutschland__armutsbericht1.pdf.

Deutsche Bundesregierung (2005):Lebenslagen in Deutschland. Der zweite Armuts- und Reichtumsbericht der Bundesregierung. Unter: http://www.bmas.de/portal/892/property=pdf/lebenslagen__in__deutschland__de__821.pdf.

Deutsche Bundesregierung (2008):Lebenslagen in Deutschland. Der dritte Armuts- und Reichtumsbericht der Bundesregierung. Unter: http://www.bmas.de/portal/26742/property=pdf/dritter__armuts__und__reichtumsbericht.pdf.

Devereux, G. (1998): Angst und Methode in den Verhaltenswissenschaften.4. Auflage. Frankfurt a. M. (Suhrkamp).

Devereux, G. (1993): Normal und anormal. Aufsätze zur allgemeinen Ethnopsychiatrie. Frankfurt a. M. (Suhrkamp).

Dewey, J. (1900): School and Society. Chicago (Chicago University Press).

Dewey, John: Collected Works. Edited by Jo Ann Boydston:
    The Early Works (EW 1-5): 1882-1898. Carbondale & Edwardsville (Southern Illinois University Press / London & Amsterdam: Feffer & Simons).
    The Middle Works (MW 1-15): 1899-1924. Carbondale & Edwardsville (Southern Illinois University Press).
    The Later Works (LW 1-17): 1925-1953. Carbondale & Edwardsville (Southern Illinois University Press).

Diefenbach, H./Klein, M. (2002): "Bringing Boys Back In". Soziale Ungleichheit zwischen den Geschlechtern im Bildungssystem zuungunsten von Jungen am Beispiel der Sekundarschule. In: Zeitschrift für Pädagogik 48 (2002), 938-958.

DiMaggio, P. (1982): "Cultural capital and school success: the impact of status culture participation on the grades of U.S. high school students." In: American Sociological Review 47 (2), S. 189-201.

DiMaggio, P/Mohr. J. (1985): "Cultural capital, educational attainment, and marital selection." In: American Journal of Sociology 90 (6), S. 1231-1261.

DiMaggio, P/Useem, M. (1978a): "Social class and arts consumption: the origins and consequences of class differences in exposure to the arts in America." In: Theory and Society 5 (2), S. 141-161.

DiMaggio, P/Useem, M. (1978b): "Cultural democracy in a period of cultural expansion: the social composition of arts audiences in the U.S." In: Sociological problems 26 (2), S. 180-197.

Donoghue, F. (2008): The Last Professors. The Corporate University and the Fate of the Humanities. New York (Fordham).

Dreitzel, H.P. (1962): Elitebegriff und Sozialstruktur. Stuttgart (Enke).

Drori, G.S./Meyer, J.W./Ramirez, F.O./Schofer, E. (2003): Science in the Modern World Polity: Institutionalization and Globalization. Stanford (Stanford University Press).

Duesenberry, J.S. (1949): Income, Savings and the Theory of Consumer Behavior. Cambridge, MA (Harvard University Press).

Eder, K. (1989): Klassentheorie als Gesellschaftstheorie. Bourdieus dreifache kulturtheoretische Brechung der traditionellen Klassentheorie. Unter: http://www.ssoar.info/ssoar/GetDocument/?resid=1528.

Elias, N. (1969): Die höfische Gesellschaft. Frankfurt am Main (Suhrkamp).

Elias, N. (1976): Über den Prozeß der Zivilisation, 2 Bde. Frankfurt am Main (Suhrkamp).

Elias, N. (1989): Studien über die Deutschen. Frankfurt a. M. (Suhrkamp).

Erikson, R./Goldthorpe, J.H. (1992): The Constant Flux. A Study of Class Mobility in Industrial Societies. Oxford (Clarendon).

European Commission (2007): Europe's Social reality. Eurobarometer 273. Unter: ec.europa.eu/public_opinion/archives/ebs/ebs_273_en.pdf.

Featherstone, M. (1995): Undoing Culture: Globalization, Postmodernism and Identity. London and Thousand Oaks (Sage).

Featherstone, M./Hepworth, M./Turner, B.S. (Eds.) (1991): The Body. Social Process and Cultural Theory. London (Sage).

Field, J. (2008²): Social Capital. London and New York (Routledge).

Fine, B. (2001): Social Capital versus Social Theory. London and New York (Routledge).

Flassbeck, H. (2010): Die Marktwirtschaft des 21. Jahrhunderts. Frankfurt a.M. (Westend).

Foucault, M. (1977): Sexualität und Wahrheit 1: Der Wille zum Wissen. Frankfurt a.M. (Suhrkamp).

Foucault, M. (1986 a): Sexualität und Wahrheit 2: Der Gebrauch der Lüste. Frankfurt a.M. (Suhrkamp).

Foucault, M. (1986 b): Sexualität und Wahrheit 3: Die Sorge um sich. Frankfurt a.M. (Suhrkamp).

Foucault, M. u. a. (1993): Technologien des Selbst. Frankfurt a.M. (Fischer).

Foucault, M. (1994⁸): Überwachen und Strafen. Die Geburt des Gefängnisses. Frankfurt am Main (Suhrkamp).

Foucault, M. (1999): In Verteidigung der Gesellschaft. Vorlesungen am Collège de France (1975-76). Frankfurt am Main (Suhrkamp).

Foucault, M. (2004): Geschichte der Gouvernementalität, 2 Bde., Frankfurt am Main (Suhrkamp).

Fowler, B. (1997): Pierre Bourdieu and Cultural Theory. Critical Investigations. London (Sage).

Franke, S. (2005): Measurement of Social Capital. Reference Document for Public Policy Research, Development, and Evaluation, September 2005. PRI Project Social Capital as a Public Policy Tool. Canada.

Franklin, S./Lurie, C./Stacey, J. (2000): Global Nature, Global Culture. London (Sage).

Fraser, N. (1989): Unruly Practices. Minneapolis (Minnesota University Press).

Freedman, D.A. (1987a): "As Others See Us: A Case Study in Path Analysis." In: Journal of Educational statistics12 (2), 101-128.

Freedman, D.A. (1987b): "A Rejoinder on Models, Metaphors, and Fables." In: Journal of Educational statistics 12 (2), 206-223.

Freedman, D.A. (1991): "Statistical Models and Shoe Leather." In: Sociological Methodology 21, 291-313.

Frey, B.S./Stutzer, A. (2002): Happiness and Economics. How the Economy and Institutions Affect Well-Beeing. Princeton and Oxford (Oxford University Press).

Friedrichs, J. (2008⁷): Gestatten: Elite. Auf den Spuren der Mächtigen von morgen. Hamburg (Hoffmann und Campe).

Fröhlich, N. (2009): Die Aktualität der Arbeitswerttheorie. Theoretische und empirische Aspekte. Marburg (Metropolis).

Fuchs, C. (2010): "Labor in informational capitalism and on the Internet." In: Information Society 26 (3), 179-196.

Fukuyama, F. (1992⁴): Das Ende der Geschichte. München (Kindler).

Funken, C. (2005): Der Körper im Internet. In: Schroer (2005).

Gardner, H. (1991): The Unschooled Mind: How children think and how schools should teach. New York (Basic Books).

Gardner, H. (1993): Frames of Mind: The theory of multiple intelligences. New York (Basic Books).

Gardner, H. (1997): Extraordinary Minds: Portraits of Exceptional Individuals and an Examination of our Extraordinariness. New York (Basic Books).

Gardner, H. (1999). Intelligence reframed. New York (Basic Books).

Gardner, H. (2000):The Disciplined Mind: Beyond Facts and Standardized Tests, The K-12 Education that Every Child Deserves. New York (Penguin Putnam).

Gardner, H. (2004): Changing minds: The art and science of changing our own and other people's minds. Boston (Harvard Business School Press).

Gardner, H./Csikszentmihalyi, M./Damon, W. (2001): Good Work: When Excellence and Ethics Meet. New York (Basic Books).

Garrison, J./Neubert, S./Reich, K. (2012): John Dewey's Philosophy of Education – An Introduction and Recontextualization for Our Times. New York (Palgrave).

Gaugele, E./Reiss, K. (Hg.) (2003): Jugend, Mode, Geschlecht. Die Inszenierung des Körpers in der Konsumkultur. Frankfurt am Main, New York (Campus).

Gavin, W. (1988): Context over foundation: Dewey and Marx. Dordrecht (Kluwer).

Geiger, R. (2004): Knowledge and Money: Research Universities and the Paradox of the Marketplace. Stanford (Stanford University Press).

Geiger, T. (1949): Die Klassengesellschaft im Schmelztiegel. Köln/Hagen (Kiepenheuer).

Geißler, R. (2008⁵): Die Sozialstruktur Deutschlands. Wiesbaden (VS Verlag für Sozialwissenschaften).

Gerhards, J. (2008): Die kulturelle Elite Europas. Eine vergleichende Analyse der 27 Mitgliedsländer der EU auf der Grundlage einer Auswertung des Eurobarometers. Berliner Studien zur Soziologie Europas, BSSE-Arbeitspapier Nr. 13. Berlin (Freie Universität Berlin).

Gerhards, J./Hölscher (M.) (2006²): Kulturelle Unterschiede in der Europäischen Union. Wiesbaden (VS Verlag für Sozialwissenschaften).

Giddens, A. (1974): "Elites in British Class Structure." In: Stanworth, P./Giddens, (Eds.): Ethics and Power in British Society. Cambridge (Cambridge University Press).

Giddens, A. (1984): The Constitution of Society: Outline of the Theory of Structuration. Berkeley (University of California Press).

Giesecke, H. (2005): „Humankapital" als Bildungsziel? Grenzen ökonomischen Denkens für das pädagogische Handeln." In: Neue Sammlung H.3/2005, S. 377–389.

Giroux, H. (1992): Border Crossings: Cultural Workers and the Politics of Education. New York and London (Routledge).

Giroux, H. (1996): Living dangerously: Multiculturalism and the politics of difference. New York (Lang).

Giroux, H. (2008): Against the Terror of Neoliberalism: Beyond the Politics of Greed. Boulder (Paradigm Publishers).

Glatzer, W. u. a. (2008): Einstellungen zum Reichtum. Wahrnehmung und Beurteilung sozio-ökonomischer Ungleichheit und ihrer gesellschaftlichen Konsequenzen in Deutschland. Frankfurt a.M. Unter: http://www.bmas.de/portal/27502/property=pdf/a381__forschungsprojekt.pdf.

Göppel, R. (1989): „Der Friederich, der Friederich..." – Das Bild des „schwierigen Kindes" in der Pädagogik des 19. und 20. Jahrhunderts. Würzburg (Edition Bentheim).

Graeber, D. (2012): Schulden: Die ersten 5000 Jahre. Stuttgart (Klett-Cotta).

Graf, F.W./Platthaus, A./Schleissing, S. (Hg.) (1999): Soziales Kapital in der Bürgergesellschaft. Köln (Kohlhammer).

Greenwald, B./Stiglitz, J.E. (1986): "Externalities in Economies with Imperfect Information and Incomplete Markets." In: Quarterly Journal of Economics, Vol. 101, 229-264.

Grimme, A. (2009): Vom Reichtum sozialer Beziehungen. Zum Verhältnis von Gemeinschaft und Sozialkapital. Marburg (Tectum).

Group of Thirty (2009): Financial Reform. A Framework for Financial Stability. In: http://www.group30.org/pubs/pub_1460.htm.

Gruber,. H./Harteis, C./Heid, H./Meier, B. (Hg.) (2004): Kapital und Kompetenz. Veränderungen in der Arbeitswelt und ihre Auswirkungen aus erziehungswissenschaftlicher Sicht. Wiesbaden (VS Verlag für Sozialwissenschaften).

Habermas, J. (1973): Kultur und Kritik. Verstreute Aufsätze. Frankfurt a. M. (Suhrkamp).

Habermas, J. (1981): Theorie des kommunikativen Handelns (Bd. 1: Handlungsrationalität und gesellschaftliche Rationalisierung; Bd. 2: Zur Kritik der funktionalistischen Vernunft). Frankfurt a. M. (Suhrkamp).

Habermas, J. (1992): Faktizität und Geltung. Beiträge zur Diskurstheorie des Rechts und des demokratischen Rechtsstaates, Frankfurt a. M. (Suhrkamp).

Habermas, J. (2005): Zwischen Naturalismus und Religion. Frankfurt a. M. (Suhrkamp).

Hakim, C. (2011): Honey Money. The Power of Erotic Capital. London (Allen Lane/Penguin).

Hall, J. R. (1992): "The Capital(s) of Culture: A Nonholistic Approach to Status Situations, Class, Gender, and Ethnicity." In: Lamont, M./Fournier, M. (Eds.): Cultivating Differences: Symbolic Boundaries and the Making of Inequality. Chicago and London (University of Chicago Press).

Hall, S. (1980 a): Culture, Media, Language: Working Papers in Cultural Studies. London (Hutchinson).

Hall, S. (1980 b): Cultural Studies: Two Paradigms. In: Media, Culture, and Society 2, 57-72.

Hall, S. (1992): Culture, Media, Language: Working Papers in Cultural Studies, 1972-79. London u. a. (Hutchinson Centre for Contemporary Cultural Studies University of Birmingham).

Halpern, D (2005): Social Capital. Cambridge (Polity Press).

Hardt, M./Negri, A. (2004): Multitude: War and Democracy in the Age of Empire. New York (Penguin Press).

Harring; M. (2011): Das Potenzial der Freizeit. Soziales, kulturelles und ökonomisches Kapital im Kontext heterogener Freizeitwelten Jugendlicher. Wiesbaden (VS Verlag für Sozialwissenschaften).

Harris, J. (2002): Depoliticizing Development: The World Bank and Social Capital. London (Anthem).

Hartmann, M. (2001): „Bildung und andere Privilegien." In: Kursbuch 143: Der Neid. Berlin (Rowohlt).

Hartmann, M. (2002): Der Mythos von den Leistungseliten. Frankfurt a.M. (Campus).

Hartmann, M. (2006): „Die Exzellenzinitiative – ein Paradigmenwechsel in der deutschen Hochschulpolitik". In: Leviathan 34 (4), 447-465.

Hartmann, M. (2007): Eliten und Macht in Europa. Frankfurt a.M. (Campus).

Harvey, D. (1989): The Condition of Postmodernity. Oxford (Blackwell).

Häußermann, H. (2006): „Die Krise der ‚sozialen Stadt'. Warum der sozialräumliche Wandel der Städte eine eigenständige Ursache für Ausgrenzung ist." In: Bude,H./Willisch (2006).

Hauser, F./Schubert, A./Aicher, M. (Hg.) (2008): Abschlussbericht Forschungsprojekt Nr. 18/05:Unternehmenskultur, Arbeitsqualität und Mitarbeiterengagement in den Unternehmen in Deutschland. Bundesministerium für Arbeit und Soziales. In: http://www.bmas.de/portal/24842/property=pdf/f371__forschungsbericht.pdf.

Healy, D. (2004): Let them Eat Prozac. The Unhealthy Relationship Between the Pharmaceutical Industry and Depression. New York (New York University Press).

Heinsohn, G./Steiger, O. (2011[7]): Eigentum, Zins und Geld: Ungelöste Rätsel der Wirtschaftswissenschaft. Berlin (Metropolis).

Herrmann, U. (2010[3]): Hurra, wir dürfen zahlen. Der Selbstbetrug der Mittelschicht. Frankfurt a. M. (Westend).

Hertz, T. (2006): Understanding Mobility in America. American University for the Center for American Progress. URL: http://www.americanprogress.org/issues/ 2006/04/Hertz_MobilityAnalysis.pdf.

Hessel, S. (2010): Empört euch! Berlin (Ullstein).

Hillebrand, M./Krüger, P./Lilge, A./Struve, K. (Hg.) (2006): Willkürliche Grenzen. Das Werk Pierre Bourdieus in interdisziplinärer Anwendung. Bielefeld (transcript).

Hörning, K.H./Reuter, J. (Hg.) (2004): Doing Culture. Neue Positionen zum Verhältnis von Kultur und sozialer Praxis. Berlin (transkript).

Hofmann, W. (Hg.) (1964): Wert- und Preislehre. Sozialökonomische Studientexte, Bd. 1, Berlin.

Horkheimer, M. (1934): Dämmerung. Zürich (Oprecht & Helbling).

Huntington, S.W. (1996): The Clash of Civilizations and the Remaking of World Order. New York (Simon & Schuster).

Hutmacher, W./Cochrane, D./Bottani, N. (Eds.) (2001): In Pursuit of Equity in Education. Dordrecht/Boston/ London (Kluwer).

Isaacs, J.B. (2008): "Economic Mobility of Men and Women." In: Haskins, R. et al (Eds.): Getting Ahead or Losing Ground: Economic Mobility in America. Washington, D.C. (Brookings); auch frei im Internet verfügbar.

Jaeger, W. (1989): Paideia. Die Formung des griechischen Menschen. Berlin (de Gruyter).

James, W. (1902): Varieties of Religious Experience. New York (Mentor).

Jameson, F. (1991): Postmodernism, or The Cultural Logic of Late Capitalism. Durham (Duke University Press).

Janich, P. (2001): Logisch-pragmatische Propädeutik. Weilerswist (Velbrück).

Janich, P. (2009): Kein neues Menschenbild – Zur Sprache der Hirnforschung. Frankfurt a. M. (edition unseld).

Jenkins, P. (1992): Pierre Bourdieu. New York (Routledge).

Kahnemann, D./Deaton, A. (2010): High income improves evaluation of life but not emotional well-being. Center for Health and Well-being, Princeton University, Princeton, NJ 08544. In: http://wws.princeton.edu/news/Income_Happiness/Happiness_Money_Report.pdf.

Kalantzis, M./Cope, B. (2008): New Learning. New York (Cambridge University Press)

Kaufmann, J.-C. (1996): Frauenkörper – Männerblicke. Konstanz (UVK).

Keeley, B. (2007): Human-Kapital. Wie Wissen unser Leben bestimmt. Reihe OECD Insights. Download unter http://www.oecd.org/publishing.

Kellner, D. (2000): "Globalization and New Social Movements: Lessons for Critical Theory and Pedagogy." In: Burbules, N.C./Torres, C.A. (Eds.) (2000): Globalization and Education – Critical Perspectives. New York/ London (Routledge).

Kindleberger, C. (2001): Manien, Paniken, Crashs. Die Geschichte der Finanzkrisen dieser Welt. Kulmbach (Börsenmedien AG).

King, A.D. (ed.) (1997): Culture, Globalization and the World-System. Binghamton (Suny).

Kingsbury, D./Remenyi, J./McKay, J./Hunt, J. (2004): Key Issues in Development. New York (Palgrave Macmillan).

Kingston, P.W.: The Classless Society. Stanford (Stanford University Press).

Kohli, M./Künemund, H./Schäfer, A./Schupp. J./Vogel, C. (2006): „Erbschaften und ihr Einfluss auf die Vermögensverteilung." In: Vierteljahreshefte zur Wirtschaftsforschung 75 (2006), 1, 58–76.

Kourany, J.A. (2008): "Philosophy of Science: a Subject with a Great Future." In: Philosophy of Science 2008, 75.5, 767-778.

Knorr-Cetina, K. (2005): Jenseits der Aufklärung. Die Entstehung der Kultur des Lebens. In: Schroer (2005).

Kracauer, S. (1971[11]): Die Angestellten. Frankfurt a.M. (Suhrkamp).

Krais, B. (1996): „Bildungsexpansion und soziale Ungleichheit in der Bundesrepublik Deutschland." In: Bolder, A. u. a. (Hg.): Die Wiederentdeckung der Ungleichheit. Aktuelle Tendenzen in Bildung für Arbeit. Jahrbuch Arbeit und Bildung, Bd.1. Opladen (Leske&Budrich), 118-146.

Krais, B. (2001): „Die Spitzen der Gesellschaft." In: Krais, B. (Hg.): Von Eliten und herrschenden Klassen. Konstanz (UVK).

Kreyenfeld, M./Krapf, S. (2010): „Soziale Ungleichheit und Kinderbetreuung – Eine Analyse der sozialen und ökonomischen Determinanten der Nutzung von Kindertageseinrichtungen." In: Becker, R./Lauterbach, W. (Hg.) (20104): Bildung als Privileg. Erklärungen und Befunde zu den Ursachen der Bildungsungleichheit. Wiesbaden (VS Verlag für Sozialwissenschaften).

Krijnen, C. (2011): „Die Idee der Universität und ihre Aktualität." In: Krijnen, C./Lorenz, C./Umlauf, J. (Hrsg.) (2011): Wahrheit oder Gewinn? Über die Ökonomisierung von Universität und Wissenschaft. Würzburg (Könighausen & Neumann).

Krijnen, C./Lorenz, C./Umlauf, J. (Hrsg.) (2011): Wahrheit oder Gewinn? Über die Ökonomisierung von Universität und Wissenschaft. Würzburg (Könighausen & Neumann).

Krimsky, S. (2003): Science in the Private Interest. Lanham (Roman & Littlefield).

Krishna, A. (2002): Active Social Capital. Tracing the Roots of Development and Democracy. New York (Columbia University Press).

Kröll, T. (2008): „Die Ideologie des Neoliberalismus als kulturelles Kapital." In: Blätter für Deutsche und Internationale Politik, Heft 12/2008, 70-78.

Kroll, CF. (2008): Social Capital and the Happiness of Nations. Frankfurt a. M. (Lang).

Kronauer, M. (2002): Exklusion. Die Gefährdung des Sozialen im hoch entwickelten Kapitalismus. Frankfurt a. M./New York (Campus).

Kronauer, M. (2006): „‚Exklusion' als Kategorie einer kritischen Gesellschaftsanalyse." In: Bude,H./Willisch (2006).

Kuczynski, J. (1961-1972): Geschichte der Lage der Arbeiter unter dem Kapitalismus (40 Bände). Berlin (Akademie-Verlag).

Kuhn, T.S. (1996[3]): The Structure of Scientific Revolutions. Chicago (The University of Chicago Press).

Lack, E./Markschies, C. (Hg.) (2800): What the Hell is Quality? Qualitätsstandards in den Geisteswissenschaften. Frankfurt a. M (Campus).

Lash, S. (2007): "Power after Hegemony: Cultural Studies in Mutation?" In: Theory, Culture, and Society. 24 (3), 55-78.

Lemke, T./Krassmann, S./Bröckling, U. (2000): „Gouvernementalität, Neoliberalismus und Selbsttechnologien. Eine Einleitung." In: Bröckling, U. u. a. (2000).

Lemke, T./Wehling, P. (2005): „Bürgerrechte durch Biologie? Kritische Anmerkungen zur Konjunktur des Begriffs ‚biologische Bürgerschaft' ". In: Schroer (2005).

Leschinsky, A./Mayer, K.U. (1990): "Comprehensive Schools and Inequality of Opportunity in the Federal Republic of Germany." In: Leschinsky, A./Mayer, K.U. (Eds.) (1990): The Comprehensive School Experiment Revisited: Evidence from Western Europe. Frankfurt a. M. (Campus).

Lewis, J. (2008[2]): Cultural Studies. London (Sage).

Liessmann, K.P. (2006): Theorie der Unbildung. Die Irrtümer der Wissensgesellschaft. Wien (Zsolnay).

Lilge, A. (2006): „‚Unter geheimer Mittäterschaft des Unbewussten': Überlegungen zum psychotherapeutischen Umgang mit ‚sozialisierter Subjektivität'". In: Hillebrand u. a. (2006).

Lin, N. (2001): Social Capital: A Theory of Social Structure and Action. Cambridge (Cambridge University Press).

Lindemann, G. (2003): Beunruhigende Sicherheiten. Zur Genese des Hirntodkonzepts. Konstanz (UVK).

Lomborg, B. (Ed.) (2004): Global Crises, Global Solutions. Cambridge, UK (Cambridge University Press).

Longhurst, B. et al (2008[2]): Introducing Cultural Studies. London (Pearson).

Lorenz, C. (Ed.) (2008): If you are so smart, why aren't you rich? Universiteit, Markt & Management. Amsterdam (Boom).

Lorenz, C. (2011): Riddles of Neo-liberal University Reform. In: Krijnen, C./Lorenz, C./Umlauf, J. (Hrsg.): Wahrheit oder Gewinn? Über die Ökonomisierung von Universität und Wissenschaft. Würzburg (Könighausen & Neumann).

Lütke, O. (2007[3]): Qualität und kulturelles Kapital. Wie Haltungen das Ergebnis von Handlungen beeinflussen. Berlin (dissertation.de – Verlag im Internet).

Lyon, D. (1988): The Information Society: Issues and Illusions. Cambridge (Polity).

Lyotard, J.-F. (1984): The Postmodern Condition. Minneapolis (The University of Minnesota Press). Deutsch (19994): Das postmoderne Wissen. Wien (Passagen).

Lyotard, J.-F. (1989²): Der Widerstreit. München (Fink).

Mann, M. (1993): The Sources of Social Power: Volume 2, The Rise of Classes and Nation States 1760-1914. Cambridge (Cambridge University Press).

Marginson, S./Considine, M. (2000): The Enterprise University. Power, Governance and Reinvention in Australia. Cambridge (Cambridge University Press).

Marginson, S./Murphy, P./Peters, M.A. (Eds.) (2010): Global Creation. Space, Mobility and Synchrony in the Age of the Knowledge Economy. New York (Lang).

Masuda, Y. (1981): The Information Society as Post-Industrial Society. Washington (World Future Society).

Mauss, M. (1968): Die Gabe. Die Form und Funktion des Austauschs in archaischen Gesellschaften. Frankfurt am Main (Suhrkamp).

Mentges, G./Richard, B. (Hg.) (2005): Schönheit der Uniformität. Körper, Kleidung, Medien. Frankfurt a. M. (Campus).

Merkel, W. (2008): „Lebenschancen. Soziale Gerechtigkeit im 21. Jahrhundert." In: Wissenschaftszentrum Berlin für Sozialforschung, WZB-Mitteilungen Heft 120 Juni 2008, S. 6-10.

Merleau-Ponty, M. (1974): Phänomenologie der Wahrnehmung. Berlin (de Gruyter).

Merton, R.K. (1973): "The Normative Structure of Science." In: Merton, R.K.: The Sociology of Science. Chicago (Chicago University Press).

Métraux, A./Waldenfels, B. (Hg.) (1986): Leibhaftige Vernunft. Spuren von Merleau-Pontys Denken. München (Fink).

Meuser, M. (2005): Frauenkörper – Männerkörper. Somatische Kulturen der Geschlechterdifferenz. In: Schroer (2005).

MEW: Marx-Engels-Werke Werke, 43 Bände. Berlin (Dietz). Auch online unter: http://www.mlwerke.de/me/me_mew.htm.

Meyer, J.W. (2005): Weltkultur. Wie die westlichen Prinzipien die Welt durchdringen. Frankfurt a. M. (Suhrkamp).

Mirowski, P./Sent, E.-M. (Eds.) (2002): Science Bought and Sold. Chicago (University of Chicago Press).

Möckel, A. (1988): Geschichte der Heilpädagogik. Stuttgart (Klett-Cotta).

Moewes, G. (2004): Geld oder Leben. Umdenken und unsere Zukunft nachhaltig sichern. Wien, München (Signum).

Mohr, J./DiMaggio, P. (1995): "The intergenerational transmission of cultural capital." In: Research in Social Stratification and Mobility 14, S. 167-199.

Montag Stiftung (Hg.) (2012): Schulen bauen und planen. Berlin (Jovis).

Morrow, R.A./Torres, C.A. (1995): Social Theory and Education: A Critique of Theories of Social and Cultural reproduction. Albany (Suny).

Morrow, R.A./Torres, C.A. (2000): The State, Globalization, and Educational Policy. In: Burbules, N.C./Torres, C.A. (Eds.) (2000): Globalization and Education – Critical Perspectives. New York/London (Routledge).

Mouffe, C. (1994): The Return of the Political. London (Verso).

Mouffe, C. (Ed.) (1996): Deconstruction and Pragmatism. London/New York (Routledge).

Mouffe, Chantal (2000): The Democratic Paradox. London, New York (Verso).

Müller, W./Pollak, R. (2010): Warum gibt es so wenige Arbeiterkinder in Deutschlands Universitäten? In: Becker, R./Lauterbach, W. (Hg.) (2010⁴): Bildung als Privileg. Erklärungen und Befunde zu den Ursachen der Bildungsungleichheit. Wiesbaden (VS Verlag für Sozialwissenschaften).

Münch, R. (2007): Die akademische Elite. Zur sozialen Konstruktion wissenschaftlicher Exzellenz. Frankfurt a. M. (Suhrkamp).

Münch, R. (2009): Globale Eliten, lokale Autoritäten. Bildung und Wissenschaft unter dem Eegime von PISA, McKinsey & Co. Frankfurt a. M. (Suhrkamp).

Neubert, S./Reich, K. (2006): "The Challenge of Pragmatism for Constructivism – Some Perspectives in the Programme of Cologne Constructivism." In: Journal of Speculative Philosophy. New Series, Vol. 20 (3) 2006, 165-191.

Neubert, S./Reich, K. (2011): Reconstruction of Philosophy and Inquiry into Human Affairs – Deweyan Pragmatism in Dialogue with the Postmodern Sociology of Zygmunt Bauman. In: Green, J./Neubert, S./Reich, K. (Eds.): Pragmatism and Diversity – Dewey in the Context of Late Twentieth- Century Debates. New York (Palgrave).

Neugebauer, G. (2007): Politische Milieus in Deutschland. Bonn. (Dietz).

Nollmann, G. (2005): Individualisierung und ungleiche Strukturierung des Körpers. In: Schroer (2005).

Nussbaum, M. (2000): Women and Human development. Cambridge (Cambridge University Press).

Nussbaum, M. (2006): Frontiers of Justice – Disability, Nationality, Species Membership. Cambridge/London (Harvard University Press).

Nussbaum, M. (2009): Capabilities as Fundamental Entitlements: Sen and Social Justice. In: Schneider, K./Otto, H.-U. (2009) (Ed.): From Employability Towards Capability. Luxembourg (Inter-Actions).

Nussbaum, M. (2010): Not for Profit. Why Democracy Needs the Humanities. Princeton (Princeton University Press).

Nussbaum, M.C./Sen, A. (Ed.) (1993): The Quality of Life. Oxford (Clarendon Press).

Oakes, J. (1985): Keeping Track: How Schools Structure Inequality. New Haven (Yale University Press).

OECD (1996): Measuring What People Know. Human Capital Accounting for the Knowledge Economy. OECD, Paris 1996.

OECD (1998): Human Capital Investment. An International Comparison. OECD, Paris 1998.

OECD (2008): Growing Unequal? Income Distribution and Poverty in OECD Countries. Paris u. a.

OECD (2010): The High Cost of Low Educational Performance. The long-run economic impact of improving PISA outcomes. Online: http://www.pisa.oecd.org/dataoecd/11/28/44417824.pdf.

OECD (2010 a): Bildung auf einen Blick 2010. OECD-Indikatoren hrsg. vom Bundesministerium für Bildung und Forschung für die deutsche Übersetzung. Veröffentlicht in Absprache mit der OECD, Paris.

OECD (2011): Bildung auf einen Blick 2011. OECD-Indikatoren hrsg. vom Bundesministerium für Bildung und Forschung für die deutsche Übersetzung. Veröffentlicht in Absprache mit der OECD, Paris.

OECD (2012): Better Skills, Better Jobs, Better Lives. A Strategic Approach to Skills Policies. Paris. Auch unter: http://www.oecd.org/de/skills.

Offe, C. (1999): „ „Sozialkapital'. Begriffliche Probleme und Wirkungsweise." In E. Kistler, H.-H. Noll & E. Priller (Hrsg.), Perspektiven gesellschaftlichen Zusammenhalts. Empirische Befunde, Praxiserfahrungen, Meßkonzepte (S. 113-120). Berlin (Sigma).

Offe, C./Fuchs, S. (2001): „Schwund des Sozialkapitals? Der Fall Deutschland." In R.D. Putnam (Hrsg.), Gesellschaft und Gemeinsinn. Sozialkapital im internationalen Vergleich (S.417-514). Gütersloh (Bertelsmann Stiftung).

Olsaretti, S. (2004): Liberty, Desert and the Market. Cambridge, UK (Cambridge University Press).

O'Neill, J. (1989): The Communicative Body. Evanston (Northwestern University Press).

Ormrod, J. E. (2004[4]): Human Learning. Columbus, Ohio (Pearson).

Ormrod, J.E. (2006[5]): Educational Psychology. Developing Learners. Upper Saddle River, New Jersey (Pearson).

Ott, B. L./Mack, R. L. (2009): Critical Media Studies: An Introduction. New York (John Wiley and Sons).

Parsons, T. (1969): „Evolutionäre Universalien der Gesellschaft." In: Zapf, W. (Hg.): Theorien des sozialen Wandels. Köln/Berlin (Kiepenheuer), S. 55-74.

Paul, B./Schaffer, J. (Hg.) (2009): Mehr(wert) queer. Visuelle Kultur, Kunst und Gender-Politiken. Queer Added (Value). Visual Culture, Art, and Gender-Politics. Bielefeld (transkript).

Peters, M.A. (2006): "Neoliberal Governmentality: Foucault on the Birth of Biopolitics." In: Weber, S./Maurer, S. (Hg.) (2006): Gouvernementalität und Erziehungswissenschaft. Wissen, Macht, Transformation. Wiesbaden (VS Verlag für Sozialwissenschaften).

Peters, M./Marshall, J./FGitzsimons, P. (2000): "Managerialism and Educational Policy in a Global Context: Foucault, Neoliberalism, and the Doctrine of Self-Management." In: Burbules, N.C./Torres, C.A. (Eds.) (2000): Globalization and Education – Critical Perspectives. New York/London (Routledge).

Peters, M./Murphy, P./Marginson, S. (Eds.) (2009): Creativity and the Global Knowledge Economy. New York (Lang).

Pogge, T.W. (1989): Realizing Rawls. Ithaca (Cornell University Press).

Pogge, T.W. (Ed.) (2001): Global Justice. Oxford (Blackwell).

Pogge, T.W. (2002): World poverty and human rights: cosmopolitan responsibilities and reforms. Malden/Massachusetts (Polity). (deutsche Übersetzung v. Anna Wehofsits: Weltarmut und Menschenrechte. Kosmopolitische Verantwortung und Reformen, De Gruyter, Berlin/New York 2011).

Popkewitz, T. (2000): "Reform as the Social Administration of the Child: Globalization of Knowledge and Power." In: Burbules, N.C./Torres, C.A. (Eds.) (2000): Globalization and Education – Critical Perspectives. New York/London (Routledge).

Popkewitz, T./Franklin, B.M./Pereyra, M. (Eds.) (2001): Cultural History and Education, Critical Essays on Knowledge and Schooling. New/York and London (Routledge).

Preisendörfer, B. (2008): Das Bildungsprivileg. Warum Chancengleichheit unerwünscht ist. Frankfurt a. M. (Eichborn).

Putnam, R. D. (1993): Making democracy work: Civic traditions in modern Italy. Princeton (Princeton University Press).

Putnam, R. D. (1995). "Bowling alone." Journal of Democracy, 6 (1), 65-78.

Putnam, R. D. (2000): Bowling Alone: The Collapse and Revival of American Community. New York (Simon & Schuster).

Radder, H. (Ed.) (2010): The Commodification of Academic Research: Science and the Modern University. Pittsburgh (University of Pittsburgh Press).

Radder, H. (2011): „Mertonianische Werte, wissenschaftliche Normen und die Kommodifizierung akademischer Forschung." In: Krijnen, C./Lorenz, C./Umlauf, J. (Hrsg.) (2011): Wahrheit oder Gewinn? Über die Ökonomisierung von Universität und Wissenschaft. Würzburg (Königshausen & Neumann).

Rajan, K. S. (2006): Biocapital: the constitution of postgenomic life. Durham (Duke University Press).

Rawls, J. (1971): A Theory of Justice. Cambridge, Mass. (Harvard University Press).

Rawls, J. (1999): The Law of Peoples with "The Idea of Public Reason Revisited". Cambridge, Mass. (Harvard University Press).

Rawls, J. (2001): Justice as Fairness: A Restatement. Cambridge, Mass. (Harvard University Press).

Reich, K.: Learning: The Balance between Observer, Participant, and Agent. Edited by M. Kalantzis and Bill Cope. In: International Journal of Learning, Australia Vol. 10/2003.

Reich, K.: (2008⁴): Konstruktivistische Didaktik. Weinheim u. a. (Beltz).

Reich, K. (Hg.) (2009 a): Lehrerbildung konstruktivistisch gestalten. Weinheim u. a. (Beltz).

Reich, K. (2009 b): Die Ordnung der Blicke. 2 Bde. Online unter: http://www.uni-koeln.de/hf/konstrukt/reich_works/buecher/ordnung/index.html.

Reich, K. (2009 c): Observers, Participants, and Agents in Discourses: A Consideration of Pragmatist and Constructivist Theories of the Observer. In: Larry A. Hickman/Stefan Neubert/Kersten Reich (Eds.): John Dewey between Pragmatism and Constructivism. New York (Fordham).

Reich, K. (2010⁶): Systemisch-konstruktivistische Pädagogik. Weinheim u. a. (Beltz).

Reich, K. (Hg.) (2012): Inklusion und Bildungsgerechtigkeit. Standards und Regeln zur Umsetzung einer inklusiven Schule. Weinheim u. a. (Beltz).

Reich, K./Wei, Y. (1997): Beziehungen als Lebensform. Münster u. a. (Waxmann).

Reich, K./Sehnbruch, L./Wild, R. (2005): Medien und Konstruktivismus – Eine Einführung in die Simulation als Kommunikation. Münster (Waxmann).

Reich, R.B. (1988): Education and the New Economy. Washington, DC (National Education Association).

Reich, R.B. (1992): The Work of Nations: Preparing Ourselves for 21st Century Capitalism. New York (Vintage).

Reich, W. (1975): Ausgewählte Schriften. Eine Einführung in die Orgonomie. Köln (Kiepenheuer & Witsch).

Reich, W. (1987): Die Funktion des Orgasmus. Köln (Kiepenheuer & Witsch).

Resnik, D. (2007): The Price of Truth: How Money Affects the Norms of Science. Oxford (Oxford University Press).

Ridgeway, J. (2004): It's All for Sale: The Control of Global resources. Durham, NC (Duke University Press).

Riemer, K. (2005): Sozialkapital und Kooperation. Tübingen (Mohr Siebeck).

Robbins, L.C. (1932): An Essay on the Nature and Significance of Economic Science. London (Macmillan).

Rorty, R. (1991): Kontingenz, Ironie und Solidarität. Frankfurt a.M. (Suhrkamp).

Sagoff, M. (2004): Price, Principle, and the Environment. Cambridge, UK (Cambridge University Press).

Saint Martin, M. de (2003): Der Adel. Soziologie eines Standes. Konstanz (UVK Universitätsverlag Konstanz).

Sardar, Z. (2001²): Introducing Cultural Studies. London (Totem Books).

Schäfer, U. (2009): Der Crash des Kapitalismus. Warum die entfesselte Marktwirtschaft scheiterte. Frankfurt a. M. (Campus).

Schattschneider, E. E. (1960): The Semi-sovereign People. New York (Holt, Rinehart & Winston).

Schelsky, H. (1965): Die Bedeutung des Schichtungsbegriffs für die Analyse der gegenwärtigen deutschen Gesellschaft. In: Ders.: Auf der Suche nach Wirklichkeit. Düsseldorf, S. 331-336.

Schmid, G. (2011): Übergänge am Arbeitsmarkt – Arbeit, nicht nur Arbeitslosigkeit versichern. Berlin (edition sigma).

Schmid, W.: Auf der Suche nach einer neuen Lebenskunst: Die Frage nach dem Grund und die Neubegründung der Ethik bei Foucault. Frankfurt a. M. (Suhrkamp) 1991 (Neuauflage 2000).

Schmid, W. (2001⁸ a): Philosophie der Lebenskunst: Eine Grundlegung. Frankfurt a.M. (Suhrkamp).

Schmid, W. (2001³ b): Schönes Leben? Einführung in die Lebenskunst. Frankfurt a.M. (Suhr-kamp).

Schneider, K./Otto, H.-U. (2009) (Eds.): From Employability Towards Capability. Luxembourg (Inter-Actions).

Schreiner, O. (2010): Die Gerechtigkeitslücke. Wie die Politik die Gesellschaft spaltet. Berlin (Ullstein).

Schroer, M. (Hg.) (2005): Soziologie des Körpers. Frankfurt a. M. (Suhrkamp).

Schulze, G. (2005²): Die Erlebnisgesellschaft. Kultursoziologie der Gegenwart. Frankfurt a. M. (Campus).

Schumpeter, J.A. (1942): Capitalism, Socialism, and Democracy. New York. Deutsch: Schumpeter, J. A. (19876): Kapitalismus, Sozialismus und Demokratie. Tübingen (Franke).

Sen, A, (1985): Commodities and Capabilities. Amsterdam (North-Holland).

Sen, A. (1992): Inequality Reexamined. New York (Russell Sage).

Sen, A. (1993): Capabilities and Well-Being. In: Nussbaum, M.C./Sen, A. (Ed.): The Quality of Life. Oxford (Clarendon Press).

Sennett, R. (1998): The Corrosion of Character. The personal consequences of work in the new capitalism. New York (Norton).

Serres, M. (1987): Der Parasit. Frankfurt a. M. (Suhrkamp).

Shapiro, D. (2007): Is the Welfare State Justified? Cambridge, New York (Cambridge University Press).

Shilling, C. (1993): The Body and Social Theory. London (Sage).

Shiva, V. (1997): Biopiracy. The Plunder of Nature and Knowledge. Boston (South End Press).

Shusterman, R. (1992): Pragmatist Aesthetics. Oxford (Blackwell).

Shusterman, R. (Ed.) (1999): Bourdieu: A Critical Reader. Oxford (Blackwell).

Shusterman, R. (2000²): Pragmatist Aesthetics: Living Beauty, Rethinking Art, 2nd edition with a special introduction and a new chapter. New York (Rowman and Littlefield).

Shusterman, R. (2008): Body Consciousness: A Philosophy of Mindfulness and Somaesthetics. New York (Cambridge University Press).

Scitovsky, T. (1976): The Joyless Economy: An Inquiry into Human Satisfaction and Dissatisfaction. Oxford (Oxford University Press).

Scott, J. (1996): Stratification and Power: Structures of Class, Status and Domination, Cambridge (Polity Press).

Sen, A, (1985): Commodities and Capabilities. Amsterdam (North-Holland).

Sen, A. (1992): Inequality Reexamined. New York (Russell Sage).

Sen, A. (1993): Capabilities and Well-Being. In: Nussbaum, M.C./Sen, A. (Ed.): The Quality of Life. Oxford (Clarendon Press).

Simmel, G. (2011⁹): Die Philosophie des Geldes. Frankfurt a. M. (Suhrkamp).

Simon, H. (1991): "Organizations and Markets." In: Journal of Economic Perspectives, Bd. 5, Nr. 2, 28.

Siisiäinen, M. (2000): "Two Concepts of Social Capital: Bourdieu vs. Putnam." Paper at ISTR Fourth International Conference, Dublin (Trinity College).

Slaughter, S./Leslie, L. (1997): Academic Capitalism: Politics, Policies, and the Entrepreneurial University. Baltimore and London (John Hopkins University Press).

Slavin, R.E. (2006⁸): Educational Psychology. Theory and Practice. Boston et al (Pearson).

Small, M.L. (2009): Unanticipated Gains. Origins of Network Inequality in Everyday Life. Oxford and New York (Oxford University Press).

Smith, A. (1963): Eine Untersuchung über das Wesen und die Ursachen des Reichtums der Nationen. Bd. 1. Berlin.

Solga, H. (2006): Ausbildungslose und die Riskalisierung ihrer sozialen Ausgrenzung. In: Bude,H./Willisch (2006).

Sombart, W. (1967²): Liebe, Luxus, Kapitalismus. Berlin (Wagenbach).

Statistisches Bundesamt (Hg.) (2008): Datenreport 2008. Ein Sozialbericht für die Bundesrepublik Deutschland. Bonn (Bundeszentrale für politische Bildung).

Stierlin, H. (1982⁵): Delegation und Familie. Frankfurt a. M. (Suhrkamp).

Stiglitz, J. (2006): Die Chancen der Globalisierung. München (Siedler).

Stiglitz, J. (2010): Im freien Fall. Vom Versagen der Märkte zur Neuordnung der Weltwirtschaft. München (Siedler).

Suchanek, J. (2006): Wissen, Inklusion, Karrieren. Zur Theorie und Empirie der Wissensgesellschaft. Göttingen (V & R unipress).

Swartz, D. (1997): Culture & Power. The Sociology of Pierre Bourdieu. Chicago (Chicago University Press).

Teichler, U. (2005): Hochschulstrukturen im Umbruch. Eine Bilanz der Reformdynamik seit vier Jahrzehnten. Frankfurt a. M. (Campus).

Tilly, C: (1998): Durable Inequality. Berkeley (University of California Press).

Tocqueville, A. (1835/2000): Democracy in America. Chicago (The University of Chicago Press).

Torres, A. (1998): Democracy, Education and Multiculturalism: Dilemmas of Citizenship in a Global World. Lanhan (Rowman and Littlefield).

Turner, B.S. (1996²): The Body and Society. London (Sage).

UNICEF (2005): Child Poverty in Rich Countries. Florenz (UNICEF Innocenti Research Centre).

United Nations Development Programme (2009): Human Development Index. In: http://hdr.undp.org/en/statistics/.

Veblen, T. (1899): The Theory of Leisure Class. New York (Modern Library).

Venkatesh, S. A. (2006): Off the books. The underground economy of the urban poor. Cambridge, Mass. (Harvard University Press).

Vermeir, K. (2011): „Waren oder Wahrheit? Wissenschaftliche Forschung als Ökonomie des Schenkens." In: Krijnen, C./Lorenz, C./Umlauf, J. (Hrsg.): Wahrheit oder Gewinn? Über die Ökonomisierung von Universität und Wissenschaft. Würzburg (Königshausen & Neumann).

Vester, M. u. a. (2001): Soziale Milieus im gesellschaftlichen Strukturwandel. Zwischen Integration und Ausgrenzung. Frankfurt a.M. (Suhrkamp).

Vester, M. (2006): Der Kampf um soziale Gerechtigkeit. Zumutungen und Bewältigungsstrategien in der Krise des deutschen Sozialmodells. In: Bude,H./Willisch (2006).

Virilio, P. (1994): Die Eroberung des Körpers: vom Übermenschen zum überreizten Menschen. München, Wien (Hanser).

Virilio, P. (1997⁴): Rasender Stillstand. Frankfurt a. M. (Fischer).

Voßkamp, R./Dohmen, D. (2008): „Bildungssysteme im internationalen Vergleich." In: Vierteljahrshefte zur Wirtschaftsforschung. Berlin (Duncker & Humblot), 77 (2008), 2, 11-32.

Wagner, M. (1997): Scheidung in Ost- und Westdeutschland: Zum Verhältnis von Ehestabilität und Sozialstruktur seit den 30er Jahren (Lebensverläufe und gesellschaftlicher Wandel). München (Campus).

Wagner, M./Weiß, B. (2003): „Bilanz der deutschen Scheidungsforschung. Versuch einer Meta-Analyse." Zeitschrift für Soziologie 32, 1, 1–21.

Waligorski, C.P. (1997): Liberal Economics and Democracy. Lawrence, Kansas (University Press of Kansas).

Walras, L. (2010): Studies in Social Economics. Translated by Jan van Daal and Donald A. Walker. Abingdon, UK, and New York (Routledge).

Washburn, J. (2005): University, Inc.: The Corporate Corruption of American Higher Education. New York (Basic).

Waters, M. (1995): Globalization. London and New York (Routledge).

Weber, M. (1976): Wirtschaft und Gesellschaft. Grundriss der verstehenden Soziologie. Mit textkritischen Erläuterungen hrsg. von Johannes Winckelmann, 5., rev. Aufl., 2 Halbbände. Tübingen (Mohr).

Weber, M. (1995): Wissenschaft als Beruf. München (Reclam).

Weber, S./Maurer, S. (Hg.) (2006): Gouvernementalität und Erziehungswissenschaft. Wissen, Macht, Transformation. Wiesbaden (VS Verlag für Sozialwissenschaften).

Weiß, M. G. (Hg.) (2009): Bios und Zoë. Die menschliche Natur im Zeitalter ihrer technischen Reproduzierbarkeit. Frankfurt a. M. (Suhrkamp).

Weiß, M. G. (2009): Die Auflösung der menschlichen Natur. In: Weiß (Hg.) (2009).

Welskopf, E.C. (1962): Probleme der Muße im alten Hellas. Berlin (Rütten & Loening).

Wilkinson, R./Pickett, K. (2010): The Spirit Level. Why Equality is Better for Everyone. London (Penguin).

Willinsky, J. (1998): Learning to Divide the World: Education at Empire's End. Minneapolis and London (University of Minnesota Press).

Willis, P. (1982): Spaß am Widerstand. Gegenkultur in der Arbeiterschule. Frankfurt a. M. (Syndikat).

Wirth, H. (2000): Bildung, Klassenlage und Partnerwahl. Eine empirische Analyse zum Wandel der bildungs- und klassenspezifischen Heiratsbeziehungen. Opladen (Leske & Budrich).

Wirth, H. (2007): „Kinderlosigkeit im Paarkontext von hochqualifizierten Frauen und Männern – Eine Folge von Bildungshomogamie?" In: Dirk Konietzka & Michaela Kreyenfeld (Hrsg.): Eine Leben ohne Kinder? Kinderlosigkeit in Deutschland. Wiesbaden (Verlag für Sozialwissenschaften), 167-199.

Wössmann, L. (2007): Letzte Chance für gute Schulen: Die 12 großen Irrtümer und was wir wirklich ändern müssen. München (ZS Verlag Zabert Sandmann).

Wössmann, L. (2009): Was unzureichende Bildung kostet: Eine Berechnung der Folgekosten durch entgangenes Wirtschaftswachstum (mit M. Piopiunik). Gütersloh (Bertelsmann Stiftung).

Wolf, D. (2002): Der dialektische Widerspruch im Kapital. Ein Beitrag zur Marxschen Werttheorie. Hamburg.

Woolfolk, A. (2005): Educational Psychology. Boston u. a. (Pearson).

Yilmaz, S. (2008): Soziales Kapital. Die wirtschaftliche und gesellschaftliche Situation türkischstämmiger Unternehmer in Nordrhein-Westfalen. Essen (Klartext).

Zelený, J. (1969): Die Wissenschaftslogik bei Marx und ‚Das Kapital.' Übersetzung aus dem Tschechischen von Peter Bollhagen. Frankfurt (Europa Verlag Wien).